贵州省住房和城乡建设厅 编

贵州传统村落

第二册

GUIZHOU TRADITIONAL VILLAGES II

GUIZHOU PROVINCIAL DEPARTMENT OF HOUSING AND URBAN-RURAL DEVELOPMENT

中国建筑工业出版社

CHINA ARCHITECTURE & BUILDING PRESS

图书在版编目（CIP）数据

贵州传统村落　第二册 / 贵州省住房和城乡建设厅编． —北京：中国建筑工业出版社，2016.10
ISBN 978-7-112-20100-6

Ⅰ .①贵…　Ⅱ .①贵…　Ⅲ .①村落—介绍—贵州省
Ⅳ .① K927.35

中国版本图书馆 CIP 数据核字（2016）第 275845 号

章前插图：吕刊宇　阮品光　忻　帅　沈成彪　潘秋梅
责任编辑：唐　旭　李东禧　陈仁杰
责任校对：王宇枢　刘梦然

贵州传统村落　第二册
贵州省住房和城乡建设厅　编
*
中国建筑工业出版社出版、发行（北京西郊百万庄）
各地新华书店、建筑书店经销
北京雅昌艺术印刷有限公司制版、印刷
*
开本：965×635 毫米　1/8　印张：56$\frac{1}{2}$　字数：1364 千字
2016 年 12 月第一版　　2016 年 12 月第一次印刷
定价：538.00 元
ISBN 978-7-112-20100-6
　　　（29478）

序言

　　贵州位于中国西南部，属亚热带湿润季风气候区，境内地势西高东低，自中部向北、东、南三面倾斜，平均海拔在1100米左右，且岩溶地貌发育完全，是典型的喀斯特山区省份，全省国土面积约17.6万平方公里，山地和丘陵占全省总面积的92.5%，素有"九山半水半分田"之说。长期以来贵州是川黔通道的要塞，历史成因多样，民族文化丰富，全省共有民族成分56个，其中有18个为世居民族，具有十分丰富的文化交融性，被誉为"多彩贵州"。近年来贵州经济社会高速发展，GDP增速居全国第二位，但贵州基础薄弱，历史欠债多，城镇化水平低。截至2014年，贵州城镇化水平仅40.01%，尚有16747个行政村，70000个的左右自然村寨。农村区域仍然是贵州经济社会发展的短板，在国家实施以人为核心的新型城镇化战略背景下，贵州将致力于实施山地特色新型城镇化，旨在通过推进新型城镇化，实现城乡统筹发展，有效解决三农问题，实现后发赶超和全面小康。

　　2012年住房和城乡建设部、文化部、财政部联合出台《关于加强传统村落保护发展工作的指导意见》，就认识传统村落保护发展的重要性和必要性、明确基本原则和任务、继续做好传统村落调查、建立传统村落名录制度、推动保护发展规划编制实施、保护传承文化遗产、改善村落生产生活条件、加强支持和指导、加强监督管理、落实各级责任、加强宣传教育等方面进行了安排部署。对于国家层面的指导精神，我省积极响应，2015年5月贵州省政府出台《贵州省人民政府关于加强传统村落保护发展的指导意见》，专门就加强我省传统村落保护发展工作进行安排部署。在省委省政府的领导下，我省积极申报中国传统村落名录，截至2014年底，中国传统村落数量已达到2555个，其中我省共有426个村进入中国传统村落名录，占全国名录的16.7%，名列全国第二。

　　对于长期以来以农业生产和发展为主的贵州而言，传统村落不仅是我省农村生产生活的主要载体，更是我省传统文化的根脉所在。传统村落多元价值的挖掘和研究对于我省有着极为重要的意义。首先，传统村落是贵州各民族的宝贵遗产，是不可再生的、潜在的社会和文化资源。其次，传统村落是我省发展乡村旅游、创新农村农业发展道路实现农民脱贫致富的重要基础。再次，传统村落是我省实现城乡统筹发展，与全国同步实现全面小康的重要载体。

2014年底，贵州省住房和城乡建设厅决定组织编写《贵州传统村落》丛书，并邀请5家单位共同成立《贵州传统村落》丛书编委会。旨在系统性地整理和思考已列入中国传统村落名录的村庄资源和保护价值，探索传统村落对我省经济社会发展的重要意义，进一步认识传统村落保护与发展的重要性、必要性和迫切性。希望此书能起抛砖引玉的作用，引起国内外专家、学者、社会团体的共鸣，为社会大众关注和研究传统村落多元价值及其发展起到积极的推动作用。

近年来，我省以"富在农家、学在农家、乐在农家、美在农家"的美丽乡村建设为目标，实施"小康路、小康水、小康电、小康讯、小康房、小康寨"6项行动计划，着力改善农村人居环境。我厅将传统村落的保护和发展作为农村人居环境改善的重要示范，统筹推进，形成合力。同时，实施传统村落保护发展三年行动计划，建立贵州省中国传统村落保护发展联盟，形成产、学、研相互融合的方式，促进我省农村人居环境改善。努力探索一条有别于东部，不同于西部其他省份的发展新路。

借此机会，我想感谢贵州传统村落丛书的参与者，5个编写单位的编写人员，不辞辛劳，认真工作，体现了优秀的专业精神以及强烈的社会责任感。我还要特别感谢我省有关单位对本书的有力支持和帮助，以及各位审稿专家对本书的审查和指导。大家共同关心和努力成为我省在传统村落保护发展和改善农村人居环境领域不断前行的动力和源泉。

张鹏

贵州省住房和城乡建设厅厅长

前言

从发展的眼光看，村落的存在远早于都市，以生产的先后程序而言，一般说村落先于城镇。村落是人类聚落的童年，因为自古以来，它一直是人类精神家园和物质家园的体现。村落又是民俗文化空间和实体的体现，因为村落为人们提供了接近自然和生态的居住场所，传统建筑及其环境传递了直观的物质形态信息，承载着丰富的历史文化，因此传统村落具有重要历史、艺术、科学价值。

贵州传统村落主要是以农业为主，是分散在广阔山间、盆地，或河谷地区的物质空间组团，而且大部分是以血缘关系为纽带聚族而居。今天存在贵州大地上的一个个村落，是时间的积淀，是文化的积淀，是先人劳动创造的结晶。

村落中的传统建筑，是居民生产与生活最为重要的物质空间载体，是不可再生资源。贵州传统村落建筑形态的形成与发展，是与历史、社会、文化等因素的共同作用分不开的，它通过建筑物、建造技术，以及各种建造材料，通过与自然环境相互作用，采取因地制宜的建造方式，以其简洁的造型，自由多变的布局，向人们展示人工与自然、建筑与风景、已塑造和未塑造因素之间的和谐。延续至今的中华文明告诉我们，传统村落已经形成了一个相对和谐的体系，它将自然、文化、审美、生活、行为等已经结合成一个完美的生存模式。村落不仅仅是物质生活的载体，也是精神审美的寄托，是村民心理归属的空间场所。

乡土文化是中华文化的根，但传统村落在以往历史文化遗产保护中，由于长期得不到重视，阻碍了人们对这些远离都市文明的山乡村落的了解、认知和体会，更是很少有人把它作为文化基因的源与根，把它作为传统文化发展的本质力量。历经沧桑洗礼的贵州传统村落，今天应该进入到人们关注的视野，因为它是贵州一笔宝贵的文化财富和遗产。

研究传统文化从村落入手顺理成章。在贵州这片土地上，民族大体分布为四种基本的经济文化类型。濮人以耕田为业，定居而成土著，住"干阑"式房屋。氐羌中的彝族，是"随畜迁徙"，逐渐转化为"且耕且牧"。苗瑶长期沿袭"刀耕火种"的农耕方式，是典型的"山地民族"。百越民族惯居平坝，常住水滨，耕种水田，是为"稻作民族"。这些不同经济文化类型的民族，进入贵州以后，都找到了他们生存发展的土壤，"山地民族"有广阔的天地，"稻作民族"以"坝子"为中心扩展，而"且耕且牧"的民族则在黔西高原上驰骋。不同的生计方式，支撑着不同的文化类型，并形成着不同文化风貌和文化传统，因而贵州传统村落充分体现了文化的"多元性"。

贵州传统村落多受地理、历史和社会等多种因素影响，各地区、各民族的村落格局，既有共性又有个性。贵州传统村落能够形成个性特质的一个重要方面，在于它对环境和文化特殊性的重视，其个性反映在功能与类型的特征之上，表现在特有的与山地环境相结合的建筑形态之中。

贵州的地理环境和民族"大杂居、小聚居"的特点，决定了民居体系的复杂性，它集中反映在村落选址、聚落结构、平面布局、建筑风格、建筑技术等方面。同时，不同民族在特定地域创造自己居住方式的同时，也受到各自观念形态、行为方式和民族习俗的影响。因此，贵州民居既保留有丰富多彩和极具个性的民族和地域文化特点的同时，又有大山粗犷的内涵，蕴含着高山峻岭的锐气，体现着特殊震撼的山地特色。

经过三批评审，列入国家优秀名录的贵州426个传统村落，既是贵州各族人民古老神秘的家园，亦是古朴多姿的传统文化传承的载体。贵州传统村落在建筑环境、村寨布局、建筑造型、建筑材料、营造技艺、建筑功能以及民族习俗、文化传承等诸多方面，对研究人与自然、研究人与人之间的社会关系、研究人对自然的认识等方面，都显现出各民族的环境生态智慧，人本主义精神，以人及其家庭为本，天、地、人三者合一的思想，展现和延续着千百年的古老文明。它既成为各族人民的精神家园，也是它们的生态家园。在当代的今天，人们还可以将它作为感受淳朴文化、憩息疲惫心灵的最后净土，当作构建和谐社会的文化源泉。

从这个意义上讲，贵州传统村落是千百年农耕文化和文明的结晶，凝聚着中华民族的精神和性格。它是一笔宝贵的文化财富，是独特的文化资源，也是世界文化遗产重要的组成部分。当前，更紧迫的是将这些传统村落纳入到保护渠道，使传统村落和有价值的传统文化得以传承和延续。

在社会发展进程中，变化不可避免，但如何变化值得深思。纵观世界上任何一种文化，都是在历史长河中不断演变发展的，传统文化也是在发展中形成的一种独特的历史轨迹。然而，变不是"推倒重来"的"变"，而是在先前基础上的"变"。况且，传统村落还有许多不变的东西，包括自然环境、生态资源，人们的文化心理、风俗背景，它们往往随时代的变化保留一些有益的特征与个性。因此传统村落的保护，可以超出保存历史遗迹的范畴，其前提是：认同文化的差异与个性，宽容人们拥有多样化的生存与选择。

保护传统村落能否取得成效，首先要对保护意义有清醒的认识，传统村落保护，一方面要控制不合理的建设行为，另一方面又要考虑原居民的实际需求，改善其生产、生活条件，促成文化遗产的保护与可持续利用。特别是当前，包括历史文化在内的传统社会文化现象，有的被改变了，有的正在改变，有的已经消逝，建设性破坏给传统文化带来巨大损失的时候，保护和抢救显得尤为重要。实践证明，传统村落保护必须建立在历史文化价值和经济利益之间的最佳平衡点上，保护才能向前推进。因此，在城镇化快速发展的今天，如何提高全社会的保护意识，加大对传统村落的保护力度就显得更加重要。

《贵州传统村落》一书的编写，我们组织了包括规划、设计、高等院校等五个单位的专业人士将其汇编成册，并力求体现本书的编辑特色：

1.力求反映贵州高原村落的山寨特色，典型的村落案例包括山上、山腰、山下、水边……类型多样、群体风貌特色显著、在传统村落中体现有自身的个性特色；

2.以图文并茂的编辑形式，简明扼要地介绍了每个村落的情况、以总体概况、村落特色、传统建筑、民族文化、人文史迹、保护价值六方面的内容，突出传统村落的重点和特点；

3.体现浓郁的民族性。贵州传统村落，是贵州各族人民传统文化传承的载体，希望通过本书，将贵州千百年古代文明的神秘家园展现在世人面前。

关于本书的编排，为避免项目前后雷同，又考虑文化区域特性，编排顺序原则是：①一级目录按地州市编排，地州市次序以入选全国名录数量多少为先后，入围数量多的排在前；②二级排序是村落，以村名第一个字的笔画多少为原则，笔画少者排在前，反之排后。贵州426个全国入选传统村落实例，予计分两册出版，每个村落占两个版面。

贵州传统村落是一笔宝贵的文化财富和遗产，它不仅属于贵州，也属于中华民族，是全人类的文化遗产。其出版意义：一是这套书籍是贵州前、后三批入选国家《中国传统村落名录》的阶段性总结，是我省村镇建设工作的历史记录，也是反映我省不同地区、不同民族传统村落特色的一份文献史料；二是它对我省传统村落和传统民居的保护、传承、发展、利用、提供了一套图文并茂、印刷精美、有价值的基础资料；三是这套书可以向社会各界宣传、推动和树立保护我省传统文化的历史使命感，从深度和广度营造保护历史传统文化的社会氛围。

因此，希望这套书的出版，有助于人们认识贵州的传统村落，认识传统村落的沧桑和美丽，认识本土文化的价值。更希望这套书有助于提醒人们关注对传统村落的保护，关注自己脚下宝贵的传统文化资源。

罗德启

执行主编

目录

黔东南苗族侗族自治州

黔东南苗族侗族自治州黎平县洪州镇九江村　　　020

黔东南苗族侗族自治州雷山县西江镇大龙苗寨　　　022

黔东南苗族侗族自治州剑河县南加镇九旁村　　　024

黔东南苗族侗族自治州台江县排羊乡上南刀村　　　026

黔东南苗族侗族自治州黎平县地坪乡下寨村　　　028

黔东南苗族侗族自治州黎平县洪州镇三团村　　　030

黔东南苗族侗族自治州台江县排羊乡大塘村　　　032

黔东南苗族侗族自治州剑河县南明镇小湳村　　　034

黔东南苗族侗族自治州雷山县丹江镇干皎村　　　036

黔东南苗族侗族自治州从江县高增乡小黄村　　　038

黔东南苗族侗族自治州黎平县德化乡下洋村　　　040

黔东南苗族侗族自治州雷山县望丰乡三角田村　　　042

黔东南苗族侗族自治州从江县刚边乡三联村　　　044

黔东南苗族侗族自治州剑河县革东镇大皆道村　　　046

黔东南苗族侗族自治州雷山县望丰乡乌迭村　　　048

黔东南苗族侗族自治州雷山县望丰乡乌的村　　　050

黔东南苗族侗族自治州雷山县西江镇中寨村　　　052

黔东南苗族侗族自治州雷山县西江镇乌高村　　　054

黔东南苗族侗族自治州雷山县西江镇开觉村　　　056

黔东南苗族侗族自治州从江县下江镇巨洞村　　　058

黔东南苗族侗族自治州雷山县望丰乡公统村　　　060

黔东南苗族侗族自治州雷山县方祥乡水寨村　　　062

黔东南苗族侗族自治州雷山县西江镇长乌村　　　064

黔东南苗族侗族自治州从江县下江镇中华村　　　066

黔东南苗族侗族自治州雷山县望丰乡丰塘村　　　068

黔东南苗族侗族自治州雷山县西江镇乌尧村　　　070

黔东南苗族侗族自治州麻江县杏三镇六堡村　　　072

黔东南苗族侗族自治州雷山县永乐镇开屯村　　　074

黔东南苗族侗族自治州雷山县望丰乡乌响村　　　076

黔东南苗族侗族自治州雷山县方祥乡毛坪村 078

黔东南苗族侗族自治州剑河县观么乡平下村 080

黔东南苗族侗族自治州黎平县洪州镇归欧村 082

黔东南苗族侗族自治州台江县革一乡北方村 084

黔东南苗族侗族自治州黎平县洪州镇平架村 086

黔东南苗族侗族自治州黎平县尚重镇旧洞村 088

黔东南苗族侗族自治州从江县加鸠乡加翁村 090

黔东南苗族侗族自治州雷山县西江镇龙塘村 092

黔东南苗族侗族自治州黄平县谷陇镇平寨村 094

黔东南苗族侗族自治州雷山县西北镇北建村 096

黔东南苗族侗族自治州黎平县茅贡乡己炭村汉寨 098

黔东南苗族侗族自治州台江县南宫乡石灰河村 100

黔东南苗族侗族自治州雷山县永乐镇加鸟村 102

黔东南苗族侗族自治州台江县老屯乡白土村 104

黔东南苗族侗族自治州从江县高增乡占里村 106

黔东南苗族侗族自治州丹寨县南皋乡石桥村 108

黔东南苗族侗族自治州黎平县尚重镇朱冠村 110

黔东南苗族侗族自治州台江县台拱镇交片村 112

黔东南苗族侗族自治州黎平县岩洞镇竹坪村 114

黔东南苗族侗族自治州台江县南宫乡交下村 116

黔东南苗族侗族自治州剑河县久仰乡毕下村 118

黔东南苗族侗族自治州雷山县永乐镇乔洛村 120

黔东南苗族侗族自治州台江县革一乡江边村 122

黔东南苗族侗族自治州雷山县永乐镇乔歪村 124

黔东南苗族侗族自治州黎平县大嫁乡岑桃村 126

黔东南苗族侗族自治州黎平县尚重镇岑门村 128

黔东南苗族侗族自治州从江县翠里瑶族壮族乡岑丰村 130

黔东南苗族侗族自治州剑河县柳川镇巫库村 132

黔东南苗族侗族自治州雷山县永乐镇肖家村 134

黔东南苗族侗族自治州剑河县柳川镇返排村 136

黔东南苗族侗族自治州岑巩县平庄乡平庄村凯空组 138

黔东南苗族侗族自治州镇远县报京乡报京村 140

黔东南苗族侗族自治州剑河县久仰乡巫交村   142

黔东南苗族侗族自治州黎平县尚重镇育洞村   144

黔东南苗族侗族自治州黄平县重安镇枫香村   146

黔东南苗族侗族自治州黎平县孟彦镇罗溪村   148

黔东南苗族侗族自治州黎平县岩洞镇述洞村   150

黔东南苗族侗族自治州台江县台盘乡空寨村   152

黔东南苗族侗族自治州黄平县苗陇乡苗陇村   154

黔东南苗族侗族自治州台江县革一乡茅坪村   156

黔东南苗族侗族自治州黎平县岩洞镇岩洞村   158

黔东南苗族侗族自治州从江县西山镇顶洞村   160

黔东南苗族侗族自治州雷山县丹江镇虎阳村   162

黔东南苗族侗族自治州从江县庆云乡单阳村   164

黔东南苗族侗族自治州麻江县龙山乡河坝村   166

黔东南苗族侗族自治州从江县东朗乡苗谷村   168

黔东南苗族侗族自治州雷山县西江镇麻料村   170

黔东南苗族侗族自治州台江县台拱镇南省村   172

黔东南苗族侗族自治州黎平县九潮镇顺寨村   174

黔东南苗族侗族自治州雷山县望丰乡荣防村   176

黔东南苗族侗族自治州台江县台拱镇南冬村   178

黔东南苗族侗族自治州黎平县水口镇茨洞村   180

黔东南苗族侗族自治州雷山县方祥乡陡寨村   182

黔东南苗族侗族自治州黎平县尚重镇绞洞村   184

黔东南苗族侗族自治州台江县台盘乡南瓦村   186

黔东南苗族侗族自治州麻江县龙山乡复兴村   188

黔东南苗族侗族自治州剑河县南加镇柳基村   190

黔东南苗族侗族自治州从江县下江镇高仟村   192

黔东南苗族侗族自治州剑河县南哨乡高定村   194

黔东南苗族侗族自治州台江县台拱镇展福村   196

黔东南苗族侗族自治州剑河县敏洞乡高垱村   198

黔东南苗族侗族自治州台江县台拱镇桃香村   200

黔东南苗族侗族自治州黎平县岩洞镇宰拱村   202

黔东南苗族侗族自治州黎平县九潮镇高维村   204

黔东南苗族侗族自治州从江县加榜乡党扭村　　　　206

黔东南苗族侗族自治州黎平县尚重镇顿路村　　　　208

黔东南苗族侗族自治州雷山县西江镇黄里村　　　　210

黔东南苗族侗族自治州台江县台拱镇排朗村　　　　212

黔东南苗族侗族自治州雷山县望丰乡排肖村　　　　214

黔东南苗族侗族自治州雷山县丹江镇猫猫河村　　　　216

黔东南苗族侗族自治州台江县施洞镇黄泡村　　　　218

黔东南苗族侗族自治州黎平县双江乡黄岗村　　　　220

黔东南苗族侗族自治州雷山县丹江镇脚猛村　　　　222

黔东南苗族侗族自治州台江县革一乡排生村　　　　224

黔东南苗族侗族自治州雷山县丹江镇教厂村　　　　226

黔东南苗族侗族自治州黄平县重安镇望坝村　　　　228

黔东南苗族侗族自治州雷山县方祥乡雀鸟村　　　　230

黔东南苗族侗族自治州三穗县良上乡雅中村　　　　232

黔东南苗族侗族自治州榕江县平江乡滚仲村　　　　234

黔东南苗族侗族自治州雷山县方祥乡提香村　　　　236

黔东南苗族侗族自治州黎平县地坪乡新丰村　　　　238

黔东南苗族侗族自治州黄平县重安镇塘都村　　　　240

黔东南苗族侗族自治州黄平县野洞河镇新华村　　　　242

黔东南苗族侗族自治州黎平县尚重镇宰蒙村　　　　244

黔东南苗族侗族自治州锦屏县彦洞乡瑶白村　　　　246

黔东南苗族侗族自治州黎平县肇兴镇肇兴上寨村　　　　248

黔东南苗族侗族自治州台江县台盘乡德卷村　　　　250

黔东南苗族侗族自治州黎平县德化乡俾翁村　　　　252

黔东南苗族侗族自治州从江县往洞镇增盈村　　　　254

黔东南苗族侗族自治州剑河县岑松镇稿旁村　　　　256

铜仁市

铜仁市石阡县河坝场乡小高王村 260

铜仁市玉屏侗族自治县新店乡大湾村 262

铜仁市石阡县白沙镇马桑坪村 264

铜仁市石阡县五德镇大寨村 266

铜仁市思南县瓮溪镇瓮溪社区马家山组 268

铜仁市德江县楠杆土家族乡兴隆社区上坝自然寨 270

铜仁市沿河土家族自治县后坪乡下坝村 272

铜仁市德江县沙溪乡大寨村 274

铜仁市印江土家族苗族自治县天堂镇中尧村 276

铜仁市石阡县石固仡佬族侗族乡公鹅坳村 278

铜仁市万山特区黄道乡瓦寨村 280

铜仁市印江土家族苗族自治县缠溪镇方家岭村 282

铜仁市江口县太平土家族苗族乡云舍村 284

铜仁市沿河土家族自治县官舟镇木子岭村 286

铜仁市万山特区敖寨乡石头寨 288

铜仁市思南县塘头镇甲秀社区 290

铜仁市石阡县坪地场仡佬族侗族乡石榴坡村 292

铜仁市德江县煎茶镇付家村 294

铜仁市思南县青杠坡镇四野屯村 296

铜仁市松桃苗族自治县普觉镇半坡村 298

铜仁市思南县大坝场镇尧上村 300

铜仁市印江县永义乡团龙村 302

铜仁市印江土家族苗族自治县合水镇兴旺村 304

铜仁市印江土家族苗族自治县新业乡芙蓉村 306

铜仁市思南县杨家坳乡岑头盖村 308

铜仁市沿河土家族自治县夹石镇闵子溪村 310

铜仁市思南县思林乡金龙村 312

铜仁市思南县合朋溪镇鱼塘村 314

铜仁市石阡县聚凤仡佬族侗族乡瓮水屯村 316

铜仁市思南县大坝场镇官塘坝村 318

铜仁市石阡县青阳苗族仡佬族侗族乡青山寨 320

铜仁市印江土家族苗族自治县新业乡坪所村 322

铜仁市德江县枫香溪镇枫香溪村 324

铜仁市松桃县正大乡薅菜村苗王城 326

铜仁市石阡县聚凤仡佬族侗族乡指甲坪村 328

铜仁市印江土家族苗族自治县中坝乡虹穴村 330

铜仁市碧江区漾头镇茶园山 332

铜仁市江口县民和侗族土家族苗族乡封神懂 334

铜仁市石阡县花桥镇施场村 336

铜仁市松桃县普觉镇候溪屯 338

铜仁市德江县高山镇梨子水村 340

铜仁市江口县怒溪土家族苗族乡黄岩 342

铜仁市印江土家族苗族自治县板溪镇渠沟村 344

铜仁市德江县共和乡焕河村 346

铜仁市石阡县国荣乡葛容村高桥自然村 348

铜仁市石阡县五德镇董上村 350

铜仁市思南县塘头镇街子村 352

铜仁市思南县思林乡黑河峡社区 354

铜仁市玉屏侗族自治县新店乡朝阳村 356

铜仁市德江县复兴镇棋坝山村 358

铜仁市德江县合兴镇朝阳村 360

铜仁市石阡县聚凤仡佬族侗族乡廖家屯村 362

铜仁市德江县复兴镇稳溪村 364

铜仁市江口县桃映乡漆树坪 366

铜仁市石阡县白沙镇箱子坪村 368

安顺市

安顺市平坝县天龙镇天龙村 372

安顺市西秀区大西桥镇石板房村 374

安顺市平坝县白云镇平元村元河组 376

安顺市平坝县天龙镇兴旺村双碉组 378

安顺市平坝县天龙镇合旺村岩上组 380

安顺市西秀区轿子山镇秀水村 382

安顺市西秀区东屯乡金山村山旗组 384

安顺市黄果树风景名胜区黄果树镇油寨村山岔组 386

安顺市西秀区新场布依族苗族乡勇江村勇克组 388

安顺市西秀区东屯乡高官居委会高官组 390

安顺市普定县猴场苗族仡佬族乡猛舟村 392

黔南布依族苗族自治州

黔南布依族苗族自治州平塘县平舟镇乐康村 396

黔南布依族苗族自治州三都水族自治县坝街乡坝辉村 398

黔南布依族苗族自治州都匀经济开发区匀东镇洛邦社区绕河村 400

黔南布依族苗族自治州三都水族自治县拉揽乡排烧村 402

黔南布依族苗族自治州平塘县掌布镇掌布村 404

黔南布依族苗族自治州平塘县塘边镇新建村打鸟组 406

黔南布依族苗族自治州平塘县塘边镇新街村落辉大寨 408

遵义市

遵义市凤冈县新建乡长碛古寨 412

遵义市赤水市丙安乡丙安村 414

遵义市凤冈县绥阳镇玛瑙村 416

遵义市凤冈县琊川镇杨家寨 418

遵义市凤冈县土溪镇黑溪古寨 420

六盘水市

六盘水市六枝特区梭戛苗族彝族回族乡高兴村 424

黔西南布依族苗族自治州

黔西南布依族苗族自治州兴仁县巴铃镇百卡村卡嘎布依寨　　　428

黔西南布依族苗族自治州兴义市泥凼镇堵德村　　　430

毕节市

毕节市织金县龙场镇阳光村营上古寨　　　434

索引　　　436

附录　　　439

《贵州传统村落》第一册　后记　　　448

《贵州传统村落》第二册　后记　　　450

黔东南苗族侗族自治州

QIAN DONG NAN MIAO ZU DONG ZU ZI ZHI ZHOU

黔东南苗族侗族自治州黎平县洪州镇九江村

九江村全貌

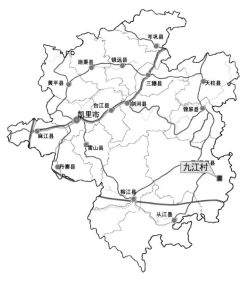

九江村区位示意图

总体概况

九江村位于贵州省黔东南黎平县洪州镇,距镇政府所在地17公里。九江村村域面积17.04平方公里,全村161户,共901人,全村以侗族为主。村落始建于明代,九江村于2012年被列入第一批中国传统村落名录。

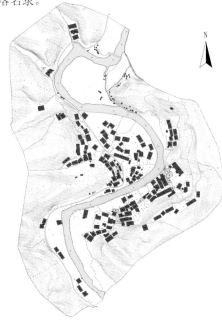

九江村平面图

村落特色

九江村地处长江水系源头地带,境内以低中山为主,利用缓坡甚至陡坡地依山傍水而建,位于清水江支流的一个长条形河谷地段。九江村整个村域范围均为高山,森林覆盖率为75%,林地主要以杉树为主。农田依山就势,成梯状分布,构成了美丽的梯田,村落民居建筑也依山而建,层层排列,既有层次,又有错落感。山上林木茂盛,自然林木资源丰富,由于交通的不便利,使得村寨发展缓慢,也正是因为发展缓慢,该村落依然保存着侗家人浓郁的民族风情。

传统建筑

传统民居建筑:九江传统民居有493座,部分民居始建于新中国成立初期,大部分传统民居建于20世纪70年代;村寨传统民居具侗族传统民居建设特点,堂屋两侧为卧室。厨房、猪牛圈等皆设于屋侧房后。房屋一般分正屋、厢房、前厅、偏厦等。正屋是主要部分,有三柱屋、五柱屋、七柱屋、八柱屋等。侗族的民居,大部分均为木质结构,这种建筑工艺在侗族民间由来已久。

九江风雨桥:建于雍正五年,位于寨东北九江河上,是侗族建筑艺术的一朵花,在侗乡纵横交错的溪河上建风雨桥,在众多的风雨桥中,以亭楼式的风雨桥居多,这种花桥在长廊顶部竖起多个宝塔式楼阁,楼阁飞檐重叠少的有三层,多的达五层。桥身庄重巍峨,犹如巨龙卧江,气吞山河,十分壮观。桥面两侧有精致的栏杆和舒适的座位,可供人们休息。桥亭上或雕或画山水、人物、龙凤吉祥,古香古色、栩栩如生。据传风雨桥建在溪河上不仅仅是给人们交通提供方便,而且还有镇邪和留财之意。

鼓楼:以杉木为主要建筑材料,整座建筑不用一钉一铆,全系木料凿榫衔接,横穿竖插,棚顶盖青瓦,凡外露的木质表面都涂上桐油防腐、防虫,一座座庞大的建筑物,横跨溪河,傲立苍穹,久经风雨,仍然坚不可摧,这些古建筑结构严谨,造型独特,富有民族特色。

民族文化

九江诗歌:九江村村寨是以侗族为主的少数民族村寨,文化艺术丰富多彩、有"诗的家乡,歌的海洋"之美誉。侗族诗歌的韵律严谨,题材广泛,情调健康明朗,比喻生动活泼。其中抒情诗歌优美细腻,真挚热情。叙事诗歌委婉曲折,含意深长,是侗族民间文学的一项极为珍贵的文化遗产。

传统民族服饰:侗族人民大都穿自纺、自织、自染的侗布,喜青、紫、白、蓝色。

传统民居

小寨子鼓楼

大寨子鼓楼

风雨桥

古树群

古井

落户这里后，就开始人丁兴旺，九江河孕育着一代又一代的侗家儿女，一直延续至今。

古树群：九江村古树群建寨的时候就已经存在，在侗家人心里，村寨必须有古树在寨内或在周围，除了美化村寨环境外，还能为村寨遮挡大风，其中最主要的一点是侗家人认为这些大古树可以避邪，认为它们是侗寨的守护神，在一直守护着一代又一代的侗家人，所以，每每在过传统节日的时候，侗家人都会在大树前点上一炷香。

古井：井里的水清凉可口。村里的人都到这儿取水。古井像一位温情的母亲，用她的甜美的乳汁哺育着她的儿女。

广场：在建寨的时候，前辈们为了给大家一个节日活动场所就提前预留一块平地，侗家人们传统节日活动地点大多在这个广场举行。

男子装束，近城镇者与汉族无异，唯边远山区略有差别，穿右衽无领短衣，着管裤，围大头帕。有的头留顶发。妇女装束各地互有差别，有着管裤、衣镶托肩、钉银珠大扣、结辫盘头者；有衣长齐膝、襟边袖口裤脚有绳边或花边、挽盘发者；有着大襟衣、大裤管、束腰带、包头帕、挽头髻者；有着对襟衣、衬胸布、围褶裙、系围腰、着脚套或裹绑腿、髻插银椎者；有宽袖大襟、衣滚绣有龙凤花卉、长裙过膝、梳盘发者；也有着汉装者。一般都喜欢戴银饰。

传统节日：侗族的节日以春节、祭牛神(农历四月初八或六月初六)、吃新节(农历七月间)较为普遍。由于民族之间的交往，九江村还有清明、端午、中秋、重阳等节。

人文史迹

九江琵琶歌：产生于明代永乐年间。1952年贵州省文化厅音乐工作者发现这种琵琶歌，选调参加少数民族文化汇演，后推荐去北京演出，被命名为九江琵琶歌。九江琵琶歌是唯一用高音假声唱的琵琶歌，以其曲调的优美悦耳，音域的宽广敞亮，旋律的有氧婉转，情感的激越忧伤，别具一格的演唱风格，被音乐界评价极高，被称为订房的美声唱法。九江琵琶歌曲调统一，在民族音乐中占有重要地位，是侗族琵琶歌中的绝品，是古老民歌的遗传，被列入国家首批非物质文化遗产保护名录。

九江河：位于村寨中，常年水源充足，形成九江村的保护带，河道宽约40米，这里是珠江水系的一个小分支。九江河孕育着沿岸的侗家人民，侗家人的祖先

侗族服饰

九江琵琶歌

保护价值

九江利用缓坡，甚至陡坡地依山傍水而建，整体风貌保存完好，村寨与外界的交通联系只能依靠两个出口，村寨四周山峦层叠，树木郁郁，古树参天。寨旁通往九江村古道旁的古树见证了几百年来九江侗寨的沧桑岁月和历史变迁。具有极高的历史文化价值，必须将这样得天独厚的生态环境和文化资源保护延续下来。

九江村脚的九江河上的一座侗族风雨桥——九江风雨桥，结构独特，造型美观，是侗族建筑的杰出代表，具有极强的保护价值和研究意义。此外，该村年代久远，非物质文化独特，尤其是九江琵琶歌和侗族服饰独具特色，具有极高的艺术价值，必须加强保护和传承。

张成祥 任昌虞 黄鸿钰 编

九江河流

黔东南苗族侗族自治州雷山县西江镇大龙苗寨

大龙苗寨全貌

大龙苗寨区位示意图

总体概述

大龙苗寨是贵州省雷山县西江镇的一个行政村，位于西江镇南部21公里处，距雷山县城20公里，是雷山通往西江镇的必经之地，东靠雷公山，西连羊吾村，北抵黄里村，南邻小龙村、乌尧村。耕地面积606亩，全村常住人口938人，均为苗族，村域面积1.5平方公里。房屋建筑沿道路两侧依山就势分布，村内房屋以苗家吊脚楼为主，主要被自然植被、农田和茶叶种植所覆盖。2014年被列入第三批中国传统村落名录。

村落特色

大龙苗寨坐落在高原山地之中，海拔1059米，村中古寨选址在齐山腰的台地上，全村整体布局比较零散，村内空地较多，房屋建筑多沿道路两侧分布。青瓦吊脚楼疏密有致地建筑在近山麓处的山坳斜坡上，木楼建成悬山顶屋面，曲径回廊，几条巷道通向寨中。

传统建筑

大龙苗寨的传统建筑大多数为底层砖砌，上部均为木质结构房屋，融入苗族古朴建筑风格，一般建为2至3层，选用优质的杉木建造，村内还有古老的粮仓1处。传统建筑为苗族传统的干阑式建筑，遗承苗族传统的建筑风格与巧夺天工的建造工艺，村容寨貌原始古朴，吊脚楼临路而建，靠山面水融入于自然之中。除此之外大龙村水碾房是雷山县境内最为古老的水碾房，距今已有200多年的历史，其主要部件是水车、狗牙式木质齿轮、磨石、磨

代表性民居1

村落环境

大龙村平面图

槽，它以水为动力进行工作，其科学合理的力学和机械原理汇集了大龙先民无穷的智慧。

代表性民居 2

村落环境

民族文化

大龙苗寨浓厚的节日氛围，传承至今，独有的鼓藏节每年重新选举鼓藏头，与其他地方的世袭式鼓藏头有所不同。大龙苗寨的鼓笙文化，原汁原味，保持良好，人们在鼓藏节日，只允许吹奏"敢略"，即铜鼓芦笙舞。只在起鼓以后三年中来跳，辰年之后的每年吃新节，苗年节，人们跳芦笙，不能跳"敢略舞"，这个习俗一直流传至今。大龙村人，不仅能欢奏各种小芦笙，还能吹奏清江高排芦笙，弘扬民族文化。

苗族飞歌：苗族飞歌是苗族歌曲的一种，飞歌的音调高亢嘹亮，豪迈奔放、明快，唱时声震山谷，有强烈的感染力。飞歌多用在喜庆、迎送等大众场合，见物即兴，现编现唱，歌词内容以颂扬、感谢、鼓动一类为主，过苗年节、婚庆等喜庆活动，一般都要唱飞歌，迎客也要唱飞歌。

苗族芦笙舞：芦笙舞，又名"踩芦笙"、"踩歌堂"等，因用芦笙为舞蹈伴奏和自吹自舞而得名。它是苗族最喜爱、分布最广泛的一种民间舞蹈。从已出土的西汉铜芦笙乐舞俑分析，芦笙舞至少已有两千多年的历史。芦笙舞大多在年节、集会、庆贺等喜庆时刻表演，主要有自娱、竞技、礼仪三种类型。

鼓藏节：也称"吃牯藏"、"吃牯脏"、"刺牛"，是黔东南最隆重的祭祖仪式。节日由苗族各姓鼓藏头组织。一般在历史上关系较密切的村寨间进行，鼓藏节有小牯大牯之分。小牯每年一次，时间多在初春与秋后农闲季节，吃牯村寨杀猪宰牛邀请亲友聚会，其间举行斗牛、吹芦笙活动；大牯一般隔12年举行一次，轮到之寨为东道。

村中古井

民族服饰

芦笙舞

鼓藏节

人文史迹

大龙苗寨的先民，早在几百年之前，从现今控拜地方迁移过来。村内历史环境要素分布集中，有年代久远的古井5处，古树2棵，有传统的公共空间芦笙场1处，都是村庄历史的印记，虽然种类较少，但具有一定的独特性。

保护价值

大龙苗寨是极具有代表性的民族传统村落，其传承至今的苗族节日盛典和传统建筑吊脚楼远近闻名。大龙村苗族文化的传承良好，沉淀100年的节日风俗是村落苗族生活、生产、生存的历史印记，苗族传统观念、习俗、社会与家庭等文化在此体现，是苗族文化的一部拥有千姿百态、异彩纷呈、文化厚重的史书，具有很好的文化研究价值。

韩 磊 王 浩 编

黔东南苗族侗族自治州剑河县南加镇九旁村

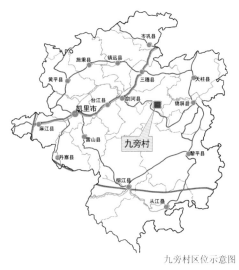

九旁村区位示意图

九旁村全貌

总体概述

九旁村位于贵州省黔东南苗族侗族自治州剑河县南加镇西部，距镇政府所在地16公里，东、北与柳基村相邻，西与东北村接壤，南与竹林村交界。全村村域面积3.5平方公里，共8个村民小组，278户，总人口为1246人，形成于清代，主要民族为苗族。2014年，九旁村被列入第三批中国传统村落名录。

村落特色

九旁村依山而建，有百年以上古树百颗。这里民风淳朴，夜不闭户，民族手工艺独特精湛，特别是苗族锡绣，独树一帜。居民楼以木质传统干阑式建筑居多，鳞次栉比，层叠而上，民居与稻田毗邻而建，错落处长满了梨树、桃树，追求人与自然的和谐共处。每到夏秋季节，人们坐在情人坡松软干爽的松针落叶地上或背依古树而望，真是舒爽至极。站在情人坡上还可远眺东北村，俯瞰美丽的仰阿莎湖畔，整个村落炊烟缭绕的祥和景象与成片的梯田尽收眼底，百亩梯田环绕村庄，不仅养育着九旁村的祖祖辈辈，而且与村寨构成了一幅美丽的诗情画面。

传统建筑

九旁村传统建筑均为木质结构，除屋顶盖瓦外，全部用杉木建造。屋柱用大杉木凿眼，柱与柱之间用大小不一的杉木斜穿直套连在一起，尽管不用一个铆钉也十分坚固，房屋四壁用杉木板开槽密镶。有的除正房外，还搭建了"偏厦"作为厨房等。一般居住在二、三层，一层用作堆放杂物、圈养家畜等，因为是木结构，通风性较好，冬暖夏凉，干爽舒适。吊脚楼高悬地面既通风干燥，又能防毒蛇、野兽。这些充满了苗族艺术意象的传统木楼，给苗族人民艰辛的生活提供了永恒的生活激情。按传统，在房子中间的堂屋，设置有祖宗圣灵的神龛，体现了尊重先祖，敬畏神灵的传统思想价值观，他们相信有了祖先的圣灵日夜庇荫，阖家方能兴旺发达，人人皆可健康平安。

传统民居

民族文化

建新房：开工第一天，掌墨大师傅在天亮前2小时左右起床，在选好的木料

古井

传统建筑群

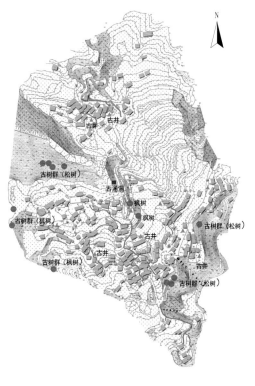

九旁村平面图

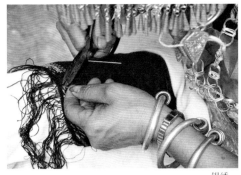

锡绣一

锡绣二

送嫁妆

上弹出第一根墨线，然后杀一只公鸡。在立新屋过程中，最庄重最独特的是上梁的环节，木柱在穿枋排扇后，把屋架子立起来，由两位师傅手执长绳爬到当中相对两扇的中柱上，将绳的一端放下，然后把梁的两端捆好，由在场一位文化最高的人在梁的中间写上吉利字或祝词，再钉进一枚硬币。大师傅用红布把字和硬币包好挂上一串鞭炮，杀一只公鸡，一边念祝词和咒语一边把鸡血滴在梁上，念完后点燃鞭炮，梁被拉到顶上安置。接着有人将准备好的糯米粑和酒肉送到两位上梁师傅的手里。两位师傅一边高声念颂祝词，一边把糯米粑洒下地来，任由人们拾去。接着两位师傅开始划拳行令，句句要带祝词，中拳的喝酒吃肉，20分钟后划拳结束，整个上梁仪式方算完成。如此，主人家将来必定家富人贵，六畜兴旺，五谷丰登，子孙昌盛。

九旁婚俗：婚礼当天新婚夫妇双方家庭都要举行隆重的婚庆活动。送亲的男青年们穿着新装，挑着糯米饭、猪肉和米酒，拥着新郎往新娘父母家走去。途中，新娘的亲戚用竹杆拦路作为障碍，堵住路口，通过喝酒和对《拦路歌》来打开道道关卡。到了大门前，响起迎客礼炮，众亲友出门把新郎和同伴迎进房中，一起吃饭。饭毕，新郎一行在炮声中，挑着新娘的嫁妆，在喜气洋洋的气氛中告辞。姑娘们组织群送，依依而别。

招龙节：九旁村民重礼仪礼节、信仰"万物有灵"。"龙"在中华民族的观念中，是吉祥的符号，苗族人民也一样，对龙也充满崇拜，九旁人认为龙是主宰大地山川之神，养育着整个苗寨，所有的恩惠都是龙赐予的。因此，每隔十二年，即一个生肖的周期，要烧香化纸，备上供品，敲鼓撒米，举行招龙仪式，把龙神招回村寨，以祈求风调雨顺、五谷丰登和寨子的繁荣昌盛。

人文史迹

情人坡：寨中共4处，分布于九旁村周围，坡地上有参天的古松树几十棵，是情侣约会、游玩、谈情说爱的场所。很多年轻情侣在这里，许下心愿，牵手未来。情人坡不仅是九旁村最美丽的地方，也成为整个村众多年轻男女向往的地方。夜晚的情人坡，在村里灯光的掩映下，更显得妖娆美丽。当有明月升起的时候，情人坡上便会洒上一层圣洁的银辉，浪漫而多情。

古树群

护寨林

保护价值

九旁村是苗族在漫长的农耕社会中，改造自然、利用自然的智慧、文化、习俗、宗教信仰等方面的活态存在。其传统民居是千年传承的手工建筑智慧结晶，民族节日丰富多彩，每逢节日举行祭拜、踩鼓舞等活动，全村人盛装锡绣服饰参与。在日常民俗活动中，婚俗，建新屋、葬礼等也独具特色，具有极高的保护传承价值。

　　　　何　丹　杨泽媛　杨　涵 编

木桥

情人坡

梯田

黔东南苗族侗族自治州台江县排羊乡上南刀村

上南刀村全景

上南刀村区位示意图

总体概况

上南刀村位于台江县排羊乡南部，雷公山南麓，距台江城45公里，距排羊乡政府驻地17公里，海拔1180米，村域面积为90平方公里。130户，515人，全部为苗族。上南刀村四面环山，村前河流淌过，清澈见底，依山傍水，聚宝盆地，山水秀丽、令人神往。村内风景优美，村庄被农田环绕，绿意浓浓。2013年被列入第二批中国传统村落名录。

村落特色

上南刀村源于明朝时期，先辈入上南刀村开辟田地，取地名为上南刀村，上南刀村依山傍水，翁你河从村前流过，河村中有几座石桥，方便村民生产生活。村子旁边有大片良田。

上南刀村依山而建，背山面水，传统村庄布局顺应地势布局塑造了上南刀村现有的顺应山形地貌自由的空间肌理。街巷空间呈"树枝"状。村落整体格局依山就势，布局紧凑，有着明显的主次轴线和清晰的街巷系统。村落中巷道宽窄变化有

序，两侧建筑错落相接；其他巷道向周围及内部分散延伸，通向各家各户。

传统建筑

上南刀村民居以木房为主，村内传统建筑风貌保护良好，建筑布局尊重原始地形成行布局，由建筑单体—院落—族群—街巷组成的空间组合并然有序，远处看去，一栋栋传统建筑层层叠叠，错落有致。该村还有100多年的平脚木房，民居建筑基本特点主要是为传承苗族民居特色，建筑形式多为连排式，少数合院式。建筑结构一般为五柱四栖，四联三间，即一明间（堂屋）和两次间，明间面宽一丈二尺许，大都将壁向里移进二尺，形成吞口式平房。房屋均为榫卯穿斗结构，上盖小青瓦。

巷道环境

巴拉河

民居吊脚楼

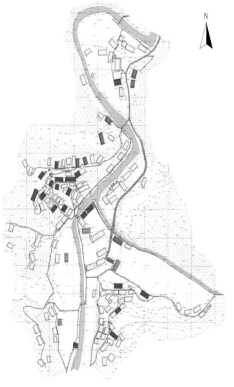

南刀村平面图

南刀村落群

吊脚楼

村落环境

民族文化

　　苗族姊妹节是每年农历三月十五至三月十七日在排羊、翁你河沿岸以年轻女子和后生为主体的传统婚恋的一种节日聚会方式。历史渊源久远，可以追溯到四千年前苗族居住在长江流域、环太湖地区先民们情爱生活的历史。苗族姊妹节通过讨姊妹饭、谈情说爱游方对歌，捉鱼、吃鱼，穿刺绣花衣和银饰盛装踩鼓等一系列的特有方式活动，再现了母系氏族和母权社会的婚恋遗风，它是连接过去、现在和未来的文化纽带，具有社会历史、人类学、文化艺术、社会学和审美的研究价值和意义。

　　芦笙，是苗族具有代表性的一种民间传统乐器，也是苗族悠久历史文化的象征和产物。苗族人民最喜爱用芦笙吹奏来表达劳动、爱情、祖先等的庆祝、怀念和喜悦。上南刀村每年都在节日上举行盛大的芦笙比赛，以一种活态方式传承和弘扬苗族芦笙文化。因此，芦笙是苗族人民的心声，苗族人民离不开芦笙。

苗族姊妹节

传统民居

苗族姊妹节

保护价值

　　上南刀村是翁你河畔具有鲜明农耕文化特色的古村落，具有很高的历史价值和艺术价值。翁你河从村前流过，四周群山环绕，绿树掩映，村落掩映在绿树丛中，村庄四周古木将村落严严实实地封闭在山坳中，村庄背靠青山，树林隐秘，村边保留着一片良田，有多棵古树，森林覆盖率较高。村内民居平脚木房，依山而建，错落有致。村内道路纵横交错，保存着原始的古村落原貌。

李光阳　马勇超　编

黔东南苗族侗族自治州黎平县地坪乡下寨村

下寨村全貌

下寨村区位示意图

总体概况

地坪乡下寨村位于贵州省黔东南苗族侗族自治州黎平县地坪乡东南部，距乡政府所在地0.2公里，与广西三江县的同乐、良口、洋溪、富禄乡（镇）相连。全村总面积3.6平方公里，农户220户，总人口为887人，是侗族村寨。据记载村落起源于明朝，从江西吉安府太和县迁移到此居住，至今有650年历史。2013年，下寨村被列入第二批中国传统村落名录。

村落特色

下寨村坐落在两个低山峡谷中，背靠山脉，面朝河流，是典型的山脚河岸型侗寨。远近闻名的国家一级文物保护单位"地坪风雨桥"位于村寨中，整个村寨依山而建，绕南江河而居，如一把扇子顺应山势铺展开来。全村房屋大多数为木质吊脚楼结构，村寨保存着侗族人民特有的吃油茶文化。

传统建筑

下寨村位于南江河下游，因此得名"下寨"，与上寨村一河相隔。村寨巧妙利用山地地形依山而布、鳞次栉比。

地坪风雨桥：地坪风雨桥始建于清光绪八年（1882年），历史上曾多次修葺。在修建地坪大桥之前，地坪风雨桥是连接地坪乡各村寨的主要通道。2004年夏，由于南江河上游连降大雨，地坪风雨桥部分冲毁，2008年按原结构重新建成。地坪风雨桥桥长57.61米，宽5.2米，该桥横跨南江河之上，桥身距正常水位10.75米，河中立一青石桥墩支撑木梁结构的桥身，其下部有两排各为八根粗大的杉木穿榫连成

民居

地坪风雨桥

亭台

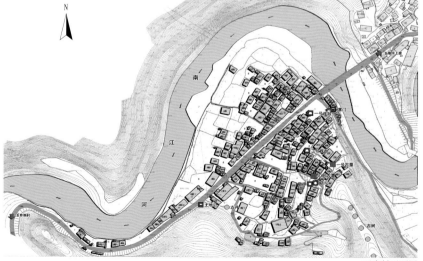

下寨村平面图

侗族河歌

石碑

花石步道

一体，架通两岸。杉木大梁上平铺杉木桥板，二十多排圆柱，用枋木交织，压排穿榫连接成一体，形成长廊，桥廊两侧设1米高的梳齿栏杆。栏杆下面有一层外挑1.4米的大挑檐，既美化了桥身，又可保护下面木构件免于雨淋。桥廊内设有长凳，即可便利行人通往，又可供行人小憩避雨、乘凉、会友、迎宾送客和观赏风景，青瓦覆盖。桥上建三座桥楼，中楼形似鼓楼，五重檐四角攒尖顶，被称为桥上鼓楼，高10.2米，两端桥楼为三重檐四角歇山顶，高5.8米，桥廊屋脊上泥塑熬鱼、双龙抢宝、双凤朝阳，中楼四柱涂白绘有青龙和凤凰，栩栩如生，壁板穿枋上绘有民族风情、历史人物故事彩画和卷草花纹、楹联等。整座花桥结构巧妙，运用杠杆力学原理，大小柱、枋、檩、凳、栏杆，全部用杉木穿榫构成。建筑造型优美，结构严谨，展示了侗族建筑艺术的独特风格，为侗族人民的智慧结晶。

民族文化

花桥节：亦为现在芦笙节。芦笙节是地坪乡最盛大的传统节日，是以芦笙踩堂、赛芦笙为主要活动的节日。每年初一至初七，周围村寨的村民都会聚集在一起，小伙子和芦笙手们都各自带着芦笙，吹笙跳舞，持续四五天，气氛十分热烈，这是一种融歌、舞、乐于一体的群众性的文艺活动。

吃油茶：下寨的侗族人民保持着传统的侗族吃油茶文化，几乎家家户户吃油

古井

茶。侗族油茶分早茶和下午茶两个时段，早茶相当于早餐，下午茶相当于是零食。侗族人认为喝油茶可以充饥健身、祛邪去湿、开胃生津，还能预防感冒。将茶叶油炒后煮沸，将茶渣捞出，再放入经蒸煮、油炒备好的糯米、黄豆、花生、玉米花、笋干、肉片等，根据自己的口味配料。

人文史迹

花石步道：下寨保留了一条光绪八年同地坪风雨桥一同修建的花石步道，于2008年重新修葺。步道将地坪花桥与下寨寨门连接，同时也是过去下寨与外界连接的主要通道。步道由寨门向花桥方向逐渐变宽，由鹅卵石拼花铺面，一侧与南江河相邻，一侧林木郁郁葱葱，形成恬静、优雅的行走空间。

亭：花石步道与花桥连接道路的一侧设有亭台两座，一座名曰"同心亭"，为碑亭，记载着2008年花桥重新修葺的过程；另一座为传统的侗族亭台，无名，主要供路人休憩、观景、娱乐，亭台用鲜艳的花纹装饰，设有约1.4米高的栅栏，内设长凳，地面为鹅卵石拼花铺面。

保护价值

地坪乡下寨村地坪风雨桥工艺精湛，雄伟壮观，造型结构居全国之首，具有重要的历史、科学和艺术价值。村寨内保存了独特的侗族吃油茶文化和浓厚原始民族风貌，民族文化内涵深厚，有很高的研究价值。

王　希　杨钧月　罗　兰　编

航拍图

黔东南苗族侗族自治州黎平县洪州镇三团村

三团村全貌

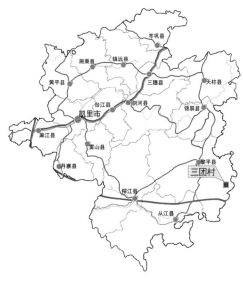

三团村区位示意图

总体概况

三团村位于黔东南州黎平县洪州镇东南部，距洪州镇20公里，居于三省坡之南，海拔600米。全村国土面积9.7平方公里，耕地面积501.8亩，辖6个村民小组，268户，1278人。三团村为苗族聚居地，有姚、张、龙、吴等姓氏。三团村（原名垒寨）建于元朝初期，距今约700多年。归欧村于2012年被列入第一批中国传统村落名录。

寨脚有一座几十年的苗家风雨桥，桥上还有一座小鼓楼。村寨散发着自然的宁静、和谐与舒适，与小溪、农田及山林形成一幅安静祥和的山水田园村居图。

三团村平面图

村落特色

三团村位于清水江支流的一个长条形河谷地段，依山傍水，利用半山缓坡或陡坡相聚而建。三团民居建筑均为木结构，鼓楼、古井均匀于寨中；四周梯田环抱，田间伴有小瀑布，清澈见底的水潭；梯田外围是原始森林，千年古树屹立于林中，衬托着古老的草苗寨，优雅的生存环境犹如世外桃源。

三团村利用缓坡依山而建，村寨以河为中心向上下两边辐射，构成错落有序的格局，建筑绝大部分为三间三层的木结构、小青瓦、吊脚、吊柱，含有浓厚的古建筑元素。

传统建筑

老鼓楼：三团村有四座鼓楼，均保存完好，村寨重大节日都会在鼓楼里举行。当地群众说，他们分别建于明、清、民国以及现代四个时期。村寨上庙边的鼓楼，高九层，建于明朝思宗崇祯十七年（1644年）；河边鼓楼高九层，建于清圣祖康熙五十四年（1715年）；上寨鼓楼建于民国三十五年（1946年），高五层。此外，新建成一座鼓楼，又称草苗鼓楼，于2009年村寨集资新建，2012年12月竣工。高21层、八角形，是当地目前最高的鼓楼。当地乡土文化人才搜集整理的地方史志资料对四大鼓楼均有明确记录，见证了三团村的历史变迁。

鼓楼都是以杉木为主要建筑材料，整座建筑不用一钉一铆，全系木料凿榫衔接，横穿竖插，棚顶盖青瓦，凡外露的木质表面都涂上桐油防腐、防虫，所以这些庞大的建筑物，傲立苍穹，久经风雨，仍然坚不可摧，这些古建筑结构严谨，造型

老鼓楼1

老鼓楼2

独特，富有民族特色。

传统民居建筑：三团吊脚楼一般以四立斗间或三间两偏厦为基础，一般分为三层，底层都用作家畜和家禽的栏圈，以及用来搁置农具杂物等东西。中层住人，正中间为堂屋，堂屋两侧的立帖要加柱，楼板加厚，是家庭的主要活动空间，也是宴会宾客笙歌舞蹈的场所。有少数人家在正对大门的板壁上安放有祖宗圣灵的神龛，家庭祭祖活动就在堂屋进行。一般情况下，左右侧房作为卧室和客房。三楼多用于存放粮食和种子，是一家人的仓库。厨房安置在偏厦里。建筑的空间分割组合，以祖宗圣灵神龛所在的房间为核心，再向外延伸辐射。祖先崇拜的苗族传统宗教，在吊脚楼的民居建筑上被充分完美地体现出来了。

风雨桥：风雨桥以杉木为主要材料，整座建筑不用一钉一铆，全系木料凿榫衔

传统民居

传统民居

草苗鼓楼

传统民居

粮仓

接，横穿竖插，棚顶盖青瓦，凡外露的木质表面都涂上桐油防腐、防虫。桥身庄重巍峨，犹如巨龙卧江，气吞山河，十分壮观。桥面两侧有精致的栏杆和舒适的座位，供人们休息。桥亭上或雕或画山水、人物、龙凤吉祥、古香古色，栩栩如生。

风雨桥

人文史迹

古井：三团村古井至今还保存使用的有一口，为寨内主要饮用水水源。水井为漂瓜井，即用一块青石板斫开一个沟槽，端头为一深度凹口，起到储水和沉淀的作用，路人可以直接将嘴对着凹口喝。

古庙：三团村古庙，历史悠久，保存良好。

古碑：三团村碑文立于清朝，历史悠久，主要记载一些村规民约。

古树：三团村周边的古树成荫，是三团的祖先们一代一代留存下来的。三团村的古树大部分是集中在村边，排成一排。

古庙

古井

民族文化

拜庙节：俗称祭神节，农历的每年正月初一，三团每家每户的男女老少，都会拿着猪头、鸡、糍粑、糖果等贡品到飞山庙去拜庙，以保苗人家人平安幸福。

拜庙节

保护价值

三团村历史悠久，村寨布局清晰，寨内花街石路、鼓楼、花桥、戏台等保存完好。尤其是村寨的四座鼓楼，他们分别建于明、清、民国以及现代四个时期，见证了三团村的历史变迁。三团村风雨桥是苗族人民勤劳智慧的结晶，也是中国木质建筑的艺术珍宝。

张成祥 杨 健 周祖容 编

黔东南苗族侗族自治州台江县排羊乡大塘村

大塘村局部图

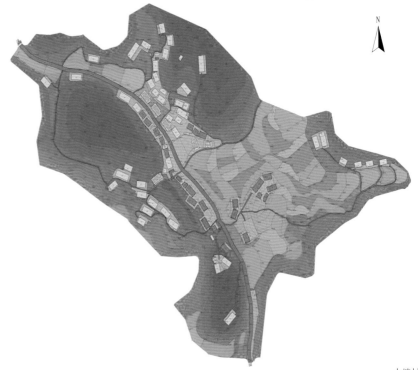

大塘村区位示意图

总体概况

大塘村距排羊乡政府驻地4公里，距县城26公里，分布在翁你河、百鸡山瀑布群两边，全村共计113户，508人，全都是苗族。村庄坐落在群山环抱的山间盆地中间，地势平坦，四周古枫、古松参天。

该村民居全部为木质结构吊脚楼，青瓦飞檐，家家户户窗明几净，干净整洁。2014年被列入第三批中国传统村落名录。

村落特色

山寨住地选择，主要为适应农业生产的需要，（贵州各族农民多在山间盆地及河谷地落寨，民谚谓之曰："鱼住滩、人住湾"。）在水源先决的前提下，大塘村坐落在群山之中，碧水环绕，建成环抱状，酷似靠背椅，随等高线的起伏与走向进出参差不一，错落有致苍劲的古树，寨边的农田，构成了村落原生态自然美景。

四面群山环绕，山清水秀，景色宜人，大塘村周围植被保护较好，山上森林茂盛，郁郁葱葱。民居沿道路两侧布置，

顺山势而行，鳞次栉比，注重与山体的灵巧结合。民居群体布局灵活多变，多沿等高线布局，形成了高低错落、内聚有力的传统聚落空间特点。村中小路顺应或垂直山体等高线铺设，自然形成灵活多变的街巷。寨内巷道自然分布、纵横交错，呈现出一种自然状态的肌理，村外古树群及村落整体风貌保存完好。

传统建筑

大塘村传统民居始建于明代，经过多次的原址整治更新，现状建筑多翻新于

20世纪五六十年代，集中连片，多为苗族干阑式的木构建筑，依山顺势而建，鳞次栉比。建筑形态与山体形态一致，较好地满足了山体形态的原生态，保持了建筑与自然环境的有机融合，建筑群体轮廓的走势充分体现了与自然山体坡度形态的一致性。村寨中干阑传统民居有吊脚木楼、连廊木楼、回廊楼屋等；大塘村大部分传统建筑保存完整，有少部分传统建筑因年久失修，破损较为严重。依山而建的苗族干阑式建筑群巧夺天工，是苗族人民与自然和谐共生的大智慧。

村落一角

大塘村平面图

以两层高的木质穿斗式建筑为主，材料均为杉木和松板，有5柱或7柱一排的，结构为悬山式小青瓦盖顶，多为二楼一底，以三间一栋常见，因地形坡度显得错落有致，质朴沧桑，古风浓郁。

民族文化

苗族踩堂舞

在苗族青年男女中，最常见也是他们最喜爱的集体舞蹈叫《踩堂》，每逢年节举行《踩堂》时，由英俊男子组成的芦笙队，人人手把芦笙边吹边晃动着躯体绕坪而来。高昂而清脆的芦笙调，发自坪中心的雄芦笙柱下的低音"芒筒"与当当作响的铜鼓声，乐曲更显雄厚、和谐。紧接芦笙手之后，一队不曾粉黛的二八妙龄，在霓彩绣衣衬托下，佩戴于头、身之上重达十几斤、精工细作、熠熠生辉的银帽、银簪、银项圈、挂牌、银手镯等饰物，随走动而叮叮作响，使她们个个宛如仙子下凡、龙女遨游。她们各自凝聚着心头的美好的夙愿，含情脉脉、款款而来。

在芦笙头的带领下，乐曲由《踩堂调》等多种乐曲转入激动人心的《讨花带》曲调。顿时，小伙子们的心情即刻激动和紧张起来。因为，是否能赢得意中人的芳心，在下一步的舞蹈中即可见分晓。欢乐的舞蹈在继续着，青年后生们倾尽心思地在自己心上人面前吹奏着《讨花带》，跳着模仿飞鸟频频点头的舞步以求得姑娘表达爱慕之情的"绣带"。每逢这时，许多戏剧性的场面呈现在人们面前：舞蹈中的姑娘们，有的低头不语微笑着继续作舞，对绕转在身旁"讨花带"的芦笙手视而不见，似乎在说：小伙子，找别人去吧，在我这里你是讨不到任何东西的；有的姑娘却是喜上眉梢，还不等心上人舞到自己身旁，就早已乐滋滋地从怀中掏出了精心绣制好的花带，盼切着把花带缚在心上人的芦笙管上，借此向众人宣布自己内心的秘密。这无声胜有声的爱情表达，充满了人间爱慕的无限浪漫。更有意思的是，一些男青年的芦笙上虽已系有绣带，但这既不影响其他姑娘对这个青年男子爱慕之情的表达，又不妨碍他再去追求自己心上人的

传统民居2

苗族刺绣1

苗族刺绣2

任何举动。在一个芦笙上能同时飘扬多条绣带，对于每位芦笙手来说，是引起无限自豪而求之不得的事。

人文历史

大塘村对村落选址、格局有重要影响的历史环境要素共有5处，包括古井、石板街、石台阶、踩鼓场、土地庙。另有古树名木7株，种类主要有杉、松、构树4种。

（1）古井

大塘村的3处古井分布在村庄内部，至今已沿用的上百年。

（2）古树

大塘村有7处古树，树村民称为"保寨树"，认为可保"人寿年丰"。树的冠幅宽大，当地村民看作是镇村古树。

（3）踩鼓场

大塘村的踩鼓场位于村委会旁边，在节庆日的时候成为主要的使用场地。

（4）土地庙

大塘村土地庙位于南部山顶，通村小路可以到达。土地庙主要用于村民供奉。

踩堂舞

保护价值

大塘村历史悠久，是由苗族先人迁入形成，落居这一地区已有几百年。村落坐落在山水之中，周围植被丰富，植物种群繁多，古树参天，拥有丰富而珍贵的物质与非物质文化遗产，有着独特的历史风貌和自然格局，是传统古村落选址营建的典范，时间和空间环境均体现了其较高的历史价值。

李光阳 马勇超 编

传统民居1

黔东南苗族侗族自治州剑河县南明镇小湳村

小湳村全貌

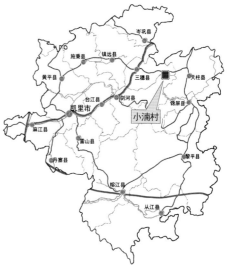

小湳村区位示意图

总体概述

小湳村位于贵州省黔东南苗族侗族自治州剑河县南明镇西北部，东接屯猴村，西靠高兴村，南与升洞村毗邻，北与三穗县交界。距镇政府所在地6公里，全村分为石英寨、老寨、登寨、里党寨4个自然寨。村域面积15.8平方公里，共有395户，1658人，其中耕地面积970亩，森林覆盖率达75%，是一个以侗族居住为主的村寨。小湳村始建于明朝末期，距今有430年历史。2014年，小湳村被列入第三批中国传统村落名录。

村落特色

小湳村地处典型的喀斯特地貌，村寨建于山腰平坦处，坐北朝南，背靠巍峨大山，面朝宽阔坝子，寨子周围古树成群，郁郁葱葱，寨边溪流潺潺。境内有仙人洞、白岩洞、亚假坝溶洞、空山龙坝的双鼻孔洞等溶洞群。寨前和东西两侧稻田密布，寨后背靠大山，植被丰富，风景秀丽。南明镇至三穗县的顺洞公路穿境而过，4个自然寨分散而居，集中起房，保留着集中连片的群居风格，布局典雅。现在寨中有清代古石拱桥1座，古石碑3块，青石板路1条，花街路1条，青石垛子屋基墙1堵均保存完好，寨子以前筑墙环绕保护，但因年代久远和寨子扩建等原因已经遭到破坏，目前还有部分残墙仍依稀可见，整个村寨传统韵味保存完好。

传统建筑

传统民居：小湳村建筑背山面水，坐北朝南，正面开阔，建筑顺应等高线呈"井"字形布局。小湳村目前80%的房屋都是侗族传统木楼，悬山式小青瓦盖顶，多为三间三层或三间二层带偏厦，木柱架为穿枋结构，通过杉木板来分隔房间布局，临路面开设窗户，建筑古朴而整洁。

民居

民族文化

大端午节：每年农历的5月25日是小湳村传统的大端午节，也是小湳村一年中最为隆重的节日。节日的前几天房主就邀约亲戚朋友到家做客，品尝主人最拿手的菜肴、共饮亲自酿制的米酒。每到这一天，不论男女老少，都身着民族服饰，载歌载舞，共度美好的一天。

传统木窗

传统建筑群

小湳村平面图

古井

溪流

古桥

人文史迹

仙人洞：距南明镇约6公里，传闻宋朝初期，八仙从江西庐山牯岭仙人洞仙游过来，他们在云中隐隐约约看见这里山川秀丽，河水清澈，景色迷人，是一处钟灵毓秀的地方，便降下祥云来观赏，发现有一处鬼斧神工般的洞穴，便进洞内休闲避暑。因为住过仙人，所以后人将此处命名仙人洞。洞中有暗河，常年流水潺潺，洞内石钟、石乳畸形怪异，有很多神情各异的石柱，有如飞鸟、怪兽、动物，形状千姿百态，最深处高三丈，长近百丈，可容纳千人。由于洞内宽敞、空气新鲜、冬暖夏凉，洞内温度只有25度，冬天最低温度12度，是最适宜人们避暑休闲、度假娱乐、旅游观光的好去处。

石拱桥：位于登寨，清嘉庆年间修建，长12米，宽3米，周围还有许多参天古树映衬，极具保护价值。

古井：位于登寨河边，古井泉水清澈透亮，冬暖夏凉，清凉可口，至今还在使用中。

石板路：位于老寨寨中，由青石板铺成，全长约150米，历史悠久，是村落内部重要历史街巷。

古树：小湳村依山而建，古树极多，最著名的一棵古枫树高达24米，冠幅达16米。树冠敞开呈圆形。枝条棕红色到棕色，有小孔，冬季枝条是黑棕色或灰色。枫叶色泽绚烂、形态别致优美。

古碑：3块古石碑均位于古道旁，碑上记载当时修建古道时，乡民的捐款姓名及银两数。

花街：中寨寨内花街由鹅卵石铺成。

古道

保护价值

小湳村的保护价值体现在历史和文化两个方面，分别为：历史研究价值，在明代，小湳的居民就在这片河谷之地繁衍生息，经过几百年的历史沧桑，拥有丰富而珍贵的物质与非物质文化。有着独特的历史风貌和山水格局，是保存较完整的传统村落，极有我国侗寨传统村落选址和格局的代表性，具有较高的历史价值。文化传承价值，小湳村地域宽广，寨内建筑均为传统木质结构，小青瓦、吊脚、吊柱等浓厚的地域建筑元素融入其中，形成了具有侗族特色的人与自然和谐共存的少数民族村寨。石板路、石拱桥、古城墙等古建筑与寨中自然风景交相呼应，形成了一个整体布局合理，民族文化丰富，地理环境优美的良好生活场所。

高 蛤 张 全 吴汝刚 编

古树

仙人洞2

仙人洞1

古墙

黔东南苗族侗族自治州雷山县丹江镇干皎村

远眺干皎村

干皎村区位示意图

总体概况

干皎村位于雷山县城东2.5公里，海拔840米以上。这是一个风景秀丽又充满希望的村寨，为丹江镇所辖。干皎村民居历史久远，共有2个自然寨，3个村民小组，110户，482人，均为苗族。村中充斥着浓厚的苗族文化，是一个风景秀丽的苗族村寨。干皎村于2013年被列入第二批中国传统村落名录。

地势灵活结合，房屋连接交错紧密，搭配合理。村民尽可能利用自然地形提供的条件来限定空间，房屋建筑要求体量小、灵活简单，空间有效实用，根据地形地貌特征可以错层、掉层、筑台等，对地形进行了巧妙修饰，与自然完美地结合。

正面开阔，水源方便且可避山洪，放眼望去整个寨容寨貌尽收眼底。并且干皎村落周围山体具有良好的生态条件。

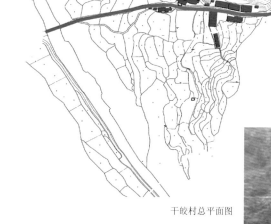

干皎村总平面图

建筑层叠而上

村落内部空间

村落特色

干皎村坐落于山峦环抱的生态环境中，郁郁葱葱森林果木环绕全村，一幢幢苗家吊脚楼掩映其间。清澈透明的小河绕寨脚而过，空气清新，年平均气温在13℃左右，是一个山明水秀的苗族村寨。

干皎村整体依山而建，村落房屋择地而处，房屋落位随地形等高线变化，层层而上；大部分楼房背山面水，布局与自然

传统建筑

传统民居：干皎村80%以上的建筑是古老传统吊脚楼。吊脚楼的屋顶用小青瓦盖顶或杉木皮盖顶，堂屋建有"美人靠"。吊脚楼依山而建，屋前有河，屋后有山，参差错落，贴壁凌空。这种建筑模式是由当地村民居住的地理环境和条件决定的，非常适合雷山县区域的地理和气候条件，最大限度地有效保护和利用土地，保持人与自然的和谐发展。在历史的进程中，吊脚楼不仅有着丰富的文化内涵，民居建筑的特色，更有着大自然村落的壮观景象。

粮仓：干皎村的粮仓是杉木树做的，下面用几根比较大的柱子支撑，上面是用木板装修，它的作用是专门储存粮食，保存粮食不变潮发霉，也起到防鼠的作用。现今干皎村的粮仓有1处保存完好，修建于建国初期，每年丰收的粮食还存放在里面。

传统建筑群

传统建筑

古粮仓

古粮仓群

苗年节打糯米粑

民族文化

苗年节：苗年节是苗族人民的传统节日，相当于汉族的春节。苗年节一般是在收谷子进仓以后，即分别为农历的九、十或十一月的辰（龙）日或卯（兔）日或丑（牛）日举行。苗年节的头几天，家家户户都要把房子打扫干净，积极准备年货，打糯米粑、酿米酒、杀猪等。苗年节一般要持续五至十二天，在这段时间里，干皎村的老年男女也纷纷挑着酒、肉、糯米粑等走访亲友，或者有的在家接待来宾；一些青年男女也在村子举行吹芦笙、跳铜鼓舞、斗牛等活动，到处呈现出一份喜气、热闹的景象。

苗族芦笙：芦笙是苗族特别喜爱的一种古老乐器之一，干皎村每逢过节，他们都要举行各式各样、丰富多彩的芦笙会，吹起芦笙跳起舞，庆祝自己的民族节日。自古以来，芦笙吹奏，都要配合舞蹈，边吹边舞。这些不同风俗的技艺，汇聚成一束富有苗族特色的艺术奇葩，代代相传，永不衰退。芦笙已有3000多年的历史。远在唐代，宫廷就有了芦笙的演奏。芦笙不仅是一种单纯的民族乐器，而且是苗族男女青年恋爱生活中的重要"媒介"。因此，芦笙在苗族人民心中是神圣的，珍贵的，家家离不开它。芦笙是苗族文化的一种象征，苗族芦笙在表演吹奏方面把词、曲、舞三者融为一体，保持了苗族历史文化艺术的原始性、古朴性。

苗年节踩芦笙

苗族芦笙

苗族服饰

保护价值

干皎村四面环山，村落布局与自然地势灵活结合。早在1988年干皎苗寨就订立了村规民约和封山育林公约。

浓厚的苗族文化，芦笙伴舞、甜酒飞歌，良好传承的苗族文化让人乐不思蜀，置身村中观景点，直面的是无限的田园风光，旅游高速公路和拾级而上的层层梯田，胜景无凡。

张宇环 李函静 王 攀 编

黔东南苗族侗族自治州从江县高增乡小黄村

鼓楼广场

小黄村区位示意图

总体概况

小黄村地处高增乡北部，距从江县城27公里，距乡政府所在地17公里。东接贯洞镇机打村，南接本乡岜扒村、朝里村，西连黎平县双江乡岑和村，北邻黎平县双江乡黄岗村。气候适宜，被称为"侗族大歌之乡"，侗族文化浓厚，侗族大歌颇具特色，民族服饰、刺绣独具一格，是人们理想的生态旅游盛地。村域面积36.67平方公里，常住人口3690人，全村均为侗族。2013年被列入第二批中国传统村落名录。

村落特色

小黄村坐落于村域中部，村域东部偶小黄营盘古遗址。村落选址除遵循中国传统良好风水格局，选址在山腰，位置适中"高勿近阜而水用足，低勿近水而沟防省"，同时能够争取良好采光，其前、后均有梯田便于耕作。建筑依山就势，顺应自然，呈阶梯状布置，保护环境，节省投资。建筑大多为1～2层，建筑户型格局、庭院布局、外立面风貌、建筑构件等有其

村落寨门

独特的地域特色和民族风格。村域南部边缘有在建的斗牛场。

传统建筑

小黄村内建筑多为"干阑式"砖木结构建筑，建筑风貌具有鲜明的地方侗族特色。村落内建筑主要为村民住宅，建筑年代从近两年至二十世纪四五十年代均有。距今较久远建筑为木结构两层建筑，底层多为圈养牲畜、堆放杂物。二层为居民生活空间，进深呈"三段式"布局，最前段为宽约3米的宽廊，是居民会客、晾晒衣物、手工生产等日常活动空间；最里段为卧室，中段为起居室，内设火塘，是家人团聚、娱乐、休息空间。在建筑构造上，采用传统营造方法，在屋顶、栏杆、门窗等构造方面均具较强的实用性，颇具地方特色。近年新建建筑，底层多为砖石结构，上层为木质结构，内部布局也与传统建筑有所不同。

寨内现有鼓楼5座，巍然挺立，气概雄伟。鼓楼占地面积80平方米，金柱与檐柱之间用穿枋相连呈辐射状，逐层上叠收刹至11层密檐，再覆盖两层8角伞形攒尖楼冠，巨大的楼冠采用斗栱支撑，楼冠上按大小顺序将圆珠陶瓷串在一起，顶尖直指云霄，形成1座4层12重檐双楼冠塔状建筑，各层翼角高翘，泥塑人物鸟兽，各层檐口及封檐板略呈弧形，刻有人物花草图案。鼓楼下端中间有一大火塘，四周置有长凳；楼门前为全寨逢年过节的娱乐场地。

小黄村博物馆

鼓楼广场

村落环境

民族文化

侗族大歌，侗语称"嘎玛"或"嘎老"，"嘎"指汉语里的"歌"，"老"和"玛"在侗语里是同义词，即汉译为"大"，还有"长"和"古老"之意。它是土生土长的无伴奏、无指挥、多声部合唱的原生态民族复调式歌曲，是参加演唱人数众多、历史渊源久远的民间音乐艺术，通俗和优雅并存，是侗族人民智慧的结晶。它的内容主要是歌唱自然、歌唱劳动、歌唱友谊和爱情。如《春蝉歌》、《三月歌》、《正是青春好时光》、《每唱支歌都在呼唤你》、《父母恩情歌》等，反映出人与自然、人与人之间的和谐共存。"汉人有字传书本、侗家无字传歌声"侗族人用有韵律的歌唱，传承了百年来他们的生活方式和习俗文化，侗族大歌作为侗歌文化最精华的组成部分，是侗族文化的生动直接表现，不仅是一种音乐艺术，还是对侗族历史的真实记载，表达着侗族社会结构、生产生活、婚姻家庭、习俗文化的传承和精神生活等方方面面。根据演唱内容和场合可将侗族大歌分为6大歌种，它们分别是：鼓楼大歌、声音大歌、叙事大歌、礼俗大歌（拦路歌、踩堂歌、酒歌）、戏曲大歌和儿童大歌。而最为著名的是有"侗歌窝"、"歌的故乡"、"歌之海洋"、"中国民间艺术之乡"等美誉之称——小黄的侗族大歌，作为世界非物质文化遗产，其以音质的完美雅感，和声的协调婉转而享誉海内外。在侗族地区有"饭养身，歌养心，歌叙事，歌传情"的说法。唱歌已完全融入侗家人的生产生活当中。调查中发现，如今的小黄村仍是人人会唱，人人爱唱，全寨700多户人家，就有七八十个歌队，一百多个歌师。连已生育儿女的妇女都会再重新组合成新的歌队，怀抱娃娃练歌对歌。只是随着小黄村与外界的接触，学歌、唱歌的形式发生了相应的变化。小黄侗族大歌走出了寨门、走出了省门，也冲出了国门。

人文历史

古井：在村寨东侧靠近琴大坡有古井一口，名为今大井，井呈窑口状，依山而筑、坐北朝南，井为石质。井口两侧用长方形料石拱成，上方为一龙头石雕装饰。此井造型幽雅古朴，2010年5月县人民政府将其公布为县级文物保护单位。

祖母坛：位于村寨中部，为村寨村民祭祀的重大活动场所，每次祭祀全寨男人都要到此，杀猪宰羊，供奉社王，祈祷风调雨顺，在从前，每遇全寨大事也会在此祭祀，如抵御入侵等。

小黄村侗戏

保护价值

小黄村坐落于吉卡坡、琴大坡两山之间，从村寨的自然选址、建筑特色和人文传说来看都具有较高的文化研究价值。小黄村是侗族大歌的发源地，有公认的"大歌之乡"，且传承较好。小黄村为典型的侗族村落，侗族民族文化特征明显，无论是建筑、服饰、乡风民俗等方面都具有较高的艺术研究价值。

周尚宏 编

侗族大歌表演

黔东南苗族侗族自治州黎平县德化乡下洋村

下洋村全貌

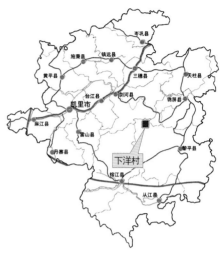

下洋村区位示意图

总体概况

下洋村位于德化乡东部，距乡政府驻地16公里，东接平笋村，南邻尚重岑门村，西靠剑河县盘假村，北抵高洋村。下洋村村域面积7.763平方公里，总人口986人，以侗族为主。下洋侗寨有600多年历史，古时统称高洋，分上、下两个自然寨，故有了下洋之称。2013年，下洋村被列入第二批中国传统村落名录。

村落特色

下洋侗寨依山而居，位于山涧两侧半山腰，分散占据了几个山头，寨中多古树，自然而幽静，古井分散于寨中，有溪水流过寨脚，山寨内水源充足，人民安居乐业，民风淳朴。下洋侗寨的通村公路穿寨而过，自然环境和乡村生产生活相协调，具有明显地方或民族特色，街巷格局保存完整；有大量传统建筑，建筑的地方特色突出。山下的小河，是灌溉的主要水源，如今仍能看到先民们用石块砌起的河岸。远眺下洋侗寨，如同我国传统村落发展史的一本活的教科书。

传统建筑

下洋村内保留了大量的传统建筑，传统建筑占村落建筑的71.5%。

传统民居：下洋传统民居具侗族传统民居建设特点，以木质干阑建筑为主，一般为2～3层，楼下安置石碓，堆放柴草、杂物，饲养牲畜；楼上住人。前半部为全家休息或从事手工劳动之场所；后半部为内室，其中设有火塘，这既是"祖宗"安坐之位，也是全家取暖、烧饭的地方。火塘两侧或第三层楼上是卧室。侗族民居一般是一家一栋，也有将同一房族各家的房子连在一起，廊檐相接，可以互通。

民族文化

下洋村的村民全是侗族，村内民俗以侗族文化为主，下洋村的民族文化主要包括：鼓藏节、侗族大歌、侗族婚俗、蓝靛靛染工艺、琵琶歌、鼓楼文化、戏台文化、故事及其传说等。

鼓藏节：又称"记间节"，"记间"始于清康熙年间。侗族人通过"记间"，祈求风调雨顺，五谷丰登，人丁兴旺，人

民居

下洋村平面图

花桥

服饰

古树

民安居乐业。"记间"具有鲜明的民族传统文化内涵，是侗族人生价值观的展现，怀念祖先、尊老爱幼、和睦相处、富裕安康等是"记间节"的祷告主题。

琵琶歌：侗族琵琶歌是一种单声部民歌。侗语称"嘎琵琶"，因以侗族乐器琵琶伴奏而得名。侗族琵琶分大、中、小3种，以低音大琵琶自弹自唱的称叙事琵琶歌，唱时穿插说白，由桑嘎（即歌师）一人表演多种角色，一种带说唱性的民歌。以中、小琵琶伴奏的琵琶歌，是侗族青年晚间谈情说爱（称为"行歌坐月"）时演唱的一种情歌。这种琵琶不是常见的那种，而是自己制作的，它音箱是圆形的，长颈，用钢丝作弦，有四弦，声音婉转清脆。在下洋村，老人们从孩子懂事起就口传身教侗族琵琶歌，所以基本这里的人们都能哼上几首侗歌，使得琵琶歌得以活态传承。

人文史迹

吴启才故居：吴启才，侗族，字盛唐，号佐台，俗称台老爷。清末和民国时期，为维持地方安定，高东、高西及上下洋寨和六合团民团，组建高洋大款，吴启才凭其为人和能力被大家推为款首。该建筑为当地名人吴启才木屋，于清朝时期修建，距今有100多年，虽然有些破旧，但主体结构仍然完好，门前还有古老的青石板路。周围优美的环境浑然天成。

古井：下洋村古井一共有两口，其中一口位于村寨北部，另一口位于村寨中部。其中一口建于清代，造型独特，形状

红豆杉

为拱形，上下左右皆用加工好的青石块镶成，井口形状似虹，能清晰地看到其历史风貌。水井里的水清冽甘甜，可以不通过处理直接饮用。

古树：下洋村的村落环境保存较好，古树较多，多为枫木、荷木、桂花。有200多年历史的古树就有7棵。这些古树美化了村寨的自然环境，是村寨的保护伞和守护神，很多古树还具有宝贵的研究价值。

鼓藏节

保护价值

下洋村山水格局独特，古树、古井资源丰富，作为侗民族文化的物质载体，与浓郁的侗族民俗文化相得益彰，体现了自然与人文的完美融合，保存了贵州黔东南地区侗族村落相对完整的、真实的历史遗存，具有较高的社会科学研究价值。

何　丹　王　艳　张宇辰　编

古井

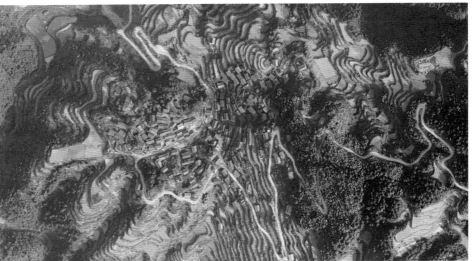

航拍图

窗花

黔东南苗族侗族自治州雷山县望丰乡三角田村

三角田村全貌

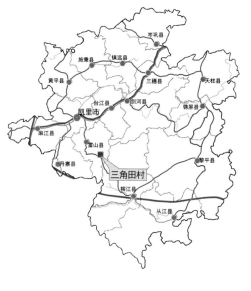

三角田村区位示意图

总体概况

三角田村位于黔东南州苗族侗族自治州雷山县望丰乡，距县城18公里，距乡政府5公里；全村国土面积7650亩，辖6个自然寨，9个村民小组，共280户、922人，苗族为主；三角田村于2013年被列入第二批中国传统村落名录。

爬坡节、吃新节、苗年节、鼓藏节是三角田村传统节日，铜鼓舞、芦笙舞、板凳舞等是三角田村传统舞蹈，酒歌、飞歌、情歌、古歌、叙事歌等是三角田村传统民歌。三角田村最突出的民族节日是历史悠久、规模宏大、辐射面广的五岔路爬坡节。

传统建筑

传统民居：三角田村传统民居主要以干阑式吊脚木楼为主，吊脚楼楼上住人，楼下架空，每层进深各为6尺多，各层面积约100平方米。上下两层相差约4尺多。吊脚楼建筑，最讲究的还在中堂间边也是前檐下中部方位上的美人靠，苗族吊脚木楼是古代"干阑式建筑"的传承和创新。

古粮仓：三角田村现有粮仓46座，布局完善，具有防水、防鼠、防潮等功能。主体布局保存完好，与周边环境没有冲突，这些粮仓有依田而建、依山而建的，他们沿山体等高线排列，展示了老一辈的聪明才智。

菩萨庙：三角田村有古老菩萨庙三处，建于清代，现保存完好，每个村寨都要自己的守护神，每年都要在不同的村进行扫寨，扫寨的寓意是希望寨神能保护村民平平安安、万事如意。

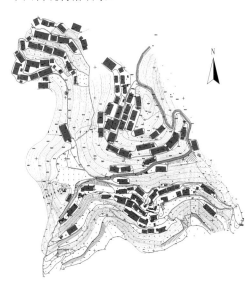

三角田村平面图

村落特色

三角田村，距寨上一公里远，因过去雷山往凯里舟溪镇、麻江下司镇等地方官道必经处有一丘呈三角形的大田（现公路已占），故而得名。三角田村海拔1160米，视野开阔，雷公山、满天星和郎德、公统、凯里市舟溪镇的山水，历历在目。

吊脚楼是苗族传统建筑，是中国南方特有的古老建筑形式，楼上住人，楼下架空，被现代建筑学家认为是最佳的生态建筑形式。吊脚楼是苗乡的建筑一绝，它依山傍水，鳞次栉比，层叠而上。

三角田村梯田景观

三角田村石板道路

三角田村村寨格局

三角田村一角

建筑群体

古粮仓群

菩萨庙

建筑细部

传统民居

民族文化

爬坡节：三角田村有着苗族众多的传统节日，最突出的民族节日是历史悠久、规模宏大、辐射面广的五岔路爬坡节，节日中举行苗族飞歌、赛马等活动，是国家级的非物质文化遗产，传承良好，延续百年以上。三角田村爬坡节是每年清明节后的子日（鼠）和午日（马）过。苗族青年男女在这春暖花开而未到大忙季节的日子去爬山踏青、寻伴交友、游方谈情。

鼓藏节：鼓藏节是苗族属一鼓（即一个支系）的支族每隔12年祭祀本族列祖列宗神灵的大典，俗称"吃鼓藏"或"祭鼓节"，过节时间为12天。鼓藏节原先是杀牛祭祖，到20世纪60年代之后，认为牛是耕地的主要力量，政府鼓励广大群众杀猪。在杀猪或牛祭祖之前须杀一只雄鸭祷告祖宗神灵，表示每一次的祭祖节日来到了。鼓藏节的活动以踩铜鼓跳芦笙为主，一般时间为5~9天，也要单数。鼓藏节所开展的一切活动，都由"鼓藏头"组织、安排，人们必须服从，踩铜鼓跳芦笙时，"鼓藏头"家的人或房族必须在最前头。

爬坡节

爬坡节 苗族飞歌

鼓藏节

人文史迹

三角田村曾经是苗族人民反清抗暴的古战场，杨大六曾扎营在三角田村，大败清兵。一棵杨大六曾拴马的梨树，马啃通两个洞，至今树还在，痕迹犹存。为纪念杨大六，三角田村三年或五年便集中全寨人到这块田边举办"脑碾瓦"（过王年的意思）活动。

服饰文化：三角田村的服饰、银饰是属于典型的长裙苗风格，盛装、便装都有特色，绚丽且多彩。长裙苗、中裙苗、短裙苗、清江苗等妇女服饰，五彩斑斓，争奇斗艳，三角田村的服饰文化恰似苗族服饰的大展台。

长裙苗

保护价值

三角田村中苗族系属苗族中的长裙苗，盛装、便装都独有特色，寨中吊脚木楼错落相间，村前寨后，苍松翠竹，古木参天，风景秀丽。村寨民族文化极具地方的特色，蕴藏着丰富多彩的内涵。在美学和艺术学上都堪称完美，具有很大的旅游价值和观光价值，是发展旅游的重要苗寨之一。

张宇环 李函静 黄鸿钰 编

三角田村一角

黔东南苗族侗族自治州从江县刚边乡三联村

三联村全貌

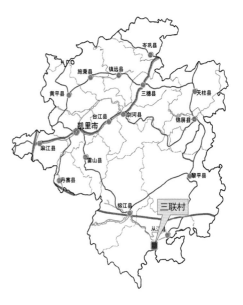

三联村区位示意图

总体概况

　　三联村位于刚边乡正南面，距乡政府驻地4公里。村寨北连良田村，南接刚边村。三联村下辖6个自然村寨，9个村民小组，分别为大加烈、小加烈、大加坳、小加坳、扳农及龙山寨。全村共145户705人，均为少数民族，主要民族为壮族，2014年被列入第三批中国传统村落名录。

村落特色

　　三联村位于青山拥抱、绿水环绕之中。村寨地处高山峡谷地带，地形地貌呈现山地特征。村寨年平均气温18.2℃，年均降雨量1210毫米，无霜期300天。气候温润适宜、资源丰富、森林覆盖率高。村寨周边被闹红坡、巴江坡、拱龙山等群山环抱，且没有较大工业及其他污染源，村寨生态环境良好。三百河作为三联村的母亲河，宛如一条绸缎，将三联村周边环绕，形成村寨独特的景观。三百河，状语为"达三傍"，上起"狗爬岩"，下至加磨河口一带，河段全在刚边乡境内。三百河山清水秀、风光旖旎，沿线有风景如画的"杜鹃峡"、险峻的"梳头岩"、鬼斧神工的"美女哭夫"，以及有"小峡谷"之称的"狗爬岩"生态区，景色十分迷人。

传统建筑

　　三联村的传统民居建筑主要集中在村寨中部，大部分保存情况较好或一般，少量建筑已腐朽倾斜，破败，三联村的建筑以传统壮族吊脚楼民居建筑风格为主，因地形坡度显得错落有致、质朴沧桑、古风浓郁。寨内建筑部分建于新中国成立前后，部分建于现代。民居建筑一般

成片民居

村落环境

三联村平面图

为两层，仅有少数为三层。民居建筑房顶为斜山式，上盖小青瓦。大多为三排两间两厦，部分为二排一间两厦或多排多间两厦，一楼一般用来饲养牲畜和放置生产工具；二楼两侧为卧室及食品存放室，中间为堂屋兼厨房，火塘偏靠一侧边厦，主要用来生火做饭及冬天取暖，堂屋后墙壁设有神龛，堂屋正面外侧设有走廊，宽在2米左右，供平时乘凉休息。

三百河与民居

传统民居

民族文化

壮族服饰：三联村壮族男装多为破胸对襟的唐装，以当地土布制作，不穿长裤，上衣短领对襟，缝一排(六至八对)布结纽扣，胸前缝小兜一对，腹部有两个大兜，下摆往里折成宽边，并于下沿左右两侧开对称裂口(不过现已少穿，只在重大节日穿)。壮族妇女的服饰端庄得体，朴素大方。她们一般的服饰是一身蓝黑，头上包着白色提花毛巾(冷天时)，腰间系着精致的围裙。上衣着靛青或深蓝色短领右衽偏襟上衣，颈口、袖口、襟底均绣有彩色花边。有一暗兜藏于腹前襟内，随襟

里搅拌。待到饭凉以后，就在饭里放甜酒药，加上适量的水，并且把它搅拌均匀。而后，就把搅拌好的饭放到缸里，放到火堆边。等一个星期以后，饭得到了充分的发酵成酒。然后，过滤去酒酿，只要浓浓的酒液。接下来，就把酒倒进坛子里去，放在火上小火慢慢煨开。煨开以后，就等酒到凉为止，把粽粑叶封上坛口，再用已搅拌好的黄泥巴和火灰厚厚裹在粽子叶的外边，不给坛子通空气。最后把坛子放到地窖里去。这样，越久越好。

长桌宴

三百河

边缝置数对布结纽扣。下穿黑色中短裤至膝间，小腿则另穿小圆筒型套裤，套在中短裤外用花带扎紧，腰扎围裙，裤脚膝盖处镶上蓝、红、绿色的丝织和棉织边。在赶圩、歌场或节日穿绣花鞋。壮族妇女普遍喜好戴耳环、手镯和项圈。

壮歌：唱壮歌是三联村群众日常生活娱乐的主要节目，也是重大节日、婚礼及小孩满月酒席等活动的主要社交方式。壮歌内容丰富，涵盖迎宾还礼、男女爱情、歌功颂德、叙事怀古等方面；壮歌句式如唐诗般结构严谨，讲究对仗和押韵，一般有七言四句或五言四句，壮歌又分"母歌"与"子歌"，即部分四句歌词中又配有四句歌词为"子歌"，作为"母歌"的补充；壮歌语言精练，是壮族语词的高度浓缩，是壮族民众在历史长河中智慧的结晶，形成壮族特有的民族文化。

煨酒：煨酒甘甜可口，色佳液黏，真是佳酒绝酿。之所以这么好喝，是因为它的酿制方法特别讲究。壮家煨酒是用糯米来酿制的。先是用糯米来泡水，待泡好以后，就用甑子来把它蒸熟成饭，放到大盆

煨酒，有着悠久的文化，它分为"寿酒"、"年酒"、"客酒"、"保家酒"、"马酒"、"谢奶酒"、"祖宗酒"、"婚姻酒"等。

壮族煨酒1

壮族煨酒2

保护价值

三联村位于青山拥抱、绿水环绕之中。全村6个村寨均分布在三百河两侧，沿山而建，风光旖旎。全村均为少数民族，又以壮族为主，壮族民族特征明显，无论从服饰、节日、乡风民俗等都有很高的保护价值。

陈 诚 刘 堾 编

壮族服饰

黔东南苗族侗族自治州剑河县革东镇大皆道村

大皆道村全貌

大皆道村区位示意图

总体概况

大皆道村位于革东镇南部，距革东镇政府驻地10公里，东侧与小皆道村相接，南邻南江村，西抵汪一村，北与白浪村相连，村辖1个自然寨，2个村民小组。大皆道村村域面积约1.5平方公里，全村共126户，人口512人，均为苗族。清代，大皆道祖先在此定居，后来发展扩建形成现在的村落。2013年该村被评为"州级文明村寨"，2014年被评为"省级卫生村寨"称号及列入第三批中国传统村落保护名录。

村落特色

大皆道村是一个具有历史底蕴的古老苗寨，民间文化丰富，古建筑保存完好，传承苗族传统文化的精华和民族文化的多样性，是剑河县重点民族文化旅游村寨。村寨自然环境良好，植被葱郁，山川环抱，村子呈台地而建，村中道路贯穿每家每户，每户人家独立居住，选址互不干扰。村寨坐南朝北，正对村庄的官形山林木长势葱茏；村落四周层层梯田，日暮西下，炊烟袅袅，美景如画。大皆道村落布局沿山体等高线层层错落，线性展开，呈三横三纵结构。

传统建筑

该村苗族建筑风格的房屋保存完好，98%以上的居民都是苗族传统民居木结构建筑，传统建筑有吊脚楼、砖木结构、踩鼓场等苗族特色建筑物。全寨120余户都是传统苗族木结构建筑，悬山顶，小青瓦盖顶。多为两间或三间两层楼，木柱架为穿枋结构，通过装木板来布局房间。临街面建有美人靠廊，是休闲和交友的地方。

建筑大多为2～3层木楼，一层一般正中设堂屋，左右为生活和储存空间，设有厨房、杂物间、存放生产工具间等；二层一般作为全家卧室的分布，卧室基本按长幼顺序选取大小、朝向等；三层一般作为存放谷物、食料、瓜果等生产资料。木楼一般有三开间带一耳房、三开间带一跌落、三开间带两跌落、四开间吊脚楼等，屋面多为斜山顶。

民族文化

革东镇大皆道村的苗族文化是村民在长期观察自然、改造自然、社交活动、宗教活动、口头文艺创作等多方面的活动中积累的人文成果，因其具有娱乐性、技术性、固定性、特定环境性等特点得以流传。

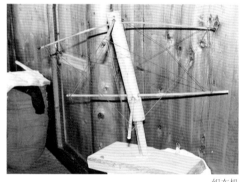

织布机

飞歌：是革东飞歌分布的村寨，是国家级非物质文化遗产。歌声高亢响亮，优美动听，是村民举行节日和接待客人时所吟唱的歌曲。

民居1

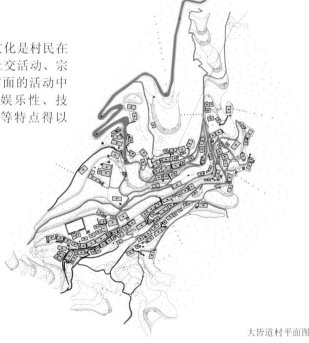

大皆道村平面图

革东飞歌

古井

斗牛

十月苗年：每家于下半夜3点开始，到坡边摘三根牛草插到猪牛圈边的猪牛粪上，预示来年有好收成。

洗寨节：年年举行，10月～11月中选属蛇日的一天举办，以为保平安、防火、去灾。主持人牵鸭逐户用主人的水灭火坑，取适量的地灰和米带走办法事。宰牛在户外分给各户，全寨同时在户外用餐。当天吃剩的食物不许带回家，留在户外，第二天再去食用。洗寨法事开始后，外人不准进寨，需法事用餐毕，有人回家后才可有外人进入寨。

二月十五姊妹节：每年农历2月15的前一天，苗族青年男女如果双方有秘密约定，则不向外张扬。如果集体活动，3对人以上，男方要到女方的寨子上游访，则要向男女方寨老报告。秘密约定的是双方感情已经很好，只需告知双方的父母，然后相约到女方家吃糯米饭。如果女子回送的糯米饭加有松和杉叶表示针线活未完，要男友买针线给她。如没有松和杉叶，则表示针线活已完，可以定日子成婚。

相亲活动：青年小伙带上一头猪或牛，到女方的寨上游访，吃长桌饭，女方以鱼、肉、糯米饭招待。活动内容有下田捉鱼，打泥仗，对歌等。对歌时必需先唱上面的古歌，然后才能唱自由的恋爱歌，否则是不礼貌。小伙回去时向姑娘讨糯米饭，姑娘如有意，送糯米饭时告知小伙。第二天姑娘到小伙的寨上去唱歌，小伙的父母就出来观看，如中意某个姑娘，则用一刀肉或一只鸡或一只鸭送给姑娘，表示喜欢，乐意姑娘嫁过来。

人文史迹

大皆道村苗族刺绣源远流长，是苗族服饰主要的装饰手段，是苗族女性文化的代表。苗族刺绣复杂，做工精细，题材选择十分丰富，较为固定的有龙、鸟、鱼、铜鼓、花卉、蝴蝶，还有反映苗族历史的画面。在苗族人的心目中蝴蝶妈妈、大宇鹊鸟是苗族的始祖，是创业者，把这些蝴蝶、鸟纹绣在衣服上用以表示对祖先的尊敬与崇拜。

保护价值

大皆道村是一个传统的苗族村寨，大部分居民为苗族，其特有的苗歌苗话、苗节苗年等民族风俗，得以保存与发展，具有较高的社会价值。这里的刺绣、传统木建筑技艺、节日、习俗等传承时间久远，环境植被优良，景色优美，有独特的传统风貌和文化价值。

徐 雯 王燕飞 谢 聪 编

苗族服饰

民居2

航拍图

黔东南苗族侗族自治州雷山县望丰乡乌迭村

远眺乌迭村

乌迭村区位示意图

总体概述

乌迭村位于黔东南苗族侗族自治州雷山县望丰乡，距县城17公里，距乡政府1.5公里；全村面积6180亩，辖大寨、也开2个自然寨，10个村民小组，115户、542人，苗族居多；村寨始建于明末清初时期，乌迭原为"乌叠"，清雍正六年置丹江厅，其中乌叠司即设于此；乌迭村于2013年被列入第二批中国传统村落名录。

自然环境

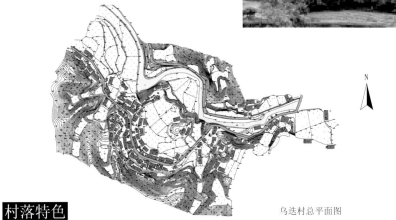

乌迭村总平面图

村落特色

乌迭村环境优美、气候宜人，村内四面环山，参天古树随处可见，一条清澈见底的小溪饶村而过，河边还有芦笙场和篮球场，在山坳的斜坡上还有疏密有致的建筑青瓦吊脚楼，木楼建成悬山顶屋面，曲径回廊，错综复杂的路通往寨中，像几条龙盘旋一样。吊脚楼与山川河流融为一体，宛如世外桃源。

乌迭村100多栋木质结构的吊脚楼沿河两岸修建，吊脚楼都修建在田边上，整个寨子形成半圆形，目前保存比较好。

村境内物产丰富，主产水稻、玉米、红薯、洋芋、辣椒等农产品。有茶园面积160.83亩、果品96.4亩。

传统建筑

传统民居：乌迭村传统民居建筑以吊脚楼为主，具有苗族特色，建筑群大多保护完好。吊脚楼一般都是三层五开间以上，柱用材质好的杉木建造。吊脚楼全部为纯木质结构，且大部分都建于半山腰上。为以团结共同防备其他对抗势力的侵扰，宅基地势有限，大多就地砌地基，傍山而建，其屋半边着地，半边吊脚，既有不占地之优，又具突兀之威，美观大方。

古粮仓：乌迭村现有粮仓21座，建于民国初年，一般为2层，具有防水、防鼠、防潮等功能，主体布局保存完好，与周边环境没有冲突，这些粮仓有依田而建、依山而建的，他们沿山体等高线排列，展示了老一辈的聪明才智。

村落建筑顺坡而建

传统民居建筑群

传统民居

建筑细部1　　建筑细部2

古粮仓

民族文化

刺绣与服饰：乌迭村村民传承着苗族的刺绣文化与服饰文化。乌迭村的苗族服饰传承较好，已延续上百年，苗族服饰被誉为"无字史书"和穿在身上的"史书"。苗族刺绣是一种美化服饰的古老手工艺，是国家级的非物质文化遗产，延续已上百年。刺绣的纹样十分丰富，比如蝴蝶、飞鸟、飞龙、双身龙、鱼等多种多样。

鼓藏节：鼓藏节是苗族属一鼓（即一个支系）的支族，每隔12年祭祀本族列祖列宗神灵的大典，俗称"吃鼓藏"或"祭鼓节"，过节时间为13天。鼓藏节是苗家最隆重、最独特的节日，有固定的程序、仪式和语言。苗族鼓藏节具有鲜明的民族传统文化内涵，是苗族人生价值观的展现。

吃新节：吃新节来历有三，一是为纪念开发雷公山的苗族祖先；二是大忙季节已过，趁农事稍闲时，休息娱乐，调剂一下生活；三是稻秧已孕穗、抽穗，预兆丰收，祭祀天公赐福。节日中对歌、赛歌、赛马、斗牛，纪念苗族始祖"引否飞"和"莫否飞"，感谢天公赐福，预祝当年丰收，热闹非凡。

鼓藏节芦笙舞

吃新节斗牛

苗族服饰

苗族刺绣传承人

人文史迹

李公里交，是乌叠一带李氏远祖。传说的李里交，头长两只小角，能在深水潭底砌石垒岩达数小时。这个传奇人物是哪个时代人物，无从考证，但他的坟墓还在，墓碑"李公里交之墓"几个大字清晰可见。

"告劳"往喜，往喜一生几临虎口，却有惊无险，有"与虎聚会"、"与虎擦肩而过"、"山神将他抬出"等人与虎交往、人虎和谐相处、有神护佑等传奇情节。

乌叠司古遗址：乌迭村源于"乌叠司"，乌叠司历史上是望丰一带的总称，下到现在的凯里排乐，上至现丹寨孔庆，包括现在永乐开屯一片。清雍正六年（1728年）置丹江厅管三司两卫，其中乌迭司即设于此。清乾隆三年（1738年）设乌迭铺，驻兵管理驿道及投递事宜。老乌迭司遗址在现乌迭村寨子最高处。《贵州通志·舆地志》里记载有。

乌叠司古遗址

保护价值

乌迭村环境优美、气候宜人，村内四面环山，吊脚楼与山川河流融为一体，宛如世外桃源。并且村寨完好的保存与发展了当地的民族文化，结合村寨特有的建筑风格，使其在美学和艺术学上都堪称完美，具有很大的旅游和观光价值，是发展旅游的重要苗寨之一。

张宇环　李函静　周祖容　编

古井

黔东南苗族侗族自治州雷山县望丰乡乌的村

乌的村全貌

乌的村区位图示意图

总体概况

乌的村位于望丰乡西南部，距乡政府驻地30公里。平均海拔920米。辖大乌的、小乌的、掌掉、掌的、雄漏5个自然寨，15个村民小组。327户，1363人，苗族为主，有王、龙、吴、余、韦、李、刘、潘、莫、任、金、杨等12个姓氏。乌的村于2013年被列入第二批中国传统村落名录。

村落特色

乌的村的5个自然寨，均为坐北朝南，各自然寨视野良好。寨边梯田层层，寨子周围的保寨树楠木、水杉、榉木等超过100年树龄，古老粗壮，郁郁葱葱。乌的村木质结构的干阑式吊脚楼修建在半山坡上，乌的村的建筑几乎清一色的穿斗式木结构。楼的外部造型、内部装修、民俗陈设，极具地方特色，蕴藏着丰富多彩的内涵。

乌的村民族节日有吃新节、苗年节、爬坡节。民族歌舞主要有铜鼓舞、芦笙舞，都是原生态舞蹈，芦笙舞分短裙苗、中裙苗、长裙苗三种跳法。民族节日均举办斗牛、斗鸟、篮球体育、文艺娱乐、苗歌比赛等。

建筑群落1

乌的村平面图

传统民居

建筑群落2

传统建筑

吊脚楼：乌的村的吊脚楼全部为纯木质结构，且大部分都建于半山腰上，为以团结共同防备其他对抗势力的侵扰，宅基地势有限，大多就地砌地基，傍山而建，其屋半边着地，半边吊脚，既有不占地之优，又具突兀之威，美观大方。苗族吊脚楼修建十分讲究，一般的吊脚楼，有四排三间或五排四间，各间宽敞，人居舒适。

古粮仓：乌的村有粮仓85座，古粮仓群据老人介绍大概是始建于清末，目前保存较好，现在还是群众堆放谷物的最佳场所。

人文史迹

古树：乌的村大寨，有古树群一个。该古树群拥有36株古树，均为百年以上的二级古树。寨子周围的保寨树楠木、水杉、榉木等超过100年树龄，古老粗壮，郁郁葱葱。

乌的村牲畜棚

苗族服饰

民族庆典

古粮仓

古树

织布机

建筑群落3

民族文化

苗族服饰：乌的村属短裙、中裙、长裙三种服饰的苗族，以短裙服饰为主。三种苗族妇女服饰的便装、盛装，大都不一样，各有特色，五彩缤纷，充分体现了不同风格的传承。苗族纺织：乌的苗族勤劳手巧，她们所做的裙子，除绣花丝线和衬底用的绸缎外，均为自种的棉花，自纺成纱、自织成布，自染自缝而成。所穿的衣服袖口大而短，领口满襟，多数镶有色彩艳丽的栏杆和绣有精美的图案，穿着古朴、大方、潇洒。苗族节日：吃新节是在苗族群众栽秧结束后，农历六月上中旬逢卯之日过，苗族称之为"弄莫"。

保护价值

乌的村260多栋木质结构的吊脚楼修建在半山坡上，与梯田相互依傍着，层次感相当好，目前保存比较好。楠木及槿木大概共有30～40棵，形成一片古树群，每棵树都很珍贵，目前保存完好。村内四面群山环绕，村前是一条清澈见底的河流，跨河有风雨桥，沿河有石磨碾坊，两岸水车成行。

李函静 黄鸿钰 王 攀 编

黔东南苗族侗族自治州雷山县西江镇中寨村

中寨村全貌

中寨村区位示意图

总体概况

中寨村位于雷公山西北麓，西江镇东南部17公里处，海拔870米，距雷山县城15公里。全村行政面积5.24平方公里，辖中寨、乌摆两自然寨，7个村民小组，141户，637人，苗族人口占99.3%。中寨村于2013年被列入第二批中国传统村落名录。

梯田景观

舞、铜鼓舞和板凳舞等。

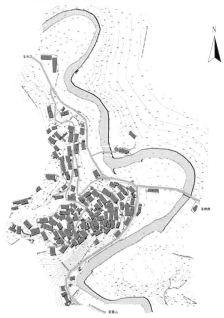

中寨村总平面图

村落特色

布局特色：中寨村坐西朝东、依山面水而建，处于山峦怀抱的生态环境之中，清澈的河流绕寨脚而过。青瓦吊脚楼疏密有致，层层叠叠的随等高线变化分布于山脚至山腰，吊脚木楼与山川河流融为一体，宛如世外桃源，是一个山明水秀的民族村寨。

民俗特色：中寨村苗族原生态文化浓郁。代代相传的主要苗族节日有：一年一度的扫寨节、爬坡节、吃新节、苗年和每隔12年一次的鼓藏节；村寨传唱的有苗族古歌、儿歌、飞歌、酒歌、嘎百福、劳动歌、情歌、贾理、丧葬歌；传跳的有芦笙

传统建筑

传统民居：中寨村建筑为苗族传统吊脚楼，主柱为杉木，房子框架系榫卯衔接。吊脚楼的外部造型大多为四榀三间，上下三层，底层进深小，用于饲养牲畜、储物，二层为生活中心。屋面为斜山顶，建筑具有苗族鲜明元素：美人靠、吊瓜等。

传统建筑

错落有致的建筑群

传统建筑 1

传统建筑 2

建筑细部——美人靠

建筑细部——吊柱

芦笙场：中寨村的芦笙广场坐落于寨中，是村里的主要公共场地，是举行大型的跳芦笙或其他活动的场所。日常生活中，作为村民的周转站，暂时堆放货物。

人文史迹

古树：中寨村有枫香树、香樟树、松树、杉树等百年古树若干，保佑村寨的兴旺。

古树

民族文化

鼓藏节：鼓藏节是中寨村最隆重、最独特的节日，具有鲜明的民族传统文化内涵。

中寨村的鼓藏节有别于邻寨的是在第三年的阴历二月二日那天举办招龙节，而是将原来第一年起鼓、第二年立鼓仪式合并到第三年里隆重的举行。节日期间在寨脚河沙坝举行斗牛比赛，寨内外可开亲的未婚男女青年在寨旁松木坡游方场游方。（苗族把谈恋爱称游方）

鼓藏节——斗牛

苗族飞歌：它是苗族歌曲的一种，飞歌音调高亢嘹亮，豪迈奔放、明快，唱时声震山谷，有强烈的感染力。一般唱飞歌见物即兴，现编现唱，歌词内容为颂扬、感谢、鼓动一类，在苗年节、划龙舟等喜庆节日都要唱飞歌。

中寨村每一代人中都有出类拔萃的著名歌手。黄美芝是其中的代表，曾在20世纪60年代，到北京参加全国少数民族群众业余艺术会演。毛泽东、刘少奇、周恩来、朱德等党和国家领导人观看了她与另一歌手李玉珍演唱的《妇女翻身歌》、《植树造林歌》、《电灯歌》等苗族飞歌的演出，之后受到领袖们的接见。

苗族飞歌

招龙节：招龙节指本寨召回龙神，以祈求风调雨顺、五谷丰登和寨子的繁荣昌盛。每十三年过一次。招龙节的主要仪式为招龙仪式，在招龙节的午饭后，青年男女会与芦笙场上吹笙跳欢。

招龙节仪式 1

招龙节仪式 2

招龙节——吹笙

保护价值

村寨与周边山水自然环境有机结合，整体风貌彰显了苗族吊脚楼的质朴而传统的韵致。村内原生态少数民族文化浓郁，保留了苗族自然、原始的生活状态，并保留有苗族村寨的传统节日，具有较高的民族文化保护价值。

罗　雨　王　攀　李函静 编

芦笙场

黔东南苗族侗族自治州雷山县西江镇乌高村

乌高村全貌

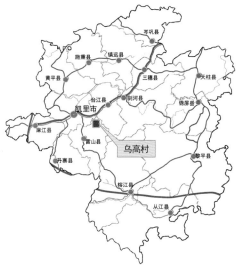

乌高村区位示意图

总体概况

乌高村，位于贵州省黔东南州雷山县西江镇北部，北与凯里县三棵树镇南高村脚高寨相邻，东与台江县排羊乡接壤，距西江镇镇政府驻地18公里，是雷山县、凯里市、台江县三县交界处。村域面积20.5平方公里，村庄占地面积230亩，全村常住人口1151人，全为苗族。

约在1693年，即清康熙三十二年，黔六十老祖公顾你喝、顾条喝、顾柱喝三人开始开垦建设乌高村寨，历经三百多年，民间传统文化习俗、手工技艺代代相传。2014年，乌高村被列入第三批中国传统村落名录。

村落特色

乌高村位于高山之上，面向深谷，村落依山而建，主要被自然植被、农田所覆盖，乌高村寨内古树参天，高大挺拔，郁郁葱葱。村内传统民居均延山而建，平行分布，寨子顺坡而居，层层叠叠，屋脊鳞次栉比，苗族传统建筑风貌保存较好，是典型的山地苗族传统村落。村内路网基本形成，入村道路与村内小道相接，通往外界，村内分若干巷道，再通过"树枝状"通向各家各户，寨内由于地形限制，道路宽度在0.5～1.5米之间，从整体风貌来看，村落至今保留着传统的风貌，没有发生大的变化。

传统建筑

乌高村的传统建筑保存相对完整，村落的整体风貌保持着苗族地区特有的建筑风格，乌高村98%的房屋均为吊脚楼，村落依山而建，循山而上，村落整体风貌都彰显着苗族木屋、吊脚楼的质朴而又传统的韵致。乌高村的传统建筑保存相对完整，

吊脚楼一般建为2至3层，木料选用优质的杉木建造，村内还有古老的粮仓1处，百年建筑3栋，20世纪50～70年代建筑15栋，70～90年代建筑50栋，全部传统建筑物占村庄建筑总面积的98%，基本保存良好。

民族文化

苗族传统工艺银饰锻造：目前乌高村有118户从事苗族传统工艺银饰加工锻造行业，乌高寨是银匠艺人发源地，有500多年的银饰加工历史，群众继承祖传，擅长制银工艺，创造了灿烂的苗族文化。

苗族飞歌：苗族飞歌是苗族歌曲的一种，飞歌的音调高亢嘹亮，豪迈奔放、明

传统民居

传统民居

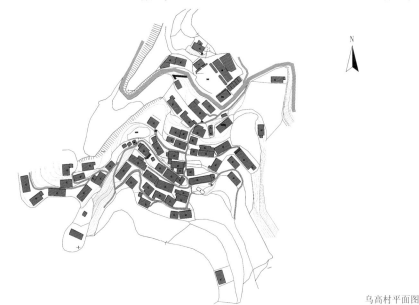

乌高村平面图

苗族飞歌

传统民居

古井：多数古井被迫"加盖"，其风貌与村落整体不符，失去古井原有韵味。

保护价值

乌高村这里的苗家，最早是清康熙年间迁徙至此，建村时间较长，历史久远，村落中随处可见的参天古树，密集成片的吊脚楼都是其历史价值的体现。乌高村是典型的苗族村寨，村寨良好地继承了苗族特色文化，尤其村寨中的银饰加工文化，继承了丰富的历史文化。

村落布局尊重自然，建筑顺应山势，村落内部建筑分布与周边自然环境融为一体，保持着苗族地区特有的建筑风格，民俗文化底蕴丰厚，建筑装饰讲究，房梁、柱础、斗栱、檐饰、门窗、木雕、美人靠等构图精美，雕刻巧妙，乌高村现存的3栋百年建筑，集成了苗族建筑工艺技术，具有极高的建筑艺术价值。

张奇云 陈清鋆 张 涛 编

传统民居屋顶形式

人文史迹

乌高村为约1693年（清康熙三十二年）几位顾姓人入黔迁徙至此而形成，村内现存古井4口，保存良好，古树若干，郁郁葱葱，被誉为保寨树。

古树：村内古树数量众多，保存完好，人为破坏较小。

古生产工具：古生产工具，如石磨、风箱等，散布于农户内，仍被使用。

快，唱时声震山谷，有强烈的感染力。飞歌多用在喜庆、迎送等大众场合，见物即兴，现编现唱，歌词内容以颂扬、感谢、鼓动一类为主，过苗年节、婚庆等喜庆活动，一般都要唱飞歌，迎客也要唱飞歌。

苗族芦笙：芦笙舞，又名"踩芦笙"、"踩歌堂"等，因用芦笙为舞蹈伴奏和自吹自舞而得名，它是苗族最喜爱、分布最广泛的一种民间舞蹈。从已出土的西汉铜芦笙乐舞俑分析，芦笙舞至少已有两、三千年的历史，芦笙舞大多在年节、集会、庆贺等喜庆时刻表演，主要有自娱、竞技、礼仪三种类型。

苗年节：苗年节是苗家最隆重、最独特的节日。独特隆重是因为它是苗族祭祀本宗祖宗神灵的最大圣典。每个苗寨苗年节的时间不相同，其他地方的苗寨也走亲串友，过节有程序、仪式和专门的鼓藏语。苗族苗节具有鲜明的民族传统文化内涵，是苗族人生价值观的展现。苗年节期间，苗族同胞和远方来的客人一起围着圈跳铜鼓舞，很是热闹。

刺绣：苗族刺绣文化源远流长，因为苗族人民没有自己的文字，他们便把在平时生产生活中常见的花草树木、鸟鱼虫兽秀在了衣服上。苗族刺绣具有传承历史文化的作用，主要表现在刺绣的图案上，几乎每一个刺绣图案纹样都有一个来历或传说，都深含民族文化，是民族情感的表达，是苗族历史与生活的展示。蝴蝶、龙、飞鸟、鱼、圆点花、浮萍花等图案都是《苗族古歌》传唱的内容，色彩鲜艳，构图明朗，朴实大方。

古井

生产工具

古粮仓

乌高村村落一角

黔东南苗族侗族自治州雷山县西江镇开觉村

开觉村全貌

开觉村区位示意图

总体概况

开觉村位于雷山县西江镇东北部，海拔855米，距镇人民政府7公里，雷山县城43公里。全村面积14.81平方公里，辖平寨、开觉2个自然寨，18个村民小组，578户，2396人。开觉村在2013年被列入第二批中国传统村落名录。

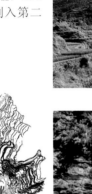

开觉村总平面图

开觉田园风光

村寨瀑布景观

传统建筑

寨门：寨门是一个村寨的象征，是进寨的标志建筑及村民迎来送往举行仪式的地方。开觉村寨门为穿斗式木结构建筑，形似一个长方形凉亭，共四重屋檐，小青瓦覆盖，以木质柱子作为支撑。

寨门

村落特色

布局特色：开觉村是一个典型的苗族古村落，位于雷公山脚下，村落依山傍水，房屋依山而建。村内建筑99%都是木质吊脚楼，约有700余栋。

历史特色：开觉村历史悠久，开觉先民叫喜方、斗方来自郎觉寨（剑河辖地），至今开觉五百多户，历经三十多代人。

民俗特色：开觉村是苗族歌舞之村，传承苗族文化完好，村民组建了高排芦笙队，苗族酒歌，嘎别福歌等情歌流传至今。其民族节日丰富多彩，如鼓藏节、吃新节、苗年节等节日。

依山建筑景观

传统民居：开觉村的传统居民建筑以穿斗式木结构的吊脚楼为主，具有苗族特色。其吊脚楼大多为四榀三间，上下三层，底层用于圈养牲口，二层为全家活动中心。屋面则多为斜山顶。

其吊脚楼的内部装修方面，独具特点。大门装牛角，意为可保一家平安；吊脚楼的封檐板，刻为拱桥形，将"桥"刻于封檐板上，认为可消灾纳福。

粮仓

人文史迹

古树：开觉村现有两棵参天古树，传说中古树是村庄的守护神，保佑着村里的平安。

传统建筑群

古树

传统民居

古树

民族文化

鼓藏节：鼓藏节是开觉村最隆重、最独特的节日，具有鲜明的民族传统文化内涵，是苗族人生价值观的展现。

鼓藏节是祭祀本宗支祖宗神灵的最大圣典，每隔十二年过一次，过节有程序、仪式和专门的鼓藏语，鼓藏期间，苗族同胞和远方来的客人一起围着圈跳铜鼓舞。苗族的传统舞蹈颇具特色，有盛装苗舞、芦笙舞、铜鼓舞、板凳舞等。

传统民居

粮仓：开觉村粮仓依山沿等高线布局或为水上粮仓。展示老一辈人的聪慧。

粮仓一般为两层，整体为木质结构。具有防火、防潮、防鼠的作用，使丰收的粮食保存完好。

粮仓

鼓藏节

苗族刺绣与服饰：苗族刺绣文化源远流长，它具有传承历史文化的作用。主要表现在刺绣的图案上。几乎每一个刺绣图案纹样都有一个来历或传说，深含民族的文化，是民族情感的表达。刺绣的纹样包括生产生活中常见的花草树木，鸟鱼虫兽及《苗族古歌》中传唱的蝴蝶、龙、飞鸟、鱼、圆点花、浮萍花等。其色彩鲜艳，构图明朗。开觉村苗族服饰有盛装、便装等。苗族重视女孩，女子盛装华丽，银饰越多代表女子家庭富有，而盛装将是女子出嫁的嫁妆。

苗族刺绣

苗族婚俗：开觉村的人在步入青年时就开始游方（苗族把谈恋爱称为游方），因而其爱情生活来的较早。

苗族嫁娶在白天的称为"大路婚"。在夜间嫁娶称为"偷情"，娘家父母及哥弟不参送。前后有提亲酒、订婚酒、满寨酒、迎亲酒、进门酒、婚宴酒、闹寨酒、洗脚酒、新人酒等诸多酒俗，但如今有所简略。

苗族婚嫁

保护价值

开觉村依山傍水而建，是典型古朴的苗族村落。自然风光古朴，护寨树枫林成片，春来绿叶秋来红，层层梯田满山岗，拥有得天独厚的环境，具有良好的生态价值；其多数建筑为木质吊脚楼，充分展示了居民利用地形，建筑因地制宜，运用吊脚楼拓展建筑空间。

开觉村苗族少数风情浓厚，被誉为苗族歌舞之村，组建了高排芦笙队，坚持传承了各地已逐渐消失的高排芦笙，独具保护价值。

罗 雨 张宇环 李函静 编

黔东南苗族侗族自治州从江县下江镇巨洞村

村落环境

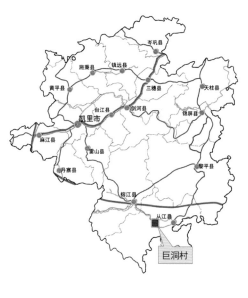

巨洞村区位示意图

总体概况

巨洞村是个风光旖旎的侗族村寨,位于从江县下江镇东部,都柳江畔、321国道旁;距镇区12公里,距县城30公里,水陆交通十分便利。村域面积12.99平方公里。人口为1815人,是一个侗族村落,村落干净整洁,吊脚木楼鳞次栉比,高15重檐的鼓楼和花桥两座为村寨增添了文化风韵。东岸为村寨传统格局核心区域。东岸村寨背山面水,沿水而展。村寨整体平行于都柳江和背后山体。村寨中部的鼓楼、戏台构成了村寨的中心形象景观,内部住宅以鼓楼为中心,结合地形层层展开。巨洞村2014年被列入第三批中国传统村落名录。

村落特色

巨洞村其侗族文化与其他地区有很大的区别,具有典型的河边侗族文化特色。如今这里依然保持着原有的生活样式,耕田以自食、伐木以建房、纺织以制衣。人们以家族、宗族、支系、巨洞村域整体呈河谷型地貌,都柳江从中部呈"弓状"穿过,镇域西侧及东侧为南北向山体。村域内主要通过沿都柳江的国道321与周边城镇相连,亦有3条村道与周边岑约、岑界、郎洞等村相连。族群的方式保持着自己的生育、信仰和族规,身临其中仿佛回到了远古的家园。

传统建筑

巨洞村落内建筑多为"干阑式"砖木结构建筑,建筑风貌具有鲜明的侗族特色。村落内建筑主要为村民住宅,建筑年代从近两年至二十世纪四五十年均有。距今较久远建筑为木结构两层建筑,底层多为圈养牲畜、堆放杂物。二层为居民生活空间,进深呈"三段式"布局,最前段为宽约3米的过廊,是日常会客、手工生产等日常活动场所,最里面的房间为卧室,中段为起居室,其中内设火塘,火塘为家人团聚、聚会之场所。在建筑构造上,采用传统营造方法,在屋顶、栏杆、门窗等构造方面均具较强的实用性,颇具地方特色。近年新建建筑,底层多为砖石结构,上层为木质结构,内部布局也与老式建筑有所不同。

巨洞村全貌

都柳江全景

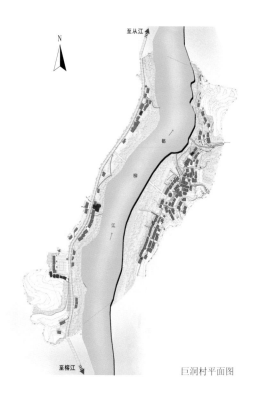

巨洞村平面图

禾晾群

巨洞斗牛

巨洞鼓楼

民族文化

侗族大歌：巨洞大歌男声雄浑壮阔，气势庞大，铿锵有力，落地有声。女声悠扬婉转，细腻动听，如树上催春的蝉鸣，似山间流淌的山泉。"江上大歌"是巨洞特有的歌唱形式，由于巨洞地处都柳江畔，以往没有公路，重大出行活动（斗牛、外出吃相思等），都必须由男青年撑船，姑娘们穿着盛装，坐在船上唱着情歌，江水清澈，青山倒影，令人陶醉与无尽遐想。

斗牛节：是侗族较受欢迎的节日。是在每年农历的二月或八月里逢"亥"的日子里举行。节前，各自约好对手，作好斗牛的准备。节日这天清晨，铁炮三响，"牛王"在锣鼓和芦笙的乐器声中进入斗牛场。这时一支支队伍，手持金瓜、月斧，举着各种旗帜，前呼后拥，绕场三周，算是"入场式"，也叫"踩场"。接着，各队牵着自己的"牛王"，举着火把，严阵以待。铁炮一响，他们便将火把往前一抛，参斗的两头牛从两端四蹄腾空，冲了上去，斗作一团，难解难分。场外人群呐喊助威，气氛紧张热烈，十分壮观。如果两头"牛王"久斗不分胜负，人们就用大绳拴住两头牛的角，像拔河一样往后拉，解脱它们的搏斗，算是平局。如果一方输了，他们的彩旗就会被对方的姑娘们全部夺去。他们需要通过赎旗礼和对歌的方式才能赎回。得胜的"牛王"被披上红布，以示祝贺。如今巨洞斗牛远近闻名，每月都有斗一次，看斗牛的有几万人，人山人海的。在村寨北侧有斗牛场一处。

人文历史

萨堂：在侗族的宗教信仰中，最重要的是萨崇拜，是侗族最大的保护神。人们都认为她神通广大，能主宰人间一切，能影响风雨雷电，能保境安民，能镇宅驱鬼。萨堂即是祭拜萨的场所。

禾晾群：该禾晾群位于东岸村寨北部溪沟两侧。禾晾是村民晾晒储存稻谷的重要构筑物。

古粮仓

花桥：建于溪沟之上，能起到连接溪沟两侧交通作用，同时，亦是农闲时节村民聚会、交流、休闲的场所。

保护价值

巨洞村寨背山面水，坐落于山水之间，从村寨的自然选址、建筑特色和人文传说来看都具有较高的文化研究价值。巨洞为典型的侗族村落，侗族民族特征明显，无论是建筑、服饰、乡风民俗等方面都具有较高的艺术研究价值。

江上大歌

花桥

欧顺江 王和进 编

黔东南苗族侗族自治州雷山县望丰乡公统村

公统村全貌

公统村区位示意图

总体概况

公统村位于贵州黔东南苗族侗族自治州雷山县望丰乡，距县城28公里，距乡政府驻地16公里；全村面积10245亩，辖7个自然寨，9个村民小组，235户、1144人，苗族为主；公统村于明清时期迁居至此，公统村于2013年被列入第二批中国传统村落名录。

建筑布局1

建筑布局2

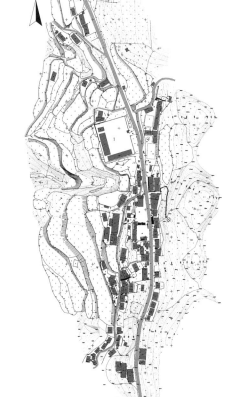

公统村平面图

自然环境

村落特色

雷舟公路穿越公统村而过，建筑沿公路呈带状分布，依托公路带来繁华。

公统村盛产水稻、茶叶、杨梅等农特产品，属全乡果品盛产村之一。境内设集贸市场一个，该集贸市场建立于明代。逢农历申、寅日赶集，村民都会进行农产品交易，如猪仔、农用工具等。

传统建筑

古建筑：公统村的苗族吊脚楼依山而建，约有250多栋，目前保存完好。村内的建筑清一色的穿斗式木结构，大多为四榀三间上下三层，底层用于圈养牲口，二层为全家活动中心。

建筑细部：吊脚楼的内部装修方式具有很多特点：大门装有牛角，以为可保一家平安。几乎所有的吊脚楼的封檐板，特意刻成拱形桥。将桥刻在封檐板上，认为可消灾纳福。

人文史迹

古井：公统村现存古井6口，分布在各个寨子周边，是之前公统村群众的生命线，虽然目前已经不用，但群众还是保护得非常好。

古树：2棵红豆杉都在公统下寨，一棵在寨脚，一棵在寨子中间。两棵红豆杉直径都有1.5米左右，3个人合围才能抱起，高20米左右。目前保存很好。

吊脚楼民居

古井

斗牛

建筑依山而建 1

民族文化

服饰文化：公统中裙苗族服饰文化源远流长，几乎每一个刺绣图案纹样都有一个来历或传说，深含民族的文化。蝴蝶、龙、飞鸟、鱼、圆点花、浮萍花等图案都是《苗族古歌》传唱的内容，色彩鲜明，构图明朗，朴实大方。

节庆文化：公统苗寨节庆跳芦笙活动，时间是在过年后的第七天进行，时限3天。公统周边乡镇和周边相邻的凯里、丹寨、麻江男女青年组队参加跳芦笙活动，往往少则几千人，多达上万人，这时场上芦笙悠扬，服饰斑斓，银光闪闪，舞姿翩翩，令人眼花缭乱。

苗医传统：公统村的王增世，家族世代行医，到他这一代，已经是第8代，有30多年的采药及行医经验。比其行医名声更加"显赫"的是他家门口挂着一块"雷山县国家级非物遗产苗医传习所"匾额。公统村苗医药国家乡非物质文化遗产传承人王增世，对于苗医药非常有名，在王增世的带领下，目前公统村有四五个能独立医治病人的苗医师。

芦笙舞

苗族服饰 1

苗族服饰 2

保护价值

公统村苗医药国家非物质文化遗产传承人王增世在公统村成立一个苗医药研究中心真正把苗医药推向市场。同时，地处苗岭大山深处的公统村，拥有丰富的中草药资源，为该村的苗药发展提供了重要的保障。

公统村是乡域内4个苗族村寨里面中裙苗最有特色，最有代表性的一个村寨，在传统节日期间，公统村会开展传统的节庆活动，如，唱苗歌、跳芦笙舞、斗鸟等，是保留有较为完善的文化传统的村寨。

李人仆 李函静 黄鸿钰 编

建筑依山而建 2

建筑构成形式

苗医传人

古树

古树

黔东南苗族侗族自治州雷山县方祥乡水寨村

水寨村局部全貌

水寨村区位示意图

总体概况

水寨村位于雷山县东北角，处于雷公山自然保护区核心区范围内，海拔830米，是全乡海拔最低的村寨，寨内地势平坦，地域较为宽阔。该村村域面积16.3平方公里，村庄占地面积30亩，辖9个村民小组，常住人口681人，以苗族为主。据传水寨村苗寨祖先大概在明朝年间就在此开始定居，至今已有五六百年历史。2014年，水寨村被列入第三批中国传统村落名录。

传统建筑1

传统建筑2

村落特色

水寨村沿水而设，寨子散落在乌密河两岸，集中分布在河间谷底之中。寨子分为三个组团，传统建筑群集中成片分布，中部片区地势平坦，东部、西部片区背靠陡山，显示出苗族村寨大聚居下的小散居特点。苗居建筑均顺延山体走势而建，建筑密度较高，层层叠叠，黑色屋脊鳞次栉比嵌合在绿色山体上，与山体密不可分。寨内郁郁葱葱，村内森林覆盖率高，水源丰富，风景优美，森林覆盖的山体形成了村寨的天然屏障，是典型的"一山一岭一寨"村落格局，是典型的苗族传统村落。

传统建筑

水寨村的传统建筑，是县内保存较好的历史遗存，包括吊脚楼、古粮仓、水碾房等，其中百年以上历史建筑2栋，20世纪50～70年代传统建筑222栋，70～90年代传统建筑62栋，全部传统建筑物占村庄建筑总面积的96%。

传统居民建筑以穿斗式木结构的吊脚楼为主，楼的外部造型、内部装修、民俗陈设，极具地方特色，蕴藏着丰富多彩的文化内涵。吊脚楼多建于斜坡上，贴壁凌空，大多为四榀三间，上下两层，楼上住

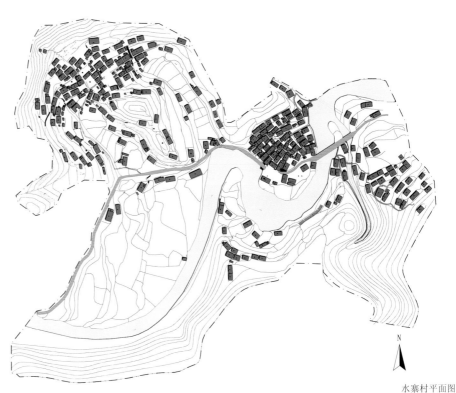

水寨村平面图

人，楼下架空；底层进深很浅，用来圈养牲口；二层半虚半实，即所谓的半边楼，一般三面带廊，楼空部位，上铺楼板，与实地平，堂屋设神龛及安置火塘，是全家的活动中心。全寨传统建筑遗承苗族传统的建筑风格与建造工艺，古朴美观。

民族文化

苗年节：苗年节是苗家最隆重、最独特的节日。独特隆重是因为它是苗族祭祀本宗祖宗神灵的最大圣典。每个苗寨苗年节的时间不相同，其他地方的苗寨也走亲串友，过节有程序、仪式和专门的鼓藏语。苗族苗节具有鲜明的民族传统文化内涵，是苗族人生价值观的展现。苗年节期间，苗族同胞和远方来的客人一起围着圈跳铜鼓舞，很是热闹。

吃新节：吃新节也叫"新和节"，每年古历六月二十五日或七月十三日，苗族人民都欢度一年一度的吃新节，且以各种

苗年节

古河道

芦笙舞

古井

人文史迹

古树：水寨村现存5棵古秃杉，枝繁叶茂，傲然挺立，均有上百年历史。

古河道：地处峡谷地带的水寨村一条河道把村寨分成两半，河道两边都住着村民，这条小河也给村寨内村民带来了方便。

古井：村寨内现存古井两处，其中一口风貌与村落整体相符，拥有古井韵味；另一口则不相符，失去古井韵味。

牛角姐妹碑：据传，道光年间，寨子有个富人叫习往耶，他无儿无女。每逢过年过节时，寨子内男女老少都穿着新装来跳芦笙，非常热闹，特别是年轻美丽的姑娘头戴着高高水牛角银饰跳芦笙，非常漂亮。为了传承本寨的风俗，于是他就找石匠打成两个戴水牛角的石像姐妹，万古不朽立在寨子桥头上。

保护价值

水寨村，历史悠久，自然山水幻化成村落背景，顺应自然，借山走势，创造出山水一体，天人合一的景象。吊脚楼、古粮仓、苗族刺绣等都承载着该村的历史艺术价值，吊脚楼更是遗承了干阑式建筑风格，具有一定的艺术价值。水寨村有着丰富的苗族文化，主要体现在苗族飞歌、芦笙舞等方面，苗家人丰富的文化现象，使得村寨充满了生活气息和文化底蕴，具有一定的文化价值。

张奇云 陈清鋆 张 涛 编

刺绣

牛角姐妹碑　　　　古树

活动热烈庆祝，昼歌夜舞，人山人海，不亚于过苗年。以跳芦笙舞、唱苗歌、斗牛等文娱活动共庆佳节。

刺绣：苗族刺绣文化源远流长，因为苗族人民没有自己的文字，他们便把在平时生产生活中常见的花草树木、鸟鱼虫兽秀在了衣服上。苗族刺绣具有传承历史文化的作用，主要表现在刺绣的图案上，几乎每一个刺绣图案纹样都有一个来历或传说，都深含民族文化，是民族情感的表达，是苗族历史与生活的展示。蝴蝶、龙、飞鸟、鱼、圆点花、浮萍花等图案都是《苗族古歌》传唱的内容，色彩鲜艳，构图明朗，朴实大方。

村落环境

黔东南苗族侗族自治州雷山县西江镇长乌村

村貌

长乌村区位示意图

总体概述

长乌村位于雷山县西江镇北部，东临西江镇开觉村，南抵朗西公路，西南连西江镇干荣村，北与台江县接壤。距雷山县城40公里，距凯里市32公里。全村行政面积8.54平方公里，全村共有217户，总人口1019人，都是苗族。长乌村是远近闻名的"葡萄村"，该村辖长卡、乌仰2个自然寨，7个村民组。长乌村位于雷公山脚下，历史悠久，现命名为旅游重点之一、八好的村寨。长乌村于2013年被列入第二批中国传统村落名录。

传统建筑

长乌村的传统居民建筑以吊脚楼为主，具有苗族特色，建筑几乎清一色的穿斗式木结构。吊脚楼一般为三层五开间以上，柱用材质好的杉木建造，房子的框架系榫卯衔接。

楼的外部造型、内部装修、民俗陈设，蕴藏着丰富多彩的文化内涵。吊脚楼的外部造型，大多为四榀三间，上下三层。底层进深很浅，只能圈养牲口。二层半虚半实，即所谓的半边楼。二层一般三面带廊，此层为全家活动中心。楼空部位，上铺楼板，与实地平。此外，还有三开间带一耳房、三开间带一迭落、三开间带两

村寨全貌

藤编扶手

长乌村总平面图

村落特色

村寨地势陡峭，民房依山而建，布局合理，山脉环绕，松、杉林茂密，苍翠碧绿，辉映寨容，使寨容处在绿的包围之中，寨后是一片大山为屏障，山中有很茂盛的松杉树林，体现山村的美。

古树

步道

选落、四开间吊脚楼等，屋面多为斜山顶。

民族文化

长乌村民族节日丰富多彩，如苗年节、吃新节、鼓藏节等节日；民族文化浓郁，如银饰、服饰、饮食、建筑等独具特色，古朴典雅，富有极其深远的文化内涵。

刺绣：苗族刺绣文化源远流长，主要表现在刺绣的图案上。几乎每一个刺绣图案纹样都深含民族的文化，都是民族情感的表达，是苗族历史与生活的展示。蝴蝶、龙、飞鸟、鱼、圆点花、浮萍花等图案都是《苗族古歌》传唱的内容，色彩鲜艳，构图明朗，朴实大方。

苗族的服饰有盛装、便装等。从苗族祖先流传下来的服饰上来看，苗族比较重视女孩，所以女孩的盛装比较华丽，谁家

民居1

民居2

龛台

女孩身上的衣服越好看银饰越多就表示谁家越富有，而这一身的盛装将是女孩出嫁的嫁妆。

婚俗：苗族在步入青年时就开始游方（苗族把谈恋爱称为游方），因而他们的爱情生活来得较早。由于与异性接触的时间较长，选择对象的机会相应增多。开始朋友可谈多个，但进入组成家庭只能从中选一人，无疑是久经考验，情投意合者。

苗族嫁娶在白天的称为"大路婚"。在夜间嫁娶称为"偷情"，娘家父母及哥弟不参送。礼金女方家可到男方家谈，也可以由男方家到女方家谈讲，酒礼款待。嫁姑娘称为"喝喜酒"。前后有提亲酒、订婚酒、满寨酒、迎亲酒、进门酒、婚宴酒、闹寨酒、洗脚酒、新人酒等诸多酒俗，但如今已有所简略。

节庆：长乌村传承了苗族吃新节、苗年等节日，相对于雷山大型苗年，长乌没有那么大的规模，也没有人山人海般热闹，但它却是每个村民发自内心的过年味，节日简简单单、朴朴实实。

人文史迹

长乌村村内苗族风情保存完好，有传统的吊脚楼民居建筑群、风雨桥、凉亭、古树以及古步道。

藤编扶手：村寨内楼梯道路扶手为古色古香的藤编，弯曲盘绕，为村寨寨容增添很多情趣。

长廊：长乌寨门旁依据山形设立了长廊，站在长廊顶端可远望到周边的大山，寨门周边长有一排高大松树，郁郁葱葱，遮掩着长廊，十分壮观。

古树：长乌古树干径增粗极慢，形态上给人以饱经风霜、苍劲古拙之感。

凉亭：长廊首尾各建一凉亭，周边苍松劲翠，是较好的观赏休息平台。

苗年1

苗年2

苗年3

苗族舞蹈

保护价值

长乌村苗族风情浓郁，民风淳朴，村寨景致较好，特别的是，长乌村打造具有特色的"葡萄村"，又邻近西江千户苗寨，可形成西江—长乌旅游一体化，具有很好的旅游带动条件。

袁兰燕　王　攀　周祖容 编

黔东南苗族侗族自治州从江县下江镇中华村

中华村全貌

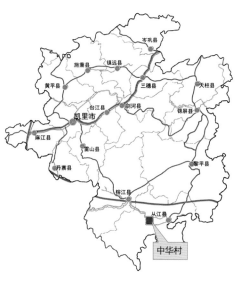
中华村区位示意图

总体概况

中华村位于下江镇北部，中华村，村域面积14.03平方公里，全村1699人，主要以苗，汉两族为主。距镇政府驻地27公里，有乡村公路相接。地处山坡林地，村寨环境优美，绿树成荫，空气清新，是一处理想的休闲避暑胜地。中华村之称是在新中国成立后，由中华辖区的自然村寨组建合作社，以"中华农业生产合作社"命名而得名。2014年被列入第三批中国传统村落名录。

村落特色

苗寨大多是聚族而居，寨子依山傍水，寨前有河，寨后有山，山上是千百年来苗族代代接力修凿而成的稻田，吊脚楼参差错落，贴壁凌空，这是苗族村寨的基本特色。现状村落延续原有选址格局，村落位于两条山脊之上，呈"Y"字型分布，依山就势，位于大山之中，后山山脊清晰，是苗族传统村落选址的典型实例。东西两侧为村落对外出入口。村寨依托山形，整体呈坐南朝北之势，形成东西向的村寨主轴线；整体呈平行于务落山、引故多山体结合地形予以展开。村寨周边丛林密布，夹冲沟谷间，梯田重叠，层层而上；村落依山傍水，寨边古树参天；干阑式木质房屋，鳞次栉比；禾晾排立于寨间，具有典型的苗乡风情。巷道是构成村庄整体空间特征的骨架，是传统民居的通道。巷道空间所创造出的物质和人文景观是村庄特色的重要体现。村民利用有限建设用地建房，铺筑了弯弯曲曲纵横交错的石板巷道和水渠。虽然在长期的发展建设过程中几经改造，但是基本保留着传统的空间尺度，村寨风貌依然清晰可览。

传统建筑

中华村村寨坐落在山腰上，房屋靠山向谷，层层叠叠鳞次栉比。房屋为"干阑"式吊脚楼，一般为三排两间两厦两层楼房。建筑材料为杉木，屋顶为歇山式，用杉树或小青瓦覆盖，一层墙板横装，用来关养牲口、家禽和堆放柴火、肥料、安碓。二层竖装，设火塘、长廊、卧室。家中设有火塘，火塘是祭祀的场所，也是用来烹调食物，接待宾客和取暖的地方。二层一般都还设有美人靠，可供人们乘凉、

中华村鸟瞰

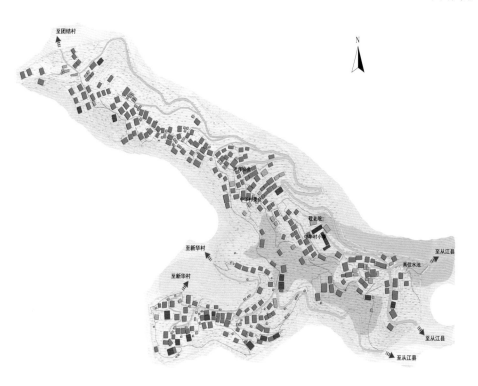
中华村平面图

歇息、就餐、妇女做针线和纺纱织布。传统民居只开很小的推拉式窗户，平时很少开启，有的民居甚至不开窗户。现在火塘改在一层以防火灾，牲口、家禽关在住房外，新建的房屋都开较大的窗户了。

民族文化

苗笛：竖吹管形乐器，也称"四孔萧"，从江苗族地区广为流传。据载，萧与笛的起源说法不一，据《周礼》记载，周代的雅乐中已用到"篪"，虽与笛同音同义，但篪为竖吹，并非横吹之笛。另相传此种乐器原出于羌中，汉代称"篪"。但它们最初都为四个指孔。蚩尤与炎黄逐鹿中原，战败后，其九黎部落南迁徙形成三苗集团即苗族先祖，他们迁徙至过程中也把中原文化随之带来，"篪"可能在其中，苗笛即"篪"的活化石。苗笛一般为竹制，声音清脆，曲调低沉委婉，它能表现丰富细腻的情感，寄托宁静悠远的遐思，幽静典雅，回味无穷。

蜡染：苗族蜡染风格古朴、粗犷、奔放，面积大的较多，纹样一般是动植物的变形，多以变形的花鸟鱼虫为主体，显得既抽象又不失具象。蜡染除大量用于服饰外，还用做被面、垫单、帐沿和包袱布等并用于民俗活动中。

人文史迹

中华村是文化之乡，这里人人能歌善舞，拥有和可传承的中国历史文化遗产，仅苗族"鼓舞"一项，就近十种之多。且它的支系繁多而分布广泛。形成了数量众多、内容丰富的歌舞品种，体现着苗族"鼓舞"历史的悠久。

《宋史·南蛮曲南蛮传》载："一人吹瓢笙，如蚊蚋声。效十人联袂宛转而舞，以足顿地为节。"事实上，苗族的舞蹈起源很早，从它那原始、古朴的风貌即可看出。许多舞蹈都与丧葬祭祀、恋爱婚姻和生产、生活有关，只不过因远古没有记载，自明代起才见诸史籍。苗族文化有着无穷的魅力。种类繁多的舞蹈充分展现了苗族的历史、舞蹈和音乐，将这块土地上的文化弘扬出来。苗族的文化、苗族的精

建筑群

神是令人骄傲的，尽管他们从黄河岸边东海之滨一路走来，历尽艰辛，可他们仍保持着乐观向上、豁达勇敢的精神，正如舞蹈诗中所表现的，山高水长挡不住他们看大海的眼光，抑制不住他们豪情满怀拥抱太阳的凌云壮志。富有诗化的舞台创意和灵感完全来源于苗族人民的现实生活。舞蹈的发展受到了极大的限制，现代舞蹈表现元素的多样化，也体现出了苗族舞蹈的继承与发展之路。

传统民居

苗笛演奏

古井

保护价值

中华村村寨选址凝结当地先民"天人合一"的和谐生态观念，体现人们为营造宜居的生存环境主动与自然环境相协调的智慧，是贵州省苗族文化比较深厚的村寨之一。村寨民俗文化多样，且独具特色，比如苗笛、芦笙踩歌堂、山地稻作农耕等都具有较高的文化价值。

聂 琳 张立行 编

苗笛

山歌对唱

黔东南苗族侗族自治州雷山县望丰乡丰塘村

丰塘村全貌

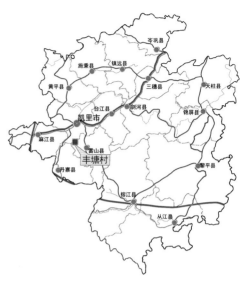

丰塘村区位示意图

总体概况

丰塘村位于贵州黔东南苗族侗族自治州雷山县望丰乡，距县城32公里，距乡政府驻地20公里；全村面积10170亩，共167户、659人，苗族为主；明清时期迁于此；丰塘村于2013年被列入第二批中国传统村落名录。

群，有130多栋苗族吊脚楼，目前保存完好，村容村貌自然古朴。

丰塘村水源丰富，植被茂密，房屋沿河而建，成带状，与山川、河流、农田形成一幅美丽的山水田园画卷。

丰塘村大桥

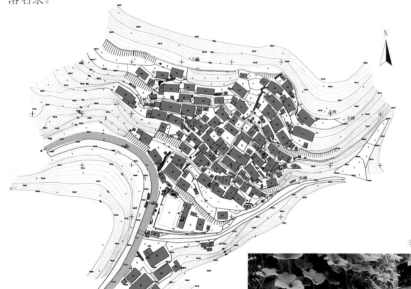

丰塘村平面图

丰塘村石碑

传统建筑

民居建筑：丰塘村的民居建筑几乎清一色的穿斗式木结构。楼的外部造型、内部装修、民俗陈设，极具特色。吊脚楼的外部造型，大多为四榀三间，上下三层。底层进深很浅，只能圈养牲口。二层半虚半实，即所谓的半边楼。二层一般三面带廊，此层为全家活动中心。楼空部位，上铺楼板，与实地平。此外，还有三开间带一耳房、三开间带一迭落、三开间带两迭落、四开间吊角楼等，房屋多为斜山顶。吊脚楼的内部装修方面，大门装有牛角，吊脚楼的封檐板，特意刻成拱形桥。将桥刻在封檐板上，以此记载古代居住习惯。

村落特色

丰塘村坐落在大山之间，全村以山地为主，溪谷交错，水源丰富，植被茂密。传统建筑依山就势，其屋半边着地，半边吊脚，既有不占地之优，又具突兀之威，美观大方。山川、河流、农田形成一幅美丽的山水田园画卷。

丰塘村是望丰乡苗族中裙之系聚集的唯一古村落，全村姓氏均为文姓，村内民族风情浓郁，全寨为依山而建苗族吊脚楼

丰塘村石板路

丰塘村民居

丰塘村瓦顶

丰塘村民居

丰塘村步道

丰塘村古井

丰塘村苗绣

丰塘村古树

人文史迹

古树：丰塘村的三棵枫树都在寨子中央，据传说大概有200~300年历史。枫树与苗族祖先有着千丝万缕的关系，在苗族神话里，传说蝴蝶是苗族的女始祖，被尊为"蝴蝶妈妈"，而蝴蝶妈妈从枫树脱胎后，她与水泡恋爱，生下十二个蛋，乳出了苗族人类始祖姜央、水牛及其他动物等，所以苗族群众都非常敬重很爱护这些枫树。

古井：丰塘村的三个古井分别位于寨子的"欧威"、"歌党"、"干丢也"，这三个地方分别在寨子上中下，是自古丰塘村群众的生命线，虽然目前村内用上了自来水，但村寨内的村民还是将古井保护得非常好。

民族文化

丰塘民族风情浓郁、民风淳朴、热情好客。苗年节改在春节中过，节日活动主要以跳芦笙为主，活动连续举办9天，在丰塘、甘益、公统分别跳3天。苗族芦笙在表演吹奏方面把词、曲、舞三者融为一体，保持了苗族历史文化艺术的原始性、古朴性。在丰塘村芦笙队伍中，吹唱哪种芦笙乐器都有指定的人选，每逢歌舞比赛或节日都由他们表演。

吃新节，在苗族群众栽秧结束后，从开秧门的日子计算，大部分的稻禾已经打包的农历六月上中旬逢卯之日过。苗族称之为"弄莫"。丰塘村吃新节要提前一两天用糯米包粽粑。过节那天，各家都要杀鸡、鸭等来祭祀祖宗神灵和免征保佑家中子孙安康的神"岩妈"、"花树"。一般节日安排在下午，开饭前还要到自家田中扯来7~9根新稻秧包，剥开后放在糯米饭上，然后祭奠祖宗天地神灵，祈祷秋来丰收和家人安康，完毕后方能进食。吃新节时要开展斗牛、斗鸟等民间活动来庆贺，活动一般为7天。这7天中青年男女都可结群成对从一个寨子到一个寨子去游方，男女青年互相对歌，个个神采飞扬，通宵达旦，歌声不息，热闹非凡。

丰塘村环境

保护价值

丰塘村水源丰富，植被茂密，房屋沿河而建，成带状，与山川、河流、农田形成一幅美丽的山水田园画卷。丰塘、甘益2条支流汇入丰塘村向北出境流入凯里市鸭塘河，村内森林覆盖面积8320.5亩，森林覆盖率81.81%，具有良好的生态价值。

张宇环 李函静 王 攀 编

黔东南苗族侗族自治州雷山县西江镇乌尧村

乌尧村全貌

乌尧村区位示意图

总体概况

乌尧村得名于流经寨脚的小河"乌尧小河"，位于贵州黔东南苗族侗族自治州雷山县西江镇，距雷山县城63公里，距西江镇20公里，东临雷公山原始森林，南抵小龙村，西连羊吾村，北与北坡寨、西江村相接，海拔800～1300米；乌尧村村域面积12.21平方公里，其中耕地面积为1200多亩、稻田987亩，全村辖北尧、大寨、新寨、平寨、保羊苟5个自然寨，16个村民组，372户，1424人，全村以苗族为主；该村有两个姓氏，即：周姓和陆姓，建寨至今已有26代人，700多年的历史；乌尧村于2013年被列入第二批中国传统村落名录。

水聚灵，聚集修建。现存完整的吊脚楼木建筑群体现古时候苗人山居部落的生活习性。

乌尧村村落地势较为平坦，寨子四周青山环抱，寨脚溪水潺潺，传统民居依山而建，寨中路串联各家各户，错落有致的民居建筑与山体有机地结合在一起，寨前、寨后古树成林，乌尧小河把村寨分割成南、北二片区，村寨整体风貌保存完好。

乌尧现以茶叶、折耳根等为主要经济作物，被评为雷山县"茶叶专业村"。也是石匠之村，如打造碾子房、磨子等在过去是独一无二的。

传统建筑

与其他苗族村寨一样，乌尧的传统建筑是最具代表性的吊脚楼木结构民居。乌尧人建造的民居一层多用石板为墙，用于圈养牲口，二、三层选用当地实木围合，四层为通风的阁楼。民居的山墙体现穿斗式建筑的形制和特点。房子的框架系榫卯衔接，一栋房子柱、梁、穿枋等处的榫有上百个之多。村民用墨斗、角尺、竹竿尺、墨线、斧头、凿子、锯子使柱柱相连、枋枋相接、梁梁相扣。三、四层的吊脚楼和院前一湾绿潭，构成了乌尧人宁静的生活圈子。吊脚楼依着山体向上而建，斜山的屋顶形成一簇簇、一组组的吊脚楼建筑群，隐匿在山间。

在门饰方面，大门装有牛角，以此寓意可保一家平安。几乎所有吊脚楼的封檐板，着意刻成拱桥形。将"桥"刻于封檐板上，以此记载古代居住习惯，同认为可消灾纳福。

走进这山间的苗寨，脚上踏的是乌尧人搬石退泥堆砌出的古石板道，一条条只够一人通行的石道，带乌尧村人找到自己回家的路。

乌尧村内古河道上建有一座拱形白石桥，碧水拱桥，连接了古河道两侧的寨子。

在乌尧的田埂边立着几座小巧的木结构建筑，为青瓦斜坡屋顶，无采光通风的窗户，多位于大树绿荫下，这栋小小的木结构建筑是乌尧人的粮仓，在田埂边见证千年来古村落的农耕文化发展。

乌尧村总平面图

村落特色

乌尧村民定居于雷公山原始森林山脉山脚，自然风光旖旎，植被丰富。村寨沿着乌尧小河（该河是乌尧的一条古河道）两侧，借

乌尧村全貌

乌尧村建筑群

传统民居

传统石拱桥

乌尧粮仓

乌尧古寨道

民族文化

　　现乌尧民族节日有鼓藏节（每隔十二年一次），苗年节、吃新节、扫寨节（每年各一次），还有招龙节等。根据年成好

坏，确定过节日，每逢节日主要举行芦笙、斗牛、斗鸡、赛跑等活动。

　　乌尧的刺绣也随着时间传承给了乌扰的子孙。在乌尧人的服饰上主要绣平时生产生活中常见的花草树木、鱼虫鸟兽、藏青、青为底，袖口有丰富的图案纹样，女性苗服比男性花样华丽，配上头上的大牛角银饰，就是完整的整套苗服，只有在重要节庆、婚庆等时候才完整穿戴。苗族服饰上的刺绣图案纹样都有一个来历或传说，都深含民族的文化，都是民族情感的表达，是苗族历史与生活的展示。蝴蝶、龙、飞鸟、鱼、圆点花、浮萍花等图案都是《苗族古歌》传唱的内容，色彩鲜艳，构图明朗，朴实大方。

乌尧斗牛

乌尧服饰

乌尧节庆

人文史迹

　　乌尧村人苗族青年军人周忠烈是乌尧家喻户晓的英雄。周忠烈在写给连党支部的请战书中写到，"上了战场，我决不当

怕死鬼。只要活着，就一定要战斗。"在1984年7月的一场对越自卫还击战斗中，他实现了自己的铮铮誓言。7月12日凌晨4时，当越军向142高地发起进攻时，周忠烈在伤病未愈的情况下不经战地医生允许就直奔阵地。战斗中，突然一发炮弹落在他身边爆炸，伤及左臂，并被震晕过去，当苏醒时，突然听到敌人的说话声，便翻身坐起，端起机枪向敌人猛扫过去，一群敌人倒下了，他也不幸胸口中弹，倒在一个弹坑中，敌人听机枪不响了，便围过来，当敌人扑向他的瞬间，他拉响了身上仅有的两颗手榴弹，与三名敌人同归于尽。战后打扫战场时，战友们发现在他周围倒下了24具敌军尸体。周忠烈后被人民解放军昆明军区授予"战斗英雄"、"一等功臣"称号。在授奖仪式上，中国人民解放军总参谋长杨得志上将接见了英雄母亲李偏农，赞扬她为解放军培养了个好战士，为苗族人民培养了一个好儿子。

乌尧自然环境

乌尧古河道

保护价值

　　700年的时间沉淀奠定了乌尧村保护价值的基础。时间洗刷下遗留的古河道、古寨道、苗族山居部落的村寨格局、建筑群和民俗文化构成了乌尧文化保护的核心。此外，乌尧英雄周忠烈的忠烈事迹在近代为乌尧苗寨的文化又增添了新的一笔。

　　　　　　　　匡　玲　黄鸿钰　周祖容 编

黔东南苗族侗族自治州麻江县杏三镇六堡村

六堡村全景

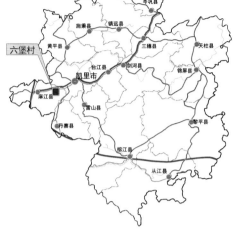

六堡村区位示意图

总体概况

六堡村位于黔东南苗族侗族自治州麻江县杏山镇东北部，距镇人民政府驻地16公里。全村辖8个自然寨，有724户，人口2757人，是一个以畲族为主的少数民族聚居的行政村，村域面积23平方公里。六堡畲族大约在400年前的明末清初时期，因兵荒马乱，徒迁到麻江县碧波乡偿班村，后于清康熙年间移居六堡为防苗民侵扰，迁移到此居住。

六堡村于2013年被列入第二批中国传统村落名录。

村落特色

六堡传统村落"四面环山、东西通廊、坝为田园、山为屏障、分群而聚、依山而建、聚族而居"的整体格局，非常具有中国传统农耕文化内涵。村寨以中部田园为核心，四周群山为依靠，聚落呈组团状分布，田园风光秀丽，山体植被茂密，景色宜人，山脚下民居错落有致，炊烟袅袅，构成一幅绝美的山水画卷。每个村落内部也分散着古树、石阶、古井等历史环境要素，使得村落古朴、幽静犹如世外桃源。

山林景观

传统民居

传统民居

传统建筑

六堡村民居都是古老的木制建筑结构。无论是在平地或是斜坡上，房基都要修成高出地面的地台，地台以块石筑成。木制墙板，木制花窗，木制大门，非常漂亮，大户人家的正门还设有腰门，门槛较高。大部分建筑二楼正前外围有走廊栏杆，宽敞明亮，空气流通，便于晾晒作物和衣物。屋顶为双坡悬山顶，均为小青瓦屋面。凡柱、梁、枋、瓜、串、橡、檩等均以榫卯穿合制作。堂屋两侧为卧室、客厅及厨房，阁楼作为仓房。有二层的建筑，二层堂屋两侧为卧室及仓房。厕所、猪牛圈一般设于屋侧房后。

民族文化

六堡村是以畲族为主的传统村落，几百年来也形成了自身传统的民族文化。

粑槽舞：粑槽舞在畲族人中流传已达400多年，源于一个悲壮的传说：畲族祖上有一位名叫代赖（音译）的人，因能征善战、武艺高强，当时的朝廷因惧怕畲人造反而设计将其诱杀。在其葬礼上，族人义愤填膺，将粑槽反扑在地，用木棍冲击粑槽，喻义要将朝廷颠覆并进行冲击（在南方语言中"槽""朝"是一个音）。从此，冲粑槽逐渐形成一种风俗活动进而演化为一种丧葬舞蹈，跳舞时也不仅仅是冲击粑槽，还按照一定的节拍，用木棍与木棍相互击打，以示继承祖先的武艺。

凤凰装：列入省级非物质文化遗产。凤凰装，是畲族妇女最主要的装束，也是

六堡村平面图

畲族服饰的精华，蕴涵着丰富的畲族文化内涵。传说：龙发大水淹没低处、雷击电闪，引燃大火焚烧陆地山冈，风狂火猛，水势汹涌，百物逃无所逃。正当危急时刻，凤凰鸟长声高叫，振翅冲天，突出了火的重围，然后迫使龙潜于渊，雷藏于天，才又招回百物，重新开始了幸福祥和的生活。凤凰是百鸟之王，女性的象征，具有大智大勇，是畲族人的保护神，对畲族有再生之德，翼护之恩，大多将凤凰图案作为女性饰物，故称女盛装为"凤凰衣"、"凤凰装"。

传统歌谣：歌谣是畲族民间中最有价值和最光辉的部分，畲族人唱歌的风采和风格，抒发了民族的坦率、乐观、爽朗的性格，以及追求幸福自由的坚强意志，流传几百年来，仍能唤起人们共鸣。

传统节气：六堡每年正月都要开展"跳月"活动，跳月堂上，数以千计的畲族青年男女身着盛装，欢聚六堡，男子吹芦笙，女子携帕随芦笙曲调踩跳，男女步调合拍，彩服招展，借此良机，男女青年广交朋友，喜接良缘，老人则预祝风调雨顺，人寿年丰。

畲族丧葬：老人年长者逝世都实行棺葬，都要举行报丧、沐尸、小殓、开路、点祖、出殓、送葬、复山等仪式，与各族不同之处，报丧过去放铁炮，专人兼程赶远方亲戚挚友前来吊丧。

畲族在1996年前被称之为东苗，属于苗族的分支，所在其民间文化当中也有部分与苗族同胞文化是相互融合的。如斗牛、斗鸟、山歌、芦笙舞、武术等民间非物质文化遗产，并且在这一乐土上得以传承。

粑槽舞

畲族跳月

畲族凤凰装

传统节日

人文史迹

古井：在六堡村北面有一口古井。经历上百年的历史，这口井仍是六堡村村民的直接饮用水水源，水井里的水甘甜可口，清澈见底。

土地庙：在村落内分散四座小型土地庙，它是一种民族信仰，祈求保全寨平安，驱瘟逐疫，镇压火星。

古树：六堡村现有古树17棵，分散在村落中。树种分别为枫香树、红豆杉、银杏树，有着极高的观赏价值。部分古树已有几百年历史，现今长势良好。

村落名人：赵龙保，六堡小塘寨人，约生于清康熙年间，府厅委任赵龙保为把总，驻扎卡乌，镇守苗疆，官声较好。

赵运高亦称赵三大人，赵虎班。约清

土地庙

道光年间生，参与解救贵阳，收复长寨、广胜、龙里等战役，称赵三大人，赐名赵虎班。后随军征战云南、广东，立有战功，被封官到开封任职。

赵运龙，六堡紫竹寨人，约清咸丰年间生，少年习武，曾在都匀府试中武举，赐顶戴印绶一套。后组织乡勇抵抗苗兵。

村落内古树

田园风光

保护价值

六堡村传有保存较完整的传统空间格局和丰富的历史文化遗存，有浓郁的生态格局。传统建筑工艺非常精巧。整体都是用木板装饰，窗子全用雕刻花窗，非常漂亮，造价较廉，每户门窗的雕花都有着不同的文饰。更令人称奇的是，古村内的木门、墙壁、屋顶等，经历几百年风雨洗礼依旧坚固无比。集中体现了西南少数民族建筑风格，具有较高的历史、科学和艺术价值。

杨　洋　陈隆诗　黄文淑　编

六堡村寨门

黔东南苗族侗族自治州雷山县永乐镇开屯村

开屯村全貌

开屯村区位示意图

总体概况

开屯村位于贵州黔东南苗族侗族自治州雷山县永乐镇，距县城41公里，距镇政府驻地7公里；全村耕地面积1420.805亩，共6个自然寨，辖15个小组，495户人家，共2044人，是永乐镇第一大村，是以苗族为主的少数民族村寨；开屯村于2013年被列入第二批中国传统村落名录。

村落特色

开屯坐落在雷公山麓西南部冷竹山脉（海拔1913米）"富排牛山"半山腰，海拔982米，村寨坐北朝南，面对群山，视野开阔；村寨四周梯田层叠，梯田随山势地形变化，因地制宜；生态环境优美，形态原始，阡陌纵横，线条流畅，山高水长，板屋交错，充分展示出梯田的自然美、古朴美、形体美、文化美，拥有"开屯梯田"之称。

308省道贯穿开屯村，过往车辆频繁，是村内主要对外交通道路。开屯苗寨建筑群房屋整体布局比较密集，村内无空地，房屋建筑多沿道路两侧分布。村内的吊脚楼依靠山势，顺势而建，鳞次栉比，层叠而上。

开屯村吊脚楼

传统建筑

传统民居：开屯村传统民居主要以干阑式吊脚木楼为主，吊脚楼建在斜坡上，把地削成一个"厂"字形的土台，土台下用长木柱支撑，按土台高度取其一段装上穿枋和横梁，与土台平行。楼上住人，楼下架空，吊脚楼低的七八米，高者十三四米，占地十二三个平方米。一般以四排三间为一幢，包括正房及"偏厦"，一般分三层，上层储谷，

中层住人，下层楼脚围栏成圈，作堆放杂物或关养牲畜。中堂的前檐下，都装有靠背栏杆，称"美人靠"，是苗族吊脚楼建筑最为讲究的地方。屋顶除少数用杉木皮盖之外，大多盖青瓦，平顺严密，大方整齐。

传统民居2

传统民居1

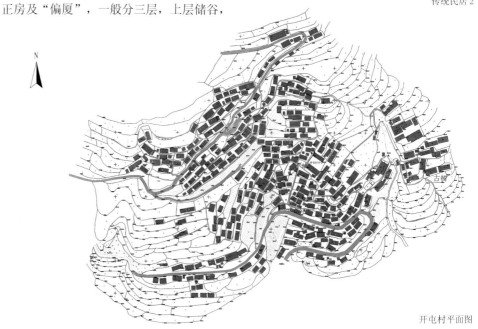

开屯村平面图

开屯村粮仓

古粮仓：建于清朝年间，布局完善，具有防水、防鼠、防潮等功能。主体布局保存完好，与周边环境没有冲突，这些粮仓有依田而建、依山而建的，他们沿山体等高线排列，展示了老一辈的聪明才智。外围设有通廊，为通风、休闲所用。

寨门：开屯村的寨门形如"楼牌"，状如"凉亭"，虽然造型各异，但都是木质结构，无门板，上盖小青瓦，且门楼内安有美人靠。身着民族服饰的村民，常在门楼"美人靠"上小憩。

开屯村古井 1

开屯村古井 2

开屯村古树

开屯村古步道

人文史迹

古井：开屯村一共有古井2个，建于清朝年间，分布在寨子周边，在没有自来水以前，村民们一直在这几个井里喝水。现如今遇见停水，村民还仍然使用。

古步道：开屯村内有古步道，用青石板铺设，现如今保存良好。

古树：开屯村一共有古树群2处，主要种类为枫香树，分布在寨前寨后，树在开屯村的村民心中被认为是可保"人寿年丰"等，因此特别敬重"保寨树"。

开屯村节日现场

开屯村苗族服饰

民族文化

开屯村是以苗族为主的少数民族村寨，村寨内村民的民族服饰、传统民俗活动等都保留了苗族的传统文化特征。

传统民族服饰：苗族刺绣文化历史悠久，他们把在平时生产生活中常见的花草树木，鸟鱼虫兽秀在了衣服上。苗族刺绣具有传承历史文化的作用，主要表现在刺绣的图案上。几乎每一个刺绣图案纹样都有一个来历或传说，都深含民族的文化，都是民族情感的表达，是苗族历史与生活的展示。服饰质料则以居住地出产的原料为主，主要是棉布经过家庭手工作坊精编细织而成。苗族服饰，是典型的女性文化瑰宝，苗族女性是其

黔东南苗族侗族自治州服饰文化的主要载体。

节日庆典：当地的村民非常好客，风俗节气有很多：比如二月二、清明节、四月八、六月吃新节、九月重阳节、冬月苗年节，还有春节。其中苗年和鼓藏节最为热闹，节日期间，家家户户杀猪宰牛，呼亲唤友唠上几天几夜，村里还组织活动，芦笙铜鼓舞是本村的民族文化活动之一，历史悠久。

开屯村古步桥

开屯村古河道

开屯村周边环境

保护价值

开屯村独特的地理位置，使得村落的布局与当地的山水融为一体；开屯村是苗族聚居地，这里苗族长期从事梯田种稻劳作，他们各项农事活动都遵循自己的传统习俗，有许多祭礼，形成自己的独特农耕文化；依山傍水，在长期的开山造田实践中，积累了营造梯田经验，也创造出"开屯梯田"的美景。

梯田、吊脚楼、苗族文化、怡人的气候、丰富的资源是形成开屯胜景缺一不可的元素，继承和发扬了苗族文化的风采，也形成了独特的开屯风光。多幅开屯梯田摄影刊登于全国多家报纸和杂志上。

黄鸿钰 周祖容 王 攀 编

黔东南苗族侗族自治州雷山县望丰乡乌响村

乌响村全貌

乌响村区位示意图

总体概况

　　乌响村位于望丰乡西部，距乡政府驻地8.5公里，海拔780～1360米之间。辖大寨、南云、南动、脚云4个自然寨，10个村民小组。全村共有215户，930人，苗族为主，有李、吴二姓。乌响村于2013年被列入第二批中国传统村落名录。

村落特色

　　乌响村山脚有三条小溪，水量充沛；发源于丹寨方向交界处，一条叫"欧余"、一条叫"欧响"，发源于凯里方向的叫"欧洞"，这三条小溪，密林茂盖，一年四季不冰不冻；乌响苗民就居住在这三条小溪两岸。全村植被丰富、种类繁多，无山不青、无水不绿，森林覆盖率达69.40%。乌响村气候宜人，四面环山，山高谷深，村落建于山间缓坡之上，体现了苗族一代人民的智慧。

传统建筑

　　吊脚楼：乌响村吊脚木楼的内部装饰方面，具有许多特点。大门装有牛角，意为可保一家平安。几乎所有吊脚木楼的封檐板，特意刻成拱桥形，将"桥"刻于封檐板上，以此记载古代居住习俗，认同可消灾纳福。

　　古粮仓：乌响村有粮仓39座，布局完整，设施齐全，具有防火、防水、防潮、防鼠等功能。这些粮仓沿山体等高线排列，展示老一辈人的聪慧。

人文史迹

　　古井：第一处："干吾欧"古井建成至今已有300多年历史，在乌响村干吾欧处，所以称为"干吾欧"古井，在寨子半山腰处，一年四季都有水。服务乌响村下半寨子120多户村民饮水问题。第二处："否觉歌"古井，在寨子最高处，建成至今已有200多年历史，苗语中的水沟最前端称为"否觉"，所以称之为"否觉歌"古井。该古井服务上半寨子100多户村民的饮水问题及近100亩田的水源。

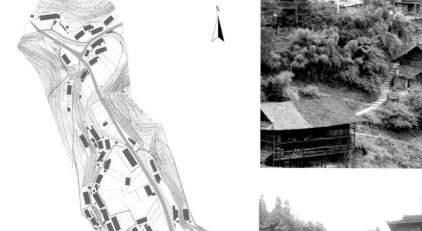

山间中的村寨

乌响村平面图

乌响村传统民居

乌响村溪流

苗族绣环

乌响村吊脚楼

乌响村古粮仓

牛王之村

乌响村山间景色

节庆广场

斗牛

乌响村小道

民族文化

苗绣艺术：乌响村苗族刺绣是一种美化服饰的古老手工艺。苗族妇女使用彩色丝线将独特、古朴、繁复和美丽的图样刺绣在服装上，其绣品色彩艳丽，对比强烈，设色单纯，图样取自苗族历史、神话、自然和生活，写意夸张，独具风格。苗绣具有强烈的表意功能，被誉为"穿在身上的史书和图腾"。

节日庆典：贵州苗族斗牛尤以黔东南七月初"斗牛文化节"最为出名，那场面相当壮观、有趣。斗牛结束后，人们纷纷给胜者披红挂彩，并向其主人敬酒祝贺。乌响因雷公山牛王而闻名，望丰乡因为有雷公山牛王而被誉为牛王之乡。

保护价值

乌响村没有详细文字资料记载，根据村中老人说，大约在400多年前乌响人民来到这里住。全村近200栋房子都是木质结构的吊脚楼。这里畜牧业发达，主要以养猪、养羊和养牛等大牲畜为主，特别是以水牯牛（斗牛）为主，在周边县市民间组

牛王

织的各次斗牛活动中多次摘冠，是远近闻名的"牛王之村"。

李人仆 李函静 黄鸿钰 编

黔东南苗族侗族自治州雷山县方祥乡毛坪村

毛坪村全貌

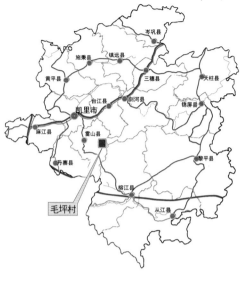

毛坪村区位示意图

总体概述

毛坪村位于雷公山自然保护区的东南部，属方祥乡，全村232户，1013人，是苗族聚居村寨，距乡政府所在地平祥村38公里。于2013年被列入第二批中国传统村落名录。

村内小桥

村内巷道

传统建筑

传统民居：毛坪村民居多为木制干阑式吊脚楼，大多为四榀三间，上下三层。底层作圈养牲口用。二层一般三面带廊，人从山面经廊进入堂屋，一般作居住用。除此之外，还有三开间带一耳房、三开间带一迭落、三开间带两迭落、四开间吊脚楼等形式，吊脚楼屋面多为斜山顶。

风雨桥：毛坪村有一座风雨桥。这座风雨桥是以前保存下来的，风雨桥横跨毛坪河两岸，桥长5米，宽2米，为撑架式石梁桥。风雨桥非常结实牢固，桥墩用水泥砌成，桥面为石质，栏杆水泥构成，桥两边设有美人靠，用于人们乘凉、休息。

古粮仓：毛坪村现保存有古粮仓，位于村寨中，保存较为完好。古粮仓的建造具有防火、防潮、防鼠的作用，使丰收的粮食保存完好。

村落特色

毛坪村于山林梯田之间，村内四面环山，周围满是茂密的山林。青瓦吊脚楼疏密有致地建筑在近山麓处的山坳斜坡上，木楼建成悬山顶屋面，曲径回廊。村容寨貌原始古朴，吊脚楼临河而建，水源丰富，两条小溪穿村而过，景观水系特色明显，自然、田园风光优美怡人，小桥流水人家，是最具水乡风情的山区苗寨。

毛坪的自然风光像"养在深闺人未识"的少女，许多优美而神秘的景点都藏在深山老林中，那些未经雕琢的、古朴的、原汁原味的自然景观，一个个都让人叹为观止。村内林地丰富，野生动物种类多，是一个动物的乐园。

毛坪村平面图

毛坪村建筑群

人文史迹

古井：毛坪村寨中一共有古井2个，建于晚清年间，在没有自来水以前，村民们一直饮用这几个井里的水。

古树：毛坪村寨中有一处古皂荚树，这棵皂荚深受村民喜爱，皂荚树分支很多，枝繁叶茂，到结果时节总是硕果累累。

古河道：毛坪村有一条河，河从寨脚流过，河水清澈见底，夏天可看到河里嬉戏的儿童，村庄呈现出原汁原味的景色。

民族文化

苗族飞歌：苗族飞歌是苗族歌曲的一种，飞歌的音调高亢嘹亮，豪迈奔放、明快，唱时声震山谷，有强烈的感染力。毛坪村苗族唱飞歌见物即兴，现编现唱，歌词内容以颂扬、感谢、鼓动一类为主，在各种喜庆活动或者迎客，都要唱飞歌。

苗族刺绣：苗族刺绣具有传承历史文化的作用，主要表现在刺绣的图案上。几乎每一个刺绣图案纹样都有一个来历或传说，都深含民族的文化，都是民族情感的表达，是苗族历史与生活的展示。

毛坪村民居

毛坪村古河道

苗族飞歌

毛坪村古粮仓

毛坪村古井

芦笙舞

保护价值

毛坪村地势较为平坦，四面环山，村容寨貌原始古朴，吊脚楼临河而建，水源丰富，景观水系特色明显，自然、田园风光优美怡人。

村落传统建筑反映了当地人民建造传统样式建筑的高超技艺，至今仍保留着当地的苗族传统文化和地域风情，具有特殊的民族文化价值。

詹 文 李函静 黄鸿钰 编

毛坪村风雨桥

毛坪村古树

毛坪村风雨桥

村落环境

黔东南苗族侗族自治州剑河县观么乡平下村

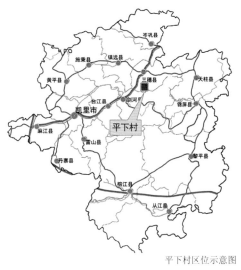

平下村区位示意图

平下村全景

总体概况

平下村位于贵州省黔东南苗族侗族自治州剑河县观么乡东北部，距乡政府驻地9公里，东抵民村村，西接坪岭村，南邻白胆村，北迄老屯村。村域面积13平方公里，是一个纯苗族聚居的古村寨，现全村共有182户，882人，下辖1个自然寨，3个村民小组。村落形成于清代，距今有300多年历史。2014年，平下村被列入第三批中国传统村落名录。

村落特色

平下村地处平下溪上游，建于半山坡，坐北朝南，中间宽阔，恰似一个脸盆。整个村落呈蝶形，民居依山而建，形成面对面的形式，在四周依稀散居有一些住户。这里深峡幽谷，水浅流急，十里阔叶林覆盖，古树参天，原始森林植被保存完好。村周梯田环绕，有"千亩云梯连天际"之美称，其间百余亩保存完整的珍稀保护树种——榉木，林木蓊郁。森林覆盖率达80%，盛产松、杉、银杏、榉木等国家一、二级珍稀保护树种。野生动物种类繁多，有猕猴、五步蛇、锦鸡等国家一、二级保护动物。古村落、山、水、农田相得益彰，共同构成了平下组团状的山水格局。

传统建筑

传统民居：平下村95%的民居为苗族传统木质干阑式吊脚楼，一般为2～3层。平下民居延续了苗族传统民居的建设特点，多利用原始地形中较为平坦的山坡为依托，在斜坡上把地面削成"厂"字形的平台，避开冲沟滑坡，其余部分则灵活设立吊脚柱，不用一钉一铆，框架独立性强，坚实牢靠能经百年而不损毁倒塌，以最合理的方式创造舒适的居住空间。房屋分为正屋、厢房、前厅、偏厦等，堂屋两侧为卧室，厨房、牲畜房等皆设于屋侧房后。平屋为单檐结构，开口屋为双檐结构。

民居2

民族文化

平下锡绣：堪称世间少有，其渊源现已无从考究。平下锡绣装端庄古朴的服饰特点类似于春秋战国时代武士的甲胄之风。在材料的使用上，金属"锡"与甲胄效果之间是否存在必然的联系？有待进一步考证。锡绣以金属锡来完成一件刺绣

粮仓

民居1

平下村平面图

锡绣盛装

织布机

锡绣制作

品，此举在世界工艺美术史上当属绝无仅有，其视觉效果是粗犷的。深色面料上缀以银白色的小锡节，质感强烈、古朴而生动，特别是在阳光下与银饰相辉映，更是熠熠生辉，其色彩高贵典雅，不染俗燥。在纹饰上它所采用的图案均为高度抽象的几何纹，这一特征亦有别于传统苗绣及中国苏、湘、京、粤等绣品种所采用的具象图案，但却与信奉伊斯兰教的阿拉伯民族图案相似。在色彩上，锡绣主体以金属"锡"的自然色为主色调，虽在其间亦辅以彩色暗花，但若将锡绣与色彩浓艳的传统苗绣和中国其他传统刺绣品放在一起却有着鲜明的对比，锡绣色彩质朴而高贵。锡绣之于服饰，分三个部分，除夏装的背部饰件与上衣相缝贴且有自然悬垂的"雨滴线"外，前、后裙片皆是独立的饰件系于腰间，并覆盖在百褶裙上。

凉亭

纺线机

人文史迹

凉亭：平下凉亭位于后山山腰上，为六柱多边形木质建筑，屋顶为歇山顶。左右两侧置长木枋供村民歇息、乘凉和避雨，是平下村重要的社交活动场所。

古树：平下村有古树多种，零散分布在寨中各处，现状保存较好。平下人视树为保佑寨子的神灵，有保护、祭奠古树的习俗传统。平下古树历经数百年甚至千年沧桑，长盛不衰，营造出人与自然和谐相处的见证。

保护价值

平下村建筑因地制宜、灵活布局，在满足民族生活需求的同时也反映着平下人作为高山苗族特有的审美眼光，具有极高的美学价值。平下村的苗族锡绣是省级非物质文化遗产，寨中成年女性均会手工锡绣，其技艺尚保留原生状态。寨中生态景观、人文景观互相映衬，传统文化具有浓郁的多样性、完整性、地域性，具有较高的保护传承价值。平下村是典型的传统苗族村落，300多年的沧桑巨变使得它蕴含了丰富的、特有的苗族历史气息，同时其独有的风土人情记录了苗族村民的生活状态，对于地域文化趋同的今天，平下村依然有着很高的历史文化价值，形成了苗族村落独特的地域文化景观标志。

高　蛤　张　全　王燕飞编

古树人家

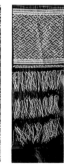

锡绣绣片

古树

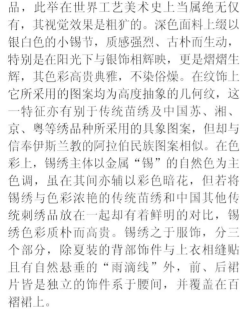

平下村一角

黔东南苗族侗族自治州黎平县洪州镇归欧村

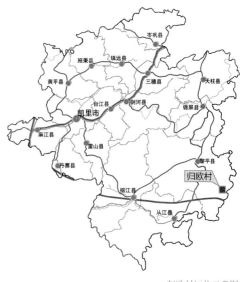

归欧村区位示意图

归欧村全貌

总体概况

归欧村位于贵州省黔东南州黎平县洪州镇所在地西南23.6公里，东邻赏方村，南与广西三江县独峒乡高弄村交界，西靠九厥村，北抵九江村。全村面积为5.28平方公里，辖1个自然寨，5个村民小组，有180户、900人，全村以苗族为主。归欧村明清时置寨。归欧村于2012年被列入第一批中国传统村落名录。

村落特色

归欧村地处长江水系源头地带，海拔600米，森林覆盖率达70%。境内以低中山为主，村寨依山傍水而建。村寨择河岸大岭聚集，外围是植被茂盛的山林，寨中地势较为平坦，民居多倚南北方向而建，高低错落，街道整齐，保存完好。

村寨四周山峦层叠，树木郁郁，古树参天。古老的溪流流经这里，经过千百万年的冲洗积淀，在峡谷沟壑上演变成了无数的肥田沃土。

寨脚有一条小河穿寨而过，小河清澈见底，小河上游有美丽的峡谷瀑布，瀑布迸发着迷人的水花。寨脚有一座几十年的苗家风雨桥，桥上还有一座小鼓楼。村寨散发着自然的宁静、和谐与舒适，俨然一幅鸟语花香图。

传统建筑

传统民居：归欧吊脚楼一般以三间四立帖或三间两偏厦为基础，分为三层，底层用作家畜和家禽的栏圈，以及用来搁置农具杂物等。中层住人，正中间为堂屋，堂屋两侧的立帖要加柱，楼板加厚；祖先崇拜的苗族传统宗教，在吊脚楼的民居建筑上被充分完美地体现出来了。

老鼓楼：为民国时期建设，至今保存较好，村寨重大节日都会在鼓楼里举行。鼓楼都是以杉木为主要建筑材料，整座建筑不用一钉一铆，全系木料凿榫衔接，横穿竖插，棚顶盖青瓦，凡外露的木质表面都涂上桐油防腐、防虫。建筑结构严谨，造型独特，富有民族特色。傲立苍穹，久经风雨，仍然坚不可摧。

粮仓：归欧村每家都将粮仓集中建在寨子外边，最早的一间已有100多年，至今仍在使用。在如此众多的粮仓上，不见一把明锁，全用传统的机关暗道把门。

归欧花桥：位于寨东北跨溪建起，故名归欧花桥。桥结构以桥墩、桥身为主要两部分，桥头靠田边墱底是用松木垫底。

后寨门：位于归欧村寨后，建于清代末期，高约5米，依照自然环境设独立式寨门，逢节日庆典时，寨门便是迎宾送客之场所，是苗家人出寨归来的标志性建筑。

传统民居建筑

归欧村平面图

传统民居建筑

传统民居建筑

祭祀节

古树群

粮仓

苗族姑娘

古道

归欧花桥

归欧后寨门

民族文化

苗族祭祀节：归欧村是以苗族为主的少数民族村寨，苗族特别尊崇祖先，苗寨生活在汉族或彝族之中，但他们仍保持着自己祖先传承的独特文化。苗族的祭祀节是保存较为完整的文化之一。

传统民族服饰：归欧村现在仍然保持着苗族服饰在中国民间的织、绣、挑、染的传统工艺技法，服饰图案花团锦簇，流光溢彩，显示出鲜明的民族艺术特色。

传统节日：归欧村传统节日有苗年、四月八、龙舟节、吃新节、赶秋节、芦笙节等，其中以过苗年最为隆重。芦笙节是苗族地区最普遍、最盛大的传统节日，是一种融歌、舞、乐于一体的群众性的文艺活动，主要是祭祀祖先，庆祝丰收。

人文史迹

古树：归欧村周边的古树成荫，是归欧的祖先们一代一代留存下来的，它们就像是村里的守护神一样，世代保护着归欧的子孙。归欧村的古树大部分是集中在村边，排成一排，犹如一群站岗执勤的哨兵一样，炯炯有神。又如"儿行千里，母担忧"似的母亲在注视远方，盼望子女平平安安，早日归家团聚。

古道：归欧人迁徙时留下的路，后世人也常通过它与外界联系。

古井：归欧村古井至今还保存使用的有一口，为寨内主要饮用水水源，另一口位于寨头进寨路口处，并设有凉亭，供路人歇息解渴。寨内水井，为保障下雨天水井里的水质，村民筹钱给水井设置了一个水棚，以免雨水及山坡上的泥水侵入。水井为漂瓜井，即用一块青石板研开一个沟槽，端头为一深度凹口，起到储水和沉淀的作用，路人可以直接将嘴对着凹口喝。

古河道：归欧村寨寨脚有一条小河穿寨而过，小河清澈见底，小河上游有美丽的峡谷瀑布，瀑布散发着迷人的水花。在磐石间形成小溪与清潭，风景秀美。

古井

古河道

保护价值

归欧苗寨利用缓坡，甚至陡坡地依山傍水而建。村寨四周山峦层叠，树木郁郁，古树参天，整体风貌保存完好。

古老的溪流流经这里，经过千百万年的冲洗积淀，在峡谷沟壑上演变成了无数的肥田沃土。正是具备了这一条件，才使得归欧苗寨得以一代一代地延续至今。

归欧村本身就是苗族历史的沉淀，村寨在民族传统的保护与宣扬方面获得了优异的成绩，至今传统村落格局保存完好，人与自然和谐统一，使得村落具有良好的保护和发展的科研价值。

张成祥 杨 健 黄鸿钰 编

村落自然环境

黔东南苗族侗族自治州台江县革一乡北方村

北方村鸟瞰

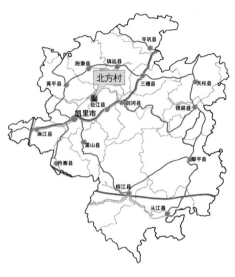

北方村区位示意图

总体概况

北方村由桃树榜、北方、岩寨组成，是典型的苗族村寨。全村村域面积为10平方公里，全村人口1360人，均为苗族。古树成群，有神秘的天然塘，古溶洞群。历史文化丰富，有民族英雄张秀眉大将故居遗址。北方村距台江县46公里，2013年被列入第二批中国传统村落名录。

村落特色

该村东北面紧挨镇远旅游干线公路，整村绿树成荫，竹林成片，古柏参天，青藤盘绕，空气清新。鸟语花香，苗歌飘逸。

北方村道路呈自然分布、纵横交错，建筑顺应地形，呈自然式平行等高线布局。

在选址上，充分结合自然要素，与周围的山体、中部农田、池塘完全融为一体。村落多为传统干阑式建筑，建筑的布局与山体巧妙结合，顺应地形，形成高低错落内聚有力的传统聚落空间特点。

传统建筑

北方村古建筑物建于清初时期，由于受现代建筑风格的影响，部分已渐消失，至今还保留着古墙、古石桥和近代修建的传统干阑式民居建筑。

苗族半边楼是干阑式建筑的一种，是一种古老的居住建筑形式，至今仍然广泛存在于我国西南山区，其中以黔东南最具特色。它不仅具有独特的建筑形象，同时也具有深厚的民族文化底蕴，虽历经发展与演变，却不曾消失，保持着强大的生命

代表建筑

村落环境

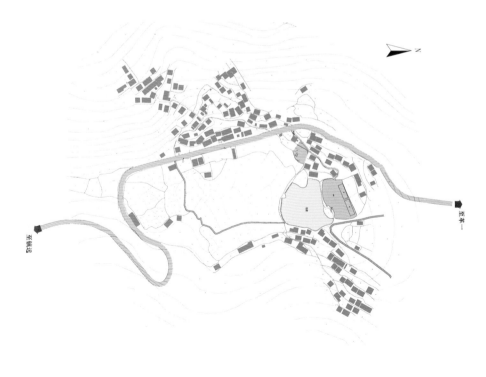

北方村平面图

力。作为一种世代相传的传统建筑形制，其结合地形、节约用地、适应气候条件、节约能源、运用地方材料以及注重环境生态等各方面都体现出了与自然的和谐共生。干阑式苗族民居建筑丰富多彩，生动独特，根据其地方气候与自然环境、经济水平和材料特点等自由灵活地组织、利用空间，构筑因地制宜的居住环境，具有浓厚的民族风格，体现了苗族人民的生存理念，形成了与其他民居不同的风格，呈现出自己的特色，蕴含着宝贵的建筑经验和历史文化价值。

反排木鼓舞 1

北方村古井

民族文化

苗族反排木鼓舞：黔东南台江反排地区的未婚青年们，特别喜爱一种欢腾而潇洒的集体舞蹈《反排木鼓舞》。因舞蹈必须由敲击架在一旁的木鼓为伴奏而得名。苗族是盛产"鼓舞"的民族，在不同的节日和场合，各具内容、规模和表演姿态的"鼓舞"四处可见。而《反排木鼓舞》却是在若干"鼓舞"中，专为青年们创作、颇具特色的自娱性舞蹈。随两名鼓手由慢到快地敲击木鼓的节奏，青年男女们一反跳《踩堂》舞蹈时的羞涩和矜持，展开了一场奔腾、跳跃的竞争。木鼓声下越发迅疾的舞步和提腿内拐的反转、正转连续相接，迫使腰间的黑色百褶裙也被左右甩动得忽起忽落；完全松弛的双臂随身体的强力摇摆、晃动扬向各方。男女青年随着渐快的木鼓敲击声全力地跳着、旋转着，直到速度达到极致、群情激奋、力不可支时才宣告结束。这种大运动量的作舞方式，真可谓是台江一绝。

欢快而极具特色的《反排木鼓舞》，突出了台江苗民们爽朗豁达的气质和以全身心投入歌舞的情趣。曾有一位日本朋友在观看舞蹈后，竟把它称作是"东方的苗族迪斯科"。反排木鼓舞是一个祭祀性舞蹈，源于祭鼓节，历史渊源久远，由原始图腾信仰和万物有灵的宗教意识发展而来，在反排苗寨反排木鼓舞已有四十五辈人，一千多年的历史。反排木鼓舞是反排苗寨历代每7年一届祭鼓节中传承下来的，它由5个鼓点章节组成，即"牛高抖"、"牛扎厦"、"厦地福"、"高抖大"、"扎厦耨"5个舞种。由于反排木鼓舞与苗族祭鼓节相生相伴，也是祭鼓节重要的活动环节。反排村民族文化资源丰富，至今仍保存着以反排木鼓舞为主要文化特征的苗族文化生态圈。反排木鼓舞是苗族祭鼓节重要的活动环节，还是连接苗族社会过去、现在和未来的重要文化纽带。国家非常重视非物质文化遗产的保护，2006年5月20日，反排苗族木鼓舞经国务院批准列入第一批国家级非物质文化遗产名录。

反排木鼓舞 2

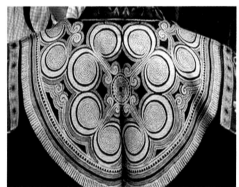
苗年节

人文史迹

北方村历史可追溯到周（公元前1046年）、秦（公元前2214年）至元代（公元127～1386年），迄今达三千多年的历史。

张平衡：1949年12月3日，张平衡参加了县人民政府举办的首批师资培训，结业后，县政府任命为德立小学校长，系新中国成立后首任校长。

1950年4月，台江土匪应变乱猖狂，匪县长邰昌平，委张平衡任德立乡乡长，他向来人严词拒绝。5月，县人民政府在施洞镇仰方村，召开各族各界人民代表会议，张平衡参加会议，并接受县人民政府的指令，组织张平衡游击队，被委任为队长，配合人民解放军剿匪，平息匪患，为1950年9月18日台江第二次解放作出贡献。

苗族蜡染

敬桥节

保护价值

北方村苗族吊脚楼既有典雅灵秀之美，又有挺拔健劲之美，在虚实对比上和谐统一。悬虚构屋架空而立，上实下虚对比强烈，另外依山临水而建，鳞次栉比，与山水融为一体，相得益彰，具有很高的艺术审美价值。

余文谦 闫 刚 编

北方村芦笙舞

黔东南苗族侗族自治州黎平县洪州镇平架村

平架村全貌

平架村区位示意图

总体概况

平架村位于贵州省黎平县洪州镇，距枝柳铁路41公里，距209国道37公里，与洪州镇的通车距离11公里。平架村村域面积26.58平方公里，全村507户，共2235人，全村以侗族为主。村落始建于元代以前。平架村于2012年被列入第一批中国传统村落名录。

村落特色

平架村侗寨利用得天独厚的地理条件依山傍水而建，整体风貌基本保存完好，河边及四周古树围绕，古井于寨中和寨边，花桥作为标志性建筑立于寨前，显示独特的侗寨风格，寨门是进寨的通道，是侗寨地域感和民族特色的体现，寨门就像是侗族人的守护神一样守在进寨口。

平架村民居建筑均为木结构，大部分保存良好。鼓楼、古井均匀于寨中。农田依山就势，成梯状分布，构成了美丽的梯田，村落民居建筑也依山而建，层层排列，既有层次，又有错落感。山上林木茂盛，自然林木资源丰富，自然环境优越。由于交通的不便利，使得村寨发展缓慢。也正是因为发展缓慢，该村落依然保存着侗家人浓郁的民族风情。

传统建筑

平架村的历史传统建筑，按其功能分可分为公共建筑和民居建筑两大类。公共建筑有祭祀性建筑和娱乐性建筑等。如寺庙、风雨桥、寨门、古井这些公共建筑保存完整，周边环境良好。

传统建筑：主要是民居建筑，这些建筑早建于清代乾隆、嘉庆年间，少量建于民国时期。所有建筑均具有侗族传统建筑特色风格，分布于寨内寨外。公共建筑大多相对保

存完整，基本体现了平架的历史景观。

风雨桥：平架村共两座风雨桥，一座位于寨东北跨溪建起，故名平架风雨桥。桥结构以桥墩、桥身为主要两部分，桥头靠田边瞪底是用松木垫底。侗族花桥是侗族人民勤劳智慧的结晶，也是中国木质建筑的艺术珍宝。

另一座始建于清代，东西走向，横跨九江河。桥长40米、宽7.5米，占地面积300平方米。桥廊建有三重檐六角攒尖顶中楼一座、边楼二座，一二层为四边形，屋脊塑翘角。整座桥身桥楼和桥墩保存完好，局部小青瓦脱落。

宗祠：位于黎平县洪州镇平架村4组，始建于清光绪年间。宗祠坐西朝东，二重檐歇山顶式建筑。宗祠高5.5米，占地面积22平方米，大门宽1.1米，高1.6米。平架

传统民居

宗祠具有祭祀祖宗、执行家规家教、严肃风纪等功能。对侗族文化有一定的研究价值。现整体保存较好，部分枋柱腐朽，小青瓦局部脱落。

平架鼓楼：位于黎平县洪州镇平架

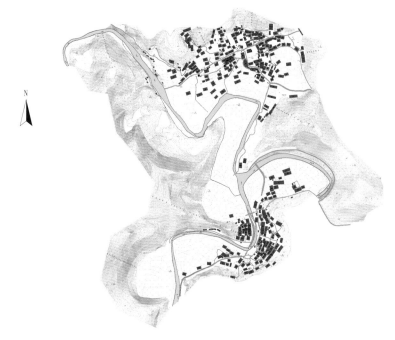

平架村平面图

村村委会西北50米，原建于民国初年，坐北朝南，于20世纪30年代曾被捣毁，1984年，在民族文化的复兴浪潮中，由村民自己集资重建，穿斗式结构，十三重檐八角攒尖顶，一二层为四边形，三层以上为八边形，通高19米，占地面积72平方米，内设四金柱达置楼层，周围配十二檐柱，装裙板，地面鹅卵石铺墁，中央设直径2.8米的圆形火塘，鼓楼大门上塑双龙抢宝，每层鼓楼上均绘有动物、山水、人像等彩画，一至四层脊角上塑有泥塑，四层以上层檐脊角迭瓦上翘，朴实无华。

民族文化

平架村是以侗族为主的少数民族村寨，村寨内村民的民族服饰、传统民俗活动等都保留了侗族的传统文化特征。侗族有三大国宝——鼓楼、风雨桥和大歌，鼓楼是侗族文化的载体和精华，因此侗族文化又称鼓楼文化。

传统民族服饰：平架村的侗族服饰跟黔东南侗族服饰相差无几，按照性别和年龄分为男子服饰、女子服饰和儿童服饰，按等级生活场合分为日常服饰和盛装，其中女子盛装按照服装款式又分为对襟裙装式、交领左衽裙装式、交领右衽裙装式和交领右衽裤装式四种。

侗族的饰品主要包括头饰、胸颈饰、手饰、背饰、腰坠饰、绑腿、绑带、鞋子等，在盛大节日中佩戴的种类较多，且这些饰品多喜用银制作。侗族服饰以女士最为华丽，每个侗族女士一生中大约有三套这样的服饰，小时候一套，成年一套，出家一套。侗族服饰制作大约一两年时间。

平架花桥纹饰

人文史迹

平架琵琶歌：产生于明代，1952年贵州省文化厅音乐工作者发现这种琵琶歌，选调参加少数民族文化汇演，后推荐去北京演出，被命名为九江琵琶歌。九江琵琶歌是唯一用高音假声唱的琵琶歌，以其曲调的优美悦耳，音域的宽广敞亮，旋律的悠扬婉转，情感的激越忧伤，别具一格的演唱风格，被音乐界评价极高。九江琵琶歌曲调统一，在民族音乐中占有重要地位，是侗族琵琶歌中的绝品，是古老民歌的遗传，被列入国家首批非物质文化遗产保护名录。

平架河：位于村寨边，环绕平架各个村寨，常年水源充足，形成平架村的保护带，河道宽约40米，这里是珠江水系的一个小分支。平架河孕育着沿岸的侗家人

民，侗家人的祖先落户这里后，就开始人丁兴旺，平架河孕育着一代又一代的侗家儿女，一直延续至今。

平架寨门：寨门是进寨的标志建筑。寨门过去的功能是防卫，如今，这个功能消失了，但它是进寨的通道，是侗寨地域感和凝聚力的标志。

水井：平架水井位于洪州镇平架鼓楼西北5米。始建于清代，坐西北朝东南，青石砌筑而成，水井呈长方形，长1.6米，宽1.30米，面积2.08平方米，井深0.5米。顶部用一块青石板封盖，青石板长1.6米宽0.9米，宽0.05米。水井至今还在使用，为村民提供生活用水。该井对研究当地的一些人文现象和历史发展提供了可考依据，具有一定的历史研究价值。

广场：在建寨的时候，前辈们为了给大家一个节日活动场所就提前预留一块平地，侗家人民传统节日活动地点大多在这个广场举行。

侗族服饰

平架琵琶歌

平架鼓楼1　　平架鼓楼2

古井

平架风雨桥

保护价值

平架村秀美的自然风光是在特殊的高山丘陵峡谷环境中经过千百年孕育而成，应对这样不可再生的优美环境进行保护。此外，平架村村民与当地自然环境和谐相处，悉心保护环境，将侗族文化与当地自然山水相结合，形成了具有侗族文化特色又具有代表性的乡土景观，是研究侗族民族文化的鲜活实例。

平架村的历史传统建筑如寺庙、花桥、寨门、鼓楼、古井等都保持完整，具有极强的保护价值和研究意义。此外，该村年代久远，非物质文化独特，尤其是平架琵琶歌和侗族服饰独具特色，具有极高的艺术价值，必须加强保护和传承。

张成祥 任昌虞 王 攀 编

平架河流

黔东南苗族侗族自治州黎平县尚重镇旧洞村

旧洞村区位示意图

旧洞村全貌

总体概况

旧洞村位于贵州省黔东南苗族侗族自治州黎平县尚重镇西面，距镇政府所在地3.5公里，东面与本镇尚重村相邻，南面与本镇的高岑村相邻，西面与本镇岑门村接壤，北面与本镇高代村毗邻。全村村域面积为8平方公里，总人口766人，主要为侗族。旧洞村明朝早期祖辈从江西外迁入住，距今已有600年历史。2013年，旧洞村被列入第二批中国传统村落名录。

村落特色

村落背山面水而建，构成山环水抱的格局。一条小溪东面蜿蜒绕寨而下，溪水潺潺，未进寨而闻其声，由于地势起伏变化很大，水流变化莫测，形成特色的小瀑布和龙潭。花桥横跨河流，传统的吊脚楼沿河层层而上，形成小桥流水人家美丽农家景象。寨头设寨门，旁边古树参天，犹如招手迎接远方的客人。

传统建筑

旧洞村是一个典型的侗族村寨，寨中有3座风雨桥和大量的侗族民居。民居沿着

山腰有层次感的分布，结合地形，与大自然完美结合。

风雨桥：风雨桥由巨大的石墩、木结构的桥身、长廊和亭阁组合而成。石墩为青石成梯形堆砌而成，桥身全部为木结构，并大都以杉木为主要的建筑材料，整座建筑全系木料凿榫衔接，横穿竖插。桥顶部盖有坚硬严实的瓦片，从石墩起，以巨木为梁，用巨木叠合成倒梯形结构的桥梁，抬拱桥身，使受力点均衡。

传统民居：旧洞村的传统民居为干阑式建筑。不过为了满足当地山高坡陡的地理环境，当地很多建筑已经放弃了干阑式建筑的传统做法，而是更灵活地采取了在斜坡上开挖半封土石方，垫平房屋后部地基，然后用穿斗式木构架在前部做吊层，形成了半楼半地的"吊脚楼"。这种形制的房屋在结构、通风、采光、占地等诸多方面，都优于其他建筑。

民居

民族文化

鼓藏节：鼓藏节无疑是侗族人家最隆重的节日，鼓藏节七年举办一次，每次举办都犹如一幅侗乡人民温婉情怀的民族风情长卷。鼓藏节期间，当地群众盛装咸集，虔诚社祭，虔载十年壮牯敬天地、祭先祖，对山歌、会亲友，琵琶鼓乐，以盛大节庆感慰苍生，祈福太平，祷盛世

古井

旧洞村平面图

禾仓群

民居

祭祀

丰年，还同时举行斗牛、斗鸡、斗鸟、山歌、琵琶歌、芦笙表演、民族服饰展演等丰富多彩的赛事活动。尚重镇每个侗族村寨都养有"牯藏牛"，一般在鼓藏节前三年寨内会购买斗牛，然后挑选黄道吉日告诉寨内出嫁的女儿，不管老少都回娘家"贺牛"，全寨回娘家的女儿相聚唱歌打闹，不分老少，在他们眼里，没有差异，大家都是旧洞村的女儿，表现出出嫁对娘家的思念以及回到娘家的一种洒脱。

侗族服饰：侗族服饰按照性别和年龄分为男子服饰、女子服饰和儿童服饰，按照生活场合分为日常服饰和盛装，其中女子盛装按照服装款式又分为对襟裙装式、交领左衽裙装式、交领右衽裙装式和交领右衽裤装式四种。侗族的饰品主要包括头饰、胸颈饰、手饰、背饰、腰坠饰、绑腿、绑带、鞋子等，在盛大节日中佩戴的种类较多，且这些饰品多喜用银制作。

活动，到时穿着盛装虔诚祝福，鬼师与萨坛上念咒语祈福，萨坛上立一把聚阳伞，下面按照天干地支来布置方位，是村中祭祀场所。

保护价值

旧洞村选址山环水抱，其对人居与自然关系的考虑也符合中国"天人合一"环境观，建筑以群山为背景，增加景观的层次感；以水为前景，取得开阔的视野；建筑因山而气派，因水而生动，水的引入，可以调节小气候，重山环绕，呈现出一段优美的中国山水画卷，旧洞村古老的村落选址与格局是研究传统村落的一个重要案例。

王　艳　杨　涵　吴汝刚　编

琵琶歌

传统服饰

人文史迹

古井：旧洞村有4口古井，在村落西面成线形分布，水质最好的当属村寨道路旁的古井，村民起名为"金雪泉"，据说寨中古时有一老人生病以为要过世了，于是叫自己的儿女给他喝一口金雪泉的水，结果老人病好了，于是村民封为神井，每当老人过世前都要喝口井水才能安息，已经成为寨中习俗。由于位于道路旁，每个过路人都会喝上一口，每到傍晚，来此提水的人更是络绎不绝。

萨坛：旧洞村的萨坛位于村寨北面，是用石头垒成的萨坛，上种有植物，每到鼓藏节都会由寨老组织到萨坛处举行祭萨

古桥2

枫树林

航拍图

古桥1

黔东南苗族侗族自治州从江县加鸠乡加翁村

加翁村鸟瞰

加翁村区位示意图

总体概况

加翁村位于月亮山腹地，在加鸠乡驻地西面约6公里处，村委会驻加翁寨。加翁因驻地坡陡岩石多，苗语称"阶翁"，译汉称为"加翁"得名加翁。

村民散居在海拔800余米的高山之间，沿袭古老的农耕方式，在荒山上开垦出层层梯田，以植水稻为生，保存了中国最古老的稻作文化。加翁村位于贵州省黔东南侗族苗族自治州从江县加鸠乡的西南部，村域面积6.22平方公里，距离从江县城110千米距加鸠乡集镇3千米。全村874人，均为苗族。2013年被列入第二批中国传统村落名录。

村落特色

村落坐落在半山腰，地势陡而岩石多，周边自然风光奇特秀丽，极目远望，满坡满岭都是田。由于山势陡峭，梯田只能因势而造，梯田狭窄而绵长，如线似带，田面狭窄，有的不足半米，空间的扩展只能向两边延伸。造就了数百上千额层层梯田，层层叠叠，顺山环绕，气概非凡，蔚为壮观，形成独具特色的山区田园自然风光。

加翁村村道1

传统建筑

加翁村传统居民以木质的吊脚楼为主，主要分布在寨子北部和南部，大多数建筑保存一般，少量建筑已腐朽倾斜，破败。

苗族大多数居住在高寒山区，山高坡陡，平整、开挖地基极不容易，加上天气阴雨多变，潮湿多雾，砖屋底层地气很重，不宜起居。因而，苗族历来依山抱水，构筑一种通风性能好的干爽的木楼，叫"吊脚楼"。

苗族的吊脚楼通常建造在斜坡上，分两层或三层。最上层很矮，只放粮食不住人。楼下堆放杂物或作牲口圈。两层者则不盖顶层。一般以竹编糊泥作墙，以草盖顶。把地削成一个"厂"字形的土台，土台下用长木柱支撑，按土台高度取其一段装上穿枋和横梁，与土台平行。吊脚楼低的七八米，高者十三四米，占地十二三个平方米。屋顶除少数用杉木皮盖之外，大多盖青瓦，平顺严密，大方整齐。

吊脚楼一般以四排三间为一幢，有的除了正房外，还搭了一两个"偏厦"。每排木柱一般9根，即五柱四瓜。每幢木楼，

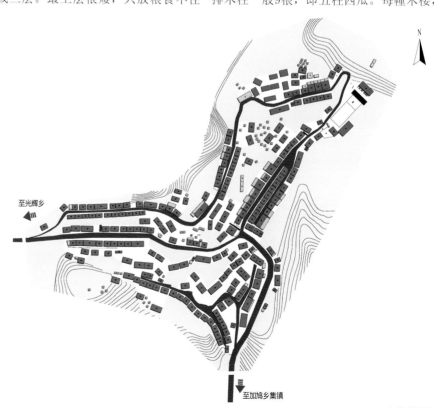

至光辉乡

至加鸠乡集镇

加翁村平面图

一般分三层，上层储谷，中层住人，下层楼脚围栏成圈，作堆放杂物或关养牲畜。住人的一层，旁有木梯与楼上层和下层相接，该层设有走廊通道，约1米宽。堂屋是迎客间，两侧各间则隔为二三小间为卧室或厨房。房间宽敞明亮，门窗左右对称。有的苗家还在侧间设有火坑，冬天就在这烧火取暖。中堂前有大门，门是两扇，两边各有一窗。中堂的前檐下，都装有靠背栏杆，称"美人靠"。

加翁村一角

民族文化

苗年节："苗年节"苗语称为"能酿"，是黔东南苗族人民祭祖宗和庆祝丰收的传统节日，苗年节活动随居住地的不同而各具地方特色。苗年是最集中地展示苗族服饰、银饰、工艺美术等有形文化的节日，时间大都在农历十月。加翁苗年节主要仪式活动是"祭鼓"，加翁人过节素有"小喜庆三天，大喜庆三年"的习俗，于是每到鼠年农历子年十月的第一巳日，鼓藏头便主持庆贺活动（"起鼓"），活动时间一般为三天。第二年（即牛年农历丑年十月的第一个巳日）又举行庆贺活动（"祭鼓"），以及吹芦笙、跳芦笙舞等活动，这一年的祭祀活动又要比上一年多两天。第三年（即虎年农历寅年十月的第一个寅日）加翁人家家早早起来，并请最尊贵的来宾操刀屠宰大肥猪祭祀，并将子年挖的泥土填入坑中（"藏鼓"）。这一年的祭祀活动又要比上一年多两天。这一年也是新老鼓藏头交替的日子。

苗族服饰：从江县苗族服饰，大多以自纺、自织、自染、自缝而成。一般喜青色，白布制夏装或内衣。县境内苗族由于居住环境不同，穿着各有差异，男性衣着有大襟、对襟之别，下装有一般裤脚与大裤脚之分。20世纪80年代后，有部分青年已着汉装，女性装束各地村寨悬殊不一，大体可分为花裙类、青白裙类、青黑裙类3种类型。如西山等地苗族妇女穿着较素雅，有的不戴银或少戴银饰，不插银钗、银梳，不包头帕，少穿裙。

加翁村梯田

加翁村村道2

人文历史

加翁有一古井——牛角井，牛角井位于加翁村寨头，它背靠党风山，面向加鸠乡政府，据村里的老者们说已经有300多年历史；相传是一位石匠路过时在此喝水觉得这水非常好喝，后来石匠又在加翁娶了本地一位姑娘为妻，为表示对该村的感谢和留念，故自己亲自凿石碓和石牛角安放井口供人们长久使用，因该井井口是一个牛角，久而久之所以后来人们由此给这口井取名为牛角井。

传统民居

少女盛装

牯藏头互敬酒

保护价值

综观加翁村落建筑群，从院落民居到公共生活空间，均保存了一个完整的社会生活网路，且与村落周围的自然环境和谐共生。生动活泼的建筑布局，并与周边的梯田、丘陵、林地一起构成了一个有机的整体，完整和生动地展现了苗族民居乡村生活体系。污牛河从山脚穿过，村寨山林、水体、田园风光融于一体，山中有寨，寨中有水，自然景观十分秀美。使得村落具有较高的保护价值。

加翁村局部

加翁村鼓藏节

王 军 欧顺江 编

黔东南苗族侗族自治州雷山县西江镇龙塘村

龙塘村

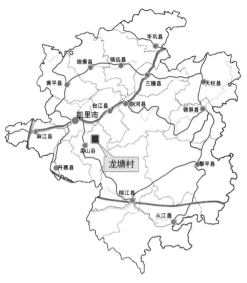

龙塘村区位示意图

总体概况

龙塘村位于雷公山脚,雷山县西江镇西南部,海拔1015米,距镇人民政府15公里,雷山县城20公里。全村行政面积8.54平方公里,龙塘大寨、余田、南星3个自然寨,9个村民小组,1209人,以苗族为主。龙塘村于2013年被列入第二批中国传统村落名录。

民俗特色:龙塘村民风民俗淳朴浓郁。苗汉人民和睦相处。主要的民族节日包括传统的苗年节、吃新节、招龙节等,其中招龙节别具特色。民族歌舞主要有铜鼓舞、芦笙舞等原生态舞蹈。

传统建筑

传统民居:龙塘村村内传统民居为苗族传统木质吊脚楼。建筑外部造型,大多为四榀三间,上下三层,底层进深小,用于饲养牲畜、储物,二层一般三面带廊,由廊进入堂屋,一般用作居住。此外,还有三开间带一耳房、三开间带一迭落、三开间带量迭落、四开间吊脚楼等,屋面为斜山顶。其内部装修、民俗陈设,极具地方特色。

群体建筑　　　　　　　　　　龙塘

村落特色

布局特色:龙塘村为典型的苗族古村落,地处山窝,坡脚建寨,住地平坦,块状聚落。村内南边有一塘称为龙塘,含有龙居塘中之意。村内建筑为苗族特有的青瓦盖顶木质吊脚楼,部分房屋依山而建,呈鳞次栉比状排列,坐东向西。村寨在四周除田土外,被常绿叶树林包围,环境清幽雅静。

资源特色:龙塘村森林植被丰富,覆盖率达80%,寨中两股清泉由地下冒出,长流不断,足够供应全寨人畜饮用和邻近农田灌溉。村寨土壤肥沃是有名的蔬菜产地。民间流传着"西江的美女,龙塘的白菜"一说。

龙塘村总平面图

寨门：寨门是村寨的象征，龙塘村寨门形似长方形的凉亭，以木柱作支撑，小青瓦盖顶。是村民迎来送往，与客人唱拦路歌、向客人敬拦路酒的公共场所。每当苗年节、招龙节时，送客过寨门，群集于寨门唱歌、喝酒等。

寨门

传统建筑1

传统建筑2

人文史迹

古井：龙塘村内有一口古井，称为龙井。古井孕育了一代代村民，山间流淌的清泉，喝一口便沁人心脾。

古井

民族文化

招龙节：龙塘村招龙节是按十二地支历法每隔十二年过一届，历时三年，每年均在农历二月上中旬举办。共分为四项：祭祀天神和地神、上山祭龙神、坪上祭龙神及起鼓（祭师们、鼓社头及其儿媳、女儿步入笙鼓场，跳古典的笙鼓舞）、家庭祭礼仪式。其中第三年的活动天数最长，气氛最隆重，程序最细化，参与人数最多，各户杀的猪也是最多，跳的笙鼓舞场面也最为庄重和热闹。

长桌宴：是龙塘村宴席的最高形式和隆重礼仪，有着悠久的历史。

招龙节——芦笙舞

招龙节1

招龙节2

招龙节3

一般用于接亲嫁女、满月酒以及村寨联谊活动等场合。宴席上，主人坐于长桌左侧，右侧是客人位，主客相对而坐，方便敬酒交流。

苗族刺绣及服饰：龙塘村苗族刺绣文化源远流长，绣品多为衣物，绣样多为平时生产生活中常见的花草树木，鸟鱼虫兽等。其色彩鲜艳，构图明朗，朴实大方。

龙塘村村民多在传统节日着全套民族传统服饰，其有精美的传统绣样、饰品。日常中着传统服饰者多为村内长者，其余村民日常服饰较为简单。

长桌宴1

长桌宴2

苗族服饰

苗族刺绣

保护价值

龙塘村传承良好的节日节庆、婚嫁习俗、刺绣文化、服饰文化等苗族特色文化。其中，由于招龙节举办方式最为独特，龙塘村被雷山县非物质文化遗产保护中心授予招龙文化之乡的称号，独具保护价值。

罗　雨　张宇环　李函静　编

黔东南苗族侗族自治州黄平县谷陇镇平寨村

平寨村鸟瞰

平寨村区位示意图

总体概况

平寨村位于贵州省黔东南苗族侗族自治州黄平县谷陇镇南部，距离镇政府驻地15公里，村寨位于黄平县城东部34公里，东侧是谷陇大寨、西面为傍海大溪，南面是清水江，北部为翁坪白洗。村域面积6平方公里，全村1474人，全村均为苗族。2014年被列入第三批传统村落名录。

村落特色

平寨村是聚居在黄平县东部的苗家之寨，依山为寨，清水江流域的苗家人民世代居住在傍山地带，至今已发展成为上千户的自然村寨。村落选址于高山半坡，这是军事和村际交往的需要。民居依山而建、凭高涉险、择林而居，此为平寨选址建寨的特色。依照山体的等高线顺山布置，面向梯田居住，布局十分得体，寨中小路顺应或垂直山体等高线铺设，自然形成灵活多变的街巷。寨内巷道自然分布、纵横交错，呈现出一种自然状态的肌理。村落选址于高山，登高望远，增添了山寨

的威严气势和错落层次感。村落整体古貌及依山就势的建筑肌理皆得到了较好的保存。

传统建筑

平寨是典型的苗族古村落，村内民居古老多样，集中连片，多为榫卯结合的木构建筑，依山就势，鳞次栉比，得天独厚，保存较好。由于用地有限，为创造更多使用空间，建筑巧妙地与地形结合，手法独具匠心。

平寨的苗族人，在造屋建房前，首先要焚香烧纸祭祀后才开工。在建筑上，平寨除少量近些年新建的砖木结构、砖混的房屋外，其余大多数均为木结构房屋。建筑为苗族传统干阑式建筑，两进三间，一楼一底，中为堂房，置有神龛，两侧为卧室和厨房。堂屋除建大门外，还置有"腰门"。每柱基脚均用圆形基石相垫。厢房楼上作为居住用，楼下一般作为堆放柴物和饲养牲畜用。

目前还尚存着抗战时期修建的古老木

平寨村平面图

平寨村远景

屋，窗户上雕有窗花，而木屋前的坝子则是用青石铺垫成。村内传统民居多建于四五十年代，建筑形态与山体形态一致，较好地满足了山体形态的原生态，保持了建筑与自然环境的有机融合，建筑群体轮廓的走势充分体现了与自然山体坡度形态的一致性。村寨中干阑式传统民居有吊脚木楼、连廊木楼、回廊楼屋等；平寨大部分传统建筑保存完整，有少部分传统建筑因年久失修，破损严重。保存完整的传统建筑和依山而建的苗族干阑式建筑群巧夺天工，是苗族人民与自然和谐共生的大智慧。

代表性民居

民族文化

苗年：苗族地区过苗年的时间并不相同，从农历九月至正月不等。一般历时三、五天或十五天。年前，各家各户都要备丰盛的年食，除杀猪、宰羊（牛）外，还要备足糯米酒。年饭丰盛，讲究"七色皆备"、"五味俱全"，并用最好的糯米打"年粑"。互相宴请馈赠。2008年6月7日，"苗年"被列入第二批国家级非物质文化遗产保护名录。

吃新节：每年古历六月二十五日或七月十三日，新寨村的苗族人民欢度一年一度"脑戛列"或"脑戛先"（吃新节），且以各种活动热烈庆祝，昼歌夜舞，人山人海，不亚于过苗年。

苗绣：有传承历史文化的作用，主要表现在刺绣的图案上。几乎每一个刺绣图案纹样都有一个来历或传说，都深含民族的文化，都是民族情感的表达，是苗族历史与生活的展示。蝴蝶、龙、飞鸟、鱼、圆点花、浮萍花等图案都是《苗族古歌》传唱的内容，色彩鲜艳，构图明朗，朴实大方。

苗族芦笙舞：芦笙舞有排舞、赛舞两种。芦笙伴奏排舞由五人执笙排成一横队，以左面执大笙者为轴心，吹奏起舞，按舞曲拍节围绕大笙旋转，无限循环，踩笙姑娘则排成队形，随吹笙者后翻翻起舞，踩笙姑娘多时往往围成一大圈，把吹笙者围在其中，赛舞由四人或二人吹笙起舞，时而成"一"字形，时而成"二"字形，时而成"四角"形，纵横交错，舞步跳跃轻快。

平寨有自己的芦笙队，成员都是由

寨子里的村民自发组成的。每当有人家办喜事、寨子里组织活动、过节的时候，他们都会吹芦笙，而女士们都会穿上自己家制作的最漂亮的衣服，她们管这叫盛装，男的吹芦笙跳舞，女的唱歌、跳舞，相当热闹。在寨中有这样一句谚语："芦笙不响，五谷不长"。可见吹芦笙不仅是苗族文化的象征，同时更是体现苗族人民对美好生活的向往和追求。

芦笙坪上芦笙舞

平寨蜡染

人文历史

张秀眉领导的苗族起义，于同治十年，张秀眉及其部分将领，率部分义军潜出雷公山，分散游击于黄平、凯里和台拱内地，以图再举。由于清军势力过大，又加烧杀掳掠，义军活动受很大限制，又陆续撤回雷公山。清军以步步为营的围剿法进攻，张秀盾突出重围。后于乌鸦坡、连营二十余里与清军决战，损失惨重。

红军长征时，分别于1934年10月2日和1934年12月27日攻占过黄平。

村内有古井6口，石板为框，青石建拱，几乎成等距离分布寨中，便于村民取水用水。村庄内有龙井1口，建于1932年，是村民请龙神祭祀的所在。

土地庙：位于村口守寨树下。是苗族祖辈自清代就流传下来的习俗，每逢节庆，在此向土地庙祈福祭祀，用雄鸡、鸭蛋、鱼、刀头、糯米粑（饭）、酒、棉条、新布和香纸等作祭品，将少量祭品泼洒土地庙上，将棉条等系于庙上、树上。祈祷生男如往奶（太阳王），生女如仰阿莎（苗族传说中的美女）。念毕，席地畅饮，而后开展以踩芦笙、斗牛为主要形式的娱乐活动。

马郎场：平寨马郎场位于村庄的中部。苗族谈恋爱都是在公开的场合，甚至是集体的、按照固定的形式进行。这种形式叫"摇马郎"，苗语叫"游方"。这是苗族青年男女传统的社交方式。每逢节日或农闲时，男女青年便会不约而同地聚集到村寨的"马郎场"，寻找朋友，谈情说爱。"马郎场"是固定的，游方的人只能在马郎场进行，不得任意找地方，否则要受到非议和指责。

保护价值

平寨是苗族文化风情浓郁的苗寨之一，村寨中苗族干阑式传统民居有吊脚木楼、连廊木楼、回廊楼屋等，依山而建的建筑群巧夺天工，是苗族人民与自然和谐共生的大智慧，也是苗族文化的最佳写照与缩影。苗族的各项歌舞及传统节日等民风民俗在平寨沿袭至今，突显了平寨不可小觑的文化价值。

李先通 欧阳丹玲 编

平寨芦笙会

苗年活动

苗年活动

黔东南苗族侗族自治州雷山县西北镇北建村

北建村全貌

北建村区位示意图

总体概况

北建村位于西江镇西南部，北邻台江县，西北接凯里市，西面是雷山县郎德镇，南面临雷山县城，东北面紧靠巍峨的苗岭主峰—国家级自然保护区雷公山，距镇人民政府所在地西江镇11公里。海拔988米。该村辖4个自然寨6个村民小组，总户数203户，总人口980人，是一个汉、苗、瑶等民族杂居的村寨。于2013年被列入第二批中国传统村落名录。

村落特色

北建村辖4个自然寨、6个村民小组，村委会驻北建，该村辖北建、腰营、白尧、皆里4个自然寨。

丰富的山地地貌赋予北建村良好的自然资源。北建村民聚居在半山腰，俯瞰山脚美丽的景色，常年的青山生活，让北建村民一直保有祖先简单而淳朴的生活习惯和交流方式，也是北建村独有的节庆文化和婚庆风俗保存良好。

此外，常年充足光照也是这山中小村落的气候特点。北建村属于亚热带季风湿润气候，冬无严寒，夏无酷暑。无霜期长，雨热同季，热量和水资源丰富。山地气候差异明显，年均日照1238小时以上，年降水量1600毫米左右。

北建村山地地貌

传统建筑

北建村的传统民居建筑以吊脚楼为主，具有苗族特色，建筑群大多保护完好。吊脚楼一般为三层五开间以上，柱用材质好的杉木建造。房子的框架系榫卯衔接，一栋房子柱、梁、穿枋等处的榫有上百个之多，但苗族的造房木匠没有文化，不用图纸，仅凭墨斗、角尺、竹杆尺、墨线、斧头、凿子、锯子使柱柱相连，枋枋相接、梁梁相扣。

北建村的建筑几乎清一色的穿斗式木结构。楼的外部造型、内部装修、民俗陈设，极具地方特色，蕴藏着丰富多彩的文化内涵。吊脚楼的外部造型，大多为四榀三间，上下三层。底层进深很浅，只能圈养牲口。二层半虚半实，即所谓的半边楼。二层一般三面带廊，人从山面经廊进入堂屋。此层为全家活动中心。楼空部位，上铺楼板，与实地平。此外，还有三开间带一耳房、三开间带一迭落、三开间带量迭落、四开间吊脚楼等，屋面多为斜山顶。

北建村吊脚楼的装饰，具有许多特点。大门装有牛角，意为可保一家平安。几乎所有吊脚楼的封檐板，着意刻成拱桥形。将"桥"刻于封檐板上，以此记载古代居住习惯，也认为可消灾纳福。

此外，大门、房门、窗户的装修也别具一格。门槛高，苗族认为财富多，有利于财不外溢。窗户外侧即为走廊，窗不用支摘式，而用上下推拉式。

北建村民居1

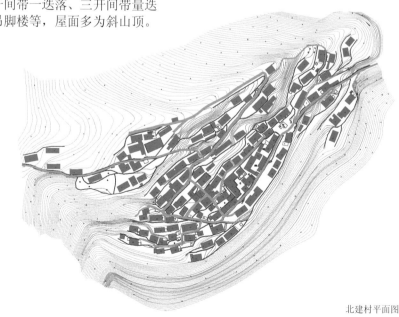

北建村平面图

北建村民居 2

北建村民活动

北建村古银杏

民族文化

鼓藏节是苗家最隆重、最独特的节日。说独特隆重是因为它是苗族祭祀本宗支祖宗神灵的最大圣典，说它独特是因为每隔十二年才过一次，过节的地方比较少，过节有程序、仪式和专门的鼓藏语。苗族鼓藏节具有鲜明的民族传统文化内涵，是苗族人生价值观的展现。鼓藏期间，苗族同胞和远方来的客人一起围着圈跳铜鼓舞，很是热闹。苗族的传统舞蹈颇具特色，有盛装苗舞、芦笙舞、铜鼓舞、板凳舞等。

苗族在步入青年时就开始游方（苗族把谈恋爱称为游方），因而他们的爱情生活来得较早。由于与异性接触的时间较长，选择对象的机会相应增多。开始朋友可谈多个，但进入组成家庭只能从中选一人，无疑是久经考验，情投意合者。

苗族嫁娶在白天的称为"大路婚"。在夜间嫁娶称为"偷情"，娘家父母及哥弟不参送。礼金女方家可到男方家谈，也可以由男方家到女方家谈，酒礼款待。嫁姑娘称为"喝喜酒"。前后有提亲酒、订婚酒、满寨酒、迎亲酒、进门酒、婚宴酒、闹寨酒、洗脚酒、新人酒等诸多酒俗，但如今已有所简略。

苗族刺绣文化源远流长，因为苗族人民没有自己的文字，他们便把在平时生产生活中常见的花草树木，鸟鱼虫兽绣在了衣服上。从苗族祖先流传下来的服饰上来看，苗族比较重视女孩，所以女孩的盛装比较华丽，谁家女孩身上的衣服越好看银饰越多就表示谁家越富有。

鼓藏节场景

鼓藏节上苗族妇女

芦笙舞

北建村民居 3

穿斗式山墙面

保护价值

北建村因独特的山地气候条件、地形环境，使村庄在多年岁月的侵蚀下仍保存完好的村庄巷道格局，并相对完整地延续苗族民俗传统民俗风格。其独特的婚庆风俗、精致的苗银制作文化、苗服刺绣文化及鼓藏节祭祀仪式过程都具有保护价值。

此外，北建村内有几株古银杏亦值得保护。几株银杏杆径极粗，形态上给人以饱经风霜、苍劲古拙之感。几株古银杏是北建村的守护者，常年守护着北建村民的福寿安康。

匡　玲　黄鸿钰　王　攀　编

鼓藏节表演

黔东南苗族侗族自治州黎平县茅贡乡己炭村汉寨

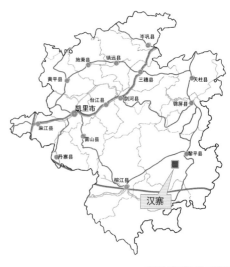

己炭村汉寨区位示意图

己炭村汉寨全貌

总体概况

汉寨位于贵州省黔东南苗族侗族自治州黎平县茅贡乡东南部，距政府所在地17公里，东与蚕洞村相接，南与述洞村为邻，西与额洞村相连，北与冲寨连接。全村总面积15.27平方公里，汉寨人口170人，主要为侗族。其先祖最早居于寨头，因人多田少，便进山烧炭维持生计，刚开始居住于岭上，侗话称之为"己"，又因以烧炭为主，所以称为"己炭"；大约在90多年前，为方便劳作，部分己炭村冲寨的村民搬迁到现在的汉寨。2013年，己炭村汉寨被列入第二批中国传统村落名录。

村落特色

汉寨坐落于山脚坡脊上，村寨后靠大山，前面为稻田，且有溪流绕寨而过，后靠大山前有玉带，环境极佳。风水宝地寨内侗族风情浓郁，民居建筑保存较好，该村以鼓楼为中心，向四周延伸辐射，形成了一个以纯木质结构、小青瓦、吊脚楼等侗族建筑元素符号为代表的侗族集聚点。

民居

传统建筑

汉寨是一个侗族村寨，寨中现存有一座鼓楼以及侗族传统民居，建筑以鼓楼为中心，民居围绕鼓楼错落有致地随地形布局。

鼓楼：现存鼓楼一座，位于村寨南侧，为侗族厅堂式鼓楼，建于20世纪30年代，整体保存完好，是侗族象征族姓群体的标志性建筑物，是村寨或族人祭祖、举行仪式、迎宾、娱乐之所，使用空间分为

石碓

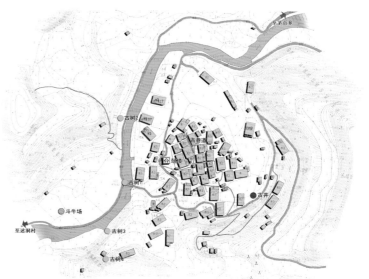

己炭村汉寨平面图

鼓楼

吃新节

斗牛节

神兽

上下两层，顶部作鼓亭，设装饰，其下为聚众议事的场所。本鼓楼为底方一层四角歇山顶，建筑结构为穿斗式结构，整体高度约为10米，从一层至顶，全靠木柱支撑，楼心宽阔平整，一层地面中央设有火塘，四周有木栏杆，设有长条木凳。

民居：多为穿斗式干阑木楼，悬山式小青瓦双坡顶，多为全木结构，木门木窗，设吊柱等。底层以饲养或堆放杂物为主，二层是主要生活面层，宽廊、火塘、小卧室，构成侗族民居的主要特征。顶层通常为堆放粮食或杂物的阁楼，也有局部设置隔间作卧室。将居住层由底层移至楼面，可以最大限度地适应聚居区域内任何起伏变化的地形地貌；可以不用改变地形获得平整的居住层面，适应于炎热多雨气候的通风避潮；适应于不易清理的场区环境对虫蛇、猛兽的防御；适应于河岸水边低凹地带潮水涨高的侵袭。

民族文化

斗牛节：在汉寨丰富的民俗活动中，以斗牛节最具代表性。汉寨为了庆祝稻谷丰收，人们收完稻谷后，就在村落东南面宽阔稻田里举行斗牛节。"斗牛节"是在每年农历八月里逢"亥"的日子里举行。节前，各自约好对手，作好斗牛的准备。节日这天清晨，铁炮三响，"牛王"在锣鼓和芦笙的乐器声中进入斗牛场。这时一支支队伍，手持金瓜、月斧，举着各种旗帜，前呼后拥，绕场三周，算是"入场式"，也叫"踩场"。接着，各队牵着自己的"牛王"，举着火把，严阵以待。铁

炮一响，他们便将火把往前一抛，参斗的两头牛从两端四蹄腾空，冲了上去，斗作一团，难解难分。场外人群呐喊助威，气氛紧张热烈，十分壮观。

乐曲歌舞：汉寨的歌舞及乐曲中较为有名的有侗族大歌、琵琶歌、芦笙舞等。侗族大歌是汉寨较为传统的乐曲，在比较重大的节日中，如吃新节、三月三等，村民都会聚在鼓楼周围，互相歌唱，人数从十几人到几十人不等，场面十分壮观。汉寨的琵琶歌多是村寨内青年晚间谈情说爱时演唱的一种情歌。一般是男弹琴女唱歌，曲调含蓄轻柔，多用小嗓演唱，体现了人们追求自由、和谐相处。汉寨芦笙舞是村寨内男子边吹芦笙同时以下肢（包括胯、膝、踝）的灵活舞动为主要特征的传统民间舞蹈。

人文史迹

古树：汉寨的村落环境保存较好，古树较多，其中村内有古树4棵，主要为青枫。较为独特的是村落入口处桥边的古树，约有一百多年树龄，其树根为1株，但树干出土分为4株，造型较为独特。

古井：寨内有一口古井，建于民国时期，位于村寨西侧。井高约60厘米，宽约75厘米，拱形口，由石块筑成。在还没通自来水之前，水井担负着己炭村汉寨居民的生活用水，水井里的水冬暖夏凉，十分

织布机

可口，至今仍在使用。水是生命之源，因为有水井才会形成村落，所以村民们对古井保护得很好。

保护价值

己炭村汉寨祖先为寨头村人，后搬迁到己炭村冲寨，现今又搬到己炭村汉寨居住，其历史变迁与自然条件有较大的联系，其民俗文化浓郁，有丰富的文化价值，对研究侗族村落变迁具有较高的科学研究价值。

徐 雯 王燕飞 唐 涛 编

古井

航拍图

黔东南苗族侗族自治州台江县南宫乡石灰河村

石灰河村局部

石灰河村区位示意图

总体概况

石灰河村位于贵州省黔东南苗族侗族自治州台江县南宫乡的西部，整个村落坐落于雷公山自然保护区内，距乡政府驻地23公里，距台江县城50公里，距州府凯里40公里，距省城贵阳约200公里。东与交密村接壤，南与交包村毗邻，西接雷山县水寨村，北和排羊乡上刀村交界。全村有450人，是一个苗族聚居的村寨。2014年被列入第三批中国传统村落名录。

村落特色

石灰河村落选址形成于山谷河流两侧，石灰河东西向穿过村落中民居沿河而建，顺山势而行，鳞次栉比，注重与山体的灵巧结合。民居群体布局灵活多变，多沿等高线布局，形成了高低错落、内聚有力的传统聚落空间特点。在村落的中央有两座风雨桥横跨溪上，布局十分得体。

村中小路顺应或垂直山体等高线，自然形成灵活多变的特色街巷。村落保存着完好古朴的木结构建筑群，典型苗族吊脚楼建筑。

传统建筑

石灰河村传统民居始建于明清时期，至今仍得到保存，但多数经历了各个时期的补修、整治建设，集中连片，多为苗族干阑式的木构建筑。建筑形态与山体形态一致，较好地满足了山体形态的原生态，保持了建筑与自然环境的有机融合，建筑群体轮廓的走势充分体现了与自然山体坡度形态的一致性。村寨中干阑式传统民居有吊脚木楼、连廊木楼、回廊楼屋等。依山而建的苗族干阑式建筑群巧夺天工，是苗族人民与自然和谐共生的大智慧。

以两层高的木质穿斗式建筑为主，材料均为杉木和松板，有5柱或7柱一排的，结构为悬山式小青瓦盖顶，多为二楼一底，以三间一栋常见。因地形坡度显得错落有致，质朴沧桑，古风浓郁。

单家独户的民房，竹木荫蔽，房侧附猪牛圈，有的修成吊脚楼，猪牛圈建在楼下。正房一般为三间，正中一间开大门处凹进，叫"吞口"。中间一间名为堂屋。

苗族吊脚楼建筑，建在斜坡上，基层土台下用长木柱支撑，按土台高度取其一段装上穿枋和横梁，与土台平行。屋顶选用青瓦，木质框架结构，木质窗户，石板台阶，建筑质量较好。

民族文化

苗族姊妹节：苗族姊妹节是每年农历三月十五至十七日在老屯、施洞巴拉河和清水江沿岸以年轻女子和后生为主体的传统婚恋的一种节日聚会方式。历史渊源久远，可以追溯到四千年前苗族居住在长

代表性民居1

石灰河村一角

石灰河村平面图

江流域、环太湖地区先民们情爱生活的历史。苗族姊妹节通过讨姊妹饭、谈情说爱游方对歌、捉鱼、吃鱼、穿刺绣花衣和银饰盛装踩鼓等一系列的特有方式活动，再现了母系氏族和母权社会的婚恋遗风，它是连接过去、现在、未来的文化纽带，具有社会历史的、人类学的、文化艺术的、社会学的和审美的研究价值和意义。

苗族古歌：全诗有万行以上，分为"开天辟地"、"枫木歌"、"洪水滔天"和"跋山涉水"4个部分，古歌通过丰富奇妙的想象，生动地反映了苗族人民对天地万物及人类起源的揭示和对祖先艰苦奋斗开创人类历史功绩的赞扬。古歌中描述了人类、雷神、龙虎等都是蝴蝶妈妈生的蛋所变，人与神的争斗是为了争夺对大地的统辖权，反映的是一种战神色彩，折射出蚩尤部落与炎黄部落的战争史；其所描写的运金运银铸造日月和撑天柱，与史料记载的蚩尤部落较早掌握冶炼技术相吻合。古歌一般分两组对唱，双方轮番提问，相互解答。曲调浑厚，拍节分明，唱时多用真声，略带朗读形式。每唱完一小段，要道白一番。一般都是老年人吟唱。

木鼓舞：起源于跋山涉水时击木、石传递消息。定居后，每逢祭祀活动，都以击木鼓唤起祖先灵魂享受供品。木鼓舞分长木鼓舞、鱼式木鼓舞和四方木鼓舞3种。长木鼓舞的木鼓用长1.67米的独木凿空，绷上牛皮而成。1人击鼓，多人围舞。有迎祖舞、祭魂舞、闹堂舞、悼念舞和马刀舞等，按鼓点变换舞步，面容肃穆、沉重、激越。鱼式木鼓舞多为喜庆活动而舞。鼓似大肚木盆，鼓面击点，鼓边击拍，1人击多人舞，舞姿激烈，潇洒奔放。其中以台江县的反排木鼓舞为最出名，曾到国内外演出，被誉为苗族的"迪斯科"或东方民族的狂欢舞。四方木鼓舞又叫"花鼓舞"，盛行于黔东地区。4名女性，边击边舞，有"蜻蜓点水"、"鹞子翻身"和"插秧"、"打谷"、"猴子攀桃"和"引龙进宝"等动作，活泼自然。以唢呐伴奏的称为"唢呐鼓舞"。

人文史迹

古桥：天然石桥位于石灰村中心，横跨石灰河，桥高4.4米，宽4米，厚1.5米，跨度8.3，底空距水面2.9米。石桥村因此而得名。

古树：石灰河村有古树100棵，村民称为"保寨树"，认为可保"人寿年丰"。其中尤以村落南部和村落东部入口处的三株金丝楠木的树龄最为古老，距今已有800多年的历史，树的冠幅宽大，当地村民看作是镇村古树。

风雨桥：两座风雨桥横跨古河道石灰河，重檐青瓦顶，造型典雅，风雨桥的独

代表性民居2

石灰河村风雨桥

代表性民居3

村中巷道

特魅力不仅在于整体的独特造型，更有意思的是游廊体现苗族人民的奇思妙想以及和谐的世界观。

自然环境

苗族姊妹节1

苗族姊妹节2

保护价值

石灰河村是苗族文化风情最浓郁的苗寨之一，村寨中苗族干阑式传统民居有吊脚木楼、连廊木楼、回廊楼屋等，依山而建的苗族干阑式建筑群巧夺天工，是苗族人民与自然和谐共生的大智慧，也是苗族文化的最佳写照与缩影。苗族的各项歌舞及传统节日等民风民俗在石灰河村沿袭至今。

魏琰刘埱编

黔东南苗族侗族自治州雷山县永乐镇加鸟村

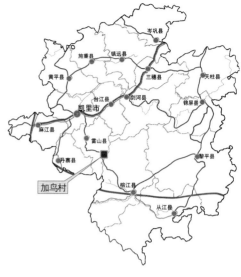

加鸟村全貌

加鸟村区位示意图

总体概况

加鸟村位于贵州黔东南苗族侗族自治州雷山县永乐镇，辖6个自然寨，14个村民小组，236户，1021人，苗族为主。位于雷榕公路偏东6公里的大山之中，村民居住较分散，基本延续了雷山县永乐地区随填土而居的居住习惯。加鸟村于2013年被列入第二批中国传统村落名录。

吃新节、苗年节、鼓藏节是加鸟村传统节日；铜鼓舞、芦笙舞、板凳舞等是加鸟村传统舞蹈；酒歌、飞歌、情歌、古歌、叙事歌等是加鸟村传统民歌。

加鸟村森林覆盖率50%以上，薇菜、蕨菜、草类等相当丰富，极具有开发潜力。

传统建筑

加鸟村传统民居主要以歇山式穿斗挑梁木架干阑式吊脚楼为主，修建吊脚木楼的地基必须是把斜坡挖成上下两层，每层进深各为6尺多，各层面积约100平方米。上下两层相差约4尺多，层与层之间的山壁和外层山体用石头砌成堡坎。建房时，将前排落地房柱搁置在下层地基上，最外层不落地房柱与上层外伸出地基的楼板持平，形成悬空吊脚，上下地基之间的空间就成为吊脚楼的底层，这就是所谓的"天平地不平"的吊脚楼特点。

吊脚楼采用穿斗式结构，每排房柱5至7根不等，在柱子之间用瓜或枋穿连，组成牢固的网络结构。

加鸟村吊脚楼的内部装修方面，具有许多特点。大门装有牛角，意为可保一家平安。

梯田景观

传统民居

村落特色

加鸟村山高坡陡谷深，建筑依山而建，错落有致，四周有高山环绕，犹如世外桃源，可以避战乱，亦可开垦梯田，居住下来。村落依山而建，鳞次栉比，层叠而上。房屋建筑整体保存完好，没有改变传统的建筑方法和技艺，全部采用杉木建造。

加鸟村苗医源远流长，博大精深，自成体系，尤以其内病外治的疗法闻名中外，成为民族医药的一枝奇葩。发展至今，加鸟村苗家医药已经有三、四千年的历史。苗族民间还有"千年苗医，万年苗药"之说。

吊脚楼是加鸟村传统苗族建筑，是中国南方特有的古老建筑形式，楼上住人，楼下架空，被现代建筑学家认为是最佳的生态建筑形式。

平面图

传统民居 2

建筑细部 1

建筑细部 2

民族文化

苗族医药：苗族人民在长期的生产活动和与疾病、伤害作斗争的实践中，积累了丰富的、宝贵的医疗经验，成为我国传统医药宝库中的一部分。苗医对病因的认知和对疾病的命名、分类等，皆具有浓厚的民族特色，并体现了一定的规范性。除了医药之外，苗医还采用的治疗手段有：刮痧散气、弹筋活血、刺活散淤、灯火止痛、油针挑浓、蒸酒祛风、火罐拨气等。苗族民间还有"千年苗医，万年苗药"之说。

苗族木匠：木匠是苗族人民幸福生活的设计师，是苗族传统木楼的建造者，是苗族传统木制建筑文化的继承人。作为苗族木匠，他们的社会职责，就是要设计苗族人民幸福生活的现实空间，创造苗族人民快乐人生的坚实世界，满足苗族人民正常生产生活对建筑文化的特殊需要，同时还要履行苗族传统建筑文化传承与发展的责任与义务。

鼓藏节：鼓藏节是苗族属一鼓（即一个支系）的支族每隔12年祭祀本族列祖列宗神灵的大典，俗称"吃鼓藏"或"祭鼓节"，过节时间为13天。鼓藏节原先是杀牛祭祖，到20世纪60年代之后，认为牛是耕地的主要力量，政府鼓励广大群众杀猪。在杀猪或牛祭祖之前须杀一只雄鸭祷告祖宗神灵，表示每隔12年一次的祭祖节日来到了。鼓藏节的活动以踩铜鼓跳芦笙为主，一般时间为5～9天，也要单数。鼓藏节所开展的一切活动，都由"鼓藏头"组织、安排，人们必须服从，踩铜鼓跳芦笙时，"鼓藏头"家的人或房族必须在最前头。

人文史迹

加鸟村覃氏八代传人覃登林，生于1890年，民国时期独山专区八寨县第五区剿匪前线副总指挥，因其清正廉洁，有勇有谋。经常带领队伍于黎平、从江、榕江一代，除暴安良。

唐远志：（原西南民族学院）政治学院（原马列主义教研室）副教授。民国二十九年，即1930年6月11日（阴历1930年5月15日）出生于贵州省雷山县永乐镇加鸟村一农民家庭。1950年，八寨县永乐乡解放，唐教授加入中国人民解放军，1952年，唐教授组织创办乔歪小学。现83岁高龄的唐远志老教授依然健在。

覃氏族谱

覃氏传记

保护价值

加鸟村气候宜人，四面群山环绕，"护寨山"古树参天，巍峨幽深；常年云吞雾锁，雄伟异常。全村山高谷深，水量充沛，植被丰富，种类繁多，无山不清、无水不绿。在美学和艺术学上都堪称完美，具有很大的旅游和观光价值。

苗族的医药常常与神秘、神奇这样的词汇联系在一起。苗族人民在长期的生产活动和与疾病、伤害作斗争的实践中，积累了丰富的、宝贵的医疗经验，成为我国传统医药宝库中宝贵的一部分。

李　岚　周祖容　王　攀编

芦笙舞

鼓藏节

建筑细部 3

黔东南苗族侗族自治州台江县老屯乡白土村

白土村鸟瞰

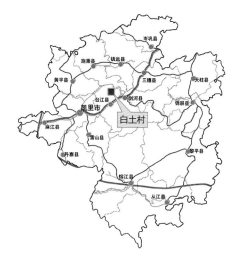

白土村区位示意图

总体概况

台江县老屯乡白土村地处苗岭腹地，位于黔东南苗族侗族自治州中部，乡政府驻地距台江县城30公里，距离老屯乡乡政府约1.2公里左右；东邻施洞镇小河林村，南抵望虎屯村，西抵榕山村，北抵施洞镇。白土村辖有4个村民组，共有120户，人口486人，是苗族聚居村落。2014被列入第三批中国传统村落名录。

村落特色

清水江支流巴拉河自村落的西部流向东部，贯穿整个村落，村寨和农田种植区域主要布局在巴拉河两侧的河谷区域。白土村落于巴拉河穿越的峡谷地段，两面环山的半坡上，背靠大山，面向河流，四周环境比较好，土地肥沃，水源丰富，村落整体环抱于群山翠绿之中，山、田、寨交相辉映，自然和谐，白土村内建筑全部为木质吊脚楼结构，以小青瓦盖顶，寨中小道以青石铺砌，村寨四周梯田层层、绿树环绕，苗家古寨与自然环境和谐共处。建房大多是聚族而居，依山傍水，选择坡度

相对较为平缓地带建房，依山而建，背靠大山，寨前有溪水，寨后有山，吊脚楼参差错落，这是白土村寨的基本特色。

传统建筑

白土村房屋大多依山而建，村庄绿树环绕，景色幽美，被誉为南方农耕文化的典型代表。白土村房屋整体风貌保存完好，多为苗家吊脚楼，分布较为集中，房屋为木质结构，窗花雕琢精细，图样较多，内容丰富多彩。苗家民居建筑一

般一户一栋房屋，坐北朝南或坐南朝北，依山而建，靠山下一间为干栏式吊脚楼或转角楼。吊脚楼一般在屋右侧，也有建在左侧的。吊脚楼的立柱与上层地板空间距离较高，一般约二尺，横梁对穿，楼台悬空，飞檐上翘，楼台绕楼的曲廊上有一排廊柱悬吊于空中，从外观上看如楼吊脚，故称之为吊脚楼。

美人靠：供人歇息的木凳子，于吊脚楼二楼明间外廊上安装，家人于此歇息，妇女于此绣花，村姑将镜子悬于檐柱上，

白土村局部

白土村平面图

美人靠便成了梳妆台。

封檐桥：吊脚楼之封檐板，着意刻成拱桥形，称为"封檐桥"。古代苗族先民住在滨湖地区，有些民宅建于水上，登堂入室均需过桥。其后迁至山区，将"桥"刻于封檐板上，以此"记载"古代居住习俗，同时认为，可以吸福纳祥。大门：吊脚楼二楼明间大门，门槛高达0.8m。苗俗认为，门槛象征财富多，且有利于护住家中财富不外溢。门槛上宽下窄，呈倒梯形。此作利于柴禾进屋，即"财喜"入室。

白土村一角

白土村风火墙

巴拉河

民族文化

苗族姊妹节：苗族姊妹节是每年农历三月十五至十七日在老屯、施洞巴拉河和清水江沿岸以年轻女子和后生为主体的传统婚恋的一种节日聚会方式。历史渊源久远，可以追溯到四千年前苗族居住在长江流域、环太湖地区先民们情爱生活的历史。苗族姊妹节通过讨姊妹饭、谈情说爱游方对歌，捉鱼、吃鱼、穿刺绣花衣和银饰盛装踩鼓等一系列的特有方式活动，再现了母系氏族和母权社会的婚恋遗风，它

是连接过去、现在、未来的文化纽带，具有社会历史的、人类学的、文化艺术的、社会学的和审美的研究价值和意义。

蜡染是蜡画和染色两种工艺的合称。用蜡液在布料上绘画、绘色，绘制图案时，不需预先设计，不需其他辅助工具，全凭技艺。图案造型以行云、流水、花草、鱼、虫、禽、鸟、几何图纹为主，取材十分广泛，造型不拘一格，极富浪漫色彩。上蜡部位经热脱蜡后，蜡染布呈现非人工雕凿的冰文，千姿百态，具有独特的动态美。蜡染艺术风格因民族、地域的不同而各具特色。传统的单色蜡染一般以白底蓝花或蓝底白花为主，线条明快，古朴典雅。彩色蜡染多以白色为底，染上红、蓝、绿、青等色，并将各种艺术风格引入构图，图案更加丰富多彩。苗族蜡染，风格明丽活泼，图案多取材于自然花草鸟虫，对称中讲求灵动。布依族蜡染，以素雅清新为主要特色，图案多起于抽象的几何形铜鼓纹、图腾纹等。蜡染制品可以用作衣料或床上用品，也可作为壁挂饰物或制成手巾、帽、包等生活用品。

人文史迹

封火墙：由于村落内的建筑多数为木质建筑，发生火灾时容易造成连片伤害，白土村的先人们便在木建筑之间用徽式的马头墙进行适当的改造作为防火隔离设施，这些封火墙主要位于村落中间，多处民居的木房有封火墙，封火墙内是木房。这些封火墙具有明显的汉族风格，墙头雕梁画栋，鳞次栉比，十分古朴美观，封火墙群保存完好。有一栋三层楼的木房，栏杆雕龙刻凤，据说该楼房有150多年的历史，至今保存完好。

古河道：白土村是明朝时苗族祖先迁移南方而形成。自村庄形成伊始，便将巴拉河作为主要的依托，如利用巴拉河进行捕鱼，利用巴拉河的水流进行农业生产的灌溉，利用巴拉河作为出行的重要方式。该村先辈们主要通过巴拉河丰富的水流，形成水路交通，以经营木材生意为生，现在仍保存有两处古河道和相对应的码头。

苗族姊妹节

白土村龙舟赛

白土村土地庙

保护价值

白土村已有近千年的历史，是由苗族先人迁入形成，落居这一地区已有近六百年。村落坐落在山水之中，周围植被丰富，植物种群繁多，古树参天，拥有丰富而珍贵的物质与非物质文化遗产，有着独特的历史风貌和自然格局，是传统古村落选址营建的典范，时间和空间环境均体现了其较高的历史价值。

杨程宏 周子恒 编

苗族姊妹节

黔东南苗族侗族自治州从江县高增乡占里村

占里村禾晾群

占里村区位示意图

总体概况

占里村位于高增乡的西北部，北与谷坪乡、黎平县接壤，南与托里，西与岜扒、小黄，东与付中接壤，距乡政府所在地22公里；占里寨，分8个村民小组183户，822人，均为侗族；2014年被列入第三批中国传统村落名录。

村落特色

占里村村域以丘陵地貌为主，山峦起伏。位于都柳江沿四寨河口北上的山谷间，由四河口桥头左岸通村公路可到达占里。占里村坐落在山间坝中，四周古树环抱，东西为山地，中部低，一条小溪流过村寨东面。现状村落也延续原有选址格局，村落整体位于两山之间，依山就势，背靠山林，东北部山体、南部为田畴，东西两侧为村落对外出入口。

占里村鼓楼

传统建筑

村落依水而建，从靠水低处向高处逐步发展，形成层层叠叠的台地式布局，逐台递增，层次感强烈。现状道路内外分工协作，外部车行道路发挥村落同外界联系的作用，内部步行道路使村落联系变得更加紧密增加可达性。依照地势特点，村落建筑多是顺应等高线的方向布局，呈现一定的秩序感。

村落地势特点具有良好的自然景观，视野开阔。向前可以看到对面的青山，沿河流两侧，视野极远。

占里村落内建筑多为"干阑式"砖木结构建筑，建筑风貌具有鲜明的地方侗族特色。

村落内建筑主要为村民住宅，建筑年代从近两年至四五十年均有。距今较久远建筑为木结构两层建筑，底层多为圈养牲畜、堆放杂物。二层为居民生活空间，进深呈"三段式"布局，最前段为宽约3米的宽廊，是居民会客、晾晒衣物、手工生产等日常活动空间；最里段为卧室，中段为起居室，内设火塘，是家人团聚、娱乐、休息空间。在建筑构造上，采用传统营造方法，在屋顶，栏杆、门窗等构造方面均具较强的实用性，颇具地方特色。近年新建建筑，底层多为砖石结构，上层为木质结构，内部布局也与老式建筑有所不同。

寨内现有鼓楼一座，巍然挺立，气概雄伟。鼓楼逐层上叠收刹至十一层密檐，再覆盖两层八角伞形攒尖楼冠，巨大的楼冠采用斗栱支撑，楼冠上按大小顺序将圆珠陶瓷串在一起，顶尖直指云霄，形成一座四层十二重檐双楼冠塔状建筑，各层翼角高翘，泥塑人物及鸟兽，各层檐口及封檐板略呈弧形，彩绘人物花草图案。鼓楼下端中间有一大火塘，四周置有长凳；楼门前为全寨逢年过节的娱乐场地。每当夏日炎炎，男女老少至此乘凉，寒冬腊月来这里围火，唱歌弹琵琶、讲故事。特别是春节期间，村民聚集鼓楼广场，吹芦笙，对歌作乐。鼓楼顶层，安放一面大鼓，大鼓由族中领袖执掌。在侗族历史上，凡有重大事宜商议，起款定约，抵御外来官兵骚扰，均击鼓以号召群众。由寨中"头人"登楼击鼓，咚咚鼓声响彻村寨山谷，

占里村平面图

就能迅速把人集中起来。无事是不能随便登楼击鼓的。

民族文化

计生文化：占里建寨700多年来，由于区域的生产用地缺乏，吴姓祖先就立下寨规，控制人口增长，一对夫妇只允许生养两个孩子。在特殊的环境中，形成侗寨特有的生育密码，使占里侗寨几百年来保持一定的人口规模，确保有限的土地能供养所有活在村寨里的村民得于安居生息。

"行歌坐夜"：是侗族青年男女进行社交和谈情说爱的通称，也称为"闹姑娘"。侗族青年男女在劳动之余，常常三五成群地相约在一起对唱情歌。晚上姑娘们结伴在屋里做针线活，客寨男青年携带乐器前来伴奏对唱，互相倾诉爱情，深情时男女互相交换礼物定情。

靛蓝靛染工艺：村民取一种叫蓝靛的植物，槌烂之后，加以白酒、牛皮汁、鸡蛋清等混合成的染液反复浸染、蒸晒、槌打而成，浸染自己纺织的棉纱，经曝晒后得到布料。

人文史迹

最初占里村寨居民的祖先是1368年从江苏逃难，长途跋涉后，经广西梧州最终定居此地的，占里村的得名就源于其祖先"吴占"和"吴里"。由于地理环境好，祖先们在这里定居以后，开垦了很多土地，生活过得十分富裕，享受着与世无争的幸福生活。

禾晾群：禾晾是当地村民来晾晒糯禾和储存粮食的一种建筑物。秋收时节，禾晾上挂满金灿灿的糯禾，呈现的不仅是农民一年的劳动成果，也是侗寨一道亮丽的景观。占里的禾晾群因为沿溪而建，形成带型禾晾群，所以更加别具一格。

占里村花桥

占里村鼓楼

占里村一角

占里村芦笙表演

山歌对唱

占里村禾晾群

行歌坐夜

保护价值

村落内无论是生活环境还是村民生活习惯习俗都保持良好的侗族传统，从传承农耕文明，延续民族文化，占里村是古老的迁徙村落，自动乱年代迁徙而来，是侗族迁徙文化特征的典型村落，具有较高的研究价值。

杨　渊　周尚宏　编

黔东南苗族侗族自治州丹寨县南皋乡石桥村

石桥寨全貌

石桥村区位示意图

总体概况

石桥村位于贵州省黔东南苗族侗族自治州丹寨县南皋乡西部,由石桥寨和簸箕寨组成,距丹寨县城35.5公里,依托乡道对外联系。村域面积约7.6平方公里,总人口为1352人,其中苗族人口为1086人,占总人口80%。其先民始于元代定居于此,已有700多年之久。石桥堡的大岩脚古法造纸作坊保存完好,是中国古代造纸术的"活化石"。

2013年被列入第二批中国传统村落名录。

村落特色

村寨住地选择,主要为适应农业生产的需要,民谚谓之曰:"鱼住滩、人住湾",在水源先决的前提下,石桥村坐落在群山之中,碧水环绕,建成环抱状,酷似靠背椅。民居群体布局灵活多变,多沿等高线布局,顺山势而行,鳞次栉比,注重与山体的灵巧结合,形成了高低错落、内聚有力的传统聚落空间特点。有两座风雨桥横跨南皋河上,布局十分得体。寨内巷道自然分布、纵横交错,呈现出一种自然状态的肌理,村外古树群及村落整体风貌保存完好。

传统建筑

石桥村传统建筑多建于20世纪七八十年代,集中连片,多为苗族干阑式的木构建筑,依山顺势而建,鳞次栉比。建筑形态与山体形态一致,较好地满足了山体形态的原生态,保持了建筑与自然环境的有机融合,建筑群体轮廓的走势充分体现了与自然山体坡度形态的一致性。村寨中干阑式传统民居有吊脚木楼、连廊木楼、回廊楼屋等。

以两层高的木质穿斗式建筑为主,房屋结构材料均为杉木和松板,有5柱或7柱一排的,为悬山式小青瓦盖顶,多为二楼一底,以三开间一栋常见,簸箕寨多为吊脚楼。因地形坡度显得错落有致,质朴沧桑,古风浓郁。

吊脚木楼利用坡地空间建造,部分搁置于坡岩,部分用柱脚下吊,廊台上挑,屋宇重叠,具有较强烈的民族特性。

杨家祠堂:始建于清朝初年,距今近400年,原建筑风格集徽派建筑及苗族干阑式吊脚楼风格于一体,但于民国初年遭受大面积毁损,新中国成立后分给农户使用。

风雨桥:有两座横跨古河道南皋河的风雨桥,重檐青瓦顶,造型典雅,风雨桥的独特魅力不仅在于整体的独特造型,更有意思的是体现苗族人民的奇思妙想以及和谐的世界观。

依山而建的苗族干阑式建筑群巧夺天工,是苗族人民与自然和谐共生的大智慧。

民族文化

石桥村是以苗族为主的少数民族村寨,村寨内村民的民族服饰、传统民俗活动等都保留了苗族的传统文化特征。苗族的各项歌舞及传统节日等民风民俗在石桥村沿袭至今,神秘古朴,原汁原味的民族原生态文化独树一帜。

传统节日有苗年、吃新节、春节、七月半、端午节等。跳古瓢舞、芦笙舞、对歌、斗牛、斗鸟等也都世代相传。

杨家祠堂主体建筑

石桥村平面图

传统建筑

古法造纸

人文史迹

大岩脚造纸作坊遗址：手工造纸是南皋乡石桥村特有的民族传统工艺，从唐朝中期开始沿传至今，已有2000多年的历史，且传统工艺保持完好，并被称为我国现存的"活化石"，同时南皋乡石桥村也被称为"中国国纸之乡"。古法造纸作坊遗址，系省级文物保护单位。

苗年：自古以来，这一地区的苗族就使用着与汉族"农历"不同的历法——苗历。苗历的岁首，即为苗年。"苗年"对于苗家，是庆祝丰收的日子，是一年里劳作的结束与欢乐的开始。节期举行祭祖，宴亲友、吹芦笙、斗牛、斗鸟、唱歌等民族传统文娱体育活动。2008年该民俗经国务院批准列入第二批国家级非物质文化遗产名录。

造纸作坊遗址

纸街

苗年

芦笙舞：又名"踩芦笙"、"踩歌堂"等，早在明代《南诏野史》中就有"男吹芦笙，女振铃合唱，并肩舞蹈，终日不倦"的记载，清《苗俗记》中也记有"每岁孟春，……男女皆更服饰妆。男编竹为芦笙，吹之而前，女振铎继于后以为节，并肩舞蹈，回翔婉转，终日不倦"。是一种以男子边吹"芦笙"同时以下肢（包括胯、膝、踝）的灵活舞动为主要特征的传统民间舞蹈，因用芦笙为舞蹈伴奏和自吹自舞而得名。舞蹈动作有连续旋转、矮步、倒立、翻滚等，舞步中让人领略到的是热情、是奔放、是令人心胸宽阔的想象。

天然石桥：位于石桥寨东边，石桥村因此而得名。天然石桥横跨南皋河，桥高8.25米，宽10.3米，厚3.4米，跨度11.3，底空距水面4.9米。

南皋河：穿寨而过，河水清澈，河面上有风雨桥两座，风景秀美。

纸街：古街巷，有着多家造纸作坊和售纸店。

古树：位于村落北部，树龄古老，冠幅宽大，当地村民看作是镇村古树。

天然石桥

保护价值

石桥村是典型的苗族村落，苗族所有的风俗在此基本上都能看到。吊脚楼、风雨桥、民居、禾仓、芦笙堂，保持着特有粗犷、真实、原始的品质，神秘古朴，苗寨人的生活方式在此世代相袭。村落坐落在山水之中，周围植被丰富，植物种群繁多，古树参天，拥有丰富而珍贵的物质与非物质文化遗产，有着独特的历史风貌和自然格局，是传统古村落选址营造的典范。

石桥苗寨依山就势，顺应地形，村落呈半岛组团布局，结构完整。其建筑极具苗族村落特色，具有木结构建筑、鹅卵石铺地等众多的极具当地特色的建（构）筑物元素。村落整体景观良好，自然协调，古朴静谧，是传统可持续人居发展模式的体现，从整体格局到建筑风貌，石桥都具有较高的科学与艺术价值。

刘　娟　潘远良　编

簸箕寨全貌

黔东南苗族侗族自治州黎平县尚重镇朱冠村

朱冠村全貌

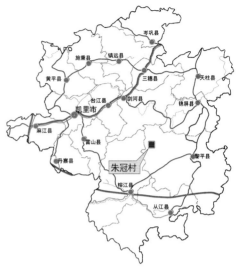
朱冠村区位示意图

总体概况

朱冠村位于黎平县尚重镇，距镇所在地7公里。村总人口820人，侗族人口占全村总人口的99%。朱冠村始于明初时开始落居，是盖宝河较早人居地之一，故取名朱冠，"朱"为红色，"冠"为第一，意思为第一个在盖宝河居住的寨子，此后延续后代至今。朱冠侗寨坐落于盖宝河岸，整个村落傍水而居，整体风貌保存完好。寨前盖宝河绕村而过，寨后古树成林，山水、古树与村落相依存。朱冠村于2012年被列入第一批中国传统村落名录。

村落特色

朱冠村依水而居，盖宝河绕村而过，距镇所在地7公里，交通便利。民居均为木质吊脚楼，吊脚楼盖木皮或瓦遮雨，村内街道和巷道均为水泥硬化且具有民族特色的花街路，村口建有侗族特色的寨门和凉亭。村寨边缘，常年水源充足，形成朱冠村的保护带，河道宽约40米，这里是珠江水系的一个小分支，孕育着沿岸的侗家人民，侗家人的祖先落户这里后，就开始人丁兴旺，朱冠河孕育着一代又一代的侗家儿女，一直延续至今。一排排梯田与田坝是朱冠村另一道亮丽的风景线，每到秋收时节不仅是朱冠人民的丰收时节，同时也是一道亮丽的秋收风景图。

传统建筑

朱冠村的历史传统建筑按其功能可分为公共建筑和宅居两大类。公共建筑有祭祀性建筑、议事及娱乐性建筑等，如萨坛、凉亭这些公共建筑保存基本完整，周边环境良好。传统民居有大户建筑和一般民宅建筑。这些建筑最早建于元代，少量建于民国时期，所有建筑均具有侗族传统建筑特色。分布于寨内其他的公共建筑和古民居大多相对保存完整，基本体现了朱冠村历史风貌。最有代表性的是吊脚楼、寨门、凉亭、古井、谷仓群等建筑物。

吊脚楼建筑：基本采用传统干阑建筑修建，楼房建筑以两层为主，少数为三层，整个村落傍水而居，传统的吊脚楼与山水融为一体，古朴的民风、民俗和自然村落形成一个典型的侗族文化空间载体。传统吊脚楼建筑全采用木质结构，当地侗族工匠现场加工制作构件，整幢木质吊脚楼建筑不需一钉一铆，传统的民族建筑工艺形成了朱冠寨典型的吊脚楼建筑群落，建筑风格与村落周边的环境共存，数百年历史的变迁，环境风貌基本保持完整。

谷仓群：目前朱冠村共有禾仓100余座，建筑面积3500平方米；禾仓群中有建于清朝嘉庆年间24座，清朝光绪年间35座，清末民国初期51座；禾仓群布局完整、设施齐全，具有防火、防鼠、防蚁虫、防潮等功能。朱冠禾仓群现保存着其基本布局，主体建筑等基本保存完好，与周围环境无冲突。

人文史迹

朱冠寨门：长12米，宽6米，位于朱冠村东部。寨门是进寨的标志建筑。寨门过去的功能是防卫，如今这个功能消失了，

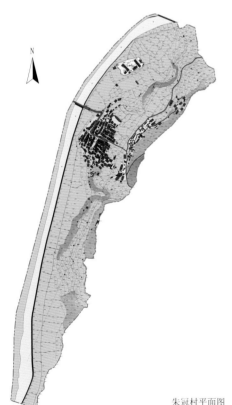
朱冠村平面图

朱冠河

梯田风光

吊脚楼 1

吊脚楼 2

寨门

凉亭

但它是进寨的通道,是侗寨地域感和凝聚力的标志。

朱冠凉亭:建于2005年,位于朱冠寨的东面,其主要功能在于夏季休息避暑,

夏天村民都喜欢来凉亭避暑。朱冠凉亭有八角,因此,也被称为八角亭。凉亭的边沿上都刻着各种类型的动物形象,栩栩如生,朱冠凉亭无不显示出侗家人高超的雕刻技艺。

古井:一共有两口,它们均匀分布于寨内,在还没实现自来水之前,这两口水井担负着朱冠村的生活用水,水井里的水冬暖夏凉,十分可口,至今仍在使用。

古井

谷仓群

民族文化

鼓藏节:朱冠侗寨过去分散到各地的684户人家,每隔12年全村的男女老少都聚集在这里,活动内容主要有:(1)踩歌堂,参加祭祖的人们手拉手唱赞颂祖先的进堂歌、盘歌、欢歌、转堂歌等;(2)演侗戏;(3)吹芦笙,斗牛;(4)进鼓楼聊天叙旧;(5)吃"合拢饭";(6)男女青年坐月堂等活动。

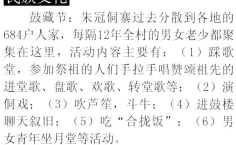

鼓藏节芦笙表演

琵琶歌:明末年间,尚重盖宝西迷寨有一位姓吴名帅勇的年轻人,他以制作棉被为生,受到牛筋弹响的启发,便亲手用上好的楠木制成了精致美观的琵琶,他把

琵琶安上了五根钢丝,调准音频,声应九音,其声悠悠扬扬,荡映高山流水,声声悦耳。所有的琵琶大多数是由梨树制成。有雌雄之分,雄琵琶身长体大而声宏,奏出刚劲雄浑之声,多为男歌手所用,雌琵琶身短,体秀而声纤,弹出柔软美妙之音,多为女歌手所用。主要特点是:委婉、飘逸,清脆悦耳,悠扬婉转,优美动听,加之与琵琶声和谐相配,真是令人如痴如醉,心旷神怡。

朱冠赏花节:是朱冠特有的节日,在映山红盛开的时节,全村的男女老少聚集到高山上去赏花,在那里她们尽情地唱歌,抒发内心的感受,歌唱着生活的美好。

保护价值

自然生态环境较好,历史传统建筑群保存较完整。得天独厚的地理环境和文化资源使朱冠村成为一个价值独特的历史遗产。村寨的历史风貌较好,大规模的传统建筑群保存完整,构建了朱冠村独特的风貌。

琵琶表演

赏花节

余 飞 唐 艳 王 攀 编

黔东南苗族侗族自治州台江县台拱镇交片村

交片村地势

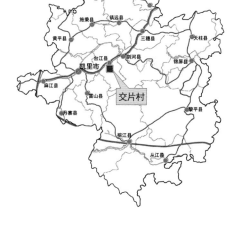

交片村区位示意图

总体概况

交片村位于贵州省黔东南苗族侗族自治州台江县台拱镇东南部，中心村距县城10公里，交片寨距县城18公里，东北部与红阳翁规村相邻，东部与方召巫脚接壤，南部与展下相连，西部与南市、洋汪毗邻。交片村总户数207户，总人口972人，均为苗族。2013年被列入第二批中国传统村落名录。

村落特色

村落选址于高山半坡，这是军事和村际交往的需要。民居依山而建、凭高涉险、择林而居，此为交片村交片新寨选址建寨的特色。村落选址于高山，登高望远，增添了山寨的威严气势和错落层次感，既可避山洪，又离山泉水源较近。村落整体古貌及依山就势的建筑肌理皆得到了较好的保存。

传统建筑

交片村交片新寨传统民居多建于20世纪五六十年代以后，分布集中连片，多为榫卯结合的木构建筑，依山顺势而建，鳞次栉比；少量保存至今的清代历史建筑；近年新建的少量砖混结构建筑，对村落整体风貌有一定的破坏。交片村交片新寨建筑形态与山体形态一致，较好地满足了山体形态的原生态，保持了建筑与自然环境的有机融合，建筑群体轮廓的走势充分体现了与自然山体坡度形态的一致性。村寨中干阑式传统民居有吊脚木楼、连廊木楼、回廊楼屋等；交片新寨大部分传统建筑保存完整，有少部分传统建筑因年久失修，破损较为严重。保存完整的传统建筑和依山而建的苗族干阑式建筑群巧夺天工，是苗族人民与自然和谐共生的大智慧。

建筑为干阑式木结构传统建筑；建筑为新建，建筑空间以"左—中—右"的横向间的空间序列关系，形成以堂屋为中心，三开间退堂式的居住平面，居住层面置于二层，退堂加宽配置美人靠，屋顶为悬山木片。

村落环境

交片村平面图

代表性民居 2

代表性民居 3

代表性民居 1

民族文化

苗族鼓藏节：据《苗族古歌》载，鼓藏节在先秦以前夏王朝时期的古三苗国就已经有了。三苗国在与夏王朝的战争中解体，苗族在往西南迁徙过程中仍然过鼓藏节。说的是人类祖先姜央过鼓藏节是为了祭祀创世的蝴蝶妈妈。传说蝴蝶妈妈是枫树生出来的，所以苗族崇拜枫树。既然祖宗的老家在枫树心里，用枫树做成的木鼓就成了祖宗安息的地方，祭祖便成了祭鼓。苗族最高的神是祖先，是生命始祖枫树和蝴蝶妈妈。鼓藏节就是祭祀神枫树和蝴蝶妈妈。

苗族刺绣：刺绣是苗族源远流长的手工艺术，是苗族服饰主要的装饰手段，是苗族女性文化的代表。苗族刺绣的题材选择虽然丰富，但较为固定，有龙、鸟、鱼、铜鼓、花卉、蝴蝶，还有反映苗族历史的画面。苗族刺绣十分美丽，技法有12类，即平绣、挑花、堆绣、锁绣、贴布绣、打籽绣、破线绣、钉线绣、绉绣、辫绣、缠绣、马尾绣、锡绣、蚕丝绣。这些技法中又分若干的针法，如锁绣就有双针锁和单针锁，破线绣有破粗线和破细线。

苗族蜡染：蜡染实际上应该叫"蜡防染色"，它是用蜡把花纹点绘在麻、丝、棉、毛等天然纤维织物上，然后放入适宜在低温条件下染色的靛蓝染料缸中浸染，有蜡的地方染不上颜色，除去蜡即现出因蜡保护而产生的美丽的白花。如果仅仅是蓝地白花也不算稀罕，那和蓝印花布没什么两样。蜡染的灵魂是"冰纹"，这是一种因蜡块折叠迸裂而导致染料不均匀渗透所造成的染纹，是一种带有抽象色彩

的图案纹理。苗族原本擅长纺麻织布，织好的布用蓼蓝、红花、栀子、五倍子等草药就可以染成蓝、红、黄、黑各种颜色。苗族的蜡染更是有着悠久的历史，宋代五溪地区的"点蜡幔"（蜡染）已很盛行。明、清时代，黔中一带苗族也多服用蜡染衣料。采用靛蓝染色的蜡染花布，青底白花，具有浓郁的民族风情和乡土气息，是我国独具一格的民族艺术之花。

交片村吃新节

传统器具

人文史迹

交片是苗族英雄张秀眉"倒栽杉"的所在地。据志书记载，清雍正十年（1732年），苗族农民起义军被清军哈元生部追逼至此，形势危急，义军首领，折一衫枝倒插地中，祝曰"吾种若存则衫活，种灭则山死。"逾年，衫枝果活，繁茂至今278年。

土地庙：是苗族祖辈自清代就流传下来的习俗，每逢节庆，在此向土地庙祈福祭祀，用雄鸡、鸭蛋、鱼、刀头、糯米粑（饭）、酒、棉条、新布和香纸等作祭品，将少量祭品泼洒土地庙上，将棉条等系于庙上、树上。祈祷生男如往奶（太阳王），生女如仰阿莎（苗族传说中的美女）。念毕，席地畅饮，而后开展以踩芦笙、斗牛为主要形式的娱乐活动。交片老寨有土地庙5处，但都经过多次翻新。

古粮仓：交片新、老寨内共有28个古粮仓，均始建于清代。粮仓平面呈四方形，喻"四方来财"，歇山青瓦顶，穿斗木构，金柱四根，檐柱八根，以小圆木条连接檐挂成空格晾架，专供晾晒禾谷、包谷。

保护价值

交片村交片寨传统村落作为黔东南州具代表性的苗族文化村寨之一，保存了相对完整的、真实的历史遗存和文化遗产，同时附带了大量的历史文化信息，体现了很高的文化水准，见证了清时该地区的生活方式和文化特色，有较高的历史价值、艺术价值和科学价值。

劳巧玲　欧阳丹玲　编

113

黔东南苗族侗族自治州黎平县岩洞镇竹坪村

竹坪村全貌

竹坪村区位示意图

总体概况

竹坪村位于贵州省黔东南苗族侗族自治州黎平县岩洞镇，距县城40公里，距岩洞镇政府所在地9公里。村域面积25.6平方公里，全村634户，2718人，竹坪村是一个典型的侗族聚居地之一。竹坪的祖先大约在元朝时期或以前就在此定居。竹坪村于2012年被列入第一批中国传统村落名录。

村落特色

竹坪村四周青山环抱，自然生态保护完好。竹坪河穿寨而过，民居依山傍水、错落有致，绝大部分巷道全为青石板铺设，还有众多的碑刻。位于竹坪村南面的摆肇山是竹坪村地界内的最高峰，它不仅巍峨雄伟，古树参天，而且还有非常神秘的人文史话。山上有一口泉井，水质纯净，清凉可口，终年不竭，清朝乾隆年间刻在井壁上的文字还隐约可见。登上此山，黎、从、榕等侗乡风光尽收眼底，是徒步登山旅游者的绝好去处。

传统建筑

竹坪村处于两山之间的沟谷地带，民居依山面水而建，沿山间河流随山势布局，鳞次栉比。竹坪村传统建筑群数量较多，规模较大，保存较完整，现有传统民居688栋、鼓楼6座，风雨桥1座，凉亭4座，古老造纸作坊10个。村落内建筑形式丰富，民居以杉木为柱，杉板为壁，杉皮为"瓦"，极富民族特色。有些侗族民居巧妙建在水上，有良好的防火性能。

传统民居：竹坪村以杉材建房，居住房屋都建为二层楼房，以三或五的单数间正屋，也有为一间正屋。如果必须建为四六的双数间，则把尾间放矮30公分，称为三高一矮，或五高一矮，以表示单数间。第二层楼分前后两部分，以中柱划分，前面是宽敞的走廊，外面装半壁以求透光，还安放一至二根长宽板凳，作为迎客厅。楼下是猪、牛、鸡鸭等牲畜的关栏处。侗族传统民居独特的建造工艺，使得其具有通风、防盗、安全等功能。

鼓楼：鼓楼高耸于竹坪村中，巍然挺立，气概雄伟。飞阁垂檐层层而上呈宝塔形。瓦檐上彩绘或雕塑着山水、花卉、龙凤、飞鸟和古装人物，云腾雾绕，五彩缤纷。鼓楼以杉木凿榫衔接，顶梁柱拨地凌空，排枋纵横交错，上下吻合，采用杠杆原理，层层支撑而上，尤为壮观。

民居

竹坪村民居主体建筑

竹坪村平面图

下寨鼓楼

寨脚风雨桥：花桥又名风雨桥，为侗族独有的桥。由桥、塔、亭组成。桥壁上或雕或画有雄狮、蝙蝠、凤凰、麒麟等吉祥之物图案，形象诙谐洒脱，古香古色，栩栩如生。据传，风雨桥建在溪河上不仅仅是给人们交通提供便利，而且还有镇邪和留财之意。桥长19.8米，宽6.3米，一层，建筑面积124.74平方米。

寨脚风雨桥

民族文化

竹坪村是以侗族为主的少数民族村寨，村寨内村民的民族服饰、传统民俗活动等都保留了侗族的传统文化特征。信仰多神，崇拜自然物，古树、巨石、水井、桥梁均属崇拜对象。以女性神"萨岁"（意为创立村寨的始祖母）为至高无上之神，每个村寨都建立"萨岁庙"。以鸡卜、草卜、卵卜、螺卜、米卜、卦卜测定吉凶。

传统民族服饰：竹坪村现在仍然保持有穿着传统服饰的着装习惯。男穿对襟短衣，有的右衽无领，包大头巾；女子上着大襟、无领、无扣衣，俗称为"腕襟衣"，下穿裙或裤。惯束腰带，包头帕。用黑、青（蓝）、深紫、白等四色。黑青色多用于春、秋、冬三季，白色多用于夏季，紫色多用于节日。

侗族服饰

侗戏

传统节日：竹坪村的传统节日除春节外，有"二月二"的敬奉土地公节，"三月三"吃黄草粑节，"四月八"吃乌米饭节，五月逢亥棕粑节，七月逢亥吃新米节，十月逢亥"吃冬节"等。这些节日，以春节为最隆重，节日期间，侗民族风情有：踩歌堂、月也、演侗戏、吹芦笙、斗牛、唱侗族大歌等。

侗戏：在中国55个少数民族中，有9个民族有自己的戏剧，侗族位列其中。这份殊荣，当归功于千山后裔吴文彩。是他在清嘉庆、道光年间创立了侗戏，使竹坪这一社区成为侗戏的起源地。侗戏是民族民间戏剧艺术瑰宝之一，是侗族人民生活的真实体现，它的发展源远流长，经历人民群众集体创作、集体传播，不断得到加工、改造，古朴而不单调，抒情而不低劣。

人文史迹

竹坪河：竹坪河贯通村寨及寨外梯田，常年水源充足，将竹坪寨分为南北两部分，竹坪河孕育着沿岸的侗家人民，侗家人的祖先落户这里后，就开始人丁兴旺。

古石板桥：根据石碑记载考查，色昔石板桥是乾隆年间架设，其余都是嘉庆和道光年间所建。

古石水井：竹坪全村有18口古代石板泉井，石井旁边，均有石碑立传，可惜大多数已损坏。据从尚存石碑考查，都在清朝中期的乾隆、嘉庆、道光年间建成。

石板路：竹坪寨上的每条巷道里弄及寨子附近的路面都铺满青石板。往岩洞方向的路，从寨上到登别（地名），约1公里路程。

石碑：在竹坪村境内，凡是建鼓楼、石桥、石井、石阶梯等建筑物，都立有石碑，使芳名流传后世，勉励后代不断弘扬。只因时过很久，或遗失，或损坏了很多，到现在尚能存世的古碑仅有20块。改革开放以来，全村新竖立石碑共有10块。

石板庭院：竹坪古代起造房屋先在地面打好基础。整理地基时，以长石条按

房架的设计，划定框框安在地基面上，使房架的柱脚和每根柱脚枋都有石板为奠基，地基周围是用厚石条垒成保坎，称为站岩。竖房架后，就要以石板铺满门口和庭院，只因为多次发生寨火，致使石条损坏，到现在还有很多残迹。只有极少数没有被火灾损坏的人家，门口石条基本上仍是原样。

古石板路

古石板桥

保护价值

竹坪村作为黎平侗乡国家级风景名胜区民族村寨核心保护区，是侗戏的起源地，具有丰厚的民俗文化底蕴和民俗文化研究价值。应对其不可再生的民族文化进行传承、保护。此外，竹坪村与当地自然环境和谐相处，与竹坪河共同生长，将侗族文化与当地自然环境完美融合，形成了具有侗族文化特色的少数民族村落。

陆 玲 王晓青 王 攀 编

竹坪村全景

黔东南苗族侗族自治州台江县南宫乡交下村

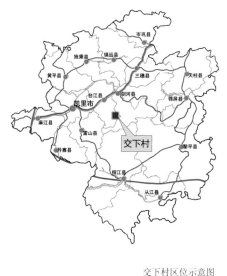

交下村区位示意图

交下村鸟瞰

总体概述

交下村位于南宫乡东侧，属于南宫乡内海拔较高的村，海拔超过900米。与翁忙村、掌归村、大田村、南宫村（南宫乡乡政府所在地）、羊甲村、拥党村等苗族村寨接壤，在周边几个村寨中属于规模较大的村。交下村自数百年前由方召乡反排村迁入以来，村内现已发展成拥有多个姓氏家族的聚居村落，其中以"万"姓为多，万姓家族也是最早迁入交下的家族，素有"芦笙之乡"的美誉。全村村域面积11.46平方公里。全村为苗族，人口1087人，2013年被列入第二批中国传统村落名录。

村落特色

交下古村背山面水，村寨整体布局依山就势、顺山势而行，和谐统一同时又富有变化。村庄建设顺应山地地形，建筑体现了传统苗寨村落特征，整体上统一协调而富有层次感，整体风貌独具特色。全村傍居交下水库边而建，风景秀丽、空气清新。三山一水的格局使交下古村远离外族的侵扰。

加下村民居建筑以群山为背景，增加景观的层次感；以水为前景，取得开阔的视野；建筑因山而气派，因水而生动，呈现出一段段优美的中国山水画卷。

传统建筑

交下苗族依山建寨，依山林择险而居，故有"高山苗"的说法。苗族建筑大致可以分为两类：一类是苗族民居，另一类是公共建筑。苗族民居的最大特点是楼面层均有部分置于坡坎或与自然地表相连，即便有些场地并不受地形的限制也是如此。民居又称为"半边楼"或歇山式穿斗梁木架干阑房，因为吊脚楼实际上只有一半的楼是吊脚的。交下村建筑大多建于20世纪50～90年代之间，建筑质量尚可，建筑高度也基本一致，整个村的建筑风貌比较统一，且建筑屋顶均采用小青瓦，在窗户、柱基、屋檐等细部处还有雕花或纹样

交下村远景

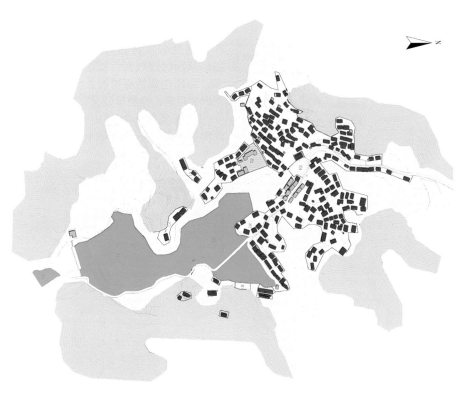

交下村平面图

成片民居

乡间格局

交下村水库 1

民居一角

英雄事迹，仍有《十八年反政》、《英雄张秀眉》等史诗流传。后张秀眉退守雷公山一带，现在的交下村寨西。在村寨西北的山坡上进行驻扎，一方面是交下村隐蔽不易被发现，另一方面此地地势凶险，对于其防卫也有很大意义。张秀眉军队在此设立了碉堡、营地、哨岗以及纪念胜利的纪念碑，现遗存的仅有碉堡遗迹和哨岗。碉堡位于村寨西部山坡垭口处，斗牛场西北部，碉堡现已损毁，堡垒已不连续。原堡垒沿整个山脊绵延数里，一直延伸至山顶的营地区，高约1米，均为石板堆砌，仅在垭口处设置了一个出入口。该碉堡对当时的防卫具有重大意义，垭口处的出入口也有"一夫当关，万夫莫开"的气势。

营地：营地位于西侧山坡上，碉堡背后。当时张秀眉战败，退守至此驻扎数月之久。现营地已长满荒草，寻不到驻扎痕迹。但在山体垭口处除仍遗留了当时供将士休息的座椅，这些座椅长1米，高30厘米左右，可供多人坐上休息。座椅为木质结构，一字排开在道路一侧，座面仅仅是将木材经过简单的处理装钉而成。这些座椅

的工艺处理。现状房屋平面形式主要为正方形、长方形等，全村房屋外墙建筑形式较为统一，主要为木质结构，木表面多未刷漆，呈原木色。

民族文化

苗族服饰：黔东南州境内的苗族服饰为中国苗族服饰中最为雍容华贵，工艺最为精湛，造型最为独特，文化积淀最为深厚的服饰系统，是苗族人民的一部"无字的史书"。苗族服饰保持着中国民间的织、绣、挑、染的传统工艺技法，往往在运用一种主要的工艺手法的同时，穿插使用其他的工艺手法，或者挑中带绣，或者染中带绣，或者织绣结合，从而使这些服饰图案花团锦簇，溢彩流光，显示出鲜明的民族艺术特色

芦笙节：苗族节日主要围绕这样一个主题：1.祭祀。2.祈祷丰收——庆祝丰收。包括春节、祭祖、祭桥节、6·16芦笙节，尤以"6·16芦笙节"最具特色和隆重。

6·16芦笙节是交下村结合自身实际，浓缩民族文化，倾力打造的原生态旅游项目，具有一定的影响力。这一天宴请各方贵客、友人，邀请多个苗族兄弟村寨的能歌善舞者同台共舞，有高排芦笙舞、地筒芦笙舞、木鼓舞、上刀梯下火海等，展示苗乡风采。插田插秧请示"万"姓祖宗。交下村苗族的主要产业为水稻，所以插田插秧对苗族人来说是一年当中十分重要的事情之一。苗族插田插秧讲究天时地利人和，但是受当地气候影响，每年的插田插秧日子都不确定。交下苗族插秧是根据族

内年长者长年累月的经验，族内长辈根据当年的天气、节气等确定插田插秧的日子。而万氏是村内最大的家族，也是最早迁入交下的家族。村内人为了感谢万氏先祖开辟了这片荒土，在每年春季插秧都先请示万氏家族族长，族长确定耕种时间，然后举行插秧祭祀仪式，向神灵祈求风调雨顺、硕果丰收。至今这一请祖插秧的文化仍然是村内耕种文化的一大传统。

人文史迹

张秀眉行军营地碉堡：张秀眉（1823年-1872年），是清咸丰同治年间苗族起义领袖，现仍被视为苗族人勇敢的反抗精神的伟大英雄领袖，现苗族民间怀念其

交下村水库 2

村落农田

村落环境

虽然经过长年累月的风雨侵蚀，依然坚固可用，可供过往的交下村民或游人休憩使用。

保护价值

是研究我国传统村落演化史、村落文化史和村落选址的鲜活史料，展现了古代匠师和当时寨民的审美理念、心理特征和价值取向，为研究当时社会的民俗学、环境学等提供了重要的历史依据，具有较高的文化价值。

马勇超 聂 琳 编

黔东南苗族侗族自治州剑河县久仰乡毕下村

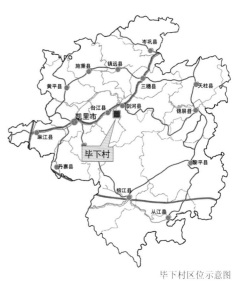

毕下村区位示意图

民居

风雨桥

毕下村全貌

总体概况

毕下村位于贵州省黔东南苗族侗族自治州剑河县久仰乡中部，村寨面东背西，坐落在毕下溪边及半山腰上，位于乡政府西南，东接久仰村，南抵东阶仰村，西迄摆伟村，北邻基佑村。毕下村村域面积3.5平方公里，总人口712人，是一个苗族聚居村寨。相传100多年前，当时毕下老寨的人们还未迁徙至此，有一只大狗熊经常出没在寨子半山腰的一棵古树下。在其不被惊扰的提前下，人们或者其他动物经过时均可相安无事。根据寨里世代口口相传，寨里有的小孩时常会上山给该熊喂食物，久而久之，孩子们和熊便结成了好朋友。在此期间，老寨无重大事故发生，人们安居乐业。寨邻与狗熊之间相安无事，是故人们大多认为此处为安全之处，宜居之所。对于当地人们而言，狗熊译为"下"（苗语），上山(坡)则为"及毕"。半山腰上的狗熊便可译作"毕下"，经明、清改土归流，置"清江六厅"之"清江厅"（今剑河县），再根据后来的行政区划，结合当地口音，"毕下村"从此代代相传，纳入今剑河县久仰乡管辖下的一个村寨。2014年，毕下被列入第三批中国传统村落名录。

村落特色

毕下村是苗族迁徙最后一个根据地之一，世弟农耕，尊重自然。村寨四周绿树掩映，寨内人行硬化步道交通阡陌，干净有序，至今还保持传统土布纺织工艺，居住苗家吊脚楼，酷爱养鸟斗牛。毕下村全村为苗家木楼为主，材质以杉木为主，多数楼房为两层居，少数为一层，部分是上木下砖的砖木结构楼房，苗家木楼，冬暖夏凉。硬化步道已入每家每户，毕下村的四周，生长着茂盛的百年古树，寨子与古树交相辉映，这里四季如春，犹如大自然特地为这个寨子的环境优美进行造化，为这里的村民带来随时都欢乐祥和和睦相处的生活环境。

传统建筑

毕下村风雨桥：桥廊全长60米，桥面宽4.5米，屋顶皆为小青瓦坡屋顶，桥楼屋顶为二层四角重檐屋顶和一层六角攒尖宝塔顶。桥墩以青石砌，桥面以混凝

古井

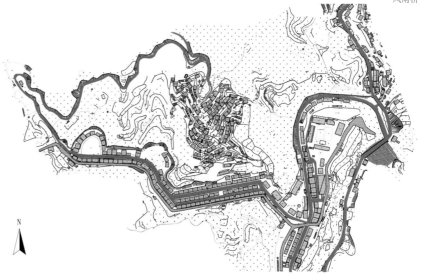
毕下村平面图

古桥

民俗活动

古树

土浇筑，桥体为木质结构，整座桥匀称轻巧，工艺精湛。桥楼脊上，泥塑两对双龙抢宝，桥楼翼角塑有各种珍禽异兽。桥廊内两侧下部设有双重檐柱和连通桥凳，供人休息，上部绘有各种风情及山水、花木和动物彩画，具有浓郁的民族色彩。

毕下村传统民居：传统的苗族干阑式建筑群是毕下村传统风貌的重要特征，特别是毕下村老寨的建筑具有历史价值，分布有清代（2000平方米）和民国建筑，后毕下村新寨为了满足当地山高坡陡的地理环境，当地很多建筑已经放弃了干阑式建筑的传统做法，而是更灵活地采取了在斜坡上开挖半封土石方，垫平房屋后部地基，然后用穿斗式木构架在前部做吊层，形成了半楼半地的"吊脚楼"。这种形制的房屋在结构、通风、采光、占地等诸多方面，都优于其他建筑。

粮仓：全村均匀分布，布局完整，设施齐全，具有防火、防鼠、防水、防潮等功能。主体布局基本保存完好，是老一辈人聪明智慧的结晶，这些粮仓群也是毕下村一道独特的风景线。

民族文化

卯节：卯节从春耕插秧结束后的第一个卯日起，十二天一卯，一直过到九月重阳。还有过春节要从农历十二月二十左右过到二月二日，春节期间很少从事农活，到二月二日这天全村老幼集体狂歌劲舞，尽情欢娱。

毕下村斗牛：毕下村苗族同胞最喜欢的民族运动是斗牛，最初是农耕闲暇之余的一种娱乐活动。经过几百年的沿袭，已经有"穷莫丢猪，富莫丢斗牛"的习惯，就是某个人入官为仕，家人或者家族也会买头斗牛，以显家威，以旺族人。如逢节斗牛之日，全村倾巢出动，还邀请近村邻寨以决雌雄，其场面蔚为壮观。

苗族情歌：苗族情歌是久仰乡毕下村、久仰村、基佑村苗族群众在婚姻嫁娶之日。男方家与女方家组织自家能编善歌之人双方对唱，歌唱美好生活，向往美满婚姻的方式。可以轮流单个对唱，也可以组织阵容对唱。

人文史迹

古井：毕下村共有较大的古井4口，其中一口位于古桥旁，井里的水清凉可口，周围植物茂密，村里的人都到这儿取水。这4口古井是毕下村村民不可或缺的水资源。

古树：毕下村地处半山腰，山体上生长着茂盛的百年古树，寨子与古树交相辉映，犹如大自然特地为这个寨子的环境优美进行造化，为这里的村民带来随时都欢乐祥和和睦相处的生活环境。

保护价值

毕下村随山就势的选址特点、大规模的苗族传统建筑群、遍地都可寻觅的青石板铺地、保存完好的古井古桥、满山分布的各品种的古树，作为苗族民族文化的物质载体，与毕下村独特的民族文化相得益彰，对研究毕下村民族思想、文化、生产、生活习俗具有典型的代表意义。

余压芳 王 希 芦泉舟 编

吹芦笙

休闲亭

步道

村落一角

黔东南苗族侗族自治州雷山县永乐镇乔洛村

乔洛村全貌

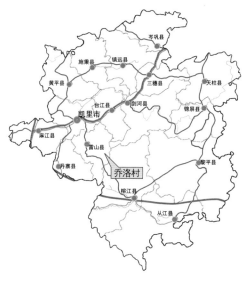

乔洛村区位示意图

总体概况

乔洛村位于贵州黔东南苗族侗族自治州雷山县永乐镇，距镇政府所在地5公里，海拔1085米，属雷公山保护区；全村由5个紧密相连的自然寨组成，有253户、1100人；乔洛村于2013年被列入第二批中国传统村落名录。

村落特色

乔洛村依山傍水，林木葱郁，属于"群居型"聚落。村落建造因地制宜、就地取材，使得色调和空间构成浑然一体。

乔洛村的村落布局依河而建，依山而起，周边绿荫环绕，加上参差错落的吊脚楼，使得乔洛村与大自然和谐共美。

河流景观

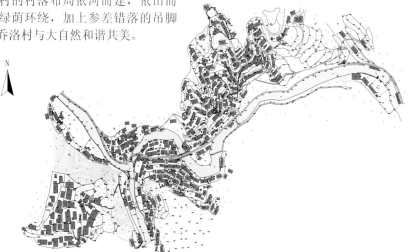

乔洛村平面图

传统建筑

乔洛村的传统建筑，是县内保存较完好的历史遗存。主要有吊脚楼、风雨桥、粮仓、寨门等，其中吊脚楼80座，风雨桥1座，粮仓3座。乔洛村的传统建筑有公共建筑和居住用房两类。公共建筑有风雨桥、村委办公楼等，保存基本完好。传统居民建筑以吊脚楼为主。除了传统建筑外还有两处古树、1个古井。

传统民居：乔洛村主要以木质瓦顶吊脚楼为主，建造类型在正房单独两面侧水和两头搭偏厦、有穿枋连接三面倒水和四面倒水等形式。每幢木楼，一般分三层，上层储谷，中层住人，下层楼脚围栏成圈，作堆放杂物或关养牲畜用。

传统居民

村落环境1

村落环境2

刺绣 2

吊脚楼

古粮仓：为木质吊脚楼结构，其作用是储存粮食，保存粮食使之不变潮发霉，同时也有防水灾、防鼠患、防虫蚁的功能。是少数民族地区先辈的智慧结晶。

民族文化

鼓藏节：也称"吃鼓藏"，是苗族属一鼓（即一个支系）的支族每隔十二年祭祀本族列祖列宗神灵的大典。鼓藏节的重要内容是杀牛祭祖，活动以跳芦笙舞为主，一般5～9天，要单数。鼓藏节所开展的一切活动，都由"鼓藏头"组织、安排，人们必须服从，踩铜鼓跳芦笙时，"鼓藏头"家的人或房族必须在最前头。

苗族飞歌：苗语称为"HXak Yeet"，是苗族歌曲的一种，多用于喜庆、迎送等大众场合，见物即兴，现编现唱。飞歌音调高亢嘹亮，豪迈奔放、明快。飞歌曲调有挂丁、凯棠、湾水三种。

古粮仓 1

芦笙舞

古粮仓 2

人文史迹

古井：乔洛村寨子周边一共有古井1个，在没有自来水以前，村民们一直靠这口井供水生活。如今遇见停水仍然使用。

鼓藏节 1

苗族飞歌 1

古井

古树：乔洛村寨前寨后一共有古树2处，树在乔洛村的村民心中认为是可保"人寿年丰"等，因此特别敬重"保寨树"。

鼓藏节 2

苗族刺绣：苗族刺绣技艺已被列入第一批国家非物质文化遗产名录，是对苗族妇女艺术创造的最高评价。主要表现在刺绣的图案上，一针一线融入的都是苗家的历史记忆和现实生活。

苗族飞歌 2

保护价值

乔洛村依河、依山而建的木质瓦顶吊脚楼，将河边村和山村完美结合，寨中吊脚木楼错落相间，村寨山清水秀，绿意盎然，形成独特的村落特色。加上苗家人大胆运用各种想象和夸张手法，以比喻、象征等艺术表现方式设计的绣品图案，使得其刺绣图样生动、色调古朴明丽。独特的建筑艺术和刺绣文化，是我们值得保护和发扬的苗族村寨。

周祖容 王 攀 李函静 编

古树

刺绣 1

黔东南苗族侗族自治州台江县革一乡江边村

江边村区位示意图

江边村沿岸

总体概况

江边村是台江县革一乡的一座苗族村寨，距离革一乡政府驻地3公里。古寨依山就势、顺山而建、层层跌落，整体空间北低南高，"三面环山、依山就势"，其构成要素可概括为山、水、寨。全村641户，总人口为1254人，全村均为苗族。江边村2014年被列入第三批中国传统村落名录。

村落特色

江边村传统建筑大多自由、有机地散落于山涧之中，建筑密度不高，建筑和环境有机融合为一体。巷道是传统村落建筑的骨架和支撑，它由周边的建筑所界定，是由内部秩序形成的外部空间，具有积极的空间性质。江边村如树枝状的巷道连接着各家各户，形成特殊的村落空间网络系统，是由公平性向半私密性、私密性过渡的空间，由闹到静的过渡，营造出宁静的生活环境。

江边环境1

白腊坎河

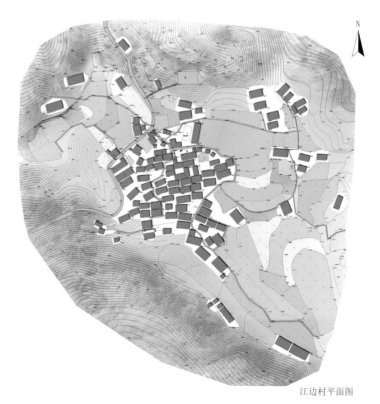

江边村平面图

传统建筑

江边村寨中木屋鳞次栉比，吊脚楼星罗棋布。主要木屋建筑是五柱两间或五柱三间，或五柱四间，最为普遍是五柱三间，吊脚楼主要为厢房居多。房屋都是歇山顶式瓦房，也有少部分为四面倒水式的瓦房。这些民居建筑，展现了苗族民间独特的建筑风格及其文化内涵。

民族文化

龙灯：春节期间，境内有玩龙灯的习俗，一般是正月初九开灯，正月十四谢灯。龙体是竹编纸糊，内点蜡烛。玩时一般需要七八人，一人玩"宝"，逗龙抢宝，龙头紧绕"宝"起伏，龙体随之翻腾。玩龙之前要到民宅堂屋参神，有的主家把门关上，与门外人对"门吉子儿"，待门外说上一段"四季财门"后方为之开门迎入参神，主家要给予利实。如是给予粮食之类，玩龙队伍取走粮食时，要抓一把留在主家堂屋桌上，以示为主家"进财"。扎龙一般不用稻草，稻草扎的"草把龙"被视为"黄龙"，它要大于其他龙，其他龙

成片民居

江边环境2

见草把龙要拜。谢龙即是把龙送到井泉边或河边焚化，叫化龙。

苟坝年年举办龙灯会。自苟坝场期定为每月农历逢"一、六"后，一般定为正月十一或十六日，境内所有玩龙队集中起来，有时还邀请镇外玩龙队参加。玩龙前沿街挨户参神，然后在街道上依路线玩，街民用"铁水花"或自制花等燃放烧向龙身，叫"烧龙"。此风俗自进入21世纪后渐淡，苟坝场也不再年年举办龙灯会，而兴四年举办一次。

狮子灯：狮子灯一般由一人扮孙猴子，一个扮大头和尚，两人舞狮子，另有打锣队。为闹新春的一种活动。预定演出时，先送帖子，确定在哪家吃夜宵，就送大帖子。来哪家演出时，进堂屋拜四方，给主人家报喜，后开始玩，孙猴东蹿西跳，大头和尚戴面具，摇头晃脑，伸脖缩颈。狮子做摇头、擦腰、舔尾、翻滚动作，后"扫门"出大门而结束。有舞狮队技艺高超者，可翻高台，有用12张桌子重

江边村古寨墙

叠搭台，底层3张，二层2张，以上每层各一张，共9层。也有用7张桌子重叠搭台，每层一张，共7层，称一炷香。孙猴、大头和尚、狮子攀登台顶踩斗，舞狮艺人时有台塌人伤之险。此俗流行于20世纪80年代以前，之后已无翻高台者，仅于地面舞狮而已。迄今镇境内已无人组织这项活动。

真理泉

江边村村道

田园风光

人文史迹

真理泉：真理泉为清朝年间修建，水质来源于纯净的天然泉水，坐落于村落南部，常年蓄水，红军驻扎此地时曾饮用过。

石牛山庙：寺庙建于石牛山山顶，信徒众多，每年祭拜活动源源不断，目前由一名老人看守，建筑于2010年毁于大火，目前搭建在溶洞中，急待修缮。

寨墙：寨墙，修建于清代，全长1200米，多以片毛石垒砌，间或以方整石砌筑。有平砌、斜砌及随意垒砌等多种工艺。斜砌中，又有上下两层反向垒砌者，形成条"麦穗纹"，当地又称"鱼骨头"。

保护价值

江边村苗族建筑结构的整体风貌统一完整，村落格局丰富，传统风貌协调。古树是传统村落的重要有机组成部分，要对古树名木进行严格的保护，非物质文化遗产内容丰富，具有承载着苗族文化的历史价值。

王 军 张立行 编

村落环境

黔东南苗族侗族自治州雷山县永乐镇乔歪村

乔歪村全貌

乔歪村区位示意图

总体概况

乔歪苗寨，也称"乔歪村"，位于贵州省黔东南州雷山县永乐镇东北角，距县城88公里，距镇政府20公里，村庄位于雷公山东部山脉，东面有八万山、南面称九洞山、西面称为大朝山的原始森林区，属都柳江水源山脉；自然气候变化异常、湿度较大。属于中亚热带湿润气候；村域面积为3061.64公顷，耕地都在1100米以上，气候条件恶劣，本村主要以农业为主，种植业和畜牧业成为该村的主要经济收入；全村共有1个自然寨，6个村民小组，共有134户，人口535人，全村以苗族为主；据口传从乔歪村苗寨祖先定居算起，传了10多代，以25岁一代，已有近三百年历史，大约相当于清朝年间。乔歪村于2013年被列入第二批中国传统村落名录。

村落特色

乔歪村整个地形为：两河三山夹一梁，七溪八岭十面坡，四周满满都是绿色之意境。村上有古树参天，竹株成片，左右和下面是层层梯田，寨中梨、桃、李丛生，一到春天，百花争艳，百树争春，屋中花香扑鼻。

这里的人善歌，歌类有男女青年演唱的飞歌、情歌，有老人的祝贺歌、贺喜歌、长寿歌，皆别福歌。

乔歪村前有一条河，常年水源充足。河将乔歪村分为南北两部分。河道宽约10米，河流清澈见底。每到汛期、还会发洪水，看起来很是壮观。

人居环境和谐统一，乔歪村人居环境与自然山水环境和谐统一，借景山水、寄情山水，巧妙利用自然地形，山地村寨建筑多层次，融人工美与自然美为一体。

道路

古井

乔歪村总平面图

梯田景观

河流景观

传统建筑

民居：每幢建筑以及整体环境均亲切近人，充满生活气息。乔歪村传统民居主要以干阑式吊脚木楼为主。吊脚楼低的七八米，高者十三四米，一般以四排三间为一幢，有的除了正房外，还搭了一两个"偏厦"。每幢木楼，一般分三层，上层储谷，中层住人，下层楼脚围栏成圈，作堆放杂物或关养牲畜用。有的苗家还在侧间设有火坑，冬天就在这烧火取暖。中堂前有大门，门是两扇，两边各有一窗。中堂的前檐下，都装有靠背栏杆，称"美人靠"。吊脚楼是苗族传统建筑，是中国南方特有的古老建筑形式，楼上住人，楼下架空，被现代建筑学家认为是最佳的生态建筑形式。吊脚楼是苗乡的建筑一绝，它依山傍水，鳞次栉比，层叠而上。乔歪村的特色建筑是中国建筑艺术思想与中国乡土文化交融后的产物，是中国建筑美学史中不可缺少的一部分。

粮仓：乔歪村现存粮仓为两层，一层为架空层，用来防鼠、防虫等，这些粮仓均紧邻民居一侧修建，四角柱子落地，底层架空，粮仓壁板穿过立柱两侧的板槽，横向插入，形成箱式的储藏空间。苗族粮仓是少数民族地区人民智慧的结晶。

民居建筑

吊脚楼

牛棚

粮仓

古树：乔歪村一共有古树2处，分布在寨前寨后，树在乔歪村的村民心中认为可保"人寿年丰"等，因此特别敬重"保寨树"。

保寨树

人文史迹

乔歪村是一个苗族聚居的自然村落，与外界联系甚少，它成为一个相对封闭的社会单元，但苗族文化历史悠久，丰富多彩，苗家人用古老的文化方式表达了对生活、自然的热爱。

芦笙和苗歌：芦笙是苗家人最为宏大而隆重的娱乐乐器，代代相传，年年节日不少。他们过的节气有古历春节、三月粑、黑米饭、端午、吃新（两次）、月半、重阳、十月小年，十一月大年。最隆重原先是冬月大年，现在习惯和汉族一起过春节了。乔歪村的风俗习惯，是吹跳芦笙和唱苗歌（芦笙调式与方祥乡相同），每逢过年佳节，全寨老幼要在芦笙场跳舞，热闹非凡。

苗年节：初一，各家各户将酒、肉、酸鱼、酸肉、糯米饭、糍粑等备齐，摆放置于火塘边和门口旁，烧香纸，敬供祖先吃"过地餐"（苗语称"追呆"），燃放鞭炮，迎接新年到来。早餐后，全寨人敲锣打鼓，互相拜年。男子穿上新装，背上锦袋，手捧芦笙；妇女一身盛装，佩戴银饰、手镯，汇集到草坪上，集体跳起欢乐的"芦笙舞"。苗年期间，苗族同胞走亲访友串寨，寨与寨之间"打同年"，举行盛大的"坡会"活动。

芦笙

苗歌

苗年节1

苗年节2

苗年节3

保护价值

乔歪村虽然是一个小山村，可它不但不土气，反而文质彬彬，风雅无比，不仅以轮廓生动的村寨风貌、幽雅的园林环境、村落建筑与环境达到了高度的和谐，显示其艺术的光彩。这里民风淳朴，民族文化浓郁，其中，苗族芦笙、苗歌、苗年节都是苗族文化的典型代表。村里吊脚楼民居，沿山坡而建，错落有致，村寨前后的保寨古树，苍翠显目，竹株成片，左右和下面是层层梯田，寨中梨、桃、李丛生，一到春天，百花争艳，百树争春，屋中花香扑鼻。乡土、乡情、乡景、乡色饱含着乔歪村独特的苗族文化，这些表达了中国文明中的"含蓄美"，极具保护价值。

任贵伟 王 攀 李函静 编

125

黔东南苗族侗族自治州黎平县大稼乡岑桃村

岑桃村全貌

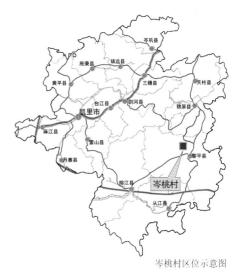

岑桃村区位示意图

总体概况

岑桃村位于贵州省黔东南苗族侗族自治州黎平县大稼乡南部，东与平格村为邻，南和邓蒙村接壤，西靠荣咀村，北抵大稼村。海拔780米，距乡政府所在地1.5公里，全村为一个自然寨，辖6个村民小组，聚居姜、那两姓，是苗族集居的村寨。全村村域面积2.54平方公里，总人口525人。岑桃村已有300多年的历史，位于高山上的小田坝重，得名"宰我"，后侗语改称岑桃。2014年，岑桃村被列入第三批中国传统村落名录。

村落特色

岑桃村地处典型的低山丘陵地区，群山连绵，地势起伏较大，村落位于南高北低的弄抱山山腰凹地处，南侧为大片的山林树木，河流从山谷中汇集，在村落西侧穿流而过。村落北侧和西侧视野开阔，为层层叠叠的梯田，用于耕种。岑桃村顺应山势，靠山面田延绵布局。村落布局与河流保持一定距离，是典型的近水利而避水患的选址布局，民居建造则沿山体坡度逐步抬高建设，避免洪水带来的自然灾害。岑桃的文化底蕴十分深厚，有凉亭文化空间、公共活动文化空间，这些文化空间是岑桃村重要的文化载体。

民居1

传统建筑

岑桃村村内保留了大量的传统建筑，占村落建筑的80.5%。苗族干阑民居围绕凉亭错落有致地随地形布局，村落内有220栋苗族传统民居。

岑桃传统民居：具有苗族传统民居建设特点，苗族吊脚楼民居竖向空间为三

民居2

凉亭内部

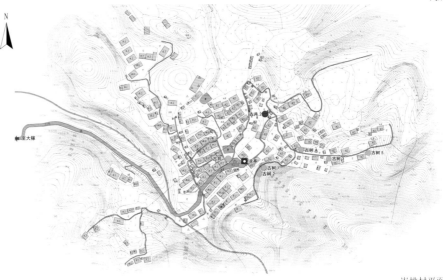

岑桃村平面图

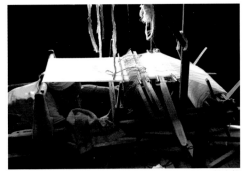

织布机

段式分区。即吊脚层为牲畜杂物层，二层为生活层，三层为粮食贮藏层。其中二层为苗居的主要楼层，一般为三开间，在明间廊前设"美人靠"。"美人靠"为特制的栏杆，可坐可倚，栏做成曲线形凸于檐外，十分美观，凭栏可观山望景，在苗居中具有特色。

民族文化

苗年：苗年是苗族祭奠先人和庆贺丰收的传统节日。清代中叶以前，贵州苗族各个地区都要过苗年，但过苗年没有统一的牢固日期。如台江、剑河、榕江地区在十月，雷山在十月下旬至十一月上旬之间，威宁、松桃、铜仁等地区在十一月。岑桃村的苗年为农历十月一日。

苗族首饰：首饰是苗族妇女喜爱之物，种类繁多，造型美观，有金饰、银饰、铜饰、玉饰之分，以银饰最为普遍。银饰有银帽、银盆、凤冠、耳环、项圈、手镯、戒指、牙鉴、扣绊、银花、银牌、披肩之别，以耳环、项圈、手镯、戒指为常戴之物。各种银饰又有不同的造型，项圈就有轮圈、扁圈、盘图等。耳环有瓜子耳环、石榴耳环、梅花针耳环、圆圈耳环、龙头耳环、粑粑耳环等。苗族妇女每当出嫁、串亲、做客、赶集、节日赴会等均佩戴银饰。

人文史迹

凉亭：凉亭位于村落东部，周围有活动广场，是村民举办活动的场所。凉亭呈正四边形，设4根柱子，下面设长凳供人们

"仁团"花桥

凉亭

休息，屋檐设两重檐，檐角向上微翘，形如宝塔，上面有宝尖。保存状况良好。

古井：岑桃村古井一共有两口，均匀分布于寨内，在还没通自来水之前，水井担负着岑桃村村民的生活用水，水井里的水冬暖夏凉，十分可口，至今仍在使用。水是生命之源，因为有水井才会行成村落，所以村民们对古井保护得很好。

古树：岑桃村的古树在建寨时就已经存在，位于村寨的东南部。在村民心里认为村寨内或周围必须要有古树存在，除了美化村寨环境，还能为村寨遮挡大风，其中最重要的一点是村民认为这些古树可以避邪，把它们当作村寨的守护神。

保护价值

岑桃村背靠郁郁葱葱的山林，面临层层叠叠的梯田，传统苗族干阑民居错落有

古树

致，古树参天，灌丛荫郁，草木峥嵘，完好地保留了苗族自然、原始的生活状态。村寨与自然环境有机融合，规模适中，是典型苗族聚落的代表，具有较高的艺术价值。

王　希曾　增高　蛤编

苗族服饰

古井

航拍图

黔东南苗族侗族自治州黎平县尚重镇岑门村

岑门村全貌

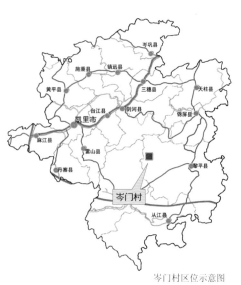

岑门村区位示意图

总体概况

岑门村位于贵州省黔东南苗族侗族自治州黎平县尚重镇北面，距镇政府所在地15公里，是一个藏在深山中风景秀丽的苗族村落。东面与旧洞村相邻，南面与上兰村相邻，西面与江德村接壤，北面与岑利村毗邻。村域面积104.1平方公里，总人口337人，主要为龙姓苗族。据记载建村寨于清朝乾隆年间由锦屏亮寨司搬于此，距今有600多年历史。岑门村分为岑门平寨与岑门陡寨。2013年，岑门村被列入第二批中国传统村落名录。

村前流过，村落布局错落有致、完美和谐。由于岑门村不同于其他苗族村寨刀耕火种的迁徙方式，村寨的选址主要为了防御外部侵袭、利于作战为主。唯一一条通往外界的道路就是穿过村头那座险恶的山头，有一夫当关万夫莫开之功效。基地处于山水怀抱的中央，内有千顷良田，山林葱郁，河水清澈。村口古树参天，村内步道保持原始格局，路面雕刻着花纹，象征着勤俭朴素的岑门村民对大自然的热爱和对美好生活的向往。

民居

村落特色

岑门村处在群山怀抱中，弯弯石河从

传统建筑

岑门村是一个典型的苗族村寨，寨中有一座风雨桥、一座凉亭、一座戏台以及大量苗族民居和禾仓群。

岑门风雨桥：岑门风雨桥位于村落中部，横跨于岑门河上，是连接岑门平寨与岑门陡寨的枢纽，以及村寨唱苗歌、节日聚会的场所，由巨大的石墩、木结构的

禾仓群

凉亭

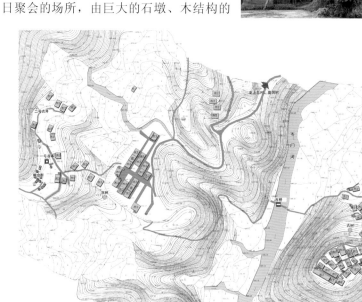

岑门村平面图

传统服饰

踩歌堂

古树

桥身、长廊和亭阁组合而成。石墩为鹅卵石成梯形堆砌而成，桥身全部为木结构，并大都以杉木为主要的建筑材料，整座建筑全系木料凿榫衔接，横穿竖插。桥顶部盖有坚硬严实的瓦片，从石墩起，以巨木为梁，用巨木叠合成倒梯形结构的桥梁，抬拱桥身，使受力点均衡，是传统建筑中处理大跨度空间的典范。

陡寨凉亭：该凉亭始建于民国时期，凉亭位于陡寨西北边上，建于村寨最高处的中心轴线上。凉亭里外设6根柱子呈两个正六边形，下面设长凳供人们休息，屋檐为三重檐，檐角向上微翘，形如宝塔，上面有宝尖。

戏台：戏台位于平寨南边，立于进村的道路上，底部用7根柱子架于道路之上，一半搭建于地面上，形成有特色的苗家半吊脚楼，为长方形，上面设长凳，拱人们平时休息、娱乐。正前方是村民跳芦笙舞的场所，也是进入村寨的必经之路。因此也成为寨中村民与外来客人对唱苗歌的平台。

民族文化

踩歌堂："踩歌堂"是本地最为盛大的民族节日之一，进行"踩堂"的舞圈以村寨为单位，每个舞圈被人们称作"一堂"，节日期间来自各个村寨、各怀绝技的若干堂"芦笙舞"将会聚一堂，齐展风姿。届时，每堂芦笙在作舞前首先要在圆圈中心高高竖起一根芦笙柱，柱顶悬挂芦笙队队旗，并围绕芦笙柱特设由4～6人担任《踩堂》舞蹈进行低音伴奏的"芒筒"演奏。整个舞蹈沉浸在抒情与细腻之中，但又不失潇洒与活泼。而且，每当若干堂舞队同时作舞时，"芦笙曲"此起彼伏，姑娘们舞姿翩跹，构成一片歌舞海

石锤

洋，热闹非凡。

苗族刺绣：岑门是四十八花衣苗寨的中心点之一，是非物质文化遗产的原生地和储藏库，岑门村妇女以爱花绣花而得名，姑娘从小就学绣花，不会绣花和穿着衣物没有花视为心不灵手不巧。花的图案有龙、凤、鸟、花草、蝴蝶、鱼虾、狮子、麒麟等，在没有绘图的情况下，通过一针一线，将心中所要创作的作品一次性成功，花色自然逼真，是刺绣行业的珍品。

人文史迹

古井：岑门村共有两口古井，分别位于平寨与陡寨中，两口井的形制大致相同，井由石块堆砌而成，成拱形，井前青石板被挑水的村民走路磨损光滑，至今仍保持原貌，为村寨的主要饮用和生活用水，虽历史变迁，古井文化空间依然是人们生产生活的一个缩影。

古树：岑门村四周环山，村内古树参天，其中不乏有国家保护树种红豆杉，村口还有体形巨大的古树，仿佛在迎接远方

航拍图

客人的到来。

保护价值

岑门村不同于大多数刀耕火种村寨一样的生产性选址，易守难攻的村寨选址还原了当地的历史生活，具有较高的历史文化价值。村寨利用大自然作为天然屏障，两寨相互守望的格局都是苗族祖先在防侵略中智慧的结晶。

余压芳 赵玉奇 张宇辰 编

寨门

黔东南苗族侗族自治州从江县翠里瑶族壮族乡岑丰村

岑丰村区位示意图

岑丰村全貌

总体概况

岑丰村位于从江县城南面，翠里瑶族壮族乡西部，距县城39公里；距乡政府所在地25公里，居住着苗族。全村辖3自然寨、8个村民小组280户1500人。2014年被列入第三批中国传统村落名录。

村落特色

岑丰村民的祖先原来在柳州一带，由于逃避战争，几经选址，最终定在现在居住的岑丰。位于从江县城南面，翠里瑶族壮族乡西部，北接雍里乡，南面和西面与南岑村相连，东临联合村，距县城39公里，距乡政府所在地25公里，距高华瑶寨仅10公里。

以岑丰梯田为载体，以高忙大山为衬托，传统的苗族矮吊脚楼嵌入在梯田中，形成岑丰独特的村寨格局——依山而居，田山辉映。

梯田：田在寨中，寨在田中——村寨面朝层层叠叠的梯田，这是岑丰村特色的聚居方式，是岑丰自然、历史的重要见证。

山体：岑丰村位于高忙大山半山腰缓坡地带，村寨背靠郁郁葱葱的山林，村寨沿山势等高线而布置，山体构成了岑丰村落自然环境的大背景。

民居：岑丰苗寨户户紧靠，以特色矮吊脚楼建筑为主，依山而建、鳞次栉比，高低错落，疏密有致，与周边的岑丰梯田和背后的树林相互融合，形成了独特的田园风光。

传统建筑

全村分为3个自然寨相对独立地散落在半山腰上，整个村子坐东朝西，东南高、西北低，村庄的周围是一片片的梯田，远远看上去，青瓦白檐的吊脚楼镶嵌在梯田中间，宛若人间仙境。

岑丰传统民居很大，一般是两间两厦，占地面积大多是140至180平方米之间，均为吊脚楼，房屋的设计都是矮脚房，主要是防止房屋被大风吹歪或吹倒。吊脚楼通常设有底楼，一般在柱子距地面

村落环境

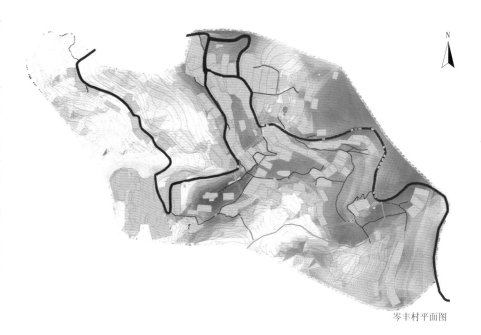

岑丰村平面图

岑丰远景

6～7尺的地方穿枋铺枕镶楼板以隔地防潮。屋内结构与设置基本与楼房相同。楼房一般为3层，底层墙板横装，主要用来关养牲口、家禽和堆放柴火、肥料。二层设火塘、客厅、长廊、卧室。三层放置平时少用的杂物。设有火塘的这间房间既是厨房、又是客厅、冷天烤火的地方，火塘的旁边一般放一口顶罐，存放淘米水，淘米水经过在火边烘烤，形成了味道可口的酸汤，节日祭祀活动也在火塘边进行，火塘又是祭祀的场所。火塘上方设有一米多见方的炕架一个，用来烘烤谷物。现因防火和卫生需要，火塘上的炕架大多也取消。吊脚楼二楼的长廊，可供人们乘凉、歇息、就餐、妇女做针线和纺纱织布。民居都只开很小的推拉式窗户，平时很少开启，有的民居甚至不开窗户。

岑丰禾仓也是用杉树作材料建造的，悬山屋顶，上盖杉树皮或小青瓦，四柱落地，多呈方形或是长方形。岑丰的禾仓有偏厦，偏厦是供人们进出仓门和放置楼梯的地方。岑丰禾仓的柱子比较粗大，一般直径达20厘米，有的甚至要还大一些。禾仓大多数底层不装墙板。在第二层串枋上架楼枕，再铺楼板。禾仓墙板横装，每距30厘米左右装一块横枋。横枋是用一截杉树锯成两半，劈成近似三角形。这种装法与房子不同，也和其他地方的禾仓装法稍有不同。禾仓墙板满装，不留窗户，只留一扇门进出。取放禾把，用独木梯上下。独木梯平时有的放在家中，有的放在进出禾仓的过道上。

民族文化

苗族服饰:岑丰男女服饰，大多都是妇女自纺、自织、自染、自缝而成。一般喜欢青色，白布仅供作内衣。服饰分为便装和盛装两种。

便装:岑丰便装比较简约（一般都改成汉族服饰）。女人头发散绾，插银簪、木梳。穿对襟无领布扣或布带上衣，袖和衣脚用"栏杆"镶边，挂菱形胸兜。两上角各有一条带子交叉系于领后。下身穿短裤，露出膝盖（从前着裙无裤）。

盛装:（主要是盛大节日）男女服饰除上述制式以外，着盛装时多着新衣，男人头上用中间白，两端织成花色并留有白纱线为穗子的包头帕绞成一股，捆在头上，颈上带有银质颈圈或颈链，有的多达六七根，配上右肩左跨刺绣或蜡染的花猎袋，衣内腰缠红绿花带及形同鹞鹰羽毛花纹的装饰彩带，和猎袋穗子一样飘在身后和左侧。此乃岑丰男盛装的一大特色。

女人盛装头式同上，不同的是均着新衣新裙新围腰、佩戴银质耳环和颈圈颈链等银饰，耳环、颈圈有的多到三、四根（只），小腿套着有刺绣或蜡染的花布筒。

人文史迹

岑丰村民的祖先原来在柳州一带，由于逃避战争，几经选址，最终定在现在居住的岑丰。由于逃避战争，岑丰的祖先从柳州沿都柳江往上找居住的地方，开始选在离现在寨头2公里的地方。一个偶然的发现，一次在打猎过程中，一条猎狗带着一身的浮萍从现在村庄方向回来。先辈们推测:有浮萍就说明水源充足，而且土地一定很肥沃，比较适合于生产生活。于是人们就沿着这方向找，最终在现在岑丰寨的寨中心找到了一口井水，周围长满浮萍，而且土地肥沃。领头的长者从衣袋里抓了三颗水稻种子撒在水井旁边，对众人说"如果这三颗水稻种子能够生长，就说明这个地方适宜居住，我们就搬到这里来住"。到了秋天，这位长者带领全寨男女老少来到当时撒种子的井水看当时的话是否灵验。大家惊喜地发现，当时那三颗水稻种子不但完好地生长出来，而且还长出了三穗黄晶晶的稻穗。岑丰村民就这样搬到这里定居下来，就这样在这块土地上世代代繁衍生息。

代表性民居

岑丰鼓楼

岑丰苗族刺绣

保护价值

岑丰村历史悠久，传统建筑自由、有机地顺等高线散落在大山山腰上，整体建筑密度不高，建筑和环境有机合为一体。可见时间与空间环境上体现了岑丰村较高的历史价值。

岑丰村青瓦白檐的矮吊脚楼顺山势蜿蜒而建，整体形成鳞次栉比，高低起伏的形态，且与岑丰梯田和高忙大山和谐共生，共同构成了一个"一山、一寨、一梯田"的有机整体。"锦田翠林育古寨，炊烟苗情映晚霞"，这完整和生动地展现了苗族居民的生活状态，是自然景观和人文创造力的完美结合，具有无与伦比的艺术及美学价值。

刘克权 王 彬 编

黔东南苗族侗族自治州剑河县柳川镇巫库村

巫库村区位示意图

巫库村全貌

总体概况

巫库村位于贵州省黔东南苗族侗族自治州剑河县柳川镇南部，距镇政府所在地6.3公里，东临清水江，西邻久敢村，南接章汉村，北邻野拢村，下辖上寨、下寨两个自然村寨。全村共314户，1427人，均为苗族，属苗族短裙支系。村落形成于明朝中期，距今已有500多年历史，居民多为蒋、王、张、杨、熊、包、李七姓。2014年，巫库村被列入第三批中国传统村落名录。

村落特色

巫库村在选址上遵循我国传统村落选址的理念，同时注重村寨的隐秘性与景观视线的通透性，遵循上述理念巫库村所在地四面环山，地势平坦，利于村民集中居住。穿寨公路从村落西侧直通上寨，一条发源于尖山岭的巫库溪绕寨脚而过，清澈见底。寨脚有大小瀑布5处，最大的瀑布高约20米，宽4米，周围古树遮天，并有珍稀树种"榉木、秃松"等，洪水季节，溪水飞流直下，水花四溅，十分壮观。

传统建筑

巫库村保留下来的传统建筑为民居和粮仓。

巫库村民居建筑采用传统的干阑建筑形式，一般可分为两种类型，矮吊脚楼和楼房吊脚楼。坐落在山梁上的住户大多是矮脚房，主要是防止房屋被大风吹歪或吹倒。矮脚楼一般在柱子距离地面1.5尺的地方穿枋铺枕镶楼板以隔地防潮，屋内结构与设置基本与楼房吊脚楼相同。楼房吊脚楼多为2～3层，以木质为主材料构建而成

底层墙板横装，主要用来关养牲口、家禽和堆放木柴、肥料等杂物。二层设火塘、长廊、卧室等，以居住为主。而矮吊脚楼人家的牲口则主要关养在正房一侧的偏厦里。

巫库粮仓不大，都是四脚立柱，屋顶为悬山式，用小青瓦或杉树皮盖顶。中柱是2根短柱托起屋顶。粮仓有二层，第一层是空的，仅用于放少量的杂物。第二层用横板密封，架上便梯，用于存储谷物。

民居

传统服饰

斗牛

巫库村平面图

传统服饰

民族文化

刺绣：是剑河县境内赫赫有名的红绣支系，包括超短裙、包脚巾等，以红绣为代表的刺绣工艺，彩线多为艳色，尽显富丽堂皇，具有工艺精细、图案清晰、手工时间长等特点。

民谣：巫库村至今保留了苗族原生态山歌（白日飞歌、夜间交歌）、祝酒歌、婚嫁歌、丧事歌等，山歌也是苗族青年男女通过对歌的方式来表达了解对方、进行理想交流、倾吐心扉谈恋爱的必然过程。

种子节：种子落地后，专门进行的一个节日，主要寄托了每年庄稼长势旺盛，秋后丰收的希望。之后是每逢十三天卯时过卯节，包粽子，等待远嫁他乡的姑娘回来团聚，秋收过后为稻谷收节，每月一次，直至此节为止。

斗牛节：大型斗牛活动每五年举行一次，由村里的长老选择吉日，邀请左邻右舍村寨到寨中斗牛场进行斗牛活动，活动中放炮挂红、挂肉，祝贺他们一路平安、吉祥如意。

人文史迹

古树：巫库村共有古树3处，分布在村寨周围，最为著名的是古树水杉，水杉树高50米，胸径达2米以上，需要两人环抱。

巫库延龄桥：寨脚瀑布群旁的两座石拱桥，为道士于清光绪年间修建，该桥所在道路为古代剑河县城通往榕江、黎平的官方驿道。1919年中国工农红军黎平会议后曾有一支部队通过此条便路，并在欧

芦笙舞

库南石壁上写下"中国工农红军万岁"标语，后来村民称这里为"该在下垒"（苗语）。

保护价值

巫库村作为一个苗族聚居地，历史久远、民族风情浓郁，村寨至今保存着苗族传统建筑、服饰、习俗、歌舞、手工艺等的原滋原味和古朴内涵。500多年的生息繁衍，勤劳的巫库村民和肥沃的土地共同造就了巫库的历史文明。巫库人坚强勇敢，充满智慧。他们在继承传统文化的基础之上，形成独具魅力的特色民俗文化，流传至今，生生不息。民族民间文化尚保留原生状态，民居及建筑艺术独特，生态景观、人文景观互相映衬，传统文化具有浓厚的地域性、多样性、完整性。苗族传统节庆文化、传统民间技艺文化、民族特色美食文化等，均具有较高的保护传承价值。

王 希 王 艳 王志鹏 编

民居

古树

古花街

用牛角敬酒

黔东南苗族侗族自治州雷山县永乐镇肖家村

村落景观

肖家村区位示意图

总体概况

肖家村位于贵州黔东南苗族侗族自治州雷山县永乐镇，距镇政府所在地5公里；辖3个自然寨、11个村民小组、270户，人口1177人，均为苗族；全村林地面积14937亩，耕地面积927.1亩；肖家村于2013年被列入第二批中国传统村落名录。

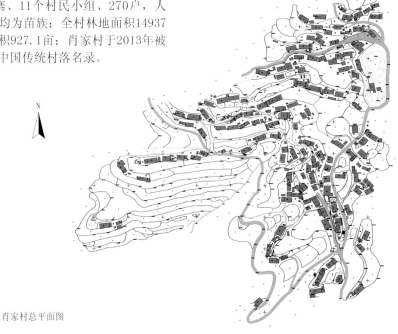

肖家村总平面图

传统建筑

肖家村的民居以干阑式建筑为主，吊脚楼建在斜坡上，吊脚楼高度为七至十四米。屋顶除少数用杉木皮盖之外，大多盖青瓦，平顺严密，大方整齐。吊脚楼一般以四排三间为一幢，每排木柱一般9根，即五柱四瓜。

每幢木楼，一般分三层，上层储谷，中层住人，下层楼脚围栏成圈，作堆放杂物或关养牲畜之用。中堂的前檐下，都装有靠背栏杆，称"美人靠"。

肖家村吊脚楼的内部装修方面，具有许多特点：大门装有牛角，意为可保一家平安。几乎所有吊脚楼的封檐板，特意刻成拱桥形。将"桥"刻于封檐板上，以此记载古代居住习惯，也认为可消灾纳福。吊脚楼的外部造型、内部装修、民俗陈设，极具苗族地方特色，蕴藏着丰富多彩的文化内涵。

村落特色

肖家村地势较为平坦，四周有高山环绕，犹如世外桃源，可以避战乱，也可开垦梯田。村落依山而建，吊脚楼鳞次栉比，层叠而上。房屋建筑整体保存完好，延续传统的建筑方法和技艺，吊脚楼全部采用杉木建造。

走进肖家苗寨，你会沉浸在一种含有浓郁而神秘的苗族芦笙、服饰、手工艺等苗族艺术文化之中。每逢吃新节、苗年节等民族传统节日，有斗牛、斗鸟、斗狗、跳铜鼓、跳芦笙、爬山、对歌等活动，绽放民族风采，展现苗族人民的独特魅力。

肖家村一角

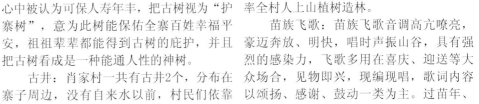

传统民居

人文史迹

古树：肖家一共有古树3处，树在村民心中被认为可保人寿年丰，把古树视为"护寨树"，意为此树能保佑全寨百姓幸福平安，祖祖辈辈都能得到古树的庇护，并且把古树看成是一种能通人性的神树。

古井：肖家村一共有古井2个，分布在寨子周边，没有自来水以前，村民们依靠其提供生活用水。据传古井已有数百年历史，至今仍然可供饮水。

村分食龙（水牛）肉；次日全村青年男女和来宾身着盛装踩鼓联欢；第三天，寨主率全村人上山植树造林。

苗族飞歌：苗族飞歌音调高亢嘹亮，豪迈奔放、明快，唱时声振山谷，具有强烈的感染力，飞歌多用在喜庆、迎送等大众场合，见物即兴，现编现唱，歌词内容以颂扬、感谢、鼓动一类为主。过苗年、划龙舟等节日喜庆活动，一般要唱飞歌。

古井

古树

建筑细部

建筑群

苗族飞歌

招龙节 1

招龙节 2

保护价值

肖家村是有着千年历史的苗族村寨，村内沿用古老的制造技艺，吊脚楼的外部造型、内部装修、民俗陈设，极具苗族地方特色。村内古树参天，流水潺潺，村寨四面环山，宛若世外桃源，具有很大的旅游价值和观光价值，是发展旅游观光的重要苗寨之一。

王 熇 黄鸿钰 王 攀 编

民族文化

招龙节：招龙节是黔东南少数民族地区比较隆重的一种民俗活动，也是肖家村最热闹的节庆活动。"招龙节"以村寨为单位，每隔十三年举行一次，活动为期三天，时间为农历正月或二、三月的辰日开始举办，节日里举行招龙祭祀仪式，以此来保佑村寨人畜平安、风调雨顺、五谷丰登。活动首日，全寨14岁以上男子于当晚子时执火把上山接龙，将龙（水牛）沿龙脉牵引下山至村子附近的祭龙坪，天明后宰杀水牛、白羊、白鹅进行祭祀，而后全

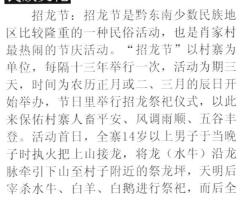

建筑局部

梯田景观

135

黔东南苗族侗族自治州剑河县柳川镇返排村

返排村区位示意图

返排村全景

总体概况

返排村位于贵州省黔东南苗族侗族自治州剑河县柳川镇东南部，距镇政府所在地9公里，东邻革东村，西抵章汉村，南接巫沙村，北临南埃村。由大寨、新华寨、九满山、新龙坪四个自然村寨组成。村域面积7.9平方公里，总人口为1120人。村落形成于清代，主要民族为苗族，苗族文化十分浓郁。2014年，返排村被列入第三批中国传统村落名录。

村落特色

返排村临近仰阿莎库区，北高南低，坐北朝南，背山面水，依山而建，南面是护寨林，位于南哨河与山体形成的山谷中间，由水路进入村庄，河流从山谷内、村落南侧穿流而过。境内雨量充沛，冬无严寒，夏无酷暑，田土肥沃，水产丰富。至今保持着苗家人特有的风俗习惯，是一个风景优美，建筑古朴、民风淳厚的传统村落。

传统建筑

返排村传统民居系苗族传统建筑——吊脚楼。吊脚楼是苗乡的建筑一绝，它依山傍水，鳞次栉比，层叠而上。返排村以木质干阑建筑为主的吊脚木楼，一般为2－3层，多建于21世纪。

返排村吊脚楼临水而居，古老多样，集中连片，是一种纯木结构建筑，采用穿斗式结构，不用一钉一铆，无论梁、柱、枋、板、椽、檩、榫，都是木材加工，屋面则盖小青瓦或杉皮。房屋造型多为长方形和三角形的组合，可分为内外两部分，内部柱、枋、梁、檩互为垂直相交，构成一个在三维空间上的相互垂直网络体系，奠定长方形结构的基础。吊脚楼结构功能一般按三段式划分，即底层为牲畜杂物层，二层为生活起居层，三层为粮食储藏层，其中以二层为主要层。由于这种性质的房屋在结构、通风、采光、日照、占地诸多方面都具有一定的优越性，因而在广大苗族地区得以长期沿袭下来。

民居2

民族文化

苗年节：农历的十月，即当年的最后一个卯日即为苗年节。苗年节是苗家人最隆重的传统节日之一。节前杀猪、宰鸡、宰鸭、捕鱼、打粑、烤酒，亲戚朋友互相

铁索桥

民居1

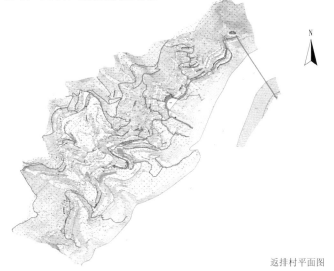

返排村平面图

芦笙舞

踩堂舞

传统头饰

往来，欢聚一堂，共度佳节。同时邀请邻村近寨到返排开展盛大的斗牛、斗鸡、斗羊、斗鸟，山歌竞赛和踩芦笙，篝火晚会等活动，热闹非凡，一直持续三天。

民族服饰：苗族服饰是苗族同胞最常见的服饰，每年年末，苗族妇女从织布、染布、刺绣一步步开始，自己亲手制作新年盛装。服饰的主要布料是当地村民自己制作的土布，装饰是手工绣花。

春节：大年三十，全村凡有公鸡的集中于芦笙坪进行斗鸡，斗完鸡后各家均带上猪头、酒、饭、糯米粑和刚斗完的鸡到村前菩萨庙里烧香上茶杀鸡祭祀，以求菩萨保佑来年全寨风调雨顺、五谷丰登、六畜兴旺、村民平安健康。

苗族歌舞：返排村的男女老少都能歌善舞，他们歌唱内容丰富，形式多样，有古歌、情歌、酒歌、叙事歌等，歌唱形式有男女对唱、合唱等。

二月二：即"祭桥节"，农历二月初二，家家户户蒸糯米饭，煮红鸭蛋，拿鸭子至桥上宰杀，焚香祭桥。这一天也被人们视为修桥补路、修阴积德的日子。有的修补旧桥，有的修架新桥，无论旧桥或新桥，都有一寨共修，一族同修，一户自修之分。祭祀期，男女青年均穿盛装，男人吹起芦笙，女人翩翩起舞，祭桥完毕，便将红鸭蛋挂于小孩身上，表示吉祥，寓意消灾脱难、快快长大。

人文史迹

斗牛坪：返排村每年举办斗牛活动的场地。在黔东南苗族侗族自治州的苗族村寨，凡遇节日，基本上都有斗牛活动，素有"逢节必斗"之说。返排村每隔几年要邀请周边村寨一起来参加比赛，斗牛既是黔东南宝贵的民族民间文化遗产，也是中国乃至世界的文化遗产。

芦笙场：芦笙是苗族古老的吹奏乐器，苗家人吹奏芦笙，必定要以舞蹈配合。芦笙舞由十几甚至几十人盛装打扮的芦笙手围成圆，边吹边跳，又称"踩堂舞"，是返排村村民最喜爱的一种民间舞蹈。

保护价值

返排村已有近200年的历史，年代久远，文化遗存深厚，苗族传统民俗文化丰富。干阑式民居依山而建，临水而居，古老多样，集中连片，由于用地有限，为了创造更多使用空间，建筑巧妙地与地形结合，手法独具匠心，值得现代建筑借鉴学习，丰富的苗族非物质文化遗产，完整再现了古代农耕社会各家庭的自给自足的情景，是研究农耕文明和苗族早期生活状态的活态资料，具有珍贵的史学价值和旅游观赏性。

张　全　王燕飞　罗　兰　编

民族服饰

返排村一角

斗牛

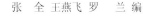

刺绣

航拍图

黔东南苗族侗族自治州岑巩县平庄乡平庄村凯空组

凯空组全景

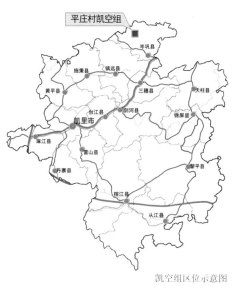

凯空组区位示意图

总体概况

凯空组位于黔东南苗族侗族自治州岑巩县平庄乡乡政府驻地的平庄村，距岑巩县城68公里。全村户籍人口453人，常住人口400人，村域面积8.7平方公里，是一个以汉族为主的村落。据史料记载，凯空组所在的平庄村在明、清时期属思州府都树蛮夷长官司和石阡苗民长官司管辖的屯（驻军地。）

2013年凯空组被列入第二批中国传统村落名录。

建筑三合院式布局

村落特色

凯空坐落在半山腰上，美丽的平庄河从寨前的田野流过。凯空的选址和格局体现了古人对理想的居住条件道法自然的思想，理想环境应是背靠祖山，前景开阔，远处有案山相对；有水自山间流来，呈曲折绕前方而去；朝向最好坐北向南；如此形成一个四周有山环抱，背山面水的良好地段。

遍布村内的竹林也是村落的特色，点缀在寨内各处，竹林呈团状或带状种植。竹主要以当地毛竹、金竹为主。竹林美化了村寨环境，高大的竹林夏季也具有很好的遮阴效果，同时竹林也为当地村民生产农具提供了很好的原料。

传统建筑

凯空组的传统建筑均依山而建，建筑均不在一个平面上，其顺山势等高线层层升高，形成立体的建筑空间。

传统民居均为木结构建筑，多数面阔三间、进深两间，也有两栋、三栋连成排或形成"L"型或形成三合院等组成方式，屋顶均为青瓦盖顶，房屋外立面看为一层建筑，但内部通过坡屋顶空间利用，形成阁楼的二层空间，二楼空间大多作为粮食或谷草等杂物堆放。整栋房屋四面均用木板装修，房屋木柱以5柱或7柱落脚，房顶为"人"字型，大多传统建筑一侧有耳房，作为厨房使用，部分民居两侧有耳房，另一侧则考虑为牲畜房，两侧耳房屋顶为单坡屋顶斜跨间距，依靠主房的墙身作为支撑。

传统建筑

村落内部空间

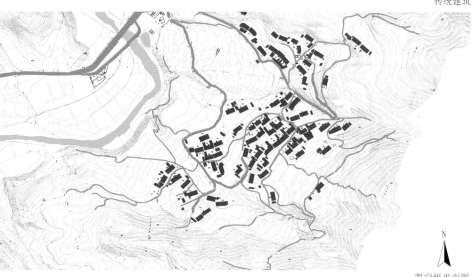

凯空组平面图

民族文化

凯空组传统村落虽然是以汉族为主的村落，但受到周边村寨影响以及自身地域文化的传承，民族文化内容丰富，其中以被列入贵州省非物质文化遗产保护名录的思州傩戏傩技尤为出色。

思州傩戏傩技：傩戏傩技产生相传是因地处大山深处、交通不便、信息闭塞、经济落后、缺医少药，人们得了重病只能等死。在万般无奈的情况下，人们只能依靠求神拜佛挽救生命，利用冲锣、还愿、刹铧、下油锅、上刀梯、过火海渡过关刹等封建迷信活动以及各种阴间脸谱面具来驱走妖魔鬼怪，还病人健康。傩戏经过数百年的沿袭与锤炼，傩戏傩技采取边歌、边祭、边舞、边献绝技的表演形式，能使演出场面环环相扣，气氛热烈活跃。

凯空木工技艺：凯空组森林覆盖率为50.35%，根据就地取材原则，木构建筑的营造技艺传承变得十分有必要性。历史以来凯空组木工艺人在平庄乡及周边乡镇具有一定声誉，主要为木建筑建造、木家具打造。

茶灯：舞茶灯是平庄乡的传统民俗活动，同大多汉民族同胞举行的花灯节一样，但凯空的茶灯是集各式花灯、说唱、歌舞表演于一体，反映农村和谐欢乐生活的戏曲表演形式，在平庄地区备受欢迎。在春节期间自发组织舞起茶灯，歌颂人间美好，祈佑来年吉祥平安。

茶灯会

平庄桥

木艺建筑

古树

傩戏面具

凯空傩戏

古河道（平庄河）：平庄河水体清澈，两岸植被茂密，生态环境较好。河流是构成村庄自然景观重要因素。

古树：共9棵古树名木，枫香一棵、榉木两棵、皂角一棵、松柏两棵、杜仲三棵。古树名木生长较好，特点鲜明，绿意盎然。

保护价值

凯空传统村落对于物质空间与非物质文化的保留都较为完善，具有很高的保护价值，主要体现在以下两个方面：

物质文化价值方面：平庄村凯空组传统建筑工艺非常精巧。集中体现了岑巩地区汉族木构架建筑风格，具有较高的历史、科学和艺术价值。平庄村凯空组有保存较完整的传统空间格局和丰富的历史文化遗存，值得保护。平庄村凯空组文化保护区有浓郁的生态格局，值得延续。

非物质文化价值方面：有贵州省列为非物质文化遗产保护名录的思州傩戏傩技，距今有千年历史，有凯空技艺高超的木工技艺传承以及传统的茶灯风俗都代表着凯空传统村落的文化特色，保护其非物质文化遗产是对该地区特色文化的延续；同时其文化价值的体现是对该地区汉文化与其他少数民族文化相互融合的见证。

杨　洋　陈隆诗　汤洛行　编

人文史迹

平庄桥：修建于1973年5月，为全石拱桥，单跨；原为老公路桥，2012年因县道改建，修建了新桥，现为人行桥。目前桥整体保存完整，结构良好。桥梁发挥了40多年的交通作用，见证了平庄乡交通发展变化。

龙潭遗址：古时遇大旱季节时用于求雨祭祀作用。传说当地龙王便寄居于此，所以对当地村民来说是神秘色彩浓烈的地方。原来河中间有天然石头横跨水面形成水塘，水塘下面有一二十米深洞，后来横跨河流石头被毁后水塘消失，同时水塘下面洞已被沙石填满，洞不复存在。

凯空组全景

黔东南苗族侗族自治州镇远县报京乡报京村

报京村全景

报京村区位示意图

总体概况

报京村系报京乡人民政府所在地，位于县城最南端，乡政府所在地距县城39公里。是镇远、三穗、剑河、施秉四县边沿交界之地。报京村村域面积6平方公里，户籍人口2722人，常住人口2065人，主要民族为侗族。报京历史悠久，据史料记载，村落形成于明代，被誉为中国最大的"北侗"大寨。

报京村于2013年被列入第二批中国传统村落名录。

村落特色

报京寨坐北朝南，四面青山环抱。整个大寨从北到南，由高到低，形若撮箕口。青一色的木结构房屋，依顺地势，鳞次栉比，疏密相间，布局在两侧之间的狭谷中。群众习惯把报京分为上、中、下三寨，上寨有水报京乡塔，中、下寨有两处水塘，生活用水比较方便。上寨与中寨之间东侧，有一隆起小山，山头奇形怪状的石头，形若盆景。农闲晴朗之天，姑娘们便三五成群到此绣花、唱歌、幽会。寨的东、北、西三面，古枫、翠柏成荫。报京

建筑群落

大寨作为报京侗寨的中心更是气候宜人、古树环绕、民风淳朴、侗族人民千百年来在城西繁衍生息，是黔东南州保持最完整的北侗民族村寨代表。

传统建筑

这里的房屋造型和用途，别具一格，保留着传统干阑式风格和用途。房屋依山就势，鳞次栉比，次第升高，富有个性，最具特色，实为山区坡地房屋建筑的一朵奇葩，也是侗式传统建筑的一个缩影。在房屋用途上，侗族祖先采"人住上、畜在下"的措施，可谓别具一格。这样既有效地节省土地和木料，又起到防止偷盗牲畜

的作用，还可防潮避暑、防蛇御兽，一举多得。布局上：正房为一列三间、中间为堂屋、堂屋是迎客室，两侧各间则隔为二三小间为厢房或厨房并设有火坑，堂屋前有两扇大门设有门当，窗户为木质推拉窗户和传统花纹样式左右对称。村落建筑98%为传统侗族吊脚楼，由地方木匠建造，使用传统工艺，整栋房屋无一钉一铆。村落依山而建，由山顶自下连片修建，成阶梯形布局。

民族文化

报京村"三月三"：每年三月三侗家男女青年都要到报京大寨热闹三天，到芦

报京村平面图

笙堂唱歌、踩芦笙，到洗菜塘洗葱蒜，男女双方以此互表爱慕之情。

捞鱼捉虾送笆篓：爱情吉祥物。大年初一，这里的青年姑娘们身背笆篓，手拿虾把、捞斗，到村寨附近的水田里尽情捞鱼捉虾，随便捞哪家的鱼，主人家不会反对，捞得越多，主人的兴意越浓，直到姑娘们的笆篓把鱼虾连同笆篓送给各自心上人，以表达女方的爱意。

侗族服饰

寨门

烤鱼节

报京村"三月三"

30厘米长的"马崽"，领子上戴有项链，胸前戴有半圆形银片的花围腰，手腕戴圆形织麻绳形的银手镯。

人文史迹

寨门：修建于村口，是进入村寨的标志性建筑，同时也是侗族建筑的代表。

古井：分散在村落内，虽然每户现在已经通自来水，但井水仍在使用，井水四季不枯，水清甘甜，孕育着在这里生根的侗族同胞。

古树：报京村自然生态良好，十分有利于植物的生长，周边山体绿绿葱葱。虽然侗族传统建筑均采用木结构修建，但侗族同胞知道保护与尊重自然，对于山体以及村寨内的树木并没有乱砍滥伐，所以全村名木古树有300多棵。

石巷道、石板路：古朴的石板路、石巷道大多都保存良好，光滑的路面、绿绿的青苔都诉说着这里的历史，也是这个侗族村寨历史的见证与追溯。

保护价值

报京大寨是一个经历300多年风雨的侗族大寨，这里的一砖一木、一花一草都取之自然，保存保护完好。建筑工艺非常精巧。更令人称奇的是，古村内的木门、墙壁、屋顶等，经历几百年风雨洗礼依旧坚固无比。具有较高的历史、科学和艺术价值。同时，报京村的侗族民族风俗保护完整也较为丰富。侗族同胞每年的民族节日活动民众的参与度很高，传承很好。除了本村也吸引其他侗族同胞的到来。使得报京村十分热闹，而传统的民族民间技艺也在这里得以传承。

建筑群落

讨葱节

蜡染广场

讨葱节：选定意中人。初三天刚亮，青年姑娘们开始为自己梳妆打扮，吃过早饭，相约几个同伴提着篮子一同到井边洗葱蒜。葱蒜洗净，放进竹篮，姑娘们提着篮子来到金池洞的莫嘎树下，排队等候各自意中人的到来。如男女情投意合，女方会把自己手中的葱篮送给意中人。

侗族服饰：春秋两季穿藏青色服饰，对襟短衣，均为7颗布扣，衣中段两侧各制一个暗包。夏天穿客布（英丹布）短便衣和白布便衣。侗族成年妇女平时穿的是偏襟便服，长抵膝盖，无衣领、胸、背，袖口绣有各色花纹，裤为长便裤。裤脚有绣花图案，长度以遮住脚背为宜。盛大节日如"三月三"、"吃牯藏"等，还要戴银饰，发髻上插上各色银花，头帕前沿系上

杨　洋　陈隆诗　黄文淑　编

古井

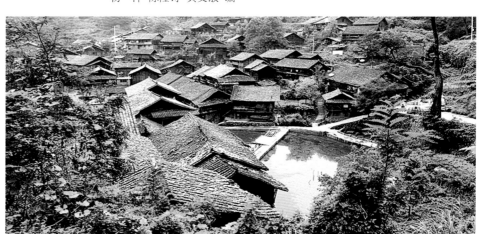

村内一角

黔东南苗族侗族自治州剑河县久仰乡巫交村

巫交村全貌

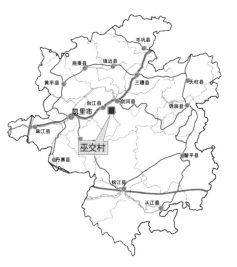

巫交村区位示意图

总体概况

久仰乡巫交村位于贵州省黔东南苗族侗族自治州剑河县久仰乡东南部，距乡政府所在地13.8公里，东与党义村接界，南与夭那村相邻，西与台江县接壤，北抵光纪村。全村村域面积8平方公里，全村148户，人口878人，主要为苗族。村寨最早见于《清江志》称巫交姑，以后称巫脚岭，距今已有200多年历史。2014年，巫交村被列入第三批中国传统村落名录。

巫交村素有"苗族历史文化博物馆"之称，村寨内苗族特色的木质吊脚楼、巫交木鼓舞以及被称为"天籁之声"的苗族多声部情歌等都是苗族历史文化的活体展示台。巫交村依山而建，巫交河绕寨而过，河上架有三座清朝时期的风雨桥，寨口巫交瀑布为原始森林瀑布，加上古树、吊脚楼的衬托，展现出一幅恬静的苗族聚落景象。

民居

村落特色

巫交村地处雷公山麓腹地，寨内分布有大量的古树，珍贵树种有红豆杉和台湾杉，被称为村的"护寨古树"。

传统建筑

巫交村的民居建筑均为吊脚楼，村寨沿河分布着粮仓群，河上架着三座风雨桥。

风雨桥：村内现存风雨桥三座，与寨同建，分布于寨中，横跨于巫交河之上。风雨桥为全木结构，底部设通廊，两侧设座椅，屋顶盖杉皮，似桥似楼，供寨上村民休憩及过往行走，每座桥边都有几棵古老的红豆杉静静守候桥头。

民居：村内民居为吊脚楼，大多为

禾仓

瀑布

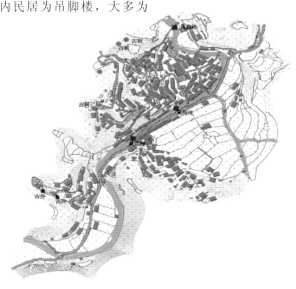

巫交村平面图

活动

石磨

古树

悬山屋顶，盖杉皮覆小青瓦，屋脊两侧上翘中部设有吻兽，建筑分为两层，下层架空，上层供人居住，二层三面设有走廊，木质栏杆悬出。

粮仓群：粮仓位于沿河对列分布于寨中，均为全木结构，大多有百年以上历史、夜不挂锁，体现着当地纯朴的民风。粮仓有2层，第一层是架空的，仅用于放少量的杂物；第二层用横板密封，架上便梯，用于存储谷物。

民族文化

木鼓舞：是一种世代相传的祭祀性舞蹈，有着粗犷豪迈、矫健敏捷的舞姿和较强的表演性。巫交木鼓舞的内容反映了苗族祖先不畏艰难险阻，披荆斩棘，长途迁徙，开辟疆土，围栏打猎，创造美好生活的壮举。相传这种舞蹈是苗族神话中造人之神——"蝴蝶妈妈"的象征，是苗族的祖先姜央打造并开始贡奉，由后人沿袭至今。

苗族多声部情歌：流传于黔东南原生态民间音乐的苗族多声部情歌属和声式二声部合唱，其演唱需极高的声乐技巧，难度大，演唱方式独特。巫交苗族多声部情歌，歌声承载着苗族迁徙过程中沉重的脚步，绵长的颤音哼唱出了迁徙历程中所经历的苦难、无奈、哀怨和坚韧。巫交苗族多声部情歌被称为"苗族历史上遗留的产物"，"母系氏族社会氏族风情的产物"，"氏族外的群体制的遗留物"。2008年，剑河巫交苗族多声部情歌被国务院公布为第二批国家级非物质文化遗产名录。

人文史迹

护寨古树：巫交村自然环境优美，植被茂密，古树云集。其中最为出名的是"护寨古树"——红豆杉、台湾杉。村寨四周古木较多，其中珍稀树种红豆杉和台湾杉矗立在寨口、稻田边、风雨桥边，所以人们把红豆杉和台湾杉当作村寨的守护者。

巫交瀑布与水碾：这是一座原始森林瀑布，位于寨口，自人们搬迁来此就一直存在着，至于它的历史，人们难以去追溯、考证。瀑布边还有一座水碾，是古时人们用于生产加工的工具，主要是在技术上充分利用水利资源，借助水力带动碾砣进行加工生产。因现在都已通电用电动加工，水碾好几年未用了。

保护价值

巫交村享有"苗族历史文化博物馆"的称号，是一座尘封于大山深处的苗族文化知识宝库。这里不仅是苗族多声部情歌和巫交木鼓舞的发祥地，也是苗族迁徙的最后一个迁徙地之一。这里苗族文化浓郁，至今还保持男耕女织的生活，对研究黔东南苗族文化具有较高的社会科学研究价值。

王希 王艳 罗兰 编

木桥

风雨桥

水碾

黔东南苗族侗族自治州黎平县尚重镇育洞村

育洞村全貌

育洞村区位示意图

总体概况

育洞村位于尚重至榕江，榕江至朗洞公路交叉点上，育洞至尚重镇23公里，至黎平县城80余公里，至榕江县城45公里，至朗洞镇30公里，交通区位优势十分明显。共3个自然村寨，684户，3494人，总人口中，侗族占70%，苗族占5%，其他民族占25%，是一个典型的少数民族村寨。育洞村于2012年被列入第一批中国传统村落名录。

现状总平面

村落特色

育洞村地处珠江水系上游，境内以低中山为主，村寨依山傍水，沿河而居，河的四周都是植被茂盛的山林，育洞寨有保存完好的古树35棵，它见证着育洞寨的历史，小巧精致的吊脚楼在古树林的衬托之下显得更加美丽，与水系、农田及山林形成一幅安静祥和的山水田园村居图。育洞河贯通村寨及寨外梯田，常年水源充足，将育洞寨分为南北两个部分，河道约宽80米，它是珠江水系的一个小分支，育洞河孕育着沿岸的侗家人民，侗家人的祖先就落户这里，就开始人丁兴旺，育洞河默默地孕育着育洞寨的周边的儿女。

育洞村主要文物古迹有：传统居民吊脚楼、鼓楼1座，即育洞鼓楼，建于1870年的刘家印子和1885年的邓家印子。

传统建筑

以木质干阑建筑为主，一般为2～3层，由于火灾、年久失修等因素，多建于20世纪六七十年代。与其他侗寨民居建筑有

育洞河

所不同，建筑没有层层出挑，但功能上又与侗族民居没有差别，形成汉侗文化相融的形式，堂屋两侧为卧室。厨房、猪牛圈等皆设于屋侧房后。房屋一般分正屋、厢房、前厅、偏厦等。正屋是主要部分，有三柱屋、五柱屋、七柱屋、八柱屋等。侗族的民居，大部分均为木质结构。平屋为单檐结构，开口屋为双檐结构。凡柱、梁、枋、瓜、串、椽、檩等，均以榫卯穿合豆做，其中有鱼尾榫、巴掌榫、扣榫、斧脑榫、全榫、半榫等。这种建筑工艺在侗族民间由来已久，是侗族特有的艺术特点。

吊脚楼：按少数民族特点建造，一层作为厨房和牛羊圈使用，现基本只用作厨房和堆放杂物。二楼作为主人卧室，三楼用作客房，用来接待亲朋好友。

育洞鼓楼：建于2012年，属于公共建筑物，当7年举行一次的鼓藏节村里所有的男女老少都聚集在这鼓楼来庆祝这个喜庆的日子，鼓楼高耸于村寨之中，巍然

古井

吊脚楼

挺立，气概雄伟，飞阁垂檐层层而上呈宝塔形。瓦檐上彩绘或雕塑着山水、花卉、龙凤、飞鸟和古装人物，云腾雾绕，五彩缤纷。鼓楼以杉木凿榫衔接，顶梁柱拨地凌空，排枋纵横交错，上下吻合，采用杠杆原理，层层支撑而上。鼓楼通体全是本质结构，不用一钉一铆，由于结构严密结固，可达数百年不朽不斜。这充分表现了侗族人民中能工巧匠建筑艺术的高超，侗族鼓楼建筑是侗族特有的民族文化象征和标志。

刘家印子：建于1870年，其建筑面积为240平方米，主要以砖木结构为主，形成了江南特有四合院形式，高32米，刘家印子多暖夏凉，沿用至今，是育洞村特有的建筑风格。

邓家印子：建于1870年，其建筑面积为800平方米，主要以砖木结构为主，形成了江南特有四合院形式，高26米，刘家印子多暖夏凉，沿用至今，是育洞村特有的建筑风格。

民族文化

鼓藏节：育洞侗寨过去分散到各地的684户人家，每隔十二年全村的男女老少都聚集在这里，活动内容主要有：（1）踩歌堂，参加祭祖的人们手拉手唱赞颂祖先的

育洞鼓楼

刘家印子

邓家印子

进堂歌、盘歌、欢歌、转堂歌等；（2）演侗戏；（3）吹芦笙，斗牛；（4）进鼓楼聊天叙旧；（5）吃"合拢饭"；（6）男女青年坐月堂等活动。

鼓藏节吹芦笙

踩歌堂

琵琶歌：明末年间，尚重盖宝西迷寨有一位姓吴名帅勇的年轻人，他以制作棉被为生，受到牛筋弹响的启发，便亲手用上好的楠木制成了精致美观的琵琶，他把琵琶安上了五根钢丝，调准音频，声应九音，其声悠悠扬扬，荡映高山流水，声声悦耳。因此他便成了琵琶的创始人。

主要特点是：所有的琵琶大多数是由梨树制成。有雌雄之分，雄琵琶身长体大而声宏，奏出刚劲雄浑之声，多为男歌手所用。雌琵琶身短，体秀而声纤，弹出柔软美妙之音，多为女歌手所用。委婉、飘逸，清脆悦耳，悠扬婉转，优美动听，加之与琵琶声和谐相配，真是令人如痴如醉，心旷神怡。

侗族服饰：按照性别和年龄分为男子服饰、女子服饰和儿童服饰，按照生活场合分为日常服饰和盛装，其中女子盛装按照服装款式又分为对襟裙装式、交领左衽裙装式、交领右衽裙装式和交领右衽裤装式四种。侗族的饰品主要包括头饰、胸颈饰、手饰、背饰、腰坠饰、绑腿、绑带、鞋子

琵琶歌

等，在盛大节日中佩戴的种类较多，且这些饰品多喜用银制作。侗族服饰以女士最为华丽，每个侗族女士一生中大约有三套这样的服饰，小时候一套，成年一套，出家一套。侗族服饰制作一般为妇女在劳作闲暇时一针一线缝制而成，一般制作一套女士侗服大约一两年时间。

人文史迹

古井：育洞村共有古井四口，其中后隆坡有两口井，另外两口在六郎桥旁边，它们均匀地分布在自然寨内，在还没实现自来水之前，这七口水井担负着育洞村五个自然寨的生活用水，水井里的水冬暖夏凉，并且沿用至今。

侗族服饰一

侗族服饰二

保护价值

自然生态环境较好，历史传统建筑群保存较完整，因独特的气候条件及无污染的自然环境，这里适合有机米的种植，有机米成为育洞村与城市居民间联系的一个桥梁，育洞农民实现了经济利益，同时，大城市里的市民们对有机米的需求也得到满足。所以，这被称为"一袋米架起城市与乡村的桥梁"。

余 飞 唐 艳 王 攀 编

黔东南苗族侗族自治州黄平县重安镇枫香村

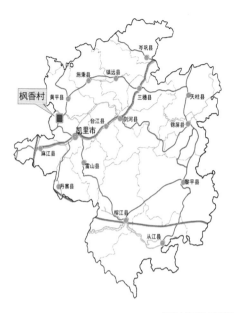

枫香村区位示意图

枫香村全貌

总体概述

枫香村，分为上枫香和下枫香，枫香村位于黄平县城东北部36公里，距贵州省黔东南苗族侗族自治州政府65公里，村域面积5.6平方公里，偻家聚族而居，多为一姓一寨。有廖、罗、李、王、杨、兰、吴、高等20个姓氏，枫香村就是其中较为著名的一支。由于地处偏远，人数众多，这里的偻家风情自然也就最为浓厚。全村3194人，尤其是这里的蜡染、刺绣图案，内容意味深长，2014年被列入第三批中国传统村落名录。

村落特色

在明朝前，枫香村因一名叫廖宝龙的壮士在保卫寨子中有功，族人就将寨子称为"宝龙寨"，清朝后，朝廷为了压制民族部落的个人崇拜，才命名为枫香村。偻家人主要居住在丘陵山坡地带。枫香村选址于丘陵半坡，依山傍水，一户紧邻一户，远观如同连为一体，村落所处丘陵半坡西部有龙潭河水库，与村落距离适中，既无安全隐患又能作为饮用水源，选址和格局符合偻家人的文化传统及生活习惯。

传统建筑

枫香寨的民居住房以坐北为主，结构主要是"凹"式建筑，中间为客厅，两边为火坑和卧室。房屋一般为五柱木结构，房顶盖小青瓦，房内用木板隔开，窗子雕有花、鸟、鱼、虫、兽等图案，显得古朴祥和。正房前两旁还修建有厢房，作为厨房和家牲圈舍。院子均用石块圈砌和铺垫。目前沿袭这种建筑风格的民居占全村的70%以上。枫香传统村落作为黔东南州具有代表性的偻家文化村寨，保存了相对完整的、真实的历史遗存和文化遗产，同时附带了大量的历史文化信息，体现了很高的文化水准，见证了该地区的生活方式和

代表性民居

文化特色，有较高的历史价值、艺术价值和科学价值。

枫香村全景

枫香村平面图

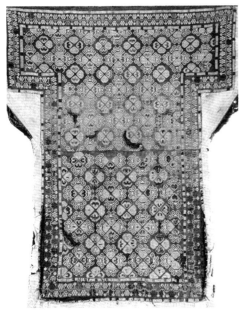

枫香村蜡染

踩塘舞

服装银饰1

蜡染点蜡

服装银饰2

民族文化

僜家芦笙舞：传统芦笙舞是僜家人在过去的历史长河中的生存、发展以及流落过程中的记载，过去没有文化记载，只有以芦笙谱芦笙舞来延续。

阴、阳两系氏族制度：枫香村的家族结构均由阴、阳两系组成。这种组织是按阴系和阳系建立，是家族内的最高领导机构，其代表是阴、阳族长。管祭祀、为人祈祷的称阴族长，管社会分工、家庭派丁的称阳族长。阴族长用蛋卜方式选定；阳族长民主推举产生。

阴、阳两系组织有分工，也有合作。涉及家族重大事务，如举行大祭祖、与外族发生矛盾纠纷、重大制度的建立与改革、重大婚丧事故等，都要通过阴、阳两系组织联席议事，共同协商解决。"修弄"是阴、阳两系组织的结合体，是枫香村廖氏家族的最高议事机构。在阴、阳两系组织下面，还建有"渣计、渣甲"。所谓"渣计、渣甲"，即家族的5个支系和5个支房。整个家族成员，按其血缘关系，在"渣计、渣甲"内生活。死去的人，也同样按"渣计、渣甲"回归祖鼓。因此，阴、阳两系组织是枫香村一种最古老的家族组织形式，它是古代氏族制度的产物。

哈冲节是枫香廖氏部落数十年才举行一次的规模空前、场面隆重的大型祭祖盛会。主要活动内容是把祖鼓"请"到哈冲坪上，族人围着祖鼓纵情歌舞。祖鼓是用一节四尺八寸八分的大香樟树掏空，内盛银制心脏、蜡花丝线、文房四宝、五谷杂粮等物，两头用橡皮封口而成。僜家人认为，鼓是本族已逝先人魂魄居处的宫殿，鼓头和鼓尾分别是祖公和祖太的居所，具有至高无上、神圣不可侵犯的地位，任何人都不可亵渎。

人文史迹

从明代王阳明在黄平飞云崖《月潭寺公馆记》、清乾隆《镇远府志》蔡宗建本"革兜"和李宗方万历《黔记》等史载得知，僜家人自元代起就聚居于此，据该部落廖氏家族《迁徙词》记载与言传回忆，该家族于元朝中叶由河南迁入贵州，现今已有700多年历史。其中，枫香村建寨有400余年，已发展到第29代。

廖立，字公渊，临沅人，是廖氏最早的记载的南方人，三国鼎立时期被刘备任命为从事，后升任长沙太守。后又有枫香的始祖廖蓬模、芦笙宗师廖稿朾、六品军功廖定坤等。

村落环境

周边环境

保护价值

僜家民族语言和服饰文化保存完好。僜家古歌古词和民族语言没有发生变化，僜家语言是僜家人唯一的交流语言。僜家妇女盛装和便装都能随处可见。此外，僜家弓箭文化保存完好。

枫香村的传统建筑、哈冲场、芦笙舞场、僜家古歌古词、民族语言等完整真实的历史遗存和文化遗产，体现了很高的文化水准。

阴、阳两系氏族制度

古井

冯　泽　龚志武 编

黔东南苗族侗族自治州黎平县孟彦镇罗溪村

罗溪村全貌

罗溪村区位示意图

总体概况

罗溪村位于贵州省黔东南苗族侗族自治州黎平县孟彦镇东南部，距镇政府所在地8公里，东与坝寨乡高西村交界，南与茅贡乡罗大村接壤，西与良常村毗邻，北抵高砂村。村庄由"大寨"、"对门寨"、"新寨"三个自然寨组成，全村总面积18.84平方公里，农户400户，人口1768人，主要为侗族。宋、元时期，因战乱或不堪忍受封建统治者的剥削压迫，由江西迁至现在罗溪村，至今已有700多年历史。2013年，罗溪村被列入第二批中国传统村落名录。

村落特色

罗溪村青山环水，林木掩映，罗溪河自南向北从寨中蜿蜒流过，村寨沿罗溪河两岸呈带状布局，境内多条小溪贯通村寨梯田坝区，农田水源充足，古树名木点缀在山林村寨间。民居建筑依山就势、悬空吊脚，与鼓楼、戏台、风雨桥等公共建筑协调呼应，与石板村巷、石制瓢井构成了一个典型的侗族文化空间载体，传统的建筑营造技艺传承和服饰制作工艺等文化承传其间，原生态侗族风情浓郁。

传统建筑

罗溪村的现存传统民居约360栋、鼓楼一座、戏台一个、风雨桥一座、寨门两个和禾仓数个。

鼓楼：罗溪村有鼓楼一座，位于村寨西南侧。四角九重檐，四角宝顶光滑无瓦覆面，中部四角八重檐覆小青瓦，楼底4根金柱，12根檐柱，外围围栏座凳。鼓楼形态犹如身着侗服的俊美男士，也似古杉树傲立苍穹。

寨门

鼓楼

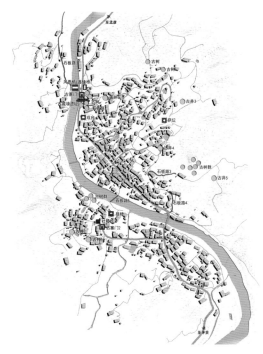

罗溪村平面图

服饰

社稷坛

风雨桥

戏台：罗溪村有戏台一座，位于村寨北侧寨门以内100米之处，木质结构。戏台为五重檐，双层六角宝顶，中间单层六角和底部双层四角。戏台背靠青山，前面结合篮球场布置，方便村民听戏、举行重大活动，是村里的公共活动空间。

风雨桥：罗溪村有风雨桥一座，位于西路口。桥长40米，宽3.2米，建筑面积128平方米，跨度34米，高3米。风雨桥由中间的长桥和两头的出入口空间构成，出入口空间为单层架空双坡顶，8根柱子，屋顶比中间长桥的屋顶约高处50厘米，上覆小青瓦。中间的长桥也是朴实的单层双坡屋顶结构，底部几根超长原木横跨在河流之上作为主要受力部件支撑起整个桥身，上部两侧各九根排柱，柱间有木栏杆，单层坡屋顶上覆条形木板。与传统风雨桥飞角重檐，雕龙画栋的豪华风格相比显得清新而古朴。

禾仓群：目前罗溪村共有禾仓群120座，建筑面积1000平方米，禾仓建于清朝道光年间、光绪年间、民国初期，禾仓布局完整，设施齐全，具有防火、防鼠、防蚁虫、防潮等功能。禾仓是侗家人用来存放粮食的专用建筑。即使房屋火烧成灰烬，独立存在的禾仓能够让灾民免除饥馑之虞。

民族文化

罗溪村具备侗族传统建筑营造技艺、服饰、侗戏等传统文化。

建筑营造技艺：罗溪村的传统民居均为全木质结构，技艺精湛的村民，传承了祖先高超的营造技术，整个建筑从建造到完工只用短短两三个月时间，且不用一钉一铆便可完成整个安装。其营造技术被列为国家级非物质文化遗产。

侗戏：罗溪村的村民天性豪迈，喜欢以唱跳的方式表达自己的情感，逢年过节时，村寨和社区里的男女老幼，往往身着节日盛装云集在戏楼前的耶坪上吹笙、多耶、唱歌、演戏、迎宾送客。

人文史迹

古井：村内存有明、清时古井四口，其中对门寨大井一口，大寨有三口。在没有自来水之前，这四口水井担负着两三个寨子的生活饮用水，井水冬暖夏凉，清甜可口，至今仍在使用。

寨门：罗溪村有清代寨门一个，石砌拱形，位于风雨桥头，高2.8米，宽4.5米，门洞高2.2米，宽1.5米，寨门是进寨的标志建筑，古时有防卫功能，如今这个功能已经消失了，但它是人们进寨的通道，是侗寨地域和凝聚的标志。

古树名木：里有名贵古树红豆杉3棵。一棵位于七组岭上，胸围1.2米左右，树高12米，另两棵位于寨头学校边，树高也是12米左右。红豆杉是珍稀保护树种，一直受到罗溪侗家人民的喜爱和保护。红豆杉全身是宝，可以药用，果实又可食用，树形挺拔壮观，是护寨宝树。

古树

罗溪河：也称乌下江罗溪河，常年水源充足，河道宽约50米，这里是长江水系清水江源头之一。罗溪侗家人民祖先在这里落户后，就开始人丁兴旺，不断发展壮大。罗溪河默默孕育了一代又一代的罗溪侗家人。

保护价值

罗溪村受外来文化影响较小，最大程度地保持了传统侗族村寨的原汁原味。拱形的石寨门，简洁古朴的风雨桥，造型俊美的鼓楼，小巧挺拔的戏台，满山植被及富饶溪水等侗乡共性元素齐备，其间却又不乏自身的文化底蕴和审美追求，具有极高的保护研究价值。

余压芳 赵玉奇 张 全编

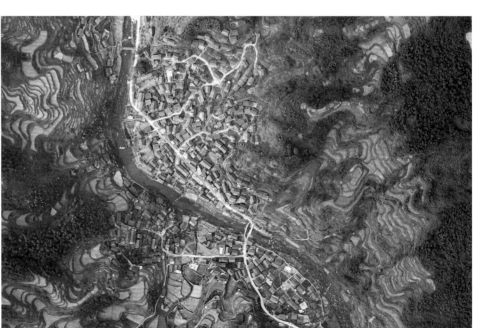

古井

航拍图

黔东南苗族侗族自治州黎平县岩洞镇述洞村

述洞村全貌

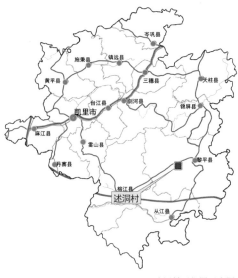
述洞村区位图示意图

总体概况

述洞村位于贵州省黔东南苗族侗族自治州黎平县岩洞镇，距县城38公里，距镇政府所在地9公里；述洞村村域面积15.32平方公里，全村有5个村民小组，345户，1473人，以侗族为主。祖辈于明代永乐年间（1403年）从岩洞迁入述洞小寨（井美五）大枫树处。1411年又从流黄、高近、地门、谈溪、黎平、湖南、广西等地迁入境内，开辟村落于独木柱古楼的一块深山老林里。述洞村于2012年被列入第一批中国传统村落名录。

村落特色

述洞村利用大山深处低洼的水盆地，房屋依山傍水而建。是目前黔东南州整体风貌保存最好的民族村寨，村寨四周青山环抱，绿树成荫，古井均匀散布于村寨内，古河道穿村而过，古树屹立于村寨四周，形成了村中有树，村下有村的优美环

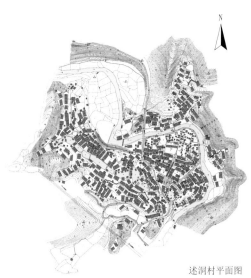
述洞村平面图

境，被誉为"大山脚下公园式的侗寨"。

村寨鼓楼及其公共空间为轴心向外连续辐射，构成网状格局。村舍四周大小山峦层层叠叠，连绵不断，山上古枫翠竹接天蔽日，更有乔木与天相接，阴翠蔽日。村舍东面，大山气势雄伟壮观，酷似天鹅觅食，古人因形象而得其名曰："仙鹅山"。

传统建筑

述洞村的历史传统建筑群是黎平县内数量较多，规模较大，保存较完整，特色价值独特的历史遗产。主要有鼓楼、风雨桥、凉亭、卡房、萨坛、传统民居、禾仓、古井等。其中鼓楼共有3座，风雨桥2座，凉亭1座，传统民居364座，禾仓335余座，建筑面积达0.8万多平方米。

述洞村的历史传统建筑按其功能可分为公共建筑和宅居两大类。公共建筑有祭祀性建筑、议事及娱乐性建筑等，如鼓楼、戏台、卡房、风雨桥等，这些公共建筑保存基本完整，周边环境良好。传统民居有大户建筑和一般民宅建筑。这些建筑最早建于清代，少量建于民国时期，所有建筑均具有侗族传统建筑特色。分布于寨内其他的公共建筑和古民居大多相对保存完整，基本体现了述洞的历史风貌。

在述洞村所有建筑中，最有代表性的是独柱鼓楼、禾仓群等。

禾仓：目前述洞村共有禾仓335座，建筑面积6030平方米；明末清初始建；禾仓群布局完整、设施齐全，具有防火、防蚁虫、防潮等功能。述洞禾仓群现保存着其基本布局，主体建筑等基本保存完好。

鼓楼：洞村目前尚存鼓楼3座，独柱鼓楼、河边鼓楼和塘火鼓楼，其中独柱鼓楼

传统民居建筑群

于1999年被列为世界吉尼斯纪录，2013年被列为国家级重点文物保护单位；述洞村座座鼓楼高耸于村寨之中，巍然挺立，气概雄伟，飞阁垂檐层层而上呈宝塔形。瓦檐上彩绘或雕塑着山水、花卉、龙凤、飞鸟和古装人物，云腾雾绕，五彩缤纷。鼓楼以杉木凿榫衔接，顶梁柱拔地凌空，排枋纵横交错，上下吻合，采用杠杆原理，层层支撑而上。鼓楼通体全是本质结构，不用一钉一铆，由于结构严密坚固，可达数百年不朽不斜，这充分表现了侗族人民中能工巧匠建筑技艺的高超。据清代雍正年间有资料记载：侗人"以巨木埋地作楼高数丈，歌者夜则缘宿其上……"侗族鼓楼建筑是侗族特有的民族文化象征和标志。

风雨桥：述洞风雨桥共有2座，分别为南江风雨桥、蟹洞风雨桥。风雨桥其结构以桥墩、桥身为主的两部分。墩底用生松木铺垫，用油灰沾合料石砌成菱形墩座，上铺放数层并排巨杉圆木，再铺木板作桥面，桥面上盖起瓦顶长廊桥身。桥身为四柱抬楼式建筑，桥顶建造数个高出桥身的瓦顶，数层飞檐翘起角楼亭，美丽、

独柱鼓楼

禾仓群

南江花桥

壮观。五个石墩上各筑有宝塔形和宫殿形的桥亭，透迤交错，气势雄浑。长廊和楼亭的瓦檐头均有雕刻绘画，人物、山水、花、兽类色泽鲜艳，栩栩如生；侗族风雨桥是侗乡人民智慧的结晶，也是中国木建筑中的艺术珍品。

传统民居：述洞传统民居有364座，部分民居始建于新中国成立前后，大部分传统民居建于20世纪70年代；述洞传统民居具有侗族传统民居的建设特点，堂屋两侧为卧室。厨房、猪牛圈等皆设于屋侧房后。房屋一般分正屋、厢房、前厅、偏厦等。正屋是主要部分，有三柱屋、五柱屋、七柱屋、八柱屋等。侗族的民居，大部分均为木质结构。平屋为单檐结构，开口屋为双檐结构。这种建筑工艺在侗族民间由来已久。楼房外围，均有走廊栏杆，宽敞明亮，空气流通，供家庭成员休息。侗族的传统建筑从来不用图纸，哪怕是三四十米的鼓楼也是如此。工匠们只用半边竹竿和棍签作为标尺，俗称"丈杆"和"鲁班尺"。精明的木匠师傅，就凭这根"丈杆"和一捆"鲁班尺"建造出许许多多雄伟、秀丽的建筑物。

民族文化

侗族的文化艺术丰富多彩、有"诗的家乡，歌的海洋"之美誉。鼓楼、风雨桥是侗家建筑的典型代表，侗族擅长石木建筑，鼓楼、风雨桥是其建筑艺术的结晶。

述洞鬼节：述洞村民为缅怀先祖，每年的农历七月半这天都举行重大的祭祖活动。祭祖活动以各族姓氏推选代表，将本族先祖的牌位依次置于台上，各姓氏自备一头猪、一只羊和水果、香纸供奉台前，男女老少齐聚一堂，整装浴手、分姓氏肃立、庄严地进行公祭活动。

侗戏：在中国55个少数民族中，有9个民族有自己的戏剧，侗族位列其中。侗戏是民族民间戏剧艺术瑰宝之一，它的发展源远流长，经历人民群众集体创作、集体传播、不断的加工、改造，形成古朴而不单调，抒情而不低劣，民族民间特色鲜明，有深厚的群众基础，并且尚在发展之中的民间艺术，其内容丰富多彩，形式清新活泼，有浓郁的乡土气息。从学术上看，它是有发展前途的民族民间剧种之一。

萨玛节：一般是农历十月、二月，但有时也根据生产、生活或其他重大活动情况改为其他月份举行。一年一度的重大萨玛节祭萨活动，各村都请专门的祭师来主持祭祀仪式。

侗族大歌：自村落定居于此，多是男女老少聚集于鼓楼唱侗族大歌，久而久之鼓楼对歌成为述洞每年必须组织开展的一

述洞鬼节

侗族大歌

侗戏

次全民性活动，鼓楼对歌一直对到对方没有歌曲对出视为胜出，每到逢年过节或重大节日时期举办侗族大歌比赛活动，从而促进侗族大歌更好的传承。

蓝靛靛染技艺：侗族擅长纺纱织布，她们自纺自染的"侗布"是侗家男女最喜爱的衣料。"侗布"就是用织好的布经蓝靛、白酒、牛皮汁、鸡蛋清等混合成的染液反复浸染、蒸晒、槌打而成。

人文史迹

古井：述洞古井一共有6口，其中上寨3口，下寨两口，对面寨1口，在还没实现自来水之前，这6口水井担负着述洞村的生活用水，水井里的水冬暖夏凉，十分可口，至今仍在使用。

南江河：南江河贯通村寨及寨外，常年水源充足，将述洞村分为东西两个部分，河道宽约12米，这里是长江水系清水江源头之一。南江河孕育着沿岸的侗家人民，侗家人的祖先落户这里后，就开始人丁兴旺，很快便发展到了三百六十四户。

凉亭：述洞目前有凉亭1个，建造年代为2007年，位于述洞村上寨，为八边形，边长2.2米，面积约12平方米，凉亭供人乘凉、休息、避雨，水井供人解渴。

梯田：述洞的祖先们，落户述洞后，就开始根据山型就势逐级开垦，形成了今天的梯田景观，至今已有农田957.75亩。同时，因沿河开垦农田，形成了今天的田坝，且有河水灌溉，沿岸农田每年均能实现大丰收，述洞村的梯田及农田实现了生产生活与自然的协调。

保护价值

述洞村是黔东南州重点民族文化旅游村寨，也是黔东南州整体风貌保存最好的民族村寨，历史悠久，资源丰富，自然环境优美。周围为侗族历经数百年修筑的梯田，其历史传统建筑群是黎平县内数量最多，规模较大，保存较完整，特色价值独特的历史遗产。主要有鼓楼、风雨桥、花桥、卡房、萨坛、传统民居、禾仓、古井等，均展示出侗族人民高超的建筑技艺，为以后我国研究侗族文化事业提供良好的资源与环境。

李玉柱 彭仕林 周祖容 编

黔东南苗族侗族自治州台江县台盘乡空寨村

空寨村全貌

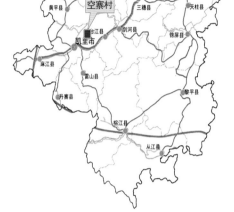

空寨村区位示意图

总体概述

空寨村是台江县台盘乡的一座苗族村寨，距离台盘乡政府驻地3公里。空寨村275户，1335人，2014年被列入第三批中国传统村落名录。

村落特色

空寨村四面环山，周边古松翠柏，绿树茵茵，蓝色的吧拉河蜿蜒盘桓由寨边淌过，河中有深深"龙洞"，绿色的"龙潭"，民居吊脚楼倒映其中。丈朗自然寨中"龙井"长年冒出一股铁桶般的清泉水，景致十分壮观。

传统建筑

空寨村寨中木屋鳞次栉比，吊脚楼星罗棋布。主要木屋建筑是五柱两间或五柱三间，或五柱四间，最为普遍是五柱三间，吊脚楼主要为厢房居多。房屋都是歇山顶式瓦房，也有少部分为四面倒水式的瓦房。古寨迄今还保留并仍在利用的碾米的老碾房、鼓风机。这些民居建筑，展现了苗族民间独特的建筑风格及其文化内涵。

村中吊桥

苗族服饰

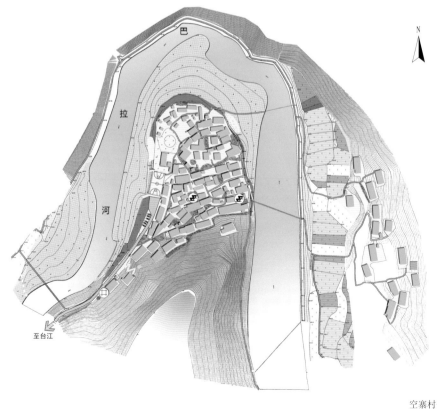

空寨村平面图

民族文化

龙灯：春节期间，境内有玩龙灯的习俗，一般是正月初九开灯，正月十四谢灯。龙体是竹编纸糊，内点蜡烛。玩时一般需要七八人，一人玩"宝"，逗龙抢宝，龙头紧绕"宝"起伏，龙体随之翻腾。玩龙之前要到民宅堂屋参神，有的主家把门关上，与门外人对"门吉子儿"，待门外说上一段"四季财门"后方为之开门迎入参神，主家要给予利实。如是给予粮食之类，玩龙队伍取走粮食时，要抓一把留在主家堂屋桌上，以示为主家"进财"。扎龙一般不用稻草，稻草扎的"草把龙"被视为"黄龙"，它要大于其他龙，其他龙见草把龙要拜。谢龙即是把龙送到井泉边或河边焚化，叫化龙。

空寨年年举办龙灯会。自空寨场期定为每月农历逢"一、六"后，一般定为正月十一或十六日，境内所有玩龙队集中起来，有时还邀请镇外玩龙队参加。玩龙前沿街挨户参神，然后在街道上依路线玩，街民用"铁水花"或自制花等燃放烧向龙身，叫"烧龙"。此俗自进入21世纪后渐淡，空寨场也不再年年举办龙灯会，而兴四年举办一次。

狮子灯：狮子灯一般由一人扮孙猴子，一个扮大头和尚，两人舞狮子，另有打锣队。为闹新春的一种活动。预定演出时，先送帖子，确定在哪家吃夜宵，就送大帖子。来哪家演出时，进堂屋拜四方，给主人家报喜，后开始玩，孙猴东蹿西跳，大头和尚戴面具，摇头晃脑，伸脖缩颈。狮子做摇头、擦腰、舔尾、翻滚动作，后"扫门"出大门而结束。有舞狮队技艺高超者，可翻高台，有用12张桌子重叠搭台，底层3张，二层2张，以上每层各一张，共9层。也有用7张桌子重叠搭台，每层一张，共7层，称一炷香。孙猴、大头和尚、狮子攀登台顶踩斗，舞狮艺人时有台塌人伤之险。此俗流行于20世纪80年代以前，之后已无翻高台者，仅于地面舞狮而已。迄今镇境内已无人组织这项活动。

村落环境1

周边环境

空寨唱

代表性建筑1

成片民居

保护价值

空寨村"三面环山、依山就势、傍水而居"的优越自然环境。村落历史悠久，深厚的苗族文化底蕴。建筑保存良好，古井、古河保护完整，村落保护文物多，保护良好。村落遗留自己特有的风格，风貌完整，具有独特的环境风貌。

魏 琰 李 婧 编

村落环境2

代表性建筑2

黔东南苗族侗族自治州黄平县苗陇乡苗陇村

苗陇村全景

苗陇村区位示意图

总体概况

苗陇村位于谷陇镇东部，距黄平县城40公里，距镇政府18公里，距黄平火车站18公里。苗陇村共辖12个村民组，481户3076人，均是苗族，村域总面积7.01平方公里。明万历四十年（1612年），苗族人民因战争迁徙至此，距今经历12代人。苗陇村于2012年被列入第一批中国传统村落名录。

村落特色

苗陇村坐落在一片向阳的坡地上，村中的石板小路顺着或垂直等高线铺设，自然形成灵活多变的街巷。形成"山—村—路—田"的空间格局，村子后面是山，前面有交通要道，其内是连接各家各户的石板路与石阶路，道路外侧及村庄周围是田园风光，形成了其特有的空间肌理。

苗陇村周边层峦叠嶂，数岭集结，呈同心发散状，村寨便是处在山体半山腰处，呈环抱之势，仿佛众多山岭不约而同地主动保护此地。因而此寨与周边其他地方形势明显大不相同。加之每当山中云雾缭绕，层林翻涌，梯田环绕，更显其寨地势格局不凡，气韵生动。

传统建筑

苗陇村的建筑大多为传统的苗族两厢式木瓦房。房屋窗子和外墙大多雕有图案，正门上方是门当，门当中间挂有镜子、瓶子或其他，寓意为驱邪保平安，门槛上面是镂空腰门，腰门顶上各刻有牛角，接着就是正门。

在建筑布局上，受到自然环境、民族特色的影响，高低错落、重重叠叠、自然生动而又富有特色。在建筑造型上，由于苗族粗犷豪放的民风，与汉族纤巧细致的

传统民居

风格相比，其村落的建筑风格更具豪放、淳朴、自然的特征。

在建筑的结构上，传统的两厢式房屋结构分为里外两部分，外面从左到右分别为左厢房、堂屋、火房，里面均为厢房。左厢房一般为一间，右侧为火房（即厨房）一间；与堂屋和火房垂直并在明屋、火房后面的两间为厢房。堂屋正对的前廊外檐出枋悬挑，上面安装线条优美，称之为美人靠（苗族语言中称之为"豆安息"）；美人靠上弯曲得当的靠背曲木，显示了直线中的曲线美，从而使得整个建筑显得刚柔相济，和谐优美。

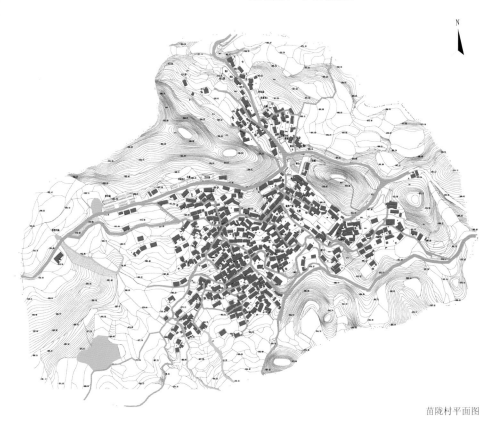

苗陇村平面图

民族文化

苗陇村是一个传统的苗族村寨，苗族同胞传统文化在这里得到传承与发扬。

苗族古歌：苗族古歌被列入国家级非物质文化遗产，是苗族古代先民在长期的生产劳动中创造出来的史诗。苗族古歌不仅是一部神话叙事诗，由"大歌"、"酒歌"、"理词"和"神词"四大部分组成，内容涵盖创世神话、英雄神话、自然神话、物种起源神话、风俗神话、苗族法

苗族刺绣

古墓

苗族古歌

苗族刻道

子孙桥

典及神词等是苗族古代民间文学的典范。

苗族刺绣：苗族刺绣被列入省级非物质文化遗产，在中国有很长的历史，大约起源于河姆渡和半坡母系氏时期或更早的时期。苗族刺绣是苗族人民历史、文化、宗教信仰、艺术、情感审美以及生产生活等文化的具体体现。

苗族服饰：省级非物质文化遗产，苗族服饰是苗族妇女在长期的劳动与生活中的智慧和结晶，是一种精工细绣的民间民族艺术产品，具有较高的艺术、美学、人类学、民俗学等研究价值。

苗族刻道：省级非物质文化遗产，苗族"刻道"，又称"歌棒"、"刻木棒"、"刻木"。译为"苗族开亲歌"，是古代苗族先人用刻木记事的形式将苗族婚姻文化的发展、演变的历史过程用简单的符号刻在木棒或竹节上，并吸收了其他民族优秀的民歌精华，且具有独特苗族风格的诗歌形式。

其他：在苗陇村苗族的民族文化丰富多彩还有苗族的银饰制作技艺、芦笙歌舞、鬼师（巫师）等传统文化都在这里汇集。

苗族芦笙舞

人文史迹

子孙桥：修建于民国三十八年，全桥桥面由石块组成，两边由石阶而下，横跨"哦里河"。

古墓：有四座古墓，位于苗陇村大寨内，其中有三座古墓于清朝中期所建，另一座古墓于1885年所建。四座古墓均由于受百余年的风雨侵蚀，导致当时所堆砌的石块和石碑字迹均被毁坏，后代子孙重新立碑修葺，并在周边专门栽种植物以表孝心及敬意。

古井：位于苗陇村大寨内，其中两口古井有上千年的历史，周边古树环绕，树下有石凳，由石阶路而下就是古井，环境优美安静，古井里的水不仅甘甜，还醇香，并且清澈见底。

教岛洞遗址：是清军残酷杀害苗民的历史见证，1981年被列为黄平县文物保护单位。对研究黄平县苗族文化具有重要意义，为研究清代苗民起义文化重要组成部分，是清代苗民起义战斗的重要遗址之一。洞穴保存完好，同治九年义军修筑的防御工事基本保存原样。

保护价值

苗陇村有着悠久的历史，是重要的传统村落，拥有丰富而珍贵的物质与非物质文化遗产，如古桥、古井、古墓、苗族刻道、古歌、服饰、祭桥节、苗绣等，有着独特的历史风貌、悠久的文化，具有极高的历史价值。

苗陇村的建筑极具苗族村落特色，具有木结构建筑、石板铺地、子孙桥等众多的极具当地特色的建（构）筑物元素，同时村落的建筑顺应地势而建，村落景观良好，且具有非常丰富的艺术特色，具有较高的科学与艺术价值。

苗陇村为苗族村寨，居民均为苗族居民，长时期单一民族聚集，使其传统生活、生产方式保留完好，社会交往模式传承有序，传统节日和风俗保存完好，具有较高的社会研究价值。

杨　洋　陈隆诗　黄文淑　编

教岛洞

苗陇村服饰及银饰

苗陇村古井

黔东南苗族侗族自治州台江县革一乡茅坪村

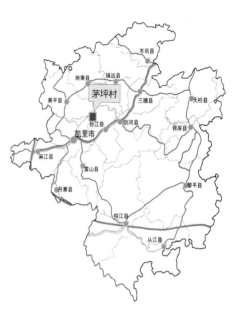

茅坪村区位示意图

茅坪村全貌

总体概述

茅坪村位于台江县的北部边缘，清水江的西岸，茅坪村距乡政府驻地10公里，村中现有人口1632人，均为苗族。2014年被列入第三批中国传统村落名录。

村落特色

茅坪村村寨坐落在半山腰上，一条小溪从寨脚流过；平贾自然寨四面环山。寨周边古松翠柏，绿树茵茵，古树绿竹与民居相间，十分协调。

苗族一般是村寨聚居，宅地选择避阴向阳，有的选在周围尽是绵延起伏的峰峦中，有的选择在背靠峭壁的山峰或群山环抱的山腰里。有的选择在苍松翠柏下或山峦层叠的高山上。苗族聚落处理山水环境上，主要受到楚文化区山岳文化的影响，形成"所在多深险"的特征。聚落往往和山结合较为紧密，在山势陡峭之地，层层叠下，而和河流则保持一定距离。巴拉河流域的村寨大都具有"上山建寨，望水而居"的特征。

传统建筑

茅坪村传统民居始建于元代，经过多次的原址整治更新，现状建筑多翻新于20世纪五六十年代，集中连片，多为苗族干阑式的木构建筑，依山顺势而建，鳞次栉比。建筑形态与山体形态一致，较好地满足了山体形态的原生态，保持了建筑与自然环境的有机融合，建筑群体轮廓的走势充分体现了与自然山体坡度形态的一致性。村寨中干阑式传统民居有吊脚木楼、连廊木楼、回廊楼屋等；茅坪村大部分传统建筑保存完整，有少部分传统建筑因年久失修，破损较为严重。依山而建的苗族干阑式建筑群巧夺天工，是苗族人民与自然和谐共生的大智慧。

村中以两层高的木质穿斗式建筑为主，材料均为杉木和松板，有5柱四间、5柱三间的、5柱两间的，结构为悬山式小青瓦盖顶，多为二楼一底，以三间一栋常见，大簸箕多为吊脚楼。因地形坡度显得错落有致，质朴沧桑，古风浓郁。

村落一角

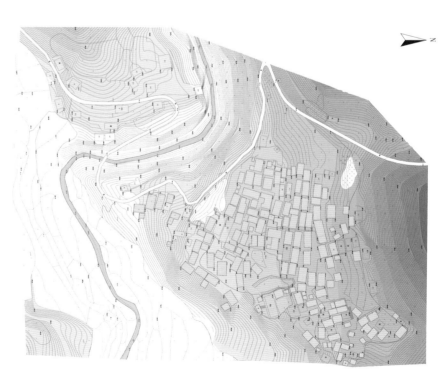

茅坪村平面图

民族文化

苗族姊妹节：苗族姊妹节是每年农历三月十五至十七日在老屯、施洞巴拉河和清水江沿岸以年轻女子和后生为主体的传统婚恋的一种节日聚会方式。历史渊源久远，可以追溯到4000年前苗族居住在长江流域、环太湖地区先民们情爱生活的历史。苗族姊妹节通过讨姊妹饭、谈情说爱游方对歌，捉鱼、吃鱼、穿刺绣花衣和银饰盛装踩鼓等一系列的特有方式活动，再现了母系氏族和母权社会的婚恋遗风，它是连接过去、现在、未来的文化纽带，具有社会历史的、人类学的、文化艺术的、社会学的和审美的研究价值和意义。

苗族古歌：全诗有万行以上，分为"开天辟地"、"枫木歌"、"洪水滔天"和"跋山涉水"4个部分，古歌通过丰富奇妙的想象，生动地反映了苗族人民对天地万物及人类起源的揭示和对祖先艰苦奋斗开创人类历史的功绩的赞扬。古歌中描述了人类、雷神、龙虎等都是蝴蝶妈妈生的蛋所变，人与神的争斗是为了争夺对大地的统辖权，反映的是一种战神色彩，折射出蚩尤部落与炎黄部落的战争史；其所描写的运金运银铸造日月和撑天柱，与史料记载的蚩尤部落较早掌握冶炼技术相吻合。古歌一般分两组对唱，双方轮番提问，相互解答。曲调浑厚，拍节分明，唱时多用真声，略带朗读形式。每唱完一小段，要道白一番。一般都是老年人吟唱。

人文史迹

吊台江，唐朝始置隆县，隶应州。清雍正六年（1728年），清朝廷决定开辟

茅坪服饰1

茅坪银饰2

茅坪村代表性民居3

茅坪村代表性民居1

茅坪村代表性民居2

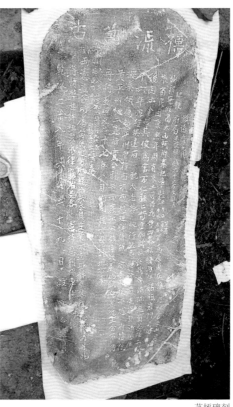

茅坪碑刻

苗疆，镇远知府至台拱诸寨招抚苗民，登记户口，赐苗族汉姓，编设保甲。雍正十一年（1733年）建台拱厅。至清乾隆二年（1737年），台拱厅下设高坡土千总、方召土千总、南市土千总、乌漏土把总、龙陇土把总；每个土把总、土把总下分辖多个寨。

民国二年（1913年），改台拱厅为台拱县，为二等县。置革东、来同（今台雄）、台盘、南省、在浓（今丈浓）、施洞六区。区下沿袭保甲制。民国四年（1915年），设中、东、南、西、北五个区，区下设保甲牌。民国三十年（1941年），撤丹江县，以丹江河、羊排小溪向东顺山脉为界，东北部地域划入台拱县，取台拱之"台"，丹江之"江"为县名，更名台江县。同时调整地域。全县设五区。

1949年12月3日，台江解放。全县设第一、二、三区。第一区政府驻县城；第二区政府驻施洞街；第三区政府驻革东街。民国三十一年（1942年）台江县废区设乡镇，至1944年5月，全县辖10个乡镇。1953年1月，改台江县为"台江苗族自治区"，隶属镇远专区。3月，实行民主建政，把全县十大乡（镇）划分为44个小乡（镇）。1954年4月，台江苗族自治区改称台江苗族自治县，随后分别改第一、二、三区为台拱区、施洞区和革东区。1956年4月18日国务院（56）国设习字第30号文件批复镇远专区，成立黔东南苗族侗族自治州筹备委员会，拟台江苗族自治县为台江县。

保护价值

茅坪村四面群山环绕，景色宜人，茅坪村周围植被保护较好，山上森林茂盛，郁郁葱葱。民居顺山势而建，鳞次栉比，注重与山体的灵巧结合。民居群体布局灵活多变，多沿等高线布局，形成了高低错落、内聚有力的传统聚落空间特点。村中道路顺应或垂直山体等高线铺设，自然形成灵活多变的街巷。寨内巷道自然分布、纵横交错，呈现出一种自然状态的肌理，村外古树群及村落整体风貌保存完好。

韩 磊 编

周边环境

黔东南苗族侗族自治州黎平县岩洞镇岩洞村

岩洞村全貌

岩洞村区位示意图

总体概况

岩洞村位于贵州省黔东南苗族侗族自治州黎平县岩洞镇，距县城28公里，距岩洞镇政府160米。岩洞村村域面积30.56平方公里，全村共824户，3692人，以侗族为主，占总人口的98%。这里的侗族文化源远流长，侗族歌师人才辈出，享有"将侗族大歌带出国门第一乡"的美誉。岩洞村于2012年被列入第一批中国传统村落名录。

村落特色

岩洞村是侗族独特的名村古寨，它具有悠久的历史，青山环绕，古树参天，中间是田园小坝，小河潺潺流淌，穿坝而过，村寨依山傍水而建寨。两边寨中鼓楼耸立寨上，工艺精巧，美观古朴，古井均匀散布于村寨内，古河道穿村而过，古树屹立于村寨四周，形成了村中有树，村下有村的优美环境，被誉为"大山脚下公园式的侗寨"。村寨鼓楼及其公共空间为轴心向外连续辐射，构成网状格局。木质结构的居民民宅吊脚楼，玲珑的寨门、戏台、风雨花桥巧妙地结合一体。象征着侗乡古老神奇，清新爽直，环境优美，达到人与自然环境的完美融合。岩洞村是目前黔东南州整体风貌保存最好的民族村寨。

传统建筑

传统民居：岩洞村现有867栋民居，以木质干阑建筑为主，一般为2～3层，由于火灾、年久失修等因素，多建于20世纪六七十年代。与其他侗寨民居建筑有所不同，形成汉侗文化相融的形式。岩洞传统民居具侗族传统民居建设特点，堂屋两侧为卧室。厨房、猪牛圈等皆设于屋侧房后。房屋一般分正屋、厢房、前厅、偏厦等。正屋是主要部分，有三柱屋、五柱屋、七柱屋、八柱屋等。

鼓楼：岩洞村目前尚存鼓楼5座，四州独柱鼓楼、登务鼓楼、沙套鼓楼、弄肯鼓楼、岑翁鼓楼；鼓楼高耸于村寨之中，飞阁垂檐层层而上呈宝塔形，瓦檐上彩绘或雕塑着山水、花卉、龙凤、飞鸟和古装人物，云腾雾绕，五彩缤纷。

戏台：戏台作为侗族大型活动的表演场所。岩洞村内有戏台3座，公邓戏台始建于1986年，2002重修，宽9米左右，进深有8米左右，四州下爪戏台始建于2002年，宽12米左右，进深有3.5米左右，四州上爪戏台始建于20世纪90年代初，宽9米左右，进深有8米左右。戏台建筑保存完好，造型及雕刻极为精致，戏台均采用优质杉木建成，台前额枋上有木雕彩绘，屋檐上还有双龙戏珠，戏台顶面采用本地小青瓦。

萨堂：萨在侗族宗教意识形态里具有重要的影响和地位，既能庇佑人丁兴旺，又能保护农田丰收，六畜发展；既能防盗劫寨，防虎兽危害人畜，又能使家家发财致富，银钱满拒，禾谷满仓，故为众所崇拜，奉为至高无上之神。侗族人民修建萨堂以祭拜萨，希望得到萨的庇护。

沙套鼓楼

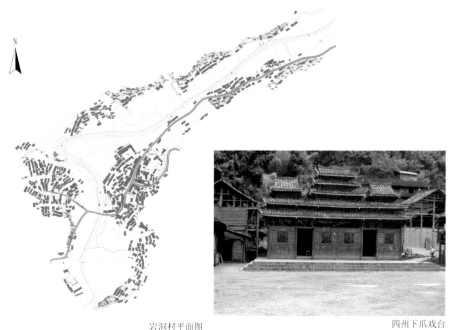

岩洞村平面图

四州下爪戏台

民族文化

岩洞村是侗族大歌的源生地，在新中国成立初期岩洞村侗族歌手吴培信曾带着侗歌走出国门，岩洞因此享有"侗族大歌走出国门第一乡"的美誉。目前，侗族大歌普及男女老少，形成老人教歌、青年唱歌、少年学歌的浓郁氛围。岩洞中学、各小学甚至幼儿园都开设侗族大歌、童歌课程。侗族踩堂歌、拦路歌、瑟瑟歌、流水情歌、牛腿琴歌、侗戏在全镇十分受到喜爱。

传统民族服饰：侗族服饰主要有侗布、侗衣、侗锦、花带、银饰等。其制作工艺之精湛、设计之精巧，堪称一绝，叫人叹为观止。侗家妇女喜欢挂金戴银，人人有首饰，她们在踩歌堂时那富有节奏、旋律的银首饰碰击声是很悦耳的。就她们戴的耳环而言，少女戴的耳环小巧玲珑，富有童趣，姑娘戴的耳环艳丽多彩，闪耀着青春的光华，中年妇女戴的耳环朴素大方，潜藏着欢乐与韵味。

传统节日：岩洞村浓郁、丰富的民族传统节日有农历正月初五、三月三、四月八、五月端午、六月六、七月半、八月十五等节日，每逢佳节，村民们都要开展斗牛、芦笙、踩歌堂、侗族大歌、情歌对唱、侗戏等民族风情表演活动。

岩洞六月六斗牛节：每年农历六月初六是岩洞的斗牛节，侗族人都要包粽子，杀猪宰羊请客欢庆。节前年轻人吹着芦笙到其他村寨去"送约"，邀请对手。"送约"之后，便来到"牛宫"前吹奏芦笙，敬祭3日，谓之替牛"养心"。到了节期，斗牛场周围，人山人海，彩旗招展，锣鼓喧天，热闹非凡。

庆祝新房主体建成

吹芦笙

侗族大歌：侗族大歌是我国目前保存的优秀古代艺术遗产之一，是最具特色的中国民间音乐艺术，也是国际民间音乐中不可多得的一颗璀璨明珠，已唱出国门，惊动世界乐坛。侗族大歌不仅仅是一种音乐艺术，也是了解侗族的社会结构、婚恋关系、文化传承和精神生活的重要组成部分，具有社会史、思想史、教育史、婚姻史等多方面的研究价值。

人文史迹

岩洞河：岩洞河贯通村寨及寨外，常年水源充足，将岩洞村分为东西两个部分，河道宽约19.7米，这里是长江水系清水江源头之一。岩洞河孕育着沿岸的侗家人民，侗家人的祖先落户这里后，就开始人丁兴旺。

岩洞古井：岩洞古井共有3口，其中大寨1口，沙套寨1口，四州寨1口，在还没实现自来水之前，这3口水井担负着岩洞村五个自然寨的生活用水，水井里的水冬暖夏凉，十分可口，至今仍在使用。

古井

斗牛

萨玛节

侗族大歌

岩洞河

保护价值

岩洞村依山傍水而建，青山环抱，岩洞河潺潺流淌，穿坝而过。寨中鼓楼耸立寨上，古井均匀散布于村寨内，古河道穿村而过，古树屹立于村寨四周，形成了村中有树，村下有村的优美环境。应对这不可再生的自然环境和人文环境进行保护。此外，岩洞村的历史传统建筑群是黎平县内数量较多，规模较大，保存较完整，特色价值独特的历史遗产，是研究侗族文化的典型村寨。

梁　伟　罗孝琴　李函静　编

岩洞村环境

黔东南苗族侗族自治州从江县西山镇顶洞村

顶洞村全貌

顶洞村区位示意图

总体概述

从江县顶洞村历史久远，侗族语言、音乐、歌舞、建筑保存良好，集体婚礼与成年礼习俗独特典型。顶洞村距西山镇所在地约5公里，512户，2132人，是西山镇最大的侗族村寨。2014年被列入第三批中国传统村落名录。

村落特色

顶洞村依山傍水，风景秀丽，一条小河穿寨而过，傍晚，吊脚楼、风雨桥、鼓楼广场、河岸两边寨子七彩灯流光溢彩，

相互辉映。风雨桥和鼓楼是侗族村寨标志性建筑，顶洞鼓楼和风雨桥是全寨人民以智慧和力量建造起来的，它不论质量、规模、做工精细的程度等都远远超过了居民住宅，它既是侗族文化艺术的结晶，又是侗族村寨的标志和象征。

传统建筑

顶洞村落内建筑多为"干阑式"砖木结构建筑，建筑风貌具有鲜明的地方侗族特色。村落内建筑主要为村民住宅，建筑年代

从近两年至四五十年均有。距今较久远建筑为木结构两层建筑，底层多为圈养牲畜、堆放杂物。二层为居民生活空间，进深呈"三段式"布局，最前段为宽约3米的宽廊，是居民会客、手工生产等日常活动空间；最里段为卧室，中段为起居室，内设火塘，是家人团聚、娱乐、休息空间。在建筑构造上，采用传统营造方法，在屋顶、栏杆、门窗等构造方面均具较强的实用性，颇具地方特色。近年新建建筑，底层多为砖石结构，上层为木质结构，内部布局也与老式建筑有所不同。

顶洞鼓楼

顶洞村平面图

顶洞村全景

村落环境

顶洞踩堂歌

民族文化

侗族大歌：侗族大歌起源于春秋战国时期，至今已有2500多年的历史，是中国侗族地区一种多声部、无指挥、无伴奏、自然合声的民间合唱形式。侗族大歌无论是音律结构、演唱技艺、演唱方式和演唱场合均与一般民间歌曲不同，它是一领众和，分高低音多声部谐唱的合唱种类，属于民间支声复调音乐歌曲，这在中外民间音乐中都极为罕见，侗族大歌不仅仅是一种音乐艺术形式，对于侗族人民文化及其精神的传承和凝聚都起着非常重大的作用，是侗族文化的直接体现。侗族大歌多声部、无指挥、无伴奏是其主要特点。模拟鸟叫虫鸣、高山流水等自然之音，是大歌编创的一大特色，也是产生声音大歌的自然根源。

成人礼节：据顶洞村寨史资料记载，每年的七月十四是未成年青年的成年礼日子，成人礼节指村寨内未成年成人后需要举行的节礼，以表示成人开始能够承担家庭的责任。

人文史迹

元至元二十年（1283年）置西山大洞民长官司，明洪武三年改西山大洞军民长官（明代称西山阳洞）为西山阳洞蛮夷长官司。康熙二十三年（1684年）七月，西山阳洞土司韦有能与何新瑞在湘、黔、桂边境地区聚众造反，攻黎平府城。后何新瑞被擒就地正法，韦有能被充军。西山阳洞长官司废，其地划归永从县。所建长官司衙署年代久远失修而毁，现仅遗址。矶荡坡中部凹，两头隆起呈虎背形状，北至顶洞村，东临顶洞河，南辇射箭坡，北部坡头为官府所在地，南部坡头为官府庙，四周为跑马道，面积约21000平方米，存部分土夯围墙，墙高1.5米，宽0.5～0.8米，遗址内现存跑马道、射箭坡、宫庙、古井、部分围墙等设施遗址。

芦笙吹奏

侗族大歌

保护价值

建筑依山就势，顺应自然，呈阶梯状布置，保护环境，节省投资。建筑大多为1～2层，传统木建筑占整个村落95%以上，建筑户型格局、庭院布局、外立面风貌、建筑构件等有其独特的地域特色和民族风格。村寨鼓楼是典型的侗族鼓楼，为十八层檐鼓楼，标志明显，是村落内议事及集会的重要场所，具有保护价值。

石庆坤 编

代表性民居

鼓楼内部结构

黔东南苗族侗族自治州雷山县丹江镇虎阳村

虎阳村全貌

虎阳村区位示意图

总体概况

虎阳村全系苗族，位于雷山县丹江镇东面，距镇政府驻地9公里，归丹江镇管辖。平均气温15.3℃，属亚热带山地季风气候。村落形似虎头，因此得名"虎"阳。虎阳村共1个自然寨，辖5个村民小组，全村有173户人家，共计707人。虎阳村于2013年被列入中国第二批传统村落名录。

俯瞰虎阳村

秀美苗山

梯田景观

传统建筑

传统民居：虎阳村的传统建筑以苗族独有的干阑式吊脚楼为主，村中建筑从山脚延伸至山顶，一般建为2至3层，木料选用杉木建造。村中上百年修建的吊脚楼随处可见。吊脚楼不仅经久耐用，而且具有冬暖夏凉的好处，夏天坐在美人靠上，迎面凉风爽爽，俯视千里，心旷神怡。

古粮仓：虎阳村储存粮食的古老粮仓，在过去的20多年前每户都配有一个，有的上面还写有毛主义语录，体现出苗族人民对新生活的期待和向往。虎阳村的粮仓一般修建在正房旁边。粮仓的基脚是用几颗较大且方整的石头垫底，以防止雨水对木柱的侵蚀，然后用四根大的柱子支撑，柱与柱之间相互贯穿拉紧，建好框架后，就用木板从中架空装上。建好的粮仓不仅防潮防蛀，而且粮食的储存时间更长。虎阳村至今保存完好的粮仓有5座，且都在使用。

村落特色

虎阳村地形是云贵高原向湖南、广西丘陵盆地过渡的斜坡地带，地层古老，历史悠长。有着九山半水半分田的民间叙述。

位于村寨内可俯瞰陶尧片区全景，向西是若隐若现的丹江镇县城，向东可仰望直耸入云霄的雷公山，向北是环山的旅游高速公路和拾级而上的层层梯田，胜景无凡，天人共享。

村落在山、花、树的映衬下，愈发显得淳朴归真，这一方是天地间遗落的精灵，也是苗岭圣山雷公山西麓的盛景宠儿。这里只有山鸟嘤嘤欢唱，山花盈盈怒放，山泉潺潺奔流。

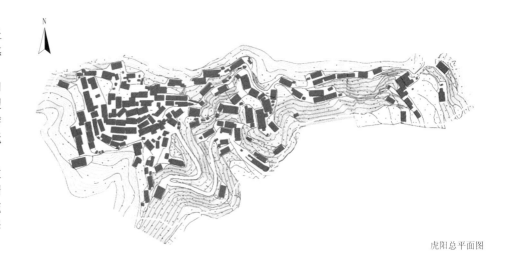

虎阳总平面图

踩芦笙的姑娘

芦笙队游行

传统建筑群

民族文化

芦笙及舞蹈：芦笙是苗族男儿的乐器，苗族人民自身就有热情好客的民族传统，以酒养身、以歌传情，会说就会唱、会唱就会跳，因而村里的男女老少几乎都会跳芦笙舞。芦笙与芦笙舞在雷山地区的历史源远流长，苗家人认为它是始祖母创造出来的，象征苗家人的母亲，它的声音也是母亲的声音，每当听到芦笙的声音就像听到母亲的召唤一样。芦笙舞是最具代表性的，也是苗族最喜爱的民间舞。芦笙舞基本可以分为三类，群众性芦笙舞、表演性芦笙舞、风俗性芦笙舞。从动作特点上看，又可分为踩和跳两种，踩以两膝的轻微屈伸并踏着节奏向前移动为特色；跳是由动力脚落地后，下肢的颤动以及抬脚端动上身随之自然的摆动为特色，前一种娴雅、端庄，后一种柔和、潇洒。

节日庆典：虎阳村也是典型的百节之村，"小节天天有，大节三六九"。吃新节、苗年节、鼓藏节等，在这些节日里都会举行跳芦笙舞来庆贺，表达苗族人民对生活的热爱。

虎阳村为清军诱擒。张秀眉、杨大陆起义失败被擒旧址坐落虎阳村中。目前，村中一条上山主干道相传是当年张秀眉、杨大陆等修葺的马道。

传统民居1

传统民居2

人文史迹

虎阳村有着悠久的历史传统文化，清咸丰同治年间，轰轰烈烈的张秀眉、杨大陆苗民起义，即以雷公山为依托，与清军悍将席宝田率领的官兵进行激烈的战斗，坚持了18年之久。苗族义军首领张秀眉、杨大陆因寡不敌众，兵败乌东山，在陶尧

虎阳村步道

保护价值

虎阳，雷公山西麓的宠儿，登顶可以一览盛景，也可以谦卑地仰望雷公山，村后层层梯田，高速公路贯穿，干道纵横交错，这里风光无限，村落依山而建，寻山而上，本土居民均为苗族，村落整体风貌都彰显着苗族木屋、吊脚楼的质朴而又传统的韵致。

李人仆 李函静 黄鸿钰 编

古粮仓

芦笙

黔东南苗族侗族自治州从江县庆云乡单阳村

单阳村全貌

单阳村区位示意图

总体概述

单阳村位于庆云乡东部，距乡政府13公里，东与黎平龙额乡接壤，南与本乡德盘村毗邻，西邻本乡转珠村，北连本县洛香镇，全村总户数126户，总人口591人。全村均为侗族，2014年被列入第三批中国传统村落名录。

村落特色

清朝初年，单阳村的先祖从江西迁徙来到庆云乡，后有子孙分流入驻单阳，此后繁衍、传续至今。村落建设从单阳寨及彭里寨开始，随着人口的增加，村寨逐渐向几角、平动和来归发展。单阳村是典型的侗族村寨，由于是萨岁陨落之地，村落更添了一分神秘感。单阳村森林覆盖率高达82%，村寨若隐若现地掩映在山间林海内，彭里新、旧两个自然寨各自聚集，通过一条蜿蜒的道路与外界相连。道路、村寨与周围的大山组合在一起俨然呈现出一只向东北方萨山凝望的"凤凰"形象。

传统建筑

单阳村的建筑中96%以上都是传统侗族木质吊脚楼，传统民居从半山腰开始向山上、山脚分布。村内建筑呈组团式"分散集聚"，从半山腰开始层级式分布。其中，年代最为久远的民居大多分布在彭里鼓楼周围，村寨中离鼓楼越远的部分民居，其建筑年代往往越近。村内现在尚存3个100多年的民居建筑，一些百年左右的建筑，也都还在使用当中。其上多有精湛镂刻工艺的橼柱、精美的花窗等装饰。村落里的鼓楼、古井、传统民居等无不承载着

单阳村萨山

村落环境

单阳村平面图

侗族村寨的传统民族文化，这个掩映在树海中的古村落就这样矗立在那里十年、百年，安静、优美、祥和。

鼓楼位于单阳村彭里老寨。始建于19世纪，鼓楼为五层密檐式四角歇山顶，杉木结构建筑。内竖长柱4根，形成方形楼架。外竖主要檐柱4根，以木坊与4根内柱穿斗连接，形成4条平形射线，上置大小瓜柱，以短枋穿斗连接，构成檐层步架，由下至上，逐层内收，每层架设檩子，上钉椽皮，铺以小青瓦。内设旋梯直上楼冠下呈鼓处。楼冠呈四角歇山屋面。角脊为泥塑白色尖端，顶端安装花形托底的三叉戟，直指蓝天。楼冠下是人字形如意斗栱结构，支撑整个楼冠重力。斗栱形如蜂窝，千孔万眼，横直交错，排列整齐，工艺精湛，造型别致。各层封檐板绘以古代人物、鸟兽及花草彩画。鼓楼占地91平方米，共5层。底层地面以水泥及木板铺设，内设火塘，火塘外围置以简易长条木凳。鼓楼为杉木结构，结构牢固、严谨，不用一颗铁钉，飞檐翘角，造型独特，美观大方，具有古代侗族建筑传统的工艺特色。

民族文化

侗族大歌：中国侗族地区一种多声部、无指挥、无伴奏、自然和声的民间合唱形式。侗族大歌无论是音律结构、演唱技艺、演唱方式和演唱场合均与一般民间歌曲不同，它是一领众合，分高低音多声部谐唱的合唱种类，属于民间支声复调音乐歌曲，这在中外民间音乐中都极为罕见，侗族大歌不仅仅是一种音乐艺术形式。侗族大歌多声部、无指挥、无伴奏是其主要特点。模拟鸟叫虫鸣、高山流水等自然之音，是大歌编创的一大特色，也是产生声音大歌的自然根源。侗族大歌在本村现在仍以活态方式进行传承，目前传人较少。现有歌师传承人1位：石启生。

侗戏：侗戏是我国民间戏曲中的戏种之一，是侗族人民在长期的劳动生活中创造并喜闻乐见的艺术形式，它具有独特的民族风格。侗戏是民族民间戏剧艺术瑰宝之一，其内容丰富多彩，形式清新活泼，有浓郁的乡土气息。

代表性民居

萨玛节：节日祭祀，有的地方是一年一祭，有的地方是三年两头祭，有的地方春秋两祭，各地不尽相同。祭祀程序和内容大同小异。祭萨时，先由管理萨坛、萨堂的人烧好茶水，给萨敬香献茶，然后参加祭祀的人们着盛装在登萨（主祭师）和寨老带领下前往萨坛祭祀。待登萨念完祭词后，每人喝一口祖母茶，摘一小枝黄杨叶插在发髻或胸前衣袋口上。随后放三响铁炮，迎萨出门，由登萨手持半开的黑伞开路，随萨踩路，绕寨一周，再到固定的坪子，手牵着手，踏着舞步，齐声高唱颂赞萨岁的耶歌，俗称哆耶。有的地方祭萨时，人们还要带上刀、枪，模仿古代在萨岁的率领下英勇战斗的活动场面。最后哆耶，与萨岁同乐。有的寨子祭萨后，还要集体围坐在摆满佳肴的长桌前，吃长桌饭。

单阳神仙石

村中道路

人文史迹

清朝初年，单阳村的先祖从江西迁徙来到庆云乡，后有子孙分流入驻单阳，在此聚居开荒、种地建房。从古至今村寨均是侗族居多，由于单阳的地理环境及民族传统，旧时村中建构筑物皆以传统纯木质侗族吊脚楼为主，而今由于时代的变迁、安全因素等影响，大多数建筑改为底层砖砌，上层仍沿用传统的坡顶木质吊脚楼的修建方式。

萨玛举旗起义并殉难：相传，古老的时候，侗族有一位叫杏妮的女首领，为了反抗官府残酷的盘剥和压迫，举起义旗，身配九龙宝刀，率领侗家子弟为保卫自己的山寨和父老乡亲，奋起抗敌。经过艰苦的奋战，最后因寡不敌众，兵败被围，为了掩护群众，她独自把官兵引入"弄当概"（地名）大山里，在官军的紧追下毅然跳下萨岁山九层崖，壮烈殉难。杏妮是为保卫侗族人民的生命和财产而死，后来被侗家人供奉为保家创业的女神，称为"萨岁"，并修建祠堂世代祭奠她。

萨玛节祭祀

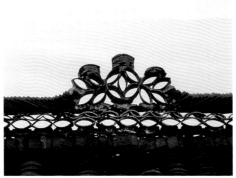
屋檐装饰

保护价值

单阳村，历史悠久，最早能追溯到明末清初，承载这神秘的萨文化的由来，至今的建筑形式、民风民俗、文化、生活习惯都在延续着原民族传统的状态。具有较高的历史对比价值。

全村均为石姓侗族，一直保持着聚族而居的传统。食品的制作也仍然使用传统的做法，对研究侗族社会生活颇具参考价值。

闫　刚　王　军　编

黔东南苗族侗族自治州麻江县龙山乡河坝村

河坝村全景

河坝村区位示意图

总体概况

河坝村位于麻江县龙山乡东南部，距县城23公里、州府凯里36公里，从乡政府可由通村公路到达。全村共852户，人口3517人，村域面积24平方公里。是一个以瑶族为主的少数民族聚居村。河坝村瑶族于明洪武年间几经迁徙而来，因长期封闭，使他们的服饰打扮有别于其他地区的瑶族。

2013年河坝村被列入第二批中国传统村落名录。

村落特色

河坝传统村落"群峰而围、曲水而过、地阔而平、势缓而敞、河坝为田、地林互融、群峦为障、一族为主、群组而居"的整体格局，非常具有中国传统农耕文化内涵。村内龙山河蜿蜒穿梭，河岸两侧田园风光秀丽，四周层峦叠嶂，古树参天，山体秀美，景色宜人，山脚下民居错落有致，群组而居，炊烟袅袅，构成一幅绝美的山水画卷。

传统建筑

河坝村传统建筑为木质结构，在平地上用木柱撑起分上下两层，节约土地，造

传统民居

价较廉；堂屋两侧前两间为火堂，后两间为寝室，二楼中间为上堂屋，顶铺楼板，前装栏杆，瑶语称"卖然"作乘凉用。晒栏多搭于二楼栏杆前，瑶语称"宇港"，作晒谷场或妇女纺织、刺绣用。一般人家5柱2骑、5柱4骑，大户人家则7柱4骑。房屋的布局和摆设，特别讲究一点排列式，或按横队或按纵队，一个村寨一个屋向，且喜欢密集。前排的后檐和后排的前檐共条阳沟，幢幢屋山相接。

民族文化

河坝村是以瑶族为主的传统村落，几百年来也形成了自身传统的民族文化。

枫香印染技艺：国家级非物质文化遗产，枫香印染技艺在当地称为"枫脂染"。每年六、七月份，村民在枫树的主干皮层用刀斧划出若干道条痕，待流出枫脂后即取回待用。将枫脂和牛油按10:2的比例混合（代替蜡），装在一只小土碗里，置于盆装的热草木灰上，灰中埋上少许红炭火，以保恒温。待两种油缓慢融合后，就用竹制小蜡刀（自制）蘸油复涂于画好的图案纹络，图案主要以花、草、虫、雀、鱼等为主。间以几何纹、雷纹、云纹、锯齿纹等等。

瑶族隔冬节：列入省级非物质文化遗

民居布局

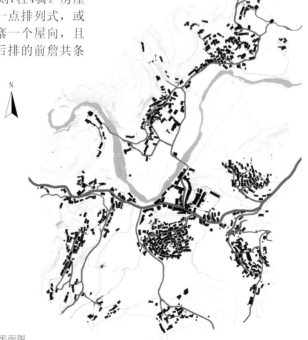
河坝村平面图

产。又称"河坝瑶年"或"绕家过冬节"，定在每年第十一个月的第一个虎场天。在近三年内，谁家曾有老人去世，就要在"过冬"之前举行"隔冬"仪式，祭祀去世的老人。"隔"乃阴阳相隔之意，瑶人自称"隔冬"为"哈策"。"隔冬"这一天，亲朋好友寨邻、全家族都要到场，就像平常办酒席一样，主人要宴请三天。

瑶族服饰：列入省级非物质文化遗产。瑶族服饰以青和蓝为主色调。女装多为红色花纹配之。瑶族服饰分男装、女装、童装。男装、童装较简便，女装花样较多。

瑶族婚俗：村上的未婚男女青年，在每天晚饭过后，集中到寨上一个专门提供给青年玩耍的地方，男青年用新衣蒙着自己的头，以唱歌的方式，征讨得女青年的欢心，经过进一步的交谈互相了解以后，男方请媒人到女青年家去提亲，前后分为三次，第一次和第二次女方不予答应这门婚事，也不拒绝，以检验男对女方的诚意深否，第三次才知真晓。

瑶族饮食：瑶族以大米、玉米为主食，兼吃杂粮。有猪、牛、羊、鸡、鸭、鱼等肉食及常猎获的山羊、野兔、野鸡等山味。每家逢年过节有亲戚好友作客，隔壁邻居会提上一壶酒，一盘好菜，来和主人家一起陪客饮酒，每人轮流向客人倒上自家的酒，意即邻里和睦、万事兴隆，其间，并唱起瑶族大歌，以歌敬酒，表现瑶族的浓郁特色。

人文史迹

古井：河坝村有四口古井，分别位于看牛坡、屯上寨、岩脚村。是村民的直接饮用水水源，担负着整个寨子全部生活用水的重任。井水甘甜清澈，水质较好一年

瑶族服饰

河坝村美食

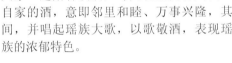

河坝村蜡染

隔冬节

四季水量丰富。

龙山河：河坝村的河流称为龙山河，龙山河贯通村寨，常年水源充足，将地扪寨分为南北两个部分，河道宽约20米。龙山河孕育着沿岸的瑶族人民，是如今马蹄寨主要的农田灌溉用水。龙山河默默的孕育着河坝瑶族人一代又一代。

古桥：河坝村古桥，位于河坝村清平组处。古桥由石块筑砌而成，现今仍在使用。

龙山桥

河坝村古桥

保寨林：位于河坝村平寨处，是河坝村的保寨树，作为河坝村的风水林，在村内有着较高的地位。

古树：河坝村现有古树8棵。树种分别为银杏树、皂角树、辣子树、红豆杉。有着极高的药用价值和极强的观赏性。村落参天古树都上百年，树木郁郁葱葱，保护较好。

保护价值

河坝村有保存较完整的传统村落空间格局和丰富的历史文化遗存。河坝村历史建筑工艺非常精巧。其民居的屋脊、飞檐、翘角等，独具特色，每户门窗的雕花都有着不同的文饰。集中体现了西南少数民族建筑风格，具有较高的历史、科学和艺术价值。瑶族同胞的服饰、工艺、节气、活动等在这里得以延续以及发展，是不可多得的我国西南瑶族民俗文化体验地。

杨　洋　黄文淑　汤洛行 编

河坝村鸟瞰

黔东南苗族侗族自治州从江县东朗乡苗谷村

苗谷村全貌

苗谷村区位示意图

总体概述

苗谷村地处东朗乡北部，距乡政府6公里，距321国道23公里，距县城82公里，东与摆德村毗邻，北与榕江县高雅村一脉相承，北与刚边村相近，南与东朗村连接。共有345户，1683人，其中苗族人口占总人口的99%。2014年被列入第三批中国传统村落名录。

村落特色

村落选址位于山脊之巅，四周均面朝深谷，具有极佳的景观视线。

从现代生态环境的角度分析，具备这样条件的一种自然环境，是很有利于形成良好的生态和良好的局部小气候的。面朝深谷可以迎接夏日南来凉风；朝阳可以争取良好日照；山顶可以避免淹涝之灾；周围山岭上茂盛的植被可以保持水土、调整小气候；果林或经济林还可以取得经济效益和部分的燃料能源。

从现代景观的角度分析，面朝山谷拥有极为良好的景观视线，形成开阔平远的视野，愉悦了人的心情；远处的山脊，使视线有所归宿。

传统建筑

苗谷村建筑以传统民居建筑风格为主，因地形坡度显得错落有致，质朴沧桑，古风浓郁。虽没有江南水乡的秀气，没有徽派民居的雅致，也不比丽江古民宅有文化韵味，但更有自己的独特之处。苗谷村苗族的建筑均以杉木为主要材料，用横梁穿枋严榫斗合，不用铁钉，结构严密牢固，上盖杉树皮，但现在屋顶已基本全部改为青瓦坡屋顶。部分建筑二层出挑，在出挑之处加装了具有当地特色的苗族建筑挂饰。苗谷村部分建筑为20世纪90年代或21世纪重新修建，部分该类建筑色泽鲜亮，改装铝合金窗，这类建筑对村落的整体建筑风貌造成了一定的影响。苗谷村的建筑与其他地区苗族村寨的吊脚楼建筑最大的区别在于其外立面。苗谷村的建筑并非是吊脚楼，而是受周边侗族建筑的影响，建筑底层为整体的平面。

村落环境

代表性民居1

苗谷村平面图

村中道路

成片民居

民族文化

　　暮鼓节：五年一度的暮鼓节是专门祭拜苗族暮鼓的节日，每次暮鼓节，寨老都身着盛装祈祷来年风调雨顺、五谷丰登、村寨平安。在苗家人眼里，暮鼓节是非常隆重与庄严时刻，每每这个时候，苗族人不仅杀猪宰牛招待各方来宾，而且男女老少身着独有的盛装欢歌起舞。

　　芦笙节：苗谷村作为从江县的苗族村寨，与从江县其余村寨相类似的，当地村民常举办芦笙舞活动，但其芦笙与其余村寨的芦笙有较大区别。其余村寨的芦笙体形较小，吹奏较为灵活，声音较为清脆，而苗谷村的芦笙体形巨大，形似烟斗，声音亦较为低沉。

　　纺织文化：苗谷村苗族每户均养蚕，把蚕放在纸盒子。小蚕刚从卵里孵出来时，要特别小心对待它，用比较嫩的桑叶喂它。等蚕要结茧子的时候，拿些麦秆子札成枝枝桠桠的形状。等到蚕破茧后，把它们一起放在一个盒子里，让它们在一起交尾，然后产卵，即可形成蚕丝。苗谷村村民用蚕丝织布，村庄内每户均可织布，再用蚕丝织成的布制作成服饰、饰品、手工艺品、装饰品等。以蚕丝织布是苗谷村民族文化的一大特色。

纺织文化

苗族服饰

保护价值

　　苗谷村于明代时期建村，已有一定的历史文化，具有极高的历史价值。

　　苗谷村建筑极具苗族村落特色，木结构建筑具有当地建筑特色（构），同时村落的建筑顺应地势而建，建筑根据地势层层跌落，与群山融为一体，不可分割，村落面朝山谷，景观良好，有非常丰富的艺术特色，有较高的艺术价值。

余文谦　闫　刚　编

代表性民居 2

黔东南苗族侗族自治州雷山县西江镇麻料村

麻料村全貌

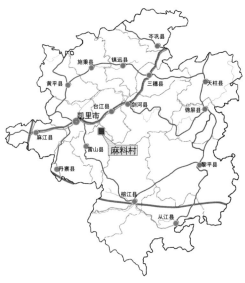

麻料村区位示意图

总体概况

麻料村，位于黔东南州雷山县西江镇，距县城45公里，距镇政府所在地15公里，是雷山县东北边缘的山村苗寨；麻料村村域面积为3.71平方公里，辖8个村民小组，169户，722人，全村以苗族为主；麻料村于2013年被列入第二批中国传统村落名录。

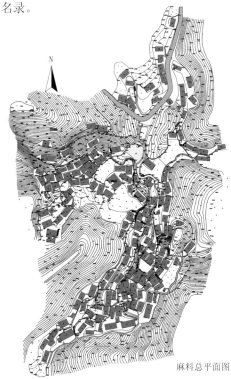

麻料总平面图

麻料村古塘

麻料村古井

麻料村寨道

村落特色

麻料村形成于明代，村落地势较为平坦，寨子四周青山环抱，传统民居依山而建，寨中路串联各家各户，错落有致的民居建筑与山体有机地结合在一起，寨前、寨后古树成林，耕地、农田主要集中在村寨西北部，成为一道亮丽风景，村寨整体风貌保存完好。

麻料村现状建筑肌理比较明晰，主要的特点就是沿主干路分布在西、南两个片区，通过主干路将西、南两个片区有机地结合起来，建筑与周边环境相互融合。

村落巷道、村巷格局、村寨周围自然环境、视廊等，均保持较好的风貌。

传统建筑

居所，是苗族人重要的生活场所。吊脚楼是麻料村村民的主要居住方式，即使在交通更方便的现在，村民也更愿意选择材质好的杉木建造穿斗式的木结构民居。麻料村吊脚楼一般为三层五开间以上，房子的框架系榫卯衔接，一栋房子柱、梁、穿枋等处的榫有上百个之多。村民用墨斗、角尺、竹竿尺、墨线、斧头、凿子、锯子使柱柱相连，芳芳相接、梁梁相扣。民居底层进深很浅，只能圈养牲口，二层半虚半实，即所谓的半边楼。二层一般三面带廊，人从山面经廊进入堂屋。此层为全家活动中心。楼空部位，上铺楼板，与实地平。此外，还有三开间带一耳房、三开间带一选落、三开间带量选落、四开间吊脚楼等，屋面多为斜山顶。

在门饰方面，麻料村村民喜牛角，以此寓意可保一家平安。几乎所有吊脚楼的封檐板，着意刻成拱桥形。将"桥"刻于封檐板上，以此记载古代居住习惯，同认为可消灾纳福。

此外，门槛高在麻料人习俗中预为着财富多，有利于财不外溢。

寨门是村民迎来送往，与客人唱拦路歌、向客人敬拦路酒的公共场所。寨门拦路酒多用牛角杯。喝酒时，有经验的客人绝对不伸手接牛角，否则主人一松手，那沉甸甸的一牛角酒便全归客人了。

麻料村学校建筑也延续了木结构穿斗式建筑的建造特色，为一座四方形木结构建筑，虽然后面经过改建，一层为砖墙，

麻料村建筑群

麻料村建筑群

银饰加工 1

佩戴银饰的苗族妇女

麻料村学校

银饰加工 2

银饰头饰

并镶嵌玻璃窗，但整体形势仍保留原有建筑形式。建筑四周有木柱支撑，一、二层带廊，二层正面墙上镶嵌椭圆形门洞，屋顶为小青瓦。

民族文化

麻料村民的习俗节日礼仪，与附近苗族村寨相似，主要节日有一年一度的扫寨、吃新节、苗年节以及13年一届的鼓藏节。这里的苗族人民热情好客，能歌善舞，传唱的歌，有情歌、飞歌、嘎别福歌等。

除鼓藏节庆、祭祀等，麻料村还是与雷山县控拜、乌高齐名的银匠村。麻料村民90%以上家庭以打制银饰为业，主要经济收入是银饰锻造加工销售。

因苗家人重女，在苗族婚俗中打造一套优雅的苗家银饰就显得十分重要。一套女儿的银饰嫁妆要耗时100多天敲打和雕琢，重20多斤。今年36岁的潘世龙是麻料村土生土长的苗家青年。由于小时候学习成绩好，父亲不让学打银饰，谁知大学毕业后的他还是操起了祖传的手艺。依靠自己的悟性和坚持，与同是大学生的妻子廖秀芝在西江千户苗

银饰项圈

寨开起了自己的"苗王银庄"银饰店，生意做得十分红火，还在阳朔开了1家分店。如今，潘世龙已成为麻料银匠村银饰制作产业的领军人物。

麻料村民也擅长苗绣。苗族刺绣文化源远流长，因为苗族人民没有自己的文字，他们便把在平时生产生活中常见的花草树木，鸟鱼虫兽秀在了衣服上。苗族刺绣具有传承历史文化的作用，主要表现在刺绣的图案上。几乎每一个刺绣图案纹样都有一个来历或传说，都深含民族的文化，都是民族情感的表达，是苗族历史与生活的展示。蝴蝶、龙、飞鸟、鱼、圆点花、浮萍花等图案都是

《苗族古歌》传唱的内容，色彩鲜艳，构图明朗，朴实大方。

保护价值

麻料村寨中，蜿蜒的古寨道、沉静的苗族吊脚楼建筑群、点缀在建筑中间的粮仓、神秘的古塘古井、精致的寨门、方正的学校都是麻料具有文化传承的元素。其中，以杉木造的苗族穿斗式石木结构建筑群最具有保护价值，建筑群烙印了麻料祖先木工制作、建筑建造、结构知识和应对山区生活习惯的智慧，是麻料人重要的精神遗产和物质财富。

在非物质文化方面，麻料银饰锻造和加工工艺，具有重要的文化和工艺价值。银饰上雕刻锻造的蝴蝶、飞鸟、鱼、圆点花、浮萍花、小刀等图案不仅精致优雅，也是苗族历史与生活的展示。

匡　玲　黄鸿钰　周祖容　编

黔东南苗族侗族自治州台江县台拱镇南省村

南省村全貌

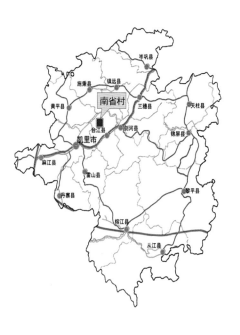

南省村区位示意图

总体概述

南省村坐西北向东南，背山面田，布局严谨，四周有古树林立，集古楼、古屋、古巷、古桥、古井、古树、古墓、古风、古韵于一体。南省村，是台拱镇的一个行政村，距台拱镇10公里，南省村356户，总人口1986人，是一个苗族聚居的村。2013年被列入第二批中国传统村落名录。

村落特色

村庄整体依山而建，木楼融于山水之中，显现出人与自然和谐融洽的历史文化风貌，也体现了苗文化与汉文化的有机结合。河流从侧面贯穿南北，形成了良好的视觉景观，并且为南面的稻田灌溉提供了水源保障。民居建筑的布局随地形变化而随高就低，曲折蜿蜒，与自然环境巧妙结合。同一村寨的民居由于大量使用本地天然建筑材料，建房的结构和方法也基本相同，这不仅使建筑物的形式、色彩和质感保持统一风格，也使民居建筑物与自然环境和谐。在村头寨尾栽种的长青树木，体现了人与自然的密切关系，同时古树也被视为风水的一种象征或寄托。

传统建筑

寨中木屋鳞次栉比，吊脚楼星罗棋布。主要木屋建筑是五柱两间或五柱三间，或五柱四间，最为普遍是五柱三间，吊脚楼主要为厢房居多。房屋都是歇山顶式瓦房，也有少部分为四面倒水式的瓦房。寨脚迄今还保留并仍在利用进行碾米的老碾房，鼓风机。这些民居建筑，展现了苗族民间独特的建筑风格及其文化内涵。

成片民居

翁你河

南省村平面图

民族文化

苗族古歌：南省村是文化之乡，这里人人能歌善舞，传承着中国历史文化的遗产，是歌舞的富有民族，仅苗族"鼓舞"一项，就近十种之多。且它的支系繁多而分布广阔，形成了数量众多、内容丰富的歌舞品种，体现着苗族"鼓舞"历史的悠久。《宋史·南蛮曲南蛮传》载："一人吹瓢笙，如蚊蚋声，数十人联袂宛转而舞，以足顿地为节。"事实上，苗族的舞蹈起源很早，从它那原始、古朴的风貌即可看出，许多舞蹈都与丧葬祭祀、恋爱婚姻和生产、生活有关，只不过因远古没有记载，自明代起才见诸史籍。苗族文化有着无穷的魅力。种类繁多的舞蹈充分展现了苗族的历史。舞蹈和音乐将这块土地上的文化弘扬出来。苗族的文化、苗族的精神是令人骄傲的，尽管他们从黄河岸边东海之滨一路走来，历尽艰辛，可他们仍保持着乐观向上、豁达勇敢的精神，正如舞蹈诗中所表现的，山高水长挡不住他们看大海的眼光，抑制不住他们豪情满怀拥抱太阳的凌云壮志。富有诗化的舞台创意和灵感完全来源于苗族人民的现实生活。舞蹈的发展受到了极大的限制，现代舞蹈表现元素的多样化，也体现出了苗族舞蹈的继承与发展之路。

人文史迹

雍正十一年(1733年)五月二十五日，建台拱厅，由镇远府设理苗同知一员分驻台拱，建台拱城。

民国二年(1913年)九月，改台拱厅为台拱县，隶属镇远到，为二等县。

民国十二年(1923年)，废镇远道，台拱县直属于省。

民国十六年(1927年)县公署改称县政府。

民国三十年(1941年)六月27日，撤丹江县，以丹江河、羊排小溪向东顺山脉为界，东北部地域划入台拱县，取台拱之"台"，丹江之"江"为县名，更名台江县。

民国三十一年(1942年)十月，台江县废区制改设乡镇，辖2镇13乡。

民国三十二年(1943年)恢复区置。民国三十三年(1944年)四月，设立雷山设治局，除绥阳乡仍归台江管外，原从雷山划入台江的区域重划回雷山。台江辖10个乡镇。

1949年12月3日台江解放。

2003年因建设三板溪电站，剑河县城搬迁，根据上级指示，将台江县革东镇划给剑河。至此，台江县辖台拱镇、施洞镇、老屯乡、台盘乡、革一乡、排羊乡、方召乡、南宫乡等八个乡镇。

村落一角 1

村落一角 2

代表性民居 2

南省村清代建筑

代表性民居 1

民居廊道结构

村中古井

村间巷道

代表性民居 3

保护价值

南省村古老质朴，民族风情浓郁，是体验民族文化历史的原生地，南省村注重生态环保，传承着天人合一的自然文化精神。存有大量的碑刻文物，在民俗学具有很高的研究价值。拥有独特的民居建筑，优美的吊脚楼、传统的苗族文化是南省特色。

杨 渊 马勇超 编

黔东南苗族侗族自治州黎平县九潮镇顺寨村

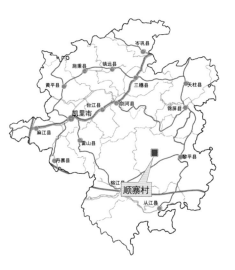

顺寨村区位示意图

顺寨村全貌

总体概况

顺寨村位于贵州省黔东南苗族侗族自治州黎平县九潮镇西北部，距镇政府所在地26公里，东与贡寨村相邻，南与曰寨村接壤，西与榕江县相接，北与高维村相连。全村总面积24.59平方公里，467户，1968人，侗族人口占95%以上。由江西吉安普迁至天柱远口自明初再迁至现在顺寨村至今500多年，以吴姓和杨姓为主。2013年，顺寨村被列入第二批中国传统村落名录。

于东西走向的山体形成的山谷中间，村寨以公路为中线，将村寨分为两边，河流平行位于道路东侧，从村落中穿流而过。村落顺应山势，靠山沿水沿路延绵布局，村寨呈一个狭长的纽带状。寨内梯田层叠，古树参天，民居依山势水势蜿蜒错落，更兼具特色的侗族节日文化、琵琶歌及琵琶制造技艺等，是一个自然与人文和谐共生的村寨。

民居

村落特色

顺寨村地处典型的低山丘陵地区，位

传统建筑

顺寨村是一个典型的侗族村寨，寨中现存有两座风雨桥及大量侗族传统民居。

民居：寨内民居沿山势拾级层层而筑，绝大部分是木质结构，建筑具有浓郁的侗族特色，整个村寨以青瓦，吊脚等侗族建筑元素融入其中。民居多采用杉木，通常有3层，两端有偏厦，四面逐层悬挑。由于侗族聚居地多为山区且气候多雨潮湿，为防湿气毒蛇虫兽的侵袭，底层不住人，

吊柱

河岸景观

顺寨村平面图

染缸

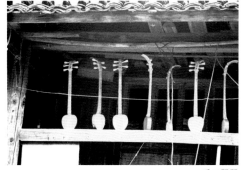

石墩

只用来饲养家禽，安置柴草，放置农具和重物等，二、三层是主体使用层，是饮食起居的地方，由堂屋、宽廊、卧室等构成。

风雨桥：现有鼓楼式风雨桥两座，横跨于河流之上，位于村寨南北两侧。均取材于当地盛产的杉木，在桥长的廊上加盖二层的四檐四角的鼓楼式建筑，桥面上的楼廊柱枋，不用一钉一铆，采用穿斗式的组合木架结构，全靠木材穿方衔接，横直斜套的榫卯结合的梁柱体连成整体，亭廊的内走廊两旁设有栏杆和供行人休息的长木凳。村寨老少在这里谈古论今，嬉戏游玩；节日期间，侗家男女老少还会云集桥上，唱拦客歌，饮敬客酒，形成一幅和谐的侗家生活画面。

民族文化

节日文化：顺寨村节日众多，较具特色的有三月三、四月八、鼓藏节等。三月三主要是扫墓纪念逝去的亲人，主要会做"三月粑"——用山上的一种野黄菜花加上甜藤和玉米一起捣碎，最后用菜油烤出来。四月八主要是纪念牛的日子，这一天人们会吃黑米饭来感谢牛的辛勤。鼓藏节七年一次，一般过三天，吹芦笙、弹唱琵琶歌、踩歌堂等。

琵琶歌文化：琵琶歌是青年男女谈情说爱互相对唱，闲时吃过晚饭，大家围坐在一起男女歌师弹唱，新居落成庆典男女歌师对唱，重大节日和庆典要踩歌堂时，歌师在前边唱边走，村寨男女老少着盛装在后边走边跳围成一圈。在顺寨村，人们对琵琶情有独钟，不仅大人们会弹唱琵琶歌，学习琵琶制作技艺，大人们从孩子懂

古树

手工琵琶

事起就口传身教侗族琵琶歌，所以顺寨琵琶歌得以活态传承。

人文史迹

古井：寨内一共有四口古井，都建于明、清时期，为青石板筑成，井前设青石板取水平台。在还没通自来水之前，水井担负着顺寨村村民的生活用水，井水冬暖夏凉，水质好，至今仍在使用。水是生命之源，因为有水井才会形成村落，所以村民们对古井保护得较好。

古树：顺寨村的村落环境保存较好，古树较多，现有一定树龄的古树就有23棵，有榉木、红豆杉、青枫和香樟等。千年榉木位于村寨东侧河岸边，枝叶繁茂，已挂牌保护。周边有小桥、流水、民居，与风中婀娜多姿的榉木构成了一幅美丽的画卷。

罗　兰　高　蛤　王金龙 编

保护价值

顺寨村始建于清代，村落选址与空间格局独特，保存较完整，侗族节日文化丰富，特别是琵琶歌弹唱及其传统制作技艺的传承，其传统建筑建造技艺也深厚成熟，对研究侗族的乐曲文化和建筑建造手艺具有较高的社会科学研究价值。

风雨桥

古井

航拍图

黔东南苗族侗族自治州雷山县望丰乡荣防村

荣防村全貌

荣防村区位示意图

总体概况

　　"荣防"苗话的意思是"猿的寨子"，荣防村位于望丰乡西南部，坐东朝西，寨子建在北南走向山脉的山腰缓坡上，发源于南面、西面的两条小河于寨脚交汇后缓缓向北流去。寨子背靠青山，松苍竹翠，视线开阔，空气清新，阳光充足，平均海拔1003米，苗族为主，以李姓为主居住。全村有3个自然寨，4个村民小组，182户，705人。全村耕地面积920.3亩。荣防村于2013年被列入第二批中国传统村落名录。

荣防村地窖

荣防村溪流

荣防村小巷子

村落特色

　　荣防村群山林木苍翠，满山的杉松，山上的野猪、野山羊、野兔、锦鸡、麝羊，小河里的大鲵（娃娃鱼）等，都是宝贵、丰富的资源。地下有铜矿和铅锌矿，储量大，品位高。苗寨"绿树村边合，青山郭外斜。"荣防村的木质结构的吊脚楼大部分是沿着荣防河两岸而修建的，层次分明。

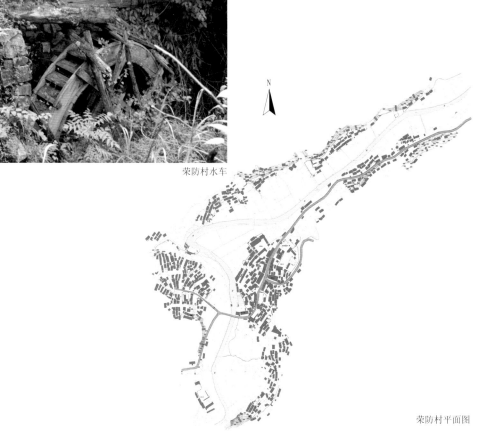

荣防村水车

荣防村平面图

传统建筑

吊脚楼：荣防村的传统建筑主要以传统的干阑式吊脚楼为主，其中吊脚楼160余栋，具有苗族特色，建筑群大多保护完好。吊脚楼一般都是三层五开间以上，柱用材质好的杉木建造。房子的框架系木头斜接，苗族的造房木匠一般不用设计图或者是构造图，仅凭墨斗、角尺、竹竿尺、墨池、斧头、撮子、锯子使得柱柱相连，梁梁相扣。

古粮仓：荣防村现有粮仓56座，集中连片成为古粮仓群的粮仓有26座。每家每户都有自己的粮仓，村民在秋收的时候就会把自己一年到头的成果存放在里面，这些粮仓有依田而建、依山而建的。

人文史迹

水碾房：村旁陡峭的山崖下小路边，矗立着一座年代久远的水碾房，水碾房顺山依坡而建，分为上下两层。直到今天，好多老百姓还来这磨面，水碾房从修成那天起就没有停止过为百姓服务。

古树：荣防村共有古树2处，分布在寨前寨后，树在荣防村的村民心中认为可保"人寿年丰"等，因此特别敬重这些"保寨树"。荣防村古树主要是红豆杉，现存2棵，具有600年生存历史，分别在寨子脚及原老学校处，两树相隔约200米左右。

斗牛

斗牛

建筑依山而建

荣防村水碾房

百年吊脚楼

节日祭祀

民族文化

吃新节：荣防村民在吃新节当天会进行对歌、赛歌、赛马、斗牛等活动，纪念苗族始祖"引否飞"和"莫否飞"，感谢天公赐福，预祝当年丰收，热闹非凡。

鼓藏节：荣防村鼓藏节所开展的一切活动，都由"鼓藏头"组织、安排，人们必须服从，踩铜鼓跳芦笙时，"鼓藏头"家的人或房族必须在最前头。俗称"吃鼓藏"或"祭鼓节"，过节时间为13天。

保护价值

荣防村群山林木苍翠，满山的杉松，山上的野猪、野山羊、野兔、锦鸡、麝羊，小河里的大鲵（娃娃鱼）等，都是宝贵、丰富的资源。苗寨"绿树村边合，青山郭外斜。"春天，寨子四周百花盛开，远山繁花似锦，阳雀声声。夏天，青山滴翠，蝶舞蜂狂，蝉吟蛙歌，山景层次分明，山中云卷云舒。秋天，山山红叶点缀，层层梯田金黄，玉米挂满吊脚楼，一幅幅农家乐画卷。冬天，时而鹅毛大雪纷纷扬扬，山谷成坪，时而云开雾散，山峦银装素裹。结合其古吊脚楼群、古粮仓、水碾房等重要苗族历史建筑，反映当地的苗族文化和地域风情，具有特殊的民族文化价值。

李人仆 李函静 黄鸿钰 编

古粮仓群

荣防村古树

芦笙艺人

黔东南苗族侗族自治州台江县台拱镇南冬村

南冬村全貌

南冬村区位示意图

总体概况

南冬村地处云贵高原东部、苗岭主峰雷公山北麓，贵州省台江县中部，南冬村位于台拱镇西北面，南冬村委会设在溪西。聚落在日坡山东北麓丘陵河谷间，诗溪纵贯南北距县城12公里与南省村相邻。南冬村现有村民176户，926人，苗族人口占98%。2013年被列入第二批中国传统村落名录。

了人与自然的密切关系，同时古树也被视为风水的一种象征或寄托。巷道是构成南冬村整体空间特征的骨架，是传统民居的通道。巷道空间所创造出的物质和人文景观是村庄特色的重要体现。南冬村地势狭窄，人口较多，村民利用有限建设用地建房，铺筑了弯弯曲曲纵横交错的巷道。形成了宜人的传统街巷风貌格局。

代表民居1

村落特色

村庄整体依山而建，木楼融于山水之中，显现出人与自然和谐融洽的历史文化风貌，也体现了苗文化与汉文化的有机结合。河流从侧面贯穿南北，形成了良好的视觉景观，并且为稻田灌溉提供了水源保障。民居建筑的布局随地形变化而随高就低，曲折蜿蜒，与自然环境巧妙结合。同一村寨的民居由于大量使用本地天然建筑材料，建房的结构和方法也基本相同，这不仅使建筑物的形式、色彩和质感保持统一风格，也使民居建筑物与自然环境和谐。村寨周边为保存完整的古树林，体现

传统建筑

南冬村村民住宅依山而建，木楼融于山水之中，处处显现出人与自然和谐融洽

南冬村平面图

村落道路

的历史文化风貌，也体现了苗文化与汉文化的有机结合。

南冬村全部传统建筑物占村庄建筑总面积的比例为85%，仍在使用的传统建筑物的比例为96%。村寨房屋建筑是五柱两间或五柱三间，或五柱四间，最为普遍是五柱三间，吊脚楼多数为厢房。房屋均为歇山顶式瓦房，也有少部分为四面倒水式的瓦房。这些民居建筑，展现了苗族民间独特的建筑风格及其文化内涵。吊脚楼主要为厢房居多。房屋是歇山顶式瓦房。

民族文化

苗族古歌：村寨苗族群众农闲相聚学古歌，一代传一代。每逢年节或婚嫁，男女聚会唱古歌、飞歌。目前，全村能传唱古歌的歌师约15～20余人。苗族群众酒足饭饱，即兴跳板凳舞等舞蹈。这里苗族服饰精美。苗族妇女从小就开始学刺绣、织布、织锦等工艺，苗族妇女服饰精美绝伦。

人文史迹

古井：村落有两处古井，历史悠久，保留完整，井古汁不古，于无声处展露着古井的清盈和芳香。孕育着古村落世世代代的居民，是古村落居民的生命之泉，随着村落自来水进入每村每户，古井失去了使用价值，但留存着村落的文化价值。

成片民居

代表性民居2

代表性民居3

村落环境

村中古树

周边环境

晾晒粮食

民居局部

保护价值

南冬村建筑与自然环境密切相关，村寨古老，进村公路相连，寨子周边古枫木郁郁葱葱。自然环境与建筑有机结合，天人合一，建筑作为民族文化符号，集中体现了苗族文化也较好地吸收了兄弟民族先进文化元素，二者有机结合，因而具有民族文化在历史长河中相互融合的研究价值。

杨程宏 周子恒 编

黔东南苗族侗族自治州黎平县水口镇茨洞村

茨洞村全貌

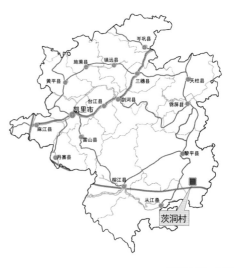

茨洞村区位示意图

总体概况

茨洞村位于贵州省黔东南苗族侗族自治州黎平县水口镇北部，距镇政府所在地20公里，东与大斗村相接，南与乍团村为邻，西与控洞村相连，北与三联村连接。全村总面积19.05平方公里，人口1848人，主要为侗族。明朝正德五年间，由于江西发生战乱，吴姓人家从江西搬迁而来。2013年，茨洞村被列入第二批中国传统村落名录。

村落特色

茨洞村地处长江水系上游，地势平缓。村寨依山傍水，青山环绕，古树成群，它见证了茨洞寨的历史。别具一格的吊脚楼在古树林的衬托之下显得更加朴实美丽，与水系、农田及山林形成一幅安静祥和的山水田园村居图。

传统建筑

茨洞村是一个典型的侗族村寨，寨中现存有两座鼓楼、一座戏台以及大量侗族传统民居。

鼓楼：现存鼓楼两座，是村寨或族人祭祖、仪式、迎宾、娱乐之所。村委会旁的鼓楼为侗族厅堂式鼓楼，建于清朝时期，位于村落北部，整体保存较好；本鼓楼为底方一层四角歇山顶，建筑结构为穿斗式筒架结构，整体高度约为9米，从一层至顶，全靠木柱支撑，楼台宽阔平整，一层地面中央设有火塘，火塘边设有长条木凳，四周有木栏杆。另一座为侗族厅堂式鼓楼，位于村寨中部，建于民国时期，整体保存较好；使用空间分为上下两层，顶

民居2

鼓楼

民居1

茨洞村平面图

长桌宴

蓝靛染布

部作鼓亭，其下为聚众议事的场所。建筑整体高度约为6米，一层架空，全靠杉木柱支撑，石板巷道从鼓楼下方经过。

戏台：戏台建于1989年，位于鼓楼边上，前面有宽阔的活动空间，一层作戏台使用，二层作为村委会办公用，从建筑左侧楼梯直通二层。

茨洞民居：茨洞侗寨利用半山地势较缓处而建，与自然结合，悬空吊脚，与鼓楼、戏台等公共建筑相呼应。村寨以鼓楼及公共空间为中心向外连续辐射，构成蜘蛛网状格局，建筑主体为木质结构，小青瓦、吊脚楼等有浓郁的侗族建筑元素，均融入其中，具有古老的民族民间特色、人与自然和谐共处的民族村寨。

民族文化

婚俗：茨洞的婚俗尤其独特，茨洞送新娘为"黎平八怪"之一。每年重阳节的时候大人们就到茨洞说媒，成功了的就在本年的正月初六为他们集体举行婚礼，有时候一次可以举办20左右对新人的婚礼。举行隆重的"挑担子""迎新娘""送新娘"仪式，娘家欢送，夫家喜迎。"送新娘"仪式，上一年结婚的新娘送回娘家，由5～7个身着清朝服饰的老人送回，途中会有人拦路唱歌等。

蓝靛靛染工艺：在茨洞村，蓝靛染布的工艺传承较好，村内的多数人还保留着这项传统的工艺。人们自己种植蓝靛草，用蓝靛草加工成蓝靛，用织好的布经蓝靛、白酒、牛皮汁、鸡蛋清等混合成的染液反复浸染、蒸晒、槌打而成。她们自纺自染的"侗布"

祭祀红豆杉

踩歌堂

是侗家男女最喜爱的衣料。

祭萨节：在茨洞侗寨丰富的民俗活动中，以祭萨节最具代表性。每年的春节时候男女老少都聚集在这里，其活动内容主要有：踩歌堂，参加祭祖的人们手拉手唱赞颂萨的进堂歌、盘歌、欢歌、转堂歌等；演侗戏；吹芦笙，斗牛；进鼓楼聊天叙旧；吃"合拢饭"；男女青年坐月堂等活动。

人文史迹

古井：茨洞村古井一共有六口，茨洞村古井均匀分布于寨内，多建于清代，由青石板筑成。在还没通自来水之前，水井担负着茨洞村村民的生活用水，水井里的水冬暖夏凉，十分可口，至今仍在使用。水是生命之源，因为有水井才会形成村落，所以村民们对古井都保护得较好。

古树：茨洞村的村落环境保存较好，除村寨东侧有成片的古树群，寨中河岸边也有一片古树群。其中有一棵用于祭祀的红豆杉，位于寨子的中央三个河流交汇的旁边，红豆杉已有400多年的历史，现在的生长状况良好，成了村民祭祀的场所，表达他们对自然的敬畏，对生活的美好期待。

保护价值

茨洞村有丰富的非物质文化遗产—"送新娘"习俗为"黎平八怪"之一，具有浓厚的地方特色，除此之外自然环境优美，寨中两条河流交汇，村寨东侧靠着大片古树群，村民生活惬意。茨洞村的非物质文化和自然环境，是大家了解黔东南侗族传统文化与村落布局的教科书，具有很高的研究价值。

王 希 何 丹 杨泽媛 编

古井

航拍图

黔东南苗族侗族自治州雷山县方祥乡陡寨村

陡寨村全貌

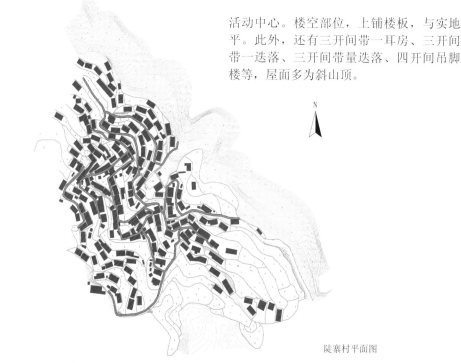

陡寨村区位示意图

总体概况

陡寨村位于雷山县方祥乡,地处雷公山腹地东北面,距乡政府1公里,村驻地海拔1030米,全村辖2个自然寨、9个村民组,共计251户、933人,是非常典型的雷公山山区苗寨,于2013年被列入第二批中国传统村落名录。

村落特色

陡寨村四面环山,周围满是茂密的山林。房屋为木质吊脚楼,分布在两条小河分割而成的三道陡壁斜坡上。

村寨散落在半山腰上,地势陡峭险要,四面均被层层梯田所环绕,呈环山状聚落。

村域属中亚热带季风湿润气候,生态环境条件良好,地表资源丰富。森林覆盖率达52%,构成高山灌丛、山地常绿落叶混交林、常绿阔叶林等三个垂直植被形态。孕育了二百余种生物物种,含国家珍稀保护动植物资源二十余种。

活动中心。楼空部位,上铺楼板,与实地平。此外,还有三开间带一耳房、三开间带一迭落、三开间带量迭落、四开间吊脚楼等,屋面多为斜山顶。

陡寨村平面图

传统建筑

陡寨村几乎没有一块平地,房屋基本上是悬空而建,彰显了苗族群众不畏艰难险阻、敢于征服自然、顽强不屈的民族气节,同时也展现了苗族先民高超的"干阑"式木房建造技艺和智慧。

传统民居:陡寨村的传统建筑均为木制干阑式吊脚楼,几乎清一色的穿斗式木结构,一般为三层五开间以上,柱用材质好的杉木建造。

房子的框架系榫卯衔接,一栋房子柱、梁、穿枋等有上百个榫头,房屋底层进深很浅,只能圈养牲口。二层半虚半实,即所谓的半边楼。二层一般三面带廊,人从山面经廊进入堂屋。此层为全家

陡寨村村内巷道

陡寨村传统民居1

陡寨村古粮仓

陡寨村传统民居2

溪水瀑布

民族文化

芦笙场：陡寨村的芦笙场坐落在寨中，芦笙场用水泥建造而成，是一片光滑而干净的场地。逢年过节，男人们便在这芦笙场上吹响芦笙，女孩们便穿上盛装，在这场上跳起芦笙舞来。场边安设了篮球架，平时就成了村民清闲时的娱乐场地。

鼓藏节：陡寨村鼓藏节具有鲜明的民族传统文化内涵，是苗族人生价值观的展现。鼓藏期间，苗族同胞和远方来的客人一起围着圈跳铜鼓舞，很是热闹。苗族的传统舞蹈颇具特色有盛装苗舞、芦笙舞、铜鼓舞、板凳舞等。

刺绣：苗族刺绣具有传承历史文化的作用，主要表现在刺绣的图案上。几乎每一个刺绣图案纹样都有一个来历或传说，都深含民族的文化，都是民族情感的表达，是苗族历史与生活的展示。

徒寨村芦笙广场

陡寨村古树

陡寨村古井

陡寨村古井

苗族芦笙舞

人文史迹

古树：陡寨村内一共有古树群3处，分布在寨前寨后，树在陡寨村的村民心中认为可保"人寿年丰"等，因此特别敬重"保寨树"。在以前人们还用皂荚树的果实来洗头发，村里的妇女都是一头乌黑的秀发，也就是皂荚树洗头的功效。

古井：陡寨村一共有古井4个，2个分布在寨子周边，在没有自来水以前，村民们一直在这几个井里喝水，现如今遇见停水，村民还仍然使用。另外2个分布在山间，村民上山耕作都要到这里喝上一口清甜的泉水，甚至有些村民装瓶上山或带回家解渴。

古粮仓：陡寨村建有古粮仓，坐落在村寨中，至今保存完好。古老粮仓的建造具有防火、防潮、防鼠的作用，使丰收的粮食保存完好。

陡寨村地形地貌

保护价值

陡寨村位于雷公坪脚下的半山腰，因陡而得名，几乎没有一块平地，房屋基本上是悬空而建，彰显了苗族群众不畏艰难险阻、敢于征服自然、顽强不屈的民族气节，同时也是苗族先民高超的"干阑"式木房建造技艺和智慧的结晶。具有较高的保护价值、发展价值及科研价值。

詹　文　李函静　黄鸿钰　编

陡寨村依山而建的建筑

黔东南苗族侗族自治州黎平县尚重镇绞洞村

绞洞村区位示意图

绞洞村全貌

总体概况

绞洞村位于贵州省黔东南苗族侗族自治州黎平县尚重镇北面，距镇政府所在地4公里，东面与务弄村相邻，南面与尚重村相邻，西面与德化乡的平笋村接壤，北面与德化乡平养村毗邻。绞洞村村域面积5.58平方公里，总人口545人，主要为侗族。根据绞洞古侗歌传唱，绞洞吴姓先祖明朝初年从江西吉安府迁入，至今已有700余年。2014年，绞洞村被列入第三批传统村落名录。

村落特色

村落依山而居，地处山腰、云雾缭绕，犹如人间仙境，一幅"远上寒山石径斜，白云深处有人家"的幽静景象。村落选址背靠青山，面朝峡谷，村寨藏于竹海间，犹如卧虎藏龙，若隐若现，神秘莫测。房屋错落布局，屋檐重叠，犹如少女裙摆，与大自然融为一体。禾仓分布于寨边，零星地点缀着这个村寨。寨中千年古树，寨外千亩梯田，绞洞村无疑是一个与大自然完美结合，自然风光独特的村寨。

民居1

传统建筑

绞洞村依山而建，由于用地有限，为创造更多的使用空间，建筑巧妙地与地势相结合，手法独具匠心，传统建筑类型属于干阑式建筑。不过为了满足当地山高坡陡的地理环境，当地很多建筑已经放弃了干阑式建筑的传统做法，而是更灵活地采取了在斜坡上开挖半封土石方，垫平房屋后部地基，然后用穿斗式木构架在前部做吊层，形成了半楼半地的"吊脚楼"。这种形制的房屋在结构、通风、采光、占地

民居2

竹林

绞洞村平面图

服饰

鼓藏节

古树

等诸多方面，都优于其他建筑。

绞洞村传统民居具有侗族传统民居建设特点，堂屋两侧为卧室，厨房、猪牛圈等皆设于屋侧房后。房屋一般分正屋、厢房、前厅、偏厦等。正屋是主要部分，有三柱屋、五柱屋、七柱屋、八柱屋等。侗族的民居，大部分均为木质结构。平屋为单檐结构，开口屋为双檐结构。凡柱、梁、枋、瓜、串、椽、檩等，均以榫卯穿合斗做，其中有鱼尾榫、巴掌榫、扣榫、斧脑榫、全榫、半榫等。这种建筑工艺在侗族民间由来已久，是侗族特有的艺术特点。

民族文化

传统节日：绞洞村属于尚重镇，尚重地区民族民间节日丰富多彩，有"大节三六九、小节月月有"之说，素有"百节之乡"之称。其中以"鼓藏节"和"吃新节"最为隆重。绞洞村的鼓藏节和尚重地区的鼓藏节一致，鼓藏节七年举办一次，每次举办都犹如一幅侗乡人民温婉情怀的民族风情长卷。鼓藏节期间，还同时举行斗牛、斗鸡、斗鸟、山歌、琵琶歌、芦笙表演、民族服饰展演等丰富多彩的赛事活动。在当地群众盛装聚集，虔诚社祭，敬天地、祭先祖，对山歌、会亲友，琵琶鼓乐，以盛大节庆感慰苍生，祈福太平，祷盛世丰年。

破新节：又名吃新节、尝新节。是绞洞村每年隆重的节日，大约时间为端午节前后，具体时间由各村寨寨老来按照黄道吉日来定，这一天村民就会放掉田里面的水，让水稻的根部接触阳光与氧气，使

水稻的稻谷更加饱满。同时这天会把田里面的鱼捕出来，每家通知自己的亲朋好友到家里面做客，各式各样的稻花鱼做的美食，到时候喝着美酒，吃着美食，伴随着侗歌的旋律来展望今年的大丰收。

人文史迹

萨坛：绞洞村的萨坛位于村寨东北面，是用石头垒成的萨坛，用树藤绕在外面，上种有植物，每到鼓藏节都会由寨老组织到萨坛处举行祭萨活动，到时穿着盛装虔诚祝福，鬼师与萨坛上念咒语祈福，萨坛上立一把聚阳伞，下面按照天干地支来布置方位，是村中祭祀场所。

古井：绞洞村有一口古井，位于村寨东北面道路旁，井口用石块砌成拱形，这口古井孕育了绞洞村几百年的历史，同时见证了村落的发展变化，古井空间也成了

研究村民活动的重要考证。

古树：村寨周围有国家一级珍稀濒危保护植物"植物大熊猫"的野生红豆杉30株左右，其中1000年以上的红豆杉至少10株以上，每年秋后树上挂满了一颗颗鲜红的红豆，年产红豆种子百斤以上，种子价值数万元。绞洞村是远近闻名的"红豆杉"之乡，也是黔东南地区野生红豆杉最为集中、数量最多的村落之一。

保护价值

绞洞村风景优美，寨内千年的古树参天，寨外竹海密林，面朝千米石山，村落藏于林中，千亩梯田分布腰间。村内依山而建的半吊脚楼错落排列，是村落与大自然完美结合的典范，是一个拥有独特的自然风光古老神秘的传统村落。

徐 雯 何 丹 余正璐 编

古井

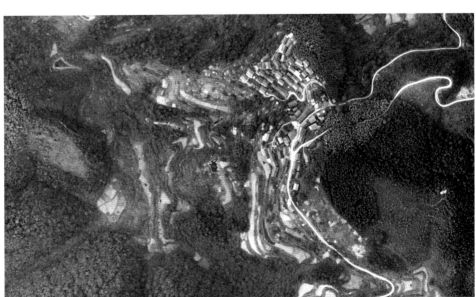

航拍图

黔东南苗族侗族自治州台江县台盘乡南瓦村

南瓦村局部

南瓦村区位示意图

总体概述

南瓦村位于320国道边上，海拔720米。距台江城西面20公里，台盘乡东面6公里处，交通便利。巴拉河呈U字型环绕寨子而过。寨子背靠养炯坡，坡上林木苍翠环境优美。南瓦村全村1900人，均为苗族。2014年被列入第三批中国传统村落名录。

村落特色

台江县大银角苗的聚居地。寨子都有茂密的枫木、香樟等护寨林围绕着。民居基本为穿斗木结构干阑式吊脚楼。主要的活动场所有游方场5处，芦笙场1处，巫事场7处。主要的节日为苗年节、敬桥节、六月六吃新节等，六月六是年轻人的节日最为热闹，一般6到8天，每当节日到来时周边的青年男女都穿戴盛装到芦笙场聚会对歌和踩芦笙舞。服饰为上穿开襟式蓝绸绣花衣外罩银片和银花，下穿缪邹长裙外罩百鸟裙。

传统建筑

南瓦村传统民居始建于明代，经过多次的原址整治更新，现状建筑多翻新于20世纪五六十年代，集中连片，多为苗族干阑式的木构建筑，依山顺势而建，鳞次栉比。建筑形态与山体形态一致，较好地满足了山体形态的原生态，保持了建筑与自然环境的有机融合，建筑群体轮廓的走势充分体现了与自然山体坡度形态的一致性。村寨中干阑式传统民居有吊脚木楼、连廊木楼、回廊楼屋等；南瓦村大部分传统建筑保存完整，有少部分传统建筑因年久失修，破损较为严重。依山而建的苗族干阑式建筑群巧夺天工，是苗族人民与自然和谐共生的大智慧。

以两层高的木质穿斗式建筑为主，材料均为杉木和松板，有五柱四间、五柱三间的、五柱两间的，结构为悬山式小青瓦盖顶，多为二楼一底，以三间一栋常见，大簸箕多为吊脚楼。因地形坡度显得错落有致，质朴沧桑，古风浓郁。

村落环境

南瓦村平面图

民族文化

苗族古歌：苗族古歌是苗族古代先民在长期的生产劳动中创造出来的史诗。它的内容包罗万象，从宇宙的诞生、人类和物种的起源、开天辟地、初民时期的滔天洪水，到苗族的大迁徙、苗族的古代社会制度和日常生产生活等，无所不包，成为苗族古代神话的总汇。古歌主要分为四部分：《开天辟地》、《枫木歌》、《洪水滔天》和《跋山涉水》。其中，《铸日造月》提到冶金技术，反映青铜文化打下的烙印；《砍枫香树》描写里老断案，展现部落联盟时期的社会管理机制……整部史诗以口传心记为传承手段，全诗属五言体结构，押苗韵，长达一万五千余行，塑造了一百多位有名有姓的人物，并充满浪漫主义和理想主义色彩。诗中大量运用比喻、夸张、排比、拟人、反问等多种修辞手法，生动地反映了苗族先民对天地、万物及人类起源的解释和人们艰苦奋斗开创人类历史的功绩，充满了浪漫主义和理想主义色彩。

苗族剪纸：苗族剪纸纹样的母题和表述形式具有鲜明的集团性、地域性和相当稳定的历史承继性，这是由其刺绣的社会功能和传承特性所决定的。苗族刺绣一直没有脱离部落徽记艺术的范畴，它主要用于服饰装饰，与服饰的款式及其他装饰构成不同支系成员的外形识别标志。

苗族银饰：有银冠、银珈、项圈、披肩、项链、牙签、髻簪、耳环、手镯、戒指等。项圈由小到大多达七圈为一套，重二千余克。造型或呈四棱突起，绕如螺旋，或扁圆，平面上錾出各种花纹图案。项圈是苗家姑娘恋爱、结婚必备之物。牙签一般由数根薄而透明的牙签和四到八条银链、小银铃组成，每条银链又由数十个直径不超过2毫米的小银环连缀而成。每个零件又编、錾、刻出各种图案，常见的有弯凤交颈、双凤朝阳、并蒂桃等，以祝愿幸福吉祥；鲤鱼跳龙门、梅花满场等表达好愿；针筒、猴子喜桃、狮子滚绣球等则表现生活情趣；一副牙签要同时具备形美、色明、声脆、实用等优点。

苗族踩鼓节：每年农历二月的第一个猪场天，苗族青年男女自动聚集于当地规定的歌场上踩鼓。这种鼓是用实心楠木挖空、两端绷以牛皮作成的。届时，由一个有威望的老人，将放在他家的楠木鼓和鼓架一齐搬进鼓场，并用力敲鼓，人们都闻声前来翩翩起舞，年轻人趁机择偶；老年人也穿着新衣，围着楠木鼓唱古歌。舞毕，姑娘们便拿出亲手编织的花带，敬献在楠木鼓上，表示对楠木鼓的感恩。人们尽情欢唱，直到天黑才离开鼓场。最后，由鼓主把楠木鼓抬回家，端放于楼上。每逢节日还要用鱼肉敬祭楠木鼓。

人文史迹

古树：南瓦村有古树200棵，树被村民称为"保寨树"，认为可保"人寿年丰"。树龄从距今800多年到200多年的不同阶段，树的冠幅宽大，被当地村民看作是镇村古树。

"大跃进"炼钢炉：南瓦炼钢土炉位于南瓦村巴拉河畔，河南岸有4个，北岸有1个，均为土筑火炉，始修建于1958年"大跃进"时期，为当时全国人民土法上马大炼钢铁的历史遗迹。炉高分别为5.5左右，呈四方形，下宽5米，上宽3.5米左右，中为烧炭炼钢炉膛，是这一时期国民生产政策等重要史实和见证。

保护价值

南瓦村传统民居始建于明代，经过多次的原址整治更新，现状建筑多翻新于20世纪五六十年代，集中连片，多为苗族

代表性民居1

村落全貌

踩堂舞

苗族剪纸

代表性民居2

干阑式的木构建筑，依山顺势而建，鳞次栉比。建筑形态与山体形态一致，较好地满足了山体形态的原生态，保持了建筑与自然环境的有机融合，建筑群体轮廓的走势充分体现了与自然山体坡度形态的一致性。南瓦村有丰富而珍贵的物质与非物质文化遗产，有着独特的历史风貌和自然格局，是传统古村落选址营建的典范，时间和空间环境均体现了其较高的历史价值。

李　礼　黄明皓　编

黔东南苗族侗族自治州麻江县龙山乡复兴村

复兴村全景

复兴村区位示意图

总体概况

复兴村地处麻江县东南部，龙山乡西部，距县府24公里，距黔东南州府凯里市41公里，进入龙山乡后可由通村公路到达。全村共721户，人口3435人，村域面积23平方公里，是一个仫佬族聚居的村寨，复兴村传统村落主要是指复兴村的马蹄寨，是复兴村16个自然村寨之一。复兴村仫佬族同胞是由古代的"僚人"发展演变而来的，在元末明初，为逃避战事，仫佬族一部分迁徙到此，便在这里生活聚居下来，距今已有600多年历史。

2013年复兴村被列入第二批中国传统村落名录。

村落特色

村落选址背山面水，非常具有中国传统文化内涵。复兴村坐落在大山深处。自然村寨都是选择山脚稍宽平坦的地势而建，前面是复兴河，村寨依山傍水。村落周边都是肥沃的田土，形成一片片绿油油的梯田。后山上都是原始森林，村寨中有参天古树，给村落增添了葱茂的神秘感。从村头到村尾，村落都沿复兴河蜿蜒而建，所以也建有沿河公路，穿梭于复兴村各个自然村寨。

传统民居

传统建筑

复兴村仫佬族村民居都是采用古老的木制建筑形式。无论是在平地或是斜坡上，房基都要修成高出地面30～60厘米的地台。地台以块石筑成，木制墙板，木制花窗，木制大门，非常漂亮，大户人家的正门还设有吞门，门槛较高。大部分建筑二楼正前外围有走廊栏杆，宽敞明亮，空气流通，便于晾晒作物和衣物。屋顶为双坡悬山顶，均为小青瓦屋面。凡柱、梁、枋、瓜、串、椽、檩等均以榫卯穿合制作。堂屋两侧为卧室、客厅及厨房，阁楼作为仓房民居中最突出的特点是以地炉

取暖做饭，地炉旁常有一小水坛，内加满水，借助地炉起到加热作用，热水可供日常使用。地炉一天到晚都不熄灭，水坛中总有热水，冬天像土暖气设备一样，使堂屋舒适温暖。

民族文化

麻江仫佬原称"木佬"，1993年6月经省人民政府批准认定为仫佬。几百年来也形成了自身传统的民族文化。

仫佬年：仫佬年是麻江县仫佬人重要的传统民族节庆活动，也是省级非物质文化遗产。仫佬年定在每年农历十月的第一个兔日。相传有两个方面的含意：一是仫佬人敬仰兔子的纯洁，他们的祖先曾以兔作为定亲礼物，成亲之日正好又是农历十月的第一个兔场天，因此在这一天过年有凭吊祖先，继承传统之意；二是九月秋收结束，十月过年具有庆贺丰收，感谢祖

民居布局

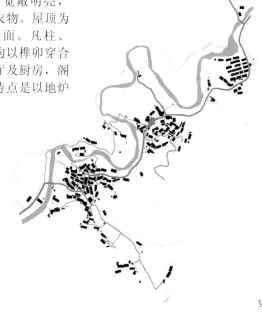

复兴村平面图

先保佑之意。仫佬人还把"仫佬年"这一天视为吉日，很多仫佬人的婚礼都在这天举行，而不用请先生择日期。仫佬人过年时，要打糍粑、酿酒、杀鸡、宰鸭、开田捉鱼，几个寨子合在一起举行一些传统的体育比赛，如赛马、对歌、斗鸟等。仫佬年作为仫佬人的一个传统节日，承载着本民族许多历史文化的信息，从与节日有关的一切活动可以看出仫佬人典型的南方山

仫佬年

仫佬族服饰

音乐表演

仫佬族打糍粑

区农耕民族的特点。相当于汉族的春节。

仫佬族饮食：仫佬人主食大米、辅以面条；玉米、杂粮转作饲料。都吃甑子饭，喜煮糯米，打糍粑，蒸甜粑、包粽粑，遇节日必不可少，也是赠客礼品。年底多数人家腌腊肉、做香肠和血豆腐过年。还备办坛装咸菜、糟辣、酸辣等素菜。成年人多数饮酒，自酿自食和待客。

仫佬族服饰：仫佬族服饰保持着古代僚人的特点。如妇女上衣很短，仅及腰，袖背上全部绣上鳞状花纹。下穿无褶筒裙，脚上穿的是钩尖鞋；男子穿的都是对襟上衣、长裤；男女均以长帕包头；年老的穿琵琶襟上衣；一般穿草鞋，跣足的不多。过去姑娘梳辫，出嫁后结髻，多已剪发。饰物有银质的耳环、手镯、戒指等。

人文史迹

田野：复兴村的祖先们迁徙至此后，就开始大面积的开垦荒地。勤劳智慧的复兴村祖先们，根据山形就势逐级开垦，从而形成了今天美丽的梯田，同时，沿河开垦农田，因有河水灌溉，沿岸农田每年均能实现大丰收，形成今天的田坝，复兴村的农田实现了生产生活与自然的协调。

复兴河：复兴河贯通全村，常年水源充足，河道宽约20米。复兴河孕育着沿岸的仫佬族人民，是如今复兴村主要的农田灌溉用水。

雕塑：在位于复兴村马蹄寨的入口处新建了一座骏马飞驰的雕塑，骏马高抬前蹄，仰天长啸，与马蹄寨的名称相得益彰，是马蹄寨的标志。

水车：复兴村沿复兴河畔，新建了水车，供村寨旅游观光使用，在景观上起到了画龙点睛的作用。同时增加了沿河景观

雕塑

的趣味性。

其余人文史迹如：风雨桥的壮丽，古井井水的甘甜，古树的苍劲，都为这个古老的仫佬族传统村落增添古朴的色彩，同时也是这个仫佬族村寨历史的见证与追溯。

风雨桥

复兴河

田园美景

保护价值

麻江县龙山镇复兴村，阡陌纵横的稻田，错落有致的村庄，掩映在绿树繁花中，处处美不胜收。

复兴村整个村落依山而建，人们面水而居，与自然融为一体，形成美丽山、水田、寨的自然格局。河流、古桥、水车、古树等历史环境要素的点缀，整个村落犹如世外桃源，古朴宁静。

复兴村是麻江县保存尚完整的少数民族聚落之一。村内的历史文化遗存较多，村内传统民居经历上百年的风雨洗礼依旧坚固无比，民族的服饰、饮食、民族节庆等非物质文化遗产在历史长河中得以保留并得到发展，特别是每年举办复兴村仫佬年，不仅是全村人共同参与的民族节日，也吸引着外来游客的参与体验。

杨　洋　陈隆诗　汤洛行　编

黔东南苗族侗族自治州剑河县南加镇柳基村

柳基村全貌

柳基村区位示意图

总体概况

　　柳基村位于贵州省黔东南苗族侗族自治州剑河县南加镇西北部，距镇政府所在地8.5公里，东连新台村，西接新柳村，南抵竹林村，北至清水江。柳基村村域面积4.5平方公里，总人口832人，有苗、汉、侗等民族，以苗族为主。2014年，柳基村被列入第三批中国传统村落名录。

村落特色

　　柳基村位于仰阿莎湖腹地，原为柳基古城，是清政府对清水江流域三千里苗疆施行了武力式"改土归流"后，为有效管理苗疆而设的一座分县城，曾在清咸丰年间兴盛一时。村寨东侧林木葱郁，西面为田土，南靠甘棠山，北临清水江。这里民风淳朴，文化底蕴极其深厚，是贵州省保存历史风貌较多的苗疆古城。

传统建筑

　　关帝庙：始建于清朝年间，位于柳基古城南部山腰之上，环境幽雅、建筑别致，整座庙由一主房两厢房及回廊围合呈回形院落。关帝庙既是柳基村民俗民风的展示，也是柳基村千万民众的精神寄托。逢年过节，家家都要到关帝庙去敬供上香，祈求关公保佑村寨祥和，老少平安。

　　观音庙：又名观音堂、白衣庵，位于古城西侧，始建于清朝，其建造具有苗族传统建筑特色，是柳基村村民为了向观音菩萨祈求风调雨顺、家宅平安等而修建的寺庙，至今保存完好。

　　传统民居：柳基村85%的传统民居为木质干阑式吊脚楼，大多依山就势而建，木料选用当地优质的杉木，朝向一般为坐北朝南或坐南朝北。吊脚楼多为2—3层，底层作喂养牲畜用，中间层作居住用，顶层

民居1

关帝庙

柳基村一角

花街路

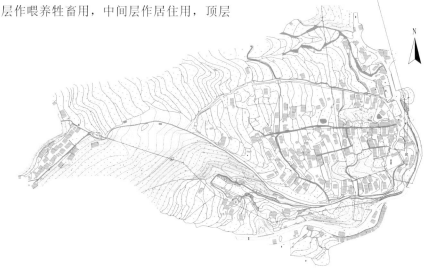

柳基村平面图

古城城门

民居2

古城石雕

作储物用。房子四壁用杉木板开槽密镶，里里外外都涂上桐油又干净又亮堂。有的除正房外，还搭建了一两个"偏厦"作为厨房等附属用房。

民族文化

对歌：柳基村民风淳朴，完整保留了婚俗嫁娶、喜迎远客时对唱山歌的民族风俗。柳基村流传至今的对歌形式主要包括山歌、酒歌、婚假歌。①山歌：属情歌，多是青年男女谈情说爱时对唱，内容大致有初相会、久地伴、苦相思、成双对等。②酒歌：常唱一些祝词与恭维句子，也有相互诘难，一争胜负的。有时也将清咸丰年间，苗军李洪基攻打柳霁城时的破城歌拿来一唱。③婚嫁歌：一般是嫁女时唱，男方来迎亲时，女方家以木凳栏门，男方要通过唱歌这一关才能进屋。内容大致是调侃逗笑之类。

人文史迹

柳基古城：清雍正十二年（1734年）建土城，乾隆二年（1737年）改建石城，乾隆三年（1738年）竣工，正式行使分县的军政职能。城墙依山而建，南高北低，用方形大青石料砌成，城墙总长1194米，高5米，墙基厚5米、顶部厚3米，可供士卒在墙头自由行走，执行警戒和作战任务，另建有炮台6座。古城设有东、南、西、北四门，每座门占地约7.4米×11米，门通道约3.5米×7米。门通道现在还可以看到装门板用的转轴圆孔，栅门用的方形栅孔。城内遗存的文物除了城墙、城门、炮台之外，还有兵营、练兵场、县衙、江西馆、尼姑庵、关帝庙等遗址及创建慰文碑、重修县衙碑、甘棠遗爱碑、清代古城历史事件碑文15块。民国二十五年（1936年）分县撤销后，古城演变成一个小山村。

古城墙：柳基古城墙呈环形状，除南、北、西有30米墙体和一座炮台被毁之外，其余基本遗存。古城墙占地面积3600平方米，城内设有县衙、书院、兵营、粮仓、千总府、庙宇等，各项功能齐全。近年来，古城已成为黔东南旅游胜地仰阿莎湖畔边上的一颗明珠。

古树：柳基村寨内有百年桂花树一棵，风姿飘逸，碧枝绿叶，四季常青，枝干较细，飘香怡人。高达15米，树冠覆盖400多平方米，有很明显的主根，根系发达深长。叶面光滑，革质，近轴面暗亮绿色，远轴面色较淡。

石碑：散布在柳基古城内各处，是把功绩镌写于石土，以传后世的一种石刻。一般以文字为其主要部分，上有螭首，下有龟趺，寓意垂之久远，是柳基村能够见证历史传统的贵重遗存。其中创建慰文碑是国内难得的记录清代科考制度的实物资料，具有极高的历史研究价值和艺术收藏价值。

保护价值

柳基村位于三板溪库区的仰阿莎湖畔，源于柳基古城，完整地保留了古城格局。内部民居与田园错落有致，道路两旁树木郁郁葱葱，特别是到了八月，走在花街路上，桂花香扑鼻而来，沁人心脾。古城民居依山而建，面向仰阿莎湖畔，站在高高的城门上，仰阿莎湖美景尽收眼底。乘船在仰阿莎湖畔上眺望柳基古城，村寨的上方，矗立着茂密的森林，周围环绕层层梯田，纯然一幅天然的乡村油画。村落再现了苗疆古城的历史风貌，同时也反映了当地的苗族文化和地域风情，具有特殊的民族文化保护价值。

王金龙 张宇辰 曾 增 编

柳基古城墙

青石板路

传统建筑群

黔东南苗族侗族自治州从江县下江镇高仟村

高仟村全貌

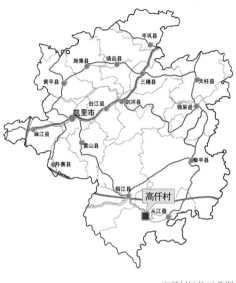

高仟村区位示意图

总体概述

高仟村位于从江县北部，距县城65公里，海拔800余米，坐落在山间坝子的边缘上。高仟村分为宰俄、宰养、宰雷三个自然村寨，村寨现基本相连。高仟村全村目前全村约400户，1527人，是一个侗族村寨。2012年被列入第一批中国传统村落名录。

村落特色

高仟侗寨坐落在一个长形和高山坝子上，一条小溪从寨子中穿过，寨子四周青山环抱，吊脚楼望山傍水。寨中沟渠交错，流水潺潺，池塘星罗棋布。寨中有水，水中有楼，构成一幅恬静的田园风光。

传统建筑

寨中较为有特色的是贵州省省级文物保护单位高仟鼓楼，15层重檐，双层斗栱结构六角宝顶，通高22米，整个建筑不用一钉一铆，全部用桦槽衔接。建于河溪之上的花桥除了石砌墩以外，都是用杉或其他木材作建筑材料。桥面的楼、廊、柱、枋，都不用钉铆衔接。

高仟鼓楼：建于清雍正年间（1723～1735年）。鼓楼为全木质结构，6根金柱穿斗，直至第十五层，外立檐柱12根，呈放射形。从底层往上，利用瓜柱逐层收刹，十五层顶端覆盖两层六角翘檐楼冠，为人字形斗栱结构，用五个陶瓷宝葫芦串联在一起，立在楼冠顶端，立面为17层，高26.6米。平面为正六边形，占地88平方米。内外柱基为柱形石墩垫脚，石墩高30厘米，直径50厘米，雕刻有花、鸟、虫、兽等图案。底层平面为正六边形，边长4.2米。地面石板铺墁、中有火塘，直径2.1

米。四周设有杉木凳，外侧半装木板壁，设一门进出，门上方彩塑"二龙戏珠"。各层檐板彩绘斗牛、踩歌堂、对歌等风情画和自然风光。角、檐、脊塑有鸟、兽、鱼等。鼓阁安置木鼓一个，长1.7米，鼓面直径0.28米，两面绷有皮革，一为牛皮，一为马皮。高仟鼓楼建成后，在清嘉庆和光绪年间分别维修过一次和两次，1983年省、县又拨款进行修葺。

村落环境

高仟村平面图

高仟鼓楼

村落全景

代表性民居

琵琶歌对唱

民族文化

侗族琵琶歌：侗族中琵琶，是侗族弹拨弦鸣乐器。侗语称嘎黑元、嘎琵琶、嘎弹。流行于贵州省黔东南苗族侗族自治州从江、榕江、黎平，广西壮族自治区三江、融水和湖南省通道侗族自治县等地。小黄琵琶是自己制作的，它音箱是圆形的，长颈，用钢丝作弦，有四弦，声音婉转清脆。演奏琵琶时，多采用坐姿，将琴箱置于右腿上，琴头斜向左上方，左手持琴按弦，右手执竹或牛角制拨片弹奏，也可站起演奏。侗族中琵琶的定弦比大琵琶高八度，发音明亮而圆润，音色柔和而甜美。既可伴奏琵琶歌中优美抒情的情歌、小调，又可为侗族叙事大歌伴奏，颇受侗族青年的喜爱，男女皆可自弹自唱。在小黄男生弹奏女声合唱为多。也可用于独奏或为侗戏伴奏。有的地区在琵琶伴奏中还加用牛腿琴，以增强伴奏的和声效果。一般节日里、晚饭后，大家围坐鼓楼内、风雨桥上男女弹唱，直到深夜。

侗族牛腿琴：在侗族人民的文化生活中，牛腿琴占有重要地位，是牛腿琴歌、侗族大歌和叙事歌离不开的伴奏乐器，应用十分广泛。牛腿琴歌侗族称作嘎各给、嘎给以、嘎腊（拉嗓子歌）或嘎昂（室内歌）等，曲调较短，结构简单，速度悠缓，是侗族未婚男女青年"行歌坐妹"、倾吐爱情的一种主要方式。叙事歌侗语称嘎窜，多为民间歌手自拉自唱，伴奏随歌进行，不时夹有间奏，曲调优美，节奏平稳，有如小河淌水潺流不息、娓娓动听，真可谓歌者入神，听者有兴。较著名的牛腿琴民间艺人有：贵州黎平的石国兴、广西三江的罗胜金等。

人文历史

远古时荆楚边陲称鬼方，宋属诚州、平州、融州地，元、明属曹滴洞长官司，明永乐置黎平府属黎平府，清初属开泰县，隶黎平府，乾隆三十六年属下江厅。民国三十年下江与永从县合并属从江县，民国三十一年后属下江区苗岑乡。

一九五三年建政后属高岑乡；一九五六年合作化时建社，命名为"东高农业生产合作社"；一九五七属下江片；一九五八年属下江公社高岑工区，名为宰养大队；一九六一属高岑公社，仍称宰养大队；一九八四年八月属高岑乡。现属下江镇。

侗族大歌

鼓楼装饰

保护价值

高仟村最早始建于明代，从古村落的整体风貌到单个民居，表现出一个完整的侗族文化体系，包括物质文化、民俗文化、精神文化等多个侧面，较为完整和广泛地展现了当时侗族独特的物质生产、生活方式、思想观念、风俗习惯和社会风尚。

李先通 编

黔东南苗族侗族自治州剑河县南哨乡高定村

高定村全貌

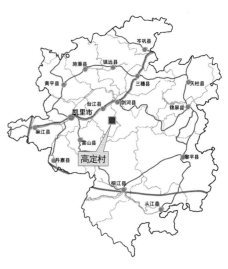

高定村区位示意图

总体概况

高定村位于南哨中南部，距南哨公路约16公里。寨子坐落在潘家坪大坡南面由东向西伸出的两条大山岭间的溪流两边的斜坡面上。高定村东与上高洋接壤，南邻盘假村，西抵朗晃村，北达乌孟村。寨子从东北到西南1.5公里有余，从西北到东南约2公里，全村村域面积17.9平方公里，总人口1923人，是剑河县的边缘村寨之一，人口大约1300人，全村除了几个外嫁进来的汉族女性外都是苗族。2014年，高定村被列入第三批中国传统村落名录。

村落特色

高定村境内山峦起伏，群峰耸翠。高定溪将寨子分为东西两侧，溪水向南流入榕江。鸟巢般的地形布满着层叠式的梯田和传统木楼，苍绿色的参天古木穿插其中，映衬出神奇的魅力。寨子中心坐落于溪沟两旁，四面环山，远观似鸟巢。溪水潺潺，古树苍苍，民居密集，房屋建筑多为吊脚楼，多数盖小青瓦，盖瓦手艺精致，让人目睹美观，心情舒畅。高定苗寨历史悠久，祖祖辈辈在这片古老的土地上繁衍生息，创造出灿烂的苗族文化，演绎出独特的民族风情和习俗。民族节日古朴、浓郁、丰富多彩，主要民族活动有芦笙节、斗牛、八月二等。

传统建筑

传统民居：高定传统民居为传统苗族吊脚楼建筑。吊脚楼是苗族传统建筑，它依山傍水，鳞次栉比，层叠而上。高定村传统建筑吊脚楼均为木质结构，房屋楼层为1~3层，多为建在两级屋基上，亦有前面一排柱子悬空吊脚。木房传统体现了苗族独特的居住风格和建筑工艺，具有很高的使用价值和观赏价值。一般住在第二、

民居1

古树1

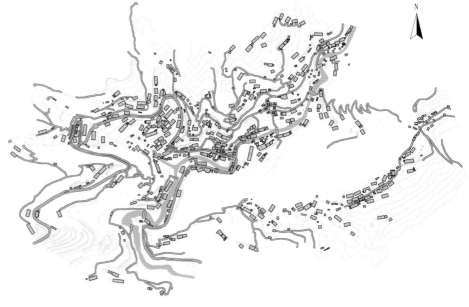

高定村平面图

芦笙节

服饰

古树2

三层，第一层用作堆放杂物、圈养家畜等，因为是木质结构，通风性较好，冬暖夏凉，干爽舒适。吊脚高悬地面既通风干燥，又能防毒蛇、野兽。

传统粮仓：村内粮仓保留较为完整，大部分村民家中都把粮仓保留了下来，因粮食保存方式增多，现有粮仓均作为堆放杂物的空间，主要集中分布在村落的西侧，形成一个粮仓群，其余大多散布在村寨内，其工艺形式皆延续传统方式，有一定的研究价值。

民族文化

斗牛：苗族斗牛节是苗族传统的民俗活动，高定村苗族"斗牛"分别于每年正月初五、十五、二十五三天举行。斗牛日各族儿女披金戴银，盛装前往观战。数百名牛主牵着尽可膘悍的牯牛分待四周。待对阵双方牛主牵着斗牛绕场一周"踩场"过后，斗牛即由主持人宣布开始。刹时，人群欢声雷动，唢呐喧嚣，鼓乐齐鸣。激战中，难解难分者有之，打翻在地者有之，仓皇败逃者有之。斗牛结束，人们纷纷给胜者披红挂彩，并向其主人敬酒祝贺。

芦笙节：芦笙节是苗族地区最普遍的节日。在苗家，每年都要举行几次盛大的芦笙节。节日里，苗族人民盛装前往，各寨芦笙手云集芦笙坡，平时寂静的青山翠谷，顿时汇成芦笙歌舞的海洋，满山遍野，一望无际。踩芦笙也被视作姑娘们展示自己美貌及家庭富裕的机会，衣裙的层数代表着富裕，由于节日装很重，要到了活动的寨子边母亲才开始为女儿着装打扮，小伙子们也借此找寻自己心爱的姑娘。

人文史迹

古石碑：高定村古石碑立于光绪三十年，至今已有100多年历史，据了解该处石碑原来与古庙置于一处，之后被移到古井旁边，其周边环境较为潮湿，加之常年雨水冲刷部分石刻文字已消失，破坏较为严重，但部分石刻文字至今仍然清晰可见。

红军烈士墓：村内有一处红军烈士墓，位于古庙北面。墓立于1934年，由毛石垒成，墓碑为剑河县人民政府于2012年所立，碑文详细记载了葬于此地烈士生前的英勇事迹。

古树：村寨内1000年古杉树两株，500百年以上古树多株，主要分布在烈士墓周边、小寨进寨处小路旁、村中心位置、学校后山上。高定村有许多参天古树，枝叶茂密，树干优美挺拔，分布在寨前寨后，树在高定村村民的心中认为可保"人寿丰年"等，因此特别地敬重"保寨树"。

红军墓

保护价值

高定村是苗族聚居村寨，苗族民间文化保存完整，村内有古树参天，村围梯田环绕，房屋建筑多为吊脚楼，多数盖小青瓦，盖瓦手艺精湛。由于高定村苗寨的悠久历史，祖祖辈辈在这片古老的土地上繁衍生息的苗族人民，创造出了灿烂的苗族文化，演绎出独特的风情和习俗，民族节日古朴、浓郁、丰富多彩，民风民俗古朴，有较高的旅游价值。

徐　雯 何　丹 杨泽媛 编

民居2

古道

禾仓群

村落一角

黔东南苗族侗族自治州台江县台拱镇展福村

展福村环境

展福村区位示意图

总体概述

展福村位于贵州省黔东南苗族侗族自治州台江县台拱镇的东部，距镇政府驻地5公里，距台江县城15公里，距州府凯里40公里，距省城贵阳约200公里。全村村域面积3.5平方公里，总人口1048人，均为苗族。2013年被列入第2批中国传统村落名录。

村落特色

展福村位于高山扇形平原居住地，东、西、南三面有群山环绕，村落空间布局均匀合理。自古以来祖祖辈辈都在此安居乐业，有山有水，人居环境非常优美。展福村房屋大多依山而建，村庄绿树环绕，景色幽美，被誉为南方农耕文化的典型代表。展福村房屋整体风貌保存完好，多为苗族吊脚楼，分布较为集中，房屋为木质结构，窗花雕琢精细，图样较多，内容丰富多彩。

村落环境

成片民居

传统建筑

该村传统民居以平脚木房为主，偶有因地势而建的吊脚楼。房屋均为榫卯穿斗结构，上盖小青瓦。平房结构一般为五柱四栈，四联三间，即一明间（堂屋）和两次间，明间面宽一丈二尺许，大都将壁向里移进二尺，形成吞口式平房。左右次间各宽一丈二尺，进深在一丈九尺至二丈一尺之间。吊脚楼因地势原因，半边吊脚楼半边柱子落地。有的为了房屋稳固下柱加长落地。大门开于明间，设吞口燕窝门。两旁廊柱间连接作枋，上置连接两廊柱的外伸横棱柱，于作枋与横棱柱间嵌20来根"S"形靠背座椅杆称"阶息"、"美人靠"。吊脚楼下层常用于堆放杂物、安放

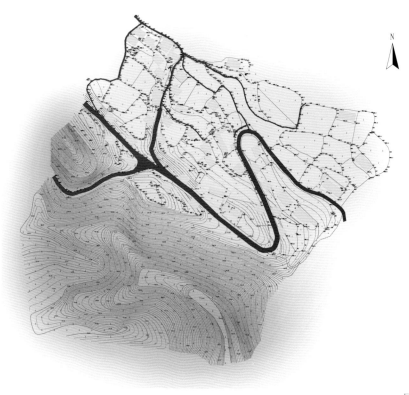

展福村平面图

石礁石磨或大灶，以及圈养牲畜等用。吊脚楼二楼作生活起居所用，明间设堂屋，两次间分别设火堂间和卧房，部分吊脚楼另一档头设连接偏厦，与火堂间相通作厨房。顶楼多为储藏家具粮食、种子与一些轻便物资。堂屋正中建有神龛，供节日及家里重大事情敬祭用，堂屋左前间供一家人饮食起居用，其余为卧室，两层楼房的楼上大都是放置东西，也有作卧室的。

民族文化

苗族古歌：苗族古歌是苗族古代先民在长期的生产劳动中创造出来的史诗。它的内容包罗万象，从宇宙的诞生、人类和物种的起源、开天辟地、初民时期的滔天洪水，到苗族的大迁徙、苗族的古代社会制度和日常生产生活等，无所不包，成为苗族古代神话的总汇。古歌主要分为四部分：《开天辟地》、《枫木歌》、《洪水滔天》和《跋山涉水》。其中，《铸日造月》提到冶金技术，反映青铜文化打下的烙印；《砍枫香树》描写里老断案，展现部落联盟时期的社会管理机制……整部史诗以口传心记为传承手段，全诗属五言体结构，押苗韵，长达一万五千余行，塑造了一百多位有名有姓的人物，并充满浪漫主义和理想主义色彩。诗中大量运用比喻、夸张、排比、拟人、反问等多种修辞手法，生动地反映了苗族先民对天地、万物及人类起源的解释和人们艰苦奋斗开创人类历史的功绩，充满了浪漫主义和理想主义色彩。

吊脚楼建造技艺

"吊脚楼建造技艺"是台江苗族村寨久负盛名的一项传统技艺。顾名思义，"吊脚楼"是苗族以物化方式体现的、物化的非物质文化遗产，因每排的最外一棵柱子齐二楼楼板下处裁下，成悬在半空状，"吊脚楼"因此得名。

台江苗族"吊脚楼"一般为"六柱五瓜"或"五柱四瓜"的四排三间或五排四间结构，带吞口，最外一柱和第二柱之间空隙为走廊，每排的两棵悬柱间连接宽约尺许坐枋，坐枋上置外伸横梭柱，嵌数十条弯月形木条连接楼枕与坐枋，成靠背状座椅栏杆，俗称"美人靠"，作小憩等用。

清水江流域的施洞、老屯、台盘、革一和台拱等乡镇的苗族"吊脚楼"一般建在空阔、向阳、宽敞之地基上。

雷公山腹地的南宫、排羊、方召等乡镇的苗族"吊脚楼"属于"吊脚半边楼"，其结构与"吊脚楼"的大体相同，区别在"吊脚半边楼"多建在坡度较大的斜坡上，就坡面开成上下两级屋基，上级屋基竖较短柱，使前面半间的楼板与后半间的地基平行，形成"半边楼"，因最外一柱悬齐上层屋基处，故有"吊脚半边楼"之称。"吊脚半边楼"一般多为三间正房和一间"偏厦"

组成的"三高一矮"，或三间房加一间横于一端的"偏厦"组成。楼下为禽畜厩和厨房等用，中间人居，阁楼放杂物及储存粮食等。苗族楼房都是竖装板壁，屋正面面壁都往后退一柱装封，形成"吞口"。"吞口"正中设"大门"，两边均为窗户。

台江苗族"吊脚楼"都是苗族民间艺人设计建造的。苗族民间艺人建造"吊脚楼"不用图纸，而是用"竿图"，这"竿图"是"苗族吊脚楼建造技艺"的最独特的工艺。所谓"竿图"，就是将所有的柱子和"瓜"的连接的榫头、销钉等，全部刻在一根与所建的"吊脚楼"齐高的半片竹竿上，艺人要在柱子上划符号，只要将竹竿往柱子上一靠，按照竹竿上的符号在柱子上划上笔墨就可以了，这是苗族民间艺人的不传之秘。

苗族"吊脚楼"的宽高之比一般是1:1，即如果房高一丈六尺八寸，则滴水线的宽度也为一丈六尺八寸。一般"吊脚楼"有"一丈六八"、"二丈零八"等五种规格。

代表性民居 1

代表性民居 2

山上民居

村内格局

村中道路

村落环境

周边环境

保护价值

展福村，属低山地貌，地势南北高，中间低，整体向东面倾斜，山高谷深，群山连绵起伏。河流穿境而过，水资源较为丰富，植被茂盛，展福村已有近千年的历史，是由苗族先人迁入形成，落居这一地区已有近八百年。周围植被丰富，植物种群繁多，拥有丰富而珍贵的物质与非物质文化遗产，有着独特的历史风貌和自然格局，是传统古村落选址营建的典范，时间和空间环境均体现了其较高的历史价值。

杨程宏　周子恒　编

黔东南苗族侗族自治州剑河县敏洞乡高垱村

高垱村全貌

高垱村区位示意图

总体概况

高垱村位于贵州省黔东南苗族侗族自治州剑河县敏洞乡西部，距乡政府驻地17.3公里，东邻平鸟、平教村，西接观么乡白胆村，南与下白斗村相连，北与章沟村接壤。村域面积13.66公里，是一个纯苗族聚居的大村寨。村落形成于明代，现全村共有393户，1637人，分下辖老寨、新寨、白欧杰3个自然寨。2014年，高垱村被列入第三批中国传统村落名录。

村落特色

高垱村坐落在雄伟的白牙山对面，老林盘下山半腰间，所处地势北高南低，北部山峦重叠，群峰挺拔，民居连成一片，依山而建，自然生态环境保护好，质地肥沃，水质优良爽口，冬暖夏凉。村前有潺潺溪水，上大沟和下大沟从观么乡的民村寨至高丘村犹如一对活龙盘于山腰间，十分壮观。民居多坐北向南，村民自发组建了村寨保护组织，村内建筑均保留了传统木质吊脚楼的风格。

传统建筑

民居建筑：高垱村94%的民居为传统木质干阑式吊脚楼，楼的檐角上翻，如大鹏展翅。房屋四壁及各层楼板，均以木板开槽密镶。房屋多为三间两层，带偏厦，木柱架为穿枋结构，通过杉木板来分隔房间布局，每间在正面开设有3至4个木窗。它们零零散散地分布在高垱村的各个角落，或临水而立或依山而筑，采青山绿水之灵气，与大自然浑然一体。

民族文化

高垱锡绣：高垱锡绣用金属锡作为主要材料，与其他地区苗族和其他民族用蚕丝线作为刺绣的材料相比具有非常的特殊性，它改变了人们传统刺绣的用料观念，形成了一种独具特色的刺绣。在全国乃至全世界的挑花刺绣工艺用料上具有重要的地位和工艺价值。高垱锡绣用剪刀将锡片剪下长约18厘米，宽约1毫米的细锡丝条，把细锡丝条拉直，一头打一小勾，另一头剪成针头状，同时把准备好的布垫铺在已绣有图案的棉布上，用针将图案的一根棉线挑出后，再用针头状的细锡丝条穿过已挑出的棉线，把打一小勾细锡丝条紧扣棉线，用剪刀把细锡丝条剪下，并将余下的细锡丝条反扣在棉线上，这样就完成一个扣锡过程，之后按棉布上的图案周而复始进行，也就形成了所看到的锡绣制品。高垱村的锡绣工艺从脱棉、纺纱、织布、浆染到绣成等各个环节，都沿袭使用传统的竹木质器械和手工技艺，这展示着远古农耕文明的古老痕迹。女子出嫁时，母亲将

梯田2

梯田1

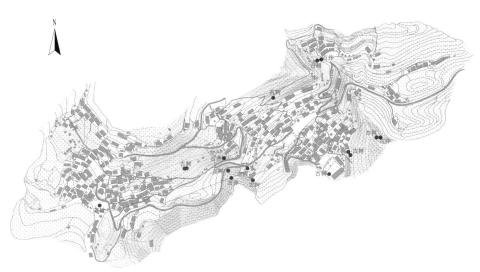

高垱村平面图

民居1

民居2

纺布

绣好的各式传统图案的绣片作为陪嫁物相赠，如此时代传袭，把锡绣工艺保存了下来。2006年以锡绣工艺为代表的剑河苗绣被国务院公布为第一批国家级非物质文化遗产名录，高坲村就是锡绣的一个代表村落。

尝新节：是高坲村一年一度除春节外最隆重的节日，在每年农历六月的第一个卯日开始，所以也叫"新卯节"。在高坲，尝新节要过两天。第一天，村民们穿着崭新得体的民族盛装，在寨中长者的带领下，带着村民到附近田间地角进行采新，采摘成熟的谷物瓜果，挂放在古树上，然后杀猪宰羊杀鸡杀牛，用整鸡、猪头、羊头、猪肉祭祀祖先和神灵，同时用牛角装酒慢慢地洒在地上祭祀祖先，祈求祖先保佑全寨一年风调雨顺，五谷丰登。祭祀完毕后，村民们三三两两结伴而行，奔赴厨房把猪、牛、羊等祭祀完毕后的食物重新整理、切小，然后炒成待客的菜，待得桌上摆满煮熟的鸡、鸭、鱼、肉、糯米、盐菜肉、糯肉、腌鱼、炖菜等，宴请的宾客全部到场，主人拿出自家酿的小米酒、糯米酒等，隆重的招待远来的村民和客人。第二天，远方的亲戚朋友也来到寨中，请上寨中的寨老，做一桌丰盛的菜肴，继续昨天的酒席，同时也是庆祝去年的丰收和祈祷来年的丰收。高坲的尝新节体现了高坲村民热情好客的淳朴性情，也是高坲苗族文化中不可舍去的一部分。

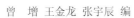

锡绣1

锡绣2

人文史迹

古树：高坲村寨内有古树多处，早在建寨之时就已经存在。在高坲人心里，古树可以避邪，他们认为古树是苗寨的守护神，一直守护着一代又一代的苗家人。

保护价值

高坲村四面有护寨林，周边梯田环绕，寨内有千年古树，环境优美，村落格局完整；历史遗存丰富，传统建筑精美；生活方式传统，生活气氛浓厚。特别是高坲锡绣体现了世界工艺美术史上绝无仅有的作品，虽因受用料材质的限制，图案不可能非常丰富，但它抽象、简洁而规整的图案体现了苗族直率的性格，特别是它的核心图案如一座迷宫，变化莫测，耐人寻味，寓意深刻，充满强烈的神秘感和丰富的文化内涵，是研究苗族社会经济文化和历史的重要物件，值得我们进一步去深入研究，这也是高坲村的魅力和美学价值所在。

曾 增 王金龙 张宇辰 编

蜡染

古树群

排屋

黔东南苗族侗族自治州台江县台拱镇桃香村

桃香村一角

桃香村区位示意图

总体概况

番省村桃香寨位于贵州省黔东南苗族侗族自治州台江县台拱镇西部，距台江县城10公里，距州府凯里49公里，距省城贵阳约220公里。东与翁秀村接壤，南与上屯村毗邻，西接南瓦村，北抵板凳村。桃香寨有140户，751人，全寨均为苗族。2013年被列入第二批中国传统村落名录。

村落特色

桃香寨四面群山环绕，寨周古树苍劲，景色宜人，番省溪从寨前缓缓流过。桃香寨依山顺势而建，随等高线的起伏与走向进出参差不一，错落有致，注重与山体的灵巧结合，民居群体布局灵活多变。桃香寨水稻种植由来已久，片片层层的农田与鳞次栉比的吊脚楼构筑了一幅美妙的乡村画册。桃香寨周围植被保护较好，四面环绕的山上森林茂盛，郁郁葱葱。寨内巷道自然分布、纵横交错，呈现出一种自然状态的肌理，村外古树群及村落整体风貌保存完好。

传统建筑

桃香寨传统民居多建于20世纪七八十年代，集中连片，多为苗族干阑式的木构建筑，依山顺势而建，鳞次栉比，属于山腰顺势分层筑台型村寨。错落有致的整体格局体现了该村苗族的典型风貌，建筑形态与山体形态一致，较好地满足了山体形态的原生态，保持了建筑与自然环境的有机融合，建筑群体轮廓的走势充分体现了与自然山坡度形态的一致性。村寨中干阑式传统民居有吊脚木楼、连廊木楼、回

村中道路1

桃香村寨门

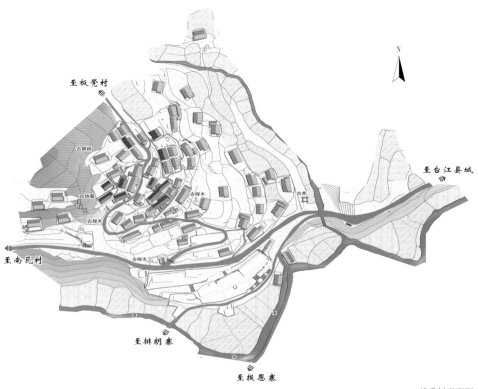

桃香村平面图

廊楼屋等；桃香寨大部分传统建筑保存完整，有少部分传统建筑因年久失修，破损较为严重。依山而建的苗族干阑式建筑群巧夺天工，是苗族人民与自然和谐共生的大智慧。

民族文化

苗年：是苗族人民最隆重的传统节日，自古以来，苗族就使用着与汉族"农历"不同的历法——苗历。苗历的岁首，即为苗年。

"苗年"对于苗家，是庆祝丰收的日子，是一年里劳作的结束与欢乐的开始。到了苗年，芦笙和鼓就可以搬出来尽情欢跳。从这天开始，苗族群众便开始了一寨又一寨的芦笙盛会和一个又一个的喜庆节日，走村串寨，你迎我往，一直欢乐到春天二月里的"翻鼓节"。

苗族芦笙舞：苗族芦笙舞，又名"踩芦笙"、"踩歌堂"等，是一种以男子边吹"芦笙"同时以下肢（包括胯、膝、踝）的灵活舞动为主要特征的传统民间舞蹈，因用芦笙为舞蹈伴奏和自吹自舞而得名。苗族芦笙舞关于芦笙舞的起源，苗族有朴素和美妙的传说。相传盘古开天地之时，大地一片荒凉。那时，苗族祖先是靠狩猎飞禽走兽作衣食的，为了解决捕获鸟兽的困难，当时一个心灵手巧的小伙子，在林中砍下树木和竹子，做了支芦笙模仿鸟兽的鸣叫和动作，吹跳起来以引诱各类鸟兽。从此，人们每出猎均有所获，于是芦笙舞就成了生活的必需而世代相传。这类传说与现今仍流传着众多模拟鸟兽鸣叫和形态的芦笙曲调及舞蹈动作的现象相吻合。苗族芦笙舞表现了苗族人民温和娴静的性格，体现出人与自然和谐友好的精神状态，凸显着苗族人民古老而绚烂的美感追求。2008年该民间舞蹈经国务院批准被列入第二批国家级非物质文化遗产名录。

苗族蜡染：苗族人民有着自己丰富多彩的民族文化和民间工艺美术技艺，其中的蜡染艺术作品和蜡染旅游工艺品在整个染织美术界久负盛名、独放异彩。蜡染实际上应该叫"蜡防染色"，它是用蜡把花纹点绘在麻、丝、棉、毛等天然纤维织物上，然后放入适宜在低温条件下染色的靛蓝染料缸中浸染，有蜡的地方染不上颜色，除去蜡即现出因蜡保护而产生的美丽的白花。如果仅仅是蓝地白花也不算稀罕，那和蓝印花布没什么两样。蜡染的灵魂是"冰纹"，这是一种因蜡块折叠迸裂而导致染料不均匀渗透所造成的染纹，是一种带有抽象色彩的图案纹理。苗族原本擅长纺麻织布，织好的布用蓼蓝、红花、栀子、五倍子等草药就可以染成蓝、红、黄、黑各种颜色。苗族的蜡染更是有着悠久的历史。宋代五溪地区的"点蜡幔"（蜡染)已很盛行。明、清时代，黔中一带苗族也多服用蜡染衣料。采用靛蓝染色的蜡染

芦笙舞

苗年

花布，青底白花，具有浓郁的民族风情和乡土气息，是我国独具一格的民族艺术之花。

人文史迹

根据苗族古诗及巫词记载，迁徙中曾途径纲方休狃（音译）—粉羊秀寨—纲方细朋—粉羊翁留—翁整能—八奶达—荣良—最滑—荣广—荣更—荣有……无西（今榕江境内）—方西（今榕江县城）—共丢办—娘友娘路（今丹寨境内）等地定居，并逐步进入今台江县境东南部的南宫、交密、东扛、方召、翁脚等乡村，然后向城郊及地势较低的西、北部迁徙。台江苗族迁入定居时间，按苗族子父连名推算，最早有七八十代，约两千年左右，到清朝雍乾、咸同两次苗民大起义失败后，一部分被强行迁往省内的西南部地区。新中国成立后，生活安定，不再流连迁徙。桃香寨现在全为苗族居住，张姓最多，有个别熊姓，据张氏祖辈介绍，其迁入桃香寨应为明清之际，是桃香寨最早居住者。

村落道路2

民居一角

代表民居1

代表民居2

村落一角

保护价值

自然环境要素是指番省村桃香寨内部与外围有特征的地形、地貌、山体和自然景观。番省村桃香寨苗寨依半山而建，自然环境较为优越。传统的干阑式建筑沿等高线布局，形成了高低错落、内聚有力的传统聚落空间特点。村落整体风貌及古建、公共空间皆保存良好。

周尚宏 龚志武 编

201

黔东南苗族侗族自治州黎平县岩洞镇宰拱村

宰拱村全貌

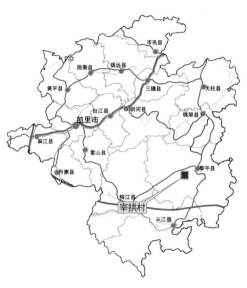

宰拱村区位示意图

总体概况

宰拱村位于贵州省黔东南苗族侗族自治州黎平县岩洞镇，距黎平县城35公里，距镇政府驻地6公里；宰拱村村域面积为9.3平方公里，全村210户，共650人，全村以侗族为主；村落始建于明代年间，宰拱村于2012年被列入第一批中国传统村落名录。

村落特色

"宰拱"，为侗语音译，意为泉水不断涌出的地方。

宰拱河贯通村寨及寨外梯田，常年水源充足，将宰拱寨分为南北两个部分，河流自西向东蜿蜒穿过。宰拱村整体空间布局形如带状，沿宰拱河两岸建设，是长江水系清水江源头之一，常年水源充足。宰拱村坐落于河的中游，村寨的外围是植被茂盛的山林，在这里形成一个长条形的河谷地带。民居都依山势地形面水而建，高低错落的小青瓦坡屋面，与水系、农田及外围山林一起形成一幅安静祥和的山水村居图。

全村居住的都是南方侗族典型的干阑式木楼，木楼是因地而建，建在平地上的一般都是平地楼，建在水塘上的一般都是矮脚楼，建在坡坎上的一般都是吊脚楼。木楼层次分明，错落有致，形成了一条条幽深曲折的巷道，并铺设有青石板路通向各家各户。

传统建筑

传统民居：宰拱传统民居有196座，部分民居始建于新中国成立前后，大部分传统民居建于20世纪70年代；宰拱传统民

传统民居建筑群1

传统民居建筑2

居具有侗族传统民居建设特点，堂屋两侧为卧室。厨房、猪牛圈等皆设于屋侧房后。房屋一般分正屋、厢房、前厅、偏厦等。正屋是主要部分，有三柱屋、五柱屋、七柱屋、八柱屋等。侗族的民居，大部分均为木质结构。平屋为单檐结构，开口屋为双檐结构。凡柱、梁、枋、瓜、串、橡、檩等，均以榫卯穿合逗作，这种建筑工艺在侗族民间由来已久。楼房外围，均有走廊栏杆，宽敞明亮，空气流通，供家庭成员休息，也是侗家姑娘纺纱织布的好地方。侗族的传统建筑从来不用图纸，工匠们只用半边竹竿和棍签作为标尺，俗称"丈杆"和"鲁班尺"。精明的木匠师傅，就凭这根"丈杆"和一捆"鲁班尺"建造出许许多多雄伟、秀丽的建筑物。

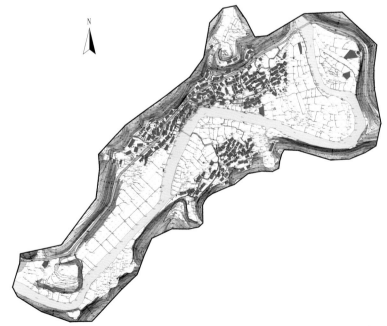

N

宰拱村平面图

民族文化

宰拱村以侗族为主要民族。而侗族又是一支文化艺术底蕴丰富多彩的民族，有"诗的家乡，歌的海洋"之美誉。其中以侗戏、萨玛节、侗族大歌等最为著名。

侗戏：侗戏是我国民间戏曲中的戏种之一，是侗族人民在长期的劳动生活中创造并喜闻乐见的艺术形式，它具有独特的民族风格，多流行在贵州省的黎平一代，它的发展源远流长，经历人民群众集体创作、集体传播，不断得到加工、改造，古朴而不单调，抒情而不低劣。

萨玛节：萨玛节也叫祭祀莎岁，侗语"萨"是祖母，"玛"是大，"萨玛"即是大祖母的意思。祭祀那天，人们举刀舞枪，鸣锣吹笙，在"炮火"中高呼着冲出村外，归来时还用标枪穿着用稻草扎成的敌人"首级"表示获胜。

侗族大歌：侗族大歌是侗族多声部民间歌曲的统称，侗语称"嘎老"。"嘎"

侗戏

萨玛节

蓝靛靛染布料晾晒

就是歌，"老"，含篇幅长大、人多声多和古老之意，是由多人合唱、集体参与的古老歌种，多声部、无指挥、无伴奏便是它的特点。

蓝靛靛染技艺：用蓝靛靛草加工成蓝靛，用蓝靛作染料，用土碱、烧酒等作辅料，经手工操作，把布染成月白、月蓝、浅灰、青等色。除专业染房外，几乎每户都有小染缸，随时染蓝、青棉线和青布。小染缸自染的青布，最后用犁树皮或刺梨树熬水上浆，色泽鲜艳，保色期长。

人文史迹

古井：宰拱古井一共有2口，大寨和对门寨分别有一口，宰拱古井均匀分布于寨内，在还没实现自来水之前，这两口水井担负着宰拱村两个自然寨的生活用水，水井里的水冬暖夏凉，十分可口，至今仍在使用。

宰拱河：宰拱河贯通村寨及寨外梯田，常年水源充足，将宰拱寨分为南北两个部分，河道宽约16米，这里是长江水系清水江源头之一。宰拱河孕育着沿岸的侗家人民，侗家人的祖先落户这里后，就开始人丁兴旺，默默的孕育着宰拱侗家人一代又一代。

凉亭：宰拱目前有凉亭两个，建造年代为20世纪80年代，一个位于宰拱大寨中，为正方形，边长3米，面积约9平方米；另一个位于对门寨，进寨5米处，也为

古榕树

正方形。凉亭供人乘凉，水井供人解渴。

古榕树：古榕树建寨的时候就已经存在，在侗家人心里，村寨必须有古树在寨内或在周围，除了美化村寨环境外，还能为村寨遮挡大风，最主要的是侗家人认为大古树可以避邪，认为它们是侗寨的守护神，在一直守护着侗家人，所以，在传统节日的时候，侗家人都会在大树前点上一炷香。

消防水塘：勤劳智慧的宰拱侗家人民，在村寨的发展过程中逐渐明白寨内消防水塘的重要性，故水塘能够得到很好的保存下来，至今寨内有消防水塘约10个，大小不等；水塘的存在增加了村寨房屋之间的建筑间距，形成防火隔离线，具有一定的消防隔离效果，同时也是消防水源的主要来源之一；夏日，因水塘水分的蒸发，促进空气流动，使得寨内空气温度降低，变得凉爽怡人；此外，消防水塘还具有美化村寨环境的效果。

保护价值

宰拱侗寨周围为侗族历经数百年修筑的梯田，参天的古树一年四季变换着不同的景象。宰拱侗寨完好地保留了侗族自然、原始的生活状态，村寨与自然环境有机融合，风雨桥、古民居等侗族元素丰富。宰拱具有独特侗族文化的乡土人文景观，为以后我国研究侗族文化事业提供良好的资源与环境。

付家佳 杨辉智 周祖容 编

宰拱风雨桥

黔东南苗族侗族自治州黎平县九潮镇高维村

高维村全貌

高维村区位示意图

总体概况

高维村位于贵州省黔东南苗族侗族自治州黎平县九潮镇北部，距政府所在地30公里，坐落在清水江和都柳江源头分水岭，高维村距九潮镇政府有30公里，东南靠贡寨治彦两村，南依顺寨村，西南与尚重镇接壤，北部靠尚重育洞村，东北接宝寨村。高维村由江西吉安普迁至天柱远口自明初再迁至现在高维村，至今已有700多年。全村总面积10.82平方公里，农户308户，人口1236人，均为侗族。2013年，高维村被列入第二批中国传统村落名录。

村落特色

高维村地处典型的高原山地地区，处于四周大山围成的山窝里，村寨南部东西向，东侧南北向有小溪穿过。高维村居住分为高维大寨和高维小寨，大寨居住在小山山脊上，形如一头水牛卧塘洗澡，牛头古树参天，牛背民居聚居鳞次栉比，牛尾绿树笼罩，苍翠葱茏。小寨地处山谷，在高处放眼看去形如一个燕子窝，寨口风雨桥矗立，左右两条山梁在寨前聚拢，形成锁口山，三面青山环抱，绿水环绕其内，寨中古井民居尽显民族风貌。独特地形、参天古树林的点缀，使高维成为集自然景观和人文景观为一体的独特民族村落。

稷坛

传统建筑

高维村是一个典型的侗族村寨，寨中现存有一座风雨桥及大量侗族传统民居。

民居：民居由田坝边缘山脚顺山势向上延伸，层层顺山拾级而筑。绝大部分是木质结构，建筑具有浓郁的侗族特色，整个村寨以青瓦、吊脚等侗族文化融入其中。高维村传统侗族干阑民居巧妙地与地势相结合，手法独具匠心，平面空间多样，建筑用柱子把建筑托起，使其下部架空，"人处其上，畜产居下"。参天古树林的点缀，使高维成为集自然景观和人文景观为一体的独特民族村落。随着人们对住宅空间和面积领域要求的扩展，大部分民居已从简单的两层发展为三层或四层。

风雨桥：现有鼓楼式风雨桥一座，建于明、清时期，位于村庄北部。在桥的长廊上加盖二层的四檐四角的鼓楼式建筑，桥面上的楼廊柱枋，不用一钉一铆，采用穿斗式的组合木架结构，全靠木材穿枋衔接，随横直斜套的榫卯结合的梁柱体连成

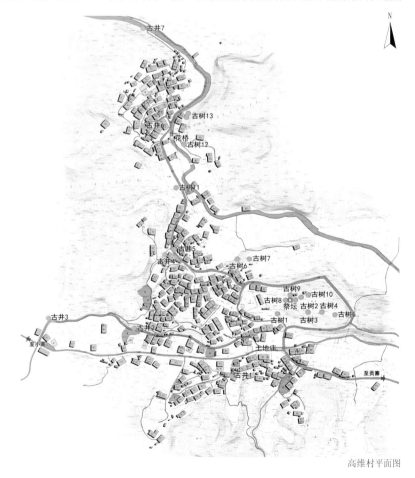

高维村平面图

花桥

服饰

民居

整体，亭廊的内走廊两旁设有栏杆和供行人休息的长木凳。

民族文化

鼓藏节：七年一次，时间大概在农历的10月份，具体日子由寨老选定，主要活动就是踩歌堂，唱歌（主要是侗歌、山歌和情歌），还有一些自由的节目。这一天，男女老少，都身着盛装，由歌师和寨老带领着踩歌堂，边走边唱，其间还有一个小活动，村里人叫"解腰带"。歌师会把彩色的腰带挂在客人的脖子上，客人就会回赠一些钱给歌师，如果歌师多挂几根，客人相应的就会多回赠一些钱。有时候的客人也会开玩笑，不要彩带，要歌师身上的腰带，有的还动手强行的去解歌师的腰带，以此增加乐趣。到踩歌堂快要结束的时候，歌师和寨老会带着大家逆时针走，直到退场。到了晚上，会举行晚会，主要就是唱歌和自由节目的表演。

婚俗：高维婚俗中有"行歌坐月"的习惯。晚上，几个要好的姑娘聚集在一家堂屋里纺纱、绣花，等待男青年的到来。有的后生虽不相识，但姑娘们总是脚手不停，一面纺纱绣花，一面热情接待，以歌相问，以歌相答，以歌传情，往往玩唱到深夜才离开。以后，经过多次接触、唱歌，相互了解，终成眷属。

人文史迹

古井：高维村一共有七口古井，均匀分布于寨内，多修建于明、清时期，由石头或青石板筑成，井前设取水平台，两侧

窗花

禾仓

设石墩，用于放置取水木桶，至今保存较好。在还没通自来水之前，水井担负着高维村村民的生活用水，水井里的水冬暖夏凉，十分可口，至今仍在使用。水是生命之源，因为有水井才会形成村落，所以村民们对古井保护得很好。

古树：高维村的村落环境保存较好，古树较多，寨内现有一定树龄的古树就有16棵，古树多为枫树、银杏、猴梨树等。

社稷坛：现有社稷坛一座，位于村落东南部学校背面，是村民供奉祭祀祈福的主要场所。在三棵青枫古树下方，由石头堆砌而成。传说在清朝年间，村内发生大旱，庄稼都枯死了，以至饿死了很多人，后来来了一位白胡子先生，在村里居住了

三年，与村里签了生老死藏的条约，并在"高牙牙"（侗语）安了一个社稷坛，为高维祈求甘霖，挽救了整个高维。

保护价值

高维村山水格局独特，村寨（分为大、小寨）位于四周大山围成的山窝之中，溪水环绕。村落整体保存较完整，传统鼓藏节文化、婚俗文化氛围浓郁，对侗族人文与自然共融的研究具有科学研究价值。

赵玉奇 徐 雯 何 丹 编

古井

航拍图

黔东南苗族侗族自治州从江县加榜乡党扭村

党扭村全貌

党扭村区位示意图

总体概况

党扭村位于从江县西部月亮山腹地的加榜乡东北面，距县城80公里。全村816人，均为苗族。2014年被列入第三批中国传统村落名录。

村落特色

村寨聚居在一个山冲半坡的斜面上，位于加榜梯田里，党扭村就位于梯田半山腰上，有着自己独特的民族文化习俗和服饰。党扭村传统农耕文化保存完好，民族风情古朴浓郁，民族文化积淀深厚，民族建筑风格独具特色，村寨四周是梯田，梯田周围是森林，村寨、梯田下方是河流。雨后天晴，白雾从山下的溪流中升腾而上，梯田、村落笼罩在白茫茫的云雾中，若隐若现，仿若仙境。加榜梯田景区集山川、梯田、森林、溪流、农田、云海、苗族民居及文化习俗于一体，是自然景观和人文景观完美结合的典范。远远望去，山、水、桥、林、寨等交相辉映，犹如一幅美丽的中国山水画，显得格外和谐、宁静。

传统建筑

党扭村传统民居多建于民国时期，集中连片分布成两个小组团，多为传统的苗族吊脚楼木构建筑，就山形，依山顺势而建，结地利，倚木而居，民居层层叠叠，鳞次栉比。建筑形态与山体形态一致，隐于古木绿树丛中，四周古树参天，较好地结合本土地形地利，满足了山体形态的原生态，保持了建筑与自然环境的有机融合，建筑群体轮廓的走势充分体现了与自然山体坡度形态的一致性。村寨中干阑式传统民居有吊脚木楼、连廊木楼、回廊楼屋等；党扭村大部分传统建筑保存一般，大多部分传统建筑因岁月年久及农民收入拮据失修，破损较为严重。随着近两年的发展，村内出现了新建的本土干阑式木构传统建筑，依山而建的苗族干阑式建筑群巧夺天工，是苗族人民与自然和谐共生的大智慧。

党扭禾晾

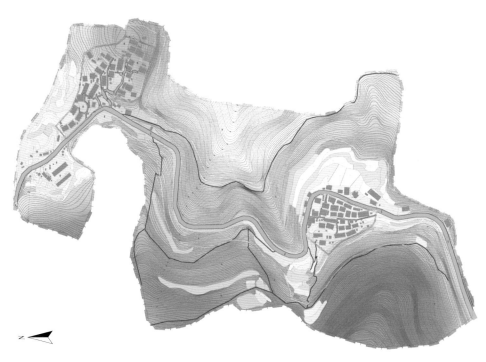

党扭村平面图

党扭梯田

代表民居 2

民族文化

苗族婚恋：苗族男女青年恋爱，总的说来较为自由，一般不受父母干涉。男女青年还在十五六岁的时候，多数就开始为恋爱做些准备，如学吹木叶，学吹口琴，学唱山歌等。随着年龄的增长，就逐渐加入恋爱的行列。恋爱开始于双方的相互认识。苗族男女相互认识，主要要有以下一些途径：一是春节、花山节时的玩耍，方式是通过打毽、对唱山歌等进行认识；二是游方，即男青年外出游玩，到外村去寻找自己的意中人；三是在别人举行婚礼时，通过交谈或对唱山歌等认识；四是赶集时认识，等等。这其中，有的由他人介绍，有的则是自己看上。但不管是哪种情况，男方都要想方设法主动与女方搭讪，甚至与女方一起劳动等，以便相互沟通，若女方喜欢，就与之交谈；若不喜欢，则走开或说些拒绝的话。当然，初次见面，还谈不上真的喜欢与否。一般情况下，开始双方都是开些玩笑，唱唱山歌，以了解对方的论理能力、情趣、爱好等。待认识深入，双方确实喜欢，再谈到"正题"。苗族男女青年恋爱，除直接交谈、对唱山歌外，还有一些其他方式，如吹木叶、吹口琴、拉二胡、弹三弦等，都可以表达情义。每当这些乐器响起，有情人不仅听着美妙的乐声，而且还可知道音中之意，甚至可以像对唱山歌一样进行问答，动情之至，真的可以决定终身。因此，在苗族民间，常有以一曲木叶、一曲口琴等结为夫妻的事例。

苗族吃新节：吃新节也叫"新禾节"。

苗族服饰

苗族婚恋

"吃新"是居住在清水江和都柳江中上游的苗族节日之一。在每年的农历十月，约在农历"小暑"到"大暑"之间，以早稻成熟为标志举行，节日这天，村民们早早来到田间，精心摘取颗粒饱满的稻穗，捆扎成稻束，把它们悬挂在农舍门厅的两旁，供奉在中堂的桌案上，祭拜谷神和祖先后，全家人按照长幼辈分，依次入座就餐。餐席虽较丰盛却并不铺陈，以新米饭、米粉蒸肉为主，还有鲜嫩的茄子、辣椒、黄瓜、南瓜、豆荚等时令蔬菜以及鸡、鸭、鱼、肉等。苗族同胞身着节日盛装，齐聚一方，主要活动有跳芦笙舞、唱苗歌、斗牛等。

人文史迹

党扭村内全部为苗族，相传这个"稻饭鱼羹"的民族是蚩尤的一个分支。传说蚩尤被炎黄联盟打败后，蚩尤属下的一部分人沿湘、滋、资水而上，到五岭西部，顺江而下，经陆路至都柳江下游，再溯江而上，到达黔东南，而加榜乡党扭村的苗族祖先便是其中的一员。至今有4000多年

代表民居 1

的历史。

相传4000多年前，党扭的先祖王故拆、王故西两兄弟带领族人从黔东南州境内的丹寨排调出发，沿都柳江而下，先后经榕江车江，下江，从江，广西的杆洞、秀塘乡上傲及刚边乡宰别村，在迁移途中，因生活条件恶劣，他们所经过的地方生活的时间都比较短，一般为2～3年。相传，王故拆、王故西两兄弟带领族人在刚边乡的宰别村居住时，有一天，王故拆、王故西外出狩猎，他们追赶着一头野猪满山跑，在追寻野猪的过程中，王故西发现了一条小河（现在的加车河），河面完全被原始森林覆盖，河两岸被树藤连接，人可直接从树藤上面走到对岸，在过河时，王故西无意将背在身上的水稻种子落入了一个泥塘中。

次年农历六月的卯日，当王故西狩猎再次经过此地时，发现池塘里长出了水稻，并且稻穗已基本成熟，他对此感到十分高兴，回家后，他把这一消息告诉了族人，族人们经过商量后认为，党机坡（党扭属党机坡的一部分）是一个适宜人类居住的好地方，于是王氏兄决定率全族人到加车河对岸比较平缓的党扭一带定居。定居后，王故拆、王故西便率领全族人，挖山造田，开始了他们"稻饭鱼羹"的美好生活。

保护价值

民居群体布局灵活多变，多沿等高线布局，形成了高低错落、内聚有力的传统聚落空间特点。布局十分得体。村中小路顺应或垂直山体等高线铺设，自然形成灵活多变的街巷。寨内巷道自然分布、纵横交错，呈现出一种自然状态的肌理，村外古树群及村落整体风貌保存完好。

周 杨 编

黔东南苗族侗族自治州黎平县尚重镇顿路村

顿路村全貌

顿路村区位示意图

总体概况

顿路村位于贵州省黔东南苗族侗族自治州黎平县尚重镇北部，距镇政府所在地4公里，东、北两面与平寨乡岑柳村接壤，南与宰蒙村为邻，西与务弄村相连。全村总面积5.2平方公里，201户，863人，主要为侗族。明朝早期祖辈从江西外迁入住，新中国成立前一部分人从州内的剑河搬入，至今有几百年的历史。2013年，顿路村被列入第二批中国传统村落名录。

村落特色

顿路村依山而居，地处山腰，寨外梯田层层分布，一条小溪从东侧山林中涌出飞奔直下，形成瀑布，在当地较为出名。村落依地势而建，充分利用等高线层层而上，形成错落有致的房屋格局，屋檐之间相互重叠，层层增高，犹如少女裙摆，与大自然融为一体。村落以寨中地坪为中心向外辐射，寨内小径台阶相连，形成网状道路格局；禾仓分布于寨边，零星地点缀着这个村寨。

民居1

传统建筑

顿路村为典型的侗族聚居地，位于半山腰，由于用地有限，为创造更多的使用空间，建筑巧妙地与地势相结合，手法独具匠心。民居的平面空间多样，但就其类型而言，都归于干阑式建筑，用柱子把建筑托起，使其下部架空，属于人处其上，畜产居下的居住建筑类型。随着人们对住宅空间和面积领域要求的扩展，建筑已经从简单的两层发展为三层或四层。从一开

民居2

瀑布

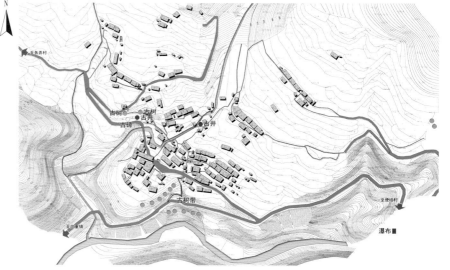

顿路村平面图

古道

活动

古树

间发展为两开间、三开间或更多开间，乃至于长屋。

民族文化

鼓藏节：顿路村的鼓藏节七年举办一次，每次举办都犹如一幅侗乡人民温婉情怀的民族风情长卷。鼓藏节期间，还同时举行斗牛、斗鸡、斗鸟、山歌、琵琶歌、芦笙表演、民族服饰展演等丰富多彩的赛事活动。在当地群众盛装聚集，虔诚社祭，敬天地、祭先祖，对山歌、会亲友，琵琶鼓乐，以盛大节庆感慰苍生，祷福太平，祷盛世丰年。鼓藏节第一天开展祭萨活动，这天寨内禁止出入，完成祭萨活动方能自由。

贺牛：尚重镇每个侗族村寨都养有"牯藏牛"，一般在鼓藏节前三年寨内会购买斗牛，然后挑选黄道吉日告诉寨内出嫁的女儿，不管老少都回娘家"贺牛"，一般为三天，第一天会将斗牛牵出来游寨，并为其战袍加身，第二天全寨回娘家的女儿相聚唱歌打闹，不分老少，在他们眼里，没有差异，大家都是顿路村的女儿，表现出女儿对娘家的思念以及回到娘家的一种洒脱。

破新节：破新节又名吃新节、尝新节。是顿路村每年隆重的节日，具体时间由各村寨寨老来按照黄道吉日来定，这一天村民就会放掉田里面的水，让水稻的根部接触阳光与氧气，使水稻的稻谷更加饱满。同时这天会把田里面的鱼捉出来，这天每家通知自己的亲朋好友到家里面做客，各式各样的鱼做的美食，到时候喝着

古井

美酒，吃着美食，伴随着侗歌的旋律来展望今年的大丰收。

人文史迹

古井：现存古井两口，其中较出名的古井位于村落中部河岸边，建于清朝时期，井由青石筑成，高约60厘米，宽约45厘米，井前设有青石板取水平台，顶部形如牛角的井檐，造型古朴，整体风貌好。

萨坛：现有萨坛一座，位于村落南部，建于明、清时期。萨坛由石头垒成，树藤绕在外面，上种有植物。在举办七年一届的鼓藏节时会大维修一次，每到鼓藏节都会由寨老组织到萨坛处举行祭萨活动，到时穿着盛装围着萨坛行走，鬼师于萨坛上念咒语祈福，萨坛上立一把聚阳伞，下面按照天干地支来布置方位，是村中较为神圣的地方。

萨坛

保护价值

顿路村建筑结构多为"穿斗"结构，结合当地的气候，地形，形成了侗家独有的建筑特点，具有不容忽视的科学性。另一方面，在其选址上有"山地丘陵，青山怀抱"的特点，能较好地利用山上丰富的林业资源安家立业，在其村落布局上有"地坪为心，向外伸展"的特点，这样格局便于集中村民和开展各种活动。因此顿路村从建筑形制、村落选址与布局等方面具有较高的科学性。

徐 雯 王 希 杨泽媛 编

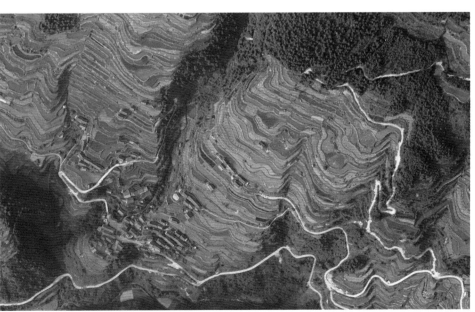
航拍图

黔东南苗族侗族自治州雷山县西江镇黄里村

黄里村全貌

黄里村区位示意图

总体概况

黄里村位于雷山县西江镇东南部17公里处，雷公山西北麓，距雷山县城15公里。建寨千余年，由大寨、小寨、甘能松三个相邻的自然寨组成，全村辖面积15.12平方公里，被称为"翡里"是一个古老的苗寨。至今发展成344户人家，1439人。寨边山林葱茏，绿丛荫蔽，终年苍翠，驻林鸟众，黄里村于2013年被列入第二批中国传统村落名录。

建筑群

黄里村总平面图

梯田

石板路

传统建筑

黄里村的传统民居建筑皆为小青瓦盖顶的木质吊脚楼，建筑群大多保护完好，具有苗族独有建筑风格。民居依山而建、排列有序，楼群呈鳞次栉比状，隔河两面偏坡从下而上布展开去，雄伟壮观。黄里寨景，在雷公山苗寨群里，是富有苗族居住特色的一大苗寨。

房子的框架系榫卯衔接，外部造型，大多为四榀三间，上下三层；底层进深很浅，只能圈养牲口；二层半虚半实，即所谓的半边楼，二层一般三面带廊，人从山面经廊进入堂屋，此层为全家活动中心。黄里民居中堂外边都安装休闲长型坐凳，装上围栏竖条，以稍向外凸出的靠背栏杆，富有艺术性，既清爽又干净卫生。黄里村吊脚楼的内部装修方面，具有许多特点；大门装有牛角，意为可保一家平安，几乎所有吊脚楼的封檐板，着意刻成拱桥形，将"桥"刻于封檐板上，以此记载古代居住习惯，同认为可消灾纳福。此外，大门、房门、窗户的装修别具一格，门槛高，苗俗认为财富多，有利于财不外溢，窗户外侧即为走廊，采用上下推拉式。

村落特色

黄里村民房沿山而建，楼群呈鳞次栉比状，村寨两旁有层层梯田，往山上堆叠。大寨下的甘能松自然寨之邻，横向耸立着惊险而又显美丽且笔陡的一堵巨大长型岩山，如一巨兽镇山，威风凛凛，是黄里村人的游乐重地。

民居

建筑细部

垂花

民族文化

黄里村是一个古老的苗寨，自建寨千余年来，人居和谐，全村有杨、侯、张、顾、梁、李、潘、王等八个姓氏，杨姓祖先开辟黄里。

传统节日：黄里苗族民族风情浓郁，一年一度的节日有吃新节、苗年节、爬山节、每隔十二年一次的鼓藏节，还有不定期的"抖仙单洋"，即防寨火的扫寨节。

最隆重且节日期长的是每隔十二年一次的鼓藏节（十二生肖的兔年），举行祭祀活动，牯藏头家为节日首领，先宰肥猪，继后，各家都相继宰杀肥猪，兼以鸡、鸭、鱼，这是少不了的祭祀祖宗食物，亦是节日的主要佳肴。整个节日活动为7～9天时间，节日期间，家家鞭炮轰鸣，彰显一派节日气氛。于鼓藏节期间，举行隆重的芦笙会活动，寨上姑娘以及邻寨的和外来作客的姑娘都银装素裹，穿着节日盛装，在寨脚下的芦笙坪围圈随笙起舞。同时还举行既隆重且庄重的传统"讨花带"——青年男女于公开场面传递爱情的活动，芦笙会后，双方有诚意的终成双结对，若万一一方有异议而结对不成，即兴退物还礼，仍在"游方"对歌，以承袭古礼古节而为，代代相传。

鼓藏节期间，还会举行隆重的芦笙会活动，高潮迭起的芦笙会中，还伴随举行场中的敬牛角酒活动。所敬酒对象是在外围观赏芦笙会的外地来宾、外寨来客和本寨德高望重的老人。在场行使敬酒者，组成若干敬酒人或两人一组式，敬酒者寻到敬酒对象后，敬酒者两手持着盛满米酒的牛角，有意地在敬酒对象面前亮角晃动，礼节的手舞足蹈，以示"两牛"欲斗之势，敬酒者与应酒者一番跳跃作对逗着乐，最后应酒者还得躬身应喝，加上场外众人为场势吆喝助阵，应酒者喝下牛角敬酒，有的以礼节喝上一两口，酒量大者，有的一下喝毕，场上高潮起伏，情状热烈，芦笙场中，人人都穿精制的绣花衣，件件精致，秀美不凡。围圈跳笙中，还互相牵手，以示节日喜悦，或于跳场中移步甩手作乐，气派非凡。黄里鼓藏节的活动盛况，在雷公山地区，彰显着苗族传统文化的壮丽一篇。

人文史迹

小溪：黄里的绝秀特色，在于两条清澈小河，分别涌自雷公山麓，一条从寨中而过，一条沿大寨边而过，而后汇合寨下，经下游邻寨的中寨村以及羊吾苗寨，再过凯里地界的乌烧苗村而后汇入巴拉河，河水清澈，在磐石间形成小溪与清潭，景色宜人。

古树：村中和村头还有高大的护寨林，中有枫香树、香樟树、松树、杉树等饱经沧桑历经数百年的高大古树。

梯田：村寨两旁有层层梯田，顺着山势，从山脚下至山顶层层叠叠的梯田呈辐形顺着牛背似的山脊一片片悬挂在山坡上；从每个角度都能观赏其壮丽的景观，大山相映，小山相连，满山满谷，梯田片片。

鼓藏节活动

讨花带活动

保护价值

黄里苗寨除了苗族风情文化浓郁外，还具有以丰富、集中、面大的的原始森林为基础，以千姿百态的自然景观，神奇茂密的原始植被，清爽宜人的高山气候，珍稀罕见的树木，绚丽多彩的真山真水为特色，以独具特色的苗寨田园风光，苗寨吊脚楼和多姿多彩的民族风情为底蕴，景观齐全，特色鲜明，神秘奇特，具有极高的旅游观光价值。

袁兰燕 王 攀 周祖容 编

全景

黔东南苗族侗族自治州台江县台拱镇排朗村

排朗村全貌

排朗村区位示意图

总体概况

排朗村位于台拱镇西部，距县城和镇人民政府驻地10公里，东接牛打坪，南与大德村毗邻，西与台盘乡交江村相连，北抵桃香、掌福。排朗村已有近四百年的历史，于清朝由江西迁入。排朗村共83户，户籍人口400人。全村均为苗族，2013年被列入第二批中国传统村落名录。

村落特色

排朗村属于迂回扇形村寨，东北两面环山，西南两面是大片开阔的稻田，两条清澈的溪流从稻田蜿蜒而过。山、水、田、寨交辉相印，自然和谐。村中小路顺应或垂直山体等高线铺设，自然形成灵活多变的街巷。村落保存着完好古朴的木结构建筑群，典型苗族干阑式建筑。

以两层或三层高的木质穿斗式建筑为主，材料均为杉木和松板，有5柱或7柱一排的，结构为歇山式小青瓦盖顶，多为二楼一底，以三间一栋常见，少数为四、五间或搭有披厦吊脚楼。因地形坡度显得错落有致，质朴沧桑，古风浓郁。

传统建筑

排朗村传统民居多建于20世纪四五十年代，集中连片，多为榫卯结合的木构建筑，依山顺势而建，鳞次栉比。建筑形态与山体形态一致，较好地满足了山体形态的原生态，保持了建筑与自然环境的有机融合，建筑群体轮廓的走势充分体现了与自然山体坡度形态的一致性。

传统建筑为干阑式木结构传统建筑；建筑年代久远，建筑空间为"左—中—右"的横向间的空间序列关系；形成以堂屋为中

代表民居1

排朗村局部

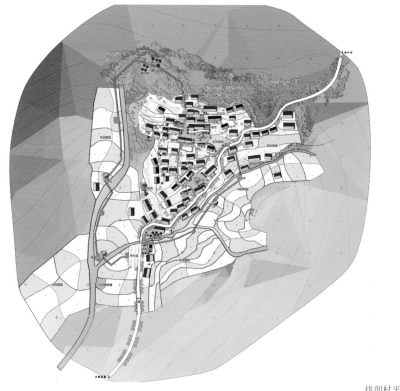

排朗村平面图

代表民居2

反排木鼓舞

排朗村斗鸟

代表民居3

代表民居4

姊妹节

心，三开间退堂式的居住平面，生活面置于二层；屋顶为悬山瓦顶。村寨中干阑式传统民居有吊脚木楼、连廊木楼、回廊楼屋等；排朗寨大部分传统建筑保存完整。

民族文化

苗族反排木鼓舞：反排木鼓舞是苗族神话中造人之神——"蝴蝶妈妈"的象征，系苗族的祖先姜央打造并开始贡奉，由后人沿袭至今。过去木鼓舞只能在13年一次的祭祀祭祖节跳，在庄严肃穆的仪式中进行，现已演变为用于健身的民族性舞蹈。舞蹈分为5个章节，以激越的鼓点为主节奏，由踏步、腾越、翻越、甩同边手等基本动作构成。

反排木鼓舞的传说是：远古时候，反排村苗族的始祖"放耶古"原来住在东方，遭受其他部落的攻击，全族几乎覆灭。他的儿子勇郁古和女儿仰妮耶占双双逃散来到反排这块地方，过着野人般的生活。由于长年生活在深山里，劳动之余，兄妹俩常以虫鸣鸟叫为管乐，手舞足蹈

自娱自乐。他们听了蝉鸣就学蝉歌，看见虫在水里兜圈，也跟着虫转，见到蜜蜂飞舞，也学蜜蜂舞蹈。有一次，他们听到啄木鸟发出"多—多"的声音，节奏明快，清脆悦耳。遂缘木而上，发现此树原来已经空心，击之能出共鸣响声。于是砍倒制成木鼓，为作舞蹈的伴奏乐器。某个丑年，勇耶古和抑妮耶古为使失散的族人团聚，他们举行了斗牛赛活动，请大家观赏，并将斗败的牛宰杀来祭祖和款待大家。酒足饭饱之后，又将他们平时在深山学得的舞蹈动作传授给大家，全族人舞蹈狂欢，庆贺团聚。反排木鼓舞由此诞生了。

芦笙舞：芦笙舞，又名"踩芦笙"、"踩歌堂"等，芦笙是苗族古老的吹奏乐器，苗家人吹奏芦笙，因用芦笙为舞蹈伴奏和自吹自舞而得名。从已出土的西汉铜芦笙乐舞俑分析，芦笙舞至少已有两千多年的历史，是苗族人民珍贵的艺术财富。芦笙舞大多在年节、集会、庆贺等喜庆时刻表演，主要有自娱、竞技、礼仪三种类型。芦笙舞由十几甚至几十人盛装打扮的芦笙手围成圆圈，边吹边跳。智慧的苗家人在传承中不断丰富和发展了芦笙的内涵。随着非物质文化遗产保护意识的逐渐加强，这一古老的艺术形式不断焕发出新的生机。

人文史迹

斗鸟：据《当地府志》记载，黔南州的苗疆斗鸟活动有悠久历史。这一带的苗族、布依族人民自古就有养鸟习惯，特别是贵斗鸟定县新巴镇几乎家家悬挂鸟笼。并由斗鸟发展到八哥、雉鸡、锦鸡、竹鸡等近30种。他们爱鸟如子，鸟生养鸟、鸟死葬鸟，鸟葬祭鸟，还互订乡规民约。由于人不惊鸟，所以鸟雀亲人。游客如到黔南州布依寨、苗寨做客，会看到一幅幅鸟语花香的美丽图景。有鸟迷们书写的对联为证："养得鸟中鸟，留住春外春"。

土地庙：是苗族祖辈自清代就流传下来的习俗，每逢节庆，在此向土地庙祈福祭祀，用雄鸡、鸭蛋、鱼、刀头、糯米粑（饭）、酒、棉条、新布和香纸等作祭品，将少量祭品泼洒土地庙上，将棉条等系于庙上、树上。祈祷生男如往奶（太阳王），生女如仰阿莎（苗族传说中的美

女）。念毕，席地畅饮，而后开展以踩芦笙、斗牛为主形式的娱乐活动。

保护价值

排朗村已有近四百年的历史，熊姓是最早迁入的家族，后来潘、吴、欧、邰、李、杨姓迁来。村落坐落在群山和稻田环抱之中，周围植被丰富，植物种群繁多，古树参天，拥有丰富而珍贵的物质与非物质文化遗产，有着独特的历史风貌和自然格局。时间和空间环境均体现了其较高的历史价值。

村寨中苗族干阑式传统民居有吊脚木楼、连廊木楼、回廊楼屋等，依山而建的苗族干阑式建筑群巧夺天工，是苗族人民与自然和谐共生的大智慧，也是苗族文化的最佳写照与缩影。苗年、二月二祭桥节、吃新节等依旧是排朗寨的传统节日，刺绣、蜡染等手工作品也具有较高的收藏价值。无论从物质空间、还是从非物质文化来看，排朗寨均有较好的独特性及完整性，体现了苗族文化价值。

王和进 马勇超 编

213

黔东南苗族侗族自治州雷山县望丰乡排肖村

排肖村全貌

排肖村区位示意图

总体概况

排肖村位于望丰乡西北部，距乡政府13公里，县城26公里。是苗族长裙之系聚集的一个古村落，辖6个村民小组。全村共有260户，1139人，以苗族为主。排肖村在2013年被列入中国第二批传统村落名录。

村落特色

排肖村气候宜人，四面环山，山高谷深，水量充沛；寨前的山山岭岭，树木繁茂。环形的山势、多姿的吊脚楼，村庄与山峦、梯田组成一幅绝妙的画屏，全村植被丰富、种类繁多，无山不青、无水不绿，森林覆盖率达61.14%。

排肖村在发展生产水稻、玉米、马铃薯、红薯等粮食作物的基础上，积极发展经济作物，现有茶叶321.61亩，红阳猕猴桃432亩，规模较大；林木、中草药、野生动物等资源也很丰富；地下矿藏丰富，有储量大、纯度高的铜矿、铅锌矿。

传统建筑

传统民居：排肖村的传统民居建筑，是县域内保存较为完好的传统建筑。传统民居建筑多是半边式吊脚楼，为纯木质结构，为清一色的穿斗式木质结构，屋顶为小青瓦，多数为三层，保存完好。

楼的外部造型、内部装修、民俗陈设，极具地方特色，蕴藏着丰富多彩的文化内涵。吊脚楼依山而建，外部造型大多为四榀三间、上下三层。底层进深很浅，只能圈养牲口。二层半虚半实，即所谓的半边楼。二层一般三面带廊，人从回廊进入堂屋，此层为全家活动空间。楼空部位上铺楼板，与实地平。此外三开间带一耳房、三开间带一迭落、三开间带两迭落、三开间吊脚楼等，屋面多为斜山顶。排肖村吊脚木楼的内部装饰方面，大门装有牛角，意为可保一家平安。几乎所有吊脚木楼的封檐板，特意刻成拱桥形，将"桥"刻于封檐板上，以此记载古代居住习俗，认同可消灾纳福。此外，门槛高，认为财富多，有利于财不外溢。窗户外侧即为走廊，窗不用支摘式，而用上下推拉式。

古粮仓：排肖村有粮仓26座，建于民国初年，一般为两层，整体为木质结构，布局完整，主体布局基本保存完好，与周边环境无冲突。这些粮仓沿山体等高线排列，展示老一辈人的聪慧。

排肖村平面图

排肖村村落环境

苗族织锦

村落建筑依山而建

传统民居

古粮仓群2

扫寨

古粮仓群1

招龙节

民族文化

招龙节：招龙节苗语叫"弄勒达昂"，其意就是本寨招回"龙神"。招龙节也是每隔12年过一次，连续过三年，第三年最为热闹，时间是猴年（申年）二月的猴月，与鼓藏节一样，属于国家级非物质文化遗产。

吃新节：吃新节是在苗族群众栽秧结束后，从开秧门的日子计算，大部分的稻禾已经打包的农历六月上中旬逢卯之日过，传承良好，已延续上百年。苗族称之为"弄莫"。吃新节时要开展斗牛、斗鸟、赛马等民间活动来庆贺。

苗族织锦：苗族织锦纹样为几何纹样或飞禽走兽、花鸟虫鱼和人物等纹样，织锦构图精美，用工精细，立体感强，美观大方，具有较高的美学研究价值。对织锦材料、针法、图案等研究，可以得知苗族的服饰观念、文化意识，可以解读苗族的历史以及苗族的社会形态等。

扫寨：苗语叫"虾昂"或"迁夺昂"。扫寨活动从苗族形成村落居住开始，一直沿袭至今。"扫寨"驱逐火灾星，其积极的一面是经过扫寨活动以后，各家各户都必须严防火灾。

招龙节的芦笙舞

吃新节

保护价值

排肖村地理位置优越，气候宜人，四面环山，资源丰富；村寨民族节日多姿多彩，民族文化传承良好，传统建筑别具风格，村落具有保护和发展的科研价值。

张宇环 李函静 周祖容 编

排肖村古树

黔东南苗族侗族自治州雷山县丹江镇猫猫河村

远眺猫猫河村

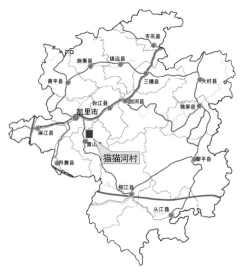
猫猫河村区位示意图

总体概况

猫猫河村位于雷山县城丹江镇西北部,距镇政府驻地3公里,海拔886米,归丹江镇管辖。全村有126户人家,总人口576人,全系苗族。始建于500多年前,最早是余姓祖先从雷山县大塘乡的乔王村迁入而来。苗寨坐落于猫猫河谷半坡之中。猫猫河村于2013年被列入第二批中国传统村落名录。

村落环境

村落特色

猫猫河村苗寨坐落于猫猫河谷半坡之中,村内因有小河和古老传说虎豹一类的"大猫"而得名。

猫猫河村寨上和寨边有百多株古松,挺拔苍翠,掩护全寨。村内四周的森林植被主要以杉木和马尾松为主,分布有少量的常绿阔叶林和针阔混交林,森林覆盖率达75.8%,因而村内显得尤为秀丽和宁静。

村寨中民族文化浓郁,有芦笙伴舞,苗族飞歌,香甜美酒等民族风情。传统节日主要有苗年节、吃新节、芦笙节。民俗文化包括饮食文化、刺绣文化等。整个村寨呈现出一派新农村幸福祥和的景象。

古树群

传统建筑

传统民居:猫猫河村的传统民居建筑以苗族半边式吊脚楼为主,建筑层数为2~3层,由于地势原因,猫猫河村的吊脚楼依山而建,大多数是用石头砌基后立新房。

寨门:猫猫河村在20世纪80年代修建了寨门,寨门是一个村寨的象征。猫猫河村的寨门形似一个长方形的凉亭,底部用10颗大石头做基础,上用10根大柱子支撑,顶部用小青瓦所盖,寨门上还有精雕细作的木雕结构,十分的精美细致。

古粮仓:猫猫河村还有最古老的粮仓1处,坐落在村寨的中下方,保存完好,由于生活方式的改变,一般古粮仓的功能由储藏粮食变为堆柴、堆物、存放工具等。

凉亭:猫猫河村的凉亭修建在村寨的东边,建于20世纪60年代,占地面积10平方米,层数一层,屋顶是小青瓦,墙体为木柱,现保存完好。

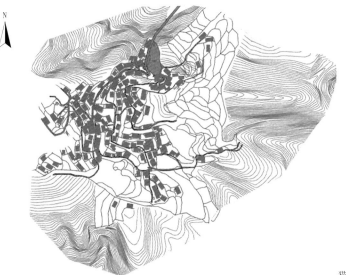
猫猫河村总平面图

传统建筑群

古凉亭

鼓藏节踩芦笙

民族文化

鼓藏节：鼓藏节是苗族人民最隆重、最独特、最神圣、最具原生态，且时间跨度最长的祭祀节日，它有着非常丰富的文化内涵，每隔12年过一次。鼓藏节期间，出嫁在外的姑娘们和远方来的客人们都会来过节，村里组织人在寨门口敬酒、吹芦笙、踩芦笙等活动。客人和主人都参与其中，其乐融融。

吊脚木楼

苗族刺绣：苗族刺绣源自苗族人民的生活，是苗族人民智慧的象征。苗族刺绣具有传承历史文化的作用，主要表现在刺绣的图案上。苗族人民的勤劳、朴实可以从他们身上的着装看出，无论是平日里的便装、节日的盛装或婚嫁的嫁妆，上面刺有的花卉、各种动物的图案，都反映着苗族历史的画面，不仅色彩鲜艳，而且搭配均匀，在视觉上有多维空间感。猫猫河村在2013年雷山苗年节参加州级刺绣比赛，其中一人获得县级"十佳绣娘"的称号，一人获得三等奖，现今在主任余青的带领下猫猫河村成立了一支刺绣合作协会，把刺绣作为她们的第二产业，刺绣不仅能增加她们的收入，更重要的是把猫猫河的苗族绣技传承下去，让苗族人民的智慧展现出去。

刺绣图案

建筑细部

寨门

鼓藏节寨门迎客

猫猫河村参天大树

保护价值

猫猫河村寨内古树参天，传统建筑别具风格，村寨有着其他苗族一样的民族文化与节庆，比如鼓藏节、苗族刺绣等，都很好地继承和发扬了苗族特有的文化。村寨有"村色靓丽人靖康，猫猫河村美名扬"的美名，先后被评为"全省爱国卫生先进单位"、"贵州省卫生村寨"等荣誉称号，是文化价值和旅游价值的结晶。

张宇环 李函静 王 攀 编

古粮仓

苗族刺绣

黔东南苗族侗族自治州台江县施洞镇黄泡村

黄泡村区位示意图

总体概况

黄泡村位于黔东南州台江县施洞镇西北面，距施洞镇政府12公里，跟台江县府50公里，距黔东南州府60公里。黄泡村由上寨、下寨、屯朗3个自然寨组成。3个自然寨相距100至500米，依山临沟而建，住房紧密相连，鳞次栉比，错落有致。现今共辖3个村民小组，186户742人，主要以苗族为主。2013年被列为第二批中国传统村落名录。

村落特色

民谚谓之曰："鱼住滩、人住湾"。在水源先决的前提下，黄泡村坐落在群山之中，碧水环绕，建成环抱状，酷似靠背椅，随等高线的起伏与走向进出参差不一，错落有致苍劲的古树，寨边的农田，四面群山环绕，山清水秀，景色宜人，清水江上游的一条支流黄泡河穿寨而过，黄泡村周围植被保护较好，山上森林茂盛，郁郁葱葱。民居沿河而建，顺山势而行，鳞次栉比，注重与山体的灵巧结合。民居群体布局灵活多变，多沿等高线布局，形成了高低错落、内聚有力的传统聚落空间

特点。村中小路顺应或垂直山体等高线铺设，自然形成灵活多变的街巷。寨内巷道自然分布、纵横交错，呈现出一种自然状态的肌理，村外古树群及村落整体风貌保存完好。

传统建筑

黄泡村传统民居始建于明代，经过多次的原址整治更新，现状建筑多翻新于20世纪五六十年代，集中连片，多为苗族干阑式的木构建筑，依山顺势而建，鳞次栉比。建筑形态与山体形态一致，较好地

成片民居

满足了山体形态的原生态，保持了建筑与自然环境的有机融合，建筑群体轮廓的走势充分体现了与自然山体坡度形态的一致性。村寨中干阑式传统民居有吊脚木楼、连廊木楼、回廊楼屋等；黄泡村大部分传统建筑保存完整，有少部分传统建筑因年久失修，破损较为严重。依山而建的苗族干阑式建筑群巧夺天工，是苗族人民与自然和谐共生的大智慧。民居建筑为传统木质结构歇山顶穿斗式木楼，多为四排三开间，设吞口燕窝门，上盖小瓦，部分为吊脚楼。猪牛圈另建于田间或寨边，住房整洁舒适。

民族文化

木鼓舞是规模隆重的祭祖舞蹈，人们随着木鼓鼓点，以头、手、脚的大幅度摆动随着鼓点变化而变化，动作粗犷豪放，洒脱和谐，潇洒刚劲，激越豪迈，热情奔放，表现了山区苗族人民顽强的气质和坚强的生命力。它是苗族舞蹈的精华，是苗族文化活动的活化石。

黄泡的木鼓则圆而大，俗称"皮鼓"。

村落局部

黄泡村平面图

鼓点自始至终急如炒豆，响如溪流。黄泡跳木鼓时，由于大多是穿盛装、戴较重的银饰（五至十五公斤），因此舞蹈时手的摆动、脚的迈开、身子旋转动作都不大，只能用漫步、碎步轻微踩动，动作温柔。舞蹈时不分男女老少围着木鼓或一圈或多圈轮回转舞，并有部分人边歌边舞。以此助兴。跳时在场中央充当击鼓手的两女子一边击鼓一边唱道："快来跳舞吧/不跳鼓（节日）过去了/鼓（节日）一时才不回来/我们很难有舞跳。"舞蹈有略梭方（四面八方舞）、略丢方（本地方舞）、晰地刁（抵抗外敌入侵舞）、略刚点南（虫、鱼旋转舞）、略将多〔织布舞〕、略恰刚（打渔捞虾舞）等6个章节。

苗族古歌：苗族古歌是苗族古代先民在长期的生产劳动中创造出来的史诗。它的内容包罗万象，从宇宙的诞生、人类和物种的起源、开天辟地、初民时期的滔天洪水，到苗族的大迁徙、苗族的古代社会制度和日常生产生活等，无所不包，成为苗族古代神话的总汇。古歌主要分为四部分：《开天辟地》、《枫木歌》、《洪水滔天》和《跋山涉水》。其中，《铸日造月》提到冶金技术，反映青铜文化打下的烙印；《砍枫香树》描写里老断案，展现部落联盟时期的社会管理机制……整部史诗以口传心记为传承手段，全诗属五言体结构，押苗韵，长达一万五千余行，塑造了一百多位有名有姓的人物，并充满浪漫主义和理想主义色彩。诗中大量运用比喻、夸张、排比、拟人、反问等多种修辞手法，生动地反映了苗族先民对天地、万物及人类起源的解释和人们艰苦奋斗开创人类历史的功绩，充满了浪漫主义和理想主

民居一角

窗花

连廊木楼

义色彩。

苗族剪纸：苗族剪纸纹样的母题和表述形式具有鲜明的集团性、地域性和相当稳定的历史承继性，这是由其刺绣的社会功能和传承特性所决定的。苗族刺绣一直没有脱离部落徽记艺术的范畴，它主要用于服饰装饰，与服饰的款式及其他装饰构成不同支系成员的外形识别标志。

代表民居1

村落巷道

苗族刺绣

保护价值

黄泡村寨是典型的苗族村落，苗族所有的风俗在此基本上都能看到。吊脚楼、风雨桥、民居、禾仓、芦笙堂，保持着特有粗犷、真实、原始的品质，神秘古朴、原汁原味的民族原生态文化独树一帜，苗寨人的生活方式在此世代相袭。

黄泡苗寨依山就势，顺应地形，村落呈半岛组团布局，结构完整。其建筑极具苗族村落特色，具有木结构建筑、鹅卵石地面等众多的极具当地特色的建（构）筑物元素。村落整体景观良好，自然协调，古朴静谧，是传统可持续人居发展模式的体现，从整体格局到建筑风貌，都具有较高的科学与艺术价值。

代表民居2

代表民居3

魏 琰 王 彬 编

黔东南苗族侗族自治州黎平县双江乡黄岗村

黄岗村全貌

黄岗村区位示意图

总体概况

黄岗村位于贵州黔东南苗族侗族自治州黎平县双江乡南部，距县城63公里，距乡政府所在地20公里。黄岗村村域面积29.7平方公里，全村共310户，1780人，为典型的纯侗族村寨。据当地人称，大约在800多年前，他们的祖先就择迁于此居住，繁衍生息。黄岗村于2012年被列入第一批中国传统村落名录。

村落特色

黄岗侗寨坐落在深山里，山清水秀，两条小溪在寨中交汇而过，有山有水，岗上起平地，犹如金盆。村寨布局清晰合理，空间形态、院落空间完整，历史传统建筑群、典型建筑物及其周边环境风貌基本保存完好。村内有传统古民居310栋、鼓楼5座、风雨桥1座、禾晾300余栋、戏台1座。村民日出而作，日落而息，用侗语交流，穿侗装率达98%，人与自然和谐相处。被誉为侗族人类社会发展进程中文化保存最古老、最传统、最完好的侗寨。

传统建筑

黄岗村处于两条小溪交汇的平谷地带，民居沿溪流随山势布局，鳞次栉比。村落内有年代久远的木结构侗族民居、鼓楼、戏台、风雨桥和禾晾群等。

传统民居：黄岗村以木质干阑建筑为主，一般为2～3层，由于火灾、年久失修等因素，多建于20世纪六七十年代。与其他侗寨民居建筑有所不同，建筑没有层层出挑，但功能上又与侗族民居没有差别，形成汉侗文化相融的形式。

戏台：戏台建筑保存完好，造型及雕刻极为精致，采用优质杉木建成，是一种干阑式木结构的建筑，台面离地3米左右，宽5米左右，进深有6米左右，台侧有楼梯，台面后有木板墙，两面各有一个拱门。台前额枋上有木雕彩绘。戏台顶面采用本地小青瓦。

鼓楼：黄岗村鼓楼有厅堂式、干阑式、密檐式等多种。无论何种鼓楼，一般都分上、中、下三个部分。鼓楼为木质结构，其顶层置一面大鼓，大鼓由族中的自然领袖执掌，遇到重大事件（如受外来攻击、火灾等）即攀登上去击鼓，一是召集族众，二是向邻近村寨传递信息，要求增援；楼，即是用木材建造的楼房，故称"鼓楼"。

禾晾群：黄岗村共有禾晾300余栋，禾晾群现保存着其基本布局，主体建筑等基本保存完好，与周围环境无冲突。这些沿山势排列的禾晾，傲然展示着他们的古老。禾晾是侗家人用来存放粮食的专用建筑。

风雨桥：黄岗花桥长27米，宽2.5米，建筑面积67.5平方米。整座建筑不用一钉一铆，全系木料凿榫衔接，横穿竖插。棚顶都盖有坚硬严实的瓦片，凡外露的木质表面都涂有防腐桐油。

民居主体建筑

古戏楼

黄岗村平面图

民族文化

黄岗村是以侗族为主的少数民族村寨，村寨内村民的民族服饰、传统民俗活动等都保留了侗族的传统文化特征。

传统民族服饰：侗族人民大都穿自纺、自织、自染的侗布，喜青、紫、白、蓝色。黑青色多用于春、秋、冬三季，白色多用于夏季，紫色多用于节日。女裙不分季节，多用黑色。讲究色彩配合，通常以一种颜色为主，类比色为副，再用对比性颜色装饰。主次分明，色调明快而恬静，柔和而娴雅。

传统节日：黄岗村民族节日较多，"二月二"的敬奉土地公节、"三月三"的吃黄草粑节、"四月八"的吃乌米饭节等。

喊天节："喊天节"，侗语"谢萨向"，意思是祭雷婆。传说是地上的人们把雷婆弄脏了，雷婆跑到天上去了。如果不祭祀她，恐怕她会发怒，不降雨，田地就会干裂，丰收就无望，生活就会过得不安宁。每年农历六月十五这天都要祭祀雷婆，以保六畜兴旺、天下平安。由于在祭祀的时候人人都要仰面朝天大声呼喊，"喊天节"因此得名。

"抬官人"节："抬官人"节的形成，源于一个美丽的传说。相传很久很久以前，黄岗侗寨有一青年名叫吴志和，天生神力，法术神通。与蛇精大战七天七夜，终于斩下蛇首，为民除此心头大患。后又调和郎寨与洛寨的山界纠纷。郎寨为答谢吴志和，伐竹为轿从郎寨把他抬到黄岗。吴志和为官正直，在他的保护下，人民安居乐业。志和便成了群众的保护神，为了感谢他的恩德，黄岗寨群众自发在大年初七、初八两天，抬着他走街串寨，让他的子民参拜。后来，这项活动就逐渐形成了一个固定节日得以流传下来。

侗族大歌

侗族服饰

侗族大歌：黄岗村男声侗族大歌久享盛誉，2003年，唱响在北京举办的侗族大歌世界非物资文化遗产申报会。近年来该村侗族大歌队多次参加州、县组织的各种演出及比赛，均取得了优秀的成绩，得到了上级及观众的充分表扬和肯定。

蓝靛靛染技艺：侗族擅长纺纱织布，她们自纺自染的"侗布"是侗家男女最喜爱的衣料。"侗布"就是用织好的布经蓝靛、白酒、牛皮汁、鸡蛋清等混合成的染液反复浸染、蒸晒、槌打而成。

喊天节

抬官人

人文史迹

古井：黄岗古井一共有7口，均匀分布于寨内，在还没实现自来水之前，这七口水井担负着黄岗村5个自然寨的生活用水，水井里的水冬暖夏凉，至今仍在使用。

黄岗河：黄岗河贯通村寨及寨外梯田，常年水源充足，将黄岗寨分为南北两个部分，河道宽约10米，这里是长江水系清水江源头之一。侗家人的祖先落户这里后，就开始人丁兴旺，黄岗河默默地孕育

着黄岗侗家人一代又一代。

消防塘：至今村内有消防水塘约12个，大小不等，水塘内都得放有鱼，不但可以解决农户部分经济收入问题，而且还能改善生活；水塘的存在增加了村寨房屋之间的建筑间距，形成防火隔离线，具有一定的消防隔离效果，同时，也还是消防水源的主要来源之一；消防水塘还具有美化村寨环境的效果。

古井

消防塘

保护价值

黄岗村属纯侗族村寨，是侗族"抬官人"文化和男生侗族大歌的发源地。民族风情浓郁，文化情韵原汁原味，这里禾晾林立，屋舍俨然，鼓楼参天，花桥飞架，寨内小溪流水淙淙，村边古木掩映，房屋、水辗、谷仓错落有致，布局合理，具有较高的侗族文化研究价值。

梁 伟 付晓兰 周祖容 编

黄岗村全景

黔东南苗族侗族自治州雷山县丹江镇脚猛村

俯瞰脚猛村

脚猛村区位示意图

总体概况

脚猛村位于雷山县城关镇西北面,距镇政府驻地7.5公里,海拔900米以上,归丹江镇管辖。脚猛村落为1个自然寨,辖11个村民小组,共有225户人家,1103人。村寨整体为一个典型的山坳状,寨中有一条小河贯穿全村,吊脚楼沿着小河两侧依山顺势,层层叠叠,井井有条。脚猛村在2013年被列入第二批中国传统村落名录。

村落特色

村落沿着小河两边依山而建,房屋一栋接着一栋,顺坡而修,有土木结构的,有石木结构的,也有现今砖木结构的,两边房屋的背面是山,正面相对遥望。两百多户的吊脚楼使脚猛古村落形成了"V"形状,整体空间是中间低两边高。

脚猛村全村均为苗族。传统节日主要有苗年节、吃新节、芦笙节和铜鼓舞。民俗文化包括饮食文化、礼仪文化、婚嫁习俗、苗族刺绣文化等。

脚猛古村落是巴拉河旅游路线的7个苗寨之一。森林覆盖率达80%以上,村中主要河道从寨中穿过,水流缓缓,清澈见底,村域内有小溪流数条,潺潺的溪水就是村中居民的生活饮用水,天然无污染。村域属中亚热带季风湿润气候;村中现有千年古树3棵,古井5处,丹江镇村落中唯一的芦笙起舞铜鼓1个,石头庙1座,古老粮仓5个。

脚猛村总平面图

古树

村落建筑依山而建

传统建筑

传统民居：脚猛村98%的传统民居为干阑式吊脚楼，吊脚楼大多依山就势而建，讲究朝向，或坐西向东，或坐东向西。吊脚楼一般分为2～3层，底层作猪、牛的畜棚或堆放农具和杂物。有的吊脚楼底层是用土垒的；有的是石头砌的；现在的是用砖砌的。吊脚楼屋顶用小青瓦盖顶，原始的吊脚楼用的是杉木皮盖顶。在历史的进程中，吊脚楼不仅有着丰富的文化内涵，民居建筑的龙脉，更有着大自然村落的壮观景象。脚猛村现有建造最早的吊脚楼30余栋。

古粮仓：脚猛村的粮仓是杉木树做的，下面用几根比较大的柱子支撑，上面是用木板砖修，它的作用是专门储存粮食，保存粮食不变潮发霉，也起到防鼠的作用。现今脚猛村的粮仓有10多处，5处保存完好，一处仍在使用。

古粮仓

吊脚木楼

建筑细部

村落传统建筑群

刺绣图案

民族文化

铜鼓舞：铜鼓舞是少数民族的文化艺术遗产，历史悠久，形式多样，内容丰富，它能够充分展示浓郁的苗族风情，在低沉浑厚的铜鼓敲击声和清脆悦耳的芦笙吹奏声中，步履轻盈，缓急有序，婀娜多姿。脚猛村的铜鼓是丹江镇唯一的一个。每到有节日或活动的时候，就由古藏头拿出来，先做誓词，然后演出开始。

苗族刺绣：苗族人民的勤劳、朴实可以体现在他们身上的着装中，无论是平日里的便装、节日的盛装，或婚嫁的嫁妆，上面刺有的花卉、各种动物的图案，都反映着苗族历史的画面，不仅色彩鲜艳，而且搭配均匀，在视觉上有多维空间感。苗族妇女们不仅能歌善舞，刺绣也是他们的特长，她们的很多作品都具有技术高超，造型奇特，想象丰富，色条强烈，风格古朴的特点。

民族、民俗节庆：脚猛村村民至今仍保留着古代质朴淳厚的民族文化传统，有芦笙节、苗年、鼓藏节、葡萄节等。脚猛村的苗年节，一般在每年的11月中旬。鼓藏节是苗族人民最隆重、最独特的节日，是苗族人民祭祖先的日子，12年过一次，苗族鼓藏节具有鲜明的民族传统文化内涵，是苗族人生价值观的展现。其中葡萄节为脚猛村特有节庆。脚猛村男善于耕田，女善于刺绣，村民们能歌善舞、热情好客，苗家香甜的米酒随时迎接您的到来。

铜鼓舞

丹江镇唯一铜鼓

葡萄节

苗族刺绣

保护价值

脚猛村独特的地理位置与区位优势、淳朴好客的村民、质朴淳厚的民族文化传统，使其成为巴拉河旅游路线的7个苗寨之一，是理想的休闲旅游目的地。而脚猛村域拥有独特建筑模式，这种建筑模式是由当地村民居住的地理环境和条件决定的，非常适合雷山县地区的地理和气候条件，最大限度地有效保护和利用土地，保持人与自然的和谐发展。

张宇环　李函静　黄鸿钰　编

黔东南苗族侗族自治州台江县革一乡排生村

排生村一角

排生村区位示意图

总体概况

排生村位于黔东南州台江县革一乡西北面，距革一乡政府12公里，跟台江县府50公里，距黔东南州府60公里。排生村由上寨、下寨、屯朗三个自然寨组成。三个自然寨相距100至500米，全村人口为1400人，均为苗族。排生村在2013年被列入第二批中国传统村落名录。

村落特色

排生村依山傍水、聚族而居、自成一体，是受山地河流影响形成沿溪谷的组团式村寨。四面群山环绕，山清水秀，景色宜人，清水江上游的一条支流小江河穿寨而过，排生村周围植被保护较好，山上森林茂盛，郁郁葱葱。民居沿河而建，顺山势而行，鳞次栉比，注重与山体的灵巧结合。民居群体布局灵活多变，多沿等高线布局，形成了高低错落、内聚有力的传统聚落空间特点。村中小路顺应或垂直山体等高线铺设，自然形成灵活多变的街巷。寨内巷道自然分布、纵横交错，呈现出一种自然状态的肌理，村外古树群及村落整体风貌保存完好。

传统建筑

排生村传统民居始建于明代，经过多次的原址整治更新，现状建筑多翻新于20世纪五六十年代，集中连片，多为苗族干阑式的木构建筑，依山顺势而建，鳞次栉比。建筑形态与山体形态一致，较好地满足了山体形态的原生态，保持了建筑与自然环境的有机融合，建筑群体轮廓的走势充分体现了与自然山体坡度形态的一致性。村寨中干阑式传统民居有吊脚木楼、连廊木楼、回廊楼屋等。

岩寨水库

村落一角

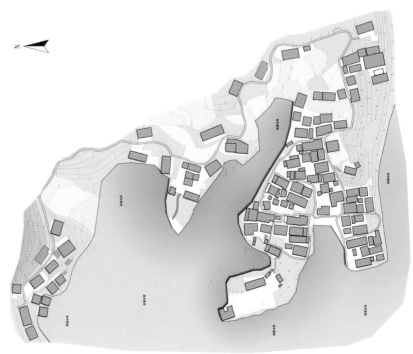

排生村平面图

以两层高的木质穿斗式建筑为主，材料均为杉木和松板，有5柱或7柱一排的，结构为悬山式小青瓦盖顶，多为二楼一底，以三间一栋常见，大簸箕多为吊脚楼。因地形坡度显得错落有致，质朴沧桑，古风浓郁。

代表民居2

民居一角1

周边植被

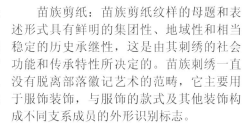
周遭环境

民族文化

苗族古歌：苗族古歌是苗族古代先民在长期的生产劳动中创造出来的史诗。它的内容包罗万象，从宇宙的诞生、人类和物种的起源、开天辟地、初民时期的滔天洪水，到苗族的大迁徙、苗族的古代社会制度和日常生产生活等，无所不包，成为苗族古代神话的总汇。古歌主要分为四部分：《开天辟地》、《枫木歌》、《洪水滔天》和《跋山涉水》。其中，《铸日造月》提到冶金技术，反映青铜文化打下的烙印；《砍枫香树》描写里老断案，展现部落时期的社会管理机制……整部史诗以口传心记为传承手段，全诗属五言体结构，押苗韵，长达一万五千余行，塑造了一百多位有名有姓的人物，并充满浪漫主义和理想主义色彩。诗中大量运用比喻、夸张、排比、拟人、反问等多种修辞手法，生动地反映了苗族先民对天地、万物及人类起源的解释和人们艰苦奋斗开创人类历史的功绩，充满了浪漫主义和理想主义色彩。

苗族剪纸：苗族剪纸纹样的母题和表述形式具有鲜明的集团性、地域性和相当稳定的历史承继性，这是由其刺绣的社会功能和传承特性所决定的。苗族刺绣一直没有脱离部落徽记艺术的范畴，它主要用于服饰装饰，与服饰的款式及其他装饰构成不同支系成员的外形识别标志。

人文史迹

古井：村中仍保留两处古井，是村寨形成之初的主要水源，随着高位水池的建设和村民对于用水要求的提高，两处水井渐渐被弃用，现状一处废弃，一处仅作为生活洗漱用水使用，两处古井均坐落于村寨西侧。

古码头：在2008年的进村公路还没有开通时，本村寨主要的出行方式为通过水路的船只出行，因此，水路是伴随着村寨的发展一直存在的，村寨两处的古码头便是见证，现状的两处古码头经过了整治，呈不规则的长方形，水泥铺装，通过石台阶将码头与村寨连接。

民居一角2

苗族刺绣

保护价值

排生苗寨已有近百年的历史，是由苗族先人迁入形成，落居这一地区已有近三百年。村落坐落在山水之中，周围植被丰富，植物种群繁多，古树参天，拥有丰富而珍贵的物质与非物质文化遗产，有着独特的历史风貌和自然格局，是传统古村落选址营建的典范，时间和空间环境均体现了其较高的历史价值。

石庆坤 周 杨 编

代表民居1

代表民居3

黔东南苗族侗族自治州雷山县丹江镇教厂村

教厂村全貌

教厂村区位示意图

总体概况

教厂村位于雷山县城北面山谷中，吊脚楼从也益坡之下绵延至山脚的河谷之中，距县城有7.5公里。东邻陶尧村，南邻固鲁村，西邻郎德镇，北面与西江镇龙塘村接壤，归丹江镇辖。教厂村始建于1729年，苗名叫欧方。全村由21个村民小组组成，共356户，1621人，主要民族为苗族。教厂村被列入第二批中国传统村落名录。

村落特色

教厂村坐落在雷山北面的一个峡谷之中，幢幢吊脚楼从也益坡之下绵延至山脚的河谷之中。村寨内地势较为平坦，建筑布局紧凑。

教厂村生态环境良好，森林资源丰富。村内蓝天白云、群山环绕。座座木楼瓦舍掩映在苍松果树之中，气候宜人，景色秀丽。

传统建筑

传统民居：教厂村的民居全为木质干阑式吊脚楼。清一色的吊脚楼依山而建。寨子依山傍水，寨前有河，吊脚楼层层而上，参差错落，贴壁凌空。依山的吊脚楼，在平地上用木柱撑起分上下两层，节约土地，造价较廉；上层通风、干燥、防潮，是居室；下层关牲口或用来堆放杂物。吊脚楼还有鲜明的民族特色，优雅的"丝檐"和宽绰的"走栏"使吊脚楼自成一格。

古粮仓：教厂村现保存有古粮仓，坐落在村寨的中部方向，年代久远。粮仓是杉木树做的，下面用几根比较大的柱子支撑，上面是用木板砖修，它的作用是专门储存粮食，保存粮食不变潮发霉，也起到防鼠的作用。

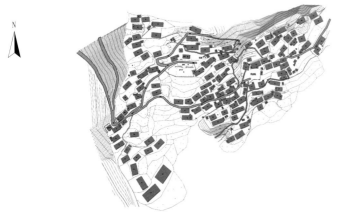

教厂村总平面图

村内小道

自然环境

传统建筑群 1

芦笙演出

鼓藏节

传统建筑群 2

传统民居 1

传统民居 2

民族文化

教厂村至今仍保留着苗族地区非物质文化遗产和民风民俗。如苗族飞歌、芦笙舞、鼓藏节、吊脚楼营造技术等。村寨内每逢节假日，都会呈现出苗族人家特有的少数民族风情。

鼓藏节：也称"吃鼓藏"、"刺牛"、"招龙节"，是雷山地区最隆重的祭祖节日。节日由苗族各姓鼓藏头组织，每十二年举行一次。教厂村的鼓藏节上次举行的是2012年，过节时村寨都会杀猪宰牛，并邀亲友聚会，节日期间还举行斗牛、跳芦笙等各种活动来庆祝。

教厂村的鼓藏节祭祀活动由村里的德高望重的古藏头组织。首先要杀猪或牛祭祖，然后巫师作法敬请祖宗享用准备好的鱼、肉、酒等祭品，并祈求祖宗保佑寨子年年风调雨顺、家园安康，最后演出活动开始。

跳芦笙，是鼓藏节必不可少的活动之一，不管是年老的、还是年轻的，都穿上节日的盛装，跟着芦笙的节奏翩翩起舞，歌声在村落间回荡，那真是一幅歌的世界、舞的海洋。

人文史迹

清咸丰、同治年间，张秀眉、杨大六率领苗民起义军，攻破老丹江城。18年以后，张秀眉、杨大六苗民起义兵败，厅城迁至现在的雷山县城，而乌方苗寨的"教场"之名仍沿袭下来。人们呼叫"教场"时，把"场"习惯读成第三声"CHANG"，普通话"场"、"厂"同音，但在当地的方言中"场"、"厂"的发音不同，于是"教厂"因此得名。

鼓藏节迎宾

保护价值

教厂村的幢幢吊脚楼从也益坡之下绵延至山脚的河谷之中。民居建筑因地制宜、运用吊脚楼拓展建筑空间，以穿斗式梁架自由组合，折射了当地人民建造传统样式建筑的高超技艺。

教厂村民风淳朴，苗族传统少数民族节日沿用至今，少数民族风情浓厚，具有较高的保护价值。

詹　文　李函静　黄鸿钰　编

古粮仓

鼓藏节祭品

黔东南苗族侗族自治州黄平县重安镇望坝村

望坝村全貌

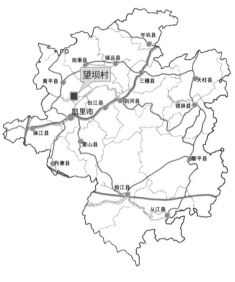

望坝村区位示意图

总体概况

望坝村距重安镇政府8公里，距黄平县城25公里，全村在金凤山东面的斜坡上，北接半山村，南接安江村，西接天塘村，东接大山村，村内相对高度达1000米以上。

全村辖有8个村民小组，308户1527人，主要姓氏以廖姓、罗姓为主，其他还有杨姓、高姓和金姓，均为僳家人。2014年被列入第三批中国传统村落名录。

村落特色

望坝村属低中山区，地形复杂，山地特色明显，主要的地质灾害是山体滑坡，森林覆盖率为70%左右。村域森林茂密，寨周古树苍劲，梯田萦绕。全村属亚热带中亚区，具有夏热冬暖、积温高、降水早、持续期长的特点，常年气候温和，湿度宜人，对种养业发展有得天独厚的地理条件。

望坝村南部紧邻重安江，地势东西两侧高，中间低，整体向东北倾斜，山高谷深，群山连绵起伏。村域水资源较为丰富，植被茂盛。望坝村位于黔中丘原向黔东低山丘陵的过渡地带，其聚落与周围自然环境保存完整，自然环境完整性较好、生态环境质量及人工建筑物的和谐程度较高。

望坝村四面群山环绕，寨周古树苍劲，景色宜人，鞍马河从寨脚缓缓流过。望坝村依山顺势而建，随等高线的起伏与走向进出参差不一，错落有致，注重与山体的灵巧结合，民居群体布局灵活多变。水资源也是聚落形成的主要因素之一，村落分布有十多口古井，望坝村水稻种植由

村落环境

村落一角

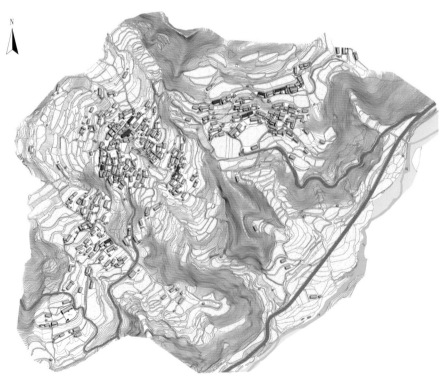

枫香村平面图

来已久，层层的农田与鳞次栉比的吊脚楼构筑了一幅美妙的乡村画册。望坝村周围植被保护较好，四面环绕的山上森林茂盛，郁郁葱葱。寨内巷道自然分布、纵横交错，呈现出一种自然状态的肌理，村外古树群及村落整体风貌保存完好。

传统建筑

望坝村的民居住房以坐北为主，结构主要是"凹"式建筑，中间为客厅，两边为火坑和卧室。房屋一般为五柱木结构，房顶盖小青瓦，房内用木板隔开，窗子雕有花、鸟、鱼、虫、兽等图案，显得古朴祥和。正房前两旁还修建有厢房，作为厨房和家牲圈舍。院子均用石块圈砌和铺垫。目前沿袭这种建筑风格的民居占全村的80%以上。

望坝传统村落作为黔东南州具代表性的僳族文化村寨，保存了相对完整的、真实的历史遗存和文化遗产，同时附带了大量的历史文化信息，体现了很高的文化水准，见证了该地区的生活方式和文化特色，有较高的历史价值、艺术价值和科学价值。

民族文化

僳家人蜡染：僳家蜡染与其他民族的蜡染有很多相似的地方，但是他又有着独特的一面。僳家蜡染自成一体制，主要是以双线绘图，对称工整，夸张合理，纹理均匀，图案和线条洁白无染、无断痕等特点，多以太阳为中心，几何纹、螺旋纹与抽象的自然物体相间组成，各种自然物体花纹刻绘在太阳周围，显现万物生长靠太阳的艺术理念。僳家蜡染主要是以太阳或祖鼓为中心，并在太阳的四个角和边缘点上点绘对称的动物、蝴蝶、鸟雀等图形，每个图案的花纹都是以双线勾画；成品的色彩上是蓝底白花相衬映；图案没有冰纹和或很少有断裂的痕迹。这是僳家蜡染区别于其他绘染艺术的风格所在。

哈冲节："哈冲节"在黄平县已举行多次，有的村寨已举行过30余届。"哈戎"要经过阴系组织用"蛋卜"方式决定。筹备3年，第一年叫"起祖鼓"，次年叫"封祖鼓"，第三年才举行"哈冲"。古老的"哈冲"节，节期是13天13夜，后

土地庙

代表民居2

代表民居1

改为7天7夜，又再改为3天3夜。在三年中需准备：阴、阳两系要换届推举新的组织领导成员，芦笙师、大学匠、二学匠要培训接班人，教他们芦笙词曲及步舞，全宗族家家户户要缝制新衣服，要储备粮食、熬糖、烤酒。在"哈冲"节期间，家家户户开门迎客，办酒席招待客人，来客不论亲疏，都得热情招待。"哈冲节"作为贵州省第一批省级非物质文化遗产加以保护。

人文史迹

望坝村建寨始建于明朝，大约700余年。相传望坝廖家始祖从江西到贵州后，居无定所，以狩猎为生。一天到望坝狩猎，狗钻进密林中，出来时身上一身浮漂。主人跟狗在出来的地方寻找，发现有一清泉且地势平坦开阔，就在此居住。有一天他带狗出去狩猎，登到山顶，发现坡脚是一个很大的坝子，就跟儿子讲，现在我们住的地方就叫望坝。

廖应榜，号祯祥，僳家。幼年丧父，

踩亲节

母子相依为命。在私塾三年，读完《四书》、《五经》，能吟诗作对，劳动之余将僳家传说辑成故事，被乡里人成为"故事家"。民国二十七年（1938年）抗日战争期间，为解决食盐紧缺，开办"黄平县重安区重兴乡望坝信用合作社"。民国二十八至民国三十一年期间，腾出自家房子二间给学生上课，当年私塾办成开课。民国三十一年创办保国民学校。其在乡里为人所敬重，常常为人排难解纷。1953年，因病去世（摘自《黄平县志》）。

保护价值

僳家服饰、刺绣、蜡染、银饰等手工艺传统技艺保持至今有极高的研究价值，其中僳家盛装为省级非物质文化遗传，存在独有的特色。望坝村的整体格局、风貌等完整而有序，是历史的积淀和传承。因此从物质空间以及从非物质传承来看，望坝村均有较好的独特性及完整性。

韩 磊 王 浩 编

僳家人服装银饰

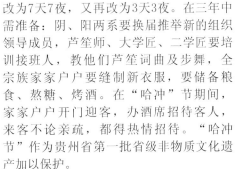
僳家蜡染

黔东南苗族侗族自治州雷山县方祥乡雀鸟村

雀鸟村全貌

雀鸟村区位示意图

总体概况

雀鸟村位于雷公山自然保护区核心区内，海拔1150米，辖8个村名小组238户910人，全部是苗族，其中男513人，女397人，全村总面积21.1平方公里。寨子散落在半山腰上，房子建设是"干阑"式建筑风格，民族风情浓厚。于2013年被列入第二批中国传统村落名录。

传统建筑

传统民居：传统居民建筑建设是"干阑"式建筑风格，建筑群大多保护完好。吊脚楼一般为三层五开间以上，一般为2~3层，屋面多为斜山顶，房屋布局错落有致，村容寨貌原始古朴，别具一格。

古树：雀鸟村一共有古树3处，分布在寨后，树在雀鸟的村民心中认为可保"人寿年丰"等，因此特别敬重"保寨树"。

雀鸟村传统居民

雀鸟村平面图

雀鸟村建筑群

村落特色

村域有较好的生态环境条件，地表资源丰富。雀鸟山中有着丰富的山野菜和野生中药材、橘皮、蛇莲、黄连等，堪称深山里的一座中药库。村内四面环山，周围满是茂密的山林。

村域建筑布局特色，青瓦吊脚楼疏密有致地建筑在近山麓处的山坳斜坡上，木楼建成悬山顶屋面，曲径回廊，几条巷道通向寨中，像太阳的光芒四射。吊脚木楼与这山川河流融为一体，宛如世外桃源。

村落建筑顺应山势

雀鸟村建筑细部

雀鸟村小桥

雀鸟村古树

民族文化

苗药：雀鸟村苗药是国家级的非物质文化遗产，传承良好，延续百年以上，苗药是中华民族医学的一部分，是人类开发与利用大自然资源的结果，是苗族人民生存与发展的重要因素，在长期以来的医学实践与探求中，苗药已逐渐形成了自己独特的医药体系。

刺绣：刺绣文化源远流长，因为苗族人民没有自己的文字，他们便把在平时生产生活中常见的花草树木，鸟鱼虫兽绣在了衣服上。苗族刺绣具有传承历史文化的作用，主要表现在刺绣的图案上。几乎每一个刺绣图案纹样都有一个来历或传说，都深含民族的文化，都是民族情感的表达，是苗族历史与生活的展示。

婚俗：雀鸟村的人在步入青年时就开始游方（苗族把谈恋爱称为游方），因而他们的爱情生活来得较早。苗族嫁娶在白天的称为"大路婚"。在夜间嫁娶称为"偷情"，娘家父母及哥弟不参送。前后有提亲酒、订婚酒、满寨酒、迎亲酒、进门酒、婚宴酒、闹寨酒、洗脚酒、新人酒等诸多酒俗，但如今已有所简略。

苗年节：苗年节是苗家最隆重、最独特的节日。说独特隆重是因为它是苗族祭祀本宗支祖宗神灵的最大圣典，苗族苗年具有鲜明的民族传统文化内涵，是苗族人生价值观的展现。

苗药荣誉传承人

刺绣

婚俗

苗年节

便装服饰

盛装服饰

人文史迹

咸同年间张秀眉、杨大六领导苗民起义，曾在雀鸟村安营扎寨，练兵习武，尚存的营房马圈旧基仍依稀可见。1872年5月12日，湘军从雀鸟入山进剿，擒义军首领姜老拉于悬崖洞穴。当地还传说，义军藏兵器于一悬崖洞穴中，用石板封住洞口，义军下洞后，将攀越出入洞口的枫香树砍掉。姜老拉被擒没供出洞口在何处，因此，多年来吸引着无数的探险者探寻，除偶尔在山中拾得一些大刀长矛外，其他至今仍未发现。

保护价值

雀鸟村寨住地斜平，房屋为木质瓦顶间小青瓦吊脚楼建筑，块状聚落，坐北朝南，建寨已有250多年的历史。寨子上的古树也有几百年的历史了，这些树保佑着雀鸟村的世世代代，也成了村民心中的"保寨树"。对苗族来说最为古老的芦笙场仍保留着，芦笙场坐落寨子的中央，到了重大节日或者丰收时节村民就聚集在一起欢度节日，大家就欢欢喜喜地生活在这世外桃源中。

张宇环　李函静　黄鸿钰　编

村域一角

黔东南苗族侗族自治州三穗县良上乡雅中村

雅中村全貌

雅中村区位示意图

总体概况

雅中村位于黔东南苗族侗族自治州三穗县良上乡东北部，东部和东北部与瓦寨镇接壤，北与长吉乡毗邻交界，距良上乡政府所在地约10公里，距县城20公里。村域面积6.2平方公里，村庄占地面积62.7亩。雅中是一个苗族村寨，全村寨共11个村民小组，1个自然寨（雅中自然寨），共280户，1093人，其中苗族人口数约占全村人口总数的98%。

村庄历史最早可追溯到清朝道光年间，很早就受到封建王朝的政治统管和羁縻，为避开战乱的纷扰才从良上稿雅坡举寨迁徙入辟居，距今大约在200年以上历史。雅中村于2013年被列入第二批传统村落名录。

村落特色

雅中古村落皆坐南朝北，因地理环境的限制，由于地势陡峭，空间上有些受到限制，加上传统木房建筑密集，基本上都属于吊脚楼式建筑，所有居民依山居住，多数民房突兀呈现于斜坡，建筑群整体节次鳞比，立体感强烈。大部分民居建筑被古树群掩映，整个寨子笼罩于林荫间形成具有视线美感的画面，村落不仅多古树，而且寨脚有一条小溪潺潺流出，山抱水环，形成九曲河流的美丽景色。由于其植被、山势、水系和叠垒的梯田以及山湾阡陌纵横交错的田园风光，旎喃秀美保存的原生态，极具观景旅游视觉效果。

现在整个村落建成的横贯寨中的主路有三条，支路拉网串联成织蛛状，寨中衢道可以通达寨子中各家各户。寨脚有水泥硬化公路通长吉，与良上和稿白贯通连接瓦寨。

传统建筑

良上乡雅中村苗寨木屋吊脚楼建筑现存比例占50％以上，整幢木屋建筑为五柱两瓜两层楼，上面住人，楼下圈养牲畜，为人畜混居的建筑。

苗家山寨吊脚楼均配有偏厦，偏厦均由配出去的柱子或者吊出去的一个瓜制成，属楼梯入口，楼梯由木板制成，因大多木屋依山而建，从寨中主路砌有石阶通过楼门进入偏厦上楼梯，从地下至二楼入口分级为11级阶梯直达二楼走廊进入堂屋。走廊口是人们登上二楼后停脚的第一站，称为阁；堂屋门口称为朝门口，朝门口的美人靠自20世纪九十年代后普遍改成为凉凳；堂屋和朝门口屋面上顶往上抬升1.8尺，称为台楼，由檐柱外吊出的一个瓜柱配成，间距40～50厘米，大门上装饰有两个雕琢的"倒门锤"，主要起装饰作用，大门为木门，左右两扇对称。

传统建筑1

传统建筑2

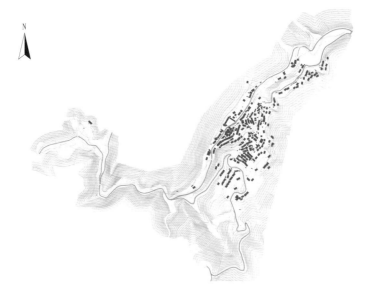

雅中村平面图

民族文化

雅中村是苗族村寨，民风淳朴，民族风情浓郁，包含许多苗族节日和乡村习俗，特别是安家仙送鬼神、祭戊节、吹司、唱山歌、酒歌、苗家烂菜、腊肉腌制、特色腌鱼、喝腌汤、灰碱粑、炒米茶、农家天锅酒、织布等为特色文化的典型代表；平时迎客招待风俗，首先开甜酒或凉甜酒献给客人，后用糊米茶或糍粑待客。

传统节日主要有"二月二"、"三月三"、"四月八"、敬庙节、端午、苗年、吃新节、立夏、七月半鬼节、中秋、重阳、小年、春节为主。每逢过节过年，整个寨子有寨老带头举行隆重的欢庆活动，跳芦笙舞、吹芦笙、唱花灯戏、跳千担舞等；每年农历6月2日全寨祭庙活动，传说是以确保寨中人多子多福、安康。

除此之外有祭戊、拜古树、拜桥头土地公等祭祀文化。民族唱词有伴嫁歌、花园情歌、山歌、情路相思山歌、山歌盘间、酒歌，民间歌舞有莲花闹、舞龙、花灯戏，民间习俗有吃牯葬，民间吉语有《上梁吉语》、《动工普安起水》等。

花灯戏

芦笙场

这是一块风水宝地，能让仙逝者安息，保佑后生兴旺发达、子孙满堂、平平安安，让雅中长盛不衰。

雷　瑜　陈隆诗　汤洛行　编

仙人脚印

芦笙舞

保护价值

古碑：雅中村内历史上主要有三块重要的古碑，均为清朝时期所建。分别位于雅中寨中心芦笙堂治安碑、寨北门处2块为：万古不朽石碑、永兴路石碑。

仙人脚印：仙人脚印共两处，分别位于寨北的河道边和山顶。形状酷似成人的脚掌印，有比较多的传说，其中一种是说仙人口渴，看到雅中的清澈的水，下地的第一脚踩到山头，第二脚踩到河沟边，并在此饮水。

芦笙场：芦笙场位于寨中部，呈半圆形，中心有核心圆石，采用卵石铺装，面积约为24平方米。

古石磨：古石磨位于寨中部，紧邻芦笙场，场地周边相对比较平坦，未设置相应的铺装，周边较好的芭蕉树，生态环境好。

古墓：古墓位于东部半山处，是雅中历代所有仙逝者的埋葬宝地，这种集中墓地对于农村极其罕见，在雅中出现只能说明

二月二活动

古碑　　　　　　古墓

古石磨

人文史迹

雅中具有数百年的历史，在历史发展过程中，保留的古石碑、古芦笙场等古迹和民俗文化活动具有很高的历史和文化价值。

雅中村内的选址位于半山上，生态环境非常好、水源充足、风力小、视线好，是适合人类居住的好地方，选址上具有非常科学的价值。

雅中古人智慧非凡，在村内搭建的传统吊脚楼林立，倚山而建，重重叠叠、错落有致，其观赏性较高，具有极高的艺术价值。

村落一角

黔东南苗族侗族自治州榕江县平江乡滚仲村

滚仲村全貌

滚仲村区位示意图

总体概况

滚仲村位于贵州省黔东南苗族侗族自治州榕江县平江乡西北部，距省城贵阳约260公里，距离县城31公里，距乡政府11公里。东接田榜村，西连怀来村，南邻亚耷村，北靠鸣凤村。现有总人口1800人，共计410户，是一个以苗族为主的村寨，同时杂居有侗族、汉族。2012年被列入第一批中国传统村落名录。

村落特色

滚仲村属多山谷地，地形复杂破碎，地势起伏变化较大。村域山谷溪流众多，植被茂盛，寨周环绕苍翠欲滴的楠竹林，楠竹与木楼相互掩映，烘托出人文与自然的高度和谐。滚仲寨建于狮子山上的汛城之中，形成独特的高山之城，寨中民居多为木构地屋，小青瓦屋面，民居随狮子山脊层层展开。距滚仲寨约1公里的大山半坡处是滚仲大寨，吊脚楼和吊脚半边楼及少量的木构地屋依山而建，鳞次栉比，蔚为壮观。

其聚落与周围自然环境保存完整，自然环境完整性较好、生态环境质量及人工建筑物的和谐程度较高。

滚仲村局部

传统建筑

滚仲村传统民居多建于20世纪四五十年代，集中连片，多为榫卯结合的木构建筑，依山顺势而建，鳞次栉比。建筑形态与山体形态一致，较好地满足了山体形态的原生态，保持了建筑与自然环境的有机融合，建筑群体轮廓的走势充分体现了与自然山体坡度形态的一致性。村寨中干阑式传统民居有吊脚木楼、连廊木楼、回廊楼屋等；滚仲村大部分传统建筑保存完

成片民居

滚仲村平面图

代表民居 1

代表民居 3

代表民居 4

代表民居 2

苗族蜡染：苗族是我国最为古老的民族之一，其历史要追溯到上古时代以蚩尤为代表的苗蛮集团。苗族人民有着自己丰富多彩的民族文化和民间工艺美术技艺，其中的蜡染艺术作品和蜡染旅游工艺品在整个染织美术界久负盛名。

人文史迹

汛城遗址：此为汛城古城墙遗迹，位于滚仲村委会驻地，由古榕江滚仲寨苗王建立，为县级文物保护单位。苗王系历史上苗族部落领袖的尊称，据历史资料记载，古滚仲寨苗王在滚仲建立了苗王城，在1736年后改称滚仲汛城。

跳月坪：位于滚仲大寨。跳月坪基本呈圆形，是滚仲村苗族村民节日庆典的活动场所，占地面积约200平方米。每逢节庆，全村村民要在此表演跳月仪式。因经济条件所束，跳月坪未装饰铺装，目前仍是泥土地。

栽岩：也叫"埋岩"，埋岩时将一块长方形的石条埋入泥中，半截露出地面，是公众议事和"立法"活动的纪念碑，实

代表民居 5

整，有少部分传统建筑因年久失修，破损较为严重。保存完整的传统建筑和依山而建的苗族干阑式建筑群巧夺天工，是苗族人民与自然和谐共生的大智慧。

民族文化

苗族鼓藏节：鼓藏节又叫祭鼓节，是苗族属一鼓（即一个支系）的支族祭祀本支族列列宗神灵的大典，俗称吃鼓藏。鼓藏节每隔12年举办一次，每次持续达4年之久，现在改为持续3年。苗族聚族而居，雷山苗族以血统宗族形成的地域组织"鼓社"为单位维系其生存发展。"鼓"是祖先神灵的象征，所以鼓藏节的仪式活动都以"鼓"为核心来进行。

苗族刺绣：苗族刺绣具有传承历史文化的作用，主要表现在刺绣的图案上。几乎每一个刺绣图案纹样都有一个来历或传说，都深含民族的文化，都是民族情感的表达，是苗族历史与生活的展示。蝴蝶、龙、飞鸟、鱼、圆点花、浮萍花等图案都是《苗族古歌》传唱的内容，色彩鲜艳，构图明朗，朴实大方。

村落环境 2

际上就是大事件的备忘碑、纪念碑。这是由于苗族过去没有文字，所以只能立无文字的石头。滚仲栽岩位于村寨中心，大小约为0.5平方米。由于年代久远，随村寨的建设现以深埋于房屋之下。

保护价值

依山而建，属于山腰顺势分层筑台型村寨。错落有致的整体格局体现了该村苗族的典型风貌，为研究苗族传统村落的生活空间、生态空间提供了真实依据。

滚仲村历史较为悠久，居民保留了大量传统的生活方式。滚仲最早由杨姓一支从江西迁入，随后吴姓迁入，渐成村落，大部分村民仍然保留了传统耕作方式与生活习惯。滚仲村历史较为悠久，居民保留了大量传统的生活方式。滚仲最早由杨姓一支从江西迁入，随后吴姓迁入，渐成村落，大部分村民仍然保留了传统耕作方式与生活习惯。

朱洪宇 冯 泽 编

滚仲栽岩

鼓藏节

村落环境 1

黔东南苗族侗族自治州雷山县方祥乡提香村

提香村全貌

提香村平面图

提香村区位示意图

总体概况

提香村位于雷公山腹地东侧，村住地海拔1000米，与台江、剑河、榕江三县接壤，全村为苗族，受外来文化影响较小，是典型的雷公山山区苗寨。提香村辖3个村民组，164户，659人。全村面积20.7平方公里。于2013年被列入第二批中国传统村落名录。

村落特色

提香村地势险陡，四面环山，村容寨貌原始古朴，吊脚楼临河而建，因地处贵州的暴雨中心，水资源丰富，两条小溪穿村而过，景观水系特色明显，自然、田园风光优美怡人，小桥流水人家，是最具江南水乡风情的山区苗寨。

山大坡陡，山高谷深，零星的小片楠竹林点缀着整个村子，村子四面均被层层梯田所环绕，村居自然环境幽美。青瓦吊脚楼疏密有致地建筑在近山麓处的山坳斜坡上，木楼建成悬山顶屋面，几条巷道通向寨中，像太阳的光芒四射；吊脚木楼与山川河流融为一体，宛如世外桃源。

传统建筑

古建筑：建筑散落在半山腰上，地势陡峭险要，村子四面均被层层梯田所环绕，房屋布局错落有致，村容寨貌原始古朴，别具一格。

提香村自然环境1

提香村建筑群落

踩鼓场：提香村的芦笙场坐落在寨中，五条花街向外铺开，宛如太阳的光芒四射。芦笙场上用水泥硬化而成，铺成一个大大的铜鼓圈。逢年过节，男人们便在这芦笙场上吹响芦笙，女孩们便穿上盛装，在这场上跳起芦笙舞来。

人文史迹

古井：提香村现有保存完好的古井一口，位于村寨中央，在没有自来水以前，水井一直作为村内饮用水源。古井孕育着提香村一代又一代的村民们，现今虽然家家户户通了自来水，但村民们仍常到井边去挑井水。

古树：提香村一共有古树群2处，分布在寨前寨后，古树在提香村的村民心中被认为可保"人寿年丰"。

提香村传统民居 1

提香村传统民居 3

民族文化

提香村民族风情浓厚、淳朴，民俗文化—苗年节独具特色，苗年期间，苗族同胞和远方来的客人一起围着圈跳铜鼓舞，很是热闹。苗族的传统舞蹈颇具特色有盛装苗舞、芦笙舞、铜鼓舞、板凳舞等。另外，提香村有传承良好的婚嫁习俗、农耕稻作文化、刺绣文化及服饰文化等苗族特色文化。

提香村自然环境 2

提香村传统民居 2

提香村古井

提香村古树

踩鼓场

苗族板凳舞

保护价值

提香村四面环山，山地灌木丛生有四个土带；越温暖带、北亚热带、中亚热带三个气候带；构成高山灌丛、山地常绿落叶混交林、常绿阔叶林等三个垂直植被形态。孕育了二百余种生物物种，含国家珍稀保护动植物资源二十余种，具有良好的生态价值。

提香村有传承良好的婚嫁习俗、农耕稻作文化、刺绣文化及服饰文化等苗族特色文化。每一项文化载体都有一个来历或传说，都深含民族的文化，都是民族情感的表达，是苗族历史与生活的展示。

王 犒 李函静 周祖容 编

提香村传统民居

黔东南苗族侗族自治州黎平县地坪乡新丰村

新丰村全貌

新丰村区位示意图

总体概况

新丰村位于贵州省黔东南苗族侗族自治州黎平县地坪乡北部，距乡政府所在地4公里，东抵地坪乡新岩村、中平村，南与半江村、上寨村交界，西北同龙额镇毗邻。全村总面积4平方公里，农户70户，总人口为270人，属纯苗族村寨。据记载村落起源于明朝，40多年前，由于稻田多耕种于现在的村子附近，就从三百高岩迁移到此居住。2013年，新丰村被列入第二批中国传统村落名录。

落位于两侧的山体之间较平坦的山丘，东西两侧为大片的山林树木，河流从山谷中汇集，在村落内穿流而过，村落南北两侧为层层叠叠的梯田，风光秀美。整个村寨建在半山的山丘之中，村落顺应山势，靠山临水延绵布局，村寨随地势层层而上，房屋错落有致。在未通公路前，村寨以船只作为对外联系的主要交通工具，至今仍保留着这样的交通方式。

民居1

村落特色

新丰村是一个别具特色的苗族村寨，地处坡旁河谷，为典型的喀斯特地貌，村

传统建筑

新丰苗寨民居建筑基本上采用传统的木质结构，多为2～3层，依山沿河而建。

苗寨吊脚楼：为穿斗式木结构歇山顶。一般四榀三间，或五榀四间，个别六榀五间。前檐柱吊脚，"吊脚楼"因此而得名。底层原多用于圈养牲畜和家禽，堆放柴草、农具和贮存肥料等，出于防火考虑，现多将柴草单独置放在房屋一侧的禾

民居2

石碓

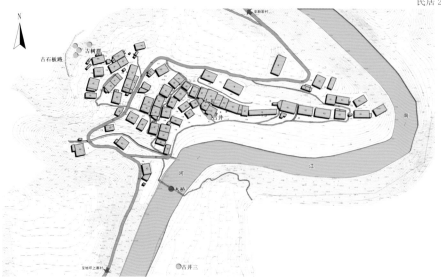

新丰村平面图

古石板路

芦笙节

古树

苍底层。第二层为全家人活动的中心。正中堂屋外侧安有苗语称为"阶息"的"美人靠"。堂屋又是迎客厅，佳宾亲朋到来，常在此间摆上长桌，设宴款待。第三层一般用作存放粮食、杂物，大户人家也用1～2间作客房或女儿的卧室。有的还利用吊脚楼边搭架木板作晒楼，夜间可纳凉休息，观星赏月。

民族文化

芦笙节：是苗族地区最普遍、最盛大的传统节日，是以芦笙踩堂、赛芦笙为主要活动的节日。新丰村的芦笙节是附近苗寨中最为浓重的，主要寓意是庆丰收和为来年祈福，每年新年初一至初七，周围各村各寨的姑娘穿着盛装，佩戴银花银饰，小伙子和芦笙手们都各自带着芦笙，从四方八面向芦笙场地涌来，各村的男子青年都各自围成圆圈，吹笙跳舞，持续六、七天。新丰村没有苗族传统的芦笙坪，而是将江利寨前的两片田地作为临时芦笙坪，每逢春节前后，这两片田地都不准种植任何农作物，并保持干燥，为迎接浓重的芦笙节做好准备。

芦笙制作工艺：苗族的芦笙需要专门的芦笙技师制作，而新丰村曾是芦笙制作大村，现在该村仍保存着悠久的芦笙制作工艺，芦笙由簧片、竹管、气斗、共鸣筒四个部分组成。

人文史迹

木桥：木桥坐落于新丰村南侧，长22米，宽1.8米，有十多根坚硬的杉木搭在混凝土的桥墩而成，木桥是南江河两岸村民

联系的主要交通要道。

古石板路：村内现有一处古石板路，修建年代不详，位于村寨的西北侧，保留完好。

古井：村寨里有三口古井，均匀分布于寨内。古井1位于村落中部，保存较差（已被废弃），规模有60厘米×60厘米左右，古井2从古井1沿着小水沟，蜿蜒上溯，大概20～30米处，处在各房屋中间的空地斜坡上，道路边，现在主要用来洗衣服。古井3位于村落南侧山林中，为古瓢井，保存状况较差；在还没通自来水之前，水井担负着新丰村村民的生活用水，水井里的水冬暖夏凉，十分可口，至今仍在使用。

古树：新丰村的村落环境保存较好，古树较多，树龄超过100年的古树就有15棵，多为枫树。

保护价值

地坪乡新丰村承载了苗族丰富多彩的芦笙文化资源，这是千百年来积淀形成的，展现的是当地特色的民俗文化。古老的村寨、独特的村落布局形式、传统的民风，具有极高的科学研究和保护价值。

杨钧月曾　增张　全编

木桥

屋顶

航拍图

黔东南苗族侗族自治州黄平县重安镇塘都村

塘都村全貌

塘都村区位示意图

总体概况

塘都村位于贵州省黔东南苗族侗族自治州黄平县东部，距县城黄平约38公里；塘都以村寨为中心向四周辐射，东至谷陇镇岩英村，南至翁坪乡牛岛村，西至枫香村，北至新州镇仁坳村，544户2636人，其中僮家人占该村总人口数的98%。2014年被列入第三批中国传统村落名录。

村落特色

塘都寨选址于丘陵半坡，东南北三面环山，东南面紧邻寨脚河，寨周青山层叠，林木苍翠，冬暖夏凉。民居多建于北面山脚，然后又层叠而上山坡，鳞次栉比，一户紧邻一户，远观如同连为一体，寨西南部为大片梯田，生态景观良好。

村落环境　　　　　　　　村落内部

传统建筑

塘都村塘都寨传统民居多建于20世纪七十年代以后，分布集中连片，多为"凹"式的木构建筑，中间为客厅，两边为火坑和卧室，依山顺势而建，鳞次栉比；保存至今的清代历史建筑有13栋；近年新建的少量砖混结构建筑，对村落整体风貌有一定的破坏。村落建筑形态与山体形态一致，较好地满足了山体形态的原生态，保持了建筑与自然环境的有机融合，建筑群体轮廓的走势充分体现了与自然山体坡度形态的一致性。村落大部分传统建筑保存完整，有少部分传统建筑因年久失修，破损较为严重。保存完整的传统建筑和依山而建的僮家人传统建筑群巧夺天工，是僮家人民与自然和谐共生的大智慧。

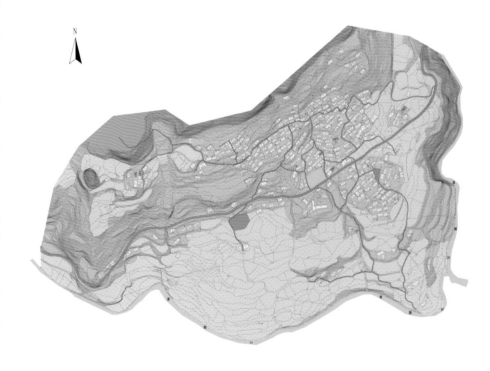

塘都村平面图

僅家蜡染

民族文化

阴、阳两系氏族制度：塘都寨的家族结构均由阴、阳两系组成。这种组织是按阴系和阳系建立，是家族内的最高领导机构，其代表是阴、阳族长。管祭祀、为人祈祷的称阴族长，管社会分工、家庭派丁的称阳族长。阴族长用蛋卜方式选定；阳族长民主推举产生。

阴阳两系社会组织是贵州省黔东南境内的僅家人至今传承得最完整的氏族政治制度，他们称其为"喳季喳甲"，即5个支系和5个房系。

蜡染：塘都寨僅家的手工艺品以蜡染著称，其图案匀称，疏密相间，韵味古朴，风格独特。塘都蜡染工艺是僅家妇女生活中不可缺少的一部分。蜡染的内容主要以线条、原始几何图形、民族信仰、图腾崇拜以及日常生活中接触的花、鸟、虫、鱼、兽、神话或民间传说，图纹形式夸张，线条古朴流畅，堪称僅家一绝。2012年已被列入国家级非物质文化遗产代表作名录。

哈冲节

哈冲节："哈冲"节是目前贵州僅家村寨传承得最为完整的节日，由阴祭师用蛋卜来决定举办日期。有十多年才举行的，也有五六十年才举行的。这个庄重而又充满扑朔迷离的祖鼓祭祀大典，凸现了僅家人对祖先的无限敬仰之情。

踩亲节："踩亲节"可不定期举行。这个节日是青年男女交友恋爱的集会。每年大年初一至初五，节日期间，青年男女要吹跳"踩亲舞"，一般由两个男青年吹起芦笙引路，4至6个姑娘随后伴舞。前面的吹笙的后生若中意身后的某位姑娘，

踩亲节

就用脚跟轻轻地踩一下姑娘，姑娘如果也爱慕对后，就用手轻轻地敲打小伙子的肩背，场面热烈而又诙谐风趣。

保护价值

塘都寨传统村落作为黔东南州具有代表性的僅家人文化村寨，保存了相对完整的、真实的历史遗存和文化遗产，同时附带了大量的历史文化信息，体现了很高的文化水准，见证了该地区的生活方式和文化特色，有较高的历史价值、艺术价值和科学价值。

余文谦 周尚宏 编

成片民居

村中环境

村落道路

代表民居1

代表民居3

代表民居2

代表民居4

黔东南苗族侗族自治州黄平县野洞河镇新华村

新华村全貌

新华村区位示意图

总体概况

新华村位于贵州省黔东南苗族侗族自治州黄平县野洞河镇南部,距县城14公里,东至龙角、罗裙村,南至野洞村,西至福泉抬田村,北至平良。全村516户,2376人,仫佬族人口占全村人口的80%,是古老的仫佬族古寨,其余民族为苗族和革家人。2014年被列入第三批中国传统村落名录。

村落特色

村落选址于高山半坡,南北两面环山,寨周青山层叠,林木苍翠,中间坦平,冬暖夏凉。民居建于山腰间,逐渐蔓延至山脉山脚,然后又层叠而上山坡,鳞次栉比,布局十分得体,寨中部多为农田,生态景观良好。

新华村仫佬族民居建筑风格在借鉴和吸收当地苗族民居建筑中的一些适用于本民族的设计思想和设计形式的同时,也融入了民族特色。其居住环境多在山区或半山区,整个村寨是按依山傍水、负阴抱阳原则来确定朝向,其房屋朝向与村寨其他房屋相一致。

传统建筑

新华村传统民居多建于20世纪五六十年代以后,分布集中连片,多为榫卯结合的木构建筑,依山顺势而建,鳞次栉比;少量保存至今的清代历史建筑;近年新建的少量砖混结构建筑,对村落整体风貌有一定的破坏。建筑形态与山体形态一致,较好地满足了山体形态的原生态,保持了建筑与自然环境的有机融合,建筑群体轮廓的走势充分体现了与自然山体坡度形态的一致性。村寨中仫佬族传统民居多为一

周围环境2

周围环境1

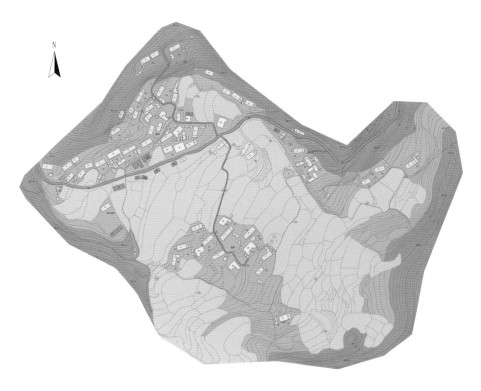

新华村平面图

层三开间悬山式青瓦顶木结构传统建筑；新华村内大部分传统建筑保存完整，有少部分传统建筑因年久失修，破损较为严重。保存完整的传统建筑和依山而建的仫佬族传统建筑群巧夺天工，是仫佬族人民与自然和谐共生的大智慧。

民族文化

仫佬族依饭节：仫佬族依饭节流传着很多传说，其中最广为传诵的传说是纪念白马姑娘：据说古时候，仫佬山乡群兽为害，特别是兽王——神狮，凶猛异常，伤人畜，毁庄稼。正当仫佬人陷入困境时，来了一位白马姑娘，她力大无比，射死了神狮，解救了万民，并从狮口中夺回谷种送给人们，又用芋头、红薯做成黄牛、水牛为人们犁田耕地，教仫佬后生习武灭兽。

从此，仫佬山乡风调雨顺，五谷丰登。依饭节是三年一大庆、一年一小庆，也叫"喜乐愿"、"依饭公爷"，有祈神驱邪、保安集福、贺五谷丰登之意，是仫佬族特有的传统节日，带有强烈的感恩和祝愿色彩。依饭节在立冬后择日举行。每逢依饭节，仫佬人除了剐猪、杀鸡、宰鹅、包粽粑之外，还请来唱师，敲锣打鼓、唱歌跳舞，非常热闹。

"唱师演唱时，一会儿拿起一根金竹鞭向那'牛群'挥舞，一会儿指着那盘五色糯饭围桌而跳。同房族的兄弟姐妹、亲戚朋友，便坐在周围观看。有的敲锣打鼓，有的唱歌跳舞。"据有关资料记载，依饭节传承至今已有500多年历史。

仫佬年：仫佬年定在每年农历十月的第一个兔日。相传有两个方面的含意：一是仫佬人敬仰兔子的纯洁，他们的祖先曾以兔作为定亲礼物，成亲之日正好又是农历十月的第一个兔场天，因此在这一天过年有凭吊祖先，继承传统之意；二是九月秋收结束，十月过年具有庆贺丰收，感谢祖先保佑之意。仫佬人还把"仫佬年"这一天视为吉日，很多仫佬人的婚礼都在这天举行，而不用请先生择日期。

仫佬人过年时，要打糍粑、酿酒、杀鸡、宰鸭、开田捉鱼，几个寨子合在一起举行一些传统的体育比赛，如赛马、对歌、斗鸟等。古时，几乎家家户户都要杀猪。相当于汉族的春节。男女老少穿新衣，放鞭炮，还要对房前屋后整理一番，寨上要组织淘洗水井等。"打保寨"又叫"扫寨"，是仫佬年中的一项重要活动，由于仫佬人大都居住在木房，冬季到来，柴草干燥，容易引起火灾，防火安全尤为重要，所以"打保寨"是一项驱除鬼邪的活动，对人们进行的一次防火安全教育。所以在仫佬节的前一天晚上，家家户户都要把家里的火全部灭掉，待打保寨后，再统一取火种。

代表民居 1

代表民居 3

代表民居 2

古粮仓

人文史迹

设王庙：祭奉设王庙是仫佬族祖辈流传下来的习俗，每逢二月"春祭"这天，在此向设王庙前上香祈福祭祀，将猪肉分成若干份，用竹子串联起来，一串一串地挂在竹竿上，分放在社王庙的两旁作祭品，祈求设王来年风调雨顺、五谷丰登。

在6组村寨入口处，百年柏树下建有设王庙1处，但由于经过现代瓷砖贴面翻新，已失去原有古朴风貌。

古粮仓：粮仓是仫佬族民居一个重要的附属用房，每户基本建有一个。新华村始建于清末，保存较好的古粮仓共9处，粮仓平面呈四方形，喻"四方来财"，悬山青瓦顶，穿斗木构，金柱四根，檐柱八根，以小圆木条连接檐挂成空格晾架，专供晾晒禾谷、苞谷。

仫佬族"春祭"

仫佬年

保护价值

新华村传统村落作为黔东南州具代表性的仫佬族文化村寨之一，保存了相对完整的、真实的历史遗存和文化遗产，同时附带了大量的仫佬族历史文化信息，体现了很高的文化水准，见证了清时该地区的生活方式和文化特色。

依山而寨，聚族而居，属于受地势高差影响形成的山腰顺势分层筑台型村寨。为研究此类型仫佬族传统村落的生活空间、生态空间提供了真实依据。

设王庙

韩 磊 劳巧玲 编

黔东南苗族侗族自治州黎平县尚重镇宰蒙村

宰蒙村全貌

宰蒙村区位示意图

总体概况

宰蒙村位于贵州省黔东南苗族侗族自治州黎平县尚重镇东北面，与镇政府所在地隔河相望，东与本县平寨乡相邻，南面与本镇的尚重村、纪登村相邻，西面与本镇的尚重村相邻，北面与本镇的务弄村、顿路村相邻。宰蒙村由宰虎、宰迫、宰州、宰海、高觉五个自然寨组成，村域面积为8.3平方公里，全村总人口1743人，主要为侗族。根据古墓碑文考证，宰蒙村大约明朝时期祖辈从江西吉安府迁入，距今有800年历史。2013年，宰蒙村被列入第二批中国传统村落名录。

村落特色

宰蒙村与大多数侗族村寨一样伴水而居，尚重河由寨边西北面流过，使村寨形成山环水绕的格局。宰蒙鼓楼高耸立于寨中，前面是用鹅卵石铺砌的芦笙场，是村民文化活动与平时聚众议事的场所，成为一条重要的文化轴线，村寨沿着轴线展开布局规整，但由于地势不平整，传统侗族干阑式建筑错落有致地依靠地形而建，使你身处其中能感觉到庄严而不失趣味性。宰蒙村靠近尚重镇政府驻地，交通便利的区位优势让宰蒙村成为尚重镇展示侗族文化的一个平台。

传统建筑

宰蒙村有4座鼓楼、一座风雨桥、一座凉亭以及大量侗族传统民居。

鼓楼：宰蒙村4座鼓楼分别为宰蒙鼓楼、宰迫鼓楼、宰虎鼓楼、高岑鼓楼。分别位于四个自然村寨中。其中属宰蒙鼓楼规模最大，为八角十三重檐攒尖顶，楼身成多边锥柱体，外轮廓呈略柔和的曲线，腰檐层层叠叠，层层缩小。伞形的顶盖如翼振飞，顶部挑檐独具匠心，彩塑彩画丰富多彩，都无疑是侗族文化的一块瑰宝。

风雨桥：宰蒙风雨桥为亭阁式风雨桥，长40米宽4.5米，桥廊上建有桥楼3座，中大两头小，屋顶皆为小青瓦坡屋顶，中间桥楼屋顶为二层六角四重檐屋顶和一层六角攒尖宝塔顶，两边为二层六角二重檐攒尖宝塔顶。下面两侧桥廊内设有双重檐柱和连通桥凳，供人休息，上部绘有各种侗族风情及山水、花木和动物彩画以及对联，具有浓郁的民族色彩。

凉亭：宰蒙村凉亭位于寨中小山顶的道路旁，为一层二重檐悬山式屋顶，下面有八根柱子成正六边形，设连廊供行人休息，亭子一半融入林中，若隐若现。

传统民居：宰蒙村的传统民居为传统干阑式建筑发展而成。很多是灵活地在斜坡上开挖半封土石方，垫平房屋后部地基，然后用穿斗式木构架在前部做吊层，形成了半楼半地的"吊脚楼"。

民居

窗花

窗花

宰蒙村平面图

鼓楼

鼓藏节

琵琶歌

民族文化

琵琶歌：琵琶歌是尚重地区的一块文化瑰宝，而宰蒙村无疑是尚重琵琶歌的展示平台。传统的琵琶用上好的楠木制成，琵琶安上了五根琴弦，调准音频，声应九音，其声悠悠扬扬，荡映高山流水，声声悦耳。

鼓藏节：鼓藏节是宰蒙最隆重的节日，鼓藏节七年举办一次，每次举办都犹如一幅侗乡人民温婉情怀的民族风情长卷。鼓藏节期间，当地群众盛装聚集，虔诚社祭，虔载十年壮牯敬天地、祭先祖，对山歌、会亲友，琵琶鼓乐，以盛大节庆感慰苍生，祈福太平，祷盛世丰年，还同时举行斗牛、斗鸡、斗鸟、山歌、琵琶歌、芦笙表演、民族服饰展演等丰富多彩的赛事活动。

传统服饰：宰蒙村的侗族服饰按照性别和年龄分为男子服饰、女子服饰和儿童服饰，按照生活场合分为日常服饰和盛装，其中女子盛装按照服装款式又分为对襟裙装式、交领左衽裙装式、交领右衽裙装式和交领右衽裤装式四种。

人文史迹

萨坛：宰蒙村的萨坛位于村寨北面，是用石头垒成的萨坛，每到鼓藏节都会由寨老组织到萨坛处举行祭萨活动，到时穿着盛装虔诚祝福，鬼师与萨坛上念咒语祈福，萨坛上立一把聚阳伞，下面按照天干地支来布置方位，是村中祭祀场所。

马蹄井：马蹄井位于村寨东面，据说红军曾经经过此地时，人困马乏，休息之际，马匹饥渴难耐，于是马蹄不止，顷刻之间，竟然地下水冒出，便形成一口井，之后命名为马蹄井。为了纪念当年此举，宰蒙村便会定期在那里举办活动。

古树：宰蒙村古树分布寨中，村里人认为这些古树可以避邪，是村寨的守护神，在一直守护着一代又一代的侗家人，所以，每每在过传统节日的时候，侗家人都会在大树前点上一炷香，祈祷村寨向古树一样万古长青。

保护价值

宰蒙村山环水绕的格局，寨中鼓楼林立，花桥横跨，无疑是侗家文化的一个缩影，由于宰蒙村交通便利的区位优势使宰蒙村成为尚重镇的文化展示平台，尚重地区特色的琵琶歌，浓重有趣的侗族鼓藏节，加上红色文化会让我们联想到红军与淳朴的侗家人发生了什么样的故事？所以宰蒙村是研究和展示侗家文化和研究历史的一个重要载体。

谢　聪高　蛤　余正璐　编

传统服饰

古树

花桥

凉亭

航拍图

黔东南苗族侗族自治州锦屏县彦洞乡瑶白村

成片民居

瑶白村区位示意图

总体概况

瑶白村位于锦屏县西北部，距县城41公里，在彦洞乡人民政府所在地东北侧3公里。全村353户，全是侗族。2014年被列入第三批中国传统村落名录。

村落特色

瑶白村坐落在向阳排坡上，依山而建，四周古树参天，生态极佳，是锦屏县古树蓄积量最大的传统民族村寨，树种繁多，珍贵的特色树种有榉木、红豆杉、银杏、千余棵树环绕村庄，仅红豆杉大古树就有40余株。

瑶白群山叠翠，山峦峡谷形态各异，溪流、瀑布、村舍、田畴别有洞天。

传统建筑

苗白，始得名于清朝，古侗语叫"妙白"或"正押金"，意为苗族人居住的地方。民国九年（1920年）改为瑶白。明代即有人在此定居，据说有二支，其中老大一支属苗族，故得前名。龚姓是汉族，苗、汉居久，坐乡随俗成侗家。清雍正前，无政权管辖，与百里侗寨结为九寨款组织。雍正后属黎平府东北路，系古九寨之一。所以在瑶白，有吊脚楼、鼓楼、花街石板路为代表的建筑文化。

民族文化

瑶白大戏：通俗易懂，大戏班子是业余性的群众文艺组织，叫太和班。由宗师传度下来的一代代弟子传人组成核心，演员是全村的男女老少，他们是剧中的主角、配角、跑龙套、走杂。演唱时用的是汉腔，台词词牌与京剧相似，但唱腔却不同，带有侗家声调。

村中道路1

村落环境

瑶白村平面图

显示出少数民族文化特质。开演以锣鼓指挥助兴，二胡伴奏，唢呐催帕。有说、唱、做、打等表演形式，生、旦、净、丑角色，且有地域傩戏。大戏引用历史故事题材改编成剧本，有《三国演义》、《白蛇传》、《梁山伯与祝英台》等。瑶白大戏因其与祭祀、祈福等活动合二为一，有一套固定完整且鲜为人知的洒扫、祭祀、安水等内容，因而披上神秘的色彩。瑶白大戏为人们喜闻乐见，曾受邀请到外县、外乡镇演出，受到好评，叹为大山中的一朵奇葩。

瑶白摆古节已于2005年列为贵州省非物质文化遗产，2010年入选国家级非物质文化遗产名录。"瑶白摆古"文化是一种反映九寨侗乡民族迁徙历史的口头文学，它以姓氏、宗支文化交流为出发点，融歌、舞、戏、演说等表演艺术于一体，具有载道、议事、表演的功能，在我国少数民族文化中是绝无仅有的。

摆古："摆古"是我国民族民间文化当中的一种古老习俗，是人们在喜庆丰收之年，共同集会摆谈历史，举行祭祀等一系列的传统文化活动，它体现人们共创美好生活、展望未来的美好向往。"摆古"形式多种多样，但各有不同。居住在贵州省锦屏县瑶白村的侗民们举办的"摆古"活动，就是多姿多彩，别具一格，古往今来这里的人们都把这种"摆古"活动当作一种精神寄托，年年开展，从不间断，远近闻名。

瑶白"摆古"据老人口传，它是一种古老的民间习俗，是当地人会集开展民间活动的一种传统表现形式，每年定在农历六月初六这一天，它的内容很多，有祭祀，说（白话）唱、对歌、跳舞、吹芦笙、踩歌堂、演大戏、"鞍瓦"（侗语）放牛打架等，当时，瑶白"摆古"是为了增强各大姓氏民族的团结，大家共同集会开展说唱、摆谈历史，喜庆丰收等娱乐活动。后来在人们长期的农耕生产生活习俗中形成了一定的规模，还有所发展与创新。

"摆古"这一多元文化的载体，它承载着侗族许多重大历史文化信息和原始记忆，使瑶白原始农耕祭祀的礼仪、民族迁徙、姓氏来历，婚嫁习俗等在"摆古"活动中被保留下来，成为北侗文化传统得以保持和延续的重要因素。

人文史迹

瑶白侗话叫"镇牙金"，世居龙、滚、杨、龚、范、耿、万、胡、宋、彭、吴、王、罗、张、曾、易16姓氏，到新中国成立初只有10姓。龙氏侗族先祖于明永乐三年迁来开寨定居，接着各姓氏的先人陆续迁入，组成村落。最早定居的有侗、苗族二支干系，故又称"妙白"（侗名），至今已有600年历史。

瑶白人团结和睦，共荣共存，共同开发瑶白这块热土。清嘉庆前曾统一姓氏，有着"十姓共一姓，十房（房族）共一房（房族）"都姓滚的一段古老传说。

村中古井

保护价值

瑶白"摆古"活动除农耕祭祀和民族信仰外，其活动的文化内涵中传承着当地民族非常重要的生殖崇拜信息，这一古老群婚遗俗，它充分展现了瑶白村侗族文化历史的存在状况，汇集了九寨北侗文化的精髓，其内容丰富多彩，文化底蕴深厚，具有较大的研究价值和实用价值。

王　浩编

村中道路2

代表服饰

摆古习俗1

摆古习俗3

瑶白村全貌

摆古习俗2

黔东南苗族侗族自治州黎平县肇兴镇肇兴上寨村

肇兴上寨村全貌

肇兴上寨村区位示意图

总体概况

肇兴上寨村位于贵州省黔东南苗族侗族自治州黎平县肇兴镇，为肇兴镇镇政府驻地，距县城68公里。肇兴镇享有"侗乡第一寨"的盛名，由上寨、中寨、下寨三个村结成。上寨村位于肇兴侗寨区域的上游，村落形态保存完整，是肇兴侗寨文化的重要展示窗口，同时也是肇兴侗寨对外联系的主要通道。肇兴上寨村村域面积7.25平方公里，总人口为1363人，全侗族居住。肇兴建寨历史悠久，据记载，在南宋正隆五年，也就是1160年间，肇兴的先民就在这里定居。距今已有840多年的历史。1993年，肇兴侗寨被贵州省文化厅命名为"鼓楼文化艺术之乡"，2001

年，肇兴侗寨鼓楼群被列入世界吉尼斯之最，2007年，肇兴被国家建设部列为第三批"中国历史文化名村"，2013年，肇兴上寨村被列入第二批中国传统村落名录。

村落特色

肇兴上寨村坐落于山谷内，村落环境优美，土地肥沃，气候温和，一条小河从中间穿过，全寨民居依河而建。肇兴侗寨分为五个团，即仁团、义团、礼团、智团、信团，每个团都建有自己的鼓楼、戏台和花桥。其中仁团和义团属肇兴上寨村，肇兴上寨村的"仁团"鼓楼和"义团"鼓楼是上寨村村域内重要的传统建筑，村落以这两座鼓楼为核心辐射开来。与两座鼓楼遥相呼应的还有两座风雨桥和两座戏台。鼓楼、风雨桥和戏台的组合使上寨村村落形态更富文化肌理。此外，上寨村内还有三口古井，在村寨的东北角设有寨门。

吊脚民居

民居

义团鼓楼

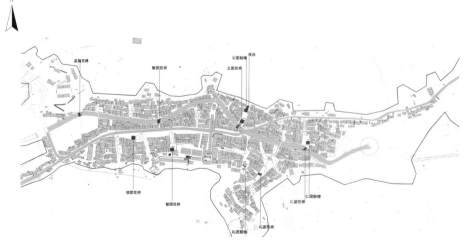

肇兴上寨村平面图

"义团"戏台

"仁团"花桥

梯田

传统建筑

肇兴上寨村是一个典型的侗族村寨，寨中有两座鼓楼、两座风雨桥、两座戏台及大量侗寨传统民居，一起构成一个有机整体，十分壮观。

鼓楼："义团"鼓楼高为23.36米，始建于清光绪年间，鼓楼雄伟高大，为十一层八角密檐攒尖顶，是肇兴镇最高的鼓楼。"仁团"鼓楼高18.47米，为七层八角密檐攒尖顶，是肇兴层数最少的鼓楼。上寨村的这两座鼓楼底下一层均为四方形，二层以上则成八边形，并增添有瓦面和各种造型的飞檐翘角。各层截面逐层收缩。每层采用收梁枋和悬空的金瓜支撑，层层檐口用人字形斗栱挑出，恰似密檐宝塔。各层无隔板，至顶层方有隔板，置大鼓于顶层用以传信。火塘四周立有4根粗大的柱子，被称为"金柱"，四周有12根檐柱象征12个月，"金柱"上立有独木直梯，人们可依独木梯登顶鼓楼。鼓楼中间设有圆形火塘，火塘四周布四条长凳，供人们休憩、聚会或者举办活动时围火而坐。

风雨桥："仁团"风雨桥和"义团"风雨桥均始建于清代，属于亭阁式花桥，为南北走向，横跨肇兴河。"仁团"花桥桥宽4.2米、长7.8米，桥廊三间，建有歇山顶中楼一座。"义团"花桥桥宽5米、长8米，桥廊三间，建歇山顶中楼一座，四角攒尖顶边楼两座，两旁均设置的有供人们休憩闲聊的栏、长凳，形成长廊式走道。

戏台：上寨村两座戏台都位于相应的鼓楼旁边，被称为"仁团"戏台和"义团"戏台。戏台为歇山式吊脚楼，其下层都是公共用房，作办公或者戏班后台用，楼上为表演场所，除舞台这一面外，其他三面装有杉木隔板。

民族文化

蓝靛：在上寨村，家家户户染布。当地人喜欢用石青色的布来缝制衣裤，这种布都是当地村民自织后再用蓝靛（又称板蓝、马蓝）这种天然染料染制的，其色泽与一般的机制布染有所不同。侗布经过蒸染后要反复捶平，使布更平整、结实有光泽度。

长桌宴：在上寨村，长桌宴（合拢宴）是常见的侗家人用来款待客人的宴席。各家将自家美酒、美食拼摆在一起共同款待客人，席上主宾混坐，由寨佬致祝酒词。

侗族大歌：大歌是侗族音乐的典型代表，其无伴奏、无指挥的合唱表现形式是民间民族音乐的一朵奇葩。上寨村至今仍保留着这种美好的习俗。

侗戏：侗戏相传是在道光年间在侗族大歌的基础上参考花灯剧、湘剧、桂剧的程式综合发展而成，侗戏的特点是现导现演。演戏时，戏台中后部会挂上一块布帘，演员在前面演唱，戏师则在布帘后面导演。在上寨村，侗戏是侗家人重要的娱乐活动。

人文史迹

肇兴河：肇兴河贯通村寨及寨外梯田，常年水源充足，河道宽约15米，这里是都柳江水系源头之一。

西封禁碑：碑长69厘米，宽34厘米，面积为0.22平方米，厚8厘米，为风化石质。立于清光绪十六年（1890年）六月三十日，坐西向东。额头阳刻"封禁碑"，碑正文为正楷阴刻，对研究侗族文化具有一定的价值。

古墓群：位于村寨周围的山坡，大小不一，大至几百个，少则几个。此地为肇兴侗寨风水宝地，只有陆氏寨老们才能安葬于此。

保护价值

肇兴镇上寨村保存着完整的村落形态，拥有种类多样的侗族传统建筑，其中以沿河布置的侗族民居作为背景，鼓楼、花桥、戏台建筑以独特的空间组合形式展现着侗族人民生活的点滴。这样完整的村落形态是非物质文化遗产的重要资源。

杨钧月　高　蛤　谢　聪　编

古井

村落一脚

黔东南苗族侗族自治州台江县台盘乡德卷村

德卷村全貌

德卷村区位示意图

总体概况

德卷村是贵州省黔东南苗族侗族自治州台江县台盘乡的一个自然村，距台江县28公里，处于台江与凯里市交界处。2014年，台江合村并组将德卷村、龙井村、空寨村3个行政村合并为现在的龙潭行政村。德卷寨总户数210户，总人口1100人。苗族人口占全村人口的97%以上。2013年被列入第二批中国传统村落名录。

村落特色

村落选址于丘陵小盆地中，南西北三面环山，东面紧邻巴拉河，寨周青山层叠，林木苍翠，中间坦平，冬暖夏凉。民居建于山间盆地，逐渐蔓延至三面山脉的山脚，然后又层叠而上山坡，鳞次栉比，布局十分得体，寨中部多为农田，生态景观良好。村落整体风貌保存完好。

传统建筑

德卷村内主要为明清时期就世代沿袭的苗族干阑式建筑民居及铁索吊桥、古碾米坊、古井、古地窖群等公共建筑。传统民居多建于20世纪五六十年代以后，分布集中连片，多为榫卯结合的木构建筑，依山顺势而建，鳞次栉比；少量保存至今的清代历史建筑。村内建筑形态与山体形态一致，较好地满足了山体形态的原生态，保持了建筑与自然环境的有机融合，建筑群体轮廓的走势充分体现了与自然山体坡

村落环境

代表民居1

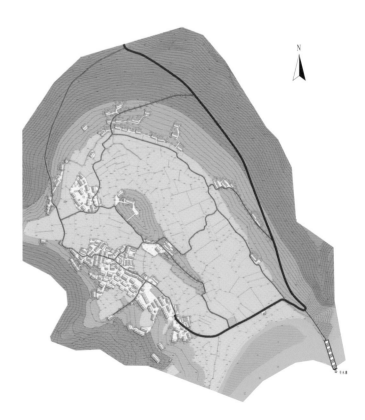

德卷村平面图

度形态的一致性。村寨中干阑式传统民居有吊脚木楼、连廊木楼、回廊楼屋等。保存完整的传统建筑和依山而建的苗族干阑式建筑群巧夺天工，是苗族人民与自然和谐共生的大智慧。

民族文化

苗年：苗族地区过苗年的时间并不相同，从农历九月至正月不等。一般历时三、五天或十五天。年前，各家各户都要备丰盛的年食，除杀猪、宰羊（牛）外，还要备足糯米酒。年饭丰盛，讲究"七色皆备"、"五味俱全"，并用最好的糯米打"年粑"。互相宴请馈赠。2008年6月7日，"苗年"被列入第二批国家级非物质文化遗产保护名录。

吃新节：每年古历六月二十五日或七月十三日，龙潭村的苗族人民都欢度一年一度的"脑戛列"或"脑戛先"（吃新节），且以各种活动热烈庆祝，昼歌夜舞，人山人海，不亚于过苗年。

代表民居 2

代表民居 3

德卷苗年 1

代表民居 4

代表民居 5

"二月二"祭桥节：这是黔东南苗族古老的宗教节日，即祭桥神。桥神是苗族宗教观念中的"送子娘娘"。桥节不但是送子娘娘，而且还保佑孩子健康成长。这一天，不许管束孩子，更不许打骂。举行祭祀后，全寨人欢聚一堂吃团圆饭，饮自酿酒，缅怀祖先，相互祝福，祈愿风调雨顺、五谷丰登。

苗族蜡染：苗族是我国最为古老的民族之一，其历史要追溯到上古时代以蚩尤为代表的苗蛮集团。苗族人民有着自己丰富多彩的民族文化和民间工艺美术技艺，其中的蜡染艺术作品和蜡染旅游工艺品在整个染织美术界久负盛名。

苗族芦笙舞：苗族芦笙舞，又名"踩芦笙"、"踩歌堂"等，是一种以男子边吹"芦笙"同时以下肢（包括胯、膝、踝）的灵活舞动为主要特征的传统民间舞蹈，因用芦笙为舞蹈伴奏和自吹自舞而得名。是苗族最喜爱、分布最广泛的一种民间舞蹈，大多在年节、集会、庆贺等喜庆时刻表演。

苗族蜡染

人文历史

战争时期红军曾路过德卷村。村内自然要素、文物古迹众多。位于龙潭村德卷寨中部有古枫树林，百年以上枫木10多棵，十分壮观，独具特色。巴拉河由西至东在村南部缓缓流过，水质清澈、沿岸山林田园景观优美，是德卷村自然格局的重要组成部分。此外，还有古民居21座、古井2口、古碾米坊1处、古地窖群2处、铁索吊桥1处。

德卷苗年 2

芦笙舞

德卷斗牛

保护价值

德卷村南尧苗寨依山傍水而建，自然环境较为优越。文化遗产包括物质文化遗产和非物质文化遗产。物质文化遗产是具有历史、艺术和科学价值的文物；非物质文化遗产是指各种以非物质形态存在的与群众生活密切相关、世代相承的传统文化表现形式。具有较高的保护价值。

石庆坤　周　杨 编

黔东南苗族侗族自治州黎平县德化乡俾翁村

俾翁村全貌

俾翁村区位示意图

总体概况

德化乡俾翁村地处清水江支流源头，位于德化乡政府驻地以西8公里处，地处半坡塝，海拔900余米，下辖3个自然寨、9个村民小组。俾翁村村域面积837.09公顷，总人口1093人，主要为苗族。1760年，夏氏十三世祖从高洋迁至俾翁落拓，随后其他姓氏祖先相继到俾翁定居，有300多年历史。2014年，俾翁村被列入第三批中国传统村落名录。

村落特色

俾翁村地处典型的低山丘陵地区，群山连绵，地势起伏较大，俾翁地处半坡塝，依山为寨。俾翁寨所在地两旁为农田分布区。村落位于山腰凹地处，北侧为大片的山林树木，河流从村寨南端流过。村落西侧和南侧视野较为开阔，为层层叠叠的梯田。村寨两旁青山高耸，寨间分布有农田，是一个人与自然和谐发展的村寨。村寨内房屋错落有致，在井然有序地的禾晾、谷仓的衬托之下，更显民族村寨特色。

传统建筑

俾翁传统民居：俾翁村传统苗族干阑民居巧妙地与地势相结合，手法独具匠心，平面空间多样，建筑用柱子把建筑托起，使其下部架空，"人处其上，畜产居下"。随着人们对住宅空间和面积领域要求的扩展，大部分民居已从简单的两层发展为三层或四层。从一开间发展为两开间、三开间或更多开间，乃至于长屋。

民居3

民居1

民居2

凉亭

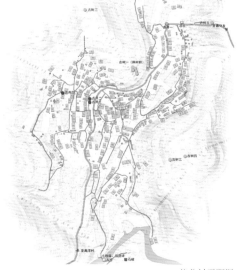

俾翁村平面图

蓝靛染布

七月半

古树

民族文化

尝新节：是俾翁苗民在隆重程度上仅次于春节的节日。具体时间没有统一规定，但只能限定在栽完秧后的20天之内。大多数年份，全寨统一过尝新节，俾翁村尝新节节日气氛热烈，全寨杀猪宰牛，开田捉鱼，各尽所能，最大限度地宴请亲戚朋友。少数年份，或由各房领袖，或由村组织，或由青年请歌师到寨上唱2~3天歌，男女老少踩芦笙。

七月半"敬神"：七月半也叫中元节、鬼节，时间为农历七月十三、十四、十五不等。

七月半也是俾翁寨隆重的节日之一，时间为农历七月十五。节日当天，家家户户杀鸡宰鸭，放田取鲜鱼，寨上杀牛制瘪，宴请亲朋好友，祭奠先辈，祈祷老少平安。各家各户还备上用黄表纸或毛边纸做的"钱袋"，将一大沓纸钱装袋密封，外面写上自家逝去先辈姓名，这叫做"钱包"，于农历七月十五日在房前烧包烧纸，焚香祭祖。

苗族服饰：苗族男子的服饰为头缠布帕，帕长1~3米长，戴多层"人字形"。身穿对襟衣，袖长而小，裤筒短而大，包青色裹脚。妇女衣服一律满襟，腰大而长，袖大而短，无衣领。裤短而大，腰系围裙，胸前、袖口、围裙、裤脚习惯绲边，绣花或排纱，并加栏杆于其间，五光十色，焯烁眩目。夏天，青年男女喜戴羊毛斗笠，脚穿麻板鞋。

人文史迹

凉亭：凉亭位于村头，四根柱子，单檐双坡屋顶，青瓦盖顶，柱漆红漆，下设有公用休息长凳，整体结构为长3米，宽3米的正方形，是村民交流活动的场所。

土地庙和指路牌：位于村落南端，建于清朝，土地庙作为村民的基层信仰，造型简单，位于路旁，以两块石头为壁，一块为顶，用于村民供奉祈福；指路牌已经维修过，石刻字迹清楚，风貌崭新。

古井：俾翁村古井一共有四口，均匀分布于寨内，在还没通自来水之前，水井担负着俾翁村村民的生活用水，水井里的水冬暖夏凉，十分可口，至今仍在使用。水是生命之源，因为有水井才会行成村落，所以村民们对古井对保护得很好。

保护价值

俾翁村完好地保留了苗族自然原始的生活状态，历史村寨与自然环境有机融合，其特有的苗歌苗话、苗节苗年等民族风俗得以保存及发展，体现着苗寨人对自然的认知程度及利用程度，是俾翁苗寨文化的实物见证。

余压芳 王 希 徐 雯 编

尝新节

土地公和指路碑

古井

航拍图

黔东南苗族侗族自治州从江县往洞镇增盈村

增盈村全貌

增盈村区位示意图

总体概况

增盈村是贵州黔东南苗族侗族自治州从江县的一个行政村，村庄位于往洞镇北部，据从江县城60公里，距榕江县城25公里，是黎平、榕江、从江的一个交汇点，目前主要通过一条通村公路与从江、榕江两地联系。村庄位于两条河流交汇地带，两面环山，沿河分布农田景观。全村共有495户，2211人，全村均为侗族，2013年被列入第二批中国传统村落名录。

增盈村全景

周边环境

村落特色

从古至今增盈村均是侗族居多，所以建筑风格和形式均渗透着侗族文化。今村中仍是鼓楼、花桥、凉亭及侗式民居等传统建筑遍布。村中山清水秀，树木葱茏，人民热情好客，民俗古老而神秘。其婚丧嫁娶原始古朴，文化底蕴深厚，不仅是旅游的胜地，也是开展民俗历史研究不可多得的地方。

传统建筑

增盈村90%以上的建筑都是传统侗族木质吊脚建筑，表现为单檐坡屋顶干阑式木建筑，传统民居以各自然寨的鼓楼为中心，呈蛛网向外发散。村内年代最为久远的民居大多分布在大寨的增盈鼓楼附近，也有部分建筑年代相对久远的民居部分分布在金钩鼓楼附近。村内现在尚存许多300年左右的建筑，并还在使用当中，百年建筑更比比皆是，其上多有精湛镂刻工艺的橡柱、精美的花窗等装饰。村落里的鼓楼、花桥、传统民居以及石板小道无不承载着侗族村寨的传统民族文化，这个山环水绕的古村落就这样矗立在那里十年、百年、千年，安静、优美、祥和。

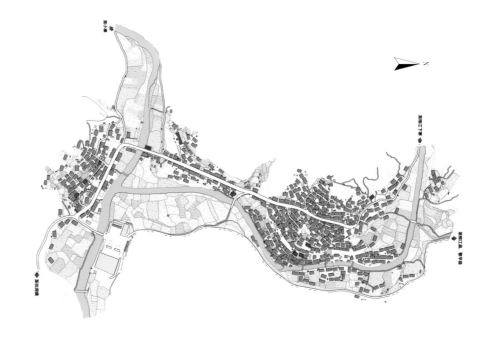

增盈村平面图

增盈风雨桥

村中道路

发墨祭祀

代表民居1

代表民居2

制造构建

民族文化

侗族大歌：侗族大歌在本村现在仍以活态方式进行传承，传人男女都有，有的是家族传承，大部分是学校老师对学生进行教授。

村中一般在鼓楼相聚唱歌，或是在特定场地对歌、赛歌。

现有歌师传承人3位，分别为：赵奶树、李永珍及杨秀明。

侗戏：侗剧是在侗族民间说唱艺术"嘎锦"（叙事歌）和"嘎琵琶"（琵琶歌）基础上，接受汉族的戏曲影响而形成。"嘎锦"，演员自弹自唱，夹用说白来叙述故事，内容多半为侗族的传说故事。

侗戏在本村现在仍以活态方式进行传承，传人男女都有。现有戏师传承人3位，分别为：赵奶树、李永珍及石光明。

侗族萨玛节：萨玛节是贵州南部侗族地区现存最古老而盛大的传统节日，有侗族母系氏族社会时期风俗的遗留。增盈村在农历八月八举行祭祀节庆活动，主要活动有赶牛、祭祀、对歌、赛歌、相聚娱乐等。

人文史迹

增盈村的祖先来自江西省，在元末明初的时期天下大乱，江西省连年受灾，其祖先不堪忍受元朝朝廷的驱赶和蹂躏，几经颠沛流离终来到原思州宣慰司，即现贵州省从江县往洞镇增盈村重新开始生活。建村距今已有600多年。村寨分为大小两个寨，大寨内有县级文物保护单位2个——增盈风雨桥和大寨鼓楼；小寨内有县级文物保护单位1个——金钩鼓楼，国家级文物保护单位1个——金钩风雨桥。并有古桥2座、古井5口、古墓1座以及古城墙1处。

增盈分布

侗族大歌

保护价值

增盈村是侗族聚居的自然村寨，由于其地理位置的影响增盈村的建筑形式、民风民俗、文化、生活习惯都仍然延续着传统风貌。增盈村有着如此丰富的物质和非物质文化遗产、独特的历史风貌和悠久的文化。增盈村作为九侗款的侗族传统村落，侗族大歌已经深深地融入了村民的日常生活和情感交流之中，是自古以来不可分割的精神文化传承，除了侗族大歌外，其他侗族村寨的侗文化在增盈村也保存得相当完美，民族文化、饮食文化、建筑文化等活灵活现，具有较高的文化、艺术价值。村中居民世代全为侗族，一直保持聚族而居的传统，迄今仍然使用传统做法加工食物，在侗年节、吃新节、萨玛节等传统节日气氛热烈，文化独特而传统，对研究古今侗族社会生活富有参考价值。而增盈村对于科学研究的价值是多领域的，可涉及到建筑学、设计规划、人文地理、经济、历史、民俗、风土人情等领域，并且各方面的研究通常是相互穿插、彼此关联着进行的。

李　礼　黄明皓　编

黔东南苗族侗族自治州剑河县岑松镇稿旁村

稿旁村全貌

稿旁村区位示意图

总体概况

岑松镇稿旁村位于贵州省黔东南苗族侗族自治州黎平县岑松镇西南部，距镇政府所在地32公里，紧邻岑松镇温泉村、平塘坡溶洞群和八郎屯州古生物化石科考游览区。村内行政区域面积11.27平方公里，355户，共有1258人，均为苗族。据记载，村落形成于明洪武初年，大约有600年历史，由台江县迁徙至此。2014年，稿旁村被列入第三批中国传统村落名录。

村落特色

稿旁村四面环山，稿旁村随山势由山腰向山顶布局，周边古树参天，村寨被大量红豆杉、松柏、香樟围绕，建筑掩映其中，由于地形属于高坡台地为特征的山地地形，村寨集中布局于高山上的平地，妥善地处理好了安全防卫与周边梯田的关系，属于西南片区"平地苗"的聚居地区。村寨内较完整地保留了传统建筑、传统民俗活动、传统服饰以及手工艺品等，是一个能够展现苗族原生态文化和传统地方特点相融合的纯苗族村寨。

传统建筑

村寨内建筑大多采用吊脚楼形式，采取在斜坡上开挖部分土石方，垫平房屋后部基地，然后用穿斗式木构架在前部作吊层，形成底层全架空的"半干阑"或"全干阑"式建筑，按功能分为民居和粮仓。

民居：稿旁村内的吊脚楼分为三层，下层为饲养家畜的圈舍，中层为人居住，上层为客房或堆放杂物。建筑采用悬山式坡屋顶，山墙侧加有偏厦，二层与三层大多设走廊。建筑通过杉木板来分隔房间布局，每间临村道面都建有美人靠，并开设有一至两个窗户，修建古朴而整洁，极具苗族特色。建筑为穿斗式全木结构，屋面盖小青瓦或杉皮。建筑为长方形和三角形的组合，可分为内外两部分，内部柱、枋、梁、檩互为垂直相交，构成一个

民居

在三维空间上的相互垂直网络体系，奠定长方形结构的基础。建筑一般按三段式划分，即底层为牲畜杂物层，二层为生活起居层，三层为粮食储藏层，其中以二层为主要层。由于这种性质的房屋在结构、通

禾仓群

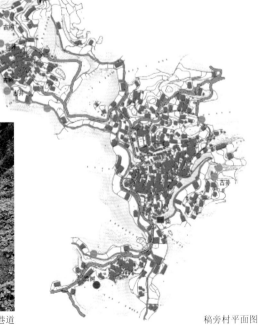

村内巷道

稿旁村平面图

服饰

芦笙坪民居

古树

风、采光、日照、占地诸多方面都具有一定的优越性，因而传承至今。

粮仓：粮仓一般占地6至20平方米，都是四脚立柱，底层镂空，悬山顶，大部分用杉木皮盖顶。中柱是2根短柱托起屋顶。粮仓有二层，第一层是空的，仅用于放少量的杂物。第二层用横板密封，架上便梯，用于存储谷物。

民族文化

稿旁村是一个全苗族居民的少数民族村寨，无论是村落选址、建筑形式，还是当地服饰以及传统民俗活动，都显现出了苗家人热情、奔放、团结的民族精神。

服饰：稿旁村居民的服饰喜采用鲜艳色调，头饰为银饰，龙纹、凤凰纹、鱼纹、鸟纹、蝴蝶纹是主要的纹饰，显示了苗族人对龙等动物的崇拜。腰带是苗族服饰中重要的装饰元素，苗族女子多系花腰带，大约有一寸宽，除了龙饰等图纹，还绣有"回"字形和象征吉祥的字样。

歌舞：稿旁村的男女老少都能歌善舞，他们的歌唱内容丰富，形式多样，歌谣主要有被誉为史诗性的古歌、嘹亮飞山越谷的飞歌、缠绵悱恻的情歌、说唱结合

的嘎百福歌，还有大量的酒歌、叙事歌、建房歌等。

传统节日：稿旁村独有的传统节日有二月二、吃新节和苗年节。"二月二"即"祭桥节"，农历二月初二，家家户户蒸糯米饭，煮红蛋，拿鸭子至桥上宰杀，焚香祭桥。这一天也被人们视为修桥补路，修阴积德的日子；"吃新节"农历五月的第一个卯日是稿旁苗家人的吃新日，家家户户都从田中取下三根秧苗嫩穗，捉一条鱼煮熟，将鱼和秧苗捆绑在一起，悬挂于火坑上，把秧芯拌于饭中蒸煮食用，表示吃新；"苗年节"农历的十月，即当年的最后一个卯日。苗年节是苗家人最大的一个传统节日之一。节日前杀猪、宰鸡、宰鸭、捕鱼、打把、烤酒，亲戚朋友互相往来，欢聚一堂。同时邀请邻村开展盛大的斗牛仪式，山歌竞赛和踩芦笙，篝火晚会活动，热闹非凡，一直持续三天。

人文史迹

古树：稿旁村的村落环境保存较好，古树较多，有榉木、松柏和香樟等。松柏、榉木大约有300多年的树龄。

古井：分布于寨内，多与寨同建，由青石板筑成，高约60厘米，宽约45厘米，

井前设有青石板取水平台等。在还没通自来水之前，水井担负着茨洞村村民的生活用水，水井里的水冬暖夏凉，十分可口，至今仍在使用。

保护价值

稿旁村是贵州黔东南地区对苗族原生态文化保留较完整的纯苗族村寨之一。丰富的苗族非物质文化遗产，完整再现着古代农耕社会各家庭的自给自足的情景，是研究农耕文明和苗族早期生活状态的活资料，具有珍贵的史学价值和旅游观赏性。村寨居于山腰平地——"既要适宜居住耕种，又要利于防守"，是凝聚了"平地苗"苗族文化精华的聚落之一，是认识研究苗族文化的范例之一。

余压芳 徐 雯 颜 丹 编

屋顶

铜仁市
TONG REN SHI

铜仁市石阡县河坝场乡小高王村

小高王村全貌

小高王村区位示意图

总体概况

小高王村位于河坝场乡人民政府驻地东18公里。村落坐北向南。东、西、北三面环山，南面缓坡梯田延伸至坡角方竹河河谷，村域面积250公顷，村落常住人口293人，以苗族为主。

据记载，洪武初年，明太祖朱元璋实行移民徙边政策，徐家祖辈开始迁入贵州，后途经满溪辗转进入高王，从此定居下来，至今已有600余年历史。村落整体依山而建，背山面水，民居有序地排列在山腰之间，呈集中形布局。

小高王村于2012年被列入第一批中国传统村落名录。

村落特色

村落坐北向南，先民充分利用天然地形背山面水、随坡就势，体现了"天地人"三者统一的选址观。

整个村落以村南徐家祠堂为中心环山呈扇形分布，寨中民居则以清著名进士徐培琛故居为中心向东西延伸。村落以天井路、徐家巷、湾头路"两路一巷"联接。

村南祠堂东侧与南侧有徐家水井和龙洞水井两口古井，终年不涸。

小高王村整体沿山势布局，村落轮廓与所在地形、地貌、山水等自然风光和谐统一，具有浓厚的地方特色。

传统建筑

小高王村是属于典型的黔东北苗寨，村寨建筑融合了汉苗两族建筑工艺，因地制宜，在原有苗族的建筑风格上加入了北方四合院的建筑风格。

现存各类木结构青瓦房，形制为正房与厢房配对，多数为清末建造，以五柱六瓜正房配五柱二瓜或三柱二瓜厢房为主，均为穿斗式木结构青瓦房，每院落出口处衔接通往各家各户的巷道，从而使整个村落形成纵横交错，疏密一致的格局，独特地彰显了当地的民族文化韵味。

村落古石路

村域南面缓坡梯田

小高王村平面图

传统建筑院落1

徐氏宗祠：徐家祖辈灵位安放的地方，初建于徐培琛任户部员外郎云南司事时，如今徐家的祖先灵位早已不复存在，其祭祀功能已经消失，更多的是作为一股精神存续在当地徐姓子孙心中。

高屯村村公所：初建于清嘉庆中叶，徐家初兴之际，因为该房屋曾经作为高王乡人民政府所在地，后几经变革成为了村公所，虽然历经岁月，但是由于维护得当，现今仍然保存较好，因而具有独特的历史意义和研究价值。

民族文化

河坝毛龙：为祭奠苗民祖先的兴盛历史而在南中一带兴起的民间娱乐活动，一般在农历的年终至元宵这段时间进行，后经发展，加入了许多祭祀祈福的元素在里面。毛龙做工精美考究，整体复杂却又和谐统一，远观龙身丰实美观，尤其是伴随龙身舞动，彩球上下翻滚，似蛟龙于夜空腾闪跃动，令观者眼花缭乱，叹为惊艳！

2006年石阡毛龙被国务院批准纳入非物质文化遗产。

传统建筑院落2

徐氏宗祠

舞毛龙

传统建筑

高屯村村公所

扎毛龙

礼佛节：每年的二月初九、五月十七、九月初九，寨民们会不约而同前往明光洞进行祭祀和祈祷，祈祷神灵们护佑他们身康体健，五谷丰登。通常祭祀分为祈愿和还愿两部分。一般祈愿通常采取焚香敬茶的形式进行祷告，如果所许心愿如愿以偿，就会请寨老感谢神恩。近年来这项原本的传统的活动演变成为当地居民的一种娱乐放松活动和社交活动。

人文史迹

徐培琛故居：该老宅初建于清嘉庆中叶，徐家初兴之际，该建筑具有浓郁的清代风格，屋内采取青砖铺垫，屋外坝子采取青石板铺就，再辅以碎石镶嵌，具有极强的审美价值和文物价值。

高屯大硝洞：北洋军阀时期，军阀混战，悍匪横行。为躲避灾难，当地村民充分利用地势，在徐家银山的山腰的溶洞外围修筑了一个防卫屯堡，加以自卫防御，后因在此洞内炼硝，顾又称其为大硝洞。历经岁月的洗礼，屯堡已经凋零斑驳，一片凄凉，往昔的防卫功能已经不复存在。

保护价值

小高王村以三条古村道（巷）、徐家宗、两水井、绿化古树、南面缓坡梯田构成了独特的传统环境要素。有通村公路与邻村相联。传统村落肌理清晰，格局完整，具有较高的历史价值和审美价值。

喻萌 于鑫 编

徐培琛故居

高屯大硝洞

铜仁市玉屏侗族自治县新店乡大湾村

大湾村局部风貌

大湾村区位示意图

总体概况

大湾村位于玉屏侗族自治县新店乡南部,距乡政府所在地14公里,与本乡朝阳村、丙溪村相毗邻。现村域面积5.4平方公里,村庄占地面积104亩,辖8个村民组,共186户870人,其中侗族人口占97%。

大湾村始建于清朝年间,是玉屏侗族自治县北侗文化的发源地,素有"侗乡之故"的美称,其侗族文化保存完整,有着侗族古老的吊脚楼、迷人的民族风情,侗族人民的传统衣食、民俗活动一直延续至今。2014年,大湾村被列入第二批中国传统村落名录。

村落特色

道光年间,张国华游经玉屏时,写有诗曰"玉屏邑枕玉屏山,狮象临河似列班,一曲桥道黔楚路,南天门外此雄关。"道出了历史上玉屏作为中原通向大西南交通要塞的重要性。

大湾村位于河谷地带,选择背山、面水的地方作为聚居之地,"依山造屋,傍水结村"。村内户与户之间既有距离,又相距不远,建筑依山坡地形排列,层层叠叠,房屋周围被绿树团团围住,环境优美。这样的村落选址既能形成温和的小气候,还能起到防御功能,易守难攻,且方便逃跑躲藏到深山林中。体现了那些当初迁入此处居民的一种自卫防御的心理,成为古村落的主要特征。

整个村落掩映在群山之中,若隐若现,由高处远眺,可观村落传统民居群的整体风貌,错落有致,安静祥和。主体建筑风貌协调统一,大多为侗族吊脚楼建筑形制,整体呈现小青瓦顶,桐油木质墙体,坡屋顶的传统建筑造型。村落天际线柔和,顺应山体走向,展现出难得的山区村落景观风貌。

传统建筑

大湾村的北侗民居建筑较为典型,其建筑物为木结构,以料石为基,青瓦为顶,吊脚楼有的二层,有的三层,外环

传统民居

廊式,并有面积较大的院坝,在地形条件不允许建院坝时,采用挑梁争取用地,来兴建院坝。村寨中每户或者两户要建迎宾门,称之为"八字彩门"。

建筑功能布局方面,一层圈养家畜家禽和存放柴草杂物等,二层为人居卧室、堂屋及火塘,三层设置有谷仓及存放闲置

杨国木老宅

大湾村平面图

生活用具。随着对居住空间的需要，建筑已经从简单的一开间发展为两开间、三开间，乃至于长屋。这些民居都具有典型的北侗民居建筑特色。

村落内现保存有明清建筑2栋，民国时期建筑12栋，20世纪50年代传统风貌建筑26栋，仅有少数几栋风貌较差的现代建筑。

传统民居细部

民族文化

傩技：傩堂戏是戏剧的活化石，是中华民族古老的文化之一。玉屏傩堂戏中的傩技，更是傩技中的奇葩。傩技文化是一种集民族、宗教、舞蹈、历史、艺术、杂技为一体的艺术，在民间广为流传，其表演惊险刺激，具有很高的观赏性。

三月三（禁火节）：农历三月初一至初三为禁火节。传说数百年前，侗族龙冠保，因反抗朝廷，皇上发兵捉拿，龙冠保联族打退官兵。第二次又被重兵围剿，因寡不敌众，龙冠保护母潘氏逃入深山，被围三天三夜不降，后官兵放火烧山，龙冠保母子葬身火海。为纪念龙冠保的英雄行为，侗民约定每年二月三十日做好饮食，连续三日不生火、不走亲、不会客，直至三月初三日向龙冠保举行隆重祭祀后为止，此俗延续至今不衰。

摸秋节：农历八月十五夜，入瓜园菜圃，摸挂满于瓜架的各种瓜果，谓之"摸秋"。窥无子嗣之家，去园中偷摘瓜果，以彩红包裹，萧鼓衣冠送至其家，主人设筵招待，预祝早生贵子。

纺纱：纺纱原就属于一项非常古老的活动，自史前时代起，人类便懂得将一些较短的纤维纺成长纱，然后再将其织成布。纺车的出现对纺纱技术具有重大的影响，一般认为纺车起源于中国。大湾村现今仍然保留着这一传统技艺。

农家干米粉：关于米粉的起源有多种说法，一种是古代中国五胡乱华时期北方民众避居南方而产生的类似面条食品；另一说法是秦始皇攻打桂林的时候，由于当时北方的士兵在桂林作战，吃不惯南方的米饭，所以当时的人就用米磨成粉状并做成面条的形状，来缓解士兵的思乡之情。

唱侗族民歌：侗歌历史久长，其音乐大体可分为南部侗族民歌和北侗族民歌。

北侗族民歌多不用乐器伴奏，偶尔用木叶吹奏伴唱，按形式大致可分为"大歌"、"小歌"、"广场歌"、"叙事歌"、"酒会歌"和"拦路歌"六种。

纺纱车

侗族民歌

农家干米粉

人文史迹

古树：大湾村现存2棵百余年古树，树种为枫香树，直径为30～50厘米、高为12～18米，枝叶繁茂，保存情况非常良好。与该村周边植被相互呼应，起到了美化乡村的作用。

古井：大湾村村庄内现存一处明清年间修建的古井，常年蓄水，是居民生活水源之一。

石板墙：整个村庄内传统建筑周围分布有两处石墙，始建于明清时期，高约2～3米，宽约20厘米，由青石板或者石块堆砌而成。是侗族人民用于护坡或防护保障安全而建。

火铺：村庄民居内现存一火铺，为明清时期所建。火铺（火塘）间在传统的侗居中，占有相当重要的地位，是侗族家庭议事、聚会、团聚、交谊和兼作饮烤并备的场所。

石阶梯

保护价值

大湾村形成于清代，年代久远，历史悠长，在历史的长河里积累沉淀，传统文化底蕴十分深厚。同时侗族传统民俗文化传承完整，如侗族服饰、节庆、山歌、花灯等依旧流传至今。村落整个格局独特，是保存较完整的传统村落，具有较高的历史文化价值。

村落坐落在群山之中，周围植被丰富，植物种群繁多，古树参天，拥有丰富而珍贵的物质与非物质文化遗产，有着独特的历史风貌和自然格局。时间和空间环境均体现了其较高的历史文化价值。

张奇云 陈清鋆 张 涛 编

大湾村一角

263

铜仁市石阡县白沙镇马桑坪村

马桑坪村全貌

马桑坪村区位示意图

总体概况

马桑坪村位于贵州省铜仁市石阡县白沙镇东北部，距镇政府所在地1.5公里。村落整体坐西北向东南，东面与大岩口相临、西面与天星屯相接、南面靠近大树子（地名）、北面与大山顶接壤。村寨由龙门沟、马桑坪2个自然寨组成，村域面积2.7平方公里，总人口为630人，以汉族为主。据王姓家谱和祖传"帖黄"记载，王姓祖先于明洪武年间从安徽带兵入黔，几经辗转，于龙门沟马桑坪定居繁衍生息，至今已有600多年历史。2012年，马桑坪村被列入第一批中国传统村落名录。

村落特色

马桑坪村所处地形为山地，地势陡峭，村落位于山腰坡度较缓处。村落依地势而建，充分利用等高线层层而上，形成错落有致的房屋格局，屋檐之间相互重叠，层层增高。马桑坪村村庄开敞、明亮、四周青山绿树，环境宜人，主要交通干道位于寨子北部。村落肌理清晰，格局完整，与地形、地貌、山水等自然风光和谐统一，结构、风格以及其蕴涵的民俗文化韵味独特。

传统建筑

传统民居：布局密集，纵横交错，疏密有致，掩映在大片古松柏之间，处处显现出村落悠久的历史印迹。现存200多栋民居建筑全部为穿斗式木结构青瓦房，尺度宜人，比例和谐。保存状况较好，形制为正房与厢房配对，具有独特的工艺水平和建造技艺。墙体主要为木板墙，屋顶为悬山式双坡顶（由于马桑坪村地处多山地区，因此民居屋顶坡度较大）、覆小青瓦，正脊两侧设鳌尖、窗户为木窗，部分建筑设有宽廊。村落中现存的各类木结构住房除少量为明末清初建造外，大多数为民国时期修建，均保留了当地原始的建造风格。

民族文化

石迁毛龙："石阡毛龙"是石阡地区世代流传下来的非物质文化，主要流传于汤山、国荣、中坝、甘溪、坪山、白沙和聚凤等地。演出范围辐射到全县各地的侗、苗、土家各民族中间。石阡毛龙活动

古道

民居

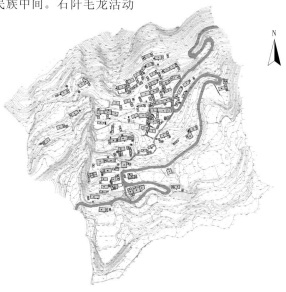

马桑坪村平面图

民居

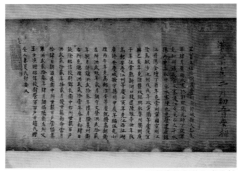

王姓家族祖传记事文帖

古井

主要在元宵节期间举行。毛龙的传承主要是自发传承与自然传承。即无任何拜师、出师等仪式，年轻人主动学艺的一种全民自然传承。如今，舞毛龙已成为石阡民间一种大型文化活动，其毛龙的编扎技术更加精致，舞毛龙的形式多姿多彩。时逢春节或重大吉庆活动，石阡的毛龙是一道最独特的风景。

人文史迹

古树：位于村落西部以及民居之间，古树枝叶繁茂，优美挺拔，与建筑交相辉映，对于村落景观的提升、生态的平衡具有重要的作用。马桑坪村古树以刺楸最为出名，其叶形美观，叶色浓绿，树干通直挺拔，在树木中独树一帜。此外，刺楸木质坚硬细腻、花纹明显，是制作高级家具、乐器、工艺雕刻的良好材料。

古井：位于村落西部、南部，现存5口古井，全部用石块或石板堆砌而成。古井中的水源除了满足村民的日常所需之外还承担着农耕用水的部分需求。古井从古至今一直养育着这里的村民，是生命之源。

王姓家族祖传记事文帖：保存完好，距今已有600多年的历史，字迹娟秀，年代久远，记录着马桑坪村王姓家族的家规家训，极具教育意义与研究价值，是马桑坪自然村王姓家族的传家宝。

刺楸

毛龙

保护价值

马桑坪村习俗浓郁，"石阡毛龙"习俗尤其突出，是文化传承和精神生活的重要组成部分，具有社会史、思想史、教育史等多方面的研究价值。王姓家族祖传记事文帖（当地称"贴黄"）和家谱，记录着村落的发展与繁衍。建筑的地方特色明显，具有极高的研究保护价值。马桑坪村厚重的历史，有突出的非物质文化遗产，值得后人传承和发展。

赵玉奇 杨 涵 芦泉舟 编

村落一角

铜仁市石阡县五德镇大寨村

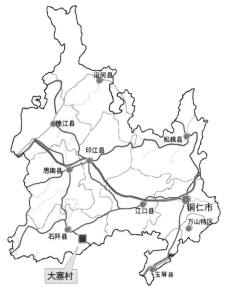

大寨村全貌

大寨村区位示意图

总体概况

大寨村（特指上寨、下寨两个村组）位于石阡县武德镇境内，距镇政府所在地约9公里，距县城41公里，村域面积13.27公顷，2014年，全村共有286人，以侗族为主。由于没有族谱等相关文字记录，该村始建年代不明确，主要从该村主姓杨氏族人墓碑碑文中推断此村形成时间应不晚于清嘉庆年间（1796年～1820年）。该村全称为大寨桃子园村，上寨和下寨这两个村组位于一个山脉延伸滨水处的一个山坡上，坐南朝北略偏西。过村道路沿山势穿行于整个村落呈"之"字型。

大寨村于2012年被列为第一批中国传统村落名录。

村落特色

大寨侗寨世代相沿"依山而建，择险而居"的选址原则，该村寨根据地形地势依山而筑，由于地势起伏较大，寨内道路坎坷不平，曲折蜿蜒，各类建筑顺等高线分布，依地形高差产生高低错落的层次变化，勾勒出优美自然的天际轮廓线。村内建筑为石阡侗族原生态民居建筑群，保存较好。

大寨村是一个以杨姓为主，另有周、徐姓和睦相处的侗族自然村寨。房屋除几户为新修混凝土砖房外，其余全部为老式木瓦房，由于近年全村墙面刷防火涂料，整体呈土黄色。村寨四周植被覆盖率高达60%。

大寨村因地制宜，结合地形地势和山水环境，择高处而居，恰好是山环水抱的态势。村寨位于山脉从西南向东北延伸的尽头处，此山在这里形成一个地势相对平缓的山坡，背山似华盖，有溪水发源于左右，又是一处较好的农耕地带。在水的北

村庄环境

村庄与周边水田

面是一条绵延的高山，也是自西南向东北延伸。

整个村落掩映在群山之中，若隐若现，村落天际线柔和，完全与山体融合，顺应山体走势，村落犹如世外桃源般坐落在葱郁的群山中，展现出我国西南山区恬静自然、与世隔绝的村落景观风貌。

传统建筑

大寨村传统建筑多以五柱四瓜房为正房，正房前两侧或一侧建翘角的吊脚楼，亦称厢房或楼子，中间为院坝，形成三合院式的建筑特点。同时大寨村的合院结构并没有院墙，只是通过台地、正房、厢房构成。房屋按地形沿之字型主路而建。侗族建筑的最大特点是建材以杉木和松木为主，建筑不论规模大小，都不用"一钉一铆"，结构合理，紧密坚固，建造工艺精湛。

黔东地区山多平地少，"地无三尺

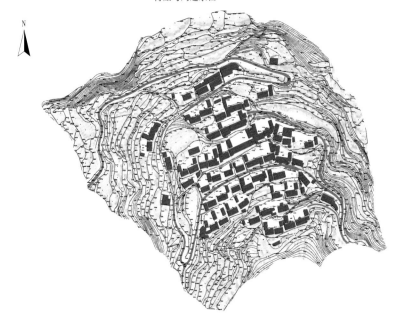

大寨村平面图

平"、"天无三日晴"是其地貌特征和气候特征的真实写照。这一地区的村寨建筑大致分为三种类型：一是依坡就势，自下而上布置建筑；二是缓坡地带成带状布置；三是建在平地上集中布置。另因干阑式建筑下部架空，具有通风、防潮、防兽等优点，非常适合石阡少数民族地区的气候与地貌特征，因此多采用此类建筑形式。其建筑风格，一方面有着传统侗族的特色，同时也融合了汉族的文化，主要与明、清时期的人口大迁移，以及军事战乱有关。这也是为什么在黔东地区看到的少数民族建筑中带有中原建筑的一些特点的原因。在大寨村这个特点也有体现。

大寨村的民居建筑与当地的汉族民居较为相似，正屋一般为一楼一底、四榀三间的木结构楼房，屋面覆盖小青瓦，四周安装木板壁。左右两边或一边建二层的厢，形成一个"U"字或"L"字形布局的合院式院落结构。

古树桩

石阶小路

石头围墙

民族文化

唱山歌：山歌是集民间打油诗词、歌谣谚语、散文音乐子一体，是一种用精练、生动、形象、古老的仿生态方式表达本土文化的语言艺术；是歌颂各族人民团结，以人为本构建和谐社会，歌唱大自然建设家园，向往美好爱情、美好未来的精神文明史。主要以劳动歌、情歌、敬酒歌等为其内容。村民以山里山外为媒介，以男女青年坐对情歌、集体唱对山歌、凭嗓音高调和记忆力、语言表达的方式，见景生情、即兴发挥、托物达意的对歌就叫花歌，演唱编成册子的歌就叫排歌。

灯会：每逢春节等重大节日，村民都会举行灯会展览，前来观看者甚众。

保护价值

在大寨村整体选址格局中、"背山面水"、合院式院落布局、建筑形制，很好的体现了汉族文化与侗族文化相结合，也说明侗族人民对事物的认可和接纳性很强。

原生态农耕文化是支撑当地侗族人民生存的文化，它体现了生态环境与生存环境和生活环境的有机统一，在侗族长期的农耕发展中，当地村民积累了丰富的农耕经验，创造了很多原始方法。侗族农耕文化类型多样，它包括各种风俗习惯如饮食习俗、服饰习俗等方面。侗家菜腌制食品特别多，包括各种腌酸菜、腌肉、腌鱼。另有独特的米酒，口味不凶；服装多用当地自制的侗布制成，色调以青、蓝、白、紫为主。妇女多梳盘发包头，喜爱佩戴银等饰品。

杨氏家族作为大寨村的第一姓氏家族，对其族谱和历史活动的研究，对挖掘宗族文化和姓氏文化特征具有重要意义。同时，杨氏家族的迁移也体现了当时战争以及朝廷政策带来的大移民。大移民中的汉族和少数民族的融合，成为现在汉族建筑形制和院落形制在这些村寨出现的一个主要原因。村民口口相传的民间故事、神话传说等也反映了农耕时期人们的思想特征，对研究村落形制、民族信仰、农耕文化等意义深远。

传统建筑

传统院落

人文史迹

大寨村历史景观要素主要考虑到由其赖以存在的峡谷山川、梯田、小巷、古树、沿之字形主路串联式建筑布局等构成的聚落空间形态和整体风貌特征。大寨村自然人文景观特征主要为顺山就势，之字路型，梯次而建，梯田辽阔。

古树桩：原本是大寨村年数最久远的一棵树，约有100年以上的历史。因保护不利，已被人砍伐，只剩树桩。

石阶小路：以大块石板铺成，因气候湿润，雨季路上长有苔藓，地面湿滑。

古树：为三棵树龄超过100年的红豆杉并排排列。

古墓：是一座空墓。

古墓

古树

古墓群

喻　萌　于　鑫　编

铜仁市思南县瓮溪镇瓮溪社区马家山组

瓮溪社区马家山组局部风貌

瓮溪社区马家山组区位示意图

总体概况

马家山组位于瓮溪镇西面，距镇区约3公里。村域面积5.59平方公里，现居住有52户210人，90%以上的村民姓马，均属苗族，是典型的同姓家族聚居村寨。马家山组始建于明末清初，相传马家山的始祖为三国时代的马超，祖籍江西，大约在明末清初的战乱年代辗转迁居至此。马家山组四周高山耸立，村寨四周为大量的梯田，形成了独特的田园风光。2014年，马家山组被列入第三批中国传统村落名录。

村落特色

从区域来看，马家山组位于山湾之中，地处藏风纳气之处，北面远处有杨家坡山，东面有位于集镇附近的林山，南面有余家林山，村寨东侧有白沙井小溪环绕，形成"四面环山，三星揽月"的整体格局。

马家山组寨是一处集历史遗存和自然山体为一体的典型的苗寨传统村落。村寨四面环山，背靠营盘顶，左为青冈坡，右为罗家岩山脉，前为小山为下面山。营盘顶山清咸同时设有营盘，用来防御土匪，现遗址尚存；下面山上原有一座马家宗庙，现遗址尚存。村寨内建筑沿山势由东向西递进分布，沿等高线有序排列，依山势层层叠起，村落背靠大山，正面开阔，后有山巅作为依托居高临下，可退可守。村寨内主路通常垂直或斜交于等高线，以便将各建筑最大限度地组织到路网系统中，户与户之间建筑不连接，留出狭窄的寨路，宽度根据地形时宽时窄，与房屋布局一致，弯弯曲曲，别致优雅，形成了独特的苗寨风格。

村庄内部道路

传统建筑

马家山组内全部传统建筑占村庄建筑总面积的90%，其中县级文物保护单位4处，为清朝时期建筑。马家山组中，多数保留了苗族建筑特色，由于用地有限，为创造更多的使用空间，建筑巧妙地与地势相结合。传统苗族属于干阑式建筑，平面空间多样，一般用柱子托起下部，使其下部架空，随着对居住空间的需要，建筑

传统建筑1

已经从简单的一开间发展为两开间、三开间，乃至长屋。村落内还有部分院落式建筑为传统苗族吊脚楼。

马家山组苗族民居采用架空、悬挂、叠落、错层等处理手法，以开阔视野、形成亲切的建筑尺度。通过开间的增减和立面的变化，形成不同的外部建筑形态。民居的屋顶造型变化更为生动活泼，但又保持着朴质的本色，马家山组村落的屋顶形

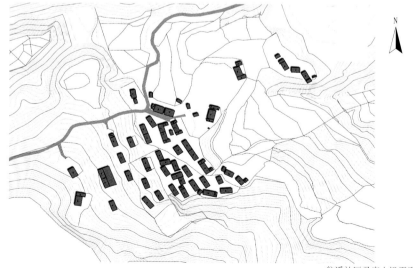

瓮溪社区马家山组平面图

式主要包含两坡的悬山顶和少量歇山顶，不同形式的屋顶在苗族民居中不像汉族一样有等级标志，更多的是反映其内在的功能用途。沿道路的建筑院落构成了马家山组村落内的传统格局，同时由于当地人多地少，民居院落又都很小。

传统建筑2

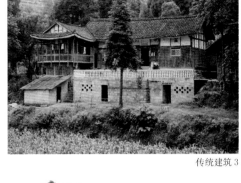
传统建筑3

民族文化

花灯戏：马家山苗族花灯戏当地人也称为高台戏，是马家山人在苗族民间花灯、山歌的基础，后逐渐吸取土家族傩堂戏、湘剧辰河戏以及其他戏剧的表演形式而形成的一种独特的民间剧种。

剪纸：马家山苗族妇女的剪纸，种类繁多，用途也十分广泛。其特点是构思大胆、取材灵活、夸张得体、写意如神，完全可以称为民族传统工艺中的一朵奇葩。

民间技艺：马家山民间技艺主要有木雕、石雕和竹编。木雕继承者为马朝正，石雕已无继承人，大部分老人均掌握竹编技艺。

民俗节日：在漫长的岁月中，马家山

古墓群

古树群

宗庙遗址：下面山原有宗庙一所，主要是马家山先祖出资修建，位于原来的徐冲寺、长冲寺、完通寺之间，曾经是马家山组村民重要的生活场所，现已被毁，遗址尚存。

古井：村落内尚有古井2口，位于村落东面的稻田边。现古井已经无人使用，周边长满野草，水质较脏。

古墓群：1处合葬古墓群为马家山组特有的轿子坟，有3座，为两柱单碑式，坟呈方形，四周用大理石包裹，坟四周有一小角向上翘起，形如古代的轿子。

古树：村落周边古树成群，有楠木、檬梓、椿树等多个品种，古树千姿百态，挺拔耸立。

保护价值

马家山组村寨的建立，可追溯到明末清初，具有悠久的历史文化，村落的发展记载了当时特定的历史环境，具有较高的历史价值。村寨内的古建筑群是黔东北民族文化建筑的典型代表，村落组团式、沿等高线建设的整体格局，枝状的巷道肌理，统一的传统建筑形式以及周围良好的山、水、田自然环境，体现了村落整体形态美学的价值，为研究苗族传统村布局和建筑特色提供了珍贵的资料。同时，还保存有浓厚的苗族文化气息，保存有苗族传统习俗、传统技艺等非物质遗产，有着丰富的文化价值和社会价值。

苗族剪纸

苗族石雕

苗族木雕

张奇云　陈清鋆　张　涛　编

仍然保留着自身民族的风情习俗。民族传统节日很多，几乎每个月一天或几天，除过共同的春节、元宵、端午、中秋、重阳等外，"清明"、"立夏"、"四月八"、"六月六"、"七月半"等传统节日丰富多彩。

人文史迹

马家山组寨历史悠久，历史遗存资源丰富，现存古营盘遗址、马氏宗庙遗址各1处，古井2口，古墓群1处，古树9棵。

营盘遗址：营盘是马家山村民为了抵御土匪入侵而修建的建筑，以石材为主，设围墙、防御洞口和仓库，土匪入侵时马家山人迁入营盘抵御，因营盘地势较高，处于居高临下的位置，多次使马家山人免于灾难。现状已毁，仅存遗址。

瓮溪社区马家山组全貌

铜仁市德江县楠杆土家族乡兴隆社区上坝自然寨

上坝自然寨全貌

上坝自然寨区位示意图

总体概况

上坝自然寨（以下简称"上坝寨"）位于德江县西部楠杆土家族乡兴隆社区境内，距德江县城约43公里，距楠杆乡乡政府所在地仅300米，总面积3平方公里。在清朝光绪年间，上坝村民祖先为寻求适宜生活、生产的场所而迁徙至此，已有200余年。

上坝寨是一个传统的土家族自然民族村寨，现有居民44户，共218人，寨上居民均为土家族。坐落于野猫河东侧山脚之下，背靠钟鼓山，面向田坝，左右小山环抱。对外道路依托至楠杆乡乡道。

2012年12月上坝自然寨被列入第一批中国传统村落名录。

村落特色

在清朝光绪年间，村民跨过河流，在钟鼓山脚农田内新建房屋，随着人口的不断增长，上坝寨由最初集中的几户，逐步扩大，建筑依山就势，层递而建，呈组团形式发展，逐步演变成了上坝传统村落。上坝寨背靠钟鼓山，形成了其良好的天然屏障，左右小山环抱，村落前后两条小河蜿蜒穿过，在村落西侧汇集，溪水将村落围于中间，营造了良好的水系景观。村落四周分布了大片农田，秀美的田园风光凸显了上坝寨浓郁的传统乡村气息，村落内传统建筑从低到高依山势而建，大部分为土家族传统建筑形式，村落发展至今，仍保留了较好的传统建筑风貌及村落原始景观。村落、山、水、农田相得益彰，共同构成了上坝寨组团状的山水格局形式。

上坝寨传统村落规模较小，村落内并未形成街道，主要以传统巷道为主。随着多年来村落的发展演变，村落内自西向东形成了一条主要巷道，贯穿整个村落，其余次要巷道根据村落内建筑的分布，相互连通，纵横交错。

传统建筑

上坝寨民居具有木质干阑式建筑特点，一些厢房采用吊脚楼形式，木房依山势从低到高，层递而建，屋顶青瓦铺盖，色调统一协调，配以木质窗花、木门，屋檐多雕刻有地方花纹，建筑一般为1～2层，一排四扇三间，人口多的六扇五间，楼房二层有栏杆，屋顶有两个翘檐，具有土家民居独特的风貌。每一正房前面均有院坝，依据地势，有两三栋房屋连在一起的，有的厢房隔着，阳台连接，有的就连成一个院落，且院坝有青石铺设或保持原始泥土，周围绿树环绕，多植竹木。

无论是一排四扇三间或六扇五间，中间均为堂屋。堂屋正中壁上作神龛，左右两间叫做"人间"，以中柱为界分为前后两小间，前面一间作伙房，后面一间为卧室。父母住左间，儿媳住右间。两弟兄分家，长兄住左间，弟弟住右间。儿子娶媳后，父母让出自己的卧房，移居神龛背后。

民族文化

上坝寨内民族文化遗产丰富，主要包括民间信仰、民间音乐、民间舞蹈、岁时节令、消费习俗等五种类型。德江土家族渊源甚远，土家风情主要以土家傩堂戏、摆手舞、歌谣等最为显著。

传统风貌建筑

上坝自然寨平面图

傩堂戏：传统土家族人信仰多种神和土王崇拜、祖先崇拜，常进行祭祖活动，而最具特色的属"傩堂戏"这一传统祭祖活动。受到中原文化及巴、楚文化的影响，有着比较明显的巴人"俱事鬼神"和楚人笃信巫术的文化痕迹。它融巫术、原始宗教和戏剧为一体，成为一种佩戴面具演出的宗教祭祀戏剧，已有六百多年的历史，经过不断充实、扩展和完善，形成了以傩仪、傩戏、傩舞、傩技为主要形式的傩文化。"傩堂戏"演出时少则三五人，多则十来人。

傩戏表演

摆手舞：上坝寨土家族认为人死后魂魄化为白虎，并在祭祀时产生了舞蹈，后受中原文化和巴楚文化的影响，逐步形成了一种具有地方特色的民族舞蹈。

摆手舞有大摆手、小摆手之分。小摆手舞每年岁正月举行一次，主要是表演农事、渔猎活动。大摆手每三年举行一次，内容在小摆手舞的基础上，再加上披"西兰卡普"表演的军战舞。跳摆手舞时，要吹大土号、唢呐、敲打锣、镲、鼓、燃放三眼炮和鞭炮。人们围成圆圈，男在外圈，女在内圈。除圆圈外，还有纵队、"人"字形队及各种图案队形。舞蹈人数不定，可自由出入。动作要求双手摆动不过肩，膝盖随之伸屈、颤动，手与脚呈顺边运动。舞姿朴实，音乐节奏明快。摆手舞以打击乐伴奏，打击乐器有大鼓、大锣各一面。牛皮大鼓一个，鼓槌一对，大锣一面，锣槌一根。

摆手舞

人文史迹

历史人文要素是传统村落存在必不可少的载体，它们集中体现了传统村落地方传统特色和村落典型特征，从上坝寨来看，主要包括有山体、河流、水塘、竹篱笆、农田、古树、石磨等，这些相关要素不但丰富了上坝寨的空间格局，更衬托出了村落传统民族特色。

花花桥：亦名"复兴桥"，始建于光绪四年（1879年）。是为纪念贵州杨姓之始祖杨氏将军杨都姜所建。

花花桥

石磨：上坝传统村落至今仍保留着传统的生产生活方式，在村落内仍保存着传统生活所用的石磨。石磨是一种石制的研磨滚压工具，由两块尺寸相同的短圆柱形石块和磨盘构成，一般是架在石头或土坯等搭成的台子上，供加工谷物之用。在传统村落生活中，石磨曾是一种最常见的生活工具，是乡村生活的一种象征，也是村落的一道风景。

古楠木：上坝村落外围山体植被茂密，植物品种多样。其中楠木树最具特色，在上坝村落水塘附近则保留着一棵约70年树龄的楠木树，高达20米，冠幅达8米，常年郁郁葱葱，枝繁叶茂。楠木为中性偏阴的深根性树种，寿命长，300年依然不会见明显衰退，属国家二级保护植物。

石磨

古楠木

保护价值

德江县是土家族集中分布的区域之一，上坝寨作为传统村落，其格局肌理、木屋花桥、传统民居建筑形式和民族文化在当地都具有较强的代表性。村落背山面水，环抱其中，其选址符合人生存发展的需求；土家"花花桥"是传统桥梁的典型，建筑建造的技术让居民有了安居的场所，是人与自然和谐共生的完好体现。

于　鑫　潘远良　编

自然环境景观

铜仁市沿河土家族自治县后坪乡下坝村

下坝村全貌

下坝村区位示意图

总体概况

下坝村位于后坪乡集镇西面，紧邻集镇。村域面积7.2平方公里，共13个村民组，常住人口约1350人，主要为土家族。村落始建于明朝，历史久远，是一个以田氏家族为主的血缘聚居村落。整个村落坐北朝南，背山临水，传统民居建筑主要分布在瓦房、小鱼溪、葫芦弯、龙堡水、黄石溪等交通不便的五个村民组。2014年，下坝村被列入第三批中国传统村落名录。

传统民居空间格局

传统民居1

村落特色

下坝村村子原选址位于左边青龙山下的山弯里，因整个山弯形似葫芦所以又名葫芦弯，又起名福禄弯。葫芦弯左有青龙山高耸守护，右有白虎山低头降服，朱雀前面耸立相迎，后面玄武连绵相送，门前寨堡为近岸，因离村子较近，称为"伸手摸岸"。

下坝村是一处集历史遗存和自然山体为一体的典型的传统村落，村居坐南朝北有序地排列，依山势层层叠起；村落后面为成片的古树群和田坝；村落内部镶嵌菜畦；组与组之间被自然山体分隔，由同通村公路连接；串户路为石板路，联系紧密，过度自然，体现了人与自然和谐共生的乡村美景。

传统建筑

后坪乡下坝村房屋整体保存完好，多为土家族吊脚楼、土家族干阑式民居、土家族撮箕口（四合院、三合院）式传统建筑。这些传统民居布局集中，房屋为木质结构，窗花雕琢精细，图样较多，内容丰富多彩。房屋全部依山而建，村庄绿树成

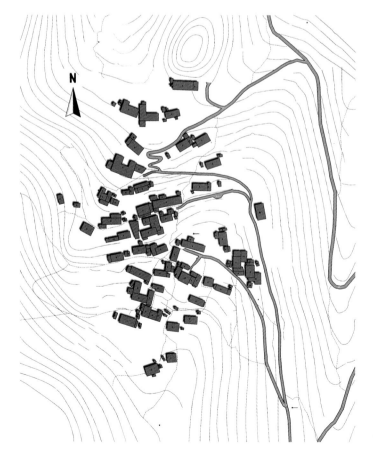

下坝村平面图

荫，景色优美。土家干阑式"吊脚楼"，通常正房五间，左右两侧建二通井"吊脚楼"厢房，与正房齐平，使整栋房构成"撮箕口"，寓意"财粮广进，家道兴盛"。门窗均有木雕，浮雕与阴刻相间，精雕细刻，图案多为"麒麟送子"、"蝙蝠绕梁"、"仙猴嬉树"、"喜鹊闹梅"等。这些明清建筑，多为四合院组成的殿堂式或楼阁式建筑群。房屋柱头下垫石墩，经过细錾打造而成，石墩都是石鼓形雕，有石狮、蝙蝠、梅花及人物等吉祥图案，工艺精湛。房屋木料选用粗且直的松木杉木或柏木。

村庄内现存传统建筑共126栋，其中清朝时期建筑9栋，民国至20世纪80年代建筑67栋，80年代以后建筑50栋。

民族文化

土家下坝村民族文化丰富，不仅有花灯、傩堂戏、哭嫁等非物质文化遗产，还有木雕、石雕、竹编等民间手工艺。

打八仙

土家花灯

土家族打八仙：打八仙现今是指用八种乐器来表达人们在婚丧嫁娶活动中的喜怒哀乐情绪的热闹氛围，同时也作为一门生活的技艺，通过口传心授一代代的传承下来。

土家族雕刻：雕刻在土家族中比较盛行，其中分木雕和石雕两类。现存比较古老的房屋、门窗、庙宇、神龛、家具及傩戏面具、古墓葬的石碑、石围、花轿、石桥、牌坊等都有不少木雕和石雕的精湛图案。

花灯：每逢过年，当地风俗从正月初五晚起，就开始闹花灯了。花灯的主角有两个：一个小丑，角色名唐二；一个花姑娘，由男人装扮。乐队为三人，一人打

传统民居 2

鼓，一人操钹，一人敲包包锣，全是打击乐器。纸糊的花灯十到二十个不等，全由小孩用长竹竿挑着。夜幕降临，乐队便当街敲打起来，孩子们便从各家各户飞了出来，争着去举花灯，大家一同簇拥着唐二和花姑娘去挨家挨户地拜年。

傩堂戏：葫芦弯的傩堂戏有两种形式，一是以"驱鬼逐疫、酬神纳吉"为目的的愿傩戏，一是还愿时表演的傩堂戏。人们为了灾病、为了钱财、为了功名、为了儿孙，常会去许愿，不管是向人许愿还是向神许愿，愿望实现了都是要还愿的，因此另一种形式的傩堂戏就是以"还愿"为目的，配以做法事，这样才显得郑重，才会博得神的欢喜。

人文史迹

下坝村人文史遗迹众多，内容丰富，现存古树群5处、古河道1处、古墓1处、古石刻水缸1处、石磨若干。

古石刻水缸：据村里老人回忆，下坝村葫芦弯组古时较为缺水，家家户户都有至少一个水缸，勤劳朴实的葫芦弯人民在水缸上雕刻龙、凤、麒麟、桃、石榴、花草、耕作等吉祥图案，石雕却做工精细，构思精巧，刀法细腻，线条娴熟、明快、流畅，是葫芦弯村民，重要的生活工具和历史记忆。

古墓：村内有两处合葬古墓，分别是同治十二年和光绪九年，距今已有约150年历史，占地面积约80平方米，均为坐南朝北，为石围土封合葬墓，丘形，高1.8米，

古墓

古石刻水缸

平面长6米，宽3米。三碑四柱并在上镶嵌"山向"石块、石雕图画，牌坊式碑结构。

古河道：小鱼溪从下坝村中间穿过，缓缓流淌，风光秀丽，是下坝村小鱼溪组村民生活和休息的重要场所，古代曾经是下坝村古河道，现状已经成为后坪乡著名景点。

保护价值

下坝村始建于明朝，有丰富而珍贵的物质与非物质文化遗产，村落有着独特的历史风貌、悠久的文化，较完整地保留了古朴的村落格局和优美的历史人文景观，这些历史环境要素和非物质文化遗产记录了村寨的历史发展演变及传统文化的传承，具有较高的保护价值。此外，村内的农村文化、建筑文化、土家民族文化等独特的民俗文化，吊脚楼建筑等极具特色，为研究黔东北农村发展、建筑文化和非物质文化提供了珍贵的实物。

奚全富 陈清鋆 张 涛编

下坝村村落一角

铜仁市德江县沙溪乡大寨村

大寨村全貌

大寨村区位示意图

总体概况

大寨村位于铜仁市德江县西北部沙溪土家族乡境内，距德江县城约28公里，距沙溪乡乡政府所在地约7公里。村域国土面积10.13平方公里，户籍人口557人（大寨组、进屋组、华叶组、岩上组），常住人口450人，是少数民族聚居村，均为土家族。始建于元代。于2013年被列入中国第二批传统村落名录。

村落特色

村寨周围环境优良，区域内有丰富水资源及耕地资源，非常宜居，于是村民在山间平地新建房屋，利用周围天然资源，进行繁衍生活，随着人口的不断增长，村寨由最初集中的几户，逐步扩大，逐步演变成了现今传统村落的面貌。

大寨村背靠大山，形成其良好的天然屏障，左右群山环抱，村落前山谷中一条小溪沟蜿蜒穿过，与村落高差较大，使村落形成一个枕山面屏的原生态风水宝地。村落四周分布大片农田，田园风光凸显了大寨村浓郁的传统乡村气息。

村落内民居建筑依山就势从低到高，层递而建，呈组团状，大部分为土家族传统建筑形式。至今仍保留了较好的传统建筑风貌及村巷空间，村落建筑、青山、农田相得益彰，共同构成了大、小寨组团状的空间布局形式。

传统建筑

大寨村民居以木质干阑式建筑为主，一些厢房采用吊脚楼形式，木房依山就势建设，屋顶青瓦铺盖，色调统一协调，配以木质窗花，木门、屋檐多雕刻有地方花纹。寨内建筑多为1层，少量2层，从建筑平面布局形式上看，建筑一般是一排四扇三间，人口多的五扇四间，无论是一排四扇三间或五扇四间，中间均为堂屋。堂屋正中壁上作神龛，左右两间叫做"人间"，以中柱为界分为前后两小间，前面一间作伙房，后面一间为卧室。房屋两侧为厢房，两侧厢房与正屋成直角伸出，尽头的一间多为吊脚楼，厢房楼下多作堆放杂物、猪、牛圈等用，楼上作为姑娘住处。屋脊用小青瓦堆砌翘椽，具有土家民居独特的风貌，且十分具有当地特色。正房前面有院坝，依据地势，有两三栋并排连接，也有厢房相隔，阳台连接，院坝有的由青石铺设，有的仍保持原始泥土，周围绿树环绕，体现天人合一的意境。房屋的院坝一般为二级阶梯，有的为三级，均用青石板砌筑而成。

民族文化

大寨村内非物质文化遗产丰富，主要包括民间信仰、民间音乐、民间舞蹈、岁时节令、消费习俗等类型。

摆手舞：摆手舞有大摆手、小摆手之分。小摆手舞每年岁正月举行一次，主要是表演农事、渔猎活动。大摆手每三年举行一次，内容在小摆手舞的基础上，再加上披西兰卡普表演的军战舞。跳摆手舞时，要吹大土号，唢呐、敲打锣、镲、

传统建筑1

大寨村平面图

传统建筑 2

大门窗花

传统建筑 3

具，一般放置在灶房旁，长约1200毫米，宽约700毫米，高约800毫米，水缸四周雕刻或绘制"福、禄、寿"等题材的吉祥寓意图案，十分精美，是村寨每户家中必备的盛水工具。

鼎罐：鼎罐是由铸铁模具制成的特殊的器皿，一种乡间厨具，可作煮饭、炖汤、烧水等功用。用土灶柴火煮鼎罐饭，远远都能闻到一股浓香，饭不走味，不易馊坏，用其煮的饭好吃在于煮饭的方式不同，柴火烧烤，均匀受热，加上从田里新收回的大米，充分体现传统特色，虽然现在有高压锅等众多厨具，由于鼎罐特别能留味的特点，很多乡村家庭仍在使用。

石水缸

石碓

土家花灯戏

建筑龙门

鼎罐

鼓、燃放三眼炮和鞭炮。人们围成圆圈，男在外圈，女在内圈。除圆圈外，还有纵队、"人"字形队及各种图案队形。舞蹈人数不定，可自由出入。动作要求双手摆动不过肩，膝盖随之伸屈、颤动，手与脚呈顺边运动。舞姿朴实，音乐节奏明快。

土家花灯戏：花灯戏普及全乡各大村寨。每年元宵时节，则自发组织演唱。其形式为"二人转"，分一旦一丑；丑为男角，曰"丑角"，旦为女角，曰"旦角"。表演时，女旦一手舞扇，一手摇摆扬帕，与丑角面对面，常以"半边月"、"线拔子"、"犀牛望月"等步式边跳边唱。所唱内容多以吉利词语恭贺主人新年快乐，人财两旺，五谷丰登。有"开财门"，"门调"，"送金银"、"五更调"、"采茶调"、"盘灯"等多种牌调形式。

人文史迹

龙门：在大寨组南侧的两个院落与围墙之间，坐落着两座外"八"字形木质牌楼大门，是古时村民进出村寨的出入口，故称"龙门"，为木结构穿斗式悬山小青瓦顶小门楼，龙门挑梁及垂花雕刻精美，与其两端的围墙共同组成宅第院落的维护空间。

石碓：一种古老原始的舂米工具，后改手舂为脚踏，由石臼、踏板、大木体及装在木体上的舂头，还有扶手架、拨米棍组成，一人或两人脚踏踏板，使舂头上下起落舂轧，拨米棍不时翻动臼内谷物。随着各种农用打米机的出现，石碓也逐步退出它的历史舞台，如今，石碓仅作为传统村落内一种生活场景的展示。

石水缸：一种专门用来蓄水的石制工

保护价值

历史价值：村落历史悠久，吕氏族人最先在大寨组居住，逐渐聚集形成村落，随着家族的不断发展壮大，加上大寨用地条件有限，吕氏居民逐步向小寨、进屋及岩上发展的格局。

科学价值：村落利用周围的自然山体作为保护的天然屏障，世代居民把平地改造成为生产生活所用的梯田，加上利用溪水进行灌溉，较好地利用了现有的自然资源，使得世人有了生存发展的保障；建筑建造的技术让居民有了安居的场所。

艺术价值：村落的组团型的格局、枝状的巷道肌理、统一的传统建筑形式、精美的窗花垂花雕刻以及周围良好的青山、古树、农田自然环境体现了村落整体形态美学的价值。

雷 瑜 黄文淑 汤洛行 编

大寨村村落

铜仁市印江土家族苗族自治县天堂镇中尧村

中尧村全景图

中尧村区位示意图

总体概况

中尧村，位于天堂镇东侧10.6公里处，与松桃县石梁乡红石村相邻。村域面积4.8平方公里，村庄占地面积120亩，全村现有106户人家，412人，90%以上的居民都为严姓，均属于土家族。中尧村始建于明代，是贵州严氏后代支系的主要聚集地，最初严氏家族从印江严式宗祠搬迁至此，不断繁衍生息，形成了具有典型的家族聚居特色的传统村落。村落主要坐落在田坝和小溪两旁，布局紧凑，古韵盎然。2014年11月，中尧村被列入第三批中国传统村落名录。

传统街巷

院落空间

村落特色

中尧村是一个典型的山谷洼地形村寨，是风水观念中比较理想的村落选址。村落北、南、东三面环山，西侧为山脉之间的通道，山脉对村落呈围合之势。村落周边分布大量农田，农田依地势自西向东逐渐升高，田与田之间有很深的田坎。居民建房呈组团状，大部分在平地，部分木屋建筑依山势从低到高，层递而建，屋顶青瓦铺盖，色调统一协调，均为土家族传统建筑形式，村落发展至今，仍保留了较好的传统建筑风貌及村巷立面。村落、山、水、农田相得益彰，共同构成了中尧组团状的山水格局形式，这恰好体现出贵州山区"七山一水一分田，一分道路和庄园"的典型特征。

传统建筑1

传统建筑2

传统建筑

中尧村全部传统建筑占村庄建筑总面积约75%，百年的历史建筑有14栋，为明清时期所建，其中一处土家民居和中坝印盒桥为县级文物保护单位，保存较为完好。

中尧村平面图

村落内有的民居建筑为"一"字形或"L"形的干阑式建筑，有的建筑为吊脚楼，都是传统土家建筑。建筑主体为木质材质，院落用青石板铺装。屋顶为小青瓦坡屋顶形式，有铜钱花纹、"品"字形花纹，屋顶高低与地形结合，错落有致。门是传统的"六合门"，主门在中间，两边有副门，门上还有麒麟、龙、凤等精细雕刻。村落内历史建筑的窗户全为"排窗"，可上下收缩，打开漏空，通风很好，在外观上，独居特色。中尧村民祖祖辈辈在建筑设计上都有一个特点，即把牛羊圈放在建筑地下室，这样可以节约用地。同时，在木结构建筑上，为了顺应地形还出现锐角建筑等。

民族文化

玩灯（龙灯、花灯、狮子灯）：中尧村玩灯气氛浓厚，会从每年过年一直持续到十五。"起灯"那天全寨人一起在老院子吃饭，狮子灯起头，接着是龙灯，花

打糍粑

土家族金钱杆

灯。"收灯"一般是在正月十五后，全寨人还是在老院子烧灯、吃饭，以期待新一年风调雨顺。

金钱杆："金钱杆"是土家人欢迎客人的重头节目。印江天堂中尧制作的金钱杆长80厘米左右，用紫竹配上古铜币制成，两头削凿穿孔，横扯，顺挂着两串小钱，形成交叉的十字架，以便舞蹈时拍打，互相冲击，产生出多种声响，与唱歌的节拍韵脚合拍，杆的两端还系着红绳飘带，随舞姿飞扬，别有风趣。

傩戏：又称傩堂戏、端公戏，是在汉族民间祭祀仪式基础上吸取民间戏曲而形成的一种戏曲形式。傩戏是汉族历史、民俗、民间宗教和原始戏剧的综合体。

民宅细节

雕刻：在土家族中比较盛行，其中分木雕和石雕两类。现存比较古老的房屋、门窗、庙宇、神龛、家具，以及傩戏面具、古墓葬的石碑、石围、花轿、石桥、牌坊等都有不少木雕和石雕的精湛图案，常见的图案有"喜鹊闹梅"、"鸳鸯戏水"、"凤穿牡丹"、"二龙抢宝"、"野鹿梅花"、"五虎（蝙蝠）捧寿"等。

人文史迹

中尧村历史悠久，史迹遗存丰富，现存古桥、古石碑、山王庙各1处，古井、碾具各1处，古树名木8棵。

中坝印盒桥：为单檐穿斗小青瓦石拱木凉桥，始建于清乾隆五十七年（1793年），民国癸亥年（1913年），邑人严守俭、严守武二人承首重建。桥东西横跨后头湾溪水，全长11.6米，通高6.7米，石拱高2.5米，跨长4.85米，矢高2.1米，桥面宽3米，长5.6米。建筑结构为穿斗四柱三

中尧印盒桥

土家族雕刻

列，中为通道两侧为廊。

古井：位于村落东北部500米处，处于山腰中间，天堂镇通村公路边。古井距路面有1.5米的高差，有天然的石梯下去，为天然形成，井水从石缝中溢出，水量充沛、清澈、可口带有甜味。

严黑山碑记：县级文物保护单位。该碑竖于清同治七年（1867年），质地大清石，单碑素面阴刻，通高1.73米，宽0.95米，厚0.2米，楷体竖书323字，现已裂为三截。记述了中坝严黑山于清咸丰九年（1849年）举旗反清，于咸丰十一年（1851年）被捕牺牲于木黄，官府将其家产作为"叛产"没收并作为中尧村书院办学费用的史实。该碑石是研究咸丰同治年间民间斗争的实物见证。

保护价值

中尧村落作为传统村落，其格局肌理、传统民居建筑形式和民族文化在当地都具有较强的代表性。村落背山面水，环抱其中，木房依山势从低到高，层递而建，屋顶青瓦铺盖，色调统一协调。村落的组团型的格局、枝状的巷道肌理、统一的传统建筑形式以及周围良好的山、水、田自然环境体现了村落整体形态美学的价值。村落有着丰富的土家族文化底蕴，"唢呐"、"金钱杆"、"傩戏"、"木雕"等民族文化元素，内容丰富，有着很高的社会价值。

陈清鎏 张 涛 阎 欣 编

中尧村局部鸟瞰

铜仁市石阡县石固仡佬族侗族乡公鹅坳村

公鹅坳村全貌

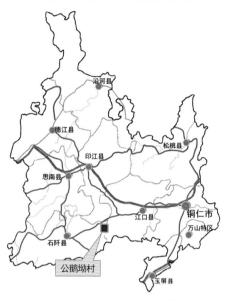

公鹅坳村区位示意图

总体概况

公鹅坳自然村寨位于贵州省铜仁市石阡县东部石固乡的东端，与江口县的坪寨等村寨为邻，距石固乡政府18公里，距县城55公里。海拔970米。村寨离305省道3.5公里，有93户，369人，以侗族居民为主，村域面积11.05公顷。公鹅坳因元朝至公元二十二年（1285年）设置公鹅坳长官司衙署而负有盛名，童栾首任土司长官，长官由童姓世袭。公鹅坳长官司从元代建立一直到清康熙中晚期废除，至今已经有700多年历史，是石阡至今唯一幸存的长官司署旧址。公鹅坳四周是小山，中间为平谷，府署建在谷地边沿一小山脚下。

公鹅坳村于2012年被列为第一批中国传统村落名录。

村落特色

公鹅坳是石阡县有据可考的最古村寨，亦是保存历史古建筑最多，最能反映石阡历史、民族发展史的一个古老村落。因处高寒山区，交通不便，信息闭塞，鲜为人知。公鹅长官司署衙，2006年县政府认定公布为重点文物保护单位。

公鹅坳村是一个典型建设在山谷地带的小山村。村庄被一条西北-东南方向道路

村庄周边环境

分割，南侧传统民居集中成片，北侧传统民居相对分散，两侧建筑风貌协调，依山而建，与周边自然环境融为一体。道路西侧的公鹅坳长官司署衙是公鹅坳村传统建筑的典型代表。在府署东面一公里的腊岩处，有土石夯筑的防御工事。洞中景观多而别致，用以加强防御。

村庄环境及通村道路

传统建筑

公鹅坳村以侗族为主，其次为土家族、仡佬族。黔东北一带多建木楼，主要结构材料和围护用材全部用木料，屋面盖瓦。楼下饲养，楼上住人，顶层贮粮。

建筑多以五柱四瓜房为正房，正房前两侧或一侧建翘角的吊脚楼，亦称厢房或楼子，中间为院坝，形成三合院式的建筑特点。翘角楼的弯挑梁，像一把长大的弯刀，足显房屋威武壮观又保护厢楼不受雨水淋坏。反映侗家房屋建筑不仅追求实用原则，又追求造型美观、工艺精湛的原则，还要符合侗族房屋建造能驱瘟避邪的心理特点。

由于侗族聚居的区域范围气候温和，水热条件优越，土地有机质积累较多，适宜林木生长。因而木材选择有着明显的优

公鹅坳村平面图

势，基本是以木柱支托、凿木穿枋，衔接扣合、立架为屋四壁横板的干阑木楼举目皆是。选用木材的特征显然是地域具有丰富的森林环境赐予的结果。

传统建筑

传统建筑院落

人文史迹

公鹅坳长官司署：公鹅坳长官司署是一种土司制度的产物，是元、明、清等封建社会时期，设在边远少数民族地区，实行地方自治的特殊统治机构，是公鹅坳村传统建筑的典型代表。

公鹅坳长官司署

石雕大门：长七姓祠堂的石雕大门建于清朝，由于"文革"，祠堂的主体部分已破坏殆尽，现仅存石雕大门，大门上雕刻有双龙抢珠、鹿竹平安、飞凤等图案，门柱上刻有对联"钟鼓楼边听金声玉振，经纶阁外观鱼跃鸢飞"。

岩洞水井：流量很大的洞水，有腊

石雕大门

岩洞作防御外来侵略的天然避所。据说，在当时有个大户人家，为了方便自己和广大群众取水，出钱请石匠将岩洞的水引出来，并修建了大小不一的水池，岩洞出来的第一个为取水井，依次就是洗菜的、洗衣服的、牲畜饮水的。

岩洞水井

帷桩：主要是为了纪念童姓中有名望的人，具体时间不详，都是在不同的时期里为当时考取举人或有名望的人打造的。因此作为家族的纪念和鼓励，是一种荣誉的象征！

帷桩

长官司石台阶：长官司衙署内，建于元朝。有两个重要的作用，一是防水防潮；二就是显示当时长官司衙署的身份和地位。

长官司石磨盘：是村民们加工谷物的重要手段之一，村民的生产、加工粮食的主要工具。

长官司练武石：为长官司衙署内的士兵习武、练武的石头。

长官司石台阶、石磨盘、练武石

古道：龙塘坳至公鹅坳到江口县坪寨村寨的道路是古代要道，该地系石阡、江口、印江三县相交的要冲，石阡、印江至铜仁、江口至石阡必经此地。这些古路保证了每个村落之间相互分割的同时又能彼此连通，四通八达。公鹅长官司设在此可能与此地位置有关。

古路

古树：位于七十八号院旁边的古银杏，此树保护较好，距今有400多年的历史，直径有两米左右，枝叶繁茂。

长官司内的木槲树，生长于明、清时期，距今400多年。干径极粗，形态上给人以饱经风霜、苍劲古拙之感。

古树

民族文化

祭祀洞神：在公鹅坳，有一奇特风俗，别于周边村寨。大年三十当天，仡佬族、侗族都有煮猪头祭祀祖宗的风俗，而在公鹅坳，当地村民不仅将猪头祭祀祖宗，而且会将猪头抬到距公鹅坳不远的半仙洞祭洞神。根据传说，山洞为产生冰雹之地，公鹅坳当地村民认为是半仙洞洞神保佑了他们，于是家家户户都在过年这一天抬着猪头来感谢洞神，以求来年风调雨顺，而这个风俗就这么传了下来。

保护价值

公鹅坳是石阡县有据可考的最古村寨，亦是保存历史古建筑最多，最能反映石阡历史、民族发展史的一个古老村落。土司文化作为石阡历史的重要一部分组成。长官司建筑群作为当时公鹅坳的衙署，在整体形式上具有朴素、庄重而又大气的特征，体现出一种刚柔相济的艺术特色。

长官司署衙作为公鹅坳村的县级文保单位，对其历史活动的研究，对挖掘封建王朝特殊的政治文化和传承少数民族文化也具有十分重要的价值。

喻 萌 于 鑫 编

铜仁市万山特区黄道乡瓦寨村

瓦寨村全貌

瓦寨村区位示意图

总体概况

瓦寨村位于铜仁市万山区黄道侗族乡东南部，距乡政府所在地2.5公里，东与姚家垄接壤，南和力坳垅交界，西与老院子毗邻，北和老金山相接。村域面积约3平方公里，全寨共92户，300余人，都姓罗。据罗姓族谱记载：瓦寨罗姓祖籍江西吉安，明洪武年间，文受公领兵迁徙黎平南洞数年，于洪武十七年（1385年），迁移黄道司，分居瓦寨、仓前、白屋场等地，至今已600多年的历史。2014年，瓦寨村被列入第三批中国传统村落名录。

村落特色

村寨布局合理，错落有致，整个村寨四面环山，寨子背后古木参天，寨子门前是一坝稻田，黄道小河及万山至湖南芷江公路从寨前穿境而过。上有一木板桥，下有一风雨桥为进出村寨主要通道。寨中紧密相接的青瓦木屋群落50余幢，彰显了独具特色的侗族建筑文化风格。远眺这个村寨，一种古老、恬静、优美的田园风光尽收眼底。村落内居民建房依山势从低到高，层递而建，呈组团式，大部分为侗族传统建筑形式。村落发展至今，仍保留了较好的传统建筑风貌及村巷立面，村落、山、农田、黄道小河相得益彰，共同构成了瓦寨组团式的田园村落格局形式。

古井

传统建筑

瓦寨民居分布较为集中，朝向大多为西南向，建筑周围绿树成荫，环境优美。

瓦寨木楼：在建筑结构上带有普遍性，一些厢房采用吊脚楼形式，木房依山势从低到高，层递而建，屋顶青瓦铺盖，色调统一协调，配以木质窗花、木门，建筑一般正房为1层，厢房为2层，多数为一排四扇三间，屋顶有两个翘椎，具有侗民居的风貌。木楼多为五柱五（五根柱子五个瓜）或五柱七（五根柱子七个瓜）的三开间或五开间的穿斗结构。中间为吞口和堂屋，两边为厢房和灶房。有的正屋两边配有吊脚楼厢房，有的为四角天井，柱墩有圆形和方形，圆形的刻有鼓边花纹，方的刻有犁口花；吞口和晒壁窗子有的井字格，有的为花格。饶间以中柱为界分为两半，前面作火炕，后面作卧室。吊脚楼上有绕楼的曲廊，曲廊还配有栏杆。寨宅基地宽裕的面前有院坝，院坝保持原始泥土。依据地势，有两三栋房屋连在一起的，有厢房隔着。

民族文化

鼟锣：鼟（teng），为象声词，形容鼓声。"鼟锣"为打锣比赛之意，是一项在万山民间流传了数百年的全民娱乐活动。此习俗盛行于万山境内，是侗乡人民

风雨桥

瓦寨村平面图

"鼟锣"表演

民居

民居

在漫长的历史长河中创造出来的一种独具特色的民间艺术，至今已有600余年历史。锣鼓原是军中传递信息的一种工具，是黄道刘家先祖在明洪武十三年（1369年）随战争从江西带来。战争平息、生活安定后，敲打锣鼓演变成了一种民间艺术——鼟锣。鼟锣以锣、鼓为主，辅之其他乐器和用具。随着鼟锣艺术的发展，逐渐形成各种不同的形式，包括闹锣年、喜庆锣、敬神还愿锣、辞诵锣、充锣、丧锣、"三锤锣"、"九锤锣"、"两头忙"、"三道齐"等60余种不同的形式和曲调。2015年12月，鼟锣被列入第一批"省级非物质文化遗产"。

傩戏：也称傩堂戏、傩坛戏，起源于江西的罗文寿，传之于黄道乡。唱傩戏的目的是为了祭拜神灵，驱邪降妖，祈求全寨平安。在敬神还愿唱傩戏时，大体分为报官、开财门、勤章八郎、仙凤采香、开山神、师娘、土地神、判官、笑和尚的不同形式。

人文史迹

古井：瓦寨村有一口方形古井，井身由四块青石围成，结构简单，青石接缝处长满了绿色的青苔，自然而古朴。井水清澈，入口甘甜，为村落主要饮用水源。古寨绿树环绕，笨拙的古井总是静静等候在屋舍旁，见证着村落的发源与发展。

古树：村寨东侧有一片古老的枫香树林，树高三十多米，枝叶繁茂，树龄已有上百年。

古碑：在村庄的入口处，有一块椭圆形石碑，高约0.4米，为明、清时期所立。相传瓦寨只要有人考取了进士或者举人，村民就会在村口立一个石碑，以此来体现村寨的兴旺。

神龛：几乎一半的民居都在堂屋放置一个木制调工精细的神龛，用来祭拜先人或者神灵。

保护价值

村落历史悠久，保存从明代至今的家族生息发展结构，连同丰富的历史文化遗存，真实地反应家族起步发展从鼎盛到衰落的历史过程及社会变迁，是研究社会史、家族史、文化史的史料。村落利用周围的自然山体作为保护的天然屏障，四合院与山地建筑的结合，形成曲折多变的建筑空间，其组团式的格局，枝状的巷道肌理、统一的传统建筑形式以及周围良好的山、水、田自然环境，体现了村落整体形态美学的价值。"鼟锣"文化目前仅存于瓦寨村，因此瓦寨村成为"鼟锣"文化天然的传承与保护的培训基地。

何　丹　杨泽媛　王金龙　编

傩堂戏

神龛

古碑　　古树

鼟锣表演

瓦寨河

铜仁市印江土家族苗族自治县缠溪镇方家岭村

方家岭村局部风貌

方家岭村区位示意图

总体概况

　　方家岭村地处武陵山山麓中段，位于缠溪镇南面，东抵楠星村，西接水塘村，南接凯上坪村，北至新阁村，距离缠溪镇政府所在地约5公里。方家岭村是一个汉族、苗族、土家族杂居的行政村，全村辖6个村民组，村域面积约703.3公顷，村庄占地面积约10.4公顷，共240户，常住人口680人，其中土家族和苗族占到全村人口的70%。2014年，被列入第三批中国传统村落名录。

传统建筑1

传统建筑2

村落特色

　　方家岭村处于洋溪风景区内，处于缠溪镇至洋溪风景区公路旁。整个村落成背山面田的组团状格局，民居建筑主要集中在山腰和山脚，选址为比较平坦的小盆地，四周都是茂密的森林，上百年的树木有100多棵。村落与田畴、森林错落相间，互为衬托，交辉相应，环境优美，衬托出了方家岭传统村落的特色。村落的建设户户紧靠，较为集中，均在山腰间，以退出农田边界，使其不占或尽量少占农田，从而形成广阔的农田景观。村中民居建筑以瓦檐木房为主，房前屋后古树、古井随处可见。整个村寨房屋布局高低纵横交错，疏密有致，保存状况良好。

传统建筑3

传统建筑4

传统建筑

　　村落内现存古建筑和传统建筑共40余栋，均为土家瓦檐木房，其中县级文保单位2处，为清朝时期所建，整体风貌保存情况较好。该村建筑与印江土家族、苗族建筑风格大同小异，都具有"粉墙黛瓦、花窗翅角、阑干宝鼎、排架坡屋"的建筑工艺特点。民居建筑依山就势，采用桶子

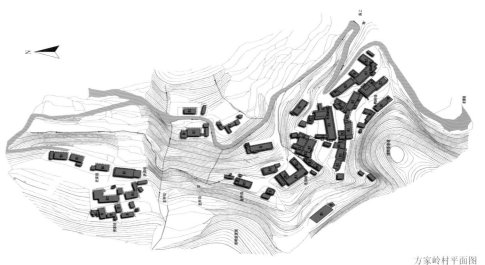

方家岭村平面图

与吊脚楼的结合，一般将吊脚楼选在厢房的一端，两厢房相对称，如因地势所限则建一边厢房，厢房多为二间面阔，将檐柱作为亮柱，在金柱间装修木板壁，吊脚楼建栏杆和楼层，采用半干阑式和单吊的方法，使用小青瓦屋面。清朝时期为维护苗区平安，部分桶子还修建了炮楼。

民族文化

土家族傩戏：印江被称为傩戏之乡，傩戏源远流长。傩，是古时人们在农历腊月驱疫逐鬼的仪式，属于原始宗教范畴。随着时间的推移，傩的形式和内容逐渐丰富起来。印江傩戏，有专门班子，为设坛演出，其形式分两种：一种叫作"冲傩"一种叫作"还愿"。演唱表演变化丰富多样、音调高亢雄浑。跳傩戏的面具亦十分丰富，充分展示了原始宗教的神秘性。

土家族跳花灯：每年正月初三至十五，一到傍晚花灯队就打起灯笼，敲响锣

傩戏

吴氏宗祠

鼓，走村串寨或登门到户进行拜年活动。土家花灯音乐，讲究字正腔圆，曲式一般是两个或四个乐句的单句段，分正调、杂调。正调多唱传统词，杂调可即兴新编，灵活多变。土家花灯唱词颇具文采，五、七字句居多，灯词轻快活泼。以四季、十二月、数十的数字为逻辑顺序组织唱段，富有浓郁的地方民族特色。

土家族雕刻：雕刻以木雕为主，村寨中门窗均有精美雕刻，图案有"喜鹊闹梅"等，有花窗及"福、禄、寿"，蝙蝠图案等。

人文史迹

方家岭村人文史迹众多，内容丰富，现

古墓

武状元府

存吴氏宗祠、田氏宗祠、龙门、炮楼、古营盘、古墓、武状元府、木春各1处，古井、古磨盘各两处，古树名木约100棵。

吴氏宗祠：位于村寨南部，始建于清同治年间，系砖、木、石结构封闭式院落古建筑，正房七间通面阔21米，通进深7米，穿斗结构小青瓦顶，外八型龙门，内外均有门帷，该建筑结构巧妙，采用桶子与吊脚楼的结合，房顶为楼阁结构，是少数民族地区的典型建筑。

田氏宗祠：田氏宗祠为徽派建筑风格，建筑两侧的墙体为徽派马头墙，祠堂正堂前白底黑字写有"田氏祠"三个字，屋顶为小青瓦。

炮楼：三层木质建筑，屋顶为小青瓦。主要用途为居高瞭望，便于观察；具备重火力，扼守重要交通线；驻军，易守难攻；可以以此来争取时间，向友邻部队传递信息。

武状元府：由正房和厢房构成，正房

磨盘

开间较大，为一层建筑，两侧厢房为吊脚楼制式，为两层建筑，正房花窗雕刻精致。

古墓：多为清光绪年间和乾隆年间墓，墓形状有圆有方，墓碑保存完好，主体为石块砌成。墓碑顶部和墓身部分有翘角，有着特有的时代风格。

古树：村内古树众多，使得整个村庄的森林覆盖率达到80%，古树种类众多，且生长良好。

木春：位于方家岭村内民居的房檐下，村民用脚有节奏地踩着这边的木春板，运用杠杆原理，那边春石上下反复运动，把食物春碎。

保护价值

方家岭传统建筑是土家族先民在征服与改造自然中智慧和血汗的结晶，从土家族的建筑结构上，既可以看到民族特色的规定性，也可以看到因地制宜的鲜明个性，从现存的不同时期的建筑结构还可以看到它的历史性，具有较高的历史、科学、艺术价值。

方家岭传统村落具有完整的村落形态、丰富的非物质文化遗产及历史环境要素，较完整地保留了古朴的土家族村落格局和优美的历史人文景观，村落内有山有水、有田有居、有井有木，阴阳交错、和谐统一，构成了和谐自然的历史空间画卷。

陈清鋆 张 涛 秦新光 编

方家岭村村落一角

铜仁市江口县太平土家族苗族乡云舍村

云舍村龙塘河全景

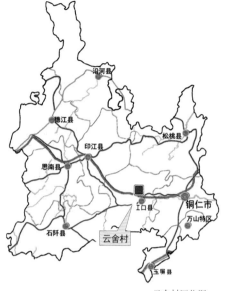

云舍村区位图

总体概况

云舍村坐落在武陵山脉主峰梵净山脚下的太平河风景区内，被誉为"天堂河谷"，是贵州省铜仁地区江口县太平乡的一个行政村，村内总共462户，1784人，全村以杨姓土家族为主，占全村人口的93.7%，是江口县第一大寨，在2014年被评选为中国第一批传统村落。

村落特色

传说土家寨曾是仙人居住的地方，仙人为土家人民勇敢、勤劳的精神而感动，便移居到山后的仙人洞居住，把肥沃的土地让给了土家村民，土家村民为了纪念仙人的功绩，把寨子取名"云舍"，寓为"云中的房舍——仙人居住的地方"。从卫星地图看云舍古村位于一个龙山山脉（即龙头）中，其所在位置恰好为龙的舌头，而"舌"字恰好和云舍的"舍"字谐音；西向山头为"龙鼻"；龙眼位置也正好是地名为龙眼的村寨；云舍村与河间的小山头即为"龙珠"，寓意龙含着龙珠奔向太平河；而古村南向太平河经过水化成雾，即"云"，恰好为"云舍"古村名字。

传统建筑

民居建筑：传统民居是以三合院、四合院为主的干栏式建筑，尤以四合院即俗称"桶子屋"最为突出。桶子屋为砖木结构，院子、廊檐均用青石板铺就，四周青石墙裙砖砌高墙，山墙呈梯，皆有飞檐，俗称"马头墙"。整个建筑平面呈正或长方形，上方为主要建筑，北高南低，设中堂和左右厢房，下方为次要建筑，设厨房等，四周相连，中间突出，形四角天井。楼栏窗棂，多有镂空木雕，虫鱼鸟兽，山花草木，无不栩栩如生。

吊脚楼：土家民居众多建筑中最常见的建筑形式。木质穿斗结构，分为上下两层，上层四面向外挑出一米左右形成"吊脚"，在建筑结构上不用一钉一铆，结构严密坚固可达数百年不朽不斜。各色各样雕花栏杆造型设计上有方、圆、斜、万字格、福寿图、花卉、动物及各种水果皆入画图。

风雨桥：由桥、塔、亭组成，木材和石材筑成，桥面铺板，两旁设栏杆、长凳，桥顶盖瓦，形成长廊式走道。

民族文化

云舍封建朝代遗传的农耕农作，土家织锦，手编工艺，中国四大发明之一的造纸术保留至今的土法制作工艺，有道是"云舍造纸，蔡伦为师"。至今仍保留着婚嫁、金钱杆花灯舞等民族风俗，其中土家"金钱杆"在2007年被列入贵州省级非物质文化遗产名录。古朴、典雅的土家民风民俗，"冲傩"、"还愿"体现祖先崇拜的"祭祀土王"，神秘原始的"祭风神"，对万事万物皆有神灵的信仰，热闹风趣的"打闹"，欢乐祥和的"建房礼词"，亦歌亦泣的"哭嫁"、"闹丧"跳起丧舞，唱起闹丧歌，送亲人至"天堂"。源于原始巫术，驱除鬼疫的傩堂戏。伴随着生产劳动所产生的"打闹歌"、"上梁歌"、"毛古斯"、"摆手舞"、"农灯"都显示出云舍土家人的古风习俗对生产、生活和文艺现象的强烈渗透。

云舍村平面图

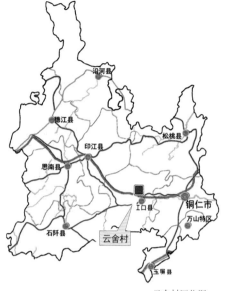

风雨桥

云舍土家文化馆

造纸

金钱杆

土家老屋

云舍人善信仰，主要体现在原始宗教和图腾崇拜。受阶级社会自然"万物有灵"影响，笃信鬼神，以敬奉山神、土地、神石、神树、洞神最为普遍。几百年的土司统治，形成了敬奉土王、崇拜祖先、相信土司的共同特征：

1. 崇拜白虎。除"廪君"魂魄为白虎外，另类说法为"白帝大王"敬奉，尚有白帝大王庙遗址。

2. 崇拜祖先。认为自己的祖先会处处关顾子孙，时时保佑后代，从而当随身保护者，逢凶遇恶、三灾八难都乞求祖先显灵保护。

3. 敬奉土王。有土主庙和飞山庙，祭典时锥牛、杀猪、宰羊，唱傩坛戏，仪式隆重态度虔诚，为祭祀活动之冠。

4. 相信土司。认为土司是活神，管阴管阳，能拿妖驱邪，逢凶化吉，消灾免难。因而凡遇三灾八难时，就会向神灵许愿，还愿更得请土司。

自然景观

云舍村东边有一处龙潭，潭水至东向南流入太平河。据考察龙潭有种神秘现象：久旱潭涨水、久雨水回流，龙潭每遇天旱，潭中会忽然涌出大水，蔚为大观；而每遇久雨，潭中水下沉，呈倒流之势。龙潭泉水流量大，水质优良，甘甜可口，自古以来就是云舍村土家人生活饮用和农田灌溉的生命之源。

龙塘河由神龙潭水顺流而成，堪称世界上最短的河之一。泉中及河中生长着特有的珍稀鱼类，周围茂林修竹，山清水秀，与旁边传统民居相搭配，风景如画景象万千。

轰鸣泉：在神龙潭约左侧30米处有一泉，泉水是靠声音控制的。人想用水，大叫一声"水来"，水即出；用完后，水即回。

土家族桶子屋

人文史迹

探源云舍土家族有上千年的悠久历史，战国时："楚子灭巴，巴子兄弟五人流入黔中，汉有天下，名曰：酉、辰、巫、武（舞）、沅五溪，各为一溪之长，号五溪蛮。"云舍土家族为辰水先民在此繁衍生息。而今特点和独到之处就是，通过历史演变，土家先民与其他民族先民交往、融合，通婚联姻，云舍土家族仍保留着自身民族遗传，遗留的民族习俗。

中国土家第一村牌坊

云舍村屋顶轮廓线

保护价值

云舍古寨依山傍水，景色优美，集"石板古巷"和"土家民俗"的独特风貌与丰富历史遗存、深厚的民俗文化底蕴于一体。在岁月的流逝中逐渐形成的古寨整体风貌，显得既丰富多彩又和谐统一。曲折的青石板小巷幽深宁静，建筑色彩平淡雅致。云舍土家族古寨是历史遗留下来的民族特色的象征，是当地土家族勤劳智慧的结晶。

于　鑫　张　奕编

土家族女子盛装

云舍村

铜仁市沿河土家族自治县官舟镇木子岭村

木子岭村局部鸟瞰

木子岭村区位示意图

总体概况

　　木子岭村，位于官舟镇最南端，村域面积达5.6平方公里，村庄占地面积1.5平方公里，全村537户，常住人口共2357人。村落形成于明末年间，是以土家族为主的少数民族聚居而成的自然村落。村落坐落在海拔420～500米高的天然山岭之上，周围群山环绕，古树耸立、郁郁葱葱。2014年，木子岭村被列入第三批中国传统村落名录。

传统民居

村落景观

村落特色

　　木子岭村是一处集历史遗存和自然山水为一体的典型传统村落。整个村落依山而建，左右山脊凸起而向下延续，后山如椅，前面开阔。村内的传统建筑主要由分布在山麓上的五个村民组组成，民居建筑沿着南北向有序的排列，呈阶梯状布局，因地制宜。村落两侧是成片的古树群，内部点缀菜畦，形成了典型的"靠山而居、古木参天"的特色格局。村落内以石院墙分隔各家各户，石板铺路，石巷相连，联系紧密，过度自然，体现了人与自然和谐共生的乡村美景。

传统建筑

　　木子岭村现存3处县级历史建筑，为明清时期所建，传统风貌建筑约占村庄总建筑面积的65.7%。由于木子岭村多为土家族，因此木子岭的建筑布局和特色主要延续土家族的特点，总体朝向为坐南朝北，整个村落建筑相对集中，同一台地之上相互贯通，耕地点缀在民居建筑之间。村落建筑的建设与布局对自然环境影响较小，因地制宜，形成民居建筑与田园风光互相辉映的和谐生态景观。建筑依山而建，拾级而上，均为干阑式木质建筑，单体

木子岭村平面图

以 "L" 型、"一" 型民居建筑为主，由正房、厢房、过厅组成，主体建筑面阔主要为三间；门窗饰以龙、凤、麒麟、白虎、花草等镂空雕刻；传统建筑结构均为穿斗式小青瓦悬山顶结构；各单体建筑体量虽小，但其木雕、石雕却做工精细，构思精巧，刀法细腻，线条娴熟，栩栩如生；建筑基础皆用做工精湛的方块石砌成，柱础为六棱柱体，雕刻精美。木子岭村建筑具有鲜明的地方特色，同时也凝聚着高超的建造工艺。

民族文化

摆手舞：摆手活动土家语叫 "社巴日"，是土家族的大型祭祀活动和传统的文艺盛会，是土家族特有的民俗，历史久远悠长，早在渔猎时代已存在并沿袭至今。"每岁正月初三至十五日，土民齐集，披五花被，锦帕裹头，击鼓鸣铳，舞蹈唱歌。舞时男女相携，翩跹进退，谓之摆手。往往通宵达旦，不知疲也。"（雍正《永顺府志》）"红灯万点人千叠，一片缠绵摆手歌。"古代文人这样描写摆手歌的情景，反映了土家族地区摆手活动的盛况。

镂空雕：镂空雕刻在古建筑的木雕装饰中，具有独特的艺术效果。镂空雕刻配合浮雕，又称透雕，是在木板上用钢丝锯条镂刻空洞，并施以平面雕刻的一种工艺技术，是木雕艺术特有的一种表现形式。一般要经绘图、镂空、凿粗坯、修光、细润等一系列操作工序而成。玲珑剔透而有

糯米粑

土家镂空雕窗花

强烈的雕刻艺术风格，极富于装饰。

土家饮食：逢年过节，亲人相聚、家人团圆，打糍粑便成为土家人过年必做的一件事。进入农历腊月，亲人相聚、家人团圆，打糍粑便成了土家人忙年必做的一件事。糍粑圆圆的，象征团团圆圆，又糯又黏寓意土家人对亲情和友情的看重。这里的土家人一直延续着祖辈们原始手工制作糍粑的方法。

土家绘画：土家族的丧葬绘画是丧葬习俗中的核心内容之一。丧葬绘画跟图腾崇拜、宗教、改土归流的汉文紧密地结合在一起，在某种意义上是民族文化的一个综合载体。体现的是一种精神信仰和情感依赖方式。

古墓群

水渠石拱桥

民俗节日：在漫长的岁月中，木子岭仍然保留着自身民族的风情习俗，民族传统节日很多，"赶年"、"过社"、"立夏"、"四月八"、"六月六"、"七月半" 等传统节日丰富多彩。

人文史迹

古井：村内现存3处古井，一处已废弃停用，其余两处仍然继续使用，清洌甘甜，常年奔流不息。

古寺庙：村落西北侧左山山麓之上的古树林中有一处寺庙遗址，为明朝皇帝赐封的一座祠庵，毁于 "文革" 时期，寺庙内有口大钟，几百年来有不少高僧大德在这里修持悟道，弘扬佛法，未毁坏之前每天钟声都如时响起，到寺庙烧香拜佛的人络绎不绝。

古树群：村内现存清朝时期古树约36棵，主要为柏树、枫树、杏树等品种。枫树群位于村落东侧山麓上，有28棵，有百

古树

年以上历史，从光绪二十年便有记载，枫岁季节不同颜色也不同，没到春季导出呈现一片嫩绿，秋季红红火火一片，景色十分宜人。

石磨：村落内仍保存有传统生活所用的石磨。石磨是一种石制的研磨滚压工具，用于把米、麦、豆等粮食加工成粉、浆。在传统村落生活中，石磨曾是一种最为常见的生活工具，是乡村生活的一种象征，也是村落的一道风景。

保护价值

木子岭村受城市的影响较小，传统农村脉络保存较好，格局完整，内部部分建筑历史悠久，极具地方特色，为研究黔东北农村发展、建筑文化和非物质文化提供了珍贵的实物。村落环境良好，观赏价值高，村落的传统格局、巷道肌理、统一的建筑形式及周边良好的自然环境体现了村落整体形态的美学价值。

陈清鎏 张 涛 吕华华 编

木子岭村村貌

铜仁市万山特区敖寨乡石头寨

石头寨全貌

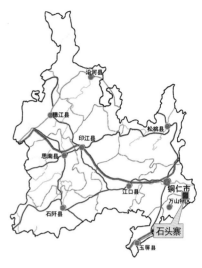

石头寨区位示意图

总体概述

石头寨位于敖寨乡东部，东与黄泥塘接壤，南与冲头、舒家坡之间隔着一座大山，西与罗家坪交界，北与桥冲、秦楼坡之间群山重叠，地处敖寨河下游，村寨距万山区行政中心15公里。村域面积约4平方公里，全寨共46户，200余人，主要居住杨、张两姓人家，其中90%以上的居民都姓杨并属侗族。先祖杨通赛于明洪武六年（1373年）由江口省溪司迁居敖寨洞，为千户总管，其后裔繁衍于敖寨、石头寨、瓮背、洋世界等地，至今有600余年的历史。

村落特色

石头寨坐北朝南，建筑占地面积约1.6万平方米以上，整个寨子坐落在敖寨至深冲峡谷下端，依山傍水，背靠六龙山主峰，前后有山，森林植被良好。万山至湖南麻阳公路和敖寨河从寨前穿境而过，一片田野与紧密相连的青瓦木屋民居相接，生产和生活区分区明显。站在对面山上往

下看，整个寨子，山清水秀，青瓦木房一排排纵横交错，给人一种古老、优雅的感觉。村落内居民建房依山势从低到高，层递而建，呈组团式，大部分为侗族传统建筑形式。村落发展至今，仍保留了较好的传统建筑风貌及村巷立面，村落、山、农田、河流相得益彰，共同构成了石头寨组团式的田园村落格局形式。

传统建筑

石头寨建筑所处区域地势较为平坦，背山面田，视野开阔。建筑数量不多且分布紧密，朝向多为坐北朝南。全寨遗存青瓦木屋50余栋，较新的有五六十年历史，较古老的已经修建了几百年。

干阑式木楼：民居以木质干阑式建筑为主，一些厢房采用吊脚楼形式，木房依山势从低到高，层递而建，屋顶青瓦铺盖，色调统一协调，配以木质窗花、木门，建筑一般正房为1层，厢房为2层，多

封火山墙

民居1

巷道

石头寨平面图

民居2

传统窗花

傩堂戏

数为一排四扇三间，屋顶有两个翘椎，具有侗民居的风貌。木楼多为五柱五（五根柱子五个瓜）或五柱七（五根柱子七个瓜）的三开间或五开间的穿斗结构。中间为吞口和堂屋，两边为厢房和灶房。有的正屋两边配有吊脚楼厢房，有的为四角天井，柱墩有圆形和方形，圆形的刻有鼓边花纹，方的刻有犁口花；吞口和晒壁窗子有的井字格，有的为花格。饶间以中柱为界分为两半，前面作火炕，后面作卧室。吊脚楼上有绕楼的曲廊，曲廊还配有栏杆。寨宅基地宽裕的面前有院坝，院坝保持原始泥土。依据地势，有两三栋房屋连在一起的，有厢房隔着。

杨氏宗祠：明万历年间所建，总面积为380平方米。祠堂四周为青砖围墙，院内由戏楼、厢房和正殿组成，类似四合院。戏楼为伞形翘角四面倒水，正殿三间，中间一间为神龛，摆放杨家先祖画像，两边墙壁绘有花鸟人物图画。中间由四根柱子承起屋顶穿梁，柱础为圆形铜鼓花纹，正殿通过两边厢房吊脚走廊与戏台相连。

民族文化

"傩堂戏"：传统土家族人信仰多种神和土王崇拜、祖先崇拜，常进行祭祖活动，而最具特色的属"傩堂戏"这一传统祭祖活动。受到中原文化及巴、楚文化的影响，有着比较明显的巴人"俱事鬼神"和楚人笃信巫术的文化痕迹。它融巫术、原始宗教和戏剧为一体，成为一种佩戴面具演出的宗教祭祀戏剧，已有600多年的历史，经过不断充实、扩展和完善，形成了以傩仪、傩戏、傩舞、傩技为主要形式的傩文化。

霸王鞭：它是一种民间舞蹈，表演时一面舞动霸王鞭，一面歌唱，也叫花棍舞、打连厢，在石头寨是一种十分盛行的民间表演艺术。

丧堂歌：顾名思义，即在丧事堂中所唱的歌。这是侗家的一种传统习俗，哪家有人去世，尤其是成年人，操办丧事必唱丧堂歌，灵柩在家中停几天，就要唱几晚。

人文史迹

双凤朝阳：村落在选址上有双凤朝阳之说，双凤朝阳是指石头寨后山，有相连的两座山，绵延百里，这相连的两山形，似翩翩起舞的凤凰，飞到石头寨，在此栖息落户，给石头寨带来吉祥与安康，留下希望与梦想。

古井：村寨内共有两口古井，分别位于村寨的北侧，周边树木茂密，古井的水是从山间流出，四季不断，为古老的村寨增加了一丝神秘的色彩。虽大部分城墙已经倒塌，但整个城基全部保存。

保护价值

村落历史悠久，保存从明代至今的家族生息发展结构，连同丰富的历史文化遗存，真实的反映家族起步发展鼎盛到衰落的历史过程及社会变迁，是研究社会史、家族史、文化史的史料。村落利用周围的自然山体作为保护的天然屏障，四合院与山地建筑的结合，形成曲折多变的建筑空间，其组团式的格局，枝状的巷道肌理、统一的传统建筑形式以及周围良好的山、水、田自然环境，体现了村落整体形态美学的价值。

张宇辰 曾 增 高 蛤 编

戏台

古树

古井

村落一角

铜仁市思南县塘头镇甲秀社区

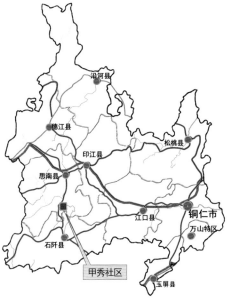

甲秀社区鸟瞰图

甲秀社区区位示意图

总体概况

塘头镇甲秀社区，现位于塘头镇南大门，毗邻板桥乡南盆村，连接思剑高速公路出口，水陆交通便捷，有"鱼米之乡"之美称。村域面积3.6平方公里，村庄占地面积500亩，辖13个村民组，常住人口1538人，主要由土家族、苗族构成。

甲秀社区始建于明代，村落坐落于古刹甲秀山脚下，环绕四周，依山而建，故该村取名甲秀村。2014年，甲秀社区被列入第三批中国传统村落名录。

传统建筑1

传统建筑2

村落特色

甲秀社区背靠甲秀奇峰，山高坡陡，坡峰高耸入云，前依义阳江，江古为水上交通运输运河，是连接黔东首郡思南和石阡府的纽带。村落总体坐南向北，有古树、古建。甲秀社区的建设空间布局比较集中，核心区外则为零星分布，温淡恬适之情流溢其间，别具一种安定祥和的古拙风情。整个村落的耕种田地分布在民居建筑周边，具有典型的土家风情和田园风光。

传统建筑

甲秀社区内现存传统风貌建筑138栋，其中清代建筑3栋，民国建筑4栋，全部传统建筑物占村庄建筑总面积的约50%。村落内传统建筑多为土家族和苗族民居，民居结构有着典型的土家文化特色。住宅正屋一般为一明两暗三开间，以龛子（厢房）作为横屋，形成干阑与井院相结合的建筑形式；房屋结构分为正房、厢房和司檐，其正房中间为堂屋，后部设祖坛，堂屋两边分别为火塘，位置与苗族无异；从最简单的三开间吊一头的"一字屋"、"一

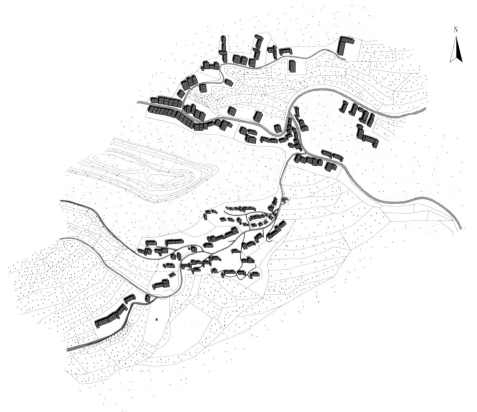

甲秀社区平面图

正一横"的"钥匙头"，到较复杂的"三合水"、"四合水"；大多数民居为石阶檐，房屋有雕花，前壁上端有绘画，内容多为花草动物，并书写"福寿禄"三字。

村落内传统建筑集中连片，依山就势而建，主要聚集区呈现靠山沿路带状条形分布特征，自然和谐，古韵盎然。

民族文化

囍文化民间剪纸艺术：甲秀村民间剪纸艺术历史悠久，近年来在它的传承人张著权先生的传播耕耘下，得到很好的发展。甲秀村囍文化被授牌成为"铜仁市文化产业示范基地"、"铜仁市非物质文化保护性生产示范基地"、"思南县非物质文化遗产"保护项目。

土家花灯：大致起源于唐宋之间，风行于明代、清代，是载歌载舞的民间艺术，舞蹈形式活泼多样，舞姿健康优美。音乐声腔上，从民间花灯、山歌曲调中去改编或移植借用；表演上，尽管构思简

剪纸艺术

斗笠

单、粗糙，但已初步构成了戏剧艺术的雏形。

竹编手艺：竹编这一古老的民间艺术在塘头镇有着悠久的历史，早在明清时期，人们就用竹子编竹篮洗菜、编斗笠避雨、编鱼篓捉鱼虾等。甲秀竹编以斗笠为代表作，其中尤以棕丝斗笠最著名，曾被列为进贡方物，最早主产于塘头南盆、板桥、尧民及红石一带，随后发展到塘头镇甲秀社区一带。

土家刺绣鞋垫：土家族的鞋垫工艺分针纳和刺绣两种。从布料到花样，从配色到行针走样，样样都十分讲究。往往一双漂亮的鞋垫就是评价一个女人能干与否的标准。手工鞋垫也是土家少女的传情之

物，如果土家男孩看上哪家的姑娘，就会搭讪着探问可否送一双鞋垫，如果姑娘答应了，那么这桩亲事也就差不多成功一半了。

雕刻工艺：雕刻在土家族中比较盛行，其中分木雕和石雕两类。现存比较古老的房屋、门窗、神龛、家具，以及傩戏面具、古墓葬的石碑、石围、花轿、石桥、牌坊等都有不少木雕和石雕的精湛图案。

人文史迹

甲秀社区历史遗存丰富，现存古战场遗存、宗祠、古墓各1处，古井3处，石阶2处，古树18棵。

古战场遗址：位于甲秀社区内，建于清末年代，耸立于群山之间，四周峭壁悬崖。

宗祠：位于甲秀社区内，建于清末年间，大户人家修建用于祭祀祖先，后用于当地村民拜神祭祀，现保存状态较好。

古井

古墓

宗祠

古树：位于甲秀社区东北面，枫树高约20多米，榕树约13多米，现保存较好，总共约18棵。

古井：村内现存古井共3处，均有上百年的历史。在村落未通自来水之前，村民一直靠担挑古井里的水来用于平时的生活饮用，古井里的水甘甜醇香、清澈见底。古井用石板堆砌而成，板与板之间并没有使用任何的黏合材料。在经历了上百年的井水浸泡之后，壁上的石板大多已经风化和损坏，但是整体保存较好。

石阶路：总长200米左右，石阶路用大大小小、宽厚不一的条石铺成。由于受到村民的保护，路面尚好，且路两旁全是茂盛的植被，环境优美安静，适宜散步、休憩。

保护价值

甲秀社区传统村落是土家族先民在征服与改造自然中智慧和血汗的结晶，传统村落具有完整的社区形态，年代较久远，保存较完好，是研究土家族传统建筑的典型代表，也是土家族传统文化的重要见证者和载体，具有较高的历史、科学、艺术价值。同时，甲秀社区传统村落具有丰富的非物质文化遗产及历史环境要素，较完整地保留了古朴的社区格局和优美的历史人文景观，社区内有山有水、有田有居、有井有木，和谐自然，构成了和谐自然的历史空间画卷。

奚全富 陈清鋆 张 涛 编

甲秀社区村落一角

铜仁市石阡县坪地场仡佬族侗族乡石榴坡村

石榴坡村全貌

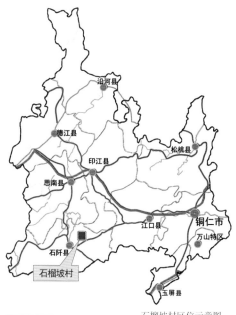

石榴坡村区位示意图

总体概况

石榴坡村位于贵州省东偏北部地区，隶属于石阡县东部坪地场乡管辖，距乡政府驻地6.4公里，距县城13.4公里。村域面积约4平方公里，村落占地45亩，112户，户籍人口436人，常住人口306人，主要为侗族。村落为明末清初时期形成，距今约400年历史。

石榴坡村于2013年被列入第二批中国传统村落名录。

村落特色

依山傍水，将主寨建于石榴形的山脚下，溪沟旁附近，村边古树浓荫。

村落选址讲究，远看村落九山合象，喻为万马归槽，堆金积玉砂，九把锁（高山）守寨。南北两山像笔架，西北方象饭盒，有被喻为"前对笔架山，不出文官出武官，衣食无忧"的宝地。现流传有"石榴坡的银子，何家寨（印江县）的顶子，岩岭寨的谷子"的族史赞词。

传统建筑

现有传统民居五柱四瓜房112栋，厢楼70栋，全为转角处翘角的厢楼，通称为"厢房"或"楼子"，亦有称翘角楼或吊脚楼的，正房与厢房或猪牛圈，龙门等建筑形成四合院式格局，单家形成四合院有20个，有的是两户、三户的建房形成一个大的四合院。有30栋翘角楼，式样美观，用材工艺讲究。传统建筑多为民国后期至2010年间建造，其中两栋有100年以上历史。

村域环境

传统建筑1

传统建筑2

民族文化

茶灯是花灯的一种，是贵州省石阡县固有的场面宏大而别具风格的民间艺术。参加茶灯演出者多达80余人。茶灯集花灯、歌舞、杂耍表演于一体，多方面反映社会生活，场面壮观而热烈；主要以表现"十二采茶娘子"上山采茶而得名。

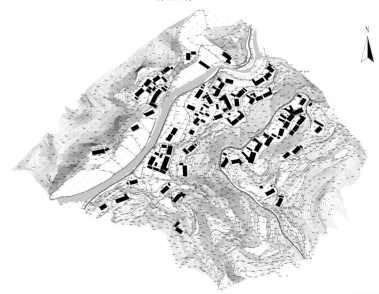

石榴坡村平面图

石榴坡花灯

民国《石阡县志》对茶灯有比较生动的记载："有所谓茶灯者，以村童十二人饰女装，为采茶十二姊妹，装一茶婆为其母率领上山采茶。别装四、五十人作赶场式，贸易之间多戏谑十二姊妹语，茶婆往往怒骂之。各执一灯或数灯，极其繁盛。采茶歌声，风流婉转，观众听者，不可胜计。"茶灯一般在正月初8或初9出灯，在正月15或16收灯。出灯前要进行"开光"、"敬祖"等仪式，收灯时要燃放鞭炮，焚烧疏文，以乞佑平安。

人文史迹

石榴坡村共有两座风雨桥、一座石桥、族谱和40余座古墓，出过文武举人，尤其是在清道光、咸丰、同治年间经济文化发达。现村落房屋、桥梁、古树、古井、古墓均保持基本完好。

风雨桥

风雨桥：石榴坡风雨桥，县文物保护单位，位于坪地场汪河石榴坡村，系木结构重杓檐木桥，始建于清乾隆年间，清道光己亥年（1830年）重修。是石阡侗族最独特的标志建筑。全县仅4座（其中一座在该乡坪地场村与印江地界交界处，无村寨，有局部损坏，一座在国荣乡，规模小，损坏严重。），侗族风雨桥是石阡侗族建筑最早的珍贵文物。勤劳善良的侗族人民在路旁、水井边、翻坡过坳的地方建凉亭、修桥补路的优良美德和独特的风俗习惯。

村落另一处风雨桥位于村口处，架于河流下游，意为龙从上游到桥头，回头护寨、守寨。其下溪水潺潺，碧草悠悠，其中可休息纳凉、遮光避雨、摆古论今、唱歌娱乐。

风雨桥上高耸的亭顶，造型像伞，具有太阳崇拜的寓意，面阔三间，进深一间，亭呈半封闭状，南面部分板封，造型

风雨桥石碑

简洁，是非常典型的侗家风雨桥。

风雨桥不仅是连接河两岸的交通工具，还是侗家欢唱歌舞娱乐，青年男女相邀约会、谈情说爱的地方。

古墓群

古墓群：陈氏墓群位于石阡县坪地场亿佬族侗族乡凯余沟村石榴坡寨南。坐东南向西北。为清嘉庆八年（1803年）至光绪年间墓葬。占地面积约4000平方米。均以土封石围。墓碑高大，宏伟壮观，雕刻精细。现为县级文物保护单位。

寨子对面山原为陈氏墓葬之地，有古墓100余所，其中两处为墓群，一处规模大，工艺高超，包坟所，碑形雄壮美观，正碑前有副碑防护，正碑文字清晰可认，墓外有空地，外围有石墙作栏，今空地已作稻田，尚有边界石柱可辨。另一处有30余所，墓主为清康熙至道光年间陈祖公、婆，立碑时间为嘉庆咸丰年间。现墓群地附近亦有陈姓人家居住。

陈氏古墓

古柏树：位于石榴坡寨汪河风雨桥旁，苍劲挺拔，树上苔痕斑斑，犹如翠绣，见证了石榴坡悠悠历史。

传统民居人文史迹有窗花、垂瓜柱、翘脚等历史遗存。另外，村落还有纺花车、古织布机、古床、太师椅、石盆、磨盘、竹编篓子等历史文化遗存。

古窗花

保护价值

"万马归巢，堆金积玉"是村中独特的河流景象，成为石榴坡村独特的风景。

河流景象

侗寨传统历史建筑群、陈家花坟等都是石榴坡值得科学价值探索的体现。

建筑古遗存

"陈"作为石榴坡村的第一姓氏家族，对其族谱和历史活动的研究，对挖掘宗族文化和姓氏文化特征具有重要意义。同时，村民口口相传的民间故事、神话传说等也反映了农耕时期人们的思想特征，对研究村落形制、民俗信仰、农耕文化等意义深远。

于 鑫 郭 谦 编

传统景象

铜仁市德江县煎茶镇付家村

付家村局部风貌

付家村区位示意图

总体概况

付家村位于煎茶镇南面，距离煎茶镇镇政府所在地约7千米，村落北侧为大湾村和小庄村，南侧为中伙村，东侧为羊头坡村，西侧则与交溪村接壤。

明末清初，村民的祖先就开始在这里建设家园、开垦良田。至今整个村寨村域面积已达9平方公里，村庄占地面积约200亩，常住人口300人，主要为土家族，村寨内99%村民都姓吴，具有典型的同姓家族聚居的特色。2013年，付家村被列入第二批中国传统村落名录。

村落特色

付家村紧靠马后三炮自然山体，山势高大，海拔高度约800米，树木丰茂，形成了其良好的天然屏障。村落周围有小河蜿蜒穿过，自西向东流入乌江，四季流水不断，水声潺潺；村落前方有一大片农田，秀美的田园风光凸显了付家村浓郁的传统乡村气息。村落内民居建筑依山势从低到高，层递而建，呈组团状，大部分为土家族传统建筑形式。村落发展至今，仍保留了较好的传统建筑风貌及村巷立面，村落、山、水、农田相得益彰，共同构成了付家村组团状的山水格局形式。

村落南侧约3.5千米处为扶阳古城遗址，属于一级景区，景区内生态环境良好、资源丰富，是重要的自然资源和人文资源。

传统建筑

付家村现存传统建筑55栋，占村庄建筑总面积的90%。付家村民居以木质干阑式建筑为主，一些厢房采用吊脚楼形式，木房依山势从低到高，层递而建，屋顶青瓦铺盖，色调统一协调，配以木质窗花、木门，屋檐多雕刻有花纹。建筑一般为1

传统民居1

传统民居格局

层，一排四扇三间，人口多的六扇五间，楼房三方有栏杆，屋顶有两个翘椽，具有土家民居独特的风貌。每一正房前面均有院坝，依据地势，有两三栋房屋连在一起的，有的厢房隔着阳台连接，有的就连成一个院落，且院坝有青石铺设或保持原始泥土。房屋周围绿树环绕，粮田成片，草木繁茂，遮天蔽日，景致绝佳。

传统民居2

付家村平面图

民族文化

土家熬熬茶：熬熬茶又被称为油茶，是土家人喜爱的饮食之一。其制作十分讲究，主要以茶叶、食油、芝麻、大豆、花生米、腊肉、核桃、花椒、食盐为原料，经炒制等特殊工序加工而成。熬熬茶不仅清香可口，风味诱人，还能充饥解渴，醒脑提神。

歌谣：具有独特的艺术性，内容丰富多彩。在打柴山中有山歌、薅草田土中有打闹歌、隔山隔岭有盘歌、谈情说爱有情歌、修房造屋有仪式歌、红白喜事有哭嫁歌和哭丧歌，真是触景生情、即兴而歌、随编随唱。喜怒哀乐，皆可成歌，其形式以七言句押韵为多，歌有长短，短的二、六、八句，长的有几十句。

摆手舞：德江土家族渊源甚远，自古被称为"蛮夷"或"南蛮"，崇拜虎，认为人死后魂魄化为白虎，并在祭祀时产生了舞蹈，后受中原文化和巴文化的影响，逐步形成了一种具有地方特色的民族舞

祭祀

古城内城墙遗址

蹈。摆手舞是土家族古老的传统舞蹈，举行摆手活动时，人们扛着龙凤大旗，打着灯笼火把，吹起牛角号、唢呐、咚咚喹，点燃鞭炮，放起三眼铳；抬着牛头、粑粑、刀头、米酒等供品，浩浩荡荡涌进摆手堂先举行祭奠仪式，由一位有声望的土教师带领众人行过叩拜礼后，便在供奉的神像下面边跳边唱神歌。唱的内容多是颂扬土王及祖先的恩德和业绩，表达土家人的无穷怀念之情。还要象征性地恭请土王和祖先前来参加摆手盛会，与民同乐。

土家花灯：每逢春节期间，较为集中的村寨中一些爱好者和民间艺人带头承办，采取"化缘"方式筹资，用竹、纸编糊制成各种各样的12盏灯笼，如牌灯（开路

德江土家熬熬茶

摆手舞

灯）、鱼灯、荷花灯、扇子灯、吊子灯、蝴蝶灯、茶灯等多种灯笼，必要时加宝灯，从正月初一至二十日，每逢受到邻近寨子的邀请，便到寨中各户堂屋中跳唱。

人文史迹

扶阳古县城遗址：属于一级景点，位于合兴乡朝阳村旋厂铺村中寨，依山面水，地势险要，断墙残垣，占地面积6万平方米以上，显为一古城遗址。古城遗址规模宏大，严整开朗、设施齐全，明显是统

水井

一规划、统一设计、统一建造，布局不仅合理，层次分明，富于变化，还体现出很强的防御意识、消防意识和战略意识。

旋厂田园风光：属于三级景点，从冒水河至官林河一线横向铺开，沿条条山梁层层向上延伸，交汇成万亩良田。景色随季节的变化而变化，春叠银带，夏翻绿浪，秋垒金阶，冬盘苍龙。线条行云流水，气势磅礴壮观。

永盛寺宗祠：属于四级景点，始建于明隆庆年间（1567～1572年），占地900余平方米，封火墙占地面积约2500平方米，后有古塔，下有拱石桥，雍正十二年（1734年）重修厅堂、僧寮，改名朝阳寺。

旋厂田园风光：从冒水河至官林河一线横向铺开，沿条条山梁层层向上延伸，交汇成万亩良田。景色随季节的变化而变化，春叠银带，夏翻绿浪，秋垒金阶，冬盘苍龙。线条行云流水，气势磅礴壮观。

永盛寺宗祠：属于四级景点，始建于明隆庆年间（1567～1572年），占地900余平方米，封火墙占地面积约2500平方米，后有古塔，下有拱石桥，雍正十二年（1734年）重修厅堂、僧寮，改名朝阳寺。

惜字亭：属于四级景点，始建于清隆庆年间（1567～1572年），占地100平方米，亭分为三层，呈六方柱体，高十二米，石质基座。亭身以砂岩建造，石灰泥面。

保护价值

付家村作为传统村落，历史悠久，其所蕴涵的华夏人居环境营造理论与方法具有重要的历史及科学价值；村落格局肌理、传统民居建筑形式和民族文化在当地都具有较强的代表性，村落背山面水，其选址符合人生存发展的需求，房屋依山势从低到高，层递而建，屋顶青瓦铺盖，色调统一协调，配以木质窗花、木门，屋檐有雕刻装饰；傩堂戏、摆手歌等民族文化是土家族特有的，各个元素内容丰富，传统村落整体综合特征突出。

陈清鋆 张 涛 秦新光 编

扶阳古县城遗址全貌

铜仁市思南县青杠坡镇四野屯村

四野屯村全貌

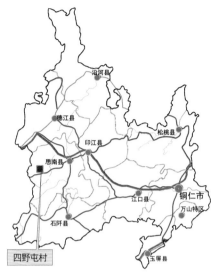

四野屯村区位示意图

总体概况

四野屯村地处思南县西部边境，位于青杠坡镇境内，距思南县城40公里的路程，与遵义市凤冈县相邻。此地自然条件良好，风景优美，山清秀丽，气候宜人，民俗风情魅力无穷，民族文化丰富多彩，源远流长。

该村落位于四野屯国家地质公园核心区，气候凉爽。属喀斯特地形村落环境，四周悬崖险峻，中部低洼开阔，有奇异怪石林立，重峦叠嶂。四野屯资源富集，风光秀丽，生态保护良好。村域面积4.3公里，全村总人口1526人，主要民族为苗族和土家族。

四野屯村2013年被列入第二批中国传统村落名录。

村落特色

四野屯村生态保存完整，集奇石、奇洞、奇山、奇水、奇竹、奇树景观为一体，地质奇观在这里辉映，有很高的观赏性和科考价值。仍保留了较好的传统建筑风貌及村巷，村落、山、水、农田相得益彰，共同构成了四野屯村组团状的山水格局。

四野屯村构成要素可概括为山、水、洞、峡谷、溪泉、五要素。山体、河流、农田与村落的格局及要素是保护重点之一。

由于受喀斯特地貌的影响，房屋大多依山就势而建，讲究建筑朝向，或坐西向东，或坐东向西。建筑风格多为"吊脚楼"五柱四青瓦房。

四野屯村主要以传统巷道为主，村寨内并未形成街道。随着多年来村寨的发展演变，村寨内自西向东形成了一条主要巷道，其余次要巷道根据村落内建筑的分布，相互连通，纵横交错。村寨内较好的保留了传统巷道形式，与村落整体风貌较协调。

传统建筑

四野屯村最早的传统古建筑是明、清时期修建，至今保存尚好，建筑风貌主要为土家族传统建筑风格，即以吊脚楼和四合院为主要建筑方式，在有吊脚的部分，楼上通常有绕楼的曲廊，曲廊配有栏杆，屋角的部分采用反翘，其他特点还有木墙小青瓦、花格窗、司檐悬空、木栏扶手，这些建筑工艺精美，整体协调。建筑因地制宜、适应不同的地形地势，合理使用材料、充分利用空间，能灵活地布置平面、空间和形态，表现出生机、丰富、活泼的民居面貌。

土家族聚居的地方一般是依山傍水、气候温暖、雨量充沛，属亚热带气候，有种类繁多的动物。由于地面湿热，猛兽毒虫多，人不宜在地上露宿，土家族先民在树上巢居，对安全和避暑防潮都有好处。

传统建筑1

传统建筑2

传统建筑3

随着生产力的发展，先民们在地上立长柱子，横铺木板，四周以木板或竹为壁，上盖茅草或瓦，形成了现在的楼房。

四野屯村平面图

民族文化

傩戏： 思南傩戏，是黔东北最有特色的傩戏之一，主要有24戏，戴着面具表演，因有两千多年历史，被誉为戏剧活化石。具有浓烈的泥土芳香，风格幽默、诙谐、风趣，深受群众喜爱。傩戏一般结合傩仪，在农历的冬腊月或正月里举行。

刺绣： 是每个土家族姑娘必须学会的手艺，是土家族姑娘心灵手巧的象征。

雕刻： 雕刻在土家族中比较盛行，其中分木雕和石雕两类。现存比较古老的房屋、门窗、神龛、家具及傩戏面具、古墓葬的石碑、石围、狮子、鸟兽、花轿、石桥、牌坊等都有不少木雕和石雕的精湛图案。

刺绣

傩戏

木雕

石雕

保护价值

四野屯村有着悠久的历史，拥有丰富而珍贵的物质与非物质文化遗产，有着独特的历史风貌、悠久的土家族文化，具有极高的社会价值。

从村落选址、房屋建筑等诸多方面，都体现了土家族民族智慧的结晶，都体现了当地的工艺科学，具有较高的科学研究价值。四野屯传统村落自然格局为"靠山而居"，山体、农田与村落的传统格局及要素是保护重点之一。将建筑特色风格及村落与自然环境的融合等进行特征分析。村落体现着当地的传统文化、建筑艺术和村落周边的空间格局，反映着村落与周边自然环境的和谐关系，都是活着的文化与自然遗产。体现了一种人与自然和谐相处的文化精髓和空间记忆，是具有不可再生性、具有潜在利用价值的重要旅游资源，因而具有极高的经济价值。

人文史迹

观音阁： 观音阁位于四野屯北部的竹林堡组，坐落在一个蜿蜒起伏的观音岩西侧，建于清代光绪年间，后毁于战争，在村内观音阁遗址还清晰可见，是一笔极其珍贵的文化艺术遗产。

古营盘： 四野屯古营盘建于光绪年间，坐落在村落北部，分上营盘、下营盘。在古代这里一直都是屯兵的战略要地，乃兵家必争之地。

观音阁遗址

古树

奇石： 四野屯由于地质原因形成了许多巨大的奇石，奇峰异石，上下一体，成独立山峰状，造型奇特，峰顶灌木丛深，别有情趣。

古树名木： 四野屯村寨内古树名木共有2株，高约15米，主要有楠木树、枫香树等树种。

刘俊娟 刘 锐 王镜舫 编

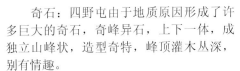

奇石

古营盘

巷道

村落环境

铜仁市松桃苗族自治县普觉镇半坡村

半坡村局部风貌

半坡村区位示意图

总体概况

半坡村位于普觉镇南面，距镇政府所在地约8公里，四周被尖山村、山口坳村、候溪村和高坎村围绕。村域面积6平方公里，村庄占地面积80亩，辖区内有两个自然村寨，相距不到1公里，全村有208户，常住人口600人，以汉族为主。半坡村始建于明代，为明朝朱元璋命军队屯田戍边而形成。从侯溪开始上坡，到半坡村这个位置，刚好到一半，故名半坡。2014年，半坡村被列入第三批中国传统村落名录。

村落特色

半坡村历史悠久，古朴典雅，风光秀丽，是一处以宗族血缘关系为纽带，雷姓聚族而居的古村落。由于村庄地貌为喀斯特地貌，因此房屋大多依山就势而建，主要聚集区靠山临水分布，且建筑多为坐北朝南。村落建设较为集中，建筑多以木质结构为主，近年来新建建筑主要沿老寨周边或拆除就地而建，户户紧靠，依山而建，气势恢宏，独具特色，民族风情浓厚。普觉至江口龙眉硬化公路穿越半坡全村，是半坡村唯一一条通向外界的公路。村内仍保留有古时的石阶路和石板路，纵横交错在田园和传统建筑之间。村落与田土、森林错落相间，互为衬托，交相辉映，浑然一体。

传统建筑

半坡村现存传统民居建筑188栋，其中清代建筑21栋、民国建筑29栋。最主要的历史建筑雷家大院为清光绪十年（1884年）修建的四合院式传统民居建筑，为县级文物保护单位。

村寨内众多古建筑常按地形或朝向划分成若干院落，每个院落亦有石墙环护，

传统建筑1

传统建筑2

半坡村平面图

墙上多留有射击孔，体现了屯军村寨建筑的防御性。民居建筑以"穿斗式"木结构为主，多为三开间，明间有六合门，大门以内的空间为接待客人之地。右次间作年轻人的卧室，左次间中部为石砌火坑，火坑中有铁三角架，火坑左方的房屋中柱柱础上为神龛，许多祭祀活动在这里举行。门窗雕刻了精美雕花，手工艺独特，院内民居三至五户不等，几乎每栋民居四周都修有石砌围墙，整个院落共用一个院门出入，院落与院落之间，既能独自保全，又能相互援助。

木雕

古巷道

民族文化

滚龙：滚龙是半坡村一个古老的习俗，在半坡村人心目中，龙是吉祥万能的象征，不仅能祛除各种魔障，确保一方安宁，而且能行云布雨，迎来五谷丰登。它是祥和安宁、丰衣足食的保障，所以要想方设法留住巨龙，每年新春佳节，这里都要舞龙耍灯，代代沿袭，流传至今。

刺绣：刺绣是半坡妇女的特长，很多

滚龙

刺绣

作品都技术高超、造型奇特、想象丰富。刺绣图案色调多种多样，松桃地区以花、鸟、虫、鱼为主，喜欢用粉红、翠蓝、紫等色，较为素净。

竹编：竹编工艺大体可分起底、编织、锁口三道工序。在编织过程中，以经纬编织法为主，还可以穿插各种技法，如：疏编、插、穿、削、锁、钉、扎、套等，使编出的图案花色变化多样。村民所用的斗笠、雨帽、箩筐、菜篮、花篮、镰篓等，都是用竹篾编的。

木雕：木雕在半坡村比较盛行，且形象逼真，生动可爱，做工精致。现存比较古老的房屋、门窗、庙宇、神龛、家具及傩戏面具等都有不少木雕的精湛图案；多

就地取材，如当地动物、植物、山水等。

石雕：用各种可雕、可刻的石头，创造出具有一定空间的可视、可触的艺术形象，借以反映社会生活，表达艺术家的审美感受及审美情感及审美理想。

人文史迹

雷家大院：建成于1887年，为占地面积达1680平方米的四合院。120根柱子支撑，正房高8.8米，过厅和厢房均为2层，有大小房间32个，四合天心，走马转

雷家大院

古桥

角楼。院坝是大正方形，坝内和走道都是请石工雕成花纹的青石板铺成，楼上楼下正面都是用木料雕成的花窗。建筑方式独特，雕刻工艺精湛，目前仍较完好，现为梵净山区域保存最完整，规模最大的清代古建筑物。

古桥：村内现存2座古桥，其中最早的一座为清代时期所建。

古井：村内现存古井3处，历史悠久，古井用石板堆砌而成，板与板之间并没有使用任何的黏合材料，现整体保存较好。

古巷道：古巷道狭长幽深，结构错落有序，由内向外延伸。由于依山就势，造就了纵横交错的巷道网络。古巷道为石板铺设而成，历经岁月沧桑，古朴自然。

轿子岩：半坡村内有一座独立的奇石，其形状很像古代的轿子，所以当地的人都叫作"轿子岩"，有着骑马抬轿子的寓意。

进士碑：在村庄内，雷家后人为纪念祖公雷在春，在村里立了两座进士碑，碑中记录了进士雷在春的生平事迹，其内容有较高的历史价值。

保护价值

半坡村拥有丰富而珍贵的物质文化遗产，有着独特的历史风貌、悠久的文化，具有极高的历史价值。该村落拥有丰富的物质文化和非物质文化，村落的饮食、衣着、建筑、生产工具上都具有独特的特色和地方特性，其语言、艺术、风俗、宗教和传统等精神文化也极具特色。

陈清鋆　张　涛　丁成呈　编

半坡村局部风貌

铜仁市思南县大坝场镇尧上村

尧上村局部风貌

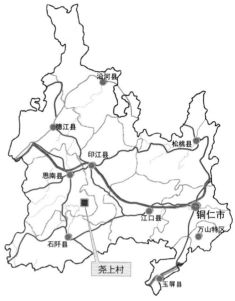
尧上村区位示意图

总体概况

尧上村，位于大坝场镇北部，东接印江县，西连尧上村，南与桐梓园村毗邻，北接天桥乡，距县城50公里，距镇政府7.6公里。村域面积7平方公里，村庄占地面积125亩，常住人口1300人，以土家族和苗族为主。尧上村是形成于明代的自然村落，2014年，尧上村入选第三批中国传统村落名录，并被列入"少数民族特色村寨试点示范"。

村落特色

尧上村地处梵净山西麓，属于高山丘陵地带。村落后有靠山，前带农田，侧有护山，远有秀峰，住基宽坦，水口紧锁，处于群山环抱的谷底之中。村落依山而筑，沿山体成带状组团形布局，与自然有机融合。建筑依山就势、院落规整有序、高低错落，与古树林相互交融。传统巷道沿山体成"U"形布局，依山势而走，高低起伏，串联各建筑组团。村落内主要的溪流由东至西流淌过山谷间的农田，是重要的水源。尧上村整体形成了典型的坡地山村景观特色。

传统建筑

尧上村具有典型的土家建筑风貌特色，全村建筑70%都是传统的土家族干阑式建筑、转角楼以及吊脚楼，其中清代时期建筑3栋，民国时期建筑61栋。尧上村为土家族、苗族的聚集地，两个民族比邻而居，共同生活，融合相互的特色，吸取各自的精华，共同创造文化。

土家族民居最具土家族特色为堂屋、位于前"人间"的火铺（屋）、厢房起吊

的吊脚楼，堂屋是土家民居的中心，更重要的是它是土家人进行宗教活动、社会活动、家庭活动的主要空间。传统的土家族民居，有堂屋不装门的习惯，改土归流后，堂屋设大门，必定是对称的双扇木门，地面不铺地板，也直接用素土夯实或

传统民居1

传统民居2

青石铺就，火铺功能也逐渐萎缩，保留修火塘的习俗。土家族吊脚楼也很有特色，由于山地特色，地势起伏，土家族民居常常是把正屋（或座子屋）建在了仅存不多的、再经过人工找平的小块平地上（甚至有的正屋都无法保证全落地，而有部分出

尧上村平面图

吊）；而厢房由于垂直正屋，没有足够空间落地，往往出挑形成吊脚楼。

其中，张恒昌旧居作为典型代表，始建于清代，坐西向东，由龙门、厢房、正房、天井围墙组成，系砖、木、石结构四合院式古建筑。建筑面积350平方米，正房面阔五间，进深三间，穿斗式结构悬山青瓦顶，雕花隔扇窗，整个建筑雕梁画栋，为典型的土家族建筑。

古建筑

古树

传统建筑1

玩龙灯

古墓碑

传统建筑2

在外做官，或有新婚夫妇，都要向玩龙队伍送礼，或以酒饭相待。而玩龙队每到一家都要送上一个宝，表示给主人家送宝加官。龙灯来时，有孩子的家庭，大人往往抱上小孩在龙身下从头到尾绕钻一遍，这样，寓意小孩就不会生病或遭遇灾星。龙灯的种类有，成人有"毛竹龙"，娃娃有"草把龙"。

古桥：明末清初建，天然的石料所筑拱桥长4米，栏高0.65米。

民族文化

玩龙灯：尧上村非物质文化遗产最具有影响力的是"玩龙灯"民俗活动，夜幕深沉之时，土家山寨各家门口张灯结彩，男女老少聚集在宽大的场坝上观看"喷花"。玩龙队在"龙"的眼睛窝、肚腹和尾端装上红灯，玩龙人脱下衣裤，赤身裸体，接受"喷花"。所谓"喷花"，就是将火药配上硫磺等装在竹筒里，然后点燃，向玩龙队喷射火花。如果家里有人

人文史迹

村内现存中坝河沟1处，明朝祠堂2处，古井1处，古桥1处，以及古树名木两棵。

祠堂：尧上村内有2座祠堂，均建于清代。屯门始建于明朝，位于尧上村落入口处。

古井：1处，水质良好，出水量大。古井为方形，井旁有座台所建精致美观。

古树：60棵，百年前所种，树高约6.3米，冠幅约12.88米。

保护价值

尧上村，背山面水，城田相依，山水格局中蕴含着人与自然关系中的大智慧，直接体现了中国传统文化中的"山水文化"。土家族、苗族民族文化是尧上村的核心文化，土家族、苗族先祖在此繁衍生息，将土家、苗文化相融合，是研究民族文化结合的典型村落，成为研究当时建筑风水、建筑工艺和建筑文化的重要依据，具有较高的艺术和科学价值。

奚全富 陈清鋆 张 涛 编

木雕窗花

村落一角

铜仁市印江县永义乡团龙村

团龙村全貌

团龙村区位示意图

总体概况

印江自治县永义乡团龙村，位于梵净山国家级自然保护区内，距乡人民政府所在地8公里，是西上梵净山的必经之地，发展旅游业区位优势明显，资源十分丰富。村有10个村民组，202户，总人口879人，村域面积17.6平方公里，村庄面积13公顷。该村由土家族、苗族构成，民族文化历史悠久，民风淳朴。于2013年列入第二批中国传统村落名录。

屋两头前面并与正屋垂直的两间为厢房；正屋后面的为司檐（也称拖檐）。所建房屋多为木结构，小青瓦，花格窗，司檐悬空，走马转角古香古色。

该村传统建筑是清代修建，以分散建筑为主，现大部分保存完好，建筑风格以土家族与苗族风格为主，具有历史文化价值和少数民族建筑特色。

传统建筑2

村落特色

团龙村是梵净山风景名胜区内人文、自然景观价值最高的景区之一，被贵州省列为13个少数民族村寨，也成为旅客首选的景观点。整个村庄位于山地之间的小盆地，村庄集中区域以一条通村公路及小河为主轴线，村内的土家族民居建筑沿主轴线两侧分布。整个村落成背山面水、背山面田的格局，村落与田土、森林错落相间，互为衬托，交相辉映，环境优美。村落的建设户户紧靠，较为集中，建筑退出农田边界，不占或尽量少占农田，从而形成千亩良田大坝的田园景观。

传统建筑1

传统建筑3

传统建筑

团龙村内土家族与苗族民居居多，传统建筑多为"干阑式"和"吊脚楼"木结构，近代多为砖木结构，再后来改为砖结构。

建筑最基本的特点是正屋建在实地上，厢房除一边靠在实地和正房相连，其余三边皆悬空，靠柱子支撑。民居结构分为正屋、厢房和司檐：正屋一般为三间，中间一间为堂屋，前面有"吞口"，在正

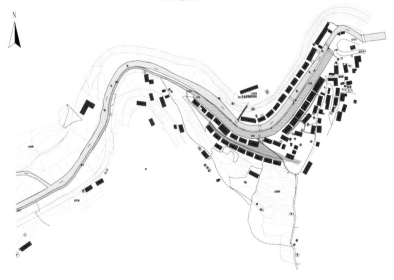

团龙村平面图

民族文化

该村由土家族、苗族构成，民族文化历史悠久，民风淳朴。至今，沿袭了土家族赶过年、傩堂戏、土家族花灯、土家族高腔山歌对唱、舞狮、祭祀、丧葬、哭嫁和哭丧等民俗传统文化，保存着大鼓、锣、唢呐、长号等乐器和花灯、板凳舞等戏剧、舞蹈。

每年的五月是一年之中最美好的日子，一年一度的"团龙村民族民间文化活动"在团龙村盛大开幕，各种民族民间文化、文艺节目等得到了各级专家的认可。

团龙村根雕具有较高艺术价值，是以树根（包括树身、树瘤、竹根等）的自生形态及畸变形态为艺术创作对象，通过构思立意、艺术加工及工艺处理，创作出人物、动物、器物等艺术形象作品。团龙村根雕艺人代表柴恩雄曾获得铜仁市授予的"民间工艺大师"称号。

刺绣　　对歌　　柴式宗祠遗址

保护价值

柴氏宗祠遗址：据历史记载，具有地方民俗文化特色的祠堂修建于清末，柴姓土家族人定居在此后建立了柴家祠堂，是族人祭祀祖先或先贤的场所。祠堂除了"崇宗祀祖"之用外，各房子孙平时有办理婚、丧、寿、喜等事时，便利用这些宽广的祠堂作为活动之用。另外，族人们有时为了商议族内的重要事务，也利用祠堂作为会聚场所。

古凉亭

古凉亭：清末修建，如今古凉亭整体格局较好，梁架保存完整，是其中的特色建筑之一。至今仍处于使用中，为居民纳凉地。

古碾坊：目前保存较为完好的碾谷作坊。已不可使用，作为历史遗迹保存。

古井：清朝年间修建的一口古井，在石壁上修建约1平方米的井口用作引进水源，水质来源于天然泉水，坐落于该村落中部位置，常年储水，是村寨主要水源之一。

雷　瑜　陈隆诗　汤洛行 编

根雕

古碾坊

古井

人文史迹

团龙村传统村落较完整地保留了古朴的土家族村落格局和优美的历史人文景观，村落内有山有水、有田有居、有井有木，阴阳交错、和谐自然，这些元素一起构成了一幅和谐自然的历史空间画卷；该村落还拥有丰富的非物质文化遗产，土家族赶过年、傩堂戏、土家族花灯、土家族高腔山歌对唱、舞狮、祭祀、丧葬、哭嫁和典型的历史环境要素、阶梯路、青石板院坝、石墙等，都具有较高的历史文化价值。

村落环境

铜仁市印江土家族苗族自治县合水镇兴旺村

兴旺村局部风貌

兴旺村区位示意图

总体概况

兴旺村，位于印江土家族苗族自治县合水镇东部，东抵合水镇香树坪村，西接合水镇三坪村，南临合水镇新台村，北至合水镇木腊村，距离镇政府所在地约0.8公里。全村总面积431.14公顷，其中传统村落占地约44.85公顷。全村共辖10个村民组，458户，总人口1835人，有土家族、汉族和苗族，其中以土家族为主，占到全村人口的70%。

兴旺村依山傍水，地形宽阔，呈组团状布局，印江河贯穿而过，周边千亩良田相伴，印江至松桃公路穿越而过，交通十分便利。兴旺村始建于清代，以蔡伦古法造纸闻名省内外，"蔡伦古法造纸"是该村的传统技艺，这里生产的白皮纸纸质优良，供不应求。2014年，被列入第三批中国传统村落名录。

传统建筑1

传统建筑2

村落特色

土家族聚居，古来皆"散处溪谷，所居必择高峻"。至今，村落山寨，或依山傍水，或横卧山墰，或骑坐山梁，或隐藏峡谷，或躲进白云深处，古木翠竹环抱，吊脚木楼，鳞次栉比，宛如翡翠珍珠，洒落崇山峻岭之中，颇有世外桃源之幽美。兴旺村即为典型的"横卧山湾"，整个村落成背山面水、背山面田的组团状格局，村落与田土、森林错落相间，互为衬托，交相辉映，环境优美。村落的建设户户紧靠，较为集中，均在坡脚，让其退出农田边界，使其不占或尽量少占农田，从而形成广阔的农田景观。

卢氏宗祠

高厢房

传统建筑

兴旺村村落内现存明代建筑1栋、清代

兴旺村平面图

建筑258栋，共占村庄总建筑面积的32.3%。

村落内传统建筑依山就势，按照传统的"四合院"或"撮箕口"样式布局为正房和厢房的组合，建筑结构多为抬梁式、穿斗式或混合式，明间为堂屋、置神龛香火牌位，是接待客人或举行婚丧寿诞等祭祀仪式的场所。其构造一般为正房面阔五间居多，厢房面阔三间或二间。无论正房还是厢房均采用大量的花窗，制作精美的窗花，其月梁、驼峰、撑拱、挂落、雀替等艺术构件均有极高的艺术价值。

民族文化

蔡伦古法造纸："蔡伦"古法造纸术，距当地的老者介绍，造纸的主要原料是野生或家种的构树皮，从原料到成品要经过选料、蒸煮、浸泡、漂洗、碎料、舀筋、打浆、舀纸、晒纸等73道工序，有"七十二道工，外加嘴吹风"的说法。

祭祀蔡伦：现在蔡姓的堂屋香龛牌位上都有"历代祖师蔡伦先师之位"。每年的农历三月初九，造纸人家要共同举行"蔡伦会"，烧点纸，喝点酒，以此纪念他们的蔡伦先师。

土家族哭嫁：土家族女子在出嫁前7～20天开始哭，哭嫁歌有"女哭娘"、"姐哭妹"、"骂媒人"等。开始是轻歌唱，越接近嫁期越悲伤。直到哭的口干舌燥，两眼红肿。他们把是否善于哭嫁作为衡量女子才德的标准。

蔡伦神像

土家族长号唢呐：印江土家人的长号唢呐艺术源远流长，虽无史料可溯起始年代，但据艺人们的师承关系推断，至少可以上溯到明代洪武年间。在传承和发展上有一批著名的优秀老艺人，唢呐、长号、锣鼓配合，组成6～8人吹打乐演奏队伍，为百姓的婚嫁、生老病死等民俗文化服务，演奏技艺和编创曲牌的水平不断提高，深受人民青睐，因而流传印江全境。

土家族刺绣：土家族是爱美的民族，在日常生活中，利用刺绣这门工艺来美化自己的生活。特别是土家族姑娘，脚上的绣花鞋、绣花鞋垫、身上穿的花边衣、八幅罗裙、腰里系的花围裙、绣花荷包、头上扎的花头巾，都是土家姑娘一针一线绣出来的。

古法造纸作坊遗址

人文史迹

兴旺村具有丰富的历史遗存，现存蔡伦古法造纸作坊、古法造纸作坊遗址、古蒸窑、卢氏宗祠、高厢房、龙门、石阶路、造纸传习所各1处，古水车、兴旺渠、石碾、古驳岸各1处，木舂4处，古桥10处，堡坎3处，古墓2处，古树5棵等。

古法造纸作坊遗址：古法造纸作坊遗址位于村寨南部，现状遗存有当时作坊的柱础、石水缸、石墨和一断墙体，经过上百年的风雨侵蚀，现已破败不堪，只留下其遗址。

兴旺造纸作坊群为县级文物保护单位。

卢氏宗祠：据历史记载，卢姓土家族人定居在此后建立了卢家祠堂，是族人祭祀祖先或先贤、各房子孙办理婚、丧、寿、喜礼仪、商议族内重要事务等的场所。

高厢房：始建于清同治年间，系砖、木、石结构土家族民居桶子建筑。占地面

祭蔡伦

古桥

古水车

积252平方米，现存正房、厢房、龙门、天井、围墙等建筑。龙门西侧墙面墨书一"福"字。

古桥：兴旺古桥共有10座，小桥主要是位于兴旺渠左右的古桥，一座较为大型的桥为兴旺通向木腊的桥，现状保存情况较好。

保护价值

在兴旺村的蔡姓家族中，至今还沿袭着东汉时期由蔡伦发明的最古老、最原始的手工作业生产白皮纸工艺，作为中国古代四大发明之一，东汉蔡伦古法造纸作坊和造纸法依托于兴旺村得到了完好的保存和延续，已成为当地重要的一种民族文化象征，具有极高的历史价值。兴旺传统村落较完整地保留了古朴的土家族村落格局和优美的历史人文景观，拥有丰富的历史遗存资源和非物质文化遗产，是印江地区集聚传统人文气息的传统村落。

陈清銮 张 涛 阎 欣编

兴旺村村落一角

铜仁市印江土家族苗族自治县新业乡芙蓉村

芙蓉村全貌

芙蓉村区位示意图

总体概况

　　芙蓉村，位于新业乡南部，与本乡的坪坝村、坪所村以及居龙铁厂村相邻，距离印江县城约53公里。村域面积5.6平方公里，村庄占地面积220亩，共326户，常住人口882人，村民主要为苗族和土家族，同时散居的有汉族。村寨坐落于梵净山西南山脚下，芙蓉河两侧，四面环山，由于村庄形态似"芙蓉花"状，故名芙蓉村。2014年，芙蓉村被列入第三批中国传统村落名录。

传统建筑1

村落特色

　　村寨位于山区，其选址与当地的地形地貌及当地生产生活方式密切相关。村庄外围耕地位于山谷盆地处，村落选址于地质条件较好的山脚及半坡处，芙蓉河贯穿村落，村内建筑沿河间谷底成"背山面水，溪流环绕"的组团式格局。村落的建设户户紧靠，让其退出农田边界，使其不占或尽量少占农田，从而形成千亩良田大坝的田园景观。村落与田土、森林错落相间，互为衬托，交辉相映，环境优美。

　　芙蓉传统村落的巷道顺山坡布置，随地形自然形成，蜿蜒曲折大多为土路。街巷的肌理呈网状分布，每条巷道纵横交错，都能连通各家各户，概括来讲，爬坡上坎、拐弯抹角，这是依山就势的必然结果，巷中有巷、巷中有井、巷下有沟，形成了芙蓉村特有的民居古巷道风格。

芙蓉村平面图

传统建筑

　　芙蓉村内现存的传统建筑共150栋，全部传统建筑占村庄建筑总面积的62%，其中清代建筑8栋，民国建筑36栋。村落中房屋大多依山就势而建，主要聚集区呈现靠山临水带状条形分布特征，建筑多为坐

传统建筑2

北朝南。整个村庄呈现典型的土家建筑风貌，全村80%建筑都是传统的土家族五柱四式木瓦房或吊脚楼。房屋结构分为正房、厢房和司檐：正房一般为三间，中间一间为堂屋，前面有"吞口"；在正屋两头前面与正屋垂直的两间为厢房；正屋后面为司檐。在有吊脚的部分，楼上通常有绕楼的曲廊，曲廊还配有栏杆，屋角的部分采用木墙青瓦、花格窗、司檐悬空、木栏扶手等，这些建筑工艺精美，整体协调。由于不同的阶级和经济条件、不同地形和规模等差别，从而产生了不同平面与空间的布置形式，在因地制宜、适应不同地形地势，合理使用材料和充分利用空间的基础上，能灵活地布置平面、空间和形态，表现出生机、丰富、活泼的民居面貌。

民族文化

土家花灯：大致起源唐宋之间，风行于明清，是载歌载舞的民间艺术，舞蹈形式活泼多样，舞姿健康优美。音乐声腔上，从民间花灯、山歌曲调中去改编或移植借用。表演上，尽管构思简单、粗糙，

花灯舞

木雕

但已初步构成了戏剧艺术的雏形，是土家族文化的结晶。

雕刻工艺：雕刻在土家族中比较盛行，其中分木雕和石雕两类。现存比较古老的房屋、门窗、神龛、家具，古墓葬的石碑、石围，以及花轿、石桥、牌坊等都有不少木雕和石雕的精湛图案。

土家族刺绣鞋垫：土家族的鞋垫工艺，从布料到花样，从配色到行针走样，样样都十分讲究。往往一双漂亮的鞋垫就是评价一个女人能干与否的标准。手工鞋垫也是土家少女的传情之物，如果土家男孩看上哪家的姑娘，就会搭讪着探问可否送一双鞋垫，如果姑娘答应了，那么这桩亲事也就差不多成功一半。

古墓

石雕

人文史迹

芙蓉村历史悠久，估计遗存资源丰富，现存海马寺遗址、历史建筑杨家桶子各1处，古桥3处，古河道和古井各1处，古树20棵。

海马寺遗址：位于芙蓉村海马山顶上的芙蓉海马寺遗址，始建于清同治年间，原寺规模宏大，占地2000平方米。古寺毁于"文革"时期，20世纪80年代由村民筹划资金，重建寺庙，现在原址上修建砖木房一栋，香火旺盛。

兴隆桥：位于芙蓉村谢家寨的兴隆桥，始建于清道光十三年（1833年），重建于清光绪三年（1888年）。为双檐小青瓦阁顶木结构风雨桥，东西横跨芙蓉河，全长33米，宽5.6米，凉亭高6米，矢高2.4米。桥两端为双檐牌楼式，额书"兴隆桥"三字。凉亭共七列带廊，桥正中饰大梁题记，上为阁楼顶，桥内供神龛祀龙王。桥面铺以木板，2个桥墩于1996年重修为石桥墩。该桥构造复杂，造型别致，是梵净山地区罕见的风雨桥，现保存完好。

杨家桶子：占地面积300多平方米，建

兴隆桥

古桥

筑面积600多平方米。杨家桶子前面为砖砌封火墙，左、右为石砌围墙，内有四合院两个，每个四合院都有内外天井，天井铺石板，有排水暗沟，两四合院间内外天井有连接通道。两院门窗、香龛等雕花非常精美。

保护价值

芙蓉村传统村落较完整地保留了古朴的村落格局，"背山面水，溪流环绕"的组团式格局是适应当地地形环境而形成的独具特色的村落格局，村落内的道路网络、水系、院落、绿地以及村落建筑平面形态都是在长期的历史过程中形成的，其中蕴含了较高的历史、文化、社会价值，是研究印江地区传统村落发展和土家族传统建筑不可或缺的实物史料。同时芙蓉村还具有丰富的非物质文化遗产及历史遗存资源，这些都记录了村寨的历史发展演变及传统文化的传承，具有悠久的历史和较高的文化价值。

陈清鋆 张　涛 朱怿然 编

芙蓉村村落一角

铜仁市思南县杨家坳乡岑头盖村

岑头盖村全貌

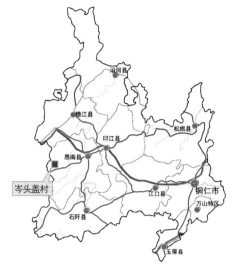

岑头盖村区位示意图

总体概况

岑头盖村，该村位于思南县杨家坳乡境内，距思南县城80公里，距离乡政府5.2公里。村域面积4.5平方公里，总人口为1002人，以苗族、土家族和汉族为主。

岑头盖村属亚热带季风湿润型气候，地貌以岩溶侵蚀为主，海拔约900多米。该村森林覆盖率达85%以上，空气清新宜人；村中古树错落，现有百年古树30余棵。

岑头盖村资源富集，风光秀丽，四周悬崖险峻，重峦叠嶂，中部低洼开阔，三座水库错落分布，水系蜿蜒村寨中，恰似"高原水乡"，同时该村民族民间文化丰富，民风淳朴，资源富集，风光秀丽，非物质文化遗产丰富，集奇、险、幽、美、古于一体。

岑头盖村1985年被列为省级文物保护单位，2013年被列入第二批中国传统村落名录。

村落特色

"靠山而居，山水辉映"是岑头盖传统村落自然格局的真实写照，其构成要素可概括为山、水、寨三要素。

岑头盖村位于山区，选址与当地的地形地貌及当时生产生活方式密切相关。岑头盖村耸立于六池河西岸的群山之间，四面绝壁悬崖，地形起伏多变，周长15公里，中部低洼，山顶平坦开阔。现有3座水库，呈品字形排列其间，该地在古时为兵家必争之场所，后来成为各路号军的政治军事中心。

聚落主要集中在该区域的西侧，坐落于丘陵之上。建筑布局紧凑，其间的间距正好作为村民过往的巷道。村寨目前没有公共建筑和公共空间，只能由建筑群通过建筑形式的变换形成内部的院落空间。

传统建筑

该村最早的传统古建筑是明末清初修建，至今保存尚好，建筑风貌主要为土家族建筑风格，即以吊脚楼和四合院为主要建筑方式，在有吊脚的部分，楼上通常有绕楼的曲廊，曲廊还配有栏杆，其他风貌特点还有木墙青瓦、花格窗、司檐悬空、木栏扶手，这些建筑工艺精美，整体协调。

岑头盖村建筑基本是五柱或七柱落脚为一列，有四列三大间或六列五大间，房屋建造分布有四合院民居，传统建筑集中连片，大多数民居为石阶檐，房屋有雕花，有浮雕和镂空雕。

民居建筑技术上采用土家民居传统的井干式、穿斗式、抬梁式木结构；整个构架均以榫卯相连，无钉无栓，这种动态、多层次、高水平的对称均衡，把土家族民居推上了较高的层次，显示出超拔、典雅和流畅的形体风格，实现了技术与审美的有效结合。

由于不同的阶级和经济条件、不同地区和规模等差别，从而产生了不同平面与空间的布置形式，在因地制宜、适应不同的地形地势，合理使用材料和充分利用空间的基础上，能灵活地布置平面、空间和形态，表现出生机、丰富、活泼的民居面貌。

传统建筑1

传统建筑2

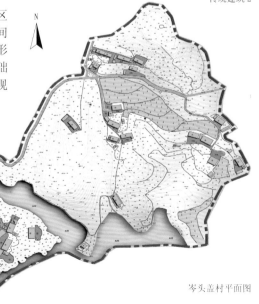

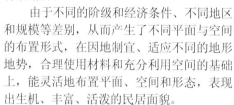

岑头盖村平面图

民族文化

岑头盖村寨是土家族文化之乡，民间文艺主要有：土家族语言、土家族"舞龙"、土家花灯、土家族民歌（山歌）。

传统节日有春节、二月二、清明节、端午节、重阳节。

岑头盖村传统体育项目较多，比较具有代表性的有：土家族"下火池"、土家族"斗牛"等。

民间手工艺：土家族刺绣鞋垫、竹编工艺、雕刻工艺。

纯手工鞋垫：土家族的鞋垫工艺分针纳和刺绣两种。从布料到花样，从配色到行针走样，样样都十分讲究。

剪纸：思南苗族、土家族的剪纸艺术，其特点是构思大胆、取材灵活、夸张得体、写意如神，完全可以称为民族传统工艺中的一朵奇葩。

雕刻：雕刻在土家族中比较盛行，其中分木雕和石雕两类。现存比较古老的房屋、门窗、庙宇、神龛、家具及傩戏面具、古墓葬的石碑、石围、花轿、石桥、牌坊等都有不少木雕和石雕的精湛图案。

土家花灯：大致起源唐宋之间，风行于明代、清代。是载歌载舞、歌舞穿插进行的民间艺术，舞蹈形式活泼多样，舞姿健康优美，它源于生活，高于生活。

剪纸

窗花

花灯　　　　　　鞋垫

保护价值

岑头盖村有着悠久的历史，拥有丰富而珍贵的物质与非物质文化遗产，有着独特的历史风貌、悠久的文化，具有极高的历史价值和社会价值。

岑头盖村传统村落较完整地保留了古朴的村落格局和优美的历史人文景观，典型的历史环境要素，这些都记录了村寨的历史发展演变及传统文化的传承，具有较高的文化价值。

岑头盖村是土家族聚居村落，其生产生活的方方面面都是土家族民族智慧的结晶，从村落选址、筑房建屋等诸多方面，都能体现当地的工艺科学。对于土家族传统文化来说，岑头盖村传统建筑都是重要的见证者，也是重要的载体，所以具有较高的科学研究价值和艺术价值。

人文史迹

岑头盖村不仅山川秀美，碧水清澈，而且具有丰富的文化底蕴，文物古迹有：白莲教白号军起义遗址、点将台、万人坑、石凳石磨、古战场、古井、古树名木、玉壶石、水库。

白号军起义遗址：咸丰七年（1857年），花灯教首领刘义顺，于鹦鹉溪与致和团首领何冠益组织白号军起义，次年在岑头盖修筑了营垒、营房，驻军2万余人。

万人坑：位于东卡门之侧。白号军起义失败之际，清军攻入大营，白号军从东卡门夺路而逃，因道路狭窄，下临绝壁，无数人践踏跳崖而死，其惨烈，后人在此挖出无数具白骨，故名万人坑。

玉壶石：景区起点悬崖峭壁边，屹立着一座壶状巨石，旁边有高几十米形似"万卷书"的层岩，仿佛坐等远方的客人来饮茶吟诗。

石凳石磨：石凳石磨是白号军起义遗留下来的历史物件，现主要散布于部分居民家。

水库：1957年建有三座水库成"品"字形，水库周围灌木丛生，远处乔木和灌木林交错成景，生态保持良好；库水清澈

白号军起义遗址

石磨

万人坑

水库

见底、时可见小鱼游弋其中，两岸风光秀美，景色宜人。

点将台：点将台是白号军起义遗留建筑物，位于村落东北方向。

古树名木：岑头盖村（花厅组）内古树共有3株，主要有楠木树1株、枫树2株。

古井：村内古井却拥有数百年以上的历史，是一道难得的历史人文景观。

刘俊娟　王镜舫　编

村寨一角

铜仁市沿河土家族自治县夹石镇闵子溪村

闵子溪村全景图

传统民居

传统民居格局

总体概况

闵子溪村，现位于夹石镇北部区域，北抵乌江，东接大茶坪村，西接新店坝村，南接猫踏坪村。村域面积3.65平方公里，村庄占地面积1.2平方公里，现辖7个自然村，常住人口760人，姓氏中95%为龚姓，民族主要为土家族。闵子溪村始建于清代，为历代龚氏家族为主的血缘聚居村落。2014年，被列入第三批中国传统村落名录。

村落特色

闵子溪村背靠乌江、四面环山，四周山地绿树环绕，村落坐西朝东，背有龙宝山，前有抗金堆，左右分别为天池山和白虎山，一条通村公路为闵子溪村的主要骨架，构成枕山面水，向南北延伸的村落格局。闵子溪古建筑主要分布在龙宝山脚，依山就势、层层叠叠，整体空间东低西高，错落有致，呈组团状布局；民居沿着山体南北向有序的排列，实现了山为骨架、水为血脉的环境构想。村落后为成片的古树群，前为宽阔的田野，内部镶嵌菜畦，组与组之间随着时间的推移，已发展为一片。村落内通过巷道将每家每户紧密联为一体，巷道多为石砌而成，天然形成排水溪沟从村落内部蜿蜒穿过。

传统建筑

闵子溪村内传统建筑以吊脚楼和干阑式建筑为主，大多数具有典型的土家民居特色，房屋民俗装饰品多彩多样，窗花雕琢精细，图案较多，内容丰富，其中5栋为市级历史建筑，3栋为县级历史建筑。

建筑形式多为穿斗式悬山顶结构，屋顶有两个翘榫，正脊中以青瓦堆砌成"铜钱花"。单体多以"一"或"L"建筑形式为主；正房常见为三大间，中间作堂屋，堂屋向后退缩一柱形成"吞口"，设香火(神龛)，专作祭礼、喜庆、婚丧、迎宾用；左右两间从中柱直过用木板隔成两小间，前一间为火铺，作炊事、烤火、吃饭、休息用，后一间为卧房，如"铜钱花"、"八仙过海"、"神兽"等；屋前留一块空地作院坝。吊脚楼多为二层，走廊伸出，并装饰有栏杆和瓜垂，栏杆边备有固定式长凳供人休息，瓜垂样式多为南瓜型；一层多为生活辅助用房，如厕所、猪圈等，二层则主要为卧室。

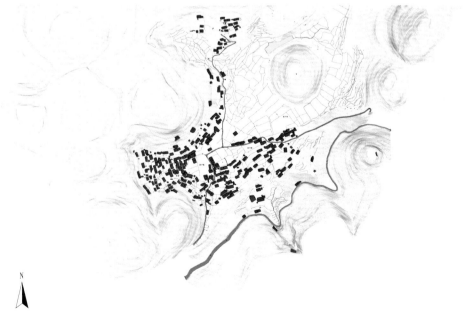

闵子溪村平面图

民族文化

土家山歌：土家山歌是土家族最古老的文化之一，具有深刻的历史文化内涵，极具民族特色和地域特色。曲调优美动听，旋律质朴无华，情感真挚热烈，其内容丰富，取材多样，构思精巧，语言清新，是土家先民在认识自然、战胜自然和生产生活实践活动中创造的优秀文化形式，已被列入第四批国家级非物质文化遗产。

哭嫁：哭嫁是土家青年婚姻的重要组成部分，尤其表现在封建社会时代，哭嫁是衡量女子贤德的重要标志，姑娘在出嫁前一个月里，要唱《哭嫁歌》，用歌声来诉说土家族妇女在封建买办婚姻制度下的不幸命运和对自己亲人的眷恋不舍之情。现今这一婚俗虽然依旧存在，但是形式多样化了，不再具有以前那些韵味，已被列为第二批县级非物质文化遗产。

土家手工艺：雕刻在土家族中比较盛行，其中分木雕和石雕两类。现存比较古

哭嫁

土家山歌

神龛雕刻

古碉堡遗址

传统建筑

古井

古墓

香树三个品种，树龄已上百年。

石磨：石磨是一种石制的研磨滚压工具，用于把米、麦、豆等粮食加工成粉、浆。在传统村落生活中，石磨曾是一种最最常见的生活工具，是乡村生活的一种象征，也是村落的一道风景。

保护价值

闵子溪村的聚落的完整性、历史环境特色是研究的样本，在传统村落空间格局、功能与社会经济价值上是可持续人居发展模式的重要体现，在村落的建筑特色、环境要素特色、人文内涵上是贵州省土家文化的典型代表。村落内至今还保存有大量的地方性乡土建筑，而且类型丰富，其材质多为木质结构，建筑装饰多样，屋脊、神龛、窗花特色鲜明，是本土地域文化的传承体现，是一座独具魅力的乡土建筑博物馆。

陈清鍪 张 涛 编

老的房屋、门窗、庙宇、神龛、家具及傩戏面具、古墓葬的石碑、石围、花轿、石桥、牌坊等都有不少木雕和石雕的精湛图案。

人文史迹

古墓：村落内现保存有3处光绪年间的坟墓，墓碑高大，且有雕刻。

古井：现存有4处水井，水质洁净，四季水流不断。

城门：村落内现保存有1处石砌城门，将白虎于村落外而设置，原有两扇，门上有垂花且斜开，其中一扇已消失。

古碉堡：该区域以前有土匪出入，居民为防止侵犯，在村落入口处用土修砌了一碉堡，现状碉堡外表面用水泥修复。

古树：村落背后有柏树、硬廊壳、枫

闵子溪村局部鸟瞰

铜仁市思南县思林乡金龙村

金龙村全貌

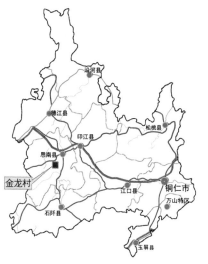

金龙村区位示意图

总体概况

金龙村位于思林乡北部8公里处，东抵思林乡丰联村，南至思林乡田坝村，西接思林乡坝竹村，北与大河坝乡接壤，距乡政府所在地5公里。

地貌以喀斯特为主，地形以山地为主，形成的景点奇观较为突出，有龙塘坝大洞、谭家大洞，洞内奇峰异石、水帘瀑布十分壮观；有较为出名的断层岩：狮子岩、狮子嘴二层岩、万家岩。

全村所辖地域面积约4.5平方公里，耕地面积2200亩，森林覆盖率达38%。全村下辖11个村民组，现有农户371户，约1500人，以苗族、土家族等少数民族居住为主。

金龙村2013年被列入第二批中国传统村落名录。

村落特色

金龙村村落与田土、树林错落相间，不均匀地沿等高线的转折而变化，互为衬托，交相辉映，浑然一体；整个村落形态较为集中，由于村庄地貌为喀斯特地貌，房屋大多依山就势而建，户户紧靠，呈靠山临水带状条形分布，建筑多为坐北朝南，独具特色，民族风情浓厚。历经清朝演变至今，现已十四代，金龙村一直保持着传统的建筑风格与淳朴的民风习俗。

金龙村传统村落的巷道顺山坡布置，随地形自然形成，蜿蜒曲折。道路有石板路、石阶路和土路，街巷的机理呈网状分布，每条巷道纵横交错，都能连通各家各户，概括来讲："爬坡上坎、拐弯抹角，巷中有井、巷下有沟"，形成了金龙村特有的民居古巷道风格，有胡同的幽静而无循规蹈矩的刻板。

传统建筑

该村的建筑特色主要以吊脚楼群为主，选用木材，十分讲究房屋的内涵与实用性。金龙村最早的传统古建筑是明末清初修建，至今保存尚好，建筑风貌主要为土家族建筑风格，即以吊脚楼和四合院为主要建筑方式，在有吊脚的部分，楼上通常有绕楼的曲廊，曲廊还配有栏杆，屋角的部分采用反翘，故名"飞檐"，其他特点还有木墙青瓦、花格窗、司檐悬空、木栏扶手，这些建筑工艺精美，整体协调。

金龙村村落建筑基本上是传统的土家族五柱四式木瓦房，房屋建造分布有四合院民居。传统建筑集中连片在石院坝，大多数的民居为石阶檐，房屋窗子有雕花，前板壁上端有绘画；内容为花草动物，艺术书写"积善堂"三个字，堂屋内后壁上端艺术书写"福禄寿"或"福禄禧"。

传统建筑1

传统建筑2

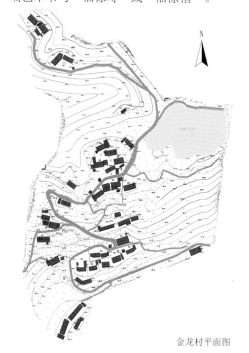

金龙村平面图

传统建筑3

民族文化

雕刻：雕刻在土家族中比较盛行，其中分木雕和石雕两类。现存比较古老的房屋、门窗、庙宇、神龛、家具及傩戏面具、古墓葬的石碑、石围、花轿、石桥、牌坊等都有不少木雕和石雕的精湛图案。

竹编：是土家传统手工纺织之一，竹编用品多为村民生活和耕作用品"背篓"或是"箩筐"。

扎纸：亦称扎彩。扎灯、扎旱马等物，是民间艺术的一门技艺。

土家族的吊脚楼是集建筑、绘画，和雕刻艺术为一体的珍贵的民族文化结晶具有较高的科学、艺术价值，也是土家族建筑艺术史上的杰出代表。该村落存在诸多非物质文化遗产，如：跳花灯、舞龙、民族山歌、石刻、竹编、剪纸等，很多具有较高的艺术价值和历史意义，绝大部分为世袭相传，同时加以年轻人缺少继承意识，在单一的传承模式和缺乏文字记载的情况下，很多非物质文化遗产面临失传的危险。

扎纸

石雕

人文史迹

古墓：二世祖徐仲葵古墓，该族原籍江西省临江府新余县，于清初迁居思南府安化县，二世祖徐仲葵迁居火铺头落业；

元代古墓，位于金龙村境内，古墓埋葬于山坡斜面，当地石材构造。

号军遗址：清朝末年，位于思林乡金龙村后山处，耸立于群山之间，海拔约900多米，四周峭壁悬崖，中间低洼开阔，具有良好的地理优势，易守难攻。

古井：1950年建有古井一口，成正方形状，坐落于该村落中部。

古墓

号军遗址

古树：金龙村在早年间种植有3棵柏树，至今已有300年，位于村落中部。

刘　锐　王镜舫 编

古树

火铺头水库

青石台阶巷道

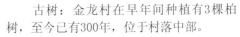

竹编

保护价值

金龙村始建于明末清初，有着悠久的历史和深厚的文化底蕴，是重要的少数民族特色村寨，拥有丰富而珍贵的物质与非物质文化遗产，如号军遗址、元代古墓生基、火铺头水库、古井、土家花灯艺术、雕刻、竹编、扎纸、传统节日等，有着独特的历史风貌、悠久的文化，具有极高的历史文化价值。

村落环境

铜仁市思南县合朋溪镇鱼塘村

鱼塘村全貌

鱼塘村区位示意图

总体概况

鱼塘村位于思南县西部，距县城75公里，距合朋溪镇10公里，处在思南至长坝乡的公路干线上。村中有由新房子村至君坝村的通村公路总体呈东向西穿过，有9个自然村寨，村域面积3.5平方公里，村庄占地面积90亩，共530人，属苗族和土家族，其中土家族居多。

鱼塘村形成于清代的自然村落，是一个具有土家族建筑文化风格、自然环境优美的土家古寨。2014年，鱼塘村被列入第三批中国传统村落名录。

村落特色

鱼塘村处在群山环抱之中，整个村落依山而建，背山面水，门前乌江水淌淌而过，景色宜人。在选址上有"负阴抱阳，背山面水"之说，所说的是背靠祖山，左有青龙、右有白虎二山相辅，前景开阔，远处有案山相对；有水自山间流来，呈曲折绕前方而去。背山面水可以说是绝佳的环境。鱼塘村森林植被良好，稻田与青瓦木屋民居错落有致，远远望去木屋散落在金黄的麦田之中，像一幅油画般美妙。村落内居民建房依山势从低到高，层递而建，呈组团式，大部分为土家族传统建筑形式。村落发展至今，仍保留了较好的传统建筑风貌及村巷立面，村落、山、农田、流水相得益彰，共同构成了鱼塘村组团式的田园村落格局形式。

传统建筑

鱼塘村内的传统建筑以木质干阑式建筑为主，一些厢房采用吊脚楼形式，木房依山势从低到高，层递而建，依据地势，有两三栋房屋连在一起的，有的通过厢房

相隔。居民结构分为正屋、厢房和司檐，正屋一般为三间，中间一间为堂屋，前面有"吞口"；在正屋两头前面并与正屋垂直的两间为厢房；正屋后面的为司檐。一般正房为1层，厢房为2层，屋顶青瓦铺盖，色调统一协调，配以木质窗花、木门，屋顶有两个翘椎。宅基地宽裕的面前还有院坝，院坝保持原始泥土夯制。

传统民居院落1

传统民居院落2

传统建筑1

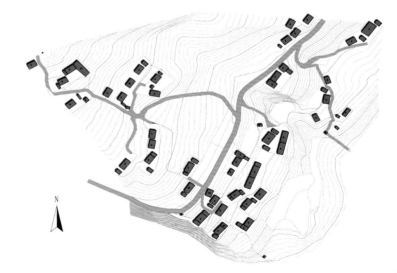

鱼塘村平面图

传统建筑2

狮子灯

根雕

民族文化

傩堂戏：传统土家族人信仰多种神和土王崇拜、祖先崇拜，常进行祭祖活动，而最具特色的属"傩堂戏"这一传统祭祖活动。受到中原文化及巴、楚文化的影响，有着比较明显的巴人"俱事鬼神"和楚人笃信巫术的文化痕迹。它融巫术、原始宗教和戏剧为一体，成为一种佩戴面具演出的宗教祭祀戏剧，已有六百多年的历史，经过不断充实、扩展和完善，形成了以傩仪、傩戏、傩舞、傩技为主要形式的傩文化。

葬礼道场：顾名思义，即在丧事堂中所唱的歌。这是土家的一种传统习俗，哪家有人去世，尤其是成年人，操办丧事必唱丧堂歌，灵柩在家中停几天，就要唱几晚。据说是为了超度亡魂、给死者洗冤减过，让亡者顺利上路，无惊无扰地在极乐世界中生活。

祭洞神：村民每年都在村庄周边的山洞里放鞭炮，祭洞神。是为祈求不要有冰雹和水灾，保村庄风调雨顺。

嬢嬢会：村中妇女组织每家每户去山坡上吃饭聚餐，主要由女性做饭，是为了防止豺狗吃小孩保平安的活动。

花灯：又叫茶灯，民国对茶灯有比较生动的记载，"有所谓茶灯者，以村童十二人饰女装，为采茶十二姊妹，装一茶婆为其母率领上山采茶。别装四、五十人作赶场式，贸易之间多戏谑十二姊妹语，茶婆往往怒骂之。各执一灯或数灯，极其繁盛。采茶歌声，风流婉转，观众听者，不可胜计。"

走马灯：又名马骑灯，是中国传统玩具之一，灯笼的一种，常见于元夕、元宵、中秋等节日。

狮子灯：是一种大型的祭祀性舞蹈，每年"拜新春"时，都跳此舞，用以祭拜天地、山神和祖先。

大鼓响器：又称堂鼓，圆筒形，鼓心的音较低沉，越向鼓边则声音越高，击奏时，音量能从很弱到很强，力度变化很大。可敲击复杂的花点，对情绪及气氛的渲染能起较大的作用。

走马灯

土法造纸

人文史迹

石雕、根雕：根雕，是以树根的自生形态及畸变形态为艺术创作对象，通过构思立意、艺术加工及工艺处理，创作出人物、动物、器物等艺术形象作品。石雕是指用石头作为雕刻材料，制作成的石像、石缸等。村庄中有一位叫马明强的老人掌握根雕和石雕的技艺。

土法造纸：造纸术是我国四大发明之一，其产品称为草纸，主要用于卫生、写毛笔字、丧葬、祭祀等方面，在相当长一段时期内是当地人不可缺少的必备物品。村庄中有一处土法造纸房保留较好。

酿酒房：中国酿酒历史悠久，鱼塘村现主要以酿造苞谷酒为主，全村年产年达到40吨左右。

保护价值

鱼塘村形成至今已有几百年的历史，通过历代先民的繁衍生息，在传统村落内创造了多处的历史遗存，具有较高历史文化价值，如反映村落传统风貌和土家族建筑特色的传统建筑等。村落利用周围的自然山体作为保护的天然屏障，田畴、乌江与山地建筑的结合，形成曲折多变的建筑空间。村落的组团式的格局，枝状的巷道肌理、统一的传统建筑形式以及周围良好的山、水、田自然环境，体现了村落整体形态美学的价值。

陈清鋆 张 涛 编

鱼塘村村落一角

铜仁市石阡县聚凤仡佬族侗族乡瓮水屯村

瓮水屯村全貌

瓮水河

村庄周边农田

总体概况

瓮水屯村位于石阡县聚凤仡佬族侗族乡东面,距乡政府所在地5公里。村庄占地面积近150亩,居民51户,250多人,为仡佬族村寨。据瓮水屯村民口传,清朝时期就在此建寨,至今已有近400年的历史。村落坐东向西,民居密集。村庄掩映在大片古松柏之间,处处显现出村落悠久的历史印迹。

瓮水屯村于2012年被列入第一批中国传统村落名录。

村落特色

相传瓮水屯村仡佬族祖先原生活在江西省,唐朝时期"驱苗留汉"仡佬族祖先被迫来到这里,经过辛勤耕耘,在这里扎下了根。

瓮水屯村位于武陵山脉之尾,佛顶山脚下,境内以低中山为主。村寨依山傍水,位于乌江源头的一个长条形河谷地带,村寨沿瓮水河聚集,外围是植被茂盛的山林。民居依山就势、面水而建,高低错落的小青瓦坡屋面,与水系、农田及山林形成一幅安静祥和的山水田园村居图。

依山傍水、枕山环水、背山面水是瓮水屯的特色。村落坐东向西,西南属河谷地带,瓮水河自北向西南流淌,地势较开阔。整个村落掩映在青山绿水之中,素有"门前水流声似琴,屋后山叠景如画"之美称。

村落中遗存的清代建造的仁寿桥遗址、庙宇和大片松柏古树以及与之呼应的连片森林,构成了该传统村落景观的重要标志。村中有两条南北向主要通道连接各户。村落选址及空间形态中仡佬传统文化符号随处可见。整个村寨房屋布局密集,纵横交错,疏密有致,保存状况良好。

鸟瞰村庄

村内巷道

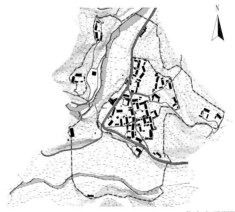

瓮水屯村区位示意图

瓮水屯平面图

传统建筑

瓮水屯村的传统建筑按其功能可分为公共建筑和民居两大类。公共建筑有祭祀、议事及娱乐性建筑等。传统民居有大户建筑和一般民宅建筑。这些建筑最早建于清代，少量建于民国时期，所有建筑均具有仡佬族传统建筑特色，体现了瓮水屯的历史风貌。

瓮水屯村传统民居有49座，大部分传统民居建于20世纪70年代，其余部分民居建于解放前和新中国成立初期；瓮水屯村的传统民居具有仡佬传统民居建筑特点，堂屋两侧为卧室。厨房、猪牛圈等皆设于屋侧房后。房屋一般分正屋、厢房、前厅、偏厦等。正屋是主要部分，有三柱屋、五柱屋、七柱屋等。平屋为单檐结构，开口屋为双檐结构。楼房外围，均有走廊栏杆，宽敞明亮，空气流通，供家庭成员休息，也是仡佬族姑娘绣花做鞋的好地方。仡佬族的传统建筑从来不用图纸哪怕是三四层的楼房。工匠们只用半边竹竿和棍签作为标尺，俗称"丈杆"和"鲁班尺"。精明的木匠师傅，就凭这根"丈杆"和一捆"鲁班尺"建造出许多多雄伟、秀丽的建筑物。

传统建筑1

传统建筑2

人文史迹

在瓮水屯村内，古老的历史信息随处可见，村南100米山丘上保存清晚期建造的庙宇，山丘下有清代仁寿桥遗址。寨门及四周有大小风水树100多棵，古、大珍稀树10棵。这些古树，见证了瓮水屯村悠久的历史，同时也是该村先民及子孙保护自然、珍惜自然、与自然融为一体的风水及民俗信仰的认同产物。

仁寿桥遗址：据传说嘉庆二十五年一位郭魁的先生考取功名后，在瓮水屯村修建仁寿桥。遗址处现存石碑一块。

溶洞：位于村寨西北面，洞内一年四季波浪水流不断，盛夏堪比洪水猛兽，严冬恰似细缕蚕丝。洞口置方形的石台，石台右角一个石钟乳酷似石钟。村民时常去洞里参拜，逢年过节洞里张灯结彩，在洞里可举办大型龙灯会。

打井滩：打井滩两岸杂树丛生，树木葱郁。

仁寿桥遗址碑

溶洞

打井滩

民族文化

仡佬毛龙：是石阡仡佬族世代流传下来的民间传统技艺，农历正月当地就有玩龙灯、花灯的习惯，其表演形式各样，如二龙抢宝，龙腾盛世等。据《石阡县志》记载，仡佬毛龙可追溯到盛唐时期，其传承主要是民间自发传承，无任何拜师、出师等仪式。

如今，舞毛龙已成为石阡民间一种大型文化活动，其毛龙的编扎技术也更加精致。

经申报，2006年石阡仡佬毛龙已被国务院批准为第一批国家级非物质文化遗产。

仡佬毛龙

仡佬花灯：花灯，是仡佬族人民在长期的劳动生活中创造并喜闻乐见的艺术形式，它具有独特的民族风格，是民族艺术瑰宝之一。它的发展源远流长，古朴而不单调，抒情而不低劣。主要活动在正月的元宵佳节，采用说唱结合，唱跳配合的方式在群众堂屋中开展，民族民间特色鲜明，有深厚的群众基础，并且尚在发展之中，其内容丰富多彩，形式清新活泼，有浓郁的乡土气息。

仡佬花灯

保护价值

瓮水屯村整体依山而建、背山面水，以南北带状布局，村落坐东向西，瓮水河自北向南蜿蜒从村前流过。整个村落掩映在青山绿水之中，素有"门前水流声似琴，屋后山叠景如画"之美称。传统村落肌理清晰，格局完整，具有较高的历史价值和审美价值。

喻 萌 于 鑫 编

铜仁市思南县大坝场镇官塘坝村

官塘坝村全貌

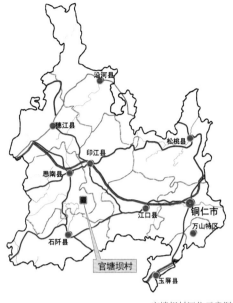

官塘坝村区位示意图

总体概况

官塘坝村位于大坝场镇北部，距县城46公里，距镇政府5.6公里。村域面积6平方公里，村庄占地面积112亩，常住人口1713人，以土家、苗族为主。官塘坝村始建于明代，至今仍保存了大量的历史建筑，是土家、苗家遗存的实物见证和民族文化的代表。2014年，官塘坝村入选第三批中国传统村落名录，并被列入"少数民族特色村寨试点示范"。

村落特色

官塘坝村坐落在高山丘陵地带，群山谷地中，左右两边是高高的山坡，之间有层层梯田以及溪水。村落依山而筑，成月牙形，依山傍山，呈负阴抱阳围合之势。村落空间布局呈现组团状分布，因地制宜地使村落与山体良田融为一体。

民居建筑依山就势、院落规整有序、高低错落，形成了典型的坡地山村景观。传统巷道形成横、纵两方向的连接。纵向的巷道依山势而走，形成"叶脉"式形态往山上延伸，是连接山体与溪水之间的通道，起到"通山达水"的作用；又有分布于房前屋后的横向巷道将不同高程上的传统建筑相贯通。

村落布局充分体现了天人合一的生态环境观，较好地处理了人与自然共存、生生相息的紧密关系。

传统建筑

官塘坝村为土家族、苗族的聚集地，两个民族比邻而居，共同生活，融合相互的特色，吸取各自的精华，共同创造文化。全村以土家传统建筑风貌为主，85%的建筑为传统的土家族干阑式建筑、转角楼以及吊脚楼，其中干阑式建筑有180余栋，转角楼70余栋，吊脚楼40余栋。

由于山地特色，土家族民居常常把正房建在仅存不多的小块平地上，而厢房由于与正房垂直，没有足够空间落地，往往出挑形成吊脚楼。吊脚楼在二层多设挑廊，有的三面设廊，呈转角状，即为转角楼，是非常有特色，也是装饰最为讲究的地方。屋顶为歇山翼角顶，大挑坊出檐深大有力，轻盈活泼，是土家民居最有艺术表现力的地方。土家民居整体风格质朴无

传统民居1

传统建筑屋顶形式

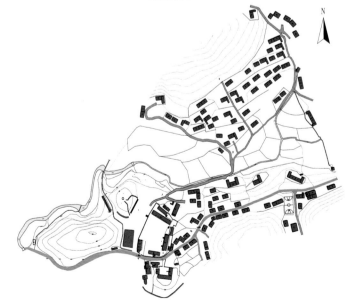

官塘坝村平面图

传统民居2

古桥

古墓：村落内现存清代古墓4处，位于村外四周，古墓石碑雕刻精致，年代久远。

古井：村西现存古井1处，水质良好且出水量大；古井为方形，井旁有座台，精致美观。

古桥：明末清初所建，为天然的石料所筑的拱桥，桥长4米，栏高0.65米。

古树：村内现存明代时期古树60棵，树高约16.3米，冠幅约12.9米。

华，土家族传统的屋脊、檐口、挑枋、门窗、瓜子锤、栏杆等都独具民族特色，极其简洁大方。

苗家的吊脚楼大部分为半边楼的形式，即房屋一部分架空、另一部分搁置于坡崖上，常常把地削成一个"厂"字形的土台，土台之下用长木柱支撑，按土台高度取其一段装上穿枋和横梁，与土台取平，楼面层均匀与自然地表相连。苗居善于利用退堂、挑廊、敞廊、凹廊等半户外空间把室外空间扩大延伸，同室外空间相融合，获得丰富而变化的空间效果。建筑空间以人体尺度适宜的舒适度为限，做到既不局促又不浪费，整个建筑体型轻盈活泼、尺度亲切可人。

梓潼阁

古树

民族文化

"玩龙灯"：官塘坝村非物质文化遗产最具有影响力的是"玩龙灯"民俗活动。夜幕深沉之时，土家山寨各家门口张灯结彩，男女老少聚集在宽大的场坝上观看"喷花"（所谓"喷花"，就是将火药配上硫磺等装在竹筒里，然后点燃，向玩龙队喷射火花）。玩龙队在"龙"的眼睛窝、肚腹和尾端装上红灯，玩龙人脱下衣裤，赤身裸体，接受"喷花"。如果家里有人在外做官，或有新婚夫妇，都要向玩龙队伍送礼，或以酒饭相待，而玩龙队每到一家都要送上一个宝，表示给主人家送宝加官；有小孩的家庭，可抱小孩在龙身下从头到尾钻一遍，以祛病避灾。

传统节日：以敬奉各路神仙菩萨和祭祀祖先为宗旨的传统节日，诸如过赶年、花灯、女儿会等。

土家传统服饰：土家族男上装是"琵琶襟"，又叫"对襟衣"，多以青白两色布作衣，有的镶花边；女上装多滚有"栏杆"花边，无领或矮领，领大而短，俗称"右开襟"。

玩龙灯

古墓1

古墓2

人文史迹

村遗存的人文史迹众多，现存梓潼阁、龙清泉、水利设施、古桥和古井各1处，古墓4处、60棵珍惜古树名木。

梓潼阁：始建于明朝，位于村落入口处，现作为居住以及公共活动场地。

保护价值

官塘坝村，背山面水，城田相依，山水格局中蕴含着人与自然关系中的大智慧，直接体现了中国传统文化中的"山水文化"。土家族、苗族民族文化是官塘坝村的核心文化，土家族、苗族先祖在此繁衍生息，将土家、苗文化相融合，是研究民族文化结合的典型村落，成为研究当时建筑风水、建筑工艺和建筑文化的重要依据，具有较高的艺术和科学价值。

陈清鋆 张 涛 编

村落全景

铜仁市石阡县青阳苗族仡佬族侗族乡青山寨

青山寨全貌

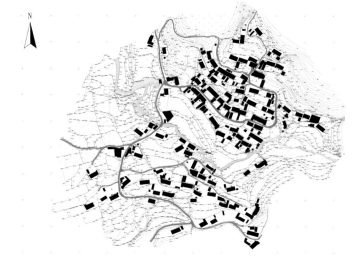

青山寨区位示意图

总体概况

青山寨位于贵州省东部，铜仁地区西部，石阡县东部，青山寨隶属青阳乡。距离乡政府8公里，距离县城21公里。村落包括铁炉沟组、岩上组、湾里组、对门组四个组，村落集中连片，居住在山间谷地的缓坡地带，寨后是青山。村域面积约4平方公里，村落占地面积60亩，户籍人口600人，常住人口520人。主要为苗族。

明朝时期，青山苏氏家族因战乱定居于此，繁衍至今。青山寨于2013年被列入第二批中国传统村落名录。

苏家大院

村落特色

村寨落选址具有典型的苗族村寨特色，尽可能选择接近土地和水源的地方，周围环境不仅要适宜居住耕种，而且要利于防御。依山傍水顺山就势，在山区利用坡地，依坡筑屋，创造出更多的使用空间，建筑群体高低错落玲珑有致，与自然环境和谐共存。纵横道路交错相通。在古代，有陆路、水路与外界接触，而有山、河相阻，不为外人所知，便于自我保护。村外梯田连绵，由于山地特色，梯田也成为当地村民主要的农耕用地，依山而起的梯田，就像给大地穿上了色彩斑斓的衣衫。尤其在高处俯视观看时，更能感受到村民辛勤劳作的农耕氛围。

传统建筑

青山传统建筑多以五柱四瓜房为正房，两侧或一侧建厢楼，厢楼多为吊脚式，有三栋为翘角式的吊脚楼，楼上住人，楼下为猪、牛圈、厕所，堆放农具、杂物。中间为院坝，形成三合院式的建筑特点。同时青山村的合院结构并没有院墙。只是通过台地、正房、厢房构成。房屋随山川地形而建，呈梯形排列。

苏家大院在青阳乡青山古寨，至今还保持明、清特色的建筑风格，经苏氏祖上历代修建，现存规模约修建于雍正年初，有近300年的历史。该大院所占之处，全部采用取自三里外上好的青石料经加工打磨后建成。外院坝平整宽阔，约上千块大小均匀的石块相接细密无痕。外面修有围墙，墙角处马厩、畜圈、粮仓、水池，全用石头砌成，布置合理，构思新颖，屋内则用青条砖铺设，不见一寸泥土。

民族文化

青山寨是一个以苏姓苗族居民为主的自然村寨，另有廖、吴、罗、郭姓氏的苗族和仡佬族居民。此地民族文化、民族传统习俗浓厚而淳朴。以前全寨村民喜唱山歌、孝歌，女人会唱哭嫁歌。现在45岁以上的中老年男女仍爱唱山歌，即兴编唱。现有山歌能手20余人，唱孝歌能手4人，哭嫁歌能手10余人。有男子会唱哭嫁歌、女子会唱孝歌4～6人。

青山寨平面

茶灯文化

该村寨自发组成了一个农民文艺宣传队，在乡、村重大庆祝活动时表演自编文艺节目，有原始舞蹈、蓐草罗鼓、山歌、茶灯表演、唱采茶歌、打金钱杆等节目，以群众喜闻乐见的形式，宣传党的政策，改革开放成果，尤其是在宣传计划生育、烤烟生产、尊师重教、敬老爱幼等方面宣传中，效果良好。

该地的非物质文化遗产的产生和发展，与民族分布和习俗紧密相连，主体民族苗族居民，以前同黔东南、湘西苗族唇齿相依，联系密切，清朝、民国初年的节日有10月苗年、爬坡节（三月三、四月八、六月十九）、龙船节、吃新节等。在节日聚会中玩龙灯、舞狮子、唱花灯、对歌斗牛、赛马，相互交流、联络和学习。从民国时期始，在国家"民族不分大小，一律平等和睦共处"的政策影响下，各民族团结和睦，苗族内部联手渐少。今青山等地苗族的风俗习惯同全县汉、仡佬、侗等民族几乎完全相同。

青山寨是全县中山歌能手最多的地方，是保持苗族婚、丧、嫁、娶、传统节日习俗最浓郁的地方。

山歌表演

人文史迹

古井：具有近百年历史，水质清澈，一年四季水量充沛，是村寨居民用水的主要来源。

古墓：苏家墓群苏家坟坐落在青阳乡

古井

古墓

青山村青岗山上半山腰葱郁树木之中，修建于清光绪三十一年（1905年）。该墓占地约100平方米，全用质地坚硬的青石打磨修砌，布局精美，气势浩然。有一门两厅两台，上面楼瓦一致排列，屋檐龙凤交融辉映成趣。门上方楷书"佳城"二字，代表长寿的龟形图案居于正中，下面则是些花草镶嵌，刻有如出水之莲花在底部相托。两厅书写"云蒸霞照"，四字罗列两边，其下为碑文记载。两台隶书"福寿"二字，显得古朴肃穆。墓外修有高1.2米的围墙，都是经过谋划布局，一对石狮在墓主人两旁静卧守候。

古树：青山古树主要有千年古杉树和柏树。

古杉树

古柏树

古遗存1

古遗存2

古遗存3

其他人文史迹：主要有清同治年间古牌匾遗存等。

保护价值

明朝时期，青山苏氏因战乱来此定居，在这片开荒生活，经过历史的沉淀，形成久远悠长的农耕文明，而当地苗族的婚丧嫁娶形式、蓐草罗鼓、山歌、茶灯、打金钱杆、墓葬文化等，都反映出青山发育成熟的农耕文化。

村落一角

青山寨属于喀斯特地形地貌，苗族村寨根据山水形态，建造于山岭与河谷之间，四周环山，山体秀美，重峦叠嶂，与山川自然完全融合在一起，体现其在选址上天人合一的思想。

这里的民居环境为研究当时建筑工艺和建筑文化提供了直观的载体依据。同时，苏氏家族的长途跋涉于此繁衍生息，与当地土著文化的完美融合，是明、清大移民的重要见证，体现苗族文化融合外来文化的胸怀和包容性。

青山自然山水要素和人文历史遗存利于青山的族谱和历史活动的研究，对挖掘宗族文化和姓氏文化特征具有重要意义。同时，村民世代相传的民间故事、神话传说等对农耕文化思想、村落形制、民族信仰意义深远。

刘娟 李雪 编

铜仁市印江土家族苗族自治县新业乡坪所村

坪所村局部风貌

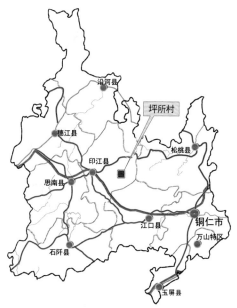

坪所村区位示意图

总体概况

坪所村，位于新业乡南部，距新业乡政府所在地约8公里。村域面积4.2平方公里，村庄占地面积90亩，共216户，常住人口329人，主要为土家族。该村现由10个自然村寨组成，但村民主要集中居住在上坪所、下坪所、斑鸠井3个自然村寨。村落建成于清代，至今已有300余年历史，2014年被列入第三批中国传统村落名录。

村落特色

坪所村包含的上坪所、下坪所、斑鸠井3个主要自然村寨均呈组团状布局，其中斑鸠井坐南朝北，村庄前是一片金黄色的稻田，周围大山环抱，森林植被覆盖较好。站在对面山上俯瞰，整个寨子，山清水秀，青瓦木房一排排纵横交错，给人一种古老、优雅的感觉。村落内居民建房依山势从低到高，层递而建，呈组团式，大部分为土家族传统建筑风貌。村落发展至今，仍保留了较好的传统建筑风貌及村巷立面，村落、山、农田、流水相得益彰，共同构成了斑鸠井组团式的田园村落格局。下坪所和上坪所相对面积较小，两个村寨四周山体环绕，土家建筑零星地散落在田野之间，独具传统村落特色。

传统建筑

坪所村现存的传统民居和古建筑约180多栋，其中历史建筑23栋，为清代修建，均有百年以上历史，全部传统建筑占村庄建筑总面积的90%。村建筑多为土家族民居，过去多为木结构，近代多为砖木结构，再后来改为砖结构。

该村传统建筑以木质干阑式建筑为主，一些厢房采用吊脚楼形式，木房依山势从低到高，层递而建，屋顶青瓦铺盖，色调统一协调，配以木质窗花、木门，建

传统民居

筑一般正房为1层，厢房为2层，多数为一排四扇三间，屋顶有两个翘檐，具有土家民居的风貌。宅基地宽裕的面前有院坝，院坝保持原始泥土。依据地势，有两、三栋房屋连在一起的，有的用厢房隔着。

传统建筑

民居结构一般分为正屋、厢房和司檐三部分：正屋一般为三间，中间一间为堂屋，前面有"吞口"；在正屋两头前面并与正屋垂直的两间为厢房；正屋后面的为司檐。现存房屋保存较好，极具研究价值。

坪所村平面图

民族文化

高腔山歌对唱：印江土家高腔山歌是人们古时候凭着在劳动中对大自然的感悟以及对爱情的向往一点一点积累并流传下来的，不仅可以表达丰收的喜悦，还是传情达爱的一种美好方式。

丧堂歌：即在丧事堂中所唱的歌，是土家的一种传统习俗，哪家有人去世，尤其是成年人，操办丧事必唱丧堂歌，灵柩在家中停几天，就要唱几晚。据说是为了超度亡魂、给死者洗冤减过，让亡者顺利上路，无惊无扰地在极乐世界生活。

傩堂戏：传统土家族人信仰多种神和土王崇拜、祖先崇拜，常进行祭祖活动，而最具特色的属"傩堂戏"这一传统祭祖活动。受到中原文化及巴、楚文化的影响，有着比较明显的巴人"俱事鬼神"和楚人笃信巫术的文化痕迹，融巫术、原始宗教和戏剧为一体，成为一种佩戴面具演出的宗教祭祀戏剧，已有六百多年的历

春

水碾

竹林

花灯艺术：又叫茶灯，民国对茶灯有比较深入的记载："有所谓茶灯者，以村童十二人饰女装，为采茶十二姊妹，装一茶婆为其母率领上山采茶。别装四、五十人作赶场式，贸易之间多戏谑十二姊妹语，茶婆往往怒骂之。各执一灯或数灯，极其繁盛。采茶歌声，风流婉转，观众听者，不可胜计。"

茶灯艺术

红棺木

傩堂戏

人文史迹

坪所摩崖：位于新业乡坪所村四组山崖右侧横沟下方的坪所摩崖，刻于清嘉庆八年（1803年），楷书阴刻310字，刻石高1.9米，宽1.5米，矢高0.2米，该石刻记录了邱仕文历经艰辛为民治水的精神和无私美德，现保存较好。

竹篱笆：在寨内有几处建筑和农田四周围有竹篱笆。当时为了防止盗贼，村民房屋四周用石头、泥土砌成围墙，高度约1.2～2米。

古树：在坪所村内有1处古树。上百年枫香，三十多米高的古树拔地向天，浓荫终年。

春、风箱车：坪所村还有几户村民家中能看见这样的生产工具，这都体现了我们古代劳动人民智慧的结晶。

水碾房：水碾指靠水力推动的碾子，碾房目前保存较完整，现在位于斑鸠井。

保护价值

坪所村传统村寨保存较完整，村落历史悠久，保存了从清代至今的家族生息发展结构，连同丰富的历史文化遗存，真实地反映家族起步发展、鼎盛到衰落的历史过程及社会变迁，是研究社会史、家族史、文化史的重要史料。村落组团式的格局，枝状的巷道肌理，统一的传统建筑形式以及周围良好的山、水、田自然环境，体现了村落整体形态美学的价值。

张 涛 阎 欣 编

史，经过不断充实、扩展和完善，形成了以傩仪、傩戏、傩舞、傩技为主要形式。

清明：坪所村村民过清明讲究的是十年一大祭，每逢大祭之日无论是在外工作或居住的都会赶回来祭奠邱氏老祖宗。

红棺木：梵净山脚的印江城南的小云半有一曹姓人家，有一儿子，因为饱读诗书，才华横溢，高中状元，却无奈被皇帝错斩，后皇帝自知错斩栋梁，悔恨交加，于是钦赐曹状元朱红棺木予以厚葬，印江人民为了纪念曹状元，均用红棺木送葬。红棺葬习俗充分反映了本民族的民族特点及民族风俗。

坪所村村落一角

铜仁市德江县枫香溪镇枫香溪村

枫香溪村全貌

枫香溪村区位示意图

总体概况

枫香溪村位于德江县枫香溪镇东北部，是德江、沿河、印江三县交界处，枫香溪村距德江县城约60公里，距枫香溪镇镇政府所在地约12公里，面积5.5平方公里，辖8个村民组409户，1726人，98%以上为土家族，以黄、王、张三姓居多。

枫香溪村在清朝以前是一块荒无人烟的土地，清朝初期王氏族人因在当地受部族排斥流落在此，从此在这里安居乐业。1934年6月19日，中国工农红军第三军在贺龙、夏曦、关向应等同志的带领下，被迫从湘鄂西革命根据地退出，转战千里，挺进枫香溪，在这里召开了中共湘鄂西中央分局会议（史称枫香溪会议），为红三军的发展揭开了新的一页，成为红三军从挫折走向胜利的转折点。

枫香溪村于2013年被列入第二批中国传统村落名录。

村落特色

枫香溪村位于马鞍山脚下，属典型喀斯特地形地貌。马鞍山山势相对高大，成为了村寨的天然屏蔽，可为村寨阻挡冬季寒风；村落两侧有山岭相护，可以起到防风、防洪的作用；村落前方田园开阔，具有良好的日照和通风，远处又有山峰遥相呼应；几条溪水从山间流出，在田间穿梭着绕前而去，与枫溪河汇集；如此形成一个四周有山环抱的宝地，具有原生态枕山、环水、面屏的景观意境。村域内自北向南贯穿着一条河流，名叫枫溪河。枫溪河河流蜿蜒流淌，河道宽度在10～40米之间，四季流水不断，是河流两侧农田灌溉的主要水源。

传统建筑

枫香溪村民居以砖混结构建筑为主，部分是木质干阑式建筑，一些厢房采用吊脚楼形式，屋顶青瓦铺盖，色调统一协调，配以木质窗花、木门，屋檐多雕刻有地方花纹，建筑一般为1～2层，一排四扇三间，人口多的六扇五间，楼房三方有栏杆，屋顶有两个翘椽，具有土家民居独特的风貌。建筑立面多为灰褐色的砖墙墙面，少部分为褐色木质墙面，部分建筑二层凸出的木质阳台与垂下的青瓦坡屋顶檐口相结合，并配有木质栏杆，传统建筑与传统巷道相映成趣，房屋顺应地形肌理，与宽窄不一的车行道、步道、宅前院落、田地等构成富有韵律和变化的村巷景观。

村寨内枫香溪会议会址、枫香溪会议纪念碑、红三军保密局旧址、红三军参谋处旧址、红三军军部直属警卫排旧址、红三军侦查科旧址、红三军医院旧址、红三军兵工厂等8处建筑于2006年被国务院公布为国家级文物保护单位。饶氏贞节牌坊、红军桥、区革命委员会旧址3处为县级保护单位。

传统建筑 1

传统建筑 2

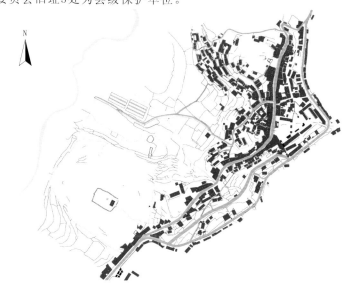

枫香溪村平面图

土家祭祀

摆手舞

傩堂戏

跳花灯

红三军医院旧址：与会址仅相距200米。始建于光绪二年（1876年），原为"黑神庙"，为高封火墙围护，二建四合院，砖木石结构，官式建筑，抬梁式结构，前为藏经阁一楼一底面阔五间，正殿5间，厢房2间。1934年为红三军征用，并在此设红三军医院。

红三军侦查科：在会址左侧70米，原属民用建筑，占地面积约250平方米，原有建筑二栋，现存一栋面阔三间，土家吞口式建筑，建筑面积121平方米，1934年为红三军征用在此设侦查科。

饶氏贞节牌坊：位于枫香溪镇枫香溪村中学附近。200多年前，一户经商移居枫香溪的饶姓人家，父亲去世后，母女三人相依为命，女儿凤英立志不嫁，养育母亲和弟弟。母亲病重时，凤英割肉为母亲治疗，后母亲逝世后，变卖家产安葬母亲，昼夜工作抚养弟弟，弟弟病故后允许弟媳改嫁，同时抚养侄儿至成年，于乾隆四十三年为其建牌坊。

红三军侦查科旧址

枫香溪会议纪念碑

红三军医院旧址

红三军第九师师部旧址

民族文化

枫香溪村的民间文化是几百年来人民群众在生活实践中创造出并不断丰富起来的，能体现一个地方一个民族的风情，能充实人民群众的精神文化生活。民间文化不但内容丰富，而且形式多样，至今流传的主要有跳花灯、傩堂戏、摆手舞、八宝铜铃舞、唱民间调子、说伏事等多种艺术形式。土家族非常崇拜祖先，将祖先祭祀日称为"过年"，"过年"的时间，因姓氏、宗支、地域而异。过族年，要在祠堂里举行祭祖仪式，先祭土王，再祭本族祖先。祠堂里，整日鞭炮不断，铁铳轰鸣，号角声声，"嗬喂"阵阵，后逐渐改为户祭。祭祀的土王，有彭公爵主、田好汉、向老官人等，游乡串寨，走亲访友，对歌宴客，长达三、五日之久。

人文史迹

枫香溪会议会址：位于枫香溪镇枫香溪村，处在德江、沿河、印江三县交际处，距303省道9公里，包括红三军军部、政治部旧址等。旧址建于清代道光年间，坐东北向西南，为二进高封火墙围护"四合院"式建造。现保存有红三军军部驻地、红三军政治部驻地、保密局驻地、红三军参谋处驻地、侦察科驻地、红军警卫排驻址。内现有设"枫香溪苏区革命陈列馆"，1982年列为省级文物保护单位，2006年列为国家级文物保护单位。

枫香溪会议纪念碑：1980年，为了纪念枫香溪会议，德江县人民政府修建了"中共中央湘鄂西分局枫香溪会议纪念碑"。该碑位于会址右侧200米处，为国家级文物保护单位，整个碑由青石砌成。

枫香溪会议会址

饶氏贞节牌坊

保护价值

枫香溪村是革命教育的重要基地。枫香溪会议会址、枫香溪会议纪念碑、红三军保密局旧址、红三军参谋处旧址、红三军军部直属警卫排旧址、红三军侦查科旧址、红三军医院旧址、红三军兵工厂，至今保存较为完好，为国家级文物保护单位，具有较高的红色文化和历史教育价值。

枫香溪村历史可追溯到清朝初期，村中的历史建筑保存良好，大部分村户都保持着过去一屋一巷的格局，村寨肌理保存良好，自然环境优越，具有较高的历史文化价值，极具保护意义。

雷 瑜 陈隆诗 黄文淑 编

枫香溪村山脉

铜仁市松桃县正大乡薅菜村苗王城

薅菜村苗王城全景

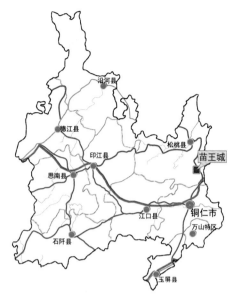

薅菜村苗王城区位示意图

总体概述

薅菜村苗王城位于松桃县正大乡西部，村寨距松桃县城60公里，距乡政府所在地5公里，交通区位优势明显。现属于正大乡，2007年由原水竹村、薅菜村、空桐村合并而成，为苗汉族聚集村。该村下辖5个村民组，7个自然寨，共居住有280户村民，1558人。姓氏主要是吴、田两大姓氏，大多数为苗族。村寨最早可追溯到明朝洪武年间。2006年6月，贵州省人民政府将苗王城列为省级文物保护单位。2013年被列入中国第二批传统村落名录。

村落特色

薅菜村整体呈组团状分布，民居集中，以村民组为单位。村内公路通至村民组各部，串户道路多数为石板路。村庄开敞、明亮、周围青山绿树环绕，环境宜人。村庄内建筑多数为清朝修建，建筑工艺为苗族建筑风貌，多数房屋坐向大多随地形及道路变化，呈组团状分布。整个村寨房屋布局密集，纵横交错，疏密有致。其形制、结构、风格以及其蕴涵的民俗文化韵味独特。村落肌理清晰，格局完整，其轮廓与所在的地形、地貌、山水等自然风光和谐统一。

苗王城位于薅菜村苗王峡谷，是苗民古时候修建的一座军事堡垒，城内由一条主巷道贯穿全城，巷道以石墙作为屏障并跟各家的院墙连成一体，巷道设有十一道卡门，城内还专门修建有迷惑敌人的"直角巷道"，可以引诱敌人进入死胡同而歼灭。城内的吊脚楼为典型苗家特色，歪门邪道是古寨独树一帜的建筑风格。

传统建筑

薅菜村苗王城建筑多为传统苗族民居，有两处吊脚楼群和个别石房。村寨内传统建筑集中并组团分布，大多数的民居有石阶檐和石板堆砌而成的院坝，而在院坝前大多数都用石块修砌了围墙以形成自家的小院落。村寨内传统建筑过去几乎全部为木结构，近现代以来少部分采用了砖木结构或砖混结构，不过传统建筑的窗户几乎全都保持了原来的传统花纹样式或方格样式，屋顶也全部保持为斜坡屋顶并全部盖有青瓦。

传统苗族民居为三厢式房屋结构，中间是堂屋；右侧是火房，一般为一间；左侧里外都是厢房。结构仍以穿斗式木结构为主。楼层结构分为里外两部分，靠里为实，屋面为地；靠外为虚，屋面为楼；楼底架空，底层圈畜。

民族文化

苗王城有着丰富的苗族文化底蕴，这里曾是几十代苗王经营统治的地方。至今仍然可见很多体现苗族特色文化的民间

吊脚楼群

工艺和民间艺术在这里继承和传播，其中有上刀山、下火海、捞油锅、纸上飞仙、秤杆提米、仙人合竹等绝技绝活，花鼓舞等民族舞蹈，苗族祭祀、哭嫁、丧葬等苗族民风民俗，苗族刺绣、苗族传统服饰织棉、苗族传统银饰打造、传统雕刻、染布和酸汤等传统工艺。

其中，花鼓舞为国家级非物质文化遗产，苗族花鼓有两面和四面鼓两种。前者音色清越、圆润、爽心悦耳；后者声音沉雄浑厚，惊心动魄。一般在椎牛祭祖、节

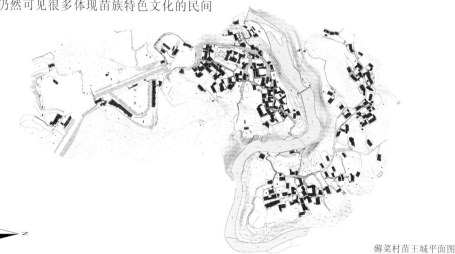

薅菜村苗王城平面图

日盛会、迎宾迎客时都要表演花鼓舞。花鼓舞所表现的内容有耕田种地、播种插秧、割谷打斗、穿衣整容、烧茶做饭、筛糠簸米、挑花绣朵、金鸡独立、岩鹰展翅等，是苗族生活在艺术中的形象反映，表达了苗族人民对美好生活的无限憧憬。

花鼓舞

苗族刺绣

苗王府

古巷道

石墙1

石墙2

人文史迹

苗王府：占地2800平方米，建筑面积2000平方米。大门由花岗岩材料雕刻而成，上面刻有麒麟、狮子、龙凤、芦笙等各种精美雕像，苗王府屋顶上中间有一个彩蛋，两边是凤鸟交尾，象征民族兴旺，欣欣向荣的和谐景象。苗王府曾经是苗王和众大臣商议大事的地方和军事指挥中心。

石墙：始建于明代，位于村庄内部，由石块一块一块堆砌而成，是古代族人防止外来土匪入侵的屏障，体现了古代族人智慧的结晶。

风雨桥：苗王城风雨桥，古时候是木板风雨桥，具有战略防御功能，现在是苗族年轻男女约会，对歌的地方。建桥最主要的目的，就是为了解决跨水或者越谷的交通，以便运输工具或行人在桥上畅通无阻。

古巷道：位于村寨中部，是为抵御外来入侵，歼灭敌人而修建的，同时兼顾交通要道的功能。始建于明朝洪武年间，是古代族人消灭外来敌人的屏障，体现了古代族人智慧的结晶。

风雨桥

保护价值

苗王城，建于明洪武初年，宣德至嘉靖年间经苗王石各野、龙达哥、吴不尔、龙西波、吴黑苗等长期经营逐步成为腊尔山区南长城外围的"王者之城"。不仅具有一定的战争防御能力，而且体现了较高的建筑水平。是湘、黔、渝边界上至今保存较好的集政治、经济、文化、军事和建筑为一体的苗疆古城，是区域民族发展和融合历史研究的鲜活实例，具有极高的历史价值。

该村落物质文化、非物质文化资源丰富、历史悠久、独具特色，文化内涵丰富，是民族文化和区域文化的杰出代表，具有极高的文化价值。

在艺术方面，薅菜村主要体现在花鼓舞、龙灯、雕刻、编织、剪纸、山歌等文化艺术方面，它们是当地文化的杰出代表，是民族艺术的优秀典范，记录着当地苗族人民的文化信仰、艺术审美以及生活态度，具有较高的艺术价值。

历史上薅菜村一直是苗族聚居区，直到新中国成立前夕仍为湘、黔、川三省政府无法控制的"三不管"之地，以苗王城为代表的"生苗"文化与远古苗巫文化、五溪蛮夷文化是一脉相承的，它在苗族长期艰苦的生存奋斗中得到承传和发展，成为中华民族文化"百花园"中的奇葩，具有极高的科学研究价值和审美观赏价值。

雷　瑜 黄文淑 汤洛行 编

村落环境

铜仁市石阡县聚凤仡佬族侗族乡指甲坪村

指甲坪村全貌

指甲坪村区位示意图

总体概况

指甲坪村位于石阡县聚凤乡西北方向，距乡政府所在地5公里，聚凤乡距石阡县城62公里。村庄所处地形为高原地带，东临黑山坳、西至大顶山、北接深基顶、南靠观音山，平均海拔1160米，常年云雾缭绕，村域面积5平方公里，村庄占地面积300多亩。村落现有168户，580多人，主要为侗族，是多民族杂居传统村落。

明、清时期军屯制，曹氏家族迁入贵州铜仁地区，其中一支在指甲坪与当地居民繁衍至今。2013年被列入第二批中国传统村落名录。

村落特色

指甲坪具有村依山而建、随坡就势的选址特色。

村落所处地形为高原，地势开阔，光照充足，土壤肥沃，生态环境保持较好。自明代以来，陈姓、石姓家族最先在这里居住，由于当地自然环境良好，农耕方便，从明末清初开始，其他姓氏家族纷纷迁入，逐步形成了今天二十多种姓氏、多民族聚集居住的民族大家庭这一特殊村落。

指甲坪村现有160多户村民，而姓氏却有二十多种之多，在黔东地区实为罕见，它与众多的聚族而居的宗族村落形成了极大的反差，无宗族关系的村民之间和谐相处，地缘关系这一传统文化的选址观得到充分体现。

从选址空间整体布局到群体组合及单体建筑，处处体现了生态意识、地缘关系及民俗信仰。整个村寨房屋布局密集，纵横交错，疏密有致，保存状况良好。

传统建筑

村中现存各类传统木结构穿斗式青瓦房330余栋，多数为清朝年间建造，形制为正房与厢房配对，以五柱六瓜正房配五柱二瓜或三柱二瓜厢房为主，具有独特的工艺水平和建造技艺，保存状况良好。整个村寨房屋布局密集，纵横交错，疏密有致，掩映在大片古松柏之间，处处显现出村落悠久的历史印迹。

村落依山而建，随山就势，村落轮廓与所在地地形、地貌等自然风光和谐统一，具有浓厚的地方特色。

传统建筑群

民族文化

指甲坪村重要的民族文化为茶灯文化。

茶灯场景

茶灯是石阡县一种独特的戏曲表现形式，主要流传于县境内的民族村寨。

石阡县素有贡茶之乡的称誉，石阡茶灯正是根植于这样一个文化生态环境之中。石阡茶灯与石阡茶文化的悠久历史有着密不可分的渊源关系，远在唐、宋时期，石阡就有种茶制茶的历史，并被朝廷所选用。到明朝，种茶、制茶、饮茶在全县境内已普及规模。相传，石阡茶叶被朝廷所用以后，民间制茶艺人为推出

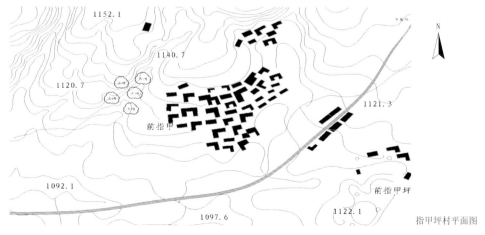

指甲坪村平面图

更多的贡茶，欲求在全县境内大力发展茶叶生产，并为之庆贺，民间杨氏艺人把采茶、制茶演绎为一种民间文艺表演形式，由此，"石阡茶灯"就应运而生了。清乾隆—光绪年间，是"石阡茶灯"的鼎盛时期，并在《石阡府志·风土志》中记载过古时石阡春节元宵中茶灯的盛况："有所谓茶灯者，以村童十二人饰女妆，为采茶十二姊妹，装一'茶婆'为其母。率领上山采茶，别装四、五十人作赶场式贸易。谈笑之间，多戏谑十二姊妹语，茶婆往往怒骂之。各执一灯或数灯，极其繁盛。采茶歌声，风流婉转，观听者不可胜计，阡素产茶，故有此灯，为庆会之特色也。"如今，茶灯已成为石阡民间一种文化活动。2006年被贵州省人民政府批准为非物质文化遗产。

茶灯祭祀

人文史迹

古树：指甲坪村落古树主要有红豆杉和古松柏树。红豆杉和青冈树连成一片，风景优美，古香古色。村落在大片古松柏的掩映下，显现出悠久的历史印迹。

红豆杉树根

宅后古树

古井：村落有一处清末古井，现保存完好，井水常年不断，清澈可口，井水主要用于生活及生产用水。

古井

古墓：指甲坪村有多处古墓，古墓多与民居相邻，比较罕见，意义在于得到祖先保佑，也便于拜祭供奉祖先。

古墓葬

古碑刻

传统小路：在各个独立的院落之间穿插曲径通幽的小路，用于连结各个院落。

传统小路

保护价值

历史价值：指甲坪村生生不息的农耕文化，明末清初及近代建造的传统青瓦房以及具有民族意义的花灯文化均体现传统村落的历史源远流长。

传统青瓦房

艺术科学价值：据曹姓家谱记载，其祖先于明洪武年间入黔，几经辗转，于指甲坪定居繁衍生息，至今已有600多年历史。对明代建村的历史探源，可以考证我国古时大移民以及相关历史事件、历史文化等内容。

社会价值：指甲坪村为杂姓聚居，多民族融合，对这种群居历史活动的研究，是对当地传统建筑文化与汉族建筑文化融合的一种体现，对挖掘民族融合文化和人们的思想特征，对研究村落形制、民俗信仰、农耕文化等意义深远。

刘 娟 李 雪 编

农耕文化

铜仁市印江土家族苗族自治县中坝乡虹穴村

虹穴村全貌

虹穴村区位示意图

总体概况

虹穴村位于中坝乡西北部，距中坝乡乡政府所在地约12公里，通村路盘绕在山峦之间，弯急陡坡，出行较为不便。村域面积4平方公里，村庄占地面积168亩，共180多户，常住人口550人，75%以上的居民都为李姓，多为土家族。虹穴村始建于元代，是一处集历史遗存和山地自然风光于一体的土家族传统村落。2014年，虹穴村被列入中国第三批传统古村落名录。

传统建筑 1

传统建筑 2

村落特色

虹穴村分为上寨和下寨，下寨所有的传统建筑在火灾中损毁，上寨传统建筑保存较为完好，民居建筑大多为木结构建筑，石板围合，建成年代多在清朝年间。

虹穴村民居建筑沿着等高线坐北朝南有序排列，依山势层层叠起。同一等高线上民居之间偶有连接，局部留出狭窄的寨路，与房屋布局一致，弯弯曲曲。主路通常垂直或斜交于等高线，以便将各民居建筑组织到路网中，支路多平行于等高线连接住户，是村落整体格局的重要组成部分。村落内多以石板铺路，石巷连接，因高差较大，村落内民居多为"一型"，少有"四合院"，院坝也较为狭长，同一等高线上的院坝有连接，或以厢房作为空间隔断，但是一般下有通道连通。

传统建筑

虹穴村现存保存完好的传统民居100余栋，其中文昌阁、李氏宗祠为县级文物保护单位，为清朝时期所建。村寨在民居建筑布局和特色上沿用土家族的建筑形制和特点，总体朝向为坐北朝南，整个村落建筑相对集中，因地制宜。

虹穴村平面图

传统建筑以木质建筑为主，仅有少量厢房采用吊脚楼形式，木房依山势从低到高，层递而建，屋顶青瓦铺盖，色调统一协调。木门、窗以下用石板围合，建筑一般正房为1层，厢房为2层，多数为四列三间，屋顶有垛脊。房前有狭窄的院坝，保持原始泥土或石板铺砌。

民族文化

花灯戏：虹穴村每年春节都要组建花灯班子闹元宵；在秋苗返青孕穗前跳"虫蝗灯"，祛虫消灾，祈愿丰收；闲暇时在庭院三五成群，操琴而唱。其突出特征是手不离扇、帕，载歌载舞。

狮子灯：每年初一至十五用来庆贺新春，上场舞者十八人，头戴面具，手舞兵器，服装各有特色。舞蹈动作粗犷，有些动作属于即兴表演，伴奏采用汉族民间打击乐，舞蹈时只需合上鼓点节奏即可。

哭嫁：虹穴村居民的婚嫁主要分为相

花灯戏

狮子灯

亲、看家、取同意、下头书、讨庚、过礼（哭嫁）、过门、谢媒、回席、辞祖几个过程。佳期这天，男方要发轿迎亲、回车马、拜堂、闹新房、回门等。哭嫁时，同村亲友的女孩都来陪哭。在婚前哭嫁的时间短则五六天，长则一二个月。

过赶年：亦叫提前过年，又称过蓑衣年。相传明朝时期，岁末之际，印江土家族先民为抵抗倭寇入侵开赴前线，打破腊月三十过年的规矩，提前一天过年。为继承发扬爱国主义精神，后人也提前一天过年。过赶年程序是半夜起床，摸黑煮饭，不用刀切，把肉、豆腐、菜做成混合饭，祭祖仪式过后，人们坐的坐、站的站、蹲的蹲，狼吞虎咽，吃完后立刻出征。

摩崖石刻

古树

红棺葬：起源于唐初，城南云半曹某赴京殿试，高中状元，皇帝询其家况，曹某赋诗以答，忌，杀之。国人鸣冤，追曹以显爵，特赐葬红棺。为表纪念，印江成年人去世后，皆实行红棺土葬，这种习俗延续至今。礼葬过程有赶信、哭丧、堂祭、山殡等。

人文史迹

摩崖石刻：位于虹穴村村前柏木林中的虹穴摩崖石刻刻于清光绪二十三年，上方楷书阴刻"县正堂乔示"五字，其内容为乔县长将山林购买，不准砍伐，达到保护山林的目的。"文革"中被毁，1989年在原址重新雕刻恢复。摩岩高0.7米，宽0.74米，高2米，原文楷体阴刻62字，新刻说明文字楷体阴刻21字于旁，现存。

文昌阁：位于虹穴村学校旁，始建于清光绪三年，坐西北向东南，正六边形砖石结构，系三层六角攒尖顶式塔阁。通高

文昌阁

石雕

11米，塔基高1.2米，砖墙厚0.45米，正面三层均建有长方形窗洞，每层均有图案或题字，由下向上逐层内收。屋面为小青瓦，滴水为垂珠瓦，短檐鼻子起翘，葫芦宝顶。

古墓：村内现存古墓15座，多为道光、同治、光绪年间的古墓，最老的距今已有180多年历史，均为坐南朝北，为石围土封合葬墓，圆形或方形（又称轿子坟），嵌方形墓碑，碑文已模糊不清，均设有贡台。

古树：村前有百余棵百年柏香树，枝干挺拔，形成了一定规模的古树群。村寨左右山脊凸起呈"青龙白虎"昂首仰望之势，唯有不足的就是右山脊在村前突然下行，形成一道阙口，因此种上百颗柏树，堵上阙口，以聚财气。

保护价值

虹穴村始建于公元1500年左右，李氏家族在此繁衍生息了五百余年，具有悠久的历史文化。村落利用周围的自然山体作为保护的天然屏障，较好地利用了现有的自然资源。古建筑群是印江县地域民族文化建筑的典型代表，将山地建筑特征体现得淋漓尽致。村落组团型的格局、枝状的巷道肌理、统一的传统建筑形式以及周围良好的山体自然环境体现了村落整体形态美学的价值。

陈清鋆 张 涛 秦新光 编

虹穴村村落一角

铜仁市碧江区漾头镇茶园山

茶园山全貌

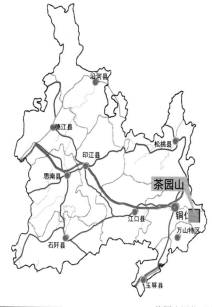

茶园山区位示意图

总体概况

茶园山是贵州省铜仁市碧江区漾头镇茶园山村的中心村,位于漾头镇西部,现状有通村公路向西到达铜仁市区,距城区17公里。村寨后面靠山,前有水塘。但进寨道路弯急路窄,坡度较大。

茶园山建成已有300多年历史,是历史学家公认的黔东第一文化古村。茶园山传统村落周边植被茂密,山色葱郁,满目扑绿。现村中有住户38户,人口100余人,90%以上的居民都姓徐并属土家族。徐家为秦朝方士徐福后人,明嘉靖元年(1522年)徐福后裔徐宰六,自江西临川草坪迁至铜仁,以诗礼传家。

2013年茶园山被列入第二批中国传统村落名录。

村落特色

茶园山落历史悠久,保存从明代至今的家族生息发展结构,真实的反映家族起步发展鼎盛到衰落的历史过程及社会变迁,是研究社会史、家族史、文化史的史料。

茶园山坐东朝西,建筑占地面积约20000平方米以上,分为左、中、右三进院落。左边是长房、中间是二房"景山第"、右边是三房"南州第"。属于传统的自然村寨,东北靠自然山体,西南面均为大片的农田、旱地、森林,水塘、秀美的田园风光凸显了茶园山浓郁的传统乡村气息。村落内居民建房依山势从低到高,层递而建,呈院落式,大部分为土家族传统建筑形式。至今仍保留了较好的传统建筑风貌及村巷立面,村落、山、农田相得益彰,共同构成了茶园山院落式的田园村落格局形式。

传统建筑

茶园山中建筑多为木楼,雕花门窗。该村建成已有300多年历史,是历史学家公认的黔东第一文化古村。整个建筑群从建筑、雕刻绘画、书法、民风、民俗等集中体现了土家族的民族文化。主要建筑为土墙木楼,面积约20000余平方米。

门:院中正房,明间均为六合们,六扇能开合的门扇组成三对大门,每一扇门的两端都有透雕或浮雕。

墙:传统土家族建筑包括恒强和山墙,墙体使用木材,其中山墙采用木构架形式,呈人字形,主要作用是与邻居的住宅隔开和防火。

窗:窗户的样式主要有"王字格"、"井字格"等样式,窗花则多精雕鸟兽、虫鱼、花卉等,独具民族特色。

茶园山平面图

村落环境

传统建筑

民族文化

傩堂戏：传统土家族人信仰多种神和土王崇拜、祖先崇拜，常进行祭祖活动，而最具特色的属"傩堂戏"这一传统祭祖活动。已有600多年的历史，经过不断充实、扩展和完善，形成了以傩仪、傩戏、傩舞、傩技为主要形式的傩文化。

茶灯：民国对茶灯有比较生动的记载："有所谓茶灯者，以村童十二人饰女装，为采茶十二姊妹，装一茶婆为其母率领上山采茶。别装四、五十人作赶场式，贸易之间多戏谑十二姊妹语，茶婆往往怒骂之。各执一灯或数灯，极其繁盛。采茶歌声，风流婉转，观众听者，不可胜计"。

中元节：农历七月十五日，民间俗称"鬼节"。节日期间，民间家家迎请祖先亡魂，顿顿摆酒食供品奉献。

傩堂戏

茶灯1

茶灯2

中元节

人文史迹

茶园山据考证，徐家为秦朝方士徐福后人，明嘉靖元年（1522年）徐福后裔徐宰六，自江西临川草坪迁至铜仁逐渐发展成为今天的村寨。

茶园山的人文古迹有：古墙、古巷、景山第、南州第、古井、乌龟董、石碑等。

古墙

古井

景山第

南州第

乌龟董

保护价值

茶园山，林木茂盛，视野开阔，村中建筑多为木楼，雕花门窗。山庄坐东北朝西南，背靠徐氏山，面朝连绵山峰，左右都有山体作为护山，山庄前有一水塘，与山庄、学堂、徐氏山一起形成一条无形轴线。

整个寨子保存较完整，具有重要的历史价值、艺术价值和文化内涵。

村落利用周围的自然山体作为保护的天然屏障，四合院与山地建筑的结合，形成曲折多变的建筑空间。世代居民生产生活所用的梯田，加上山间泉水的灌溉，较好地利用了现有的自然资源，使得世人有了生存发展的空间，建筑建造的技术让居民有了安居的场所。

追寻家族历史渊源，传统文化精髓。徐氏家族核心价值理念为"耕读为本"、"诗礼传家"，能读则读，能耕则耕。蕴涵着丰富的历史、道德、审美等多方面的文化价值。

古村落集合了多元化的旅游价值以其丰富的历史遗存、朴素的乡土文化、优美的田园风光和与现代社会巨大的文化反差吸引着不同类型的旅游者，带来了相当大的经济效益。

刘俊娟 周 博 编

云阁钟声

古树

莲池鸳鸯

333

铜仁市江口县民和侗族土家族苗族乡封神懂

封神懂村全貌

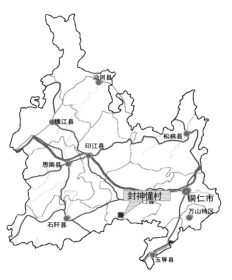

封神懂村区位示意图

总体概况

封神懂村位于江口县民和侗族土家族苗族乡东南部，距民和乡政府所在地10公里，东接大塘村，南邻岑巩县羊桥乡，西连艾坪村。

封神懂村始建于清代，是一座以舒氏家族为主的血缘村落，整个村寨坐东北面西南，背山临水，布局严谨，周围千年翠柏耸立，郁郁葱葱。村中有56户人家，302人，90%以上的居民都姓舒，是典型的同姓家族聚居特色。该村寨大多数的年轻人都外出打工，留在寨子里的仅有40～50人，基本是老人和小孩。该村的农作物以种植玉米、红薯、板栗、烤烟等为主；大多数村民属于苗族，但是随着时代变迁，许多苗族的文化与特征已经被土家族及汉族文化融合，但是仍保留一些苗族特性；村庄占地面积865亩。封神懂村2013年被列入中国第二批传统古村落名录。

村落特色

封神懂村属于传统的自然村寨，西靠自然山体，东南北面均为大片的农田、旱地、森林，秀美的田园风光凸显了封神懂浓郁的传统乡村气息。村落内居民建房依山势从低到高，层递而建，呈组团状，大部分为土家族传统建筑形式，村落发展至今，仍保留了较好的传统建筑风貌，村落、山、农田相得益彰，共同构成了封神懂组团状的田园村落格局。

封神懂传统村落规模较小，随着多年来村落的发展演变，村落内自东向西形成了一条主要巷道，贯穿整个村落，其余次要巷道根据村落内建筑的分布，相互连通，纵横交错。村落内巷道宽度在1～2米左右，蜿蜒曲折，宽窄不一，村内巷道为水泥石板和青石板铺设。封神懂内部巷道在空间上保留了传统巷道形式，与村落整体风貌较协调。

传统建筑

封神懂村的传统民居建筑大多为1～2层，建筑高度在8.5米以下，小青瓦坡屋顶高低错落，檐口伸缩不一，建筑立面多为褐色木制墙面，部分建筑配有木质栏杆，木房与传统巷道相映成趣，房屋顺应地形肌理，与宽窄不一的步道、宅前院落、田地等构成富有韵律和变化的村巷景观。封神懂村寨内建筑包括历史建筑、传统建筑和其他建筑三类。村寨内共有三栋历史建筑，已有100多年历史，形式为双吊式，中间为正房，两侧为厢房，建筑样式与土家建筑大体相同。封神懂传统民居以木质干阑式建筑为主，一些厢房采用吊脚楼形式，屋顶青瓦铺盖，色调统一协调，配以木质窗花、木门，建筑一般正房为1层，厢房为2层，多数为一排四扇三间，屋顶有两个翘檐，具有土家民居的风貌；依据地势，有两三栋房屋连在一起的，有的厢房隔着。

传统民居

民居窗花

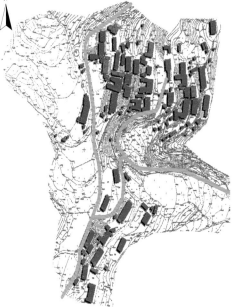

封神懂平面图

传统三合院

民族文化

花灯：花灯又叫茶灯，主要以表现"十二采茶娘子"上山采茶而得名。参加茶灯演出者多达几十人。茶灯集花灯、歌舞、杂耍表演于一体，多方面反映社会生活，场面壮观而热烈。

人文史迹

鼓藏节：民间祭祀活动，一般是七年一小祭，十三年一大祭。于农历十月至十一月的乙亥日进行，届时要杀一头牯子牛，跳芦笙舞，祭祀先人。食时邀亲朋共聚一堂，以求增进感情，家庭和睦。

花灯舞1

鼓藏节1

民居水缸

花灯舞2

鼓藏节2

保护价值

封神懂村，林木茂盛，视野开阔，村中建筑多为木楼，雕花门窗。整个寨子保存较完整，具有重要的艺术价值和科学价值、经济价值。

艺术价值：村落的组团型的格局，枝状的巷道肌理、统一的传统建筑形式以及周围良好的山、水、田自然环境，体现了村落整体形态美学的价值。

科学价值：村落利用周围的自然山体作为保护的天然屏障，世代居民把平地改造成为生产生活所用的梯田，加上山间泉水的灌溉，较好地利用了现有的自然资源，使得世人有了生存发展的空间，建筑建造的技术让居民有了安居的场所。

经济价值：主要体现在旅游方面，古村落集合了多元化的旅游价值以其丰富的历史遗存、朴素的乡土文化、优美的田园风光和与现代社会较大的文化差异吸引着众多不同类型的旅游者。

刘俊娟 季星辰 编

古石阶　　封山碑

古寨石舂

民居神龛

雕花石缸

舒氏家谱

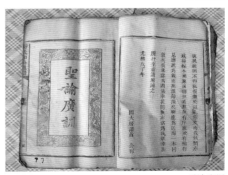

圣谕广训

铜仁市石阡县花桥镇施场村

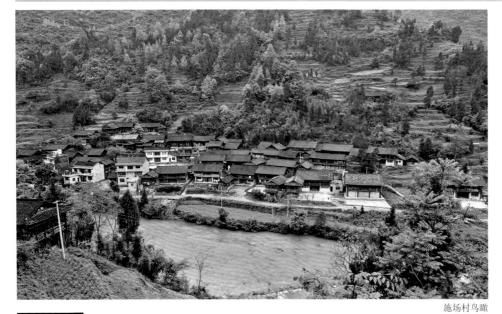

施场村鸟瞰

施场村区位示意图

总体概况

施场村位于石阡县花桥镇的东面，距镇中心6公里，距县城25公里。坐落在一条名叫凯峡河的岸边，占地面积约600亩。全村共238人，以梁姓为主，另有肖姓、邱姓，民族以亻革佬族、侗族为主。据记载，施场村主要是于1575年明神宗万历三年岁次乙亥左右，从祖籍江西吉安移居而来，至今已有400多年历史。村庄依山傍水，阶梯排列，纵横道路交错相通。

施场村于2013年被列入第二批中国传统村落名录。

村落特色

寨子后山是茂密的青杠林，有巨大青杠古树5棵。在1970年前，河岸边建有碾坊四处，今存一处，已不再碾米。村落为石阡侗族原生态民居建筑群，保存较好。传统建筑主要位于青杠林山下，有47户，全为梁姓。对面隔河之山叫冬瓜潮，山脚有16户民居，房屋周围是树，不易看出，像

村庄与凯峡河

通村路

村庄局部

是树林的点缀。村庄已通公路，公路由寨子底部横过至左侧地下热水出水处。寨中横向道路三条，纵向道路五条，呈"井"字状，主要为土路和石板路。该村寨位于石阡地下热水分布点最多、资源最丰富的区域，但尚未开发成形。村落传统建筑保存属最好类型。

传统建筑

施场村民居主要为原生态的侗族建筑群，房屋除两户为新修砖房外，其余全是老式木瓦房。以五柱四瓜房为正房，正房前两侧或一侧建翘角的吊脚楼，亦称厢房或楼子，中间为院坝，形成三合院式的建筑特点。房屋随河岸地形而建，呈梯形排列，大致成"王"字形状。翘角楼的弯挑

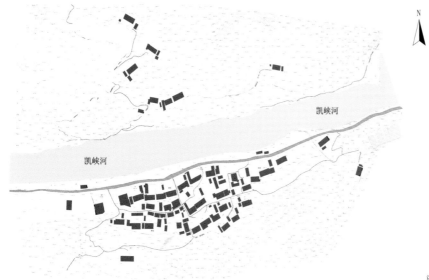

施场村平面图

传统建筑

梁，像一把长大的弯刀，足显房屋威武壮观。翘角结构，使房屋外形美观，又保护厢楼不受雨水淋坏。反映侗家房屋建筑不仅追求实用原则，又追求造型美观、工艺精湛的原则，还要符合侗族房屋建造能驱瘟避邪的心理特点。

传统建筑院落

传统建筑－附属建筑

人文史迹

始祖梁公道清，原籍江西省吉水县大石墩猪泗巷。迁湖广衡州府桂阳州凌武南山县五都栏木桥，明时为湖广边陲。时奉皇清诰封，授予大名清军指挥将军之职，平贼黔地，功勋昭著，为国捐躯。后梁姓子孙，在此地繁衍生息。

温泉：石阡温泉闻名全国，而施场的温泉因泉眼数量和峡谷幽深、青峰耸立的地理环境优势，村内的古温泉井水温最高可达52°，施场温泉在石阡是较为出名的，俗称"施场温泉群"。

凯峡河：河道东西贯穿整个施场村，河道途径多为幽深峡谷、急滩与深潭相间，两岸杂树丛生，树木葱郁，禽鸣兽吼不绝于耳。承载着施场村的未来和希望。

溶洞：自然形成的溶洞，具体形成年代未知，是村寨的自然奇观。

温泉井

水碾房：施场村古老的一种农具，主要用作碾米。这种农具从晋代开始一直沿用到20世纪70年代逐渐被电动打米机所代替。

渡口：现保存完好的渡口，也是现在人们日常生活去对面山的主要水上通道。

凯峡河、溶洞

古道：现保存完好的古道之一，也是现在人们日常生活行走的小巷之一。

古墓：为了得到祖先保佑，阴宅修建于住宅旁边，但比较罕见。

古树：有青杠树和古檬树共计6棵。青杠树木质沉重坚硬，农村常用做楔子钉农具，也是当地农民主要的最优良柴火，有着"除去青杠无好火，除去娘亲无好亲"的美誉。

水碾房

古道、渡口

古墓

古檬树、青杠林

民族文化

村寨地域文化浓厚，民风淳朴。村民喜唱民歌山歌。现唱响全国的仡佬族经典民歌《情姐下河洗衣裳》就是从这里发源的。相传是一位山歌能手见河边洗衣女子仰望对面砍柴情郎，洗衣槌打破了手指而即兴编的歌。久经传唱成为经典歌曲。村内一名民间歌手已成为国家级非物质文化（民歌）传承人。

说春：说春之俗源于唐朝，是石阡人民传承下来的仪式。唱调为主要内容的一种民俗活动，主要流传于石阡花桥及其周边的村寨，活跃在立春时节的一种民俗活动。相传唐朝开国初年，封氏兄弟立下战功，唐朝天子封他俩为春官，每年向封地内的百姓讲一讲农事、季节、不违农时就行了。

说春1

说春2

保护价值

施场村选址于河谷地带，其地下热水河的温泉文化、侗寨传统历史建筑群、梁公文化等都是施场特色的历史遗存。在沿河岸的4座水碾房更加表现出当时的农业生产盛景，展现了侗族农耕文化有着深远的历史。同时，村民口口相传的民间故事、神话传说等都反映了施场村的保护价值。

喻 萌 于 鑫 编

铜仁市松桃县普觉镇候溪屯

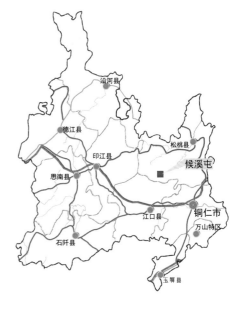

候溪屯全貌

总体概述

候溪屯位于松桃县普觉镇西南部，距离县城49公里。村庄占地16公顷，寨内有候溪屯一、二组和仡佬寨组，有苗族、仡佬族和汉族等民族，其中以仡佬族为主。集中连片的民居有210户，1000人。

明朝嘉靖年间筑城未果，文武官员在此地议事歇脚，故名铺脚。明洪武年间，为四十八旗军驻地，清康熙年间设主簿署。候溪屯因驻地候溪屯而得名，此村原为侯姓所住，有一小溪环绕，故名。

候溪屯于2013年被列入第二批中国传统村落名录。

村落特色

村庄整体依山选址于周围坡度缓地阶梯坡上，依地形自然形成候溪屯、马田、仡佬寨、关口坡四个组团，选址大多利用天然地形，依山傍水、随坡就势、灵活多样。每个村落都有风水古树和成片森林与之呼应，构成了该村落重要的自然景观标志，连片粮田和村落融为一体，形成独特的田园风光。村内现状景观以"一心、两轴带"的空间结构布局。以龙塘河以及两岸自然风光形成村寨的中心。以祭祀台、寺庙和通村公路两点一线为主要轴线，以候溪小学旧址、生基坟群和仡佬族四合院三点构成为次要轴线。村落建筑大多依山而建，主要聚集区呈带状分布，且建筑多为坐北朝南。

传统建筑

候溪屯寨的建筑过去多为木结构，近几年来新建建筑大多为砖混结构、砖木结构建筑，与传统建筑风貌冲突。村寨内以传统建筑为主，均为传统的仡佬族五柱四式木瓦房和"吊脚楼"结构的建筑。建筑主要为I型、L型和凹型，整个村庄为典型仡佬建筑风貌，房屋窗子雕花、房梁上刻有各式图案，基石上刻有各式雕花等等。整体传统建筑主体保存情况较好。经历上百年的风吹雨打，一些建造构件受到损坏。

民居建筑技术上采用仡佬民居传统的井干式、穿斗式、抬梁式木构建筑，整个构架，均以榫卯相连，无钉无栓，从构思、设计到施工，不用图纸，皆由木匠师傅进行复杂的力学估算，仡佬匠师们精湛的建筑技术和创造精神，实现了技术与审美的有效结合。

传统建筑2

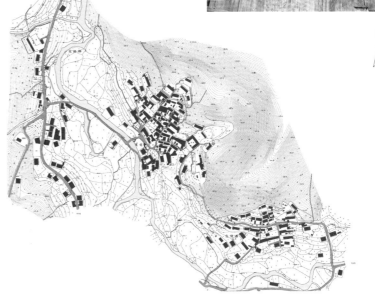

候溪屯平面图

民族文化

村落的饮食、衣着、建筑、生产工艺上具有独特的民族特色和地方特性；其语言、艺术、风俗、宗教和传统等精神文化也极具特色。如仡佬族语言、傩戏、花灯、龙灯、高脚舞狮、祭祀、丧葬、哭嫁等都是典型的非物质文化；仡佬族传统建筑、石墙、石门、龙门，仡佬族传统服饰等。

仡佬族龙灯：候溪屯有着独特的舞龙方式，即滚龙。滚龙，以九根拇指粗的竹篾捆扎连接成龙骨，近五百个直径二尺左右的蔑圈等距排列连接成龙身，再以整幅的布画上斑斓的鳞甲，罩在篾圈上。全长一般为三十六米至四十米，一般都在十六节以上（又称洞），用三十多人轮番舞动。更为别致的是，龙头龙身装满彩灯，夜晚舞动时，晶莹剔透，五光十色，有如彩虹飞舞，蔚为壮观。

仡佬族龙灯 1

仡佬族龙灯 2

保护价值

候溪屯是仡佬族聚居村落，其生产生活的方方面面都是仡佬族民族智慧的结晶，从村落选址、农时耕作、筑房建屋、酿酒制酸等诸多方面，都能体现当地的工艺科学，村落在松桃苗族自治县属于唯一一个保存完好的仡佬族古村落，祖祖辈辈在这里长期居住，留下了丰富的物质与非物质文化遗产。居民大部分为仡佬族，少部分为苗族，其传统生活、生产方式保留完好，社会交往模式传承有序，传统节日和风俗保存完好，有着典型的仡佬族文化，同时有过屯军和民族融合的社会演变历史，被铜仁市列入武陵名村示范点。因此，候溪屯在历史长河中具有极高的社会和科学研究价值。

仡佬族傩戏

人文史迹

生基坟：即是在老人生前，按其意愿选择死后所葬地并事先请石匠按一定的尺寸凿好石条，砌好坟茔，死后下葬的一种墓葬形式。

候溪小学遗址：始建于"文革"末期，位于村庄内部，总占地面积约为650平方米，建筑呈三合院结构分布，以砖木结构为主，小青瓦坡屋顶。中间空地为操场，占地约为300平方米，操场未硬化，局部长满小草，是学生课余时间主要活动场所。以满足村庄适龄学生上学需求，后期政策因素，改迁址至村庄南部通村公路旁；学校至今保存完好，展现20世纪60年代的建筑风格。

龙门、石门：位于村庄内部，候溪屯一、二组，分布有两扇比较有代表性的门，分别为石门与龙门，至今已有上百年历史，其中石门高约2米，宽约1.5米，由石块堆砌而成，经过岁月的洗礼，局部地方有残损的痕迹。龙门高约3米，由六颗实木圆柱为支撑，中间用木质实木板作为隔离墙，小青瓦坡屋顶，代表富贵与权力的象征，这些各具特色的门，有防御外来匪寇的入侵的作用，同时也体现了仡佬先祖传统智慧的结晶。

候溪屯现存有四处遗址，分别为罗法成遗址、罗汉堂遗址、罗家祠堂遗址以及祭祀台遗址。其中罗法成遗址位于候溪屯一、二组区域内，是仡佬族傩戏之祖师生前故居，经过上百年风吹雨侵蚀，现只剩

下建筑框架的残骸。罗汉堂遗址位于四方山上，据说，罗汉堂占地100平方米，有罗汉雕像十余尊，"文革"时期遭到破坏，现已经完全损坏。罗家祠堂遗址位于仡佬寨，是仡佬族人祭祀祖先和先贤的场所，也是族长行使权力的地方，经过岁月的洗礼，已经被损坏。祭祀台遗址至今也只剩下一堆杂木而已。

雷 瑜 陈隆诗 黄文淑 编

候溪小学遗址

生基坟

石门

村落环境

铜仁市德江县高山镇梨子水村

梨子水村局部村貌

梨子水村区位示意图

总体概况

梨子水村，位于德江县北部的高山镇南侧，距镇政府所在地约4公里，西侧紧邻303省道。村域面积4.6平方公里，村庄占地面积200亩，常住人口750人，以土家族为主。梨子水村在清朝以前是一块荒无人烟的土地，清朝初期张氏族人在此开垦安居，形成了现今的传统村落。村域西部为著名风景名胜区洋山河峡谷。2014年，梨子水村被列入第三批中国传统村落名录。

传统民居

传统街巷

村落特色

梨子水村村前村后都有起伏的山丘，形成了其良好的天然屏障，左右小山环抱，村寨前方是一大片农田，田园风光凸显了梨子水村浓郁的传统乡村气息。村寨内居民沿街巷建房，顺应街巷呈带状集中分布，依山势从低到高，错落有致。村寨发展至今，保留了部分传统建筑风貌及村巷立面，部分为土家族传统建筑形式，村落、山、水、农田相得益彰，共同构成了梨子水村带状的山田水格局形式。

石铺设或保持原始泥土，周围竹木环绕，多植竹木，具有土家民居独特的风貌。

传统建筑

梨子水村现存1处县级文物保护单位，为清朝民居建筑，以及传统建筑221栋，共占村庄建筑总面积的81%。村内民居以砖混结构建筑为主，部分是木质干阑式建筑，一些厢房采用吊脚楼形式。屋顶青瓦铺盖，色调统一协调，配以木质窗花、木门，屋檐多雕刻有地方花纹。建筑一般为1~2层，一排四扇三间，人口多的六扇五间，楼房三方有栏杆，屋顶有两个翘檐。每一正房前面均有院坝，依据地势，有两三栋房屋连在一起的，有的厢房隔着阳台连接，有的就连成一个院落，且院坝有青

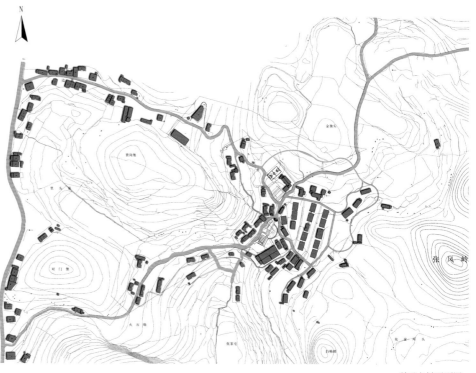

梨子水村平面图

民族文化

歌谣：具有独特的艺术性，内容丰富多彩，在打柴山中有山歌、薅草田土中有打闹歌、隔山隔岭有盘歌、谈情说爱有情歌、修房造屋有仪式歌、红白喜事有哭嫁歌和哭丧歌，喜怒哀乐，皆可成歌。

土家熬熬茶：熬熬茶又称为油茶，是土家人喜爱的饮食之一。其制作十分讲究，主要以茶叶、食油、芝麻、大豆、花生米、腊肉、核桃、花椒、食盐为原料，经炒制等特殊工序加工而成。熬熬茶不仅清香可口，风味诱人，还能充饥解渴，醒脑提神。

土家花灯：每逢春节期间，较为集中的村寨中一些爱好者和民间艺人带头承办，采取"化缘"方式筹资，用竹、纸编糊制成各种各样的12盏灯笼，如牌灯、鱼灯、荷花灯、扇子灯、蝴蝶灯、茶灯宝灯等多种灯笼，从正月初一至二十日，每逢受到邻近寨子的邀请，便到寨中各户堂屋中跳唱。

祭祀

土家花灯

摆手舞：土家族古老的传统舞蹈，它集舞蹈艺术与体育健身于一体，有"东方迪斯科"之称。举行摆手活动时，人们扛着龙凤大旗，打着灯笼火把，吹起牛角号、唢呐、咚咚喹，点燃鞭炮，放起三眼铳；抬着各类供品，浩浩荡荡涌进摆手堂举行祭奠仪式，由一位有声望的土教师带领众人行过叩拜礼后，便在供奉的神像下面边跳边唱神歌。唱的内容多是颂扬土王及祖先的恩德和业绩，表达土家人的无穷怀念之情。

人文史迹

梨子水村内现存清朝民居一处，竹篱笆、堡坎、石碾、水缸、风簸多处，古

古井

古水缸

树两处，它们集中体现了传统村落地方特色。

竹篱笆：梨子水村内部分院落、农田，周围用竹篱笆作为围墙，高约1.2～2米，用于防止鸡、狗等小牲畜进园内践踏蔬菜、庄稼，土家族人称为"园干"或"墙篱"。

杨树林：在村寨周围有一片的杨树林，长势茂密，树径粗壮，排列错落有致，寿命达90年以上。

石碾：村寨内保存着传统生活所用的石磨，石磨是一种石制的研磨滚压工具，用于把米、麦、豆等粮食加工成粉、浆。在传

风簸

古石磨

统村落生活中，石磨曾是一种最常见的生活工具，是乡村生活的一种象征，也是村落的一道风景。

堡坎：梨子水村内部分院落、农田周围都围有堡坎。堡坎俗称挡土墙，是用块状石头砌筑的保护体，主要是保护堡坎内的土壤结构不被破坏。

保护价值

梨子水村作为传统村落，其格局肌理、传统民居建筑形式、民族文化在当地都具有较强的代表性，尤其是以洋山河峡谷风景为代表的村寨对外宣传名片。村寨的带状格局、枝状的巷道肌理、传统的民居建筑以及周围良好的山、水、田自然环境体现了村落整体形态美学的价值。木质干阑式和砖混的传统民居，加上传统工艺和建筑装饰，使得村落建筑形式独具民族传统风格，民族文化元素内容丰富，传统村落整体特色突出。

陈清鋆 张 涛 编

摆手舞

梨子水村村落一角

341

铜仁市江口县怒溪土家族苗族乡黄岩

黄岩村全貌

黄岩村区位示意图

总体概况

　　黄岩位于铜仁市江口县城的南部17公里，怒溪土家族苗族乡的西南部10公里处，位于贵州高原向湘西过渡的大斜坡地带，属亚热带季风湿润气候，夏冬日长，春秋日短。

　　黄岩传统村落周边植被茂密，山色葱郁，满目扑绿，物产丰富，除有丰富的动植物外，还有丰富的冷水资源、矿泉水资源和绿豆石、大理石等资源。村现有45户人家，人口230人，90%以上的居民都姓孟，均属土家族，是典型的同姓家族聚居特色；村庄占地面积1050亩。2013年黄岩村被列为中国第二批传统村落名录。

村落特色

　　黄岩历史悠久，宋淳熙八年（1181年），诚州刺史杨再思第七世孙杨再西，率其儿子杨政强领兵开发省溪、宙遥（今怒溪）等地，成为梵净山东区土家族人的先民。这一时间还与省溪、怒溪等地形成了土家族特殊的社会政治制度——土司制度，直到清光绪九年（1883年）结束，土司制度长达600余年。

　　村落前有条小河蜿蜒穿过，村落四周植被很好，进出村落有一条道路，小河从路下穿过，仿佛世外桃源一样。村落内居民建房依山势从低到高，大部分为土家族传统建筑形式，村内少部分巷道为水泥硬化路面，大部分仍保留了传统土质、碎石、石板等路面形式，土路路面情况不太好，碎石、石板路路面情况一般。总体来讲，黄岩传统村落内巷道较好地保留了传统巷道形式，与村落整体风貌较协调。

传统建筑

　　黄岩民居以木质干阑式建筑为主，一些厢房采用吊脚楼形式，木房依山势从低到高，屋顶青瓦铺盖，色调统一协调，配以木质窗花、木门，屋檐多雕刻有地方花纹，楼房三方有栏杆，具有土家民居独特的风貌。每一正房前面均有院坝，依据地势，有两三栋房屋连在一起的，有的厢房隔着，阳台连接，有的就连成一个院落，且院坝有青石铺设或保持原始泥土，周围绿树环绕，多植竹木。

　　黄岩的古民居多是以筒子屋、三合院、四合院为主的干阑式建筑，翘角白沿，廊檐相接，青瓦若鳞，气势恢宏，十分古朴壮观，充分体现了历代土家族人民的勤劳智慧和对生活的热爱与追求。传统

四合古院

雕花门

土家族建筑多为纯木结构建筑，一般以当地榉木作为建筑承重构件的主要用材，曾以杉树皮、泥瓦甚至石板为瓦，以木板为壁，有"转角楼式"、"亭阁式"等不同形状。土家族对木材的运用别于其他民族，一般而言，弯曲木材视为残次木材不予运用，但土家民居不论哪种形式的挑枋都不采用直木制作，有意选用弯曲木材作为构件，在形象上形成直木与弯木结合的独特构架形式，成为识别土家族民居的又一特色。

黄岩平面图

民族文化

土家族傩堂戏：傩堂戏是一种宗教祭祀色彩很浓的戏剧，至今在贵州境内大部分县市仍有遗存，尤以黔东和黔北的江口、思南、沿河、印江、铜仁、江口、怒溪、黄岩一带流传最广。傩堂戏演出之前要举行复杂的法事祭拜司傩大神——傩公和傩母。法事施行的全过程充满着森严、肃穆的气氛，使人感到已进入一种神秘、恍惚的"神化"境界。法事完毕，演员便佩戴面具上场表演戏剧，面具以"堂"为单位，每堂面具的数目及角色各地不尽相同。

土家族歌舞—金钱杆：以黄岩为代表的"金钱杆"作为江口地区广为流传的民族民间舞蹈，在逐步演进的历史长河中，形成了它完整的内容和结构体系，概括起来，有如下几类：一旦一丑。即由两人对舞，因旧社会有"女不出闺"的礼数，旦角一般由男人装扮，是"金钱杆"舞蹈的主要表现形式。在服饰上，旦角穿汉族大襟便衣，多绣茶花、牡丹等图案，下穿百褶裙，多是红衣绿裙，衣短裙长，且裙系在上衣里面。丑角穿汉族对襟衣，镶白色云边，衣袖长于手背，裤为青蓝色，且裤脚口较大，腰间系一带子，有时还插一烟斗。

傩堂戏

人文史迹

古寨造纸作坊、石磨：黄岩还盛产楠竹及山竹，以竹编和造纸为主的竹制品产业较为发达，是远近闻名的竹编之村和土法造纸之地；村落内保存着传统生活所用的石磨。石磨是一种石制的研磨滚压工具，用于把米、麦、豆等粮食加工成粉、浆的一种工具，由两块尺寸相同的短圆柱形石块和磨盘构成用来磨碎粮食。

黄岩造纸作坊

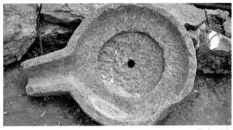
黄岩石磨

保护价值

村落的组团型的格局、枝状的巷道肌理、统一的传统建筑形式以及周围良好的山、水、田自然环境体现了村落整体形态美学的价值。村落有着丰富的土家族文化底蕴，其中以歌舞为代表的傩堂戏、金钱杆、摆手舞、仪式歌等。以民族技艺为代表的有古法造纸、野蜂养殖、竹编、织带、刺绣。黄岩传统村落有着丰富的文化价值。

黄岩神龛

黄岩风车

黄岩石板路

江口县怒溪土家族苗族乡黄岩是土家聚集村落，村落保存有着浓厚的土家民族气息，保存着土家传统习俗、服饰、文化等非物质文化，有着很高的社会价值。村落内自然人文景观良好，村落山水自然生态景观优美，综合考虑有很大的旅游发展空间，有着极大的经济价值。

季星辰 刘 锐 编

黄岩石舂

孟氏古宅

村落一角

孟氏族谱

孟氏族谱

铜仁市印江土家族苗族自治县板溪镇渠沟村

渠沟村局部风貌

渠沟村区位示意图

总体概况

渠沟村，位于板溪镇北面，处于印江县城与板溪镇之间，南与该镇杉林村相连，东与凯塘村接壤，北与杉树乡孟郊村毗邻，西与峨岭镇杉木岭村相接，距印江土家族苗族自治县县城13公里，距板溪镇镇政府所在地约3公里。渠沟村村域面积4.52平方公里，村庄占地面积44.85公顷，全村共271户、常住人口900人，以苗族和土家族为主。

渠沟村共辖8个村民组，以朝阳水库为界，水库上分散布局有皎皎、沙湾、老黄沟、三共田4个村民组，水库下集中布局了朝阳、插腊、大院坝、水井湾4个村民组，传统村落则主要集中在水库下的4个村民组内。村落内地势高差较大，各村民组之间群山分隔，周边梯田相伴，印沿、印秀公路穿境而过，交通便利。渠沟村始建于清朝，是清代书法家周以湘的故乡，2014年，被列入第三批中国传统村落名录。

传统建筑1

传统建筑2

村落特色

渠沟村在村落形成选址上注重自然村寨聚落与小溪两边自然山体的结合，是典型的建造在山坡上的村落。村寨后靠山梁，前面是水库、小溪、沟渠及通村公路，房屋选址沿等高线布局，村内居民多选择依山傍水、避风向阳、水源充足、交通便捷、环境优美的坝子、台地、平缓坡地的地方建造吊脚楼或瓦檐木房居住，形成了高低错落、内聚有力的传统聚落空间特点。

渠沟村落坐落于山脚，村落中部的沟渠、茂密的植被、秀美的农田以及珍贵的动植物共同组成了渠沟赖以生存空间，为渠沟村落选址营造了良好的自然环境。

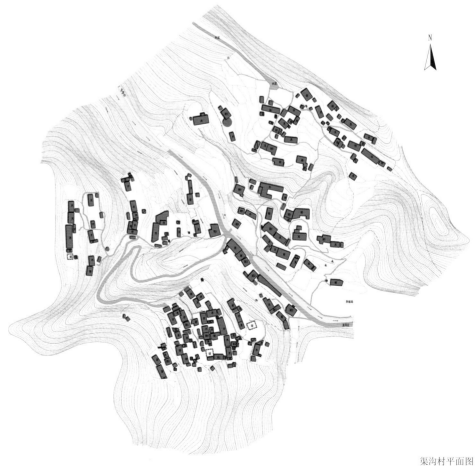

渠沟村平面图

传统建筑

整个村寨建筑布局密集，纵横交错，疏密有致，其形制、结构、风格以及其蕴含的民俗文化韵味独特。苗族干阑式的木构建筑，依山顺势而建，鳞次栉比。建筑形态与山体形态一致，较好地满足了山体形态的原生态，保持了建筑与自然环境的有机融合。土家瓦檐木房则通常为木架屋，也有木架屋构成的庭院式，多雕梁画栋，板壁砖墙，房顶盖瓦，大多正屋为一明两暗三开间，以龛子（厢房）作为横屋，有的在正屋边配上吊脚楼，楼台腾空，体现了土家族民族传统村落与自然一体的建筑文化特色。

民族文化

过赶年："过赶年"是土家族的民族节日，源于元末明初的抗倭战争，形成习俗于明嘉靖年间，是土家族人民族文化、民族精神、时代精神和爱国主义的表现。2007年5月，印江土家族过赶年被省

四合院

窗花

人民政府列为第二批省级非物质文化遗产。过赶年，即比汉族过年提前一天过年，月大二十九，月小二十八，印江土家人又称"蓑衣年"。据说明代，东南沿海倭寇成患，明朝廷对各地土司官特旨招募土兵。按调令要求，土兵往往在腊月底登程，土家人为了能过团圆年，便纷纷提前过年祭祖祭神，为出征的土兵壮行。现在，印江土家人过赶年，远离家乡的亲人也要回来参加祭祖仪式，全家男女老少同桌吃"团年饭"，以此怀念祖先。团年饭用鼎罐煮，并将坨坨肉、豆腐、白菜、萝卜合煮在一起，称"合菜"。

土家族雕刻：雕刻在土家族中比较盛行，其中分木雕和石雕两类。现存比较古

古桥

老的房屋、门窗、柱子、神龛、家具，古墓葬的石碑、石围，以及石桥等都有不少木雕和石雕的精湛图案，常常采用花草鸟兽图案。

土家族哭嫁：土家族女子在出嫁前7～20天开始哭，哭嫁歌有"女哭娘"、"姐哭妹"、"骂媒人"等。开始是轻歌唱，越接近嫁期越悲伤。直到哭得口干舌燥，两眼红肿。他们把是否善于哭嫁作为衡量女子才德的标准。

人文史迹

渠沟村历史悠久，历史遗存资源丰富，现存古宗祠遗址、古井、古墓、古巷、古墙、地漏、四合院、古防洪堤、田氏民居、龙门、古石阶各1处，古桥2处，堡坎2处，漏窗5处，古树5棵。

四合院：四合院位于村寨的南部，始建于清同治年间，系砖、木、石结构封闭式院落古建筑，现存建筑有正房、龙门、

周以湘古墓

厢房。该建筑结构巧妙，采用桶子与吊脚楼的结合，房顶为楼阁结构等特征明显区别于其他建筑，是少数民族地区的典型建筑。

古墓：古墓位于村寨的西面。墓主周以湘生于清道光四年（1824年），卒于光绪二十二年（1895年）；少时好学，擅长诗、词、书法，被视为"神童"，喻为"桂林之一枝，昆山之片玉"的拔萃人才；其书法集诸家之长，是清朝时期有名的书法家。

古树：渠沟村落内古树名木5棵，品种为核桃树和椿树等。位于村庄东部，枝叶繁茂。

古石阶路：位于村庄南部，由岩石切割而成的小石块沿路铺设而成的石阶路，宽度为1～2米不等。

保护价值

渠沟传统建筑，从建筑结构上，既可以看到它民族特色的规定性，也可以看到它因地制宜的鲜明个性，从现存的不同时期的建筑结构还可以看到它的历史性，是村寨先民在征服与改造自然中智慧和血汗的结晶，具有较高的历史、科学、艺术价值。渠沟传统村落较完整地保留了古朴的村落格局和优美的历史人文景观，具有丰富的非物质文化遗产及历史遗存，这些都具有较高的历史文化价值，应当加以保护，使其得以传承。

陈清鋆 张　涛 朱怿然 编

周氏宗祠遗址

渠沟村村落全貌

铜仁市德江县共和乡焕河村

焕河村全景图

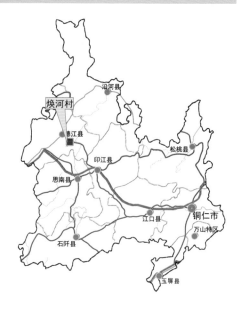

焕河村区位示意图

总体概况

焕河村位于铜仁市德江县共和乡北面，与稳坪镇接壤。距德江县城约18公里，距共和乡乡政府所在地约8公里。该村分为上焕、下焕二个组，人口近300人，均为土家族。历史悠久，村寨初步形成于元末，经长年累月的不断打造，到清代已初具规模。

2013年被列入第二批中国传统村落名录。

村落特色

焕家沟寨周围环境优良，区域内有丰富水资源及集中的耕地资源，于是村民选择在后头坡山腰上新建房屋，利用周围天然资源，进行繁衍生活，随着人口的不断增长，焕家沟寨由最初集中的几户，逐步扩大，建筑依山就势，层递而建，呈组团形式发展，逐步演变成了焕家沟传统村落。

村寨形成于元代末期，背靠像"座椅形"的后头坡，形成了其良好的天然屏障，村落前有小河蜿蜒穿过，自西向东流入乌江，四季流水不断，水声潺潺。村落前方有一大片农田，秀美的田园风光凸显了焕家沟寨浓郁的传统乡村气息，村落内居民建房依山势从低到高，层递而建，呈组团状，大部分为土家族传统建筑形式，村落发展至今，仍保留了较好的传统建筑风貌及村巷立面，村落、山、水、农田相得益彰，共同构成了焕家沟寨组团状的山水格局形式。

传统建筑

焕河村民居以木质干阑建筑为主，一些厢房采用吊脚楼形式，木房依山势从低到高，层递而建，屋顶青瓦铺盖，色调统一协调，配以木质窗花、木门，屋檐多雕刻有地方花纹，建筑一般为1层，一排四扇三间，人口多的六扇五间，楼房三方有栏杆，屋顶有两个翘檐，具有土家族民居独特的风貌。每一正房前面均有院坝，依据地势，有两三栋房屋连在一起的，有的厢房隔着，阳台连接，有的就连成一个院落，且院坝有青石铺设或保持原始泥土，周围绿树环绕，多植树木。

村寨内原有一座奇特精致的古房，依山矗立、居高临下，用柏木建成，青瓦铺顶、屋脊双龙献珠、墙壁门窗画栋飞云、雕龙塑凤，花鸟栩栩如生；还刻有农耕、教学、打柴、垂钓等传统生活画面。门前阶檐全青石板铺成，青石经人工打磨；大门上方挂一个横匾，正中四个大字"宁静致远"，上下款均有文字年月，为光绪二十八年。匾左右有"福禄"字体，但在20世纪50年代搞大食堂被人们用石灰覆盖，此匾因之而受损。

民族文化

焕河村中多为土家族，民族文化形式主要有跳花灯、傩堂戏、摆手舞、八宝铜铃舞、唱民间调子、说伏事等形式。

歌谣：具有独特的艺术性，形式多样。在打柴山中有山歌、薅草田土中有打闹歌、隔山隔岭有盘歌、谈情说爱有情歌、修房造屋有仪式歌、红白喜事有哭嫁歌和哭丧歌，村民即兴而歌、随编随唱。喜怒哀乐，皆可成歌，其形式以七言句押

传统建筑

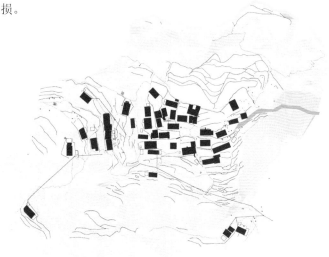

焕河村平面图

传统民居1

传统民居2

韵为多，歌有长短，短的二、六、八句，长的有几十句。

傩堂戏：融巫术、原始宗教和戏剧为一体，一种佩戴面具的演出。是土家族的一种祭祖活动，又受到中原文化及巴、楚文化的影响，有着比较明显的巴人"俱事鬼神"和楚人笃信巫术的文化痕迹，蕴含着土家族人宽厚善良的民族本性。有顶礼膜拜、祈祷，用巫术、符咒等仪式，才能影响它们，避疫逐鬼，驱邪化凶，降福呈祥。

土家花灯：每逢春节期间，较为集中的村寨中一些爱好者和民间艺人带头承办，采取民间集资方式筹资，用竹纸编糊制成各式的12盏灯笼，如牌灯、鱼灯、扇子灯、吊子灯、茶灯等，从正月初一至二十日，便到寨中各户堂屋中跳唱。花灯队一般大约20人组成，有打锣鼓响器兴灯的，花灯队伍到家前，领头人说了伏事后，主人用鞭炮相迎（叫接灯）。

人文史迹

风林溪：焕河村以后头坡为背景，北侧风林溪蜿蜒流淌，河道宽窄不一，宽度在3～4.5米之间，溪水清明透亮，四季流水不断。风林溪仍保留着自然驳岸，河道周围绿草悠悠，良好的水域景观进一步凸显了焕河村古朴自然的传统气息。

水井：村寨东北侧有口泉井，水质清冽可口，长年不断。

后头坡：焕家沟寨背靠的大山名叫后头坡，是大林山脉的延伸，山形如一把太师椅。村落依山而建，后头坡为村落形成了一道天然屏障。后头坡山势高大，海拔高度约721米，山林常年郁郁葱葱，植物种类繁多，树木丰茂。

竹篱笆：焕家沟寨内部分院落、农田周围用竹篱笆作为围墙，高约1.2～2米，曾土黄色，用于防止鸡、狗等小牲畜进园内践踏蔬菜、庄家，土家族人称为"园干"、或"墙篱"。夕阳下的篱笆小院，炊烟缭绕，散发着浓浓的乡土气息。

竹篱笆

水井

后头坡

风林溪

保护价值

焕河村村落历史悠久，在元代末期，村民为了躲避战乱迁移并留守于焕家沟处而逐渐聚集形成村落。其所蕴涵的华夏人居环境营造理论与方法具有重要的历史及科学价值。

村落利用周围的自然山体作为保护的天然屏障，世代居民利用溪水或泉水进行灌溉，较好地利用了现有的自然资源，使得世人有了生存发展的保障，建筑建造的技术让居民有了安居的场所。

村落的组团型格局、枝状的巷道肌理、统一的传统建筑形式以及周围良好的山、水、田自然环境体现了村落整体形态美学的价值。

雷 瑜 陈隆诗 黄文淑 编

跳花灯

焕河村全景

铜仁市石阡县国荣乡葛容村高桥自然村

葛容村高桥自然村全貌

葛容村高桥自然村区位示意图

总体概况

葛容村高桥自然村位于铜仁市石阡县国荣乡东部，距乡政府所在地2公里，距石阡县城14公里，东面与南山寺接壤，西面与葛融村相连。村域面积4平方公里，总人口为125人，以侗族为主。清朝康熙年间从西蜀地区迁入，距今已有300多年历史。2012年，葛容村高桥被列入第一批中国传统村落名录。

村落特色

葛容村高桥地处典型的山地地区，村寨两侧是东北西南走向的小山，村寨位于山坳南面高地上，西高东低，村落四面环山，形成很好的天然屏障。整个村寨顺应山势，背山面水。周围植被茂盛，古树连片，自然环境十分静谧；地下山泉涌出，水源充足。整块区域生态十分和谐，形成理想的村落聚居地。

传统建筑

传统民居：葛容村高桥寨传统建筑主要为侗族传统民居。呈带状分布于村落中，多以五柱四瓜房为正房，正房前两侧或一侧建翘角的吊脚楼，亦称厢房或楼子，中间为院坝，形成三合院式的建筑特点。同时高桥寨的合院结构并没有院墙。只是通过台地、正房、厢房构成。建筑的

最大特点是建材以杉木和松木为主，建筑不论规模大小，都不用"一钉一铆"，结构合理，紧密坚固，建造工艺精湛。民居以"斗"字形木质结构，墙体主要为木板墙，屋顶为悬山式瓦双坡顶，覆小青瓦，屋檐处均设有白色封檐板。屋顶的坡度、走势与周围山体走势和谐统一。

传统木门

民族文化

木偶戏：木偶戏是葛容村高桥民族文化的重要组成部分，是流传于国荣乡各村寨民间的傀儡戏剧种，大约在200年以前，自湖南辰溪传入葛容村高桥，至今已有八代传人。其远祖可追溯到汉魏以远的"刻木人像"的"傀儡"，为宋元时期杖头傀儡的遗存。据口传资料，至20世纪四五十年代发展为鼎盛时期，拥有太平班、兴隆班、天福班、杨本家班、泰洪班等。现"泰洪班"传人仍从事这一木偶戏表演。木偶戏以师徒制的传承方式为主。其基本要素

古城壁垒

古井

葛容村高桥自然村平面图

古道

民居1

民居2

包括唱腔、锣鼓牌子、"头子"、戏装、道具、表演等方面。木偶戏有着丰富的文化价值、独特的民族性、地域性以及多样性的社会功能。附近州县唯石阡所独有，故被誉为"中国木偶戏之乡"，而木偶戏在葛容村高桥得到传承。

人文史迹

桅桩：葛容村高桥现存两处保存较为完好的桅桩，均位于村寨西北角，桅桩是并列的两块石板，上部外侧呈云纹状，云纹象征高升如意。石板上下戳两个菱形孔。桅杆竖起来后，两个菱形孔横插短木，对桅杆起到固定作用。古时竖桅杆，表示这家有人考上进士。

古石碑：位于高桥寨中部偏北处，碑身为一块加工过的完整石板，长3米宽1.5米，原有基座，"文革"时为防止破坏，被分拆埋入村中台地处，以树枝掩盖。碑文分为上下两部分，上部为一篇训谕，刻于光绪十七年（1891年）；下部为一篇警言，为时在湖南长沙府都察院任职的赵某写给贡生黎全德（高桥先人）的。

黎氏古墓群：位于村寨西北山头西面，埋葬着黎氏第五世以来的先人（四世以前的先人葬在他处）。其中第六世有座墓周围有矮墙，别具形制，"文革"中矮墙被推倒。黎氏古墓见证了黎氏族人的代际传承，也是当地墓碑形式的一种表现。

古井：位于高桥寨入村口西侧，整个井被植被包围，为方形古井，是村民重要的饮用水水源，井身用加工好的石块、石

板砌筑而成，相对封闭，防雨水和山溪水流入，井口与地面垂直，井盖为一块完整的石板，古朴自然。井身高约0.6米、宽约1.4米、净深约0.6米。井水清澈，常年不枯，古井左侧立有一块石碑。

风洞：位于村寨西北角，原有碾坊，为村民借水力春米处。泉水出洞口处有两门阀，水流急时两边均开，水流不足时只开一侧。

古树：古人曾用"悬崖叠层于家西，四书五经置案机，古树遮阴藏万卷，人才辈出无定期"赞美村内树木，因此当地的古树有"万卷书"之称。古树主要有银杏、影木树，树高有的达30米。寨子四周生长着80余棵野生银杏，以成双成对居多，当地人形象的比喻为"夫妻树"。著有"同根白果生两枝，恰似夫妻勤耕耘，金枝挂满百果子，根深叶茂照后人"诗一首。被称为"珍稀古树的故乡"。

古墓

桅桩

保护价值

葛容村高桥自然村历史悠久、文化底蕴深厚。葛容村祖先重视村落选址、合理利用地形、尊重自然。村落中文化地位代表的桅桩，村民借水力春米的风洞，以及村民对寨内古树的比喻，都一一展现出高桥寨古时的生活方式及文化意识，展现出一个风景优美，文化底蕴深厚的传统村落，具有极高的保护研究价值。

何　丹　高　蛤　王燕飞　编

风洞　　　　　夫妻银杏树

影木树

村落一角

铜仁市石阡县五德镇董上村

董上村全貌

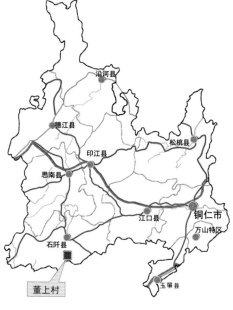

董上村区位示意图

总体概况

董上村位于贵州省铜仁市石阡县东南部五德镇的西南端，五德镇东连青阳乡，西接坪山乡，南交岑巩县、镇远县，北邻枫香乡，距县城35公里。平均海拔812米，年平均气温15℃，年降雨量910～1000毫米，属半高山丘陵地势、中亚热带季风湿润气候。

村域面积约2平方公里，村落户籍人口397人，常住人口334人。董上村于元末明初始建，明朝已形成村落。铜仁市石阡县五德镇董上村2013年被列入第二批中国传统村落名录。

村落特色

村落坐落在山间大坝上，是五德4000多户2万余人口之镇的最大坝子，住地像一个图章的印，故大地名叫"地印"。由于境内溯源侵蚀强烈，形成以喀什特熔岩地貌、山区峡谷地形类型，不仅有山地、山原，而且有低山丘陵、山间小盆地和河谷阶地，地形起伏大，沟谷纵横。

董上村元末明初时始建。初期与邻寨邓姓、朱姓一同来此定居。在明朝时，就已形成村落。清代中叶至民国年间文化较发达，出过贡生一人，另一人考中镇远房外委，授权巡视府辖各县。民国时期有二人曾任到区长、县参议员。

传统建筑

传统建筑

董上村绝大多数为侗族，少数为亿佬族，同时也融合了汉族的文化，而这个原因主要与明、清时期的人口大迁移有关。明清时期的人口大迁移，以及军事战乱，很多汉族民众在人口大迁移中在贵州落户与少数民族融合，并带入汉文化。同时战乱时也有很多中原将领在这里为国捐躯，子孙后代与当地土著融合。

民族迁徙在一定程度上促进了建筑技术的发展，加工工具也是构成技术背景的重要因素，侗族建筑的柱、梁等构件的规整程度，远远超过邻近的少数民族，其原因不在于他们拥有更先进的加工技术，而在于他们较早地采用了汉族常用的木工工具，建筑的度量方法也属于技术背景的范畴。

民族文化

农耕民俗文化：有着深远的历史，村前随坡就势的梯田更能体现出当时董上村以农业为主的景象。

村落前耕地

传统民居文化：村落中现存的各类木结构住房除少量为民国时期建造外，大多数传统民居为20世纪50～70年代修建，均保留了当地的建造风格。现存多栋民居建筑全部为穿斗式木结构青瓦房，形制为正房与厢房配对，具有独特的工艺水平和建造技艺，保存状况较好。

董上村平面

茶文化：董上自然寨属于贵州东北部气候温润区，境内与周边皆无大规模工业污染源，保留了少有的亚热带原生态系统。石阡苔茶就是生长在这样一种得天独厚的环境里。依托"苔茶发源地、最美茶乡"二张特色名片，成为"园区景区化、农旅一体化"的典型。

烤烟文化：由于董上村得天独厚的自然条件，烤烟业成为独有的特色产业文化，成为当地主要经济发展的主流，同时烤烟文化经过漫长的发展变革与延续，蕴含的民族特色十分深厚。

人文史迹

古树：董上村古树主要有千年红豆杉和黑檬子树。黑檬子树在长期的历史自然条件下形成独特景观。保护较好，民间多用于家庭晾衣竿和农具把手，经久耐用，材料越久越红。由于其质地缜细、坚硬、造型独特，近年来逐渐被一些根雕艺人加工成为各式拐杖、手杖及健身棒，经手搓、揉一段时间后，材质由白转红，这种木材身上的疙瘩，经打磨抛光及后期手上的把玩包浆都很有观赏价值及健身作用。

黑檬子树

古蓄水池：由于村内地形起伏，为饮水方便，蓄水池由当地村民自建而成，既满足人畜饮水，又方便了农作物的灌溉，更是对防火起到很大的作用。在经受了长期的历史和自然条件下的洗礼，颇具研究和观赏的价值。

古蓄水池

古饮马槽：饮马槽是在明、清土司割据、吞并、民族矛盾复杂多变的战乱时代而遗留保存下来的，距今有四百多年的历史。

古饮马槽

古道：主要通往石阡府、镇远府、思州府交错管辖的插花地带的要道，为石砌路面，这些古路保证了每个村落之间相互分割的同时又能彼此连通，四通八达，是古代时期重要的交通要道。

古道

古石碑：石碑主要是把功绩勒于石土，以传后世的一种石刻。具体时间不详，他们是在不同的战乱时期里由有名望、有功勋的人打造的，是一种荣誉的象征。人文景观有村东头的冯氏祠堂，康熙、道光年间修建的文昌阁、举人栀子，以及道光年间修建的后山簸箕屯遗址。

古石碑

保护价值

村落依山而建，周边山体及农田基本不进行民居建造，体现保护山体林地、农林田地，不人为破坏自然神态格局的选址特征，展现古村落人因地制宜，尊重自然，师法自然的精神原则。

自然生态格局

董上村农耕文化、民居文化、茶文化和烤烟文化在时间和空间上体现古村落的历史文化、民族文化价值。

董上村传统历史建筑群、胡姓家族文化等是值得科学价值探索的体现。村落对族谱和历史活动的研究，对挖掘宗族文化和姓氏文化特征具有重要意义。

村落遗留下来的历史古迹遗址背后蕴含着深刻的历史意义，保护古遗址就是保护民族的基本文化习性与民族精神的传承环境，对研究村落形制、历史沿革与建制、民俗信仰等意义深远。

刘 娟 李 雪 编

古村落一角

红豆杉

铜仁市思南县塘头镇街子村

街子村传统建筑风貌

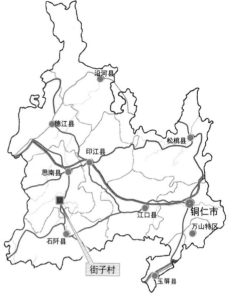

街子村区位示意图

总体概况

街子村，位于塘头镇北部，距离集镇所在地约4公里。村域面积约2.5平方公里，村庄占地面积约400亩，其中传统村落总面积约为20.14公顷。全村辖9个村民小组，共402户，常住人口1268人，主要为土家族。村落始建于清代，三面临田，东面靠河，地势平坦，视野开阔。2014年，街子村被列入第三批中国传统村落名录。

传统民居1

传统民居2

村落特色

由于村落处于平坝地区，地势平坦，因此房屋建筑大多临田而建，户户紧靠，呈现临田面水的集中式组团状分布。建筑多为坐南朝北，气势弘宏，独具特色，民族风情浓厚。村落的巷道顺房屋走向布置，随地形自然形成，蜿蜒曲折。道路有水泥路、石阶路和土路，其中石阶路年代较为久远。街巷肌理呈网状分布，纵横交错、爬坡上坎、拐弯抹角、串联各家，这是依山就势的必然结果，形成了街子村特有的民居巷道风格。一条乌江直流沿东面穿过，村落内农田、树林错落相间，互为衬托，交相辉映，浑然一体。

传统建筑

街子村内现存传统建筑104栋，全部传统建筑物占全村建筑总面积的45.7%，其中明代建筑22栋，清代建筑10栋。街子村民居，有着典型的土家文化特色，正屋一般为一明两暗三开间，正房中间为堂屋，后部设祖坛，堂屋两边分别为火堂（长子结婚分家后形成两个火塘），以龛子（厢房）作为横屋，形成干阑与井院相结合的建筑形式。平面布局从最简单的三开间吊一头的"一字屋"、"一正一横"的"钥头"，到较复杂的"三合水"、"四合

街子村平面图

水"均有。由于家庭成员的增多，土家人一般在正屋一边和两边各建一厢房，于是分别形成"钥匙头"或"三合水"住宅，而"四合水"庭院则由司檐或廊四面围合而成。传统建筑集中连片，大多数民居为石阶檐，房屋有雕花。

民族文化

塘头镇街子村是土家族文化之乡，非物质文化活动丰富多彩，有土家花灯、狮子灯、土家八音、土家族婚礼、丧葬习俗，以及纯手工刺绣鞋垫、竹编雕刻等民间手工艺。

土家花灯：思南县塘头镇是贵州土家族花灯的故乡。早在1993年，就被贵州省文化厅授予了"花灯之乡"的称号。这里的土家族花灯，大约起源于1000多年前的中国唐朝，历史悠久。塘头花灯内容丰富，程式庞杂，有传统的正灯，如"万事兴"、"说春"、"十二花园姊妹"、"说福事"、"采茶"、"散茶"、"十颂寿"。还有带武术动作的"扫刀"、"杀花枪"等30多种，有27个音乐腔调。

狮子灯：狮子灯上场舞者18人，头戴面具，手舞兵器，服装也各有特色。舞蹈中间有独舞和一部分武打动作。动作粗犷、幅度大，有些动作属于即兴表演，转身、走步、武打等动作均有一定的随意性。为烘托气氛，伴奏采用汉族民间打击乐，舞蹈时只需合上鼓点节奏即可。一般正月初五、初六开始举行狮子灯，到正月十五结束，表演狮子灯到每家每户进行祝福。

狮子灯

人文史迹

街子村历史悠久，人文史迹遗存丰富，现存有古井2口、圣旨6个、石缸4座、石磨1座、石梯8处、古墓3座、名人故居1座、古树名木18棵、石板路若干。

肖次瞻故居：肖次瞻烈士故居位于街子村肖家院子，始建于1920年，占地面积约200平方米，建筑面积约300平方米。1988年6月2日公布为思南县文物保护单位。为缅怀先烈，当地百姓分别于1990年、1993年清明时节修假坟为肖次瞻、肖炳煜立石碑纪念。

古井：古井位于街子村村落内部，始建于清代，目前仅存2口古井，清代、民

圣旨

国时期曾多次维修扩建。古井至今保存完整，现在也为村民所使用，主要为村民提供生活用水和农田灌溉。

圣旨：街子村6座圣旨位于街子村村落内部，始建于清代。在清朝时期，当街子村有考取上功名的学子时，便以此学子为村里的荣耀和后辈学习的榜样，特立此碑，以示纪念。

古石阶：古建筑门前为方便上下屋檐时修建的阶梯，部分保存完好，但大多数已破烂不堪。

古墓：主要有汪元宝的古墓，他是当时的洋川侯，为与夫人的合葬墓，距今也有几百年的历史。

古石墙：是街子村村民为抵御倭寇入侵而建。

古石梯：古建筑门前为方便上下屋檐时修建的阶梯，部分保存完好，但大多数已破烂不堪，损毁严重。

古树：街子村内现存古树名木共18棵，树种主要为楠树和枫树。

花灯戏

古墓

古井

石板路：这种路面主要是清末、民国时期修建的，由大小不等的青石板人工铺设而成。

保护价值

塘头镇街子村传统建筑具有一定规模，年代较久远，保存较完好，传承文化较丰富，是土家族先民在征服与改造自然中智慧和血汗的结晶。街子村传统村落较完整地保留了古朴的村落格局和优美的历史人文景观；拥有丰富的非物质文化遗产，如花灯、狮子灯、传统手工艺等；拥有典型的历史环境要素，古石阶、古井、古树、古墓、古石墙等。以上这些都记录了村寨的历史发展演变及传统文化的传承，因而是研究土家族传统建（构）筑物的典型代表，也是土家族传统文化的重要见证者和载体，具有较高的历史、科学、艺术价值。

陈清鋆　张　涛　吕华华　编

街子村村落一角

铜仁市思南县思林乡黑河峡社区

黑河峡社区全貌

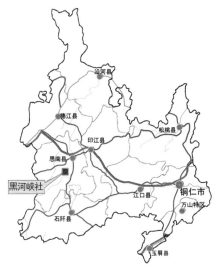

黑河峡社区区位示意图

总体概况

黑河峡社区地处思南县城西南部，为思林乡政府所在地，距县城28公里，东与邵家桥镇雷坪接壤，南临乌江与塘头镇隔江相望，西同枫芸土家族苗族乡及许家坝镇相连，北抵大河坝乡。村域面积11.84平方公里，总人口4083人，主要以土家族、苗族为主，同时散居有汉族、侗族等其他民族。

村域内有白鹭湖风景区、黑河峡4A风景名胜区，此外普安桥以及杨氏四合院都是比较典型的人文景观，是发展旅游的重要资源。

2013年黑河峡社区被列入第二批中国传统村落名录。

村落特色

黑河峡社区地形多高山深谷，地势中部稍低，四角山横贯东南。村庄依山形就势、高低宽窄依次布局而建。其间多山地，林木茂盛，水系发达，土地肥沃，气候温和。整个村庄干净卫生，村落选址和村落人居环境的营造非常和谐。空间环境构成及其特征比较典型，气候宜人，环境舒适。古建文化、民俗习惯，地域文化特色得以传延，古村落景观的感受、体验非常丰富。建筑与山水自然环境水乳交融。

受到自然环境、民族特色的影响，建筑高低错落、重重叠叠、自然生动而又富于特色。村落与田土、树林错落相间，不均匀地沿等高线的转折而变化，互为衬托，交辉相映，浑然一体；整个村落形态较为集中，由于村庄地貌为喀斯特地貌，房屋大多依山就势而建，户户紧靠，呈现靠山临水带状条形分布，建筑多为坐北朝南，气势恢宏，独具特色，民族风情浓厚。

传统建筑

黑河峡村落建筑基本上是传统的土家族五柱四式木瓦房，房屋建造分布有四合院民居。

以前的吊脚楼一般以茅草或杉树皮盖顶，现在多用泥瓦铺盖。房子四壁用杉木板开槽密镶，讲究的人家还在木墙壁上里里外外涂上桐油，又干净又亮堂。为了防盗，吊脚楼房屋四周用石头、泥土砌成围墙，正房前面是院坝。而现在，建筑风格有所变化，但依然保持着基本的建筑风貌，如木墙、青瓦、花格窗。

在建筑的结构上，为正屋、厢房和司檐：正屋一般为三间，中间一间为堂屋，前面有"吞口"。在正屋两头前面并与正屋垂直的两间为厢房；正屋后面的为司檐（也称拖檐）。民居建筑技术上采用土家民居传统的井干式、穿斗式、抬梁式木结构；整个构架均以榫卯相连，无钉无栓，建筑动态上多层次、高水平的对称均衡，把土家族民居推上了较高的层次，具有特异的视觉品质，无论远眺近览，还是平视仰瞻，它那优美的形体线条，使人赏心悦目。

传统建筑1

传统建筑2

传统建筑3

N

黑河峡社区平面图

民族文化

黑河峡村落是土家族文化之乡，民间文艺主要有：土家族语言、土家族"舞龙"、土家花灯、土家族民歌（山歌）；民间手工艺有：土家族刺绣鞋垫、竹编工艺、雕刻工艺等。

土家花灯：思南土家花灯是土家族文化的结晶，是土家族戏曲百花园中培育出来的一朵奇葩。

"哭嫁"：土家族姑娘出嫁前三五天便开始"哭嫁"，以哭伴唱、以歌抒怀的方式进行，有数十种哭嫁歌谣。唱词充满了人文情怀和人性色彩，其音乐简约哀婉动人，充满浓厚的地方韵味。

舞龙：年节丰收时要舞龙以庆平安。此习俗传承至今。思林黑河峡社区舞龙历史悠久，分为出龙，送龙；即：正月初九为出龙，正月十五为送龙，要举行送龙炸龙仪式，将龙体送到江湖塘边进行祭祀后烧掉让它回归自然。

人文史迹

黑河峡社区的人文史迹有：普安桥、古墓、古井、古树名木、石板石阶古道、古溶洞、石门、龙门、影墙、白鹭湖。

普安桥：普安桥位于黑河峡社区东面边界，长6.3米，宽2.5米，净跨5.7米，矢高4.6米；全桥桥面铺满青石块，经过百年的磨损，石板上面普遍存在较深的痕迹。

石板、石阶古道：建于清朝年间，石板路全长80米、石阶路为278米，宽约为1米。

石门、龙门、影墙：石门、龙门、影墙建于明末清初，至今已有上百年历史，石门高约2.5米，宽约1米，由石块堆砌而成；龙门高约3米，由六颗实木圆柱为支撑，中间用木质实木板作为隔离墙，小青瓦坡屋顶，代表富贵与权力的象征。

影墙高约3米，宽度约20厘米，由石块或者花砖堆砌而成，青瓦翘角作为装饰。

古井：黑河峡传统村落内现有三口古井，有数百年以上的历史，是一道难得的历史人文景观。

古树名木：黑河峡传统村落内的古树名木共有3株，主要有檬子树、紫荆花等树种。

黑河峡风景区：位于思林民族乡思林水电站库区，该景区奇山秀水，长洞幽幽，明暗交替，水陆并通，有方位优势，很有开发价值。景点有：黑河峡、绝壁天然浮雕、四井观天天生桥、杨家坳天然林、杨家坳民族村寨、小溪槽、犀牛洞、人字瀑、干河沟、仙人洞等11处。

刘俊娟 王镜舫 编

开财门

哭嫁

舞龙

花灯

石门

影墙

古井

黑河峡风景区

保护价值

黑河峡社区传统村落社区，形成于清朝年间，由杨氏宗族先人从陕西迁址于此，世世代代在这块土地上繁衍生息，而他们建造的村落和房屋，将历史发展的脉络清晰、完整地记录下来，具有悠久的历史价值。

黑河峡社区是土家族聚居村落，其生产生活的方方面面都是土家族民族智慧的结晶，从村落选址、筑房建屋等诸多方面，都能体现当地的工艺科学，具有较高的科学研究价值。土家族的吊脚楼群是集建筑、绘画和雕刻艺术为一体的珍贵的民族文化结晶，也是土家族建筑艺术史上的杰出代表。这些都凝聚了土家族人民的智慧。而对于这些土家族传统文化来说，黑河峡社区传统建筑都是重要的见证者，也是重要的载体，具有较高的艺术价值。

黑河峡传统村形态、丰富的非物质文化遗产及历史环境要素，这些都具有较高的文化价值。

村落环境

铜仁市玉屏侗族自治县新店乡朝阳村

朝阳村局部鸟瞰

朝阳村区位示意图

总体概况

朝阳村位于玉屏侗族自治县新店乡西南角，村域面积8.7平方公里，村庄占地面积110亩，全村辖7个村民组115户，总人口960人，朝阳村是侗族聚居之地，村内有侗、汉、苗等民族，其中侗族人口占98%。朝阳村始建于明嘉靖年间，北侗风情底蕴深厚，有着北侗文化发源地之称的美誉，是目前为止保存最为完整的侗寨，在这里村民们一直保留居住着古朴的侗家吊脚楼，这是侗家延续了百年的别具一格的古老建筑群。2014年，朝阳村被列入第二批中国传统村落名录。

村落特色

明嘉靖年间，祖籍河南的兰正德带领一队人马从福建军营逃离途经此地，见此地势险要、柴水充裕，便在此修房造物，择地而耕，还带领兰氏族修建石墙以防御朝廷追兵。

朝阳村村落选址形成于三面环山的半坡上，背靠大山，面向河流，整体环抱于群山翠绿之中。村寨具有典型的侗寨特色，由于受山地地形环境的限制，朝阳村的村民组规模较小，建筑主要依河谷地势而建，整体布局随形就势，空间院落随机组合，阶梯排列，纵横道路交错相通，建筑与建筑之间高低错落，山、田、寨交相辉映，自然和谐，风貌极佳。主体建筑风貌协调统一，整体呈现小青瓦顶，桐油木质墙体，坡屋顶的传统建筑造型。单体建筑大多为侗族吊脚楼建筑形制，木石材质上多用雕刻，素材多为吉祥图案，工艺精湛。村落布局特征即是朝阳村先人尊重自然、融于自然的朴实"空间观"，融汇了中华传统文化中"天人合一"的思想精髓。

传统建筑

朝阳村的侗族村寨中，绝大多数保留了侗族木结构干阑式建筑的特色，基本属于吊脚楼形制，由于用地有限，为创造更多的使用空间，建筑巧妙地与地势相结合，手法独具匠心。村民基本上维持干阑木楼的习俗，底层以饲养或堆放杂物为主，二层是主要生活面层，宽廊、火铺、卧室，构成侗族民居的主要特征，顶层通常为堆放粮食或杂物的阁楼，也有局部设置隔间做卧室，适应于炎热多雨气候的通风避潮，以及对虫蛇、猛兽的防御。

朝阳村的合院结构大多没有院墙，只是通过台地、正房、厢房构成，房屋随河岸地形而建，呈梯形排列，大致成"川"字形状。住宅序列侧重于强调纵深轴线方向上的空间组合，即由休息和手工劳作功能的宽廊——生活起居的火塘间——寝卧空间的布局形式，其空间序列关系是前——中——后的纵深格局，并根据空间不同的使用性质，采取了不同程度的开敞与封闭。

朝阳村传统建筑

传统民居吊脚楼

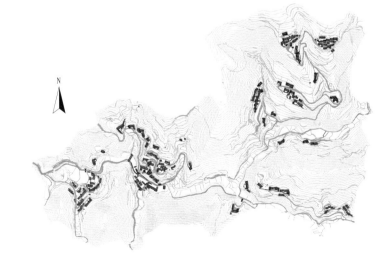

朝阳村平面图

朝阳村古建筑

民族文化

玩龙灯：侗家舞的龙灯，有布龙和篾龙。布龙，除龙头、龙尾是竹篾编扎、裱纸贴金、涂色画彩外，龙身全是用布缝制，画上龙鳞，并与龙头龙尾相连；篾龙，全是用竹篾编扎而成，龙身是由竹篾编成一节一节的，裱纸画鳞，从龙头至龙尾，均为一个个活节，节内点烛。玩龙灯常做的动作是一龙戏二珠等。玩龙灯时，常有"蚌壳灯"、"花灯"、"采莲船"、"打花棍"等相随，除舞龙玩龙灯外，还要讲吉语。

斗画眉：俗称"打雀"，每月农历的十五和三十都是斗画眉聚会日，这是侗乡古老的民间娱乐，一直延续至今，四里八乡的斗画眉爱好者都会带着自己心爱的画眉聚在一起举行比赛。

侗族传唱："行歌坐月"又称"行歌坐夜"，是青年男女进行社交和谈情说爱的通称。朝阳村作为北侗文化村之一，则称为"玩山"，青年男女在劳动之余，三五成群，相约在山坡上对唱情歌。

春社：立春后的第五个戊日为社日，俗称"过社"。这天，侗家人要煮"社饭"，社饭是将糯米、籼米、野蒿、野葱、腊肉、猪油、菜油、花生、黄豆、干豆腐、食盐等拌匀入甑蒸熟即成。可现蒸现吃，也可炒着吃，且越炒越香。社饭清香可口、油而不腻。

竹筒饭：侗家竹筒饭已近流传了200多年，村里满山都是竹子，村民们都不用碗吃饭，利用香糯竹烧制竹筒饭的传统来自这些少数民族的先民，他们具有狩猎的习惯。为了简便，上山打猎不带锅灶炊具，只带米即可。做饭时就地取材，砍下竹筒，将泡好的米装入其内，并加入适量的水，用鲜叶子将筒口塞紧，放在火上烧烤，当竹筒表层烧焦后，筒内米饭即熟。食用时用刀或手将竹皮剥开，米饭被竹膜包裹，米粒香软可口，清香扑鼻，堪称一绝。同时，遍地的野菜采来也可用竹筒烧出美味鲜汤。

人文史迹

朝阳花桥：是横跨溪河之间的交通建筑，花桥不仅是山谷溪涧上安全便捷的通道，也是人们平时休息交往的空间。朝阳

花桥是近代政府恢复建设的，是朝阳村独特的标志性建筑，因桥身雕梁画栋，廊亭隽雅而称之"花桥"。

石板道：村落组团内的道路主要以石板道的台阶组成，这些石板道多为民国时期的古石板。

泉水点：目前朝阳上寨步行道上有1口水井，至今仍旧有山泉水缓缓流淌。

古树：朝阳村有古树群2棵古枫，这些古树群是村民休闲活动的重要场所。

斗画眉

玩龙灯

朝阳村社饭

石板道

朝阳花桥

保护价值

朝阳村形成于明代，年代久远，历史悠长，在历史的长河里积累沉淀，传统文化底蕴十分深厚。村落整个格局独特，是保存较完整的传统村落，具有较高的历史文化价值。村落坐落在群山之中，周围植被丰富，植物种群繁多，古树参天，拥有丰富而珍贵的物质与非物质文化遗产，有着独特的历史风貌和自然格局。时间和空间环境均体现了其较高的历史文化价值。

陈清銮 张 涛 丁呈成 编

朝阳村入口

铜仁市德江县复兴镇棋坝山村

棋坝山村全貌

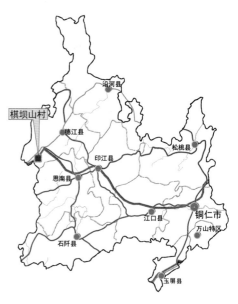

棋坝山村区位示意图

总体概况

棋坝山村位于德江县西南部复兴镇境内东南侧，距德江县城约44公里，距复兴镇政府所在地约11公里，村落北与山峰村相连，西靠东泉村，南临蒲村，东接思南县。村域面积9平方公里，村庄占地面积1002.7亩。户籍人口为728人，常住人口为406人，其中主要民族为土家族。

棋坝山村在清朝时期称为洞子头，民国时期属思南府天山乡第六堡，新中国成立后划到德江县煎茶区东泉乡。1986年拆区变乡后划为复兴乡东泉管理区棋坝山村，2012年建制为德江县复兴镇棋坝山村。于2013年被列入中国第二批传统村落名录。

村落特色

棋坝山村村落北侧白虎山山势陡峭，如一只白虎卧于山谷间，顷刻间就似要临空跃起，气势惊人，形成洞子头、贵阳窝两个自然村的天然屏障，并烘托出了村落的精巧与别致。两条溪流从白虎山流过，两支流在山谷底部汇集，为村落营造了良好水域景观。该村落依山就势修建，背靠棋坝山，房屋分布较为集中，建筑风貌保存相对较好。村庄面向梯田，左右山体环抱，木房依山势从低到高，层递而建，山水田园的气息非常浓郁；该地土地肥沃，雨水充足，村落四周耕地和树林环绕，自然环境优美。附近山顶有天然泉水，甘甜可口。棋坝山村相邻区域的自然资源和人文资源主要是位于村落东北侧约3公里的扶阳古城遗址景区，景区内生态环境良好、资源丰富，主要包括永盛寺宗祠、惜字亭、旋厂田园风光、打闹歌等5处景点。

传统建筑

棋坝山村格局肌理、传统民居建筑形式和民族文化在当地都具有较强的代表性。村落靠山而建，环抱其中，其选址符合人生存发展的需求；农田分布于寨前寨后，由高至低将村寨紧紧包围。

棋坝山村民居以木质干阑式建筑为主，一些厢房采用吊脚楼形式，木房依山势从低到高，层递而建，屋顶青瓦铺盖，色调统一协调，配以木质窗花、木门，屋檐多雕刻有地方花纹，建筑一般为1～2层，一排四扇三间，人口多的六扇五间，楼房三方有栏杆，屋顶有两个翘檐，具有土家民居独特的风貌。每一正房前面均有院坝，依据地势，有两三栋房屋连在一起的，有的厢房隔着，阳台连接，有的就连成一个院落，且院坝有青石铺设或保持原始泥土，周围绿树环绕，多植竹木。

民族文化

棋坝山村历史悠久，村寨内村民的民族服饰、传统民俗活动等都保留了土家族的传统文化特征。德江土家族渊源甚远，自古被称为"蛮夷"或"南蛮"，崇拜虎，认为人死后魂魄化为白虎，并在祭祀时产生了舞蹈，后受中原文化和巴文化的影响，逐步形成了一种具有地方特色的民族舞蹈。歌谣具有独特的艺术性，内容丰富多彩。

传统建筑1

棋坝山村平面图

传统建筑 2

村落"屋—巷—屋"形态

窗花大样

石水缸：村落地处山区，水资源相对匮乏，常年来村民以养成储水习惯，加之山区气候潮湿，木质或铁质用材较为容易腐烂或生锈，当地居民便就地取材，采用当地石块切割打磨成石水缸。石水缸经久耐用，不受气候影响，是当地每家每户必备储水工具。石水缸上下部大小一致，整个水缸呈矩形状，水缸正面雕刻有各式图样，多以花鸟为主，并上淡彩装饰，表达吉祥之意，民族特色浓厚。

古墓：始建于清朝末年，位于贵阳窝自然寨北侧约120米处，是当地居民祭拜先主的重要场地。古墓保存完整，分为墓墙和墓穴两部分，墓墙呈矩形状将墓穴包围，中部开门，门头中部高两侧低，呈"品"字形布置，约2.5米高，周围墓墙较矮，约1米高。墓穴位于墓墙中部，立有墓碑，墓碑上所雕刻字迹虽年代久远，但仍清晰可见，保存较好。

古墓

扶阳古城遗址

保护价值

历史价值：复兴镇棋坝山村历史可追溯到清朝时期，保留有较好的村落肌理及大部分传统建筑，具有很高历史价值。

科学价值：村落利用周围的自然山体作为保护的天然屏障，世代居民把平地改造成为生产生活所用的梯田，加上利用溪水进行灌溉，较好地利用了现有的自然资源，使得世人有了生存发展的保障；建筑建造的技术让居民有了安居的场所，具有很高的科学研究价值。

艺术价值：村落组团型的格局、枝状的巷道肌理、统一的传统建筑形式以及周围良好的山、水、田自然环境体现了村落整体形态美学的价值。

雷　瑜　陈隆诗　汤洛行　编

打闹歌：夏季，在绿浪翻滚的万亩梯田间，薅秧打闹锣鼓声随处可闻。田间劳作者少则几十，多则上百人。表演者通常两人，一人敲锣，一人打鼓，唱腔高昂激越，朴实粗犷，类似民间号子。演唱者每唱完一段，用锣鼓过门，一张一弛，别有风趣。演唱形式有独唱、齐唱、轮唱、对唱等。提高了劳动效率，寓娱乐于劳动之中。

八宝铜铃舞：又名铜铃舞。八宝铜铃舞是土家族古老的祭祀舞蹈。相传八宝为古代土家先祖八个部落的首领，人称"八部大王"、"八部大神"，后来，八位首领先后战死，后人为纪念他们，便精心制作了八个铜铃，并按八部大王在位时穿的八幅罗裙，骑着象征祖先骑过的宝马，手摇铜铃，翩翩起舞，高唱祭祖求福的古歌，以示怀念。

扶阳古城遗址石墙雕刻

石水缸

八宝铜铃舞

人文史迹

扶阳古城遗址：扶阳古县城遗址依山面水，地势险要，断墙残垣，占地面积6万平方米以上，为一古城遗址。古城遗址规模宏大，严整开朗、设施齐全，明显是统一规划、统一设计、统一建造，布局不仅合理，层次分明，富于变化，还体现出很强的防御意识、消防意识和战略意识。

棋坝山村村落

铜仁市德江县合兴镇朝阳村

朝阳村村落一角

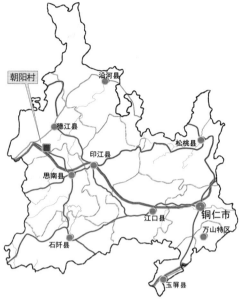
朝阳村区位示意图

总体概况

朝阳村（又名旋厂铺）位于合兴镇西南部，距离合兴镇镇政府所在地约10公里，北侧为龙溪村、南侧接复兴镇、东侧为鸟坪村、西侧与石灰窑村接壤。朝阳村村域面积10平方公里，村庄占地面积580亩，现辖14个村民组，507户2158人，以土家族为主，少数民族人口占全村总人口的62.5%。朝阳村兴建于隋朝，毁于宋朝，现在村寨为明清村寨。2015年，朝阳村被列入第三批中国传统村落名录。

村落特色

从空间格局上来说，朝阳村位于旋厂铺香炉山西麓下扶水河之北，夹山面水而居。各村组呈组团式布局，主要集中于山腰与山顶之间的缓坡地带，由一条西南-东北方向的公路连接各村组。住宅布局则较为自由，依山而建，呈现出独特的肌理。

朝阳村由上、中、下三个古寨组成，坐北向南，依山傍水而建，形成了极其良好的天然屏障，左右小山环抱，村寨前小河蜿蜒穿过，村寨前方是一大片农田，村寨内民居建筑沿街巷建房，顺应街巷呈带状分布。村寨发展至今，保留了部分传统建筑风貌及村巷立面，为土家族传统建筑形式，村落、山、水、农田相得益彰，共同构成了朝阳村带状的山田水格局形式。

传统建筑

朝阳村内现存县级文物保护建筑1栋，传统风貌建筑375栋，其中木结构建筑112栋、砖结构建筑263栋，现存木屋多为清同治年间所建。

朝阳村内传统建筑为1~2层，从建筑平面布局形式上看，建筑一般是一排四扇三间，人口多的六扇五间，房屋两头修厢房，一间多为吊脚楼，吊脚楼下作堆放杂

传统民居格局

物、猎、牛圈等用，楼上作为姑娘住处。无论是一排四扇三间或六扇五间，中间均为堂屋一间，多为吊脚楼，吊脚楼下作堆放杂物、猪牛圈等用，楼上作为姑娘住

传统建筑

处。无论是一排四扇三间或六扇五间，中间均为堂屋。堂屋正中壁上作神龛，左右两间叫作"人间"，以中柱为界分为前后两小房，两边厢房与正屋成直角伸出，尽

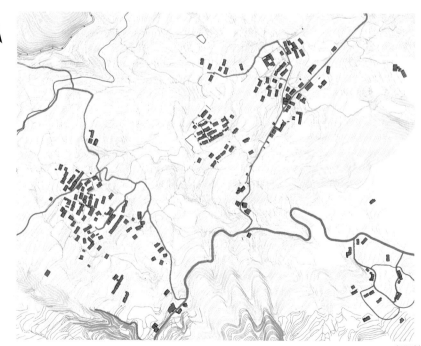
朝阳村平面图

头的间，前面一间作伙房，后面一间为卧室。父母住左间，儿媳住右间。两弟兄分家，长兄住左间，弟弟住右间。父母娶儿媳时，让出自已的卧房，移居神龛背后。房屋前面有天井坝，作为乘凉、休憩之用，土家族房屋的院坝一般为二级阶梯，有的为三级，均用青石板厢砌而成，意味着进土家正堂屋步行步登高。

窗花

石磨

民族文化

傩堂戏：傩堂戏为土家族人信仰的一种传统祭祀活动，"傩堂戏"演出时少则三五人，多则十来人。傩戏演出与傩坛祭祀交织在一起，分为祭祀、开洞、闭坛三个部分，领导大家表演的首席人员称"土师"端工或巫神，"土师"头戴面具，身穿"法衣"，在香烟缭绕的"神案"前，在鼓、锣、丝弦、唢呐的伴奏声中"开坛"，或跳神唱戏，或占卜问卦，或为祈愿人家通报神祇意旨、祸福吉凶，特别是

铜铃舞

古墓

当牛角和司刀这两件特殊"乐器"发出森严悲壮之声时，总会勾起一些潜藏于人们心灵深处的"万物有灵"的原初情愫。

八宝铜铃舞：八宝铜铃舞又名铜铃舞，是土家族古老的祭祀舞蹈。相传八宝为古代土家先祖八个部落的首领，人称"八部大王"、"八部大神"，后来，八位首领先后战死，后人为纪念他们，便精心制作了八个铜铃，并按八部大王在位时穿的八幅罗裙，骑着象征祖先骑过的宝马，手摇铜铃，翩翩起舞，高唱祭祖求福的古歌，以示怀念。

土家熬熬茶：在土家族饮食当中，至今仍保留着土家熬熬茶这一传统饮食，熬熬茶又被称为油茶，是土家人喜爱的饮食

之一。逢年过节，每当贵宾到来，土家人就制作熬熬茶，拿出精制的大米花、芝麻饼、泡果等盛情款待，围坐火堂，边吃边拉家常，谈古论今，别有一番风味。

土家熬熬茶：在土家族饮食当中，至今仍保留着土家熬熬茶这一传统饮食，熬熬茶又被称为油茶，是土家人喜爱的饮食之一。逢年过节，每当贵宾到来，土家人就制作熬熬茶，拿出精制的大米花、芝麻饼、泡果等盛情款待，围坐火堂，边吃边拉家常，谈古论今，别有一番风味。

人文史迹

朝阳村人文史遗迹众多，主要包含永盛寺1处，文峰塔1处，惜字亭一处，古城墙、古墓多处，古树若干棵，竹篱笆、石磨、石院坝、石水缸、石桥多处等。

古城墙：遗址规模宏大，顺缓面坡地而建，设施完备。内外城、城门、院门、巷道、庭院，外城墙设有东西南北四门卡

文书院遗址

子，南北方各设1座护城池，驿站和衙署外围，设置集市、戏台、岗哨亭、兵营、监狱、练武场、园林等，不仅设施完备、布局合理，同时还体现了很强的防御意识和消防意识。

永盛寺：整组建筑占地面积2813平方米，主体建筑按中轴线垂直三进式布局，错落有致，大殿通面阔五间，通长22米，通进深十三檩，通进深10.3米，大木架为抬梁穿斗混合式歇山式小青瓦屋顶。青石板院落，五级青石踏步。

古墓：村庄有多处古墓，是当地居民祭拜先人的重要场地。古墓多保存完整，一般分为墓墙和墓穴两部分，墓墙呈矩形状将墓穴包围，中部开门，门头中部高两侧低，呈"品"字形布置。墓碑上所雕刻字迹虽年代久远，但仍清晰可见，保存较好。

保护价值

村落历史悠久，在元代末期，村民为了躲避战乱迁移并留守于朝阳村处而逐渐聚集形成村落，其所蕴涵的华夏人居环境营造理论与方法具有重要的历史及科学价值。其中，中寨的扶阳"古城遗址"，遗址规模宏大，有馆舍、衙署、城池、兵营、练兵场、哨亭、集市、马场、马道子、监狱、刑场、园林、戏台等设施遗址，占地面积6万多平方米，加上永盛寺、书院、惜字亭、古墓群等共计22.8万平方米，具有极大的考古、保护、研究价值。

陈清鋆 张 涛 编

文峰塔

铜仁市石阡县聚凤仡佬族侗族乡廖家屯村

廖家屯村全貌

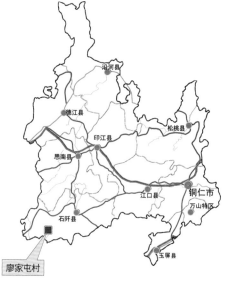

廖家屯村区位示意图

总体概况

廖家屯村位于聚凤乡东部，距聚凤乡集镇所在地2.5公里，依靠村庄西侧的通村公路对外联系，全村国土面积8平方公里，村寨依山而建，与青山、绿水、农田构成一幅安静祥和的山水田园风光。廖家屯村廖姓村民占98%以上，主要为仡佬族。集中连片的居住着226户，共1096人。据记载廖氏祖先于洪武七年（1374年）由湖广进入贵州，至今已繁衍至二十二、三代。境内以低中山为主，海拔872米，森林覆盖率为54%。廖家屯主要发展绿茶、油茶及烤烟、药材等产业。

廖家屯村于2012年被列入第一批中国传统村落名录。

村落特色

廖家屯村所处地形地貌为山间平地，地势平坦，村前千亩粮田连片，有天然河流，水资源丰富，环境适宜人居。村庄开敞、明亮、四周青山绿树，环境宜人。连片粮田和村落融为一体，形成"屋后松声远、房前稻香醇"这一独特的田园风光。自然景观和人文景观得以较好融和。

随着社会发展，村落社会功能趋于多样，逐步完善至今。村庄前后有风水古树和成片森林与之呼应，构成了该村落重要的自然景观标志，廖家在此处起家时，为了远方亲戚和后人辨认，在村中栽种了七颗古树，后人称之为七星树，现在依旧挺拔茂盛。

村落为石阡原生态民居建筑群，保存较好。依山傍水、随坡就势、空间灵活多样。选址中注重环境的同时也注重防御，所以在村寨距离不远处，选址狮子垴作为其传统防御攻势的屯堡所在处。同时在选址时，也考虑了耕种的需要，在村寨选择

的位置中，有着大片的平缓地带，这在贵州这样的山区地带是比较难得的。可以看出廖家屯选址既有汉族文化的体现，也有本地少数民族的选址讲究，择优势地段而聚居。

村庄周边环境

村庄与周边水田

七星树

传统建筑

廖家屯村现存各类木结构青瓦房，形制为正房与厢房配对，多数为清末建造，均为穿斗式木结构青瓦房，具有独特的工艺水平和建造技艺，保存状况较好。整个村寨房屋布局紧密有致。其形制、结构、

廖家屯村平面图

风格以及其蕴涵的民俗文化韵味独特。村落肌理清晰，格局完整。其轮廓与所在的地形、地貌、山水等自然风光和谐统一。

虽然廖家屯村属于仡佬族村落，但是建筑却延续了侗族的建筑特征。多以五柱八瓜房为正房，正房前两侧或一侧建翘角的吊脚楼，亦称厢房或楼子，中间为院坝，形成三合院式的建筑特点。同时廖家屯村的合院结构并没有院墙。只是通过台地、正房、厢房构成。

传统建筑大多为穿斗式干阑木楼，底层以饲养或堆放杂物为主，二层是主要生活面层。宽廊、火塘、小卧室。顶层通常为堆放粮食或杂物的阁楼，也有局部设置隔间做卧室。

村，时宽时窄，时深时浅；雨季来临时，水流湍急，深水处水深一米有余。

古桥：古桥位于当门河上，由一块完整的条石搭建，2～3米长，40～60厘米宽，供村民往来河流两侧。一石连通两岸，其上缝隙有杂草青青，安置年代已无考。

桅杆：花岗岩石条凿成，柱上雕刻各种图案，分三层竖起，貌似船上的桅樯，故名石桅杆，又因像一支笔亦称石笔，是我国古代科举制度的产物，有以示荣耀和激励后人读书进士的作用。

作为古代科举文化的实物遗存，这对保存基本完好的清代石桅杆，有助于进一步研究廖家屯的科举文化、家族文化等。

古桥、桅杆

民族文化

仡佬毛龙：是石阡仡佬族世代流传下来的民间传统技艺，农历正月当地就有玩龙灯、花灯的习惯，其表演形式各样，如二龙抢宝，龙腾盛世等。经申报，2006年石阡仡佬毛龙已被国务院批准为第一批国家级非物质文化遗产。

仡佬花灯：花灯，是仡佬族人民在长期的劳动生活中创造并喜闻乐见的艺术形式。主要活动在正月的元宵佳节，采用说唱结合，唱跳配合的方式在群众堂屋中开展，其内容丰富多彩，形式清新活泼，有浓郁的乡土气息。

传统建筑1

传统建筑2

古井

观音洞

仡佬花灯

人文史迹

廖家屯村历史景观要素主要由其赖以存在的梯田、古道小巷、古树、石阶等构成的具有聚落空间形态和整体风貌特征，概括为：依山而建、屯堡、盘山路，屋宇包山、梯田辽阔。

古井：廖家屯古井一共5口，其中脚对冲1口，大塘坳1口，千家寨1口，豪龙1口，桅子坝1口。廖家屯古井均分布在村寨内，还没有自来水之前，这5口水井担负着廖家屯村5个自然村的生活用水，水井里的水冬暖夏凉，十分可口，至今仍在使用。

观音洞：位于村庄南侧，该溶洞入口狭长、低矮，其内原有钟乳石形似观音，村民时常进洞参拜，在"文革"期间被毁坏，现村人又另请佛像至于洞中。

观音庙：砖石砌筑，双坡青瓦顶，水泥台阶，内设须弥座，供奉观音菩萨，庙前摆放古碑数座。

当门河：河流自北向南穿过廖家屯

观音庙

当门河

保护价值

廖姓家族作为廖家屯村的第一姓氏家族，对其族谱和历史活动的研究，对挖掘宗族文化和姓氏文化特征具有重要意义。同时，村民口口相传的民间故事、神话传说等对研究村落形制、民俗信仰、农耕文化等意义深远。

村落中现存民居建筑大部分部为穿斗式木结构青瓦房，保存状况较好，有较高的艺术、科学价值。

喻　萌　于　鑫　编

铜仁市德江县复兴镇稳溪村

稳溪村局部风貌

稳溪村区位示意图

总体概况

稳溪村，位于德江县西南部复兴镇内东南侧，距离复兴镇政府所在地约4.5公里，村落北与煎茶镇相连、西靠宝盆村、南临东泉村、东接山河村。村域面积10平方公里，村庄占地面积350亩，现有居民260户，常住人口780人，主要为土家族和苗族。稳溪村始建于清朝时期，作为国家级历史文化自然村落，村内除了大量古树群之外，还有始建于清末的土苗家民居古建筑，凝聚了稳溪村的土苗家族历史文化与民间艺术及民族精神。2013年，稳溪村又被列入第二批中国传统村落名录。

铺盖，色调统一协调，配以木质窗花、木门，屋檐多雕刻有地方花纹。建筑一般为1层，一排四扇三间，人口多的六扇五间，楼房三方有栏杆，屋顶有两个翘椽，具有土家民居独特的风貌。每一正房前面均有院坝，依据地势，有两三栋房屋连在一起的，有的厢房隔着，阳台连接，有的就连成一个院落，且院坝有青石铺设或保持原始泥土，周围绿树环绕，多植树木。

传统民居

村落特色

德江县是土家族集中分布的区域之一，稳溪村作为传统村落，其格局肌理、传统民居建筑形式和民族文化在当地都具有较强的代表性。稳溪村背靠大山，形成了其良好的天然屏障，村落周围有小河蜿蜒穿过，自西向东流入乌江，四季流水不断，水声潺潺。村落前方有一大片农田，秀美的田园风光凸显了稳溪村浓郁的传统乡村气息，村落内居民建房依山势从低到高，层递而建，呈组团状，大部分为土家族传统建筑形式，村落发展至今，仍保留了较好的传统建筑风貌及村巷立面，村落、山、水、农田相得益彰，共同构成了稳溪村组团状的山水格局形态。

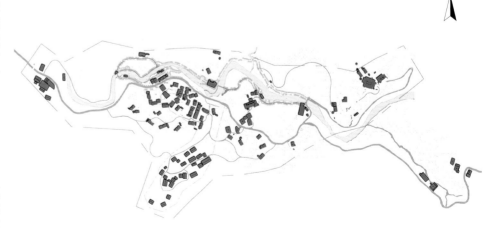

传统民居格局

传统建筑

稳溪村现存传统建筑171栋，占村庄内建筑总数的66%。稳溪村民居以木质干阑式建筑为主，一些厢房采用吊脚楼形式，木房依山势从低到高，层递而建，屋顶青瓦

稳溪村平面图

民族文化

土家熬熬茶：在土家族饮食当中，至今仍保留着土家熬熬茶这一传统饮食，熬熬茶又被称为油茶，是土家人喜爱的饮食之一。其制作十分讲究，主要以茶叶、食油、芝麻、大豆、花生米、腊肉、核桃、花椒、食盐为原料，经炒制等特殊工序加工而成。熬熬茶不仅清香可口，风味诱人，还能充饥解渴，醒脑提神。

傩堂戏：传统土家族人信仰多种神和土王崇拜、祖先崇拜，常进行祭祖活动，而最具特色的属"傩堂戏"这一传统祭祖活动。受到中原文化及巴、楚文化的影响，有着比较明显的巴人"俱事鬼神"和楚人笃信巫术的文化痕迹。

歌谣：具有独特的艺术性，内容丰富多彩。在打柴山中有山歌、薅草田土中有打闹歌、隔山隔岭有盘歌、谈情说爱有情歌、修房造屋有仪式歌、红白喜事有哭嫁歌和哭丧歌，真是触景生情、即兴而歌、随编随唱。喜怒哀乐，皆可成歌，其形式以七言句押韵为多，歌有长短，短的二、六、八句，长的有几十句。

摆手舞、八宝铜铃舞：德江土家族渊源甚远，自古被称为"蛮夷"或"南蛮"，崇拜虎，认为人死后魂魄化为白虎，并在祭祀时产生了舞蹈，后受中原文化和巴文化的影响，逐步形成了一种具有地方特色的民族舞蹈。

土家花灯：每逢春节期间，较为集中的村寨中一些爱好者和民间艺人带头承办，采取"化缘"方式筹资，用竹、纸编糊制成各种各样的12盏灯笼，如牌灯（开路灯）、鱼灯、荷花灯、扇子灯、吊子灯、蝴蝶灯、茶灯等多种灯笼，必要时加宝灯，从正月初一至二十日，每逢受到邻近寨子的邀请，便到寨中各户堂屋中跳唱。花灯队一般大约20人组成，有打锣鼓响器兴灯的，花灯队伍到家前，领头人说了伏事后，主人用鞭炮相迎（叫接灯）。

人文史迹

古树：村落周边山林植被茂密，植物品种多样，其中在稳溪村周边分布有红豆杉、枫香树群、古柏树群百余株，高度均在35米以上，树龄上百年。

竹篱笆：土家族人称为"园干"或"墙篱"，是村民用来防止鸡、狗等小牲畜进园内践踏蔬菜、庄家，做成的一个围子。

石磨：村落内保存着传统生活所用的石磨，在传统村落生活中，石磨曾是一种最最常见的生活工具，是乡村生活的一种象征，也是村落的一道风景。

石水缸：村落地处山区，水资源相对匮乏，常年来村民已养成储水习惯，加之山区气候潮湿，木质或铁质用材较为容易

狮子灯

摆手舞

石水缸

碾坊

石磨

腐烂或生锈，当地居民便就地取材，采用当地石块切割打磨成石水缸。石水缸上下部大小一致，整个水缸呈矩形状，水缸正面雕刻有各式图样，多以花鸟为主，并上淡彩装饰，表达吉祥之意，民族特色浓厚。

碾坊：碾坊是当地居民重要的生产用房，位于稳溪村中部。碾坊底座四周都是用石头砌起来的，有三尺高，上面是用石块堆砌起来的墙，南、北、西三面各有窗户通风。

屋顶晒台：村落靠山而建，山势陡峭，可建设用地相对较少，为了保障生产生活的积极开展，当地民居在屋顶设置露台，弥补地面空间生产用地不足。每逢收获季节，村民们便将自家所种粮食、玉米、辣椒等作物铺撒在晒台，远远望去好一派丰收的景象。

保护价值

稳溪村历史悠久，在元代末期，村民为了躲避战乱迁移并留守于稳溪村处而逐渐聚集形成村落，其所蕴涵的华夏人居环境营造理论与方法具有重要的历史及科学价值。村落传统的工艺、建筑装饰加之保存完好的傩堂戏、摆手歌等民族文化都体现了浓厚的地方特色。稳溪村的组团型的格局、枝状的巷道肌理、统一的传统建筑形式与周围山、水等自然环境相互辉映，体现了村落整体形态美学的价值。

陈清鋆 张　涛 丁成呈 编

稳子溪村村落一角

铜仁市江口县桃映乡漆树坪

漆树坪全貌

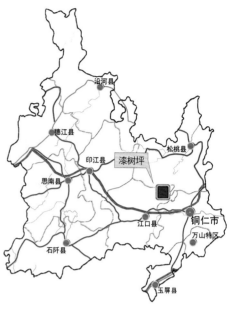

漆树坪区位图示意图

总体概况

漆树坪为桃映乡匀都村一个自然村寨，位于海拔1200米的香炉山上，寨子海拔1030米，距乡集镇所在地8.6公里，距新寨火车站4公里，交通非常便利。

漆树坪，林茂水急，山高谷深，物华天宝，资源丰富，盛产名贵药材，风景十分优美，至今仍保持古朴独特的民族习俗。被人们誉为"神秘的梵净尔玛堡寨"，是梵净山区唯一仅存的"尔玛"人所在地和羌文化艺术"活化石"；是至今仍然保持着古朴风情的原始羌族村寨。2009年"羌年"以及"黎族传统纺染织绣技艺"等被联合国教科文组织公布为"急需保护的非物质文化遗产名录"。

漆树坪村落于2013年入选中国第二批传统村落名录。

村落特色

漆树坪是明代胡姓祖先为躲避战乱带领族人迁居至此，逐渐发展成为今天的村寨。村寨背靠青山，前为梯田，土路和土墙连接各户，整体风貌保存完好。

漆树坪背靠水井山，形成了良好的天然屏障，南部为云甲山，北部为龙冠子山，寨前为层层的梯田，视野开阔。村落四周分布了大片农田、旱地、森林，秀媚的田园风光凸显了漆树坪浓郁的传统气息。

村落内居民建房依山势从低到高，层递而建，呈组团状，大部分为羌族传统建筑形式，村落发展至今，仍保留了较好的传统建筑风貌及村巷，村落、山、农田相得益彰，共同构成了漆树坪组团状的村落格局形式。

传统建筑

漆树坪传统建筑为纯木结构建筑，以当地的杉木作为建筑承重构件的主要用材，以木板为壁，有单吊式、双吊式、四合院式等不同形状、整个结构不用一钉一铆，梁、柱、枋、板、椽、檩等均以木材加工而成，主要有基地凭证、木架搭建、上屋梁、盖瓦、欸子五道工序。整个建筑采用穿斗式工艺进行构建，除剧中的栋檩外，一般每左右以檩间用一根穿枋连接，瓜柱全部落在锁扣枋上，穿枋全部穿过期间所有的瓜柱，为了防止窃贼，房屋四周用石头、泥土砌成围墙。

漆树坪风貌好的建筑村寨内共有两栋，已有100多年历史，形式为双吊式，中间为正方，两侧为厢房，建筑样式与土家建筑大体相同。

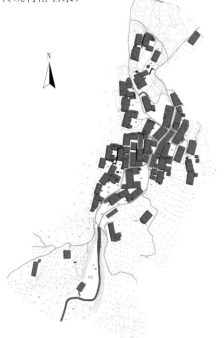

漆树坪平面图

鸟瞰图1

鸟瞰图2

传统建筑1

传统建筑2

民族文化

民族信仰及节日：漆树坪羌民的图腾是山羊，信奉的神有白石神、太阳神、火神、风神、树神、寨神、土地神等，祭神往往与节日、习俗交织在一起。

祭祀

传统手工艺：漆树坪羌民的手工业有竹制品、蜡染、制铧等。经久耐用，在江口、松桃、铜仁享有盛名。

蜡染

民间舞蹈：漆树坪羌寨，民间舞蹈主要有"跳沙朗"（羌族锅庄舞）、"跳盔甲"（又名"铠甲舞"）等。"跳盔甲"是种古老的传统祭祀风俗舞蹈，过去在有战功的将士葬礼上跳。舞蹈《欢乐的沙朗》、《醉了金秋》、《锅庄舞》等艺术作品1996年在江口全县的文艺汇演中荣获二等奖；2005年在多彩贵州江口海选赛中荣获一等奖，2007年在锦江广场舞蹈大赛中获得二等奖。

民族舞蹈1

民族舞蹈2

人文史迹

古井：古井位于进入村寨的路口旁，周边树木茂密，三棵四十多米高的古树品字形拔地向天，浓荫终年，一股小饭盆大小的山泉从中流出，四季不断流，古井于清朝光绪年间当地人集资修建，2012年当地人进行扩建。

篱笆墙：在寨内仅存两栋建筑四周围有围墙。当时为了防止盗贼，村名房屋四周用石头、泥土砌成围墙，高度约1.2～2米。

石磨：村落内保持着传统生活所用的石磨。石磨是一种石制的研磨滚压工具，用于把米、豆等粮食加工成粉、浆的一种机械。由两块尺寸相同的短圆柱形石块和磨盘构成，一般是架在石头或土坯等搭成的台子上，接面粉用的石和木质磨盘上着磨得下扇（不动盘）和上扇（转动盘）。

古井

保护价值

漆树坪羌寨是贵州省唯一的羌民集中居住的村寨，被人们誉为"神秘的梵净尔玛堡寨"。是梵净山区唯一仅存的"尔玛"人所在地和羌文化艺术"活化石"；是至今仍然保持着古朴风情的原始羌族村寨。

漆树坪村的历史环境要素种类丰富，他们集中体现了传统村落地方传统特色和村落典型特征，主要包括山体、古井、篱笆墙、农田、古树、竹林等，集中体现了武陵地区古村落的地域特色。

漆树坪村寨内非物质文化遗产丰富，主要包括口头文学、民间信仰、民间音乐、民间舞蹈、民俗节庆、传统手工艺技能、民族服饰、民俗表演活动广场等八种类型。

篱笆墙1

古磨盘

篱笆墙2

漆树坪古村落、古民居无论在村镇规划结构上还是在平面及空间处理、建筑雕刻艺术的综合应用上都体现了鲜明的地方特色。如今遗存下来的古村落、古民居、古文化是羌族人聪明才智的结晶，是先民留给羌族后人的一份极其宝贵的文化遗产，闪耀着浓郁的人文地域色彩，蕴含着丰富的历史文化内涵，寄托着羌族儿女的乡愁。为保护、开发和利用好这些古老的遗存，江口县人民政府在经过反复筛选、科学论证、民主决策的基础上申报国家传统古村落，漆树坪村落于2013年入选中国第二批传统古村落名录。

漆树坪羌寨作为羌族的的一个聚集地，为研究羌族的迁徙发展历史、传统村落特征、农耕文化提供了资料。

刘　锐　周　博　编

传统建筑3

铜仁市石阡县白沙镇箱子坪村

箱子坪村全貌

箱子坪村区位示意图

总体概况

箱子坪村位于贵州省铜仁市石迁县白沙镇西南部，距镇政府所在地5公里。村落整体坐西向东，东至映山红山，西临永安屯，南抵箱子岩，北接娇子顶。箱子坪村村域总面积约1平方公里，总人口为574人，以仡佬族为主。村寨建于明末清初，至今有400年历史。2012年，箱子坪村被列入第一批中国传统村落名录。

村落特色

箱子坪地处乌江上游，是石阡龙川河水发源地之一，境内以低中山为主，属于典型的低山丘陵地区，村落位于山顶地势较为开阔处。村落整体顺应山势，呈带状分布。主要道路为南北向，从寨子中间穿过，顺应地形沿山体的走向延展。村落中巷道呈"井"字形连接各家各户，形成细小的巷弄，有趣迷人，寨中古树参天，树伴人家。村落肌理清晰，格局完整，与地形、地貌、山水等自然风光和谐统一，传统民居布局密集，纵横交错，疏密有致，展现出传统村落"天人合一"理想人居环境。

传统建筑

箱子坪村是一个典型的仡佬族村寨，至今保留了大量的传统建筑，有传统民居170多栋，有民国年间重修的杨氏宗祠，均保留了当地的建造风格。

杨氏宗祠：杨氏祠堂位于箱子坪寨子南面，始建于清朝后期，民国初期进行重修。整幢房子为五柱八瓜式木质结构，墙板主要为木墙板，屋顶为悬山式青瓦双坡顶，正脊两侧设鳌尖，正中设脊花。屋内有巨大石凳，是村民祭祀的场所。祠堂前面是一块空地，用加工好的石板铺成的地面。宗祠与铺地以及周边环境，营造出一个开阔、庄严的空间。

传统民居：现存的民居全部为穿斗式木结构青瓦房，呈带状分布在村落中，具有独特的工艺水平和建造技艺。箱子坪传统建筑多以五柱八瓜房为正房，正房前两侧或一侧建翘角的吊脚楼，亦称厢房或楼子，中间为院坝，形成三合院式的建筑特点。同时箱子坪村的合院结构并没有院墙，只是通过台地、正房、厢房构成。翘角结构，使房屋外形美观，又保护厢楼不受雨水淋坏。反映箱子平房屋建筑不仅追求实用原则，又追求造型美观、工艺精湛的原则。

民族文化

仡佬毛龙：仡佬毛龙是石阡仡佬族世代流传下来的民间信仰的表现形式，主要流传于贵州省石阡县大部分乡镇的仡佬族村

古道

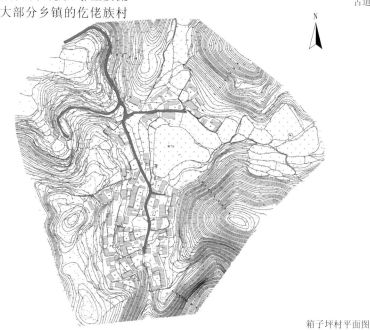

箱子坪村平面图

民居

杨氏宗祠

稻田

寨中，箱子坪村也是仡佬毛龙的传承地。族村寨中，箱子坪村也是仡佬毛龙的传承地。仡佬毛龙活动主要在元宵节期间举行。毛龙的传承主要是自发传承与自然传承。即无任何拜师、出师等仪式，年轻人主动学艺的一种全民自然传承。如今，舞毛龙已成为石阡民间一种大型文化活动，其毛龙的编扎技术更加精致，舞毛龙的形式多姿多彩。时逢春节或重大吉庆活动，箱子坪舞毛龙成为村寨一道最独特的风景。

仡佬情歌：仡佬情歌是仡佬族青年相互表达爱意的一种形式，仡佬情歌形式规整，但演唱却十分自由。在七言的歌词中，常常在前四字的停顿处和句子结束时自由甩腔，表现出四、三的句子结构特征。采用音头上滑、音尾下滑、长音填充等润腔方法。旋律大多自由奔放、跌宕起伏，体现了武陵山区山高谷深，山岭绵延的自然环境。

人文史迹

古井：箱子坪村共有两口古井，分别位于村寨南面祠堂外坎处和村落北面，两井有古树掩映，终年不涸。古井属于大口井，呈马蹄形，没有设井身，井边用石板砌成台阶，以便水位下降时村民取水。现存状况略好的约300米，石块铺装，约2米宽，属于大口井。

永安屯：箱子坪永安屯位于村寨西北

毛龙表演

面，修建于清朝后期，前身是永安寺。永安屯建在三面是悬崖的山顶之上，四周由石头砌成，设有三个岗亭，两个石门，一个水动门。石墙高2米，有瞭望口和炮台。其中一个石门从地下进入永安屯，石门外一条陡峭石路通往白聚公路。由于年久失修，石门和岗亭部分垮塌，屯上房屋被毁，但仍能看出其原始风貌，是箱子坪重要的文化标志。

保护价值

箱子坪村传统文化保存完好，拥有地方特色的传统仡佬毛龙和仡佬情歌，不仅是一种传统的艺术表现形式，同时也是箱子坪村村民生活方式的一种体现，具有社会、思想、教育等多方面的研究价值。另外，箱子坪村顺应山势的选址和阡陌纵横的巷弄格局，展现出环境和生活相协调，体现出传统村落天地人统一的生态观。所以箱子坪村是研究仡佬文化和传统村落格局的典范。

何　丹　唐　涛　张宇辰 编

传统建筑群

石拱门

村落一角

毛龙编扎

航拍影像图

安顺市

AN SHUN SHI

安顺市平坝县天龙镇天龙村

天龙村全貌

天龙村区位示意图

总体概况

天龙镇天龙村位于平坝县西南面，村寨东连天台村、南接天龙镇背后村、西邻西秀区石板房村、北面毗邻西秀区河桥新寨，距安顺市府驻地28公里，距平坝县城10公里。天龙村村域面积6.77平方公里，村庄占地面积2250亩，共1265户4420人，主要民族为汉族和仡佬族。

明朝时，为防止元朝残余势力和土司势力反叛，朱元璋采取"屯田戍边"政策，在滇黔古驿道两侧产粮区和关隘广设"屯堡"，派军士屯垦驻防，天龙村就是在这样的背景下形成的自然村落。天龙村是屯堡文化之乡，区位优越、资源丰富、经济发达，株六复线、滇黔公路、天织公路、贵黄公路和清镇高速公路贯穿全境，拥有被誉为"石头建筑绝唱"的国家级文物保护单位天台山伍龙寺和极具大明遗风的屯堡文化旅游资源。2014年，天龙村被列入第三批中国传统村落名录。

折、利于防守，形成"户自为堡"、封闭而具有对抗外部攻击能力的军事防御系统。村内军事防御特征明显的街巷格局最具特色，中街、后街、郑家巷、将军巷、九道坎、驿站巷等十数条古街古巷纵横交错、顺势依行，战时布局特征突出，对建筑聚集起着组织和驾驭的作用，使屯堡呈现出内外皆封闭的格局。全村由一条主街贯穿，街宽3～5米不等，串联着门楼、演武堂、驿茶坊、沈万三后裔故居等。主街和支巷将各家各户有机相连，支巷时收时放，从不通透。巷道细长幽深、阡陌曲折且宽窄不一。支巷之间的上方建有相通的空中通道以便往来，每条街巷能单独或联合形成整体防御。村落的传统格局反映了传统理念及军事、农业生活的实际需要。

陈蕴瑜故居

图书馆

村落特色

天龙村现存的传统村落面积约12.3公顷。天龙村地处西进云南的咽喉之地，周边群山环抱，黑寨河和后街河等穿过村域。村寨四周有大河山、龙眼山、天台山、铺头山等自然山体作为生态屏障，寨前有阡陌纵横的田土，村寨内部有征定河自东向西贯穿村寨，整体上形成"一河贯通、四山拱卫"的格局。村寨建设不占用良田好土，民居建筑均采用石料，较好地体现了人地和谐的关系。天龙村寨的选址遵循寨前有可供灌溉的河流，寨中有饮用水源，寨后有靠山，进则可攻，退则可守的原则，带有浓厚的军事特色。

天龙村依山沿河而建，巷道蜿蜒曲

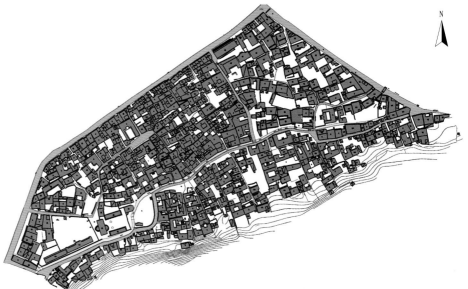

天龙村平面图

传统建筑

天龙村的传统民居建筑主要集中在村寨中部，始建于明代，整体风貌较为完整。天龙民宅的平面布局，既沿袭了华东三合院的布局特点，又考虑到在特定条件下的需要而加以改进为全封闭的三合院（或四合院）格局。民宅用材最大的特点是石头的广泛应用，一户民宅，就是一座石头的城堡，一个村庄就是一座纯粹的石头城。黔中多山，大多数石头层次分明，薄厚齐全，聪明的屯堡人就地取材，以石代砖，以石代瓦，将石头的用途发挥到了极点。房屋布局从寨子中心的"点"向外扩展，民居建筑既独立，又跟整个寨子的布局浑然一体，单体和整体完美结合。

天龙屯堡建筑虽然把军事功能放在首位，但也不完全一味是粗犷的东西。屯堡人的民居建筑雕刻还是十分细腻精巧的，特别是屯堡民居的门头雕刻最为繁富，有花窗、花板、垂花柱。每个部件都饰以不同的图案，最为典型的是吉语类的福（蝙蝠）、禄（梅花鹿）、寿（麒麟）、喜（喜鹊），正宗传统的汉族雕刻图案；有钱的读书人家的门板等处还雕有诗词书画，这些雕刻图案与当地少数民族的民居形成鲜明对比，突出了江南汉族移民文化秀丽的地方。

屯堡石头建筑技艺：天龙屯堡古建筑群最大的特点就是石头的广泛应用。它把石头工艺发挥到极致，从高向下放眼望去，白白的一片，错落有致。走进屯堡村寨所看到的是石头的瓦盖，石头的房，石头的街道，石头的墙，石头的碾子，石头的磨，石头的碓窝，石头的缸，简直可以称之为一个石头的世界。

民族文化

屯堡地戏：安顺地戏是屯堡人演武增威驱邪纳吉的民间戏剧，主要以自称"老汉人"的屯堡村寨为主。一般是一个村寨一堂戏，跳一部书。地戏演出的形式为"跳神者首蒙青巾，腰围战裙，戴假面于额前，手执戈矛刀戟之属，随口而唱，应声而舞"。

屯堡山歌：屯堡山歌完全是一种朴实的口头文学，山歌脱口即来，见物抒情、见事生义，随口唱出，山门心中。它没有什么同定的词本，完全即兴创作，山歌唱到一定的境界后能达到张开嘴巴歌词就来，俗称"歌碰嘴"，用一句话说，"山歌无本，全靠嘴狠"。

人文史迹

天龙村历史悠久，历史资源丰富，现存古河道1处、古树2棵、古井3口、古驿道1处、古巷道16处、石拱桥13处、陈蕴瑜将军故居和衣冠冢各1处、沈万三故居1处、三教寺1处、天龙学堂1处、伍龙寺1处。

沈万山后裔故居：建于明代，为沈万山次子沈茂的家，供奉着沈万三的牌位

石拱门

古街巷

驿茶亭

石门

及"聚宝盆"，独具江南韵味。

伍龙寺：又称"清静禅院"，始建于明朝万历十八年，由山门、大佛殿、两厢、倒座、玉皇阁、经堂、祖佛殿等组成，是一处佛、道、儒合一的场所。伍龙寺依山就势而建、立于山峰之巅，以山崖、石壁作基，集自然景观与人文景观于

屯堡地戏

一体，是国家级重点文保单位。

保护价值

天龙村是明代军屯遗存的典型代表和实物见证，是至今保存较完整的明代军屯村寨，反映了明代为实现一统大业，在滇黔古道上建立军事要塞与当地居民相互融合的发展历史，再现了屯堡村寨各个时代发展的轨迹及时代特征，记录了地区的发展信息，具有极高的历史价值。在历史长河中，天龙人民很好地创造、保存和发展了自成体系的民族文化，形成了不同于贵州其他民族特征的"屯堡文化"。屯堡文化是汉族文化中的一种特殊文化现象，是明代军屯历史和古代江南文化在同一区域内融合的遗存，是难得的历史实物"标本"。

陈清鋆 张 涛 编

伍龙寺

373

安顺市西秀区大西桥镇石板房村

石板房村全貌

石板房村区位示意图

总体概况

石板房村位于贵州省安顺市西秀区大西桥镇东大门，东与平坝县天龙镇接壤，南西与中所、天龙村接壤，距镇政府4公里。石板房村村域面积约为2.5平方公里，全村总人口为869人，是多民族聚居地。石板房村起源于明朝洪武年间，滇黔驿道上每隔60里设置驿站，当时的石板房村只是诸多驿站中的一个。由于其交通便利，环境优美，越来越多的人聚集在此，徐、黎等姓的客家人更是长期在此经商，后逐步形成村落。又经过了几百年的演变，形成了如今的格局。2012年，石板房村被列入第一批中国传统村落名录。

村落特色

石板房村最初只是滇黔古道上的一个驿站，村落西北侧边狮子山以及东南侧大河山呈"狮象把门"之势，同时该村背山面水，环境格局较好。石板房村与周边屯堡村寨有较大不同，其防御功能并不十分强大，突出的是客家人的经商文化。作为周边区域的一个集市，主要建筑物多沿大街布局，中间宽敞利于交易，两头较窄利于防御，总体呈"鱼腹形"。《续修安顺府志，安顺志》中收录的《瓶水斋诗集》中有《石板房二首》："黄冈记竹楼，小城歌板屋。客行到安庄，石见满山麓"。

民居

传统建筑

石板房村起源于古道上一驿站，故其建筑形式与周围屯堡村寨存在较大区别，主要体现有两点：一是防御与休闲并重，建筑除满足防御要求外，也提供大量供商人交易、交谈的空间；二是隔断与联系恰到好处，与外界隔断以便抵御外侵，同时又与周边联系紧密。事实上，石板房村的发展不止得益于其优美的环境，也离不开周边屯堡人对客家人生意的照顾。

民居四合院：通常为三进的院落，

碉楼

传统窗花

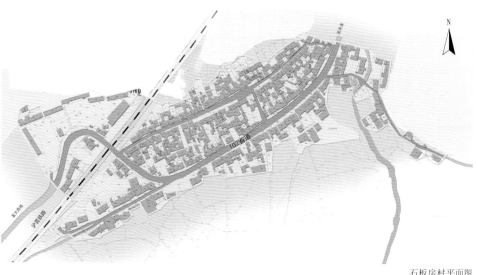

石板房村平面图

花灯

滇黔古道

古寨墙

一进为前院和门厅；二进为主院落天井，分正房和厢房；三进为后院，院墙即为石板房村的寨墙。建筑为木结构穿斗式悬山顶，屋顶为极具特色的石板，其建筑装饰精美，用秋木、白杨木精心雕刻，木、栏杆上有春牡丹、夏荷花、秋菊花、冬梅花，还有五福圖幅、临门、正房、厢房、有天井、花柱，空间丰富，保存完整。四合院的天井有大、中、小之分。

碉堡：原型为明代的"望楼"，建于正房与厢房的连接处，是大户人家为防盗所建。石板房村的碉楼与屯堡村寨的碉楼有相似也有差异。主体部分为石材砌筑，门和瞭望窗均较小，与屯堡村寨内碉堡相似，易守难攻。同时，与屯堡的碉楼不同，该碉楼顶部设置休闲亭一个，可以满足客家人休闲喝茶之用。

民族文化

舞狮：主要道具是"狮"，每逢佳节或集会庆典，都以舞狮来助兴，狮子是由彩布条制作而成的。每头狮子有两个人合作表演，一人舞头，一人舞尾。表演者在锣鼓音乐下，装扮成狮子的样子，做出狮子的各种形态动作。在表演过程中，舞狮者要以各种招式来表现，非常富有阳刚之气。

花灯戏文化：老式花灯一般为两个角色，一男一女，男角称为"唐二"，女角称为"幺妹"。表演时唐二说白领腔，环绕幺妹大跳、戏逗，幺妹手舞花帕或彩扇，动作轻柔，同时以锣鼓伴奏，气氛热烈，此活动多在春节期间进行。

舞狮队

人文史迹

黄黎井：水井口由石头砌成方形，深度有10～20米，是全村唯一的井，建村时即有，常年有水，是村中主要生活水源。

古树：皂角树，树龄大约100余年，高约28米，覆盖面积350平方米；村小学的白芷树，树龄有50多年，可入药，夏天用来纳凉；桂花树，树龄大约50年，四季常青。

古寨墙：整个寨墙由石板堆砌而成，通过石门洞连接村落内外，距离寨墙最近的一户人家为守门户，负责守卫工作，目前石板房村部分寨墙还保存完好，石洞保存较好，现在仍在使用，可以从中看出石板房村的历史。

保护价值

石板房村始建于明代，历史悠久，原为驿站，整个石板房村古村落格局十分讲

黄黎井

究，严格按照原滇黔古道成"一"字形排列，两侧设有铺台，街巷严格按照商业街布局，是客家人做生意的地方，目前是周边屯堡村寨中唯一的客家文化村寨，其客家文化氛围浓厚，民族习俗文化丰富，非物质文化遗产传承较为完整，同时有保存较为完好的碉楼，其古建筑具有独特的客家民居建筑风格，是研究和传承客家文化和屯堡文化的重要平台，具有巨大的科研价值和历史价值。

赵玉奇 李星星 杨泽媛 编

石碑

村落一角

安顺市平坝县白云镇平元村元河组

平元村元河组村大书房遗址

平元村元河组区位示意图

总体概况

平元村元河组位于平坝县南面，距平坝县城10公里，距白云镇政府3公里左右，东与洞上河村相邻，南与何家庄相邻，西与花柱村、北与马洞村相邻。元河组村域面积2.1平方公里，村庄占地面积92亩，常住人口1124人，主要民族为汉族。

明洪武二年（1369年），王姓族长、商人王世友于大阳关立寨，明末清初时期，朱、鲍、罗等姓先后迁徙于此定居，逐步形成现今的村落。元河组是典型的屯堡村寨，文化底蕴极其深厚，现保存一批以石板房为特色的传统屯堡古民居，至今仍然保持着部分明代传统的生活方式和习俗。村域范围内有较多的历史遗存，如飞虎山古人类遗址、大树林三叉古道、龙潭坡古城墙遗址等，自然环境优美。2014年，平元村元河组被列入第三批中国传统村落名录。

村落特色

平元村元河组整体选址为背山面水、左青龙、右白虎的选址格局。村落背靠龙潭坡，坡上有明代的军事城堡遗址；左有大树林，右有银子山，前有一条河道流过，古驿道从村前穿过。元河组以"七星北斗阵"的格局排列，以中间街为主要的街巷布局传统院落。

元河组传统村落内的历史建筑大多整齐、有层次地依山而建，建筑密度不高，建筑和环境有机融合为一体，保存状况良好。元河组幽深的石板巷道有机地连接着各家各户，形成了特殊的村落空间网络系统，是由公共性向半私密性、私密性过渡的空间，由闹到静的过渡，营造出宁静的生活环境，巷道宽度在1~1.5米之间，多采用当地石板铺砌，古韵十足。

传统建筑1

传统建筑2

平元村元河组平面图

传统建筑

元河村的民居建筑主要为屯堡风格，传统民居保护较为完好，占比可达80%以上，三、四合院所占的比例约占60%，正宗的"江南水乡"式住房，以鲍、罗等姓氏居多，为典型的屯堡风格建筑，下石上木结构，墙体以石头为主，正房最高两楼一底，防贼防盗，冬暖夏凉，财门上方有吊瓜，门窗雕龙刻凤，工艺十分讲究，中间街一线保护最好。

民族文化

雕花：元河组的古建筑大多于明清两代建成，保存至今。而雕花无疑是这些古建筑独具匠心的一大特色，无论从窗户、屋檐、门廊等，无不体现出先辈们惟妙惟肖的手工艺之精湛。这些雕花窗户大多只是起到装饰和采光的作用，并不能开启。

屯堡刺绣：屯堡刺绣十分独特，从屯堡人服饰的领口、大襟、袖口到鞋子、袜

大树林三叉古道口

古井

龙潭坡军事遗址

雕花

刺绣

人文史迹

龙潭坡军事遗址：建于明代，是明朝用来驻守古驿道的军事城堡，形式类似"明长城"。

大书房遗址：大书房是元河组古村落中教育的摇篮，也是无数贡生、秀才的出处，明代修建，为三开间的屯堡建筑，上石下木结构，现仅存遗址。

龙潭宗祠：龙潭祠堂是光绪庚子年科举人罗咸章建设。该祠堂为典型的四合院

古书

式布局，其中正门为三层宝塔，左右厢房为一层，中央大殿同样为一层，有斗栱，后来该建筑"文化大革命"时期遭到破坏，现仅存遗址。

古井：村内有2口古井，是建村时的主要吃水地，现在仍在使用中，只是被人为的划成了吃水井和洗衣井分开，井口也改大了。两个古井一个在龙潭，另一个位于村委会后。

古驿道：元河古驿道属于茶马古道一段，由石头铺设，宽约1～1.5米，人工设有简易排水设施，既方便排水，又防滑、美观，与周边石头建筑相得益彰。

银子山庙宇：银子山上的庙宇规模不大，仅类似土地庙，但是香火比较旺盛，周边村子的村民经常前来祷告，庙内有古碑记，字已模糊不清，仅能辨认出为明代所建。

鲍中行故居：鲍中行故居是国防大学教授鲍中行的出生地。鲍中行是中国军事未来研究会理事，国防大学正师职军事教官、大校、教授。该建筑为典型的屯堡四合院式布局，保存较为完好。

保护价值

平元村元河组始建于明代，村落历史悠久，村内的龙潭坡军事遗址、大书房遗址、龙潭宗祠遗址等均有很高的研究价值。拥有浓厚的屯堡文化氛围，丰富的民族习俗文化，保存较为完好的传统民居院落，对研究屯堡文化具有重要作用。

陈清銎 张 涛 杨秀华 编

底、鞋垫，以及帽子、背扇、肚兜和口水兜都布满了独特的刺绣纹饰，而且构图完美，内容寓意深刻，是中华民族文化中的一枝奇葩。

迎三圣：三尊圣人像，孔子、关羽、岳飞，每年正月初九，元河组都会举办隆重的盛会"迎三圣"，全村老少都会聚集，点灯、烧香拜佛，祈求新的一年国泰民安，风调雨顺。

花灯：花灯是贵州省屯堡汉族节日习俗。已被列入贵州省非物质文化遗产保护名录，是贵州西路花灯的代表。上千首花灯曲调多在逢年过节时，在亮灯、盘灯、开财门、贺灯等表演程式中，以张灯结彩、舞扇挥帕的载歌载舞形式，给广大人民群众带来了欢乐和对幸福生活的向往。

传统街巷

安顺市平坝县天龙镇兴旺村双硐组

兴旺村双硐组全貌

兴旺村双硐组区位示意图

总体概况

天龙镇兴旺村双硐组位于平坝县城西面10公里处，坐落于国保"天台山"与"屯堡古镇"之间。现村域面积6.15平方公里，村庄占地面积420亩，全村户籍人口370户，1385人，以汉族为主。

双硐组始建于明代，历史悠久，村寨前后有两座相互对立的大山，一个名为后头坡，一个名为对门坡，还有一个白脸山，三山成三角形围绕整个村寨。因后头坡前方为悬崖峭壁，高不可攀，在山的右前方有两个高大宽敞、自然形成的岩硐并排着，故取名为"双硐"。2013年，双硐组被列入第二批中国传统村落名录。

村落特色

明朝时期，朱元璋认识到西南稳定的重要性，于是命30万大军就地屯军，征南大军及家口带来的各自的文化与当地文化融合，经过六百多年的传承、发展和演变，于此形成了独特的"屯堡文化"。兴旺村双硐是一个典型的因军队住宅而形成的有地方特色的屯堡村寨，村寨三面环山，严格按照"左青龙、右白虎"选址布局，整个地形易守难攻，充分表现出村寨的防御功能。村寨内建筑布局因地制宜，沿路依山而建，错落有致，形成了有机生长的"树形"布局模式，同时良田阡陌穿插其中，群山环抱，秀竹连绵，自然环境十分优越。

传统建筑

天龙镇兴旺村双硐组是一个典型的军屯，文物古迹丰富，保存了极富屯堡特色的民居、寨门、古井、传统民居等古建筑

和碑刻。依山建造的一栋栋石木结构房屋，错落有致，连片成趣，民居建筑中，三、四合院所占的比例约占50%，干阑式和栋宇式结合的建筑形式，石木结构，墙体以石头为主，正房最高两楼一底，防贼防盗，冬暖夏凉，财门上方有吊瓜，门

村寨古建筑

陈姓古建筑

窗雕龙刻凤，工艺十分讲究，多数保护完好。村寨内现有200年左右的苗寨石木建筑群，其中传统民居40栋，主要集中分布于村落核心区，还有石梯、石路、石墙、石门、石井、石桥、古屯，石洞、木梯、木雕门窗等，极具代表特色。

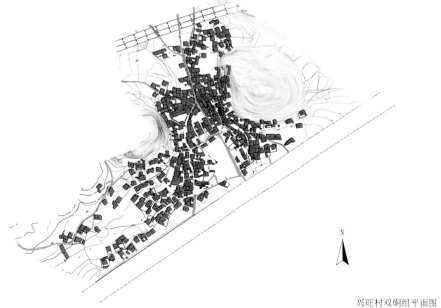

兴旺村双硐组平面图

屯堡民居

屯堡地戏 1

屯堡地戏 2

民族文化

地戏：作为一种古老的民间戏剧，在其戏剧本体中就包含着诸多的祭祀因子。当剧中人物被罩上"神"的光晕后，崇尚多神信奉的屯堡人在把地戏看作娱人娱己的艺术样式时，更把剧中人物赋予神性而视为自身命运的主宰者。稼禾的丰歉、村寨的平安、人畜的兴旺等既靠科学技术，也依赖神灵的保佑。如此，祈福纳吉的祭祀仪式就自然构成地戏演出中的一部分了。地戏随明朝征南大军来到贵州，是军人的文化活动，也是军事演练，如今只有安顺不多的几个村寨还在完整保存下来，是当年原汁原味的江南风味。

花灯：花灯是贵州省屯堡汉族节日习俗。已被列入贵州省非物质文化遗产保护名录，是贵州西路花灯的代表。分为花灯歌舞和灯夹戏两大类，具有情意缠绵和幽默机智两大特点。上千首花灯曲调多在逢年过节时，在亮灯、盘灯、开财门、贺灯等表演程式中，以张灯结彩、舞扇挥帕的载歌载舞形式，给广大人民群众带来了欢乐和对幸福生活的向往。

唱山歌：山歌从各个侧面表达出农民群众对生活的热爱，对理想的追求。它是屯堡农家一种直率的情感宣泄。屯堡山歌的曲调并不复杂，音域也不太宽，朗朗上口，易学易记易传，所以有着独特的地域普遍性和广泛性，因此，传统良好，2007年，屯堡山歌被列入贵州省第二批非物质文化遗产名录。

屯堡刺绣：屯堡人服饰的领口、大襟、袖口到鞋子、袜底、鞋垫，以及帽子、背扇、肚兜和口水兜都布满了独特的刺绣纹饰，而且构图完美，内容寓意深刻，是中华民族文化中的一枝奇葩。

人文史迹

兴旺村双硐组现保存有明清时期古院落5座、古井1处、古街巷1处、古驿道1处、石拱门1处、双硐遗址1处、古硐堡1处、古井1处、土地面1处。

双硐遗址：村寨后坡（后头坡）中间半坡处有一小硐，地势险要，硐中面积约150平方米左右，硐内的上方有一小耳硐，徐徐而上，从硐顶端上方穿出，故名为"小硐头"，它能帮助人们躲藏，并能从小硐中走出离开，进出自如，是个易守难攻的藏身之地。在那暗无天日的年代里，人们为了躲避灾害，借这一有利地势，从各地陆续搬迁集中居住在这里。后又从天龙、中所等地迁入一部分，从各地陆续搬迁集中居住在这里。

大竹林：寨子中间原是一片大竹林，占地面积约40亩左右，竹子品种繁多，竹子高大，有粗有细，枝叶繁茂，竹林中间有一条大路直通两边村寨，路两边的竹子上半部互相弯曲交叉成弧形景象，把路覆盖得严严实实，十分宜人，是天然的绿色拱洞门。

古井：村内有古井1个，位于村中部。井壁、井盖和前面围墙均为石彻，长年水流不断，过去一直是兴旺村双硐组人的主要饮用水源。

古驿道：石板古道由石头铺设，宽约1～1.5米，人工设有简易排水设施，既方便排水，又防滑、美观，与周边石头建筑相得益彰。

古土庙

古遗址

保护价值

兴旺村双硐组传统村落群山环绕、一水相拥，选址讲究，有古朴的屯堡民居建筑、保存较为完好的双硐遗址、幽秘的巷道、独特的空间格局和建筑形式、精美的建筑装饰、苍老的古树和古井，以及丰富的非物质遗产。研究天龙镇兴旺村双硐组对了解屯堡文化与当地苗族文化融合发展有更深刻的意义。

陈清鋆 张 涛 编

村落庭院风貌

安顺市平坝县天龙镇合旺村岩上组

杨光黔私宅院落空间

合旺村岩上组区位示意图

总体概况

平合旺村岩上组自然村寨位于平坝县南面，距县城12公里，距天龙镇政府5公里，东、北与元河村相邻，南与刘官乡蚱陇相邻，西与花柱村、汪井村接壤，交通相对便利。现岩上组村域面积2.8平方公里，村庄占地面积150亩，目前有125户，常住人口380人，全为苗族。

平旺村岩上组始建于清代。由于清代大肆屠杀苗族人，苗族人跑至营盘山内躲避，后随着民族的融合，从营盘山迁徙至现在的村落定居。至今，该村寨依然保留着自己的民族语言、服饰、民俗等。2014年，岩上组被列入第三批中国传统村落名录。

村落特色

合旺村岩上组所在地区为群山起伏的地区，原无人居住。清代由于躲避屠杀，跑入深山老林中躲避灾祸，并在营盘山修建了营盘进行居住。后随着民族矛盾的缓和，逐步从营盘山迁徙到该平坝区域定居。

整个村寨建筑选择依山傍水而建，错落有致，连片成趣，石头的梯级随处可见，是一个典型的苗族村寨，文物古迹丰富，保存了极富苗族特色的民居、古井、寺庙等古建筑和碑刻，文物古迹众多。建筑布局有靠山、有水口、左右有大山墙"关栏"。建筑以坐南向北为正向，符合"前朱雀，后玄武，左青龙，右白虎"，要"山管人丁水管财"，才能"富贵家庭万万年"的中国传统观念，并沿袭了江南三合院、四合院的特点，有全封闭式、分燕窝式、碉堡式等结构，形成了易守难攻的建筑群体。

传统建筑

合旺村岩上组民居建筑为典型的苗族风格建筑，下石上木结构，窗有雕花，部分建筑融合了汉族建筑文化的特点，建筑形式为干阑式与栋宇式的结合体，围合形成三合院或四合院的院落空间。其中，

古祠堂

正房为苗族敬神、祭祖、会客，起居的主要场所，常常分为三开间、五开间、七开间；正房有左、右厢房，则称为三合头；有的前面起一排，跟正房数一样，中间为通道，称四合头；还有的走廊周围连接，称"走马转角楼"；当街房屋窗下以石砌

杨启义私宅

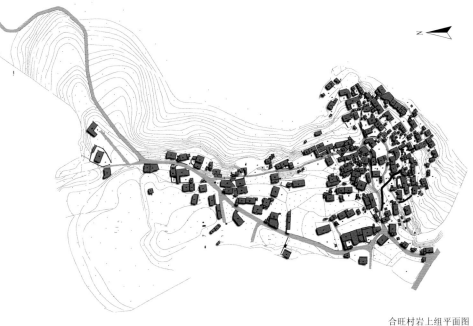

合旺村岩上组平面图

成台面，称为铺台；屋内立柱有五柱落脚九个头、七柱落脚十一个头等，均为单数，屋外正房台阶需为单数，厢房和牲口房的台阶需为双数。

村寨现存古民居建筑28户，其中三、四合院所占的比例约占50％，石木结构，墙体以石头为主，正房最高两楼一底，防贼防盗，冬暖夏凉，财门上方有吊瓜，门窗雕龙刻凤，工艺十分讲究，多数保护完好。

传统服饰

古驿道

杨发楠私宅正面

民族文化

苗族传统乐器：芦笙，是苗族特别喜爱的一种古老乐器之一，逢年过节，他们都要举行各式各样、丰富多彩的芦笙会，吹起芦笙跳起舞，庆祝自己的民族节日，其余传统乐器还有唢呐、萧、二胡等。这些乐器均为村民选用当地的竹子，运用独特的手工艺制作而成，具有较大的传承价值。

苗族跳花节：跳花节是苗族最为隆重历史最为悠久的传统节日。传说是由苗族英雄人物杨鲁兴起的，"跳花"一词为汉名，因坡上栽有花树而得名，与苗语意思不尽相同，苗语称跳花为"欧道"，意为"赶坡"。跳花全都在农历正月间举行，节日期间，苗族人民尤其是男女青年，穿上节日盛装，未婚男子背上十几床甚至几十床精美的背扇扇面，如是未找到对象女子可请兄弟代替，女子则用包裹包上银铃、银珠、银链等装饰品。男子吹笙舞蹈，女子摇铃执帕起舞附和，围绕花树翩翩起舞。

苗族服饰：苗语叫"呕欠"，主要由童装、便装、盛装组成，下穿百褶裙，前后有围腰。苗族服饰是我国所有民族服饰中最为华丽的服饰，既是中华文化中的一朵奇葩，也是历史文化的瑰宝。银饰、苗绣、蜡染是苗族服饰的主要特色。

蜡染：古称蜡缬，与绞缬（扎染）、夹缬（镂空印花）并称为中国古代三大印花技艺。苗族的蜡染艺术在中华民族的染织领域久负盛名、独放异彩。蜡染也是中国贵州省安顺市的苗族世代传承的传统技艺，苗语称"务图"，意为"蜡染服"。

人文史迹

营盘遗址：市重点文物保护单位，位于该村寨后面100米处山头上，系第三次文物普查新发现。营盘遗址有原来安营扎寨和围墙的遗址，是清代最早到此居住的居民所建设。

古井：村内有古井3个，都在使用。井壁、井盖和前面围墙均为石砌，长年水流不断，过去一直是合旺村岩上组人的主要饮用水源（现在用自来水）。

古驿道：为了满足村寨内与外界物资的运送和货币来往，当地村民就地取材，用当地的土石铺路，修建了当时满足村民生产和生活的古道。石板古道由石头铺设，宽约1～1.5米，人工设有简易排水设施，既方便排水，又防滑、美观，与周边石头建筑相得益彰。

古代营盘遗址

古水井

保护价值

平天龙镇合旺村岩上组始建于清代，历史悠久，营盘山上的营盘遗址，充分表现了当年苗族的迁徙过程。村内文化底蕴深厚，各类街巷保护较好，建筑具有独特的苗族民居建筑风格，是苗族文化村的典型代表。同时，合旺村岩上组拥有浓厚的苗族文化氛围，有丰富的民族习俗文化，如山歌、唢呐、竹制乐器等传承是较为完整和丰富的，传统手工艺有苗族刺绣、银饰等，均有传承的艺人，文化价值较高。研究天龙镇合旺村岩上组对了解该区域内当地苗族文化发展有更深刻的意义。

陈清鋆 张 涛 编

杨志琴私宅

安顺市西秀区轿子山镇秀水村

秀水村局部风貌

秀水村区位示意图

总体概况

秀水村位于安顺市西秀区轿子山镇西北方向，距轿子山镇政府所在地约8公里，村落南抵镜子塘村，北靠灵山，西至白岩，东至蔡官。秀水村村域面积4.86平方公里，村庄占地面积1300亩，水洞村寨内共132户1200人，均为汉族。

秀水村的历史可以追溯到明代，村寨始祖张雄便是"太祖平滇"于安顺一代屯军的一员，明嘉靖年间张雄后人张十三公于此创建张家庄子，明末清初时期杜姓、段姓族人又迁徙至此，依靠西高东低的地形地貌，各自选址建房。为确保村寨平安、发展、富贵、长寿，按照八卦图的格局进行布局，逐步形成村落。村落的名字曾先后发生变化，先是张家庄子，后演变为张家庄寨，最后由于境内有自东向西的千峰河流入地下消水洞而得名水洞村，2014年再与其他村寨合并成行政村秀水村。秀水村于2014年被列入第三批中国传统村落名录。

村落特色

秀水村为屯堡村寨聚集区，依山傍水，村后有群峰延绵不绝，数岭集结，村前有流水潺潺的小河。村寨呈阶梯状坐落在灵山脚下，坐北朝南，河水静静地穿过村落，弯弯曲曲地向西而行，归于象鼻洞之中，洞前石人耸立，奇特无比。村中的古街道是老辈人以"万"字形而构造的，宽窄不一，房屋的布局按照八卦图的格局而建造，错落有致，有上院街、下院街、大院坝、小院坝、中院街等。

村前有蜿蜒流淌的小河和山间的万亩农田，村后有雄奇巍峨的高山，山与山之间又有数不胜数的溶洞，既有小桥流水人家的风韵，又不失黔之雄奇的险峻，形成了奇特有空间的肌理。

传统建筑

秀水村的民居建筑主要为屯堡风格，传统民居保护较为完好，传统建筑物占村庄建筑总面积的约54.4%，其中明代建筑5栋，清代建筑50栋，民国建筑4栋。秀水

秀水村平面图

村的建筑除一栋碉楼外，大多为屯堡传统建筑木板石墙房。外貌木板石墙，古朴敦实，屋顶为菱形石板，似鱼鳞闪烁。内院则恬静安适，木门、木窗亲切宜人，具有十分浓重的徽派建筑风格。建筑平面多为合院式及"三房一照壁"的平面布局。民居建筑入口多斜置，并加以重点装饰。秀水村民居就地取材，采用石板、毛石墙和平缓的横线条，建筑和谐地融入自然山水之中，在建筑艺术方面达到了相当高的境界。正是"前面墙围水，后面山围墙，大院套小院，小院围各房，全村百来户，穿插二十巷，家家皆相通，户户隔门房，方块石板路，滴水现石墙，室内多雕刻，八字门前画檐廊"。

民族文化

雕花：雕花无疑是村寨古建筑独具匠心的一大特色，无论从窗户、屋檐、门廊等，无不体现出先辈们惟妙惟肖的手工艺之精湛。这些雕花窗户大多只是起到装饰

芦笙舞

花灯剧

和采光的作用，并不能开启。秀水村发展至今，一座座传统建筑拔地而起，因此，雕花这种传统手工艺也得以传承。

跳花灯：花灯是贵州安顺的地方剧种，流传于民间，历史久远，起源于唐宋之间，风行于明代、清代。安顺是西路花灯的代表，集唱、念、做、打为一体，透着浓浓的乡土气息，高雅、清新，在新中国成立后逐渐发展成一个独特的地方剧种，被列入贵州非物质文化遗产保护名录。

许愿、还愿：每年二月十九，秀水村都会举办隆重的许愿、还愿盛会，全村老少都会聚集，点灯、烧香、拜佛，祈求新的一年国泰民安、风调雨顺和许下自己心

传统建筑1

碉楼

中美好的愿望。许愿、还愿已经成为当地的一种文化传统，当天，灵愿庙上热闹繁华，村民们会聚在一起做斋饭，一片热闹繁华的景象。

人文史迹

秀水村拥有悠久的历史及诸多的文物古迹，现存古民居5栋，段式碉楼1座，躲匪洞2处，古井2口，古墓2处，古街道4处，防御射击孔3处，古树名木8棵。

碉楼：清代时为防御土匪而建，碉楼

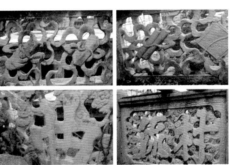

花石栏

传统建筑2

躲匪洞　　　古街巷

外观尚可，但内部需对各楼层楼板面、楼梯、枪孔、灯台、储物格等加以修葺。

古井：村内古井均位于村落后面，已有一百多年的历史。古井是用石板堆砌而成，板与板之间并没有使用任何的黏合材料。在经历了几百上千年的井水浸泡之后，壁上的石板大多已经风化和损坏，但是整体保存较好。

古墓：两座古墓都位于秀水村村后的山上，古墓为清朝中期所建，两座古墓均由于受百余年的风雨侵蚀，导致当时所堆砌的石块和石碑字迹均被毁坏。

保护价值

秀水村的建筑极具屯堡古村落特色，具有木结构建筑、雕花等众多的极具当地特色的建（构）筑物元素，村落的建筑顺应地势而建，依山傍水，景观优美，拥有丰富而珍贵的物质与非物质文化遗产，有着独特的历史风貌、悠久的文化，具有极高的历史价值。

陈清鋆　张　涛　杨秀华　编

秀水村村域环境

安顺市西秀区东屯乡金山村山旗组

金山村山旗组村落一角

金山村山旗组区位示意图

总体概况

金山村山旗组隶属安顺市西秀区东屯乡，东与长顺县马路乡、新寨乡接壤，西南与双堡镇交界，北靠市梅村，距离乡政府15公里，距离安顺市区50公里。山旗组是金山村历史最为悠久、规模最大、环境最优美的自然传统村寨，村域面积6平方公里，村庄占地面积347亩，常住人口664人，多为汉族。

山旗组是典型的屯堡村寨，其形成与历史上朱元璋的"调北征南"有着密切的关系，当时明朝政府在消灭了云高地区的元朝残余力量后，为稳定政权，维护统一，保障云贵地区的稳定，朱元璋特从江南地区调派大批军队进入这些地区，屯田戍边。山旗堡的始祖就于明朝洪武七年（1374年），跟随朱元璋的征南部队，从原江西迁至该地建村落户，因此形成了现今的山旗堡传统村落。2014年，山旗组村被列入第三批中国传统村落名录。

村落特色

山旗组选址极为考究。村寨紧挨古驿道旁，坐落于村域最大主山脉——"雄鹰展翅山"下，村寨镶嵌在"雄鹰"颈、翅之间，中国传统有"喝形取象"的习惯，山旗堡人把这种格局叫"雄鹰展翅"。村前即村寨东面，一条小河贯穿农田呈南北走势，沿村寨外围延伸，提供丰沛宝贵的水源。河道东南外围，与村寨、"雄鹰展翅山"遥遥相对为基座相连的群山，这几座山体与"雄鹰展翅山"形成大包围，即形成地势相对平坦的盆地，村寨便分布在盆地的中心，于山脚高于农田、河道而立。围合空间形态形成一进一出两个主要出入口，受"雄鹰展翅山"保护，在北入口又形成"入口天堑"要势，达到防御的

传统建筑1

传统建筑2

金山村山旗组平面图

目的。

民居建筑集中成片分布在"雄鹰展翅山"脚，顺应地形自由有序且大致呈南北朝向阶梯式分布。民居以院落布局为主，村落街巷结构主次分明，由干道（古驿道）——主街——支巷组成，形成清晰的交通骨架。古驿道成"L"形贯穿村落，是通往外界的主要交通干道，为石头铺砌，现部分已毁；村落内部重要的传统街巷为石板大街，呈南北走向，从古驿道接至最重要的公共建筑——兴隆寺，是村寨重要的"传统轴线"，路宽3～4米，空间开阔，石头厚重光滑，整个村寨形成以寺庙、石板大街为核心的空间布局；支巷布局非常讲究，以石板大街为轴线，西面的街巷呈东西排列，东面的街巷呈南北排列，一经一纬，十分讲究布局。

总体上，山旗组在布局上，更注重与地理地形结合，因借自然，自由中又严格按照传统观念组织交通体系，村寨形成传统轴线、重要公共建筑、公共空间、传统街巷，各要素之间有机紧密联系，历史格局突出。

传统建筑

山旗组现存传统建筑约40栋，为明朝至民国时期所建，传统建筑物占村庄建筑总面积的35.6%。

山旗组的传统民居为三合院或四合院，既有江南四合院的特点，又有华东四合院的布局，最突出的是全封闭的格局。房屋平面布局上，强调中轴对称，主次分明，堂屋正中设置，厢房紧依两侧或一侧而建，厢房底楼一般作为牲畜栏圈，与堂屋相对为照面房，堂屋、厢房、照面房四面围合，中部形成天井，厢房外为连廊，通过连廊将所有房间联系，形成走马转角楼空间形态。住房分配讲究实用性又充分体现内外长幼、主宾的儒家纲常伦理，是山旗堡传统村落中社会家庭关系和社会结构的深层次体现。民居以石木、砖石木结构为主，用材考究，采用厚重感很强的石材作为一层和基础建造，二层采用当地烧制的青砖，尺寸大于现代青砖，厚重感、质感强于现代砖，屋顶盖当地烧制的青瓦，内部结构采用木材。青砖、青瓦质感朴素，石材砌筑工艺精湛，石雕、木雕花样丰富讲究，民居既有石材的厚重，又有青瓦、木饰的点缀，厚重中不失俊美，是难得的建筑瑰宝。

山旗组民居的建筑观念为防御至上，窗空间极小，即使小孩也无法进入，既可采光，又形成遍布于巷子中的深邃的枪眼与梭镖眼，只是光线较为暗，而房间采光主要依赖于院内靠天井处的窗户。

民族文化

地戏：在山旗组俗称跳神，是屯堡地

地戏

区普遍都有的传统戏曲文化。

屯堡服饰：山旗组为典型的屯堡村落，妇女服饰为明朝时期江南地区妇女服饰，即为凤阳汉装，凤阳汉装为长袍、右衽、低圆领等。

庙会：是山旗组每年最盛大的活动，在标志性建筑兴隆寺举行，历时一周，期间会组织"烧签张"、"穿佛"、"燃灯"、"拜灯"、"吃素饭"等活动，极富特色。

唱书：唱书不需要任何道具，大家聚在一起，便可听老人们唱书。唱书体现了当时屯堡人亦兵亦农的军旅特点，屯堡唱书不唱才子佳人，只唱忠烈演义的杀敌报国的英雄，宣扬忠君报国的思想观念。

人文史迹

兴隆寺：山旗组的1座古庙，始建于明朝，据庙内文字记载，于清咸丰八年（1858年）再修建，面积1200平方米，位于村落中心。庙宇为"四合院"布局，砖石木结构，基础、一层用石材砌筑，二层用青砖砌筑，天井及内部结构采用木材，

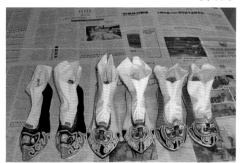

单钩凤头鞋

木柱支撑整座庙宇，屋顶用青瓦盖顶，外观风貌典型突出。

碉堡：山旗组没有独立碉堡，是依附刘少伯老宅厢房而建，高大挺拔，建筑开多个小洞，均为观察防御而设，与建筑合为一体，为清朝时期所建。

古井：山旗组周边共有三口古井，两处位于村东北侧，名为山嘴大井、双井，一个位于村南侧田坝中，名为小井，以前供村民引用、灌溉，现基本保存完好。

传统街巷：村寨保留多条传统街巷，突出的是兴隆寺前的石板大街。

另有古驿道3条，石板大街1条，传统街巷若干。

保护价值

山旗组历史悠久，村寨历史格局及风貌保存相对完整，现有的街巷空间、公共空间、建筑形制，均是在各时代自然生长形成，体现了时代的延续性。同时村民基本保留传统的耕作方式和生活习俗。这些对于研究安顺屯堡村落的社会经济文化而言具有较高的历史价值。

陈清鋆 张 涛 编

古石磨

兴隆寺

金山村山旗组村落全貌

安顺市黄果树风景名胜区黄果树镇油寨村山岔组

油寨村山岔组村貌

油寨村山岔组区位示意图

总体概况

油寨村山岔组，始建于清朝年间，隶属于黄果树风景名胜区管理委员会黄果树镇，地处黄果树风景名胜区中南部，东靠段乌盔村，北接殷家庄村，西邻油寨村，南接烈山村，距离黄果树新城8公里，距离黄果树风景名胜区管委会2公里，下接黄果树天星桥、郎宫景区，上接安顺龙宫景区。

山岔组为布依族民族聚居村寨，全村村域面积4平方公里，户籍人口412人，102户，常住人口100人。2014年，被列入第三批中国传统村落名录。

传统民居1

传统民居2

村落特色

山岔组民居坐落在紧紧相连的北、东、西三面山之间的半坡地带上，北面的山为靠背，东、西两侧的山为两翼，寨前田园阡陌，风光无限。村寨四周山势雄伟陡峭，树木葱茏，植被良好。山岔河自东向西沿村前护拥着寨子缓缓流向下游。山岔组依山傍水、聚族而居所形成的群山环绕、一水相拥的村落选址格局值得延续与保护的。

山岔组的民居建筑选地靠山不近山，临水不傍水，地势干燥，视野开阔，水源方便。左右有大山"关拦"，坐向以南北为宜，要符合"前朱雀，后玄武，左青龙，右白虎"，"山关人丁水管财"的五行学说要求。对从江西迁徙过来的布依族人来说，传统的天文地理对人生命运的影响是至关重要的，被视为"万年龙窝"的居屋，如果不讲究风水龙脉，不注重相生相克，不仅会影响自身的财源命运，还会牵连到全寨的兴旺发达。这种习俗心理无疑对促进布依族人的内聚力起到无形的作用。

山岔选址充分考虑了生存、发展、环

传统民居3

传统民居4

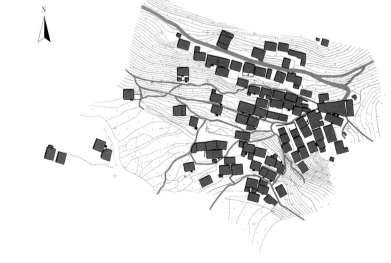

油寨村山岔组平面图

境等因素，村落布局因地制宜，并反映了村落的发展过程，建筑也颇为讲究。

传统建筑

油寨村山岔组现存传统民居建筑110栋，以传统石屋建筑为主，石木混合结构建筑约占村庄建筑总面积的75.2%。村民们利用当地石材，用石料修造出了一幢幢颇具民族特色的石板房，石板房以石条或石块砌墙，墙可垒至五六米高；以石片盖顶，铺成整齐的菱形或随料铺成鳞纹。这些石板房古朴美观，屋顶举重若轻，安居而不压抑。

民族文化

六月六节日：布依族最隆重的节日是每年农历六月初六。传说布依族祖先盘古开创了种植水稻的技术，并传诸后代，才使布依族有了好日子过，人们为了纪念盘古的恩典，于是在盘古谢世日——"六月初六"举行祭祖活动，日久天长，便形成了这个节日。

布依族"扫寨"习俗：布依族自古对各种神祇、祖先和自然崇拜，相信万物有灵、万物有神。这种相互的远古遗风至今尚存，流行在民间的"扫寨驱邪"活动则是其中之一。

蜡染：布依族称为"古典"，是布依族传统工艺，蜡染图案有回纹形、棱形、团花、小花、刺梨花、旋涡状、水波状等。多用于布依族妇女的头巾、裙子、衣服袖口等。色彩花纹古朴素雅，染布经久耐用，深受人们的欢迎。

刺绣

刺绣：挑花刺绣是布依族妇女擅长的一种传统工艺，具有浓厚的乡土气息和民族特色。有的妇女先用纸剪成底样图案后，贴于上，再用五色丝线平绣而成，有人物、花卉、鸟兽、虫鱼等图案，常用于服饰、帐檐、门帘、被面、背带、围腰、童帽、枕套、头帕、荷包、鞋面等。配以各种花色，色彩调和，纹饰美观。

丢花包：丢花包选择在村寨附近平坦宽阔的地方，在丢花包开始之前，青年男女互相对歌，暗中寻找花包伴。然后便各站一排，这时姑娘们手握提绳将花包左转右转向自己的如意郎抛去，后生接到花包后，即回掷给心爱的姑娘，如此往返抛接，为青年男女传情达意。

石门

人文史迹

双龙洞：距离村庄1公里处自然形成的洞穴，人们称之为"双龙古洞"，古洞面积约1000多平方米，洞内岩浆水叮咚作响，春暖夏凉，令人置身其中，心旷神怡。

古水渠：由于本村落位于山区，地形地貌较为复杂，河流流经处往往都是该地段最低之处，由于农耕的需要，在古代便

蜡染

古巷道

古城墙

在地方挖掘地表水源，日积月累逐渐地开始开凿渠道，引水灌溉。山岔组寨后有水渠一道，将山岔河水从上游引流至此，以供灌溉，可谓功不可没。

古巷道：由石板铺成，年代久远，是村子里的重要交通通道，同时也是村子历史的见证。

古城墙：建成年代久远，是古时村子的防御城墙。

古井：山岔组寨内现存古井两眼，在曾经的传统村落中，寨内没有自来水，村民的饮用水主要依靠地表水源取水，村民为了取水方便，根据就近原则在寨内有水的地方挖掘地表水源，日积月累逐渐地完善，便形成今天看到的水井。

保护价值

油寨村山岔组以及其他屯堡村寨构成的"石头王国"，构成独特的历史人文环境，各种历史遗存反映出自明代以来民族文化所产生的物质生产、生活方式、思想观念、风俗习惯和社会风尚，记录了安顺地区的历史发展信息。布依族文化与安顺地区的屯堡文化十分相似，是民族文化中的一种特殊的文化现象，是清代军屯历史和古代江南文化在同一区域内融合的遗存，是难得的历史实物"标本"。同时布依族民族文化也是研究历史学、建筑艺术、文化交流与演化的宝贵的实物资料。

陈清鋆 张 涛 编

六月六活动

山岔组局部鸟瞰

安顺市西秀区新场布依族苗族乡勇江村勇克组

勇江村勇克组局部

勇江村勇克组区位示意图

总体概况

　　勇江村勇克组村寨位于安顺市西秀区南面，距安顺城区30公里，东抵勇江村右江寨，西抵龙宫镇高坡村民组，北抵六泉村石关桥，南与镇宁县陇西村相连。全村村域面积1.2平方公里，村庄占地面积120亩，常住人口400人，以布依族为主。勇克寨形成于明代，最早居民为仡佬族，现境内尚有"仡佬坟"等地名，之后，清嘉庆年间贵州布依族王囊反清起义后，伍姓始祖伍忠意从镇宁布依族苗族同治县虎头寨迁居于此，后随着人口增多，逐渐形成寨子。明朝时期村民所居多为草屋，已毁于战火，清朝中期后，修建了石木结构的干阑式布依族民居、四合院和寨子围墙等。2014年，勇江村勇克组村寨被列入第三批中国传统村落名录。

村落特色

　　为了适应战争和开垦相结合，勇江村勇克组选址于群山环抱之中，建筑民居坐落在背西面东的山脚缓坡地带上，伴山而居，利于防守。北有对门坡，南有坡顶，西有田坝、坡锦，四面环山，只有西门一路可进入。勇克组地势险要，山路崎岖，道路仰角达45度左右，房屋错落有致，富有层次感。各户之间能相互瞭望，并均设计有瞭望的窗口，以便应对各种突发情况，同时各家各户相互对望，形成掎角之势，共同防御敌人。清同治年间，修建了用石块砌的寨子围墙，寨子的东面、西面、北面都有寨门。在寨墙内修建了大小不同的布依族"干阑"式房屋。清朝末年匪患猖獗，为防匪需要，又在寨子大院对门坡顶上左面1公里处的屯上修建了两处

传统建筑1

传统建筑2

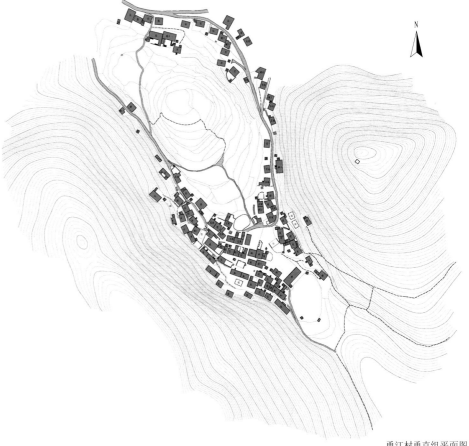

勇江村勇克组平面图

用于防匪和"躲反"的屯墙。新中国成立后，寨子则逐渐沿公路线性发展。村寨户户傍山而居，错落有致，道路复杂，户户串联，是保存较完好的布依族传统村寨。

传统建筑

勇克布依族传统的"干阑"式民房主要集中在大院对门院内，仅余10幢，老建筑保存较完好。老房子建筑的特点是木架、石墙、石板盖顶，建设的顺序是建屋、主木架、盖石板、用石块砌房屋四周墙。房子一般为3间9个头（9根柱头），中间为堂屋，置神龛作为节日祭祀祖先场所，左右两间的前半间为住宿房间，后半间为灶房。房子的岸轴较高，一般约2.5米，左右两间的前半间岸节内挖空，用于圈牛、马、猪等、形成半"干阑"，保留布依族先民"干阑"式建筑的部分特点。有少数在正房的左右两边建有厢房，形成半封闭的三合院。

民族文化

铜鼓：铜鼓是布依族先民的传统器物。现在布依族地方使用的铜鼓为明代以前打制，因制作技术失传，明代以后便没有制作铜鼓。铜鼓曾在布依族村寨广泛使用，因历代战乱、迁徙等原因，现遗存的不多，西秀区仅勇克3个寨子还保存有。铜鼓在古代主要用于祭祀、节庆活动，现在主要在春节、"六月六"等传统节日期间使用。

古街巷

古井

石碾

人文史迹

勇江村勇克组村寨历史悠久，历史遗存丰富，现存古井5口、古街巷2处、古驿道2处、古石阶1处、古院坝2处、天主堂1座、古墓1座、古树名木5棵。

古井：全村现存古井5口，东北侧烤烟地附近有1处客田古井，村寨中央有1处杨柳树古井，村寨入口处有1处野猫洞水井，其余村寨内分布有2处，供勇克全村饮用、灌溉，现基本保存完好。

古石阶：清朝初期，勇克村初建，为躲避匪患，村内民居大部分聚居于坡顶山腰，地势崎岖险要，村内物资运送和生产生活十分不便，于是村民取当地山石铺地，修建当时供生产生活的古石阶。

古驿道：为了满足村寨内与外界物资的运送和货币往来，当地村民就地取材，用当地的土石铺路，修建了当时满足村民生产和生活的古道。石头铺地，经久耐用。

天主堂：清朝末年天主教传入后，为方便信教群众开展诵经活动，教会和信教群众在20世纪20年代初开始筹建天主教堂，于1925年建成。建筑风格为半欧式风格，石墙、石班盖顶、木料顶棚结构。室内有诵经堂、祭台、神职人员住宿房间等。

保护价值

村落的古建筑群是至今保存较完整的清代民屯村寨，是清代民屯遗存的典型代表和实物见证。古建筑群较好地展现了清代布依族的建筑文化和建筑工艺，体现了富有地方特色和象征意义的内部建筑空间的处理和装饰手法，对了解当地传统民居的文化内涵提供了丰富的信息。从村落格局来看，经典的村落布局反映了将传统风水理念及军事防御、农业生活实际需要相结合而产生的安顺地区的代表性的乡土景观，具有很高的审美价值。

陈清鋆 张 涛 编

唢呐

唢呐：唢呐是布依族最常用的乐器，用青铜打造而成。主要用于丧葬、祭祀、庆祝等场所，每逢老人过世、立碑送葬等必吹奏唢呐。

布依传统节日：布依族"二月二"要祭祀"土地神"，保佑全寨安宁，杀鸡敬祖，吃两色（白、黑）糯米饭。"六月六"祭田神、土地神和山神，祭毕用鸡血沾上各色纸旗，或做成大鸟形分别插在各块田中。

布依山歌：是布依族青年男女的一种文化生活方式，也是一种待客的礼节。唱的时间、地点不定。对歌的方式为男、女各两人对唱。歌词为七律八句，押末韵，内容为即兴编唱。

布依服饰

勇江村勇克组

安顺市西秀区东屯乡高官居委会高官组

高官居委会高官组局部鸟瞰

高官居委会高官组区位示意图

总体概况

高官组位于贵州省安顺市西秀区东屯乡，距离安顺市区40公里。村域面积4.2平方公里，村庄占地面积195公顷，常住人口1210人，以汉族为主。

村落建成于明朝初期，由于云南梁王反叛，朱元璋平定叛乱后，为确保经营西南的战略目的，在西南设置大量卫所，大军就地驻扎，随着历史的变迁，这些人在亦兵亦民的过程中繁衍生息，形成了独特的"屯堡文化"。高官组是高官居委会历史最为悠久、规模较大、环境最优美的自然传统村寨。2014年，高官组被列入第三批中国传统村落名录。

村落特色

高官组受传统"二龙抢宝"、"三星照半月"观念的影响，选址于村域中部"王家山"、"小山顶"、"白虎山"脚，山下地势平坦。建筑顺应山体地形走势于山脚自然有序分布，大致为坐西朝东。村寨东侧外围为村寨干道，呈南北走向，宽约3～4米左右。从古至今干道均是村寨与外界联系的主要通道，古时干道外侧修建防御围墙和屯门，颇具气势，残留遗址还能看见厚重的石块堆砌体。干道是外界进入村寨的第一道防线，具有很强的防御功能。

随着发展，民居开始在原始村寨的外围发展壮大，呈纵向自然分布，其布局还是以山脚为聚向及村寨干道两侧为发展空间，形成北面以传统风貌为主的重点成片居住区，及南面以现代风貌为主的线性居住区。传统风貌片区形成"日"字形的主要街道格局，以寺庙、石板大街、后街为核心，形成村寨主要公共开敞活动空间，

整个格局体现为前门楼、二门楼、后街三部分平面防御布局，呈民居、巷道、村落三重封闭的空间系统，平面布局极具屯堡防御特征。

传统建筑

高官组现存传统民居54栋，寺庙1座，碉楼1座，古朝门2处，均为民国和民国以前修建的建筑。高官堡传统民居典型布局为三合院或四合院，最突出的是全封闭的

传统建筑1

传统建筑2

格局。房屋平面布局上，强调中轴对称，主次分明，住房分配讲究实用性又充分体现内外长幼、主宾的儒家纲常伦理。民居多为石、砖、木结构，外墙用石材、青砖砌筑，内墙、室内分隔墙、楼板均采用木材。堂屋正中设置，厢房紧依两侧或一侧而建，与堂屋相对为照面房，四面围合，中部形成天井，天井一圈为外廊。四合院临街居中设入口，三合院临街于墙角设置入口，均为精制的"八"字门楼，用巨石

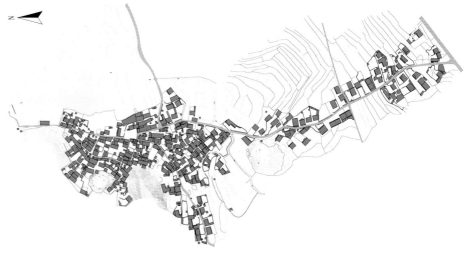

高官居委会高官组平面图

堆砌，石上雕刻图案，门楼上部亦有垂花柱，青瓦盖顶。

民族文化

高官组文化内蕴深厚，屯堡特色浓郁，高官组村的服饰发型、地戏、唱山歌、庙会、花灯、唱书、念佛等非物质文化遗产丰富多彩。

服饰发型：高官组为典型的屯堡村落，妇女服饰为明朝时期江南地区妇女服饰，即为凤阳汉装，凤阳汉装为长袍、右衽、低圆领。屯堡女性从小就注重蓄发，将头发分成三绺，前面的两绺在耳际挽到口面，后面的一绺在脑后。

地戏：在高官组俗称"跳神"，是屯组地区普遍都有的传统戏曲文化，被誉为"戏剧活化石"。地戏所需要的场地极其简单，道具为木制的短刀长枪，演员额上戴着当地人称之为"脸子"的木雕面具，身着长衫，背插小旗，腰系战裙，伴奏乐器一锣一鼓而已，一人首唱，众人接腔伴唱，动作模拟战争场景，档、架、

花灯

廻龙寺内景

翻、窜，开合变化，形神兼备。

花灯：高官组花灯一般在每年的春节、元宵等重要节日举行表演，以院落和空坝为演出场地，以"男执扇，女执帕"式的歌舞表演为主，女角多由男子扮演，便于诙谐打趣不受拘束，边舞边唱边说白，曲调高亢宛转，舞步轻快，内容以家庭生活、男女爱情故事为主，具有较强的娱乐性。

人文史迹

高官组人文史遗迹众多，内容丰富，现存古城墙遗存、廻龙寺、范姓大宅院、碉堡、古晒坝、古院落各1处，古井5处，古朝门2处，传统街巷4处。

传统街巷　　碉楼1　　古城墙遗存

碉楼2

古朝门

廻龙寺：廻龙寺是高官组的1座古庙，据族谱记载，廻龙寺约建于明朝，是传统四合院建筑。其地理位置是本村传统村落的地域中心，结构为石木结构。除外墙外，内部立柱和梁、坊、二层地板建材全部为木料，屋顶斜屋面用石板铺盖。庙内还有很多精美木雕，工艺纯熟、造型优美。

古朝门：村寨干道上进入院落需通过用石块砌筑的厚重石门，称为"古朝门"，现保留2处。

古城墙：古时干道外侧修建防御围墙和屯门，围墙高4米，宽0.8米，颇具气势，残留遗址只留下约11米长，还能看见厚重的石块堆砌体。

碉楼：碉堡始建于清代，面积300平方米，是"咸同"年间，为防苗族侵犯，全村居民自建的一座防御性建筑，后损毁。民国29年（1940年），为防匪患，出资修复雕楼。楼高16米，历经多年，外部石墙仍保存完好。

廻龙寺

保护价值

高官组始于明朝初期，具有悠久的历史，许多建筑仍保留极好的历史风貌，因此具有较高的历史价值。同时，高官组的建筑极具屯堡特色，建筑根据地势自然生长形成，与群山融为一体，村落负阴抱阳，靠山临水，景观良好，其独有的艺术特色，具有较高的艺术价值。村民基本保留传统的耕作方式和生活习惯，这些都为研究屯堡村落的社会经济文化提供了丰富的实物资料。

陈清鋆 张 涛 陈 笛 编

高官居委会高官组风貌

安顺市普定县猴场苗族仡佬族乡猛舟村

猛舟村局部风貌

猛舟村区位示意图

总体概况

　　猛舟村位于普定县猴场苗族仡佬族乡南部，距乡政府所在地约8公里。村域面积5平方公里，村庄占地面积330亩，共438户，常住人口1400人，其中少数民族苗族672人，占总人口的34.2%。

　　猛舟村形成于明代。明朝之前，猴场乡就村住着苗族杨姓一家，隔河对岸的猫洞乡住着汉族周姓一家。两姓因河所隔，杨姓要去安顺，得沿河走到恩腊河下游，才有渡口过河，再沿河上到离家才几百米的烂坝后上补堆爬轿子山，才能去安顺，绕路几十里。同样周姓要来织金，也得同样绕几十里。由于绕道太远，很多时候当天无法赶回家，两姓逐渐把对方家作为歇脚点，往来逐渐多了，便交成了很好的朋友。为改变这一现状，他们一起在河边找到河水较稳的地方，修通两边山路，打造木船，开通了渡口。由于杨姓是苗族，苗音绎叫猛，对岸汉族姓周，渡口就叫"猛周"，意思是苗族杨家和汉族周家共同开的，后来姓周的周字慢慢演变成舟，即今天的猛舟。2014年，猛舟村被列入第三批中国传统村落名录。

村落特色

　　猛舟自然村寨是苗族祖先从外地迁移到此，与当地汉族结合定居形成的。猛舟村传统村落群山环绕、一水相拥。村落整体风貌保存完好，四周山峦起伏，中部则形成盆地式的田坝。整个民居建筑依山就势，层递而建，错落有致，石头的梯级随处可见。村寨内民居建筑以苗族风格建筑为主，并融合了汉族建筑文化的特点，建筑成组团式布局，一簇一簇的传统风貌建筑与绿树山林交融掩映，古韵盎然。村内

猛舟村传统建筑1

居民为防御土匪的偷抢，于是就修建了碉堡、石屋等防御性建筑。古朴的苗族民居建筑、幽秘的巷道、独特的空间格局和建筑形式、精美的建筑装饰、苍老的古树和古井，形成了苗族特色鲜明的传统村落。

猛舟村传统建筑2

传统建筑

　　猛舟村现存古碉楼1座、传统建筑58栋，全部传统建筑物占村庄建筑总面积的65%。

　　村内民居建筑有靠山、有水口、左右有大山墙"关栏"。坐向以坐南向北为

猛舟村平面图

正向，符合"前朱雀，后玄武，左青龙，右白虎"，要"山管人丁水管财"，才能"富贵家庭万万年"。建筑布局讲全封闭式、分燕窝式、碉堡式结构，形成了易守难攻的建筑群体。

村内建筑为典型的苗族风格建筑，下石上木结构，建筑形式为干阑式或栋宇型。在平面布局上，正房是苗族人的主体建筑，是敬神、祭祖、会客、起居的主要场所，有三开间、五开间、七开间。正房左右为厢房，通称三合头，有的前面起一排，和正房数一样，中间为通道，称四合头，还有的用走廊相连接，称为"走马转角楼"。当街房屋，窗下以石砌成台面，称为铺台。朝门顶有两根或四根短柱悬空雕花，穿方相连，叫吊瓜；朝门往外两边斜开为"八字朝门"，两边平行为"口袋朝门"。

猛舟村苗族民居建筑一栋栋依山傍水，错落有致，连片成趣。

芦笙

苗族刺绣

民族文化

蜡染：安顺苗族工艺美术主要有蜡染、挑花、刺绣等。中国蜡染的故乡在安顺，源在苗族。1987年在安顺市普定县桃花村苗族刘姓的一座洞藏群棺中，首次发掘了宋代苗族的五彩蜡染衣裙，从裙面上绘染的"飞凤祥鸣"和"珠钱和壁"的图案中，可看出蜡染工艺，早就在苗族中流传。

唱山歌：山歌唱出人生的喜怒哀乐，唱出爱情的悲欢离合，唱出家庭的尊老爱幼，唱出流传的民间历史故事，等等；同时也利用山歌演唱鞭笞生活中的假恶丑，嘲弄那些不仁不义、无老无少、好吃懒做、重男轻女等丑恶现象。它从各个侧

猛舟村传统建筑3

古井

面表达出苗族人对生活的热爱，对爱情的追求。

苗族乐器：苗族有独特的手工艺，可以当地的竹子来制造各种各样的民族乐器，如芦笙等。

人文史迹

古朝门：三道朝门位于村寨核心古建筑群中心内部，由石头砌成，高2.5米、宽2米，现保存基本完好。

古井：全村现存三口清朝时期修建的

古碉楼

古街巷

朝门

古井，供猛舟全村饮用、灌溉，现基本保存完好。各口古井都用石头砌成方形或者长形，深度有10~20米不等。

古驿道：石板古道由石头铺设，宽约1~1.5米，人工设有简易排水设施，既方便排水，又防滑、美观，与周边石头建筑相得益彰。

古石阶：村内居民大部分聚居于山腰，地势崎岖险要，村内物资运送和生产生活十分不便，于是清朝时期村寨村民取当地山石铺地，修建当时供生产生活古石阶。

古院坝：清代最早到此居住的居民所建。为典型传统民居院落，石木结构，四周墙体为石墙，屋面为石板，内部有精美雕花。

古水渠：清朝时期，苗族杨姓祖先与当地汉族周姓祖先共同修建的水渠，至今仍保存完好，用于农田灌溉。

古碉楼：清朝时期，潘姓祖先搬迁至此地，经营发展，为防御土匪的偷抢，于是就修建了碉堡。

保护价值

猛舟村始建于清代，历史悠久，是由清代汉族、苗族共同建寨，因此形成了丰富的非物质文化遗产，较为完好地保存了诸多传统特色风貌建筑、幽秘的巷道、精美的建筑装饰、苍老的古树和碉楼遗址等，充分反映了村寨历史发展的脉络和地域特色，是多民族文化融合村落的典型代表。

陈清鋆 张 涛 陈 笛 编

村庄全貌

黔南布依族苗族自治州

QIAN NAN BU YI ZU MIAO ZU ZI ZHI ZHOU

黔南布依族苗族自治州平塘县平舟镇乐康村

乐康村局部风貌

乐康村区位示意图

总体概况

乐康村，位于黔南州平塘县平舟镇内，西、北接都匀市，南临平舟镇区，距离平舟镇政府所在地10公里。村域面积16平方公里，村庄占地面积1380亩，分为黄林、冷水、水牛田、翁拱4个村民小组，常住人口1118人，主要民族为布依族。乐康村始建于明朝初期，逐步沿河发展成多组团布局形态。2014年，乐康村被列入第三批中国传统村落名录。

村落特色

乐康村地处典型的丘陵地区，地势起伏较大。村落位于丘陵沿线凹地沙拉河江畔，整个河流形成"几"字形状，村庄沿水布置，其背靠青山，正面沙拉河，西河道两侧农田环绕，东侧及南侧绿林环绕，周边自然环境优越。整个村落依山就势布局，从低到高，形成河流——滩涂——农田——村庄——绿林"层级式"的村落山水格局。整个村落依山而建，视线较好，村落内的高差约60米，在制高点向西可看到优美的田园风光、可以领略整个沙拉河水系带，同时还可俯视整个乐康村的传统风貌。

传统建筑

村落内建筑集中连片布局，沿沙拉河形成5个建筑组团。建筑基本以"干阑"式木构建筑为主，一般是高约6～7.5米的两层木结构平房或楼房；多以穿斗式悬山顶的形式，屋顶为灰色小青瓦，屋脊两端起翘，瓦当纹饰取材于布依文化图案；窗为木雕花窗，图案多为传统的三吊格和万字格。院落无明显界限的院墙，基本为不同功能的建筑单体以不同的布置方式组合而成。乐康村内现存51栋布依族传统民居，其中明清时期建筑15栋，民国时期建筑36栋。

传统建筑1

传统建筑2

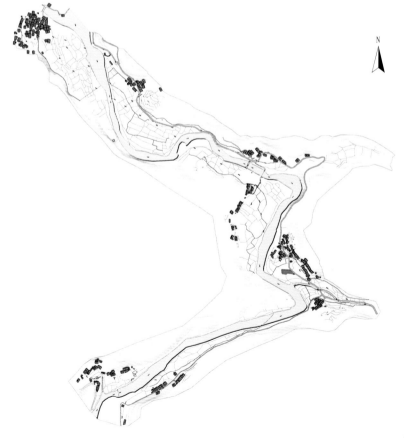

乐康村平面图

民族文化

"三月三"：布依族的传统盛大节日，农历三月初三稻耕开始，要祭山神、土地神和祖先神及稻米魂，男女青年要聚集在"查白歌场"玩山对歌，参加者达数千至上万人，很多未婚男女青年站在山的对面通过吹木叶、对歌，相识、相爱、订终身。

"布依八音"：布依八音演奏中，有八位演员，七男一女，对应八仙传说中的每个人物，乐器分别为月琴、八角琴、大胡、京胡、竹笛、三弦琴、竹点、中胡。演出时随意排列，边吹边唱，时而高亢有力激情四射，时而声音轻柔委婉，旋律生动古朴自然，具有浓烈的乡土气息。

布依族服饰：男女多喜欢穿蓝、青、黑、白等色布服装。青壮年男子多包头巾，穿对襟短衣（或大襟长衫），长裤。老年人大多穿对襟短衣或长衫。妇女的服饰各地不一，有的穿右衽大襟衣，着长裤或褶子裙，戴银质手镯、耳环、项圈等首

布依族水龙节

布依族祭祀

水车

石磨

石拱桥

风雨桥

饰；有的喜欢在衣服上绣花，有的喜欢用白毛巾包头。

婚娶：布依族实行一夫一妻制。同宗不婚，不同辈分者不能通婚。新中国成立前，布依族一般不与外族通婚。布依族家庭中父亲具有绝对权力。布依族青年男女一般在赶场中物色意中人。如果互相满意就上山对歌。布依族称之为"浪哨"。

风俗：布依族重礼好客，贵宾到来，有"进门酒"、"交杯酒"、"格当酒"、"转转酒"、"千杯酒"和"送客酒"等六道酒礼。若是敬献猪肉，是祝客人来年养大猪，收成好；若是敬献鸡肉，鸡头奉给首客，象征吉祥如意，鸡翅奉给次客，表示腾飞，鸡腿给三客，意为脚踏实

地。宴席中还唱《祝酒歌》和《宵夜歌》，前者是殷殷劝酒，后者要将餐桌上的所有物品、食品都一一唱出。

人文史迹

风雨桥：位于水牛田寨，建于清末年间，是乐康村历年节日节庆对歌的场所。桥身全为木料构成，以巨木为梁，全用榫卯嵌合，是干阑式建筑的发展及延伸。风雨桥建在溪河上不仅仅是给人们交通提供便利，而且还有镇邪和留财之意。

翁拱石桥：在风雨桥的北侧（翁拱寨）有一座乐康传统石拱桥，有100多年的历史，历经沧桑，依然坚挺，前面的砖块坚实牢固，桥身没有任何损毁。

古树：村庄内有古树5棵，其中风雨桥西侧2棵，上翁拱2棵，黄林寨1棵。

水车：黄林寨内现存5辆水车，有近百年历史，是乐康村农耕文化的重要体现。

石碑：在风雨桥头以及翁拱石拱桥各有1座石碑，记录着桥梁建造历史，是乐康村重要的记忆场所。

沙拉河：位于村落中央位置，水流由北向南流过，河道宽窄不一，宽度在20至40米之间，河水清澈见底，四季流水不断。

山泉洞：坐落于乐康村黄林寨边，据说，它的发水和干水将预言着农民群众过上安定富裕的生活和将要遇到的灾难。

水磨群：位于黄林寨水车群周边，距今有150年的历史，是布依族农耕文化的记忆点。

保护价值

乐康村布依文化源远流长，可追溯至明朝初期，乐康村反映了布依人民从古至今的村落兴衰，是布依历史文化的展览馆。乐康村依山傍水而建，村落布局完整，村庄风貌统一，民俗文化浓郁，使得乐康村具有独特的历史文化氛围；建筑工艺、建筑细节、建筑布局等具有重要的科学研究价值。

陈清鋆 张 涛 编

乐康村沙拉河环境风貌

黔南布依族苗族自治州三都水族自治县坝街乡坝辉村

坝辉村全貌

坝辉村区位示意图

总体概述

坝辉村位于三都水族自治县东部，坝街乡北部，距县城44.7公里，离乡政府驻地3公里，坐落于都柳江两岸的半山腰上。国家级森林公园尧人山脚下，与黔东南的榕江县接壤，321国道横穿境内，交通便利。村庄面积3.6平方公里，是一个背山临水的村寨。由于地势平坦，形成了一道长2.5公里、宽百余米的江湖胜景。全村总户数421户，总人口2045人，其中水族人口占总人口的98%。

坝辉村寨的修建年代在清中期乾隆年间，距今约300余年，祖辈是为迁徙而来到此定居发展。

坝辉村于2012年被列入第一批中国传统村落名录。

村落特色

传说坝辉水族村落选址时，便以寨为体，以溪为颈，如同一只侧卧的白天鹅，溪口连接都柳江，有一小洲，犹如含其口中的鹅卵石，视为吉祥之地，故选址于此。

坝辉村位于国家级森林公园瑶人山脚下，坐落在风景秀丽的都柳江畔，为中低山峡谷地貌。都柳江由北向南而过。聚落形状呈椭圆形，坐落于大山与都柳江之间的台地上，布局紧凑，建筑的间距作为村民过往的街巷，呈不规则发散，属于"井"字形过道。村内的串组串户道路大部分已硬化。部分建筑群通过建筑形式的变换形成内部的院落空间。

村寨整体建设较为集中，木楼群依山临水而建，层层相叠、鳞次栉比，气势恢宏，独具特色，民族风情浓郁。山、林、江与青瓦覆盖的传统民居建筑互为衬托，交相辉映，浑然一体。

传统建筑

民居集中分布，现有吊脚楼共有50余栋，均为传统的干阑建筑；其中清末时期的吊脚楼有3栋，建筑规模约为900平方米；解放前后的吊脚楼有47栋，建筑规模约为14100平方米。现阶段保存状况良好。

现有传统建筑为全木结构，歇山顶，多系四排三间，一楼一底，楼下为牲畜圈，堆放家具杂物，楼上为日常生活场所，楼梯从走廊一端处接地，房屋中间是客厅，两侧为卧室、储藏室。

建造工艺：先用木柱、木枋、木板并联构筑成两米多高的一平台，然后再于其上建木结构楼房；立柱互不连通，上下建筑断然为两个实体。围装所用全为木板，不用一钉一铆，建造上百年仍不偏不斜，同时保持木的本色，非常贴近自然，具有很高的工艺水平。

传统建筑1

传统建筑2

坝辉村平面图

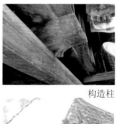

构造柱

青瓦屋顶

入户楼梯

民族文化

坝辉村住户均为水族，具有浓郁的民族风情。坝辉村至今仍保留有水族民间的民族风俗，如以端节、怀雨卯节、苏宁喜节等水族传统节日；水族打铜鼓，角鼓铜鼓舞、斗角舞、金秋端节等水族歌舞；独具一格并存活至今、有着巨大社会功能的雏形文字——水书，水族传统婚恋；水族服饰，水族工艺如剪纸、马尾绣等。

端节是水族最盛大的传统节日，相当于汉族的春节。依据水族典籍水书、水历的规定，端节在水族历法年底、岁首的谷熟时节举行，以庆贺丰收、辞旧迎新，节期正对应农历的八月至十月。节日里的水族同胞载歌载舞，相聚狂欢。

水书，水族的文字，水族语言称其为"泐睢"，由水书先生代代相传。其形状类似甲骨文和金文，主要用来记载水族的天文、地理、宗教、民俗、伦理、哲学等文化信息，其结构多为象形，主要以

端节

水书

花、鸟、虫、鱼等自然界中的事物以及一些图腾物如龙等所撰写和描绘，仍保留着远古文明的信息，在水族地区仍被广泛使用，因而被专家、学者誉为世界象形文字的"活化石"。

人文史迹

现状仅存文物古迹有古墓、古水碾、古树、渡口和古巷道。

古墓：村寨有古墓群一处，为祖辈墓地，古墓保存良好，墓上方有石雕立牌，雕花至今保留完好。

古水碾：坝辉村现存古水碾遗址一处，已丧失使用功能，但保持较为完好。水碾为利用水力带动旋转的碾子，作为村

民传统生活中所用工具被完好保存着。

古树：坝辉村传统村落有三棵百年以上古树，枝繁叶茂、长势良好。

渡口：由于村落沿河而建，水上交通作为曾经的主要对外通道，村落中有渡口两处，现阶段保持完好，仍可作为泊船港口使用。

古巷道：村寨中巷道肌理保存良好，存在几条古巷道，经过修缮，仍处于使用中。

保护价值

坝辉村始于明末清初，寨子背山面水，坐落于小山丘上，与都柳江、周围山脉形成独特的环境。因为其拥有悠久的历史，体现了很高的文化水准，见证了明清时期该地区的生活方式和文化特色。

村寨保留有完好的环境风貌，周边群山峻岭，林木茂盛，河道保持完好，河

水族服饰　水族歌舞

古水碾

渡口

古巷道

水清澈。村寨肌理及格局未经破坏，保留有传统村寨的原始肌理，寨中建筑均为传统建筑，建筑形式保存完好，充分体现了水族建筑特色，村寨具有有较高的历史价值、艺术价值和科学价值。

雷　瑜　陈隆诗　汤洛行　编

古墓

村落环境

黔南布依族苗族自治州都匀经济开发区匀东镇洛邦社区绕河村

绕河村局部鸟瞰

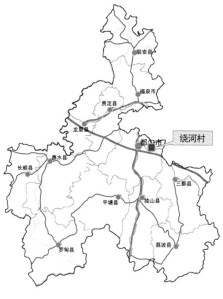

饶河村区位示意图

总体概况

绕河村，位于都匀经济开发区北部，都匀城区东北部，距城区8公里，东连坝固社区摆茶村，南邻大坪社区幸福村，西面和西北为洛邦社区的附城村、翁桃村和马场村，北抵麻江县的宣威镇笔架村、中寨村和琅玡村。饶河村总面积32.5平方公里，村庄占地面积244亩，现共有21个自然村寨，下设8个村民小组，常住人口共2672人，主要民族为瑶族，"绕家人"占88%左右。绕家人于明洪武年间从江西朱四港迁徙至此定居，各村寨沿河而居，空间布局呈狭长形，分布为上、中、下三个组团，各个组团之间由自然山水连接。2014年，饶河村被列入第三批中国传统村落名录。

村落特色

饶河村内的21个自然村寨，均坐落在环境优美、依山傍水的平缓开阔地带，多为坐东朝西向。部分寨子在选择"背靠山"的同时，遵行"人坐湾，鱼坐潭"的传统规则，所谓的"背靠山"就是背靠山湾，山湾两端与山湾中心区形成自然的"马蹄形"半湾状，有的寨子因选在山湾而称之为"湾寨"或"弯子寨"等。因地势有的村寨空间规模较大，有的村寨狭小无扩展余地，路网因地形而异，但每户都通路，每户到河里取水都非常方便。

各自然村寨以水为脉，以路为轴，相互串联，形成了典型的贵州散居的村落格局，早期绕家村民定居于瓢寨、水响寨，随后逐步向南发展，以聚落式分布于绕家河两岸，村寨建筑背山面水、依山而建，村落布局和风貌仍保持原来形态，各村落均无围墙。自然环境和生态系统独特，村内梯田层层叠叠，山体秀美宜人，山脚下吊脚楼错落有致，犹如世外桃源。

传统建筑

村落内建筑集中连片布局，沿沙拉河形成5个建筑组团。以"干阑"式木构建筑为主，一般是高约6~7.5米的两层木结构平房或楼房；多以穿斗式悬山顶形式，屋顶为灰色小青瓦，屋脊两端起翘，瓦当纹饰取材于布依文化图案；窗为木雕花窗，图案多为传统的三吊格和万字格。院落无明显界限的院墙，基本为不同功能的建筑单体以不同的布置方式组合而成。乐康村内现存51栋布依族传统民居，其中明清建筑15栋，民国建筑36栋。

传统建筑1

传统院落

传统建筑2

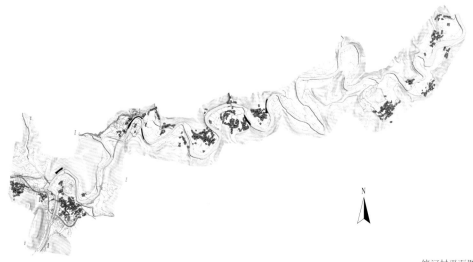

饶河村平面图

民族文化

绕家“呃嘣”大歌：被列为贵州省级第二批非物质文化遗产，“呃嘣”是绕家世代相传的民谣，是绕家人在婚、嫁、造屋喜庆时唱的一种原生态、无伴奏、一人领唱、众人和音的演唱形式。“呃嘣”是由祖父子相传，因此分布范围狭窄，仅在绕家河峡谷一带，其演唱浑厚、深沉，苍劲而富于活力，旋律古朴，节奏富于动感，曲调应源于古代协力的劳动唱和及舞蹈的踏歌，是古代民族音乐的留存，具有民俗、民族研究价值，更具有民族音乐研究价值。

绕家过冬节：被列为第三批贵州省非物质文化遗产，每年农历十一月（子月）第一寅日为岁首，是家家户户以甜酒、糯米粑和煮素雨祭祖，即“念冬”。祭祖后中午吃素，晚餐以鲜鱼、腌鱼、腊肉等丰富的酒菜与亲朋宴饮，还开展跳月、芦笙舞、板凳舞、踢毽、斗牛、斗鸟等活动。

绕家大歌

冬节

绕家服饰

纺织

菩萨庙

水车

古树

人文史迹

古井：现存古井共6处，湾寨、平月寨、丫口寨、平寨、小寨、板凳寨内各1处，建于明清时期，现今依然有村民饮用。

古墓：现存古墓共6处，其中瓢寨1处、平寨3处、湾寨一处为民国时期古墓，铜鼓寨1处、平寨1处为清代时期古墓。

菩萨庙：共两处，一处位于湾寨东侧，木结构，小青瓦，高约70厘米，宽约40厘米，目前保存较好；另一处位于仙人井后山壁上，由山壁上小洞与砖石围合而成，高约30厘米，宽约30厘米，保存较好。

水车：绕家河沿河田地旁现存水车3处，为民国时期建造，是村内取水灌溉的生产工具。

水磨坊：共两处，一处位于丫口寨绕家河畔，一处位于板凳寨绕家河畔，是寨子公共的水磨房。

石粑糟：村民打糍粑的石槽，位于板凳寨的河边，距今已有几百年的历史。

银鑫桥：原有的老木桥已毁，现有的桥为2000年新建，在原木桥地基上新修银鑫桥，桥头有2棵百年银杏树。

古树：绕河村已有近400年历史，现有古树群9个，共56棵古树，树种繁多，枝繁叶茂，现规划范围内有古树108棵，包括红豆杉、白豆杉、榉木、枫香、松柏、银杏、皂角、香樟、倒鳞木、马鞍树和榔树等，有着极高的观赏价值。

陈清鋆 张　涛 董向峰 编

保护价值

乐康村布依文化源远流长，可追溯至明朝初期，乐康村反映了布依人民从古至今的村落兴衰，是布依历史文化的展览馆。乐康村依山傍水而建，村落布局完整，村庄风貌统一，民俗文化浓郁，使得乐康村具有独特的历史文化氛围；建筑工艺、建筑细节、建筑布局等具有重要的科学研究价值。

绕河村的干阑式吊脚楼传统建筑，具有通风、防潮、防盗、防兽等优点，建筑工艺非常精巧。集中体现了黔南州少数民族建筑风格，具有较高的历史、科学和艺术价值。

饶河村局部风貌

黔南布依族苗族自治州三都水族自治县拉揽乡排烧村

排烧村全貌

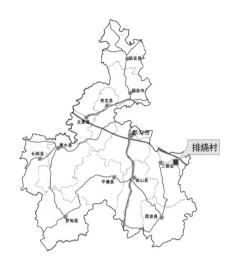

排烧村区位示意图

总体概述

排烧村位于三都水族自治县拉揽乡东南部，属于三都县拉揽乡管辖，距三都县城19公里，距乡政府驻地7公里，是黔南州苗族聚居最大的村寨。村寨主要由通村路与乡政府所在地连接，并接321国道。全村有350户，户籍人口为1856人，常住人口为1750人。苗族人口占85%以上。

村域面积10平方公里，村寨面积约0.5平方公里，集中成片分布于排峨山山坡顶上，与国家级尧人山森林公园相连接。

村落的形成原因是由于村寨所处的位置比较隐蔽，能够依高山躲避战事，祖先才选址于此。至最近一代，共传18代人之久，按一代人20年计，祖辈迁居此地当有300余年历史。

排烧村于2012年被列入第一批中国传统村落名录。

村落特色

排烧村位于山坡顶上，村庄周围竹树环绕，古树成荫，远眺四方，山脉连绵，林木葱郁，风景秀丽，该寨址与国家级尧人山森林公园相连接，在村寨可见此公园森林景貌。

寨子便是处在山体余脉的聚合处，仿佛众多山岭不约而同的主动投奔来此。北面为巫索西沟，南面为巫德西沟，亦略呈环抱之势，因而此寨与周边其他地方形势明显大不相同。加之每当山中云雾缭绕，层林翻涌，更显其寨地势格局不凡，气韵生动，仿佛万马奔腾，归势如飞，故有"万马归槽"之气象。村寨建设集中于排烧大寨和排烧小寨，木楼群依山而建，层层相叠，无固定形态。

依苗俗风水学：理属青龙降世地，也

称坐身看祖地，水、山是村落选址中不可缺少的元素，排烧人杰地灵、环境优美，处于群山环抱之中，是难得的风水宝地。

传统建筑

建筑物集中连片分布在排烧大寨和小寨。依山而建的房屋呈梯级状排列，清一色的吊脚楼样式，木瓦结构的吊脚楼层层叠叠，鳞次栉比，错落有致。民居共有295余栋，现阶段保存良好，均为传统的干阑建筑，其中百年以上干阑民居有5栋。

排烧村建筑为歇山式穿斗挑梁木架干阑式楼房。多建在斜坡之上，把地基削成一个"厂"字形的土台，土台之下用长木柱支撑，按土台高度取其段装上穿枋和横梁，与土台取平，横梁上垫上楼板，作为房屋的前厅，其下作猪牛圈，或存放杂物。屋顶盖瓦，屋壁用当地木材。每幢木楼，一般分三层，上层储谷，中层住人，下层楼脚围栏成圈，作堆放杂物或圈养牲

传统建筑1

传统建筑2

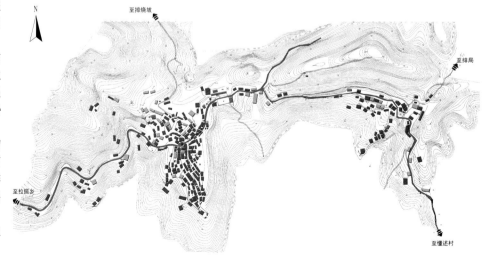

排烧村平面图

畜。住人的一层，旁有木梯与楼上层和下层相接，该层设有走廊通道。正屋大体上是三开间一幢，较富裕者则五开间为一幢。大门开在中间一间的二柱之间，成"凹"字形。中堂前有大门，门是两扇，两边各有一窗。中堂的前檐下，都装有靠背栏杆，称"美人靠"。

民族文化

排烧村85%以上人口为苗族，因此保留有较多苗族生活习惯及风俗，如苗族吃新节、苗族刺绣、织锦工艺、鼓藏节、苗族芦笙舞、苗族跳古瓢舞等。

"吃新节"也叫"新禾节"。"吃新"是苗族节日之一。没有统一的规定日期。按照习惯，在收获的季节里，找一块稻谷长势最好的田，大家就在这里欢庆"吃新节"。排烧村寨至今仍以活态方式世代相传。

古瓢舞大多在每年农历四月上旬的赶狗场和猪场以及新谷节（一般为农历九

鼓葬节

粮仓

度佳节。

百年粮仓：排烧大寨内有百年粮仓5个，为清末至民国初期所建，是村民为保存粮食所建，现阶段仍在使用中，保存良好。

古井：据当地居民讲述，最早的一口古井位于排烧大寨的北面，也是村寨最早搬迁到这里寻到的水源，村寨的成形和聚拢人气和这口井密不可分，现在已经用水泥加固，防止泉眼遭到破坏。第二口井位于排烧小寨的西面，主要供排烧小寨的居民使用，古井旁有百年空桐树一棵。

保护价值

1. 历史悠久，深厚的文化底蕴

寨据寨中长者介绍进行研究推断，排烧村修建年代应在清代，距今约300年以上，拥有悠久的历史，遗留下来的古迹有三处古井，两条古河道，已被村内作为遗址记录在册。

吃新节

古井

2. 风貌完整，独特的建筑风貌

排烧大寨、小寨的居民建筑几乎都是木结构、栏杆式吊脚楼。虽然同为吊脚楼，却又因地制宜，因材施用，建成不同的体量和形制，至于吊脚楼内的建筑装修，更是风采独具，蕴藏着丰富的文化内涵。

雷　瑜　黄文淑　汤洛行　编

月十日）进行。用古瓢琴伴奏而得名。

鼓藏节，俗称"吃牯脏"，是苗族祭祀本宗族列祖列宗神灵的大典，它是以血缘宗族为单位进行的祭鼓活动，是苗族最为隆重而神圣的节日，其规模宏大，节日仪式复杂、独特，持续时间长，节日的宗教神圣功能突出，具有宗教学的研究价值。

人文史迹

排烧苗寨保留下来的物质文化遗产有：古河道、斗牛场、百年粮仓、特色古街道和历史保护下来的百年古树。

斗牛场：位于排烧大寨内，约500平方米，现阶段保存完好。过节时，村民在这里举办斗牛比赛，或在这里载歌载舞，欢

古瓢舞

斗牛场

排烧村全貌

黔南布依族苗族自治州平塘县掌布镇掌布村

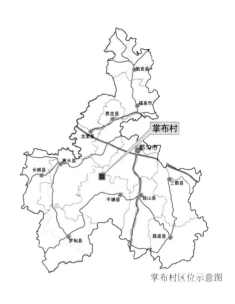

掌布村区位示意图

掌布村全貌

总体概况

掌布村地处平塘县域西北部，东与都匀市石龙乡接壤，南靠牙舟镇、西与惠水县宁旺乡相邻，北与贵定县铁厂乡隔河相望，是都匀、贵定、惠水、平塘四县（市）的交界结合部，经镇上的003乡道是主要对外联系道路，距县城63公里。全村地域面积36平方公里，共有806户，3065人，其中以布依族为主。村落形成于清代，是一个有着300余年悠久历史的传统村落。

掌布村系掌布镇驻地，距国家地质公园——掌布4A级风景区3公里，集镇所处地貌属河谷坝区，海拔680米，东西两面青山环抱，中间一条河流自北向南穿镇而过，山水田园，风光宜人。因掌布地处都匀、贵定、惠水、平塘四县市交界结合部，该集镇历史以来就是一个较繁荣的少数民族边贸集镇。

2013年列入第二批中国传统村落名录。

村落特色

掌布村位于山区，选址与当地的地形地貌及当时生产生活方式密切相关，耕地位于山谷盆地处，中间有浪马河穿寨而过，村落选址于地质条件较好的山脚至半坡处，山林掩映。整体村落房屋背山面水而建，始建于民国时期，主要为民居吊脚楼，地势平坦。村内村寨道路宽阔，户户相连；村内枫香寨、大小院等自然村寨前有小河流淌，一片田园风光。

爬坡上坎、拐弯抹角，这是依山就势的必然结果，巷中有巷、巷中有井、巷下有沟，形成了掌布村特有的民居古巷道风格，有古镇的幽静而无循规蹈矩的刻板。

传统建筑

建筑风貌主要为布依族传统建筑风格，即以吊脚楼为主要建筑方式，随着生产力的发展，先民们在地上立长柱子，横铺木板，四周以木板或竹为壁，上盖茅草或瓦，形成了现在的楼房。人就住在上层，把底层作为饲养牲畜和堆放农具、杂物和柴草。在人居住的楼房上再加一层作为储藏粮食和堆放杂物的"仓库"。

民居建筑技术上采用布依族民居传统的井干式、穿斗式、吊脚式木结构；整个构架均以榫卯相连，无钉无栓。

传统风貌建筑

民族文化

掌布村每年都要举办一些富有民族特色的文体活动，如"六月六"布依歌节等。有代表性的民族习俗有：骑马迎亲、婚宴对歌、布依情歌对唱及丧葬杀牛"砍利"习俗等，民族舞蹈有粑棒舞、香花舞、放钯豆花、织布舞等，传统乐器有唢呐、月琴、洞箫、木叶、笛子等。民族手工艺有织土布、刺绣、竹编等。

掌布村布依族的文化艺术绚丽多彩。地戏、花灯剧是布依族人喜爱的剧种，大歌和小歌是流传于黔南的具有多声部结构的两种歌唱形式。盘歌则用唱歌来盘问对方，随机应变互相问答，天文地理山川草木皆可入歌。布依族的文化艺术绚丽多彩，民间流传的口头文学有神话、传说、故事、寓言、谚语和诗歌等。

布依族人好客、热情、大方、真诚，凡来到山寨的，亲朋故旧、素不相识的，一律会以酒相待。按照当地习俗，到布依族人家做客，不得触动神龛和供桌，火塘边的三脚架忌讳踩踏。布依族习惯以酒敬客，客人或多或少都应喝一点。布依族村寨的山神树和大罗汉树，禁止任何人触摸和砍伐。

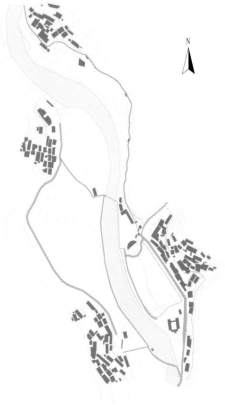

掌布村平面图

"六月六"布依歌节：布依族"过小年"较隆重，祭田神、社神、山神、包三角粽粑供祖，各村寨多沿用"议榔制"制定保护庄稼的乡规民约。"六月六"这一天村村寨寨杀猪、杀鸡、祭神、祭祖。青年男女穿着盛装，相邀相约成群结队，赶六月坡，六月桥，唱歌娱乐，以歌会友，以歌传情，非常热闹。

"六月六"也是布依族男女青年的传统歌节。布依语的"浪哨""浪冒"，是谈情说爱的意思，但又不是纯的谈情说爱，它既是谈情说爱的前提，更是交流情感，沟通信息，结交异性朋友的一种形式，要经历由媒人介绍、自愿交谈、若谈话投机则深入交谈等过程。交谈之初，两人要拉开丈余远的距离，而且不能面对面而是背着谈，否则被视为轻佻或不识礼。待交往一段时日并有一定感情基础后，两人才能相约交谈。

"六月六"布依歌节

粑棒舞：最初是在丧葬祭祀之际才跳。目的是为了祭奠亡灵和冲淡丧时的悲哀气氛，让亡灵在天国路上不寂寞，能够高高兴兴地到达天国，让活着的人减轻悲哀痛苦，淡化凄凉的气氛。舞蹈表现的内容有青年男女比试技艺、祈求五谷丰登、反映男女社交等。其表演形式主要分为两类：一类为三人或四人击粑棒的舞蹈形式，常在广场表演；另一类为粑棒技巧表演的舞蹈形式，任何场地均可表演。动作都是历代艺人从生活和劳动中创造和提炼了的带有技巧性、形象性的舞蹈造型。

粑棒舞表演

布依族刺绣：刺绣是每个布依族姑娘必须学会的手艺，布依族妇女中有些技艺娴熟的高手，不用图样也可以随心所欲地飞针走线，绣出各种飞禽走兽，花草鱼虫，湖光山色，而且造型逼真，栩栩如生。在刺绣中的针法运用是多种多样的，有平绣、绉绣、辫绣、缠绣、挑绣等。她们在刺绣时，往往按图案需要和自己的经验来决定针法颜色的搭配，并不断创新、变化，绣出的图案多姿多彩。

刺绣

布依族蜡染：是布依族民间传统印染工艺，古称"蜡缬"。布依族蜡染的制作方法较为简便，以蜂蜡为防染剂，用铜片制成各种形状的蜡刀。制作蜡染时，先把蜂蜡加热，溶成蜡汁，然后用蜡刀蘸上蜡汁，在平铺的白布上绘成各种花纹图案，蜡汁凝固沾附在布的两面；点绘完毕，将布放在靛染缸中浸染，有蜡质处染料不能渗透。染好后将布放入沸水中煮脱蜡质，即呈现白色花纹图案，成为美丽的蜡染布。

蜡染

人文史迹

风雨桥：在风情园旁有一座清代时期修建的风雨桥，此桥横跨浪马河使大院组与枫香寨组相连，桥长约34米，宽约2米，风雨桥桥内设有长凳，可供游客一边休息一边欣赏浪马河的自然美景。

风雨桥

古树：掌布村枫香寨有一株丝栗树，已有几百年历史，村民把该树封为该寨的保寨树，保寨树是少数民族同胞的一种图腾崇拜，意为此树能保佑全寨百姓幸福平安，祖祖辈辈都能得到古树的庇护，并且把古树看成是一种能通人性的"神树"。

古树

保护价值

掌布村传统村落较完整地保留了古朴的村落格局和优美的历史人文景观，村落内有山有水、有田有居、有井有木，阴阳交错、和谐自然，这些元素一起构成了一幅和谐自然的历史空间画卷。同时，掌布村还拥有丰富的非物质文化遗产，具有极高的历史文化和社会价值。

于　鑫　潘远良　编

村域自然环境

黔南布依族苗族自治州平塘县塘边镇新建村打鸟组

新建村打鸟组局部风貌

新建村打鸟组区位示意图

总体概况

新建村打鸟组地处塘边镇东部，距塘边镇镇政府驻地约13公里。村域面积18.3平方公里，村庄占地面积107亩，打鸟组常住人口187人，主要为布依族。

新建村始建于民国时期，初期为塘河村、打鸟村、石板村三个村寨，2005年，三个村寨合并组成新建村并延续至今。世界最大的天坑群就在该村境内，神奇奥妙的地质景观吸引了世界各国地质专家和探险家前来观光、探险、科考。2010年，新建村被平塘县列为非物质文化遗产百鸟朝凤的传承基地。2014年，打鸟组被列入第三批中国传统村落名录。

传统建筑1

传统建筑2

村落特色

新建村打鸟组坐落在新建村东南部，村寨四周环山，地势总体呈西高东低，村寨布局于山谷中的平地之上，背靠高山，面朝梯田，传统民居建筑布局依山就势，顺山势而行，成梯级向上，全村的建筑与山坡融为一体，不可分割，形成山—村—田的空间格局。村寨整体风貌沧桑，古风浓郁，风景十分优美，是一片还未被世人发现的原生态布依族文化村落，充分体现了人与自然和谐相处，达到了人与自然共生共存的境界。

传统建筑3

传统建筑4

传统建筑

新建村打鸟组建筑仅有少部分为民国时期建筑，大部分为新中国成立以后改建或新建而成。村寨传统建筑风貌保存相对良好，民居均以杉木为主要材料，因地制宜，就地取材；部分以石材作为地基，一定程度上使建筑更加稳固；部分二层出挑，在出挑之处加装了具有当地特色的布依族建筑挂饰；建筑屋顶多为青瓦坡屋顶。住宅旁常有

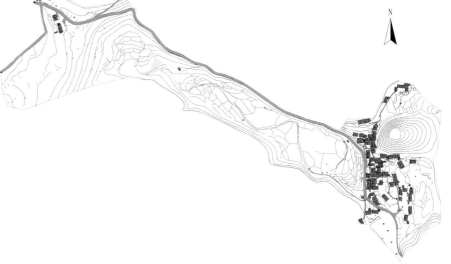

新建村打鸟组平面图

牲畜房及堆放杂物的空间，一层主要为堂屋、厨房、卫生间，二层则主要为卧室。

民族文化

新建村打鸟组为布依族民族村寨，其中的住户均为布依族，具有浓郁的民族风情。至今仍保留有极具当地特色的布依族民间的民族风俗，如二月二、四月八、六月六等布依族传统节日文化；百鸟朝凤等布依族歌舞文化等。

百鸟朝凤：百鸟朝凤具有上百年历史，其形状及声音类似于百鸟声音，因此也叫百鸟琴，包括凤凰琴、高音胡琴、低音胡琴、笛琴、铃、鼓、木鱼、饺子等。

布依族服饰：新建村喜用银泡纽扣作装饰，袖口仍保留传统的古老风格，下身已改穿长裤，脚上满花鞋变成了半只型或鞋尖处绣小花，改装后显得洁净淡雅，古朴端庄。未婚女青年服饰大体与中年妇女相似，但喜欢在包头布末端镶绣鲜艳花纹图案，埋露在头顶上方与护发头簪之间。

六月六

四月八

唢呐表演

寨，其服饰文化、节日文化、歌舞文化使新建村区域具有浓郁的布依族文化价值。建筑极具布依族村落特色，拥有木构建筑特色元素，同时村落的建筑顺应地势而建，层层跌落，与群山融为一体，村落西面背靠大山，东面面朝山谷，景观良好，具有非常丰富的艺术特色，具有较高的艺术价值。

陈清錾 张 涛 编

布依族服饰

"百鸟朝凤"琴

每逢节日、宴会，妇女喜佩戴各式各样耳环、戒指、项圈、发坠和手镯等银饰。

四月八：又称牛节，传每年四月初八这一天，都要给牛放假，停止做活儿，让它们好好地休息。还要用苏木、黄饭花、紫荆藤、枫香叶等天然植物的浸泡汁做成红黄紫白的五色花糯饭，再用糯米酿制的米酒，一同先慰劳耕牛。待牛吃过后，人们才设宴开张，一面用手抓吃五色花糯饭，一面饮酒吃肉，共庆牛王的节日。

六月六：是布依族一个纪念性和祭祀性的传统日，其隆重程度仅次于大年春节，故有的地区称为"过小年"。20世纪80年代初，"六月六"被定为布依族代表性传统节日，每年这天，各地隆重集会，举行庆祝活动。

人文史迹

观音庙：村寨东侧山头上有一座观音庙，为民国时期所建。

古树：打鸟组中现存古树名木两棵，一棵位于村寨西北侧入口，一棵位于村落东侧山头。

保护价值

新建村于民国时期建村，为布依族村

古树1

古树2

巷道

天坑

新建村打鸟组鸟瞰图

黔南布依族苗族自治州平塘县塘边镇新街村落辉大寨

新街村落辉大寨远景图

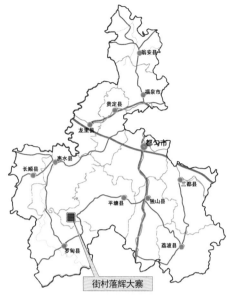

新街村落辉大寨区位示意图

总体概况

　　落辉大寨，位于塘边镇新街村内西南侧，是由新街村的落辉大寨组和鸡场组组成的自然村寨。村寨南侧紧邻塘边镇湾子村，距塘边镇政府所在地约3公里，村域面积0.98平方公里，村庄占地面积18.3公顷，共76户，常住人口284人，主要民族为布依族。明朝初年，弘农杨氏移民此地，取名乐和寨，后更名为落辉大寨，村中间有一条霸王河绵延流淌而过，有一条5米宽的水泥路连接新街村。2014年，落辉大寨被列入第三批中国传统村落名录。

村落特色

　　落辉大寨四周群山环绕，地势总体呈东西高中间低，村落中间有一条水质清澈、蜿蜒曲折的霸王河穿过，村寨布局于丘陵的平地上，处于河流两岸。落辉大寨原处于河流以西，村寨建筑主要修建在河流西面的缓坡上，老村寨选址是一个背山面水的极佳环境，随着村寨的发展，逐渐跨河向河流东侧山坡迁移，形成了现今的村落形态。村寨内房屋的建设始终选址于坡地之上依次而建，以留出良田菜地供村民生活，民居建筑多是坐东朝西，小部分坐北朝南，村落整体风貌质朴沧桑，古风浓郁。

传统建筑

　　落辉大寨西侧寨子内的建筑多为民国时期修建，古建筑整体风貌保存良好，其中杨水成民居建筑是村寨内现存最老的布依族民居，修建于1898年，为县级文物保护单位。布依族建筑营造随地形灵活布置，因地制宜，建筑材料就地取材，均以杉木为主要材料，用木材修造出一幢幢颇具民族特色的木板房。

　　布依族民居内部结构各家大致相同，正中一间为堂屋，设有神龛，既是供奉祖先的场所，又是婚丧喜庆及平时招待客人的地方；左右次间，以中柱为界，前作伙房，后作卧室。火塘一般设在中堂靠里侧一间，在室中间挖小坑，四周垒石条或砖，火塘内铺草木灰，中间一般置放三角铁架，用于安放烧饭煮菜的锅具，火塘正上方悬挂一长方形吊炕或吊钩，作为熏制和烘烤食品之用，火塘的面积至少要容得下一家人活动之用。

传统建筑1

传统建筑2

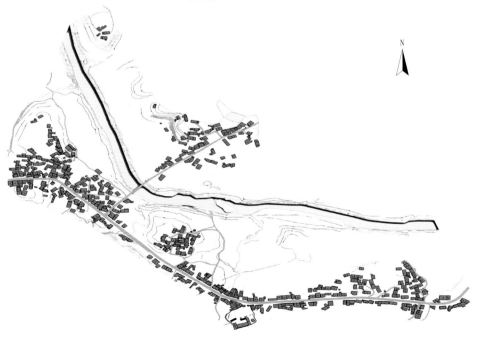

新街村落辉大寨平面图

传统建筑3

传统婚礼

古台阶

传统建筑4

古井

民族文化

传统服饰：布依族的服饰因地区不同而各具特色，其服饰多用青、蓝、白几种颜色。当地妇女着大襟短衣，领口、盘肩、衣袖和衣脚边沿，皆用织锦和蜡染各色几何图案镶制，下穿百褶长裙，用白底蓝色蜡染花布缝成。布依族讲究头饰，婚前头盘发辫，戴绣花头巾；婚后须改用竹笋壳"骨架"的专门饰样，名曰"更考"，意为成家人。姑娘喜拢高髻，形如拱桥，发上插着长约尺许的银簪，配上短衣长裙，绣花布鞋，走起路来风韵飘飘。银、玉手镯、发簪和戒指、项圈等饰品也为布依族妇女所喜爱，其样式别具一格。

布依族婚俗：布依族的婚俗历史悠久，具有浓郁的民族特色，从明代开始流传至今，传承了布依族乡人民乐观的人文情感，团结友好、乐观向上的品质，整个过程分为六个阶段：相亲、托媒、问亲、论婚、过礼、接亲。

布依族殡葬习俗：当布依族老人逝世后，丧家即向至亲好友报丧，并请本民族"濮摩"先生择吉日举办丧事。如果死者为女性，则必须待舅家人员到现场亲自检视入棺，才能安葬。丧事办得繁简与否要视家庭经济状况而定。清贫之家只请"濮摩"开路，一切从简；富有之家讲排场，除了开路、堂祭之外，还要举行"古夜王"仪式，砍牛做斋。古代凡遇丧事都要砍杀数头牛羊祭供，大办酒席宴请宾客，丧期长达三、五天，停柩期间，丧事之家一律素食，出丧之后才能开荤。

人文史迹

村寨内现存古石阶、古石桥、古建筑各1处，古树群8棵，古井3处。

古石阶：位于村寨中部，杨凤表故居前，建于1904年。杨凤表先生文武双全，力大无穷，房屋右边石阶的石料是老先生从抵洽山每担挑来安置而成，一共28块。古老的石阶，经过多年的风霜，仍然坚毅地支撑着人们的通行，青草从石缝中钻出，平添生机。

古建筑：杨水成民宅，位于村寨中部，修建于1898年，传统的布依族吊脚楼，分上下两层，上层居住，下层饲养牲畜。

古树：共8棵，5棵为古樟树，3棵为古榔树，树龄在百年以上，古树胸径为0.8～1.4米，位于村寨东北处。

古井：村内现存古井3处，一处位于村寨东北面，水质优良长年不断，是以前村寨的主要引用水源，现在仍作为村寨的备用水源；一处是位于村寨东南面的双井，俗称姐妹井，相传在明代初年，弘农杨氏移居此地，就修建此双井，为当时的饮用水源。

古石桥：位于寨子中部霸王河上的九拱桥，是东部村寨与外界交通的主要通道，长60米、宽5米，用天然石料作为主要建筑材料，桥身周边有精美雕刻的护栏，历史悠久。

保护价值

新街村落辉大寨是至今保存较完整的布依族村寨，反映了布依族村寨发展的历史，具有布依族村寨在建村、选址、变迁的典型特征，再现了布依族村寨各个时代发展的轨迹及时代特征，记录了地区的发展信息，具有少数民族特有的历史价值。依山傍水的秀丽景观，随地形灵活布局的村寨建筑，以及就地取材的建筑景观，蕴含着丰富的文化景观，凸显了布依族的民族个性。

陈清鋆 张 涛 董向峰 编

新街村落辉大寨一角

遵义市
ZUN YI SHI

遵义市凤冈县新建乡长碛古寨

长碛古寨全貌

长碛古寨区位示意图

总体概况

长碛古寨位于遵义市凤冈县新建乡东北部，距乡政府所在地1公里，东邻土溪镇，南接绥阳镇，西靠永安镇，北连正安县。全村村域面积约为33平方公里，总人口526人，以土家族为主。古寨环山抱水，始建于元末明初，历经七百余年风雨洗礼，因洪渡河携带大量泥沙冲积成扇坝而得名。2014年，长碛古寨被列入第三批中国传统村落名录。

碛古寨，沿河风光旖旎，景色宜人，素有"金盘玉水"的美誉，至今仍保留其原始地形地貌，整体植被茂密，山色葱郁。"背山环水而居，山水田园交相辉映"是对长碛古寨传统村落自然格局的真实写照，其构成要素可概括为青山、碧水、田园、古寨四要素。山体、河流、农田与长碛古寨传统村落互相依托，体现了长碛古寨独有的自然村落格局。

村落特色

长碛村属黔中丘原地带，山地丘陵起伏，平坝相错其间，长碛古寨一带地势平缓，县内最大河流洪渡河环绕着长

民居1

传统建筑

长碛古寨内的古建筑和传统风貌建筑共有63栋。

民居建筑：民居建筑多为青瓦木楼，台地合院形式，立面空间与山体坡面融合，具有典型的黔北民居特色，在技术上采用黔北民居传统的穿斗式木结构；整个构架均多层次、高水平的对称均衡，把长碛古寨民居推上了较高的层次，青瓦木楼，乡味浓郁，体现了黔北地区民间住宅

民居2

谢氏节孝坊

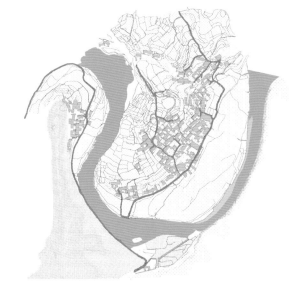

长碛古寨平面图

三尊佛

古盐道

古树

的生活气息。

谢氏节孝坊：为龙泉知县题联的"谢氏节孝坊"，始建于清道光二十七年（1847年），距今已有150多年的历史。整座节孝坊系砖石混建，开宽9米，通高11米，为三门三楼的牌楼型结构。节孝坊宏伟美观，做工精细，工艺特别，顶部两面横写"紫诰天长"、"玉洁清边"八个大字，碑上文字图案为土砖烧制镶嵌而成，具有较高的工艺研究价值。"文化大革命"时期，碑坊遭到损坏，但基本保持原样矗立至今。

朱氏总祠：建于清道光八年（1828年），距今185年，占地800余平方米，是朱氏祭祖和实施家法的地方。新中国成立后，总祠曾为部队工作队驻地，后长碛村委会办公室也设在总祠。1955年成立高级社，总祠又成为高级社加工桐油和菜籽油的地方，因加工桐油起火，祠堂部分被焚烧，后于1959年修复。修复后的总祠被用作长碛大队的仓库，后又成为召开会议、县电影队放电影的场所。

民族文化

农耕文化：长碛得玉龙山与洪渡河之灵气，土壤肥沃，朱氏族人在长碛古寨世代繁衍，创造了大量独特的农耕文化。记忆馆收藏了当地大量传统生产生活用具和榨油、织布等工艺，一睹便令人追记男耕女织、渔樵耕读的浓浓乡愁。

花灯戏文化：老式花灯一般为两个角色，一男一女，男角称为"唐二"，女角称为"幺妹"。表演时唐二说白领腔，环绕幺妹大跳、戏逗，幺妹手舞花帕或彩扇，动作轻柔，同时以锣鼓伴奏，气氛热烈，此活动多在春节期间进行。

人文史迹

长碛河神：沿着洪渡河边的鹅卵石小道，一路向前走就可以看到眼前这座立于洪渡河边的神像——长碛河神了。洪渡河养育了世代长碛人，为求水草丰茂，永享安平，村民于河边立下了长碛河神。经过上千年的开发洪渡河两岸依然保存着良好的生态环境，千百年来村民始终保持着对洪渡河的敬畏之情，也许正是这点感动了长碛河神才使得洪渡河永远平静的流淌下去。

古桂树：据说元朝末年，朝廷封朱寿可为征夜郎公，征讨夜郎，路经长碛，定居此地。朱氏家族在长碛古寨世代繁衍，兴旺发达，距今已有650余年的历史，从长碛桂花树移居的朱姓人口已达10余万人。历经百年风雨，朱氏族人始终不忘长碛桂花树，都知道长碛桂花树是他们的发祥地。

禁渔古碑：在碛岛的旁边有一个用土瓦盖的小亭子，小亭子下面就是禁止捕鱼古碑。古碑是在清朝光绪三十三年修建的，是当时长碛寨的群众共同商议，关于禁止捕鱼和十三列不准为内容的禁止捕鱼古碑，至今已有108年的历史。

保护价值

长碛古寨曾经是隋朝年间明阳县的县址，现在寨子上还有"上衙"、"下衙"、"打板沟"、"回音壁"等传说，现有的村落街巷空间、公共空间、建筑形制，均是在各时代的自然生长而成，体现了时代的延续性，长碛地方戏和人文景观比较丰富，无论从物质空间、还是从非物质传承来看，长碛古寨均有较好的独特性及完整性，是研究黔北地区传统村落选址、村落空间结构成型的良好典范。

余压芳 徐 雯 王 艳编

禁止捕鱼碑石碑

村落一脚

413

遵义市赤水市丙安乡丙安村

丙安村全貌

丙安村区位示意图

总体概况

丙安村位于贵州省赤水市中部，距赤水市区24公里，东与葫市、元厚镇接壤，南和两河口乡交界，西与复兴镇毗邻，北接天台、旺隆镇，赤水河从东向西流经全境，茅赤公路沿赤水河北岸自东向西贯穿全境。全村村域面积约为134.2平方公里，人口约7200人，是多民族聚居地。丙安村历史悠久，建成年代已不可考。2012年，丙安村被列为第一批中国传统村落名录。

村落特色

丙安村建于赤水河畔陡峭的危岩之上，背倚青山，三面环水，形成"镇依山建，水绕镇转"的典型山水格局。以一条弯曲宽平的石板街为主街，其余四条高低起伏且标高超过主街的石级踏步为巷街。村落以自然山水环境为基础，街道与建筑物沿赤水河呈二级台地分布，形成三维立体空间结构形态，并有机地附着于自然环境形态之中，与自然山水的空间结构浑然一体。在村落东、西、南、北四个方位依次砌石为墙、垒石为门，建造出"东华门"、"太平门"、"奠安门"、"平治门"等四道寨门，形成军事城堡的格局，出入村落必须经过这些门。

民居

传统建筑

丙安古镇地处沟壑地带，地势起伏大，沿河为特色民居吊脚楼群、历史建筑主要是红一军团部旧址、红二师师部旧址及古寨门。建筑大多垂直或平行于河流、街巷布置，街巷的走向小曲大直，建筑沿山地等高线"匀质"布置。

建筑

红一军团陈列馆

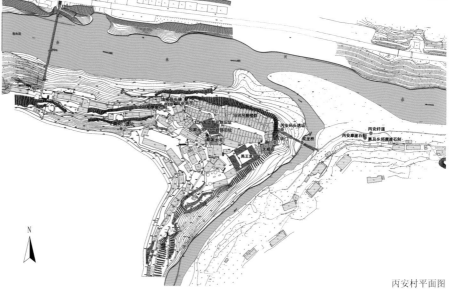

丙安村平面图

三尊佛

古盐道

牛儿岩

天生桥

吊脚楼：一律凿岩立柱架建，每幢楼房分别由数量不等的木柱或砖柱托撑，楼房组群标高15～30米不等，数百根托柱凌空拔起数十米，承载上万公斤的重量。吊脚楼总体形制为吊脚楼，但其中又有许多变化，用途、功能不尽相同。挑承式的是悬空楼，有柱无墙不派它用的是虚脚楼，形似悬空楼、虚脚楼而无底层的是无底楼，仅赖一木柱或一石柱托起整幢楼房的是独脚楼。吊脚楼形似岌岌可危，实则稳如磐石，自古没有发生过倒塌事故。

摩崖石刻：为民国时所刻，面积约8平方米，材质为青石，现位于高约6米的岩石上，三幅石刻并排相连。从左边起第一块石刻高2.35米，宽1.06米；第二块石刻高2.30米，宽1.08米，第三块高2.30米，宽1.06米。所有字体均高0.53米，宽0.4米。该石刻属颂德碑，其内容"德放泛舟、出民水火、畏威怀德"是为了歌颂黔陆军第三混成旅步十一团团长万里程。它为研究贵州的军阀史和赤水历史沿革提供了有力实证。

古寨门：古镇原有四道寨门，门洞、门扇俱全。今存东华门和太平门，均为清代所建，门洞净框均宽2米、高3米、深1米，门墙高6～7米，全部采用条石砌墙。古寨门墙体石面表层已斑驳陆离布满苔藓和地衣，门扇仅存东华门一扇，仍可晰见昔日的雄伟坚固。出寨门向西下坡是一条总长63米的石梯，每梯长1.7米、宽0.3米、高0.15米，右侧有高为0.7米的条石护栏，呈阶梯形向下延伸通向古码头，是古镇居民进出的必经之路。

民族文化

工艺文化：竹木雕和草编是丙安传统的手工工艺，竹雕主要在竹制、木制的器物上雕刻多种装饰图案和文字，或用竹头、木根，按其形雕刻成各式各样的陈设摆件。草编则是农闲时，心灵手巧的妇人以麦秆为原材料，编织草帽、草席以及各种各样做工精致、造型奇特的手工艺品。

赶场文化：每逢农历3、6、9，方圆20里的村民与过往丙安的商客进行物品交易，交易地点大多在茶馆和酒市，交易结束后，去茶馆喝盖碗茶或喝寡单碗，交流感情，有时也没有特意进行交易，仅仅是为了摆"龙门阵"。

花灯戏文化：老式花灯一般为两个角色，一男一女，男角称为"唐二"，女角称为"幺妹"。表演时唐二说白领腔，环绕幺妹大跳、戏逗，幺妹手舞花帕或彩扇，动作轻柔，同时以锣鼓伴奏，气氛热烈，此活动多在春节期间进行。

人文史迹

红色遗址：红一军团驻地旧址建于1934年，驻地为一楼一底，木质串架结构。遵义会议后，红一军团剑指川南，为中央红军北渡长江，向赤水开来。丙安古堡成为红一军团鏖战赤水的神经中枢，军团将士们浴血奋战，打退了强敌一次次的追击，给敌人以重创，同时也成就了四渡赤水的辉煌历史。

渡江码头：位于赤水河下游与中游的分界地，又处于川盐入黔的古道上，早年上下木船常在此停宿，曾是重要的驿站和商品集散地，作为"仁岸"盐埠码头的重要组成，丙滩场呈现出一派繁荣兴盛的景象。

保护价值

丙安村历史悠久，是集盐运文化、古军事文化和长征文化于一体，具有军事防御性质的村寨，颇具特色的木质串架结构建筑遗存丰富，村寨布局和整体风貌保存完好，整个村寨以历史遗存及其环境为主体，再现"千年军商古城堡"、"川盐入黔古盐埠"及"四渡赤水第一滩"的历史风貌，体现古代中国发展传统商贸和旅游的历史文化，具有较高的历史文化价值。

余压芳 赵玉奇 徐 雯 编

瀑布

吊脚楼

遵义市凤冈县绥阳镇玛瑙村

玛瑙村全貌

玛瑙村区位示意图

总体概况

玛瑙村位于凤冈县城北20公里的绥阳镇，距绥阳镇政府所在地0.5公里，东面与花坪镇、德江县、务川县相连，南面与本县龙泉镇、湄潭县接壤，西面与永安镇、新建乡毗邻，北面与土溪镇相嵌。玛瑙村村域面积约为160平方公里，全寨总人口3636人，主要民族为仡佬族。凤务公路和绥土公路穿境而过，是一处始建于南宋时期，扩建于清代的古军事建筑遗址，距今约有800年的历史。2012年，玛瑙村被列入第一批中国传统村落名录。

村落特色

玛瑙村凭借独特的地形地貌，将人工修建的地面工事与利用地下溶洞修建的防御设施融为一体，整个村落由1座石墙和溶洞巧妙结合构成，村落依山附洞，就势建垣，七山连接，七营贯通，规模宏大，气势磅礴。城门、炮台遍布，碉堡、瞭望台矗立其上。寨子主要由七个院落，相互间明处靠两条曲折的巷子连接，暗里又有院墙间的暗门、地下暗道和房上跳桥环环相通。寨子以龙门、巷子、四合院为基本单元，石墙、

石院坝、木楼和青瓦房为主要构筑物。五条巷子、七大龙门、七个院落、数十栋房子、几十户人家，就组成了整个寨子。整座寨子还靠两处地下溶洞通道与玛瑙山营盘连为一体，形成了一处奇妙的军事营垒防御体系。

传统建筑

玛瑙村主要由民居建筑、玛瑙山营盘遗址、钱氏家族墓葬、古桥、古道等文物建筑本体和文物环境构成。玛瑙村由多个自然村落构成，这些村落大多数没有寨墙，充分利用山、崖、洞、水等自然条件，周密考虑了攻、防、退、守而建成。

民居建筑：民居多为依山而建的木构建筑，有的坐东向西，有的坐西向东，有的坐南朝北，有的坐北朝南，民居正房多为四列三间的五柱木结构瓦房，个别为六列五间七柱木结构瓦房，厢房为四列三间或三列两间三柱木结构瓦房，厢房为四列

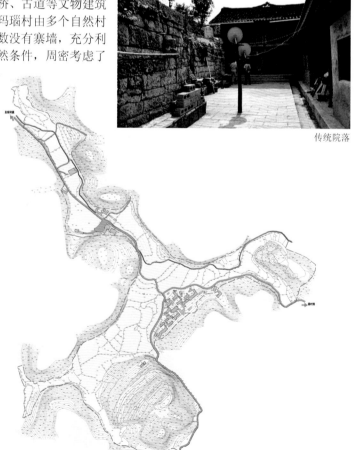

传统院落

石板路

玛瑙村平面图

吹打乐

营盘大西门

朱雀门

传统窗花

三间或三列两间三柱木结构瓦房，龙门则为石阶石柱瓦顶。

钱家营盘：钱营建设规模宏大，中营位于金盘山顶，两侧分别有两座营盘保护，一座为子营山营，一座为蜂桶岩营。钱家营盘有保存完好、做工考究的围墙一座，宏大的城门数处，秘道枪眼无数，营内的武器库、粮仓、指挥台、水池、碉楼仍然保存得比较完好。其间，明门暗道里外相通，碉楼炮台高低相望，道路错综复杂，形成良好的军事防御系统。

安家营盘：与李家营盘相连，安营分南营和北营，北营地势较高，有坚固的旧城墙和碉窝等遗物。站在安家北营俯瞰，南北一带尽收眼底，可以想象，只要在营盘四周安放几门大炮，敌军岂能逼近城墙。南营有秘道，是隐兵出入的通道，直接与主营相连。南营到主营有一道石门，异常坚固，在万不得已的情况下，先民们可以先将石门堵死，再从秘道逃离。

民族文化

吹打乐：凤冈吹打乐是黔北吹打乐的缩影，它的产生和演变过程同当地人的迁入历史同步，据周氏族谱记载，凤冈吹打乐至今已传承了16代，最早可追溯到宋朝初期，由原籍江西临江普大桥高街沿的周笑老先生传入。

饮茶文化：凤冈茶饮食习俗源于药用，但具有祭品、饮料、礼物之功能，是从春秋战国时期始。频繁的战争造成人口迁徙流动，茶饮食习俗渐渐传开，随着少数民族逐渐迁入凤冈，少数民族茶饮食习俗也随之在凤冈扎根，并与中原茶文化融合，经过长期的发展，形成内容丰富、种类繁多的特色。

人文史迹

无名氏炮匠之墓：据资料介绍，当时玛瑙军事营盘主营修好后，营主请到炮匠为其研制火炮，研制成功后效果极佳。营主担心炮匠到处造炮对他造成威胁，便将炮匠暗杀葬于洞口，筑以炮台隐匿，掩人耳目。

古桥、古道和古塔：观音桥河的支流上，有一座精致的单孔石拱桥。古桥的两端及官田寨和营盘之间均可见古驿道，循古道和古桥可进入玛瑙山营盘。官田寨的右前方小山旁，有一座象征这个寨子文化的石塔——"字库"，"字库"是过去人们尊重文化，崇拜文字的一个祭祀场所，它同时又是为一方族人和寨子弘扬文化的陪衬。

保护价值

玛瑙村寨的格局有八卦的玄妙，有官寨的气派，亦有黔北民居的典雅和实用。寨子通过院落、巷道及地下溶洞与营盘连为一体，形成的军事营垒防御体系，极具文物价值和旅游价值。

赵玉奇 颜 丹 王志鹏 编

民居

观音桥河

石拱桥

官田古寨

遵义市凤冈县琊川镇杨家寨

杨家寨全貌

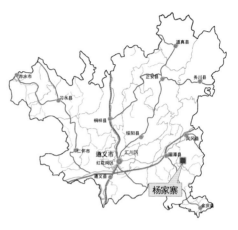

杨家寨区位示意图

总体概况

杨家寨地处遵义市凤冈县琊川镇东部，距镇政府所在地15公里，东与小河村相邻，南与天桥乡相嵌，西与关心镇接壤，北临大兴村。全村村域面积约为4平方公里，总人口193人。明初，祖先杨曾大为躲避官兵"追苗赶汉"逃至此处，全寨大部分是杨姓仡佬族。2014年，杨家寨被列入第三批中国传统村落名录。

村落特色

杨家寨位于青山石岩下，辉塘河从寨前而过，周边田地蜿蜒，自然山林丰茂。村寨背靠依青山面朝辉塘河而建，由于山体高差，总体布局形态较为分散，之间多

由特色的石阶巷道相连，古寨巷道多为台阶形式，路面采用当地山上的龙纹石铺砌，村落建筑依山就势、院落规整有序高低错落，形成坡地山村景观，与山体田园相互交融，典型的有机生长、和谐共生的传统村落格局特色。

传统建筑

杨家寨古民居群历史悠久，建筑年代历经清、民国、现代各期。建筑依山就势、院落规整有序高低错落，保存完整，具有历史原真感。传统木结构建筑多为一层，以"L"形的布局形成独户的院落空间，传统建筑的石基础和石台阶制作工艺纯熟、内涵深刻，体现出极高的建筑水平，具有很高的艺术价值。

四合院：院落大多为四合式院落，中为正屋，左右两侧为厢房，中间为石院坝，正面为一龙门，高门槛，双开大门；建筑外形独具特色，木结构青瓦的悬山式

民居1

民居2

石敢当

杨家寨平面图

古道

窗花

古树

房屋，具有黔北民居建筑的典型特征。

龙门：据说整个村寨有龙门7座，现在仅存南、北龙门2座，青瓦盖顶，木质结构，高门槛，双开大门，墙上绘着各种奇特的动物或花草图案，龙门正中挂着一幅木雕的蜘蛛，村里人婚丧嫁娶都必须从龙门下走过。

民族文化

祭祀文化：杨家寨的村民把蜘蛛当作他们的神明来供奉，因为他们的祖先曾被官兵追赶，逃到一个山洞里，蜘蛛在其洞口结网，追兵看到这完整的蜘蛛网，判断洞内没人，让族人们逃过一劫，蜘蛛变成了族人们的救命恩人，从此，蜘蛛也成为了杨家寨的神。古寨后院每家每户有个凹槽，当地人叫龛，意喻当年藏身的山洞，用来敬奉蜘蛛神。每每逢年过节，家家户户都要敬香供果，心怀虔诚，香火延续至今。

传统民谣：歌谣如下："蜘蛛神、蜘蛛神，牵丝撒网封洞门。这次蜘蛛保护我，追苗赶汉没杀成。杀猪宰羊来祭你，先祭蜘蛛后祭人。打扫灰尘不跸（pan）你，吐丝布网封洞门。这回蜘蛛救了我，官府官军没杀成。子子孙孙传下去，蜘蛛先师救主人。"就靠这首歌谣，将这个故事一直传承至今。

饮茶文化：杨家寨茶饮食习俗源于药用，但具有祭品、饮料、礼物之功能，是从春秋战国时期始。频繁的战争造成人口迁徙流动，茶饮食习俗渐渐传开，随着少数民族逐渐迁入杨家寨，少数民族茶饮食

石板路

习俗也随之在杨家寨扎根，并与中原茶文化融合，经过长期的发展，形成内容丰富、种类繁多的特色。

人文史迹

石龛：石龛为长方形，高约90厘米，宽70厘米，讲究的人家会在里面放上一些香、纸、蜡烛，据说是为了纪念蜘蛛神，杨家祖辈在青山脚下这块神奇的土地上繁衍生息。

石敢当：古时人们认为泰山为天下浩然正气之所在，所以一些盖在十字路和三岔路附近的房子为了驱邪挡煞，在正对十字路三岔路的门口放上泰山石敢当。

古树：村落现存皂荚树一棵，其树龄在200年左右，树高20米，冠幅为25米。

保护价值

杨家寨山水格局典型，村内建筑遗存、历史文化遗产分布集中、颇具规模、

风貌较好，周边历史文化资源丰富。保留有古村落选址、聚落结构、建筑形制等方面大量的历史信息，杨家寨古民居群历史悠久，为典型的古代农业聚居村落，其信奉蜘蛛的文化在全国属独一无二，对研究古代西南地区的社会经济文化等具有极高的历史价值。

赵玉奇 王金龙 王燕飞 编

石桩

石龛

村落一角

遵义市凤冈县土溪镇黑溪古寨

黑溪古寨全貌

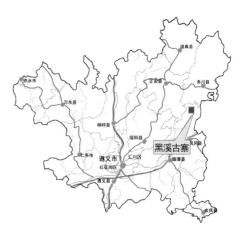

黑溪古寨区位示意图

总体概况

黑溪古寨隶属凤冈县土溪镇鱼泉村，位于土溪镇的西面，最远距镇政府所在地13公里，距凤冈县城约42公里，与务川县、正安县接壤，因为"两黑两山"地势偏远，交通不便。鱼泉村村域面积约为80.70平方公里，全寨总人口685人，主要民族为苗族。2014年，被列为第三批中国历史文化名村。

自然格局的真实写照，村内院落布局因地制宜，村内建筑遗产、历史文化遗迹分布集中、颇具规模，古寨内蜿蜒曲折、走势各异的众多巷弄构成了村内独具特色的路网系统，山体、河流、农田与黑溪古寨传统村落互相依托，成为构成村落整体格局风貌的重要元素。

古井

村落特色

黑溪古寨是典型的喀斯特地形，多石山、多峡谷，山脉起伏，村寨位于后背靠山前部开阔的地段，与黑溪河形成一体的靠山面水景观格局，"背山面水而居，山水田园交相辉映"是对黑溪古寨传统村落

传统建筑

黑溪古寨文物古迹较为丰富，有数量众多的传统风貌民居建筑和大院、分布零散的古碑帖、古墓葬群。

民居建筑：寨内的古建筑和传统建筑多为传统民居，共62栋，民居建筑技术上采用黔北民居传统的穿斗式木结构，整个构架均多层次、高水平的对称均衡，建筑依山而建，其院落大多为三合式院落，中为正屋，左右两侧为厢房，中间一块石院坝，建筑外形独具特色，大多坐北向南，木结构青瓦的悬山式房屋，建筑木雕、石

古树

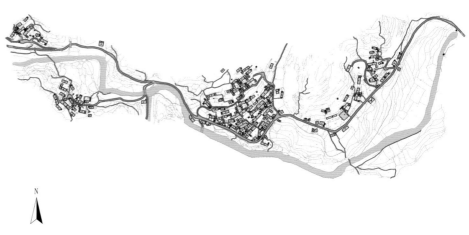

黑溪古寨平面图

付氏祠堂

凤冈吹打乐

凤冈土家油茶

基础和石台阶等工艺纯熟，立面空间强调与山体坡面融合，把民居推上了较高的层次，青瓦木楼，乡味浓郁，体现了黔北地区民间住宅的生活气息。

付氏祠堂：是遵义土地区比较稀有的砖木结构公共建筑，距今已有100多年的历史，现保存完好，整个建筑还充分显示出古朴、典雅和灵秀的形体风格，实现了技术与审美的完美结合。

民族文化

龙灯舞：龙灯舞是由多人执柄，姿势连贯，龙头随手执戏龙大宝之人引诱翻滚。

小打：黑溪古寨的民间娱乐方式很多，其中最有名的数"小打"。小打一般由两支唢呐和钗、锣、钹、鼓等乐器组成，由六至十人进行吹打，合奏的调子（俗称"头子"）有"一棒起"、"扑灯蛾"、"四叶菜"、"剪刀钗"等很多种，这些组合乐器主要用于红白喜事。

油茶：为地方传统特色，是由茶叶、糯米、花生、芝麻、核桃等原料做成，吃时佐以麻花、米花、米线等，用来接待宾朋和自家早、晚休闲食用。

人文史迹

古匾：村民傅明宅悬有木制门匾，正中横向行楷阴刻"老福延长"四字，为"署贵州遵义府正安州正堂清江理苗府加五级纪录十次石，为六十双寿傅正品题"于"道光二十五年季冬月吉日"。建筑木构件雕刻栩栩如生，充分展示了古代工匠精湛

的雕刻技艺，距今170年。

古树：在黑溪村内的西南侧，有3棵300年历史的古树，象征着这个村落发展历史和文化脉络，同时也是村落的标签。

古钟：黑溪铸造、雕刻艺术精湛，有着悠久历史，铸造有黑溪嘉庆古钟，现位于黑溪方铿希望小学，这所学校里所用的钟就是清朝嘉庆年间铸造的。据当地老人介绍，该钟一百余年前当时是在学校对面的接龙寺庙里所用，因天长日久年代的变迁，接龙寺的地盘上如今没有留下任何痕迹，已经变成了一块10余亩的良田了，而仅留下的这口古钟除一些字迹看不清楚外，还完好无损的保存了下来。这口古钟高1.3米，直径1.1米，上面刻有铸造钟的时间、用途和铸造人捐款人的名字等，是凤冈县目前保存最古老最大的一口钟。

保护价值

村寨保留了古村落选址、聚落结构、建筑形制以及宗族繁衍生息等方面大量的历史信息，对研究古代西南地区，特别是黔北少数民族繁衍以及社会经济文化发展等具有极高的历史价值。现有的村落街巷空间、公共空间、建筑形制，均是在各时代的自然生长而成，体现了时代的延续性，寨内具有数量众多的传统风貌民居建筑和大院，具有典型的黔北民居特色，是研究黔北农村地区特色历史民居的原型参考。传统风貌建筑的花窗、花门、神龛

古匾

古墓

也别具一格，大寨保存有许多花窗、花门、神龛，对于研究土溪镇特别是黑溪古寨的历史，具有重要文物价值，在村落文化符号上也是不可多得的标签。

杨泽媛 余正璐 张 全编

古钟

黑溪河

六盘水市
LIU PAN SHUI SHI

六盘水市六枝特区梭戛苗族彝族回族乡高兴村

高兴村全貌

高兴村区位示意图

总体概况

高兴村位于六盘水市六枝特区梭戛苗族彝族回族乡东北部，六枝特区与织金县交界处，距六枝特区中心城区42公里，距水城132公里。该村地势南低北高，东面与尚寨村相邻，南面与水沟村相邻，西面与新发村接壤，北面与三棵庄村毗邻。全村村域总面积5.26平方千米，总人口为603人，全部是以（长角）头饰为主的苗族。高兴村始建于清朝初年，已有300年历史。2014年，高兴村被列入第三批中国传统村落名录。

村落特色

高兴村地处典型的低山丘陵地区，地势起伏较大，周围深山密林，风光绮丽。高兴村"依山而寨，择险而居"，建筑错落有致地布局于缓坡之间，沿着等高线错落起伏，形成丰富的建筑轮廓线，建筑与建筑之间，由石板小路串联，原始古朴。空间构思上，尽可能利用自然地形提供的条件如岩、坡、坎、沟来限定空间，单体建筑则要求体量小、灵活简单，由于住宅尺度小，群体构筑极为灵活，随地变化而有序布置，建筑与环境一气联成，与山地环境相辅相成。村寨内

有中国与挪威共同合作修建的亚洲第一座民族文化生态博物馆。

传统建筑

高兴村是一个典型的苗族村寨，建筑形态结合自然，鳞次栉比。

民居：为木结构，房屋为木柱、木梁穿斗结构，四壁多用木板，走马板多用竹条编织。房屋正中有吞口，多数民居带有院坝。部分传统建筑还有茅草顶、屋脊茅草加厚堆高别具风格。

夏房：即灵房，是"打夏"期间停放灵柩的临时建筑。夏房形式有两种，因死者家族的地位而异。一种构筑简单，三柱着地，盖稻草、麦秸、杉叶，竹藤绑扎成骨架，顶呈攒尖顶状，另一种除上述形式外，还会编制一个圆弧形大门。建夏房时，无论所择地势如何，夏房的方位、方向都十分讲究，必须使停置于夏房的灵柩首东尾西才行。

打夏

梳头

牛角房

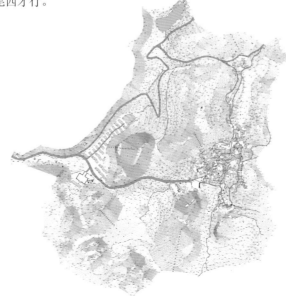

高兴村平面图

寨门

跳花节

蜡染

古井

神树

妹妹棚：妹妹棚是男女青年晚上晒月亮、谈情说爱处，为三柱插地式简易构筑物。棚门以两木杆插地呈三角形状，另一根木杆较长，一端与门两木杆顶交叉绑扎，一端插地。周围以竹条、树枝绑扎，上盖麦秸、杉叶等。门有草编式门帘。妹妹棚一般建在远离寨子的地方。

屯堡：在高兴村西面，有一座被茂密树林覆盖的山头，山顶上有一座荒废的古屯堡，占地约1000平方米，全部由当地开采的石头围成屯墙，屯堡内建有石头的居住建筑，在屯堡的北侧开有城门洞，有青石步道盘山而下。该屯堡是高兴村的村民为躲避战争、匪患和仇家侵袭而在制高点上建设的临时避难所，是苗族发展历程中重要的建筑遗存和见证，具有珍贵的历史研究价值和旅游开发价值。

民族文化

头饰：头饰是梭戛长角苗有别于其他苗族独有的特征，主要特点是男女头戴木角（现男子在节日期间才戴木角），在木角上盘长发（长发一般用毛线染成黑色来代替），用白色的布带缠绕成横着的"8"字形，黑白对比鲜明，形成庞大而沉重的头饰。

女子服饰：女子服饰老幼均穿黑底色、镶有花条的麻布百褶裙。上穿前襟至腰、后披至小腿的对襟上衣，衣饰为蜡染、刺绣，上衣的前襟、背、袖均为蜡染制品，后披为刺绣。上衣镶嵌有白色纽扣，前配一青色羊毛兜，小腿缠裹羊毛"护腿"，鞋为带钩的挑花布鞋，戴铜项圈，刺绣花帕。

男子服饰：青色麻布长衫、长裤，刺绣腰带，白色羊毛护腿，头带钩的挑花布鞋。

婚俗：青年男女通过正月初四至十四的"跳花坡"及平时的喜庆日和赶场天，以对歌为社交手段谈情说爱，确定恋爱关系，通过定亲、接亲然后才能成亲。婚后，媳妇在男方家住上七天，要磨50斤炒面，方能回娘家。新郎将50斤炒面送到新娘家，并把炒面分送给新娘家族中每户一份，表示以后的日常生活中，"牵牛走路踏不破山，雹雨袭来地不会塌"，百年偕好，婚礼才算完毕。

丧葬：丧葬仪式隆重，遇有哪家有人过世，附近12个寨子都来送礼致哀，寨老在竹竿上刻划符号，记载礼品数量，以便日后还礼。鸣炮三响，洗脸、梳发（女）或剃头（男），换寿衣（麻布衣），孝男孝女送殓衣，阴枕，报丧，祭祀，坐夜，搭夏房，打夏，送丧，谢客宴。

人文史迹

跳花场：位于村落南部，为一圆形广场，跳花场四周为缓坡，中间植有一棵杉树。农历正月初四至十四的"跳花坡"节，高兴村会在此举行隆重的活动。

保护价值

高兴村自然村手工工艺技艺种类繁多，头饰、服饰别具特色，节庆活动隆重，空间格局合理，体现了高兴村祖先重视村落选址、合理利用地形、尊重自然的态度，区域民族文化丰富，村寨建筑保留了苗族原始建筑特色，具有极高的科学研究价值。

余压芳 徐 雯 王 希 编

刺绣

梭戛生态博物馆

村落一角

黔西南布依族苗族自治州

QIAN XI NAN BU YI ZU MIAO ZU ZI ZHI ZHOU

黔西南布依族苗族自治州兴仁县巴铃镇百卡村卡嘎布依寨

卡嘎布依寨全景

卡嘎布依寨区位示意图

总体概况

卡嘎布依寨位于黔西南布依族苗族自治州兴仁县巴铃镇百卡村，距离巴铃镇10公里，距离兴仁县城30公里，有两条通村道路交汇于此，交通较为便利。全村面积19平方公里，户籍人口370人，常住人口336人，村寨主要以布依族为主。该村落的布依族是明朝洪武年间"调北征南"迁徙到这里的，当地村民在这片土地上繁衍生息了600余年。

2012年卡嘎布依寨被列入第一批中国传统村落名录。

村落特色

百卡村卡嘎布依寨位于一高山山腰处，村落沿等高线呈台地式布置，整个村落在森林的包围中若隐若现，秀美的山形和茂密的植被成为传统村落的绿色背景，将村落映衬得更加优美。

村落周边均为生态农田或耕地，是传统村落被称为农耕文化典型村落的环境要素，加上宜人的气候，丰富的植被，形成了非常适宜人类居住的生态、地理和气候环境。

村寨坡向以朝向东南方向为主，高

差不大，朝向吉利。地质以石灰岩地质为主，便于建筑就地取材，地势平缓，地质灾害发生几率小。由于选址于山腰，村寨内古井水量丰富，可以满足寨民日常生活需要。村寨植被丰富，古木参天。村寨周边开垦有大量农田，便于寨民就近耕作，粮食作物以玉米水稻为主。村寨内视野开阔，登上寨后山脊可以远眺兴仁县。

传统民居2

传统民居1

传统建筑

卡嘎布依寨现存传统建筑主要以纯木结构以及石木结构为主，建筑根据山体顺势而建为穿斗式小青瓦顶式建筑，东南屋面为硬山形制，西北屋面为庑殿形制，门前有石阶晒台，大多建筑面阔三间，面阔通常为12.8米，进深两间，通进深8米，高6.5米。若为石木结构房屋，房墙体由当地黄色磨石质料石较为规整干砌，房屋坚

村落内一角

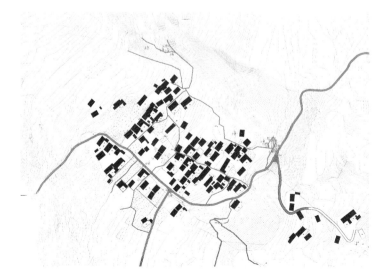

卡嘎布依寨平面图

实耐用，不易被腐蚀，该建筑为研究当地民族文化及民居建筑提供实物依据，具有一定历史及建筑科学价值。在房屋的功能上。传统的两厢式房屋结构分为里外两部分，外面从左到右分别为左厢房、堂屋、火房，里面均为厢房。左厢房一般为一间，右侧为火房（即厨房）一间；与堂屋和火房垂直并在明屋、火房后面的两间为厢房。卡嘎布依寨民居外墙上一般开窗口都比较小，在整个建筑外形上相比其他以纯木结构民居显得厚重、稳固、坚实耐用以及防御性较强。

布依族铜鼓文化

古道

民族文化

卡嘎布依寨村是一个传统的布依族村寨，布依族同胞传统文化在这里得到传承与发扬。

布依族铜鼓文化信仰：布依铜鼓，布依族群众在祭祀活动中必不可少的"神器"，是布依族人民崇拜的三大主神之一，是布依人民心中拟人化的民间俗神信仰。布依铜鼓"钟鼓之声、怒而击则武、忧而击则悲、喜而击则乐、其意变，其声亦变"，这一多功能的特点，能"传递消息、驱散凶残猛兽、防御外敌侵入、驱赶凶神恶煞、超度亡灵"等。

布依族摩经：布依摩经，布依族人民在丧葬、祈福、驱魔、祭祀、求神等仪式上由摩师专门念诵，用以表现各种特定仪式必不可少的经典巨著。现民间所发现的《摩经》约数十本，一百一十多篇，60多万字。布依摩经可分为《大摩》、《小摩》、《大邦》、《小邦》、《祚神经》、《荐神经》、《孩儿经》、《驱邪保安经》等几大类。布依摩经反映布依族从远古蛮荒时期到文明时代的漫长演变过程。

布依族摩经

古井

人文史迹

村落古道：卡嘎布依寨古道位于兴仁县巴铃镇百卡村卡嘎寨，形成于明代，长1500米，宽1.5米左右。用当地磨石质石板砌成，石板路呈"井"字形，通连各户。距今约600余年，井字街由石头铺砌环绕寨子。

村落古井：卡嘎布依寨古井位于布依古道旁，始建于明代，具体时间不详。依靠地下水自然露头选址而建。以较规整大形磨石质条石围池呈井，坐西向东，总体呈长方形，该水井是喀斯特地区群众用水常见水源形式之一。

古树：卡嘎布依寨古树种类较多，树龄较高，其中枫香6株最大树龄500多年；朴树7株最大树龄100余年；青冈两株最大树龄100余年；罗汉松1株200多年；香樟3株最大树龄200余年；大叶女贞1株50余年。

保护价值

卡嘎布依寨是一处以布依族聚集的村落，村落历史悠久，始建于明朝洪武年间，至今也有几百年历史，这里林木葱翠，风景清幽，村民尊重自然，保护自然与自然和谐相处。村落的格局富有特色，是卡嘎先人富有智慧的结晶，由布依族组成的民居聚落群，完整地保存了种类繁多的历史遗存，有49户传统民居建筑，数量众多，类型齐全，通体古朴典雅。有多种品种的百年古树参差其中，有井字形古道环绕村落，其整体村落格局保持完整，风貌保持完好。它的物质与非物质遗产对研究兴仁地区布依族文化都具有极高的价值。

杨　洋　陈隆诗　黄文淑　编

古树

田园风光

黔西南布依族苗族自治州兴义市泥凼镇堵德村

堵德村村域环境

堵德村区位示意图

总体概况

堵德村，位于泥凼镇南部，距离泥凼镇镇政府所在地3.2公里，距离兴义市42公里。村域面积19.9平方公里，村庄占地面积1520.3亩，常住人口2536人，以布依族为主。

堵德布依古寨为明代"调北征南"的祖辈迁徙至此聚居而形成的自然村寨。村域四处环山，毗邻达力河，与仓更镇和沧江镇接壤，有两条通村道路交汇于此，交通较为便利。2014年，堵德村布依古寨被列入第三批中国传统村落名录。

传统民居1

传统民居2

村落特色

堵德村位于群山之中，镶嵌于山体之上，面朝达力河，呈现"嵌山面水"的格局，村寨的选址完美地顺应地形。村寨呈分散布局，分为5个建筑组团，位于山体的山脊线及坡顶上，巧妙地避让了山体的汇水线，加之位于山体上，与达力河形成了较大的高差，使之不受雨洪的影响。村落选址居高临下，视野通透，特别是村落房屋的朝向均是向开阔的视线朝向。近山作为依靠、远山作为对景，形成山体—村落—梯田—河流的阶梯式景观格局。

村寨沿等高线呈台地式布置，整个村落在森林的包围中若隐若现，建筑格局保存完好，整体风貌完整协调。整个村落森林覆盖率比较高，植被丰富，据统计约有5棵上百年的古树分布其中，生态系统保存良好，环境优美。村落通过主干道进入后以发散分支方式进入村庄各个区域，犹如树枝发散状串联各个建筑小空间组团，街巷体系完整，村庄内道路纵横交错。村庄内的空间，每个组团各相径庭，有"S"型、单行以及环形组成，巷道中肌理基本都由结合各个空间组团所处的地形条件决定，但各个空间可达性均

堵德村平面图

较高。由于村庄人口发展规模较小，基本沿用历史街巷空间尺度，道路都是年代久远的古道，保存完好。

传统建筑

堵德村色居布依古寨的传统建筑以典型的干阑式吊脚楼建筑为主，建筑材质都是取自当地木材，现存传统建筑物占整个村庄建筑面积的74%，建筑基本保存完好。吊脚楼正屋建在实地上，厢房除一边靠在实地和正房相连，其余三边皆悬空，靠柱子支撑，正屋和厢房的上面住人，厢房的下部有柱无壁，用来喂养牲畜、堆放杂物。民居建筑分布连片集中，风貌协调统一，村落格局和肌理保存完好，仍保持了传统村落的活态。建筑风格独特，对于研究布依族的文化、信仰和建筑艺术具有很高的价值。

民族文化

布依八音坐唱：是布依族世代相传的

八音坐唱

布依族服饰

一种民间曲艺说唱形式，因用牛腿骨、竹筒琴、直箫、月琴、三弦、钗锣、葫芦、短笛8种乐器合奏而得名。演出队伍8至14人不等，唱生、旦、净、丑诸戏曲，不化妆，表现形式有坐弹唱和带戏剧性的演弹唱。据传，布依八音的原型属于宫廷雅乐，以吹打为主，元明以后，由于布依族民族审美意识的作用，逐渐发展为以丝竹乐器为主伴奏表演的曲艺形式。"八音坐唱"旋律古朴流畅、优美悦耳，常在民族节日、婚丧嫁娶、建房、祝寿等场合演奏，是深受布依族人民喜爱的民族说唱艺术形式。

布依摩经：由于布依族在长期的过程中只有语言而没有文字，因此布依摩经是凭口传心授而沿袭下来。布依摩经内涵丰富且民族色彩浓厚，文学艺术价值高、并富于戏剧

民居建筑局部1

性。布依族人民都希望通过言传身教来达到一种精神上的美好向往。

人文史迹

古树：村域内有古树17棵，传统村落内有古树11棵，主要为三种古树，为枫香、榕树、金丝楠木。

土地庙：位于传统村落主干道边一处低矮坡屋顶小型构筑物，砖石垒砌三面墙体，内部空置，体量较小，为当地土地庙，作为祭拜土地爷用。

古井：色居布依古寨水井位于村寨色居上组西北面500米处布依祭山林中，始建于清代，具体时间不详，历来为当地村民生产生活水源，水井深1.5米，井口东西长2米，南北宽1.25米。该水井是喀斯特地区群众用水常见水源形式之一，具有一定历史价值。

古河道：村落紧邻万峰湖支流达力河，达力河河道为村落建成起形成的历史河道，现无建设混凝土筑坝，河道两岸为自然驳岸状态。

古桥：古桥位于色基组西面河道上，

古桥

民居建筑局部2

古榕树

为民国时期建设，为三跨桥，桥墩以青石砌成，桥为石质结构，现仍通车。

古水渠：位于达力河支流上的水渠，一侧筑有石砌高台，作为防洪用，另一侧为自然山体，未做防护措施。

保护价值

堵德村山水格局典型，村内建筑遗存、历史文化遗迹颇具规模，风貌保护较好，周边自然资源与历史文化资源较为丰富，对研究云贵高原西南部传统村落的社会文化具有极高的价值。丰富而珍贵的物质文化和非物质文化遗产，尤其是布依族语言文化的传承和保护对研究历史学、古文学、宗教学、民族学、民俗学及布依族这一古老民族政治、经济、文化的历史概貌和民族特征等有很高的学术价值，是一部古老、不可多得的民族文化史料，也是整个中华民族文化宝库中的一份珍贵的难得的文化遗产。

陈清鋆 张 涛 朱怿然 编

堵德村村落局部鸟瞰

毕节市

BI JIE SHI

毕节市织金县龙场镇阳光村营上古寨

营上古寨全貌

营上古寨区位示意图

总体概况

营上古寨位于织金县的东北部，南接自强乡，东临乌江，六冲河和三岔河将它环抱其中。距离县城中心52公里，村域面积23.3平方公里。是一个多民族融合的自然村落，以苗、汉族为主，杂居着彝、哈尼等多个民族，共有113户，约425人。营上王氏祖先于清乾隆年间移居于此，是一个历史悠久的近300年传统村落。是织金县第五批县级文物保护单位，其古建筑群为省级文物保护单位。

之所以说营上古寨是中国最具个性的古寨，源于其独特的选址配上巧夺天工的地形地貌。营上建于三面悬崖绝壁之上，四周山峦，喀斯特地貌突出，岩石呈柱状、笋状、尖状兀地直冲上天，形成奇特壮观的景色。2013年被列入第二批中国传统村落名录。

村落特色

营上古寨巧妙利用当地地理环境，建于三面悬崖绝壁之上，四周山峦，将建筑融于自然之中，建筑精美，艺术价值较高，是中国最具个性的村寨之一。由于地势高差影响，整个寨子的建筑错落有致，层次感、空间感极强，从远处看，布局十分规整，极富韵律感。近处可以清晰地看出公共生活到私密生活的过渡，即"街-巷-院-宅"的这种从闹到静、从公共空间-半公共空间-半私密空间-私密空间的完整的空间组织序列。总体来看，村落突出了居住功能要求，大量小型的封闭式院落群体形成了村落民居的主要组成单位。

营上古寨布局严谨又富于变化，巧妙利用地形建造了适应当地环境及人居的建筑，将建筑融于环境之中，达到和谐统一的审美效果及居住效果，反映了人民的智慧和创造力。

传统建筑

营上古寨传统建筑群现存民居主要是清末民国时期建造的，民居因地制宜、就地取材，建筑穿斗式梁架结构，四合院式的天井布局，建筑饰品极具生活气息，普遍采用雕刻手法，真实反映了当时的科学技术、生产力水平。

王永年故居：始建于民国年间（20世纪三十年代），王永年所建，为三合院，一正两厢，坐西南向东北，二层砖木结构，穿斗式悬山顶小青瓦。正房为面阔五开间、进深二开间，东厢地下层为牲畜房，紧邻东厢的偏房是二层带回廊的木结构穿斗式吊脚楼。占地面积约500平方米，建筑面积约890平方米。

碉楼：在20世纪三十年代，营上就已建成三座石碉（王家碉楼、刘家碉楼及王家六角碉楼），成为至今营上最亮眼的建筑。

民族文化

由于历史上的大迁徙和独特地理环境等原因，形成了营上古寨苗族古老、深邃而独特、璀璨的文化。世居民族服饰绚丽多姿，蜡染、刺绣等工艺精美，民歌种类多样，调式固定，风格沉郁。

苗族喊歌：即在高山、旷野演唱的山歌，其声音高亢清脆嘹亮悦耳。喊歌是龙场镇、自强乡等地滇东北次方言苗族民歌的一种演唱形式。

人们在崇山峻岭、田间地里劳作乃至上山狩猎时均可自行自由演唱，歌声犹如

刘家碉楼

营上古寨平面图

呼喊，故称其"喊歌"。演唱歌词内容多为情歌。

喊歌

长角苗服饰：营上古寨的苗族又称长角苗，其服饰色彩绚丽，图案取材于苗族大迁徙的历史，一套长角苗族的服饰就叙述着一段苗族沉甸甸的历史，长角苗服饰熠熠生辉，在苗学界被认定为苗族长角苗服饰的代表。虽然，在时代的发展与变迁中，各民族的融合，这些世代传承演绎的服饰文化正在没落与消亡，但步入偏僻的营上长角苗村寨，我们还可以随处看到手工刺绣的苗女，间或看到染布的靛缸、闲置的老式纺车等。

苗族的刺绣、蜡染、种麻织布以及农耕文化世代传承，因不同的支系而表现为不同的形式，于是便有了不同风采的苗族服饰文化。营上的白苗同胞居住在近乎原始村落般的寨子里，虽然其民族文化在长期的传承过程中，与周边各族也有着缓慢的演化、融合，但祖祖辈辈沿袭下来的本民族传统的生产与生活方式还是较好的得到了传承。

白苗女性盛装

蜡染

人文史迹

营上，因安营扎寨而得名，位于一座三面临崖的悬崖上，它不是屯堡，却有捍卫自己雄壮的碉楼。同时营上也是一个历史悠久的古村落，至今营上古寨依然留存有大量保存完好的历史文化遗迹。

邬家洞：始建于清乾隆年间，邬家洞系营上古建筑群组成部分之一，位于营上山腰一山洞中，洞南北对穿，很像大象的鼻孔。大象鼻孔处，形成一天然穴居，邬家世代居住在里面，人们叫做邬家洞。

邬家洞

月亮水井：位于王家碉楼北侧，饶家大院门口，古道进寨道路的端口，始建于清代。月亮水井为用石板围砌，坐西南向东北，井前有石板井台。由于进寨道路抬高路面，现古井在道路堡坎内。

月亮水井

干河坝子：营上建于三面悬崖绝壁之上，崖下有条名为干河的河流从大坝中间穿过，因此这个坝子命名为干河坝子。干河坝子，上下绵延十余里，以前坝子里的小河常年泛滥，每每狂风暴雨之后，温情的干河便会变成一条咆哮的狂龙，十里坝子仿佛瞬间成为一片泽国，村民期盼坝子不再洪水泛滥而取名干河坝。如今由于上游水电站的截留，干河坝里的小河真的成了干河，但古老的河道清晰可见。

干河坝子

石雕石刻：营上精美的石雕石刻是整个村寨文化的魂魄，石鼓圆的卷草、兰花、荷花、麒麟送子、寿星寿桃，刻工精美，大气磅礴，威严而又让人感到书卷味十足，在方寸之间体现了石刻文化的精美。

干河桥：位于干河坝子。1984年，革命先驱王素重返家乡，家乡贫穷如故，干河依然只有一座狭小的木板桥，她感到心酸不已。回重庆后，她一直寻思给家乡建桥，后来在她的努力下，干河桥终于建成。

保护价值

营上古寨自然风光优美，民风古朴，民族风情浓郁，融自然、人文景观于一体，是贵州少数民族村落文化景观的典型代表。走进营上古寨，可以感受到黔西北民居的魅力，鲜活地记录当地族人的生活方式和文化内涵，对于我们探索村落文化景观具有特殊意义。

于 鑫 潘远良 编

自然环境景观

索引

苗族

黔东南苗族侗族自治州雷山县西江镇大龙苗寨　022-023
黔东南苗族侗族自治州剑河县南加镇九旁村　024-025
黔东南苗族侗族自治州台江县排羊乡上南刀村　026-027
黔东南苗族侗族自治州黎平县洪州镇三团村　030-031
黔东南苗族侗族自治州台江县排羊乡大塘村　032-033
黔东南苗族侗族自治州雷山县丹江镇干皎村　036-037
黔东南苗族侗族自治州黎平县德化乡下洋村　040-041
黔东南苗族侗族自治州雷山县望丰乡三角田村　042-043
黔东南苗族侗族自治州剑河县革东镇大皆道村　046-047
黔东南苗族侗族自治州雷山县望丰乡乌迭村　048-049
黔东南苗族侗族自治州雷山县望丰乡乌的村　050-051
黔东南苗族侗族自治州雷山县西江镇中寨村　052-053
黔东南苗族侗族自治州雷山县西江镇乌高村　054-055
黔东南苗族侗族自治州雷山县西江镇开觉村　056-057
黔东南苗族侗族自治州从江县下江镇巨洞村　058-059
黔东南苗族侗族自治州雷山县望丰乡公统村　060-061
黔东南苗族侗族自治州雷山县方祥乡水寨村　062-063
黔东南苗族侗族自治州雷山县西江镇长乌村　064-065
黔东南苗族侗族自治州从江县下江镇中华村　066-067
黔东南苗族侗族自治州雷山县望丰乡丰塘村　068-069
黔东南苗族侗族自治州雷山县西江镇乌尧村　070-071
黔东南苗族侗族自治州雷山县永乐镇开屯村　074-075
黔东南苗族侗族自治州雷山县望丰乡乌响村　076-077
黔东南苗族侗族自治州雷山县方祥乡毛坪村　078-079
黔东南苗族侗族自治州剑河县观么乡平下村　080-081
黔东南苗族侗族自治州黎平县洪州镇归欧村　082-083
黔东南苗族侗族自治州台江县革一乡北方村　084-085
黔东南苗族侗族自治州从江县加鸠乡加翁村　090-091
黔东南苗族侗族自治州雷山县西江镇龙塘村　092-093
黔东南苗族侗族自治州黄平县谷陇镇平寨村　094-095
黔东南苗族侗族自治州雷山县西江镇北建村　096-097
黔东南苗族侗族自治州台江县南宫乡石灰河村　100-101
黔东南苗族侗族自治州雷山县永乐镇加鸟村　102-103
黔东南苗族侗族自治州台江县老屯乡白土村　104-105
黔东南苗族侗族自治州丹寨县南皋乡石桥村　108-109
黔东南苗族侗族自治州台江县台拱镇交片村　112-113
黔东南苗族侗族自治州台江县南宫乡交下村　116-117
黔东南苗族侗族自治州剑河县久仰乡毕下村　118-119
黔东南苗族侗族自治州雷山县永乐镇乔洛村　120-121
黔东南苗族侗族自治州台江县革一乡江边村　122-123
黔东南苗族侗族自治州雷山县永乐镇乔歪村　124-125
黔东南苗族侗族自治州黎平县大稼乡岑桃村　126-127
黔东南苗族侗族自治州黎平县尚重镇岑门村　128-129

黔东南苗族侗族自治州从江县翠里瑶族壮族乡岑丰村　130-131
黔东南苗族侗族自治州剑河县柳川镇巫库村　132-133
黔东南苗族侗族自治州雷山县永乐镇肖家村　134-135
黔东南苗族侗族自治州剑河县柳川镇返排村　136-137
黔东南苗族侗族自治州剑河县久仰乡巫交村　142-143
黔东南苗族侗族自治州黎平县尚重镇育洞村　144-145
黔东南苗族侗族自治州台江县台盘乡空寨村　152-153
黔东南苗族侗族自治州黄平县苗陇乡苗陇村　154-155
黔东南苗族侗族自治州台江县革一乡茅坪村　156-157
黔东南苗族侗族自治州雷山县丹江镇虎阳村　162-163
黔东南苗族侗族自治州从江县东朗乡苗谷村　168-169
黔东南苗族侗族自治州雷山县西江镇麻料村　170-171
黔东南苗族侗族自治州台江县台拱镇南省村　172-173
黔东南苗族侗族自治州雷山县望丰乡荣防村　176-177
黔东南苗族侗族自治州台江县台拱镇南冬村　178-179
黔东南苗族侗族自治州雷山县方祥乡陡寨村　182-183
黔东南苗族侗族自治州台江县台盘乡南瓦村　186-187
黔东南苗族侗族自治州剑河县南加镇柳基村　190-191
黔东南苗族侗族自治州剑河县南哨乡高定村　194-195
黔东南苗族侗族自治州台江县台拱镇展福村　196-197
黔东南苗族侗族自治州剑河县敏洞乡高坵村　198-199
黔东南苗族侗族自治州台江县台拱镇桃香村　200-201
黔东南苗族侗族自治州从江县加榜乡党扭村　206-207
黔东南苗族侗族自治州雷山县西江镇黄里村　210-211
黔东南苗族侗族自治州台江县台拱镇排朗村　212-213
黔东南苗族侗族自治州雷山县望丰乡排肖村　214-215
黔东南苗族侗族自治州雷山县丹江镇猫猫河村　216-217
黔东南苗族侗族自治州台江县施洞镇黄泡村　218-219
黔东南苗族侗族自治州雷山县丹江镇脚猛村　222-223
黔东南苗族侗族自治州台江县革一乡排生村　224-225
黔东南苗族侗族自治州雷山县丹江镇教厂村　226-227
黔东南苗族侗族自治州雷山县方祥乡雀鸟村　230-231
黔东南苗族侗族自治州三穗县良上乡雅中村　232-233
黔东南苗族侗族自治州榕江县平江乡滚仲村　234-235
黔东南苗族侗族自治州雷山县方祥乡提香村　236-237
黔东南苗族侗族自治州黎平县地坪乡新丰村　238-239
黔东南苗族侗族自治州黄平县野洞河镇新华村　242-243
黔东南苗族侗族自治州锦屏县彦洞乡瑶白村　246-247
黔东南苗族侗族自治州台江县台盘乡德卷村　250-251
黔东南苗族侗族自治州黎平县德化乡俾翁村　252-253
黔东南苗族侗族自治州剑河县岑松镇稿旁村　256-257
铜仁市石阡县河坝场乡小高王村　260-261
铜仁市思南县瓮溪镇瓮溪社区马家山组　268-269
铜仁市印江土家族苗族自治县缠溪镇方家岭村　282-283
铜仁市思南县塘头镇甲秀社区　290-291
铜仁市思南县大坝场镇尧上村　300-301
铜仁市印江县永义乡团龙村　302-303

铜仁市印江土家族苗族自治县合水镇兴旺村	304-305
铜仁市印江土家族苗族自治县新业乡芙蓉村	306-307
铜仁市思南县思林乡金龙村	312-313
铜仁市思南县大坝场镇官塘坝村	318-319
铜仁市石阡县青阳苗族仡佬族侗族乡青山寨	320-321
铜仁市松桃县正大乡苗王城	326-327
铜仁市江口县民和侗族土家族苗族乡封神懂	334-335
铜仁市松桃县普觉镇候溪屯	338-339
铜仁市印江土家族苗族自治县板溪镇渠沟村	344-345
铜仁市德江县复兴镇稳溪村	364-365
安顺市平坝县天龙镇合旺村岩上组	380-381
安顺市普定县猴场苗族仡佬族乡猛舟村	392-393
黔南布依族苗族自治州三都水族自治县拉揽乡排烧村	402-403
遵义市赤水乡丙安乡丙安村	414-415
遵义市凤冈县土溪镇黑溪古寨	420-421
六盘水市六枝特区梭戛苗族彝族回族乡高兴村	424-425
毕节市织金县龙场镇阳光村营上古寨	434-435

布依族

安顺市黄果树风景名胜区黄果树镇油寨村山岔组	386-387
安顺市西秀区新场布依族苗族乡勇江村勇克组	388-389
黔南布依族苗族自治州平塘县平舟镇乐康村	396-397
黔南布依族苗族自治州平塘县掌布镇掌布村	404-405
黔南布依族苗族自治州平塘县塘边镇新建村打鸟组	406-407
黔南布依族苗族自治州平塘县塘边镇新街村落辉大寨	408-409
黔西南布依族苗族自治州兴仁县巴铃镇百卡村卡嘎布依寨	428-429
黔西南布依族苗族自治州兴义市泥凼镇堵德村	430-431

侗族

黔东南苗族侗族自治州黎平县洪州镇九江村	020-021
黔东南苗族侗族自治州黎平县地坪乡下寨村	028-029
黔东南苗族侗族自治州剑河县南明镇小湳村	034-035
黔东南苗族侗族自治州从江县高增乡小黄村	038-039
黔东南苗族侗族自治州黎平县德化乡下洋村	040-041
黔东南苗族侗族自治州从江县刚边乡三联村	044-045
黔东南苗族侗族自治州从江县下江镇巨洞村	058-059
黔东南苗族侗族自治州黎平县洪州镇平架村	086-087
黔东南苗族侗族自治州黎平县尚重镇旧洞村	088-089
黔东南苗族侗族自治州黎平县茅贡乡汉寨	098-099
黔东南苗族侗族自治州从江县高增乡占里村	106-107
黔东南苗族侗族自治州黎平县尚重镇朱冠村	110-111
黔东南苗族侗族自治州黎平县岩洞镇竹坪村	114-115
黔东南苗族侗族自治州镇远县报京乡报京村	140-141
黔东南苗族侗族自治州黎平县尚重镇育洞村	144-145

黔东南苗族侗族自治州黎平县孟彦镇罗溪村	148-149
黔东南苗族侗族自治州黎平县岩洞镇述洞村	150-151
黔东南苗族侗族自治州黎平县岩洞镇岩洞村	158-159
黔东南苗族侗族自治州从江县西山镇顶洞村	160-161
黔东南苗族侗族自治州从江县庆云乡单阳村	164-165
黔东南苗族侗族自治州黎平县九潮镇顺寨村	174-175
黔东南苗族侗族自治州黎平县水口镇茨洞村	180-181
黔东南苗族侗族自治州黎平县尚重镇绞洞村	184-185
黔东南苗族侗族自治州从江县下江镇高仟村	192-193
黔东南苗族侗族自治州黎平县岩洞镇宰拱村	202-203
黔东南苗族侗族自治州黎平县九潮镇高维村	204-205
黔东南苗族侗族自治州黎平县尚重镇顿路村	208-209
黔东南苗族侗族自治州黎平县双江乡黄岗村	220-221
黔东南苗族侗族自治州黎平县尚重镇宰蒙村	244-245
黔东南苗族侗族自治州黎平县肇兴镇肇兴上寨村	248-249
黔东南苗族侗族自治州从江县往洞镇增盈村	254-255
铜仁市玉屏侗族自治县新店乡大湾村	262-263
铜仁市石阡县五德镇大寨村	266-267
铜仁市石阡县石固仡佬族侗族乡公鹅坳村	278-279
铜仁市万山特区敖寨乡石头寨	288-289
铜仁市石阡县坪地场仡佬族侗族乡石榴坡村	292-293
铜仁市石阡县花桥镇施场村	336-337
铜仁市石阡县国荣乡葛容村高桥自然村	348-349
铜仁市石阡县五德镇董上村	350-351
铜仁市玉屏侗族自治县新店乡朝阳村	356-357

彝族

毕节市织金县龙场镇阳光村营上古寨	434-435

土家族

铜仁市德江县楠杆土家族乡兴隆社区上坝自然寨	270-271
铜仁市沿河土家族自治县后坪乡下坝村	272-273
铜仁市德江县沙溪乡大寨村	274-275
铜仁市印江土家族苗族自治县天堂镇中尧村	276-277
铜仁市印江土家族苗族自治县缠溪镇方家岭村	282-283
铜仁市江口县太平土家族苗族乡云舍村	284-285
铜仁市沿河土家族自治县官舟镇木子岭村	286-287
铜仁市思南县塘头镇甲秀社区	290-291
铜仁市德江县煎茶镇付家村	294-295
铜仁市思南县青杠坡镇四野屯村	296-297
铜仁市思南县大坝场镇尧上村	300-301
铜仁市印江县永义乡团龙村	302-303
铜仁市印江土家族苗族自治县合水镇兴旺村	304-305
铜仁市印江土家族苗族自治县新业乡芙蓉村	306-307

铜仁市思南县杨家坳乡岑头盖村　308-309
铜仁市沿河土家族自治县夹石镇闵子溪村　310-311
铜仁市思南县思林乡金龙村　312-313
铜仁市思南县合朋溪镇鱼塘村　314-315
铜仁市思南县大坝场镇官塘坝村　318-319
铜仁市印江土家族苗族自治县新业乡坪所村　322-323
铜仁市德江县枫香溪镇枫香溪村　324-325
铜仁市印江土家族苗族自治县中坝乡虹穴村　330-331
铜仁市德江县高山镇梨子水村　340-341
铜仁市江口县怒溪土家族苗族乡黄岩　342-343
铜仁市印江土家族苗族自治县板溪镇渠沟村　344-345
铜仁市德江县共和乡焕河村　346-347
铜仁市思南县塘头镇街子村　352-353
铜仁市思南县思林乡黑河峡社区　354-355
铜仁市德江县复兴镇棋坝山村　358-359
铜仁市德江县合兴镇朝阳村　360-361
铜仁市德江县复兴镇稳溪村　364-365
遵义市凤冈县新建乡长碛古寨　412-413

仡佬族

铜仁市石阡县聚凤仡佬族侗族乡瓮水屯村　316-317
铜仁市石阡县花桥镇施场村　336-337
铜仁市松桃县普觉镇候溪屯　338-339
铜仁市石阡县五德镇董上村　350-351
铜仁市石阡县聚凤仡佬族侗族乡廖家屯村　362-363
铜仁市石阡县白沙镇箱子坪村　368-369
安顺市平坝县天龙镇天龙村　372-373
遵义市凤冈县绥阳镇玛瑙村　416-417
遵义市凤冈县琊川镇杨家寨　418-419

水族

黔南布依族苗族自治州三都水族自治县坝街乡坝辉村　398-399

畲族

黔东南苗族侗族自治州麻江县杏山镇六堡村　072-073

瑶族

黔东南苗族侗族自治州雷山县西江镇北建村　096-097
黔东南苗族侗族自治州麻江县龙山乡龙坝村　166-167
黔南布依族苗族自治州都匀经济开发区
匀东镇洛邦社区绕河村　400-401

仫佬族

黔东南苗族侗族自治州麻江县龙山乡复兴村　188-189
黔东南苗族侗族自治州黄平县野洞河镇新华村　242-243

羌族

铜仁市江口县桃映乡漆树坪　366-367

汉族

黔东南苗族侗族自治州从江县下江镇中华村　066-067
黔东南苗族侗族自治州雷山县永乐镇开屯村　074-075
黔东南苗族侗族自治州雷山县西江镇北建村　096-097
黔东南苗族侗族自治州黎平县茅贡乡汉寨　098-099
黔东南苗族侗族自治州岑巩县平庄乡平庄村凯空组　138-139
黔东南苗族侗族自治州丹寨县南皋乡石桥村　108-109
黔东南苗族侗族自治州黎平县尚重镇育洞村　144-145
黔东南苗族侗族自治州锦屏县彦洞乡瑶白村　246-247
铜仁市石阡县白沙镇马桑坪村　264-265
铜仁市万山特区黄道乡瓦寨村　280-281
铜仁市印江土家族苗族自治县缠溪镇方家岭村　282-283
铜仁市松桃苗族自治县普觉镇半坡村　298-299
铜仁市印江土家族苗族自治县合水镇兴旺村　304-305
铜仁市石阡县聚凤仡佬族侗族乡指甲坪村　328-329
铜仁市碧江区漾头镇茶园山　332-333
铜仁市松桃县普觉镇候溪屯　338-339
铜仁市德江县合兴镇朝阳村　360-361
安顺市平坝县天龙镇天龙村　372-373
安顺市西秀区大西桥镇石板房村　374-375
安顺市平坝县白云镇平元村元河组　376-377
安顺市平坝县天龙镇兴旺村双硐组　378-379
安顺市西秀区轿子山镇秀水村　382-383
安顺市西秀区东屯乡金山村山旗组　384-385
安顺市西秀区东屯乡高官居委会高官组　390-391
安顺市普定县猴场苗族仡佬族乡猛舟村　392-393
遵义市赤水市丙安乡丙安村　414-415
毕节市织金县龙场镇阳光村营上古寨　434-435

僺家人

黔东南苗族侗族自治州黄平县重安镇枫香村　146-147
黔东南苗族侗族自治州黄平县重安镇望坝村　228-229
黔东南苗族侗族自治州黄平县重安镇塘都村　240-241
黔东南苗族侗族自治州黄平县野洞河镇新华村　242-243

附录

《贵州传统村落》第一册、第二册总目录(按进入国家名录批次排序)

中国传统村落名称	册—页	编写人员
贵阳市花溪区高坡苗族乡批林村	1—482	杨洋
贵阳市花溪区石板镇镇山村大寨	1—480	余压芳 吴茜婷 杜佳
开阳县禾丰布依族苗族乡马头村	1—478	余压芳 杜佳
遵义市赤水市丙安乡丙安村	2—414	余压芳 赵玉奇 徐雯
遵义市务川仡佬族苗族自治县大坪镇龙潭村	1—450	雷瑜
遵义市凤冈县绥阳镇玛瑙村	2—416	赵玉奇 颜丹 王志鹏
安顺市西秀区大西桥镇吉昌村	1—398	杜佳 王曦
安顺市西秀区大西桥镇石板房村	2—374	赵玉奇 李星星 杨泽媛
安顺市西秀区大西桥镇鲍屯村	1—416	杜佳
安顺市西秀区七眼桥镇云山村	1—386	余压芳 杜佳
铜仁市德江县楠杆土家族乡兴隆社区上坝自然寨	2—270	潘远良 于鑫
铜仁市江口县太平土家族苗族乡云舍村	2—284	余军 张奕
铜仁市石阡县白沙镇马桑坪村	2—264	赵玉奇 杨涵 芦泉舟
铜仁市石阡县白沙镇箱子坪村	2—368	何丹 唐涛 张宇辰
铜仁市石阡县国荣乡楼上村	1—368	余压芳 颜丹
铜仁市石阡县国荣乡葛容村高桥自然村	2—348	何丹 高蛤 王燕飞
铜仁市石阡县河坝场乡小高王村	2—260	于鑫 吴展康
铜仁市石阡县聚凤仡佬族侗族乡黄泥坳村	1—364	潘远良 于鑫
铜仁市石阡县聚凤仡佬族侗族乡廖家屯村	2—363	喻萌 于鑫
铜仁市石阡县聚凤仡佬族侗族乡瓮水屯村	2—316	喻萌 于鑫
铜仁市石阡县石固仡佬族侗族乡公鹅坳村	2—278	于鑫 喻萌
铜仁市石阡县五德镇大寨村	2—266	于鑫 喻萌
黔西南布依族苗族自治州兴仁县巴铃镇百卡村卡嘎布依寨	2—428	杨洋 黄文淑 陈隆诗
黔东南苗族侗族自治州从江县往洞乡增冲村	1—328	朱洪宇
黔东南苗族侗族自治州从江县往洞乡则里村	1—148	周尚宏 王浩
黔东南苗族侗族自治州从江县丙妹镇岜沙村	1—164	王浩
黔东南苗族侗族自治州从江县谷坪乡银潭村	1—294	杨程宏 周子恒
黔东南苗族侗族自治州从江县下江镇高仟村	2—192	李先通
黔东南苗族侗族自治州丹寨县扬武乡排莫村	1—282	李人仆 黄鸿钰 王攀
黔东南苗族侗族自治州剑河县南哨乡翁座村	1—230	李人仆 黄鸿钰 王攀
黔东南苗族侗族自治州锦屏县隆里乡隆里所村	1—234	李人仆 王攀 黄鸿钰
黔东南苗族侗族自治州锦屏县河口乡文斗村	1—066	白莹 陈佳俊 周祖荣
黔东南苗族侗族自治州雷山县郎德镇上郎德村	1—038	李函静 张宇环 黄鸿钰
黔东南苗族侗族自治州雷山县郎德镇下郎德村	1—046	詹文 李函静 张宇环
黔东南苗族侗族自治州雷山县郎德镇南猛村	1—220	陈铖 黄鸿钰 周祖荣
黔东南苗族侗族自治州雷山县西江镇控拜村	1—286	陈铖 黄鸿钰 周祖荣
黔东南苗族侗族自治州黎平县坝寨乡坝寨村	1—158	黄丹 付伟
黔东南苗族侗族自治州黎平县坝寨乡蝉寨村	1—322	黄丹 陈婧姝
黔东南苗族侗族自治州黎平县坝寨乡高场村	1—258	王倩 付伟
黔东南苗族侗族自治州黎平县坝寨乡高兴村	1—264	黄丹 付伟
黔东南苗族侗族自治州黎平县坝寨乡青寨村	1—206	黄丹 付伟
黔东南苗族侗族自治州黎平县大稼乡邓蒙村	1—072	王倩 陈婧姝
黔东南苗族侗族自治州黎平县德顺乡平甫村	1—096	王攀 周祖荣 黄鸿钰

黔东南苗族侗族自治州黎平县地坪乡岑扣村	1—180	张懿 赵晦鸣 李函静
黔东南苗族侗族自治州黎平县地坪乡高青村	1—238	张懿 赵晦鸣 李函静
黔东南苗族侗族自治州黎平县地坪乡滚大村	1—312	李翔 赵晦鸣 李函静
黔东南苗族侗族自治州黎平县洪州镇归欧村	2—282	张成祥 杨健 黄鸿钰
黔东南苗族侗族自治州黎平县洪州镇九江村	2—020	张成祥 任昌虞 黄鸿钰
黔东南苗族侗族自治州黎平县洪州镇平架村	2—082	张成祥 任昌虞 王攀
黔东南苗族侗族自治州黎平县洪州镇三团村	2—030	张成祥 杨健 周祖荣
黔东南苗族侗族自治州黎平县九潮镇高寅村	1—242	白莹 陈佳俊 李函静
黔东南苗族侗族自治州黎平县九潮镇贡寨村	1—176	杨辉智 王晓青 李函静
黔东南苗族侗族自治州黎平县九潮镇各洞村	1—166	陈佳俊 付家佳 黄鸿钰
黔东南苗族侗族自治州黎平县雷洞瑶族水族乡金城村	1—202	王攀 周祖荣 黄鸿钰
黔东南苗族侗族自治州黎平县茅贡乡蚕洞村	1—248	罗孝琴 陆玲 黄鸿钰
黔东南苗族侗族自治州黎平县茅贡乡冲寨	1—122	罗孝琴 李玉柱 周祖荣
黔东南苗族侗族自治州黎平县茅贡乡登岑村	1—296	陆玲 李玉柱 周祖荣
黔东南苗族侗族自治州黎平县茅贡乡地扪村	1—132	王晓青 白莹 周祖荣
黔东南苗族侗族自治州黎平县茅贡乡高近村	1—254	彭仕林 白莹 周祖荣
黔东南苗族侗族自治州黎平县茅贡乡流芳村	1—260	彭仕林 付晓兰 王攀
黔东南苗族侗族自治州黎平县茅贡乡寨头村	1—318	付晓兰 梁伟 王攀
黔东南苗族侗族自治州黎平县孟彦镇芒岭村	1—136	杨辉智 付家佳 王攀
黔东南苗族侗族自治州黎平县尚重镇高冷村	1—268	陈楚 唐艳 余飞
黔东南苗族侗族自治州黎平县尚重镇纪登村	1—140	陈楚 唐艳 余飞
黔东南苗族侗族自治州黎平县尚重镇绍洞村	1—196	陈楚 唐艳 余飞
黔东南苗族侗族自治州黎平县尚重镇育洞村	2—144	余飞 唐艳 王攀
黔东南苗族侗族自治州黎平县尚重镇朱冠村	2—110	余飞 唐艳 王攀
黔东南苗族侗族自治州黎平县双江乡黄岗村	2—220	梁伟 付晓兰 周祖荣
黔东南苗族侗族自治州黎平县岩洞镇述洞村	2—150	李玉柱 彭仕林 周祖荣
黔东南苗族侗族自治州黎平县岩洞镇岩洞村	2—158	梁伟 罗孝琴 李函静
黔东南苗族侗族自治州黎平县岩洞镇宰拱村	2—202	付家佳 杨辉智 周祖荣
黔东南苗族侗族自治州黎平县岩洞镇竹坪村	2—114	陆玲 王晓青 王攀
黔东南苗族侗族自治州黎平县永从乡豆洞村	1—186	王攀 李函静 黄鸿钰
黔东南苗族侗族自治州黎平县肇兴乡肇兴中寨村	1—070	赵晦鸣 徐胜冰 李函静
黔东南苗族侗族自治州黎平县肇兴乡纪堂村	1—146	张宇环 李函静 黄鸿钰
黔东南苗族侗族自治州黎平县肇兴乡纪堂上寨村	1—150	徐胜冰 赵晦鸣 王攀
黔东南苗族侗族自治州黎平县肇兴乡堂安村	1—276	曾繁秋 李函静 张宇环
黔东南苗族侗族自治州黎平县肇兴乡肇兴村	1—326	李函静 张宇环 周祖荣
黔东南苗族侗族自治州榕江县平江乡滚仲村	2—234	朱洪宇 冯泽
黔东南苗族侗族自治州榕江县兴华乡八蒙村	1—020	朱洪宇 冯泽
黔东南苗族侗族自治州榕江县兴华乡摆贝村	1—310	冯泽
黔东南苗族侗族自治州榕江县栽麻乡大利村	1—034	朱洪宇 冯泽
黔东南苗族侗族自治州榕江县栽麻乡宰荡村	1—240	周尚宏 黄明皓
黔南布依族苗族自治州荔波县瑶山民族乡董蒙村	1—436	张成祥 杨健 李函静
黔南布依族苗族自治州荔波县永康民族乡太吉村	1—426	杨健 张成祥 黄鸿钰
黔南布依族苗族自治州荔波县永康民族乡尧古村	1—430	杨健 张成祥 李函静
黔南布依族苗族自治州平塘县卡蒲毛南族乡场河村交懂组	1—432	于鑫 潘远良
黔南布依族苗族自治州三都水族自治县坝街乡坝辉村	2—398	雷瑜 陈隆诗 汤洛行
黔南布依族苗族自治州三都水族自治县都江镇怎雷村	1—434	雷瑜
黔南布依族苗族自治州三都水族自治县拉揽乡排烧村	2—402	雷瑜 黄文淑 汤洛行
遵义市湄潭县茅坪镇平顺坝	1—446	陈清鋆 周海 易婷婷
遵义市湄潭县西河乡石家寨	1—448	陈清鋆 杜莉莉
遵义市湄潭县抄乐乡群星村石家寨	1—458	陈清鋆 郭海娟
安顺市普定县马关镇下坝屯	1—380	杜佳 余压芳
安顺市镇宁布依族苗族自治县城关镇高荡村	1—412	杜佳
安顺市镇宁布依族苗族自治县扁担山乡革老坟村	1—410	杜佳

毕节市织金县龙场镇阳光村营上古寨	2—434	潘远良 于鑫
铜仁市碧江区漾头镇茶园山	2—332	刘俊娟 周博
铜仁市江口县桃映乡漆树坪	2—366	刘锐 周博
铜仁市江口县民和侗族土家族苗族乡封神懂	2—334	刘俊娟 季星辰
铜仁市江口县怒溪土家族苗族乡黄岩	2—342	季星辰 刘锐
铜仁市石阡县花桥镇施场村	2—336	于鑫 喻萌
铜仁市石阡县五德镇董上村	2—350	于鑫 郭谦
铜仁市石阡县聚凤仡佬族侗族乡指甲坪村	2—328	郭谦 于鑫
铜仁市石阡县青阳苗族仡佬族侗族乡青山寨	2—320	于鑫 郭谦
铜仁市石阡县坪地场仡佬族侗族乡石榴坡村	2—292	郭谦 于鑫
铜仁市石阡县甘溪镇铺溪村	1—366	吴展康 于鑫
铜仁市思南县许家坝镇舟水村	1—350	刘锐 周博
铜仁市思南县文家店镇龙山村	1—346	刘俊娟 季星辰
铜仁市思南县青杠坡镇四野屯村	2—296	刘俊娟 刘锐
铜仁市思南县思林乡金龙村	2—312	刘锐 王镜舫
铜仁市思南县思林乡黑河峡社区	2—354	刘俊娟 王镜舫
铜仁市思南县板桥乡郝家湾古寨	1—356	周博 王镜舫
铜仁市思南县兴隆乡天山村	1—340	刘锐 季星辰
铜仁市思南县杨家坳乡岑头盖村	2—308	刘俊娟 王镜舫
铜仁市印江县永义乡团龙村	2—302	雷瑜 陈隆诗 汤洛行
铜仁市德江县枫香溪镇枫香溪村	2—324	雷瑜 陈隆诗 黄文淑
铜仁市德江县复兴镇棋坝山村	2—358	雷瑜 陈隆诗 汤洛行
铜仁市德江县共和乡焕河村	2—346	雷瑜 陈隆诗 黄文淑
铜仁市德江县沙溪乡大寨村	2—274	雷瑜 黄文淑 汤洛行
铜仁市沿河县思渠镇荷叶村	1—362	刘娟 郭谦
铜仁市沿河县黑獭乡大溪村	1—338	潘远良 刘娟
铜仁市沿河县新景乡白果村	1—344	喻萌 刘娟
铜仁市沿河县后坪乡茶园村	1—360	刘娟 喻萌
铜仁市松桃县普觉镇候溪屯	2—338	雷瑜 陈隆诗 黄文淑
铜仁市松桃县正大乡苗王城	2—326	雷瑜 黄文淑 汤洛行
黔东南苗族侗族自治州黄平县苗陇乡苗陇村	2—154	杨洋 陈隆诗 黄文淑
黔东南苗族侗族自治州三穗县良上乡雅中村	2—232	雷瑜 陈隆诗 汤洛行
黔东南苗族侗族自治州镇远县报京乡报京村	2—140	杨洋 陈隆诗 黄文淑
黔东南苗族侗族自治州岑巩县平庄乡平庄村凯空组	2—138	杨洋 陈隆诗 汤洛行
黔东南苗族侗族自治州剑河县南加镇塘边村	1—314	黄琨 刘宁波
黔东南苗族侗族自治州剑河县柳川镇巫泥村	1—172	杨涵 刘翼
黔东南苗族侗族自治州剑河县革东镇八郎村	1—022	杨涵 叶茜
黔东南苗族侗族自治州剑河县久仰乡基佑村	1—280	余军 付文豪
黔东南苗族侗族自治州剑河县久仰乡久吉村	1—032	黄琨 张奕
黔东南苗族侗族自治州剑河县太拥镇太坪村	1—086	杨涵 刘翼
黔东南苗族侗族自治州剑河县太拥镇九连村	1—028	黄琨 刘宁波
黔东南苗族侗族自治州剑河县南哨乡巫沙村	1—184	余军 刘翼
黔东南苗族侗族自治州剑河县南哨乡反召村	1—092	杨涵 陈传炳
黔东南苗族侗族自治州剑河县南寨乡展留村	1—252	黄琨 刘宁波
黔东南苗族侗族自治州剑河县南寨乡柳富村	1—224	黄琨 付文豪
黔东南苗族侗族自治州剑河县磻溪镇洞脚村	1—214	杨涵 张奕
黔东南苗族侗族自治州剑河县磻溪镇大广村	1—052	杨涵 叶茜
黔东南苗族侗族自治州剑河县敏洞乡沟洞村	1—192	余军 陈传炳
黔东南苗族侗族自治州剑河县观么乡巫包村	1—188	黄琨 刘宁波
黔东南苗族侗族自治州台江县台拱镇展福村	2—196	杨程宏 周子恒
黔东南苗族侗族自治州台江县台拱镇板凳村	1—198	韩磊 王浩
黔东南苗族侗族自治州台江县台拱镇南省村	2—172	杨渊 马勇超
黔东南苗族侗族自治州台江县台拱镇南冬村	2—178	杨程宏 周子恒

黔东南苗族侗族自治州台江县台拱镇排朗村	2—212	王和进 马勇超
黔东南苗族侗族自治州台江县台拱镇桃香村	2—200	周尚宏 龚志武
黔东南苗族侗族自治州台江县台拱镇登鲁村	1—306	杨渊
黔东南苗族侗族自治州台江县台拱镇交片村	2—112	劳巧玲 欧阳丹玲
黔东南苗族侗族自治州台江县台拱镇展下村	1—262	李先通
黔东南苗族侗族自治州台江县施洞镇小河村	1—040	杨渊 李先通
黔东南苗族侗族自治州台江县施洞镇旧州村	1—116	石庆坤 周杨
黔东南苗族侗族自治州台江县施洞镇八梗村	1—026	杨渊 马勇超
黔东南苗族侗族自治州台江县施洞镇黄泡村	2—218	魏琰 王彬
黔东南苗族侗族自治州台江县南宫乡交包村	1—124	石庆坤 周杨
黔东南苗族侗族自治州台江县南宫乡交下村	2—116	马勇超 聂琳
黔东南苗族侗族自治州台江县南宫乡交密村	1—130	劳巧玲 欧阳丹玲
黔东南苗族侗族自治州台江县南宫乡展忙村	1—256	朱洪宇
黔东南苗族侗族自治州台江县排羊乡九摆村	1—030	杨渊 马勇超
黔东南苗族侗族自治州台江县排羊乡上南刀村	2—026	李光阳 马勇超
黔东南苗族侗族自治州台江县台盘乡德卷村	2—250	石庆坤 周杨
黔东南苗族侗族自治州台江县台盘乡南尧村	1—212	杨渊
黔东南苗族侗族自治州台江县革一乡北方村	2—084	余文谦 闫刚
黔东南苗族侗族自治州台江县革一乡排生村	2—224	石庆坤 周杨
黔东南苗族侗族自治州台江县革一乡西南村	1—144	韩磊 王浩
黔东南苗族侗族自治州台江县老屯乡长滩村	1—074	韩磊 王浩
黔东南苗族侗族自治州台江县方召乡反排村	1—078	马勇超 劳巧玲
黔东南苗族侗族自治州台江县方召乡巫脚交村	1—174	杨渊
黔东南苗族侗族自治州台江县方召乡巫梭村	1—168	韩磊
黔东南苗族侗族自治州台江县方召乡交汪村	1—152	劳巧玲 欧阳丹玲
黔东南苗族侗族自治州黎平县孟彦镇罗溪村	2—148	余压芳 赵玉奇 张全
黔东南苗族侗族自治州黎平县孟彦镇岑湖村	1—170	王曦
黔东南苗族侗族自治州黎平县九潮镇高维村	2—204	赵玉奇 徐雯 何丹
黔东南苗族侗族自治州黎平县九潮镇定八村	1—194	王希
黔东南苗族侗族自治州黎平县九潮镇大榕村新寨	1—042	徐雯
黔东南苗族侗族自治州黎平县九潮镇顺寨村	2—174	罗兰 高蛤 王金龙
黔东南苗族侗族自治州黎平县岩洞镇大寨村	1—048	杨钧月 徐雯
黔东南苗族侗族自治州黎平县岩洞镇小寨村	1—064	杨钧月 徐雯
黔东南苗族侗族自治州黎平县水口镇东郎村	1—104	代富红 王希
黔东南苗族侗族自治州黎平县水口镇花柳村	1—162	杨钧月 王希
黔东南苗族侗族自治州黎平县水口镇南江村	1—210	代富红 王希
黔东南苗族侗族自治州黎平县水口镇茨洞村	2—180	王希 何丹 杨泽媛
黔东南苗族侗族自治州黎平县水口镇宰洋村宰直寨	1—250	周捷 徐雯
黔东南苗族侗族自治州黎平县尚重镇岑门村	2—128	余压芳 赵玉奇 张宇辰
黔东南苗族侗族自治州黎平县尚重镇顿路村	2—208	徐雯 王希 杨泽媛
黔东南苗族侗族自治州黎平县尚重镇归德村	1—108	余压芳 王希
黔东南苗族侗族自治州黎平县尚重镇旧洞村	2—088	王艳 杨涵 吴汝刚
黔东南苗族侗族自治州黎平县尚重镇上洋村	1—060	徐雯 王莹
黔东南苗族侗族自治州黎平县尚重镇下洋村	1—036	徐雯 王莹
黔东南苗族侗族自治州黎平县尚重镇西迷村	1—142	徐雯 谢聪
黔东南苗族侗族自治州黎平县尚重镇宰蒙村	2—244	谢聪 高蛤 余正璐
黔东南苗族侗族自治州黎平县雷洞乡岑管村	1—178	代富红 徐雯
黔东南苗族侗族自治州黎平县雷洞乡牙双村	1—068	杨钧月 王希
黔东南苗族侗族自治州黎平县永从乡九龙村	1—024	周捷 徐雯
黔东南苗族侗族自治州黎平县永从乡中罗村	1—080	周捷 徐雯
黔东南苗族侗族自治州黎平县茅贡乡额洞村	1—330	王希 曾增
黔东南苗族侗族自治州黎平县茅贡乡寨南村	1—320	王希 曾增
黔东南苗族侗族自治州黎平县茅贡乡汉寨	2—098	徐雯 王燕飞 唐涛

黔东南苗族侗族自治州黎平县坝寨乡高西村	1—236　王希 王艳
黔东南苗族侗族自治州黎平县坝寨乡器寨村	1—332　余压芳 王希
黔东南苗族侗族自治州黎平县口江乡银朝村	1—292　徐雯 谢聪
黔东南苗族侗族自治州黎平县双江乡四寨村	1—112　余压芳 代富红 王希
黔东南苗族侗族自治州黎平县双江乡寨高村	1—324　周捷 徐雯
黔东南苗族侗族自治州黎平县肇兴镇肇兴上寨村	2—248　杨钧月 高蛤 谢聪
黔东南苗族侗族自治州黎平县肇兴镇厦格村	1—304　周捷 王希
黔东南苗族侗族自治州黎平县肇兴镇厦格上寨村	1—300　代富红 王希
黔东南苗族侗族自治州黎平县龙额乡上地坪村	1—056　杨钧月 王希
黔东南苗族侗族自治州黎平县地坪乡新丰村	2—238　杨钧月 曾增 张全
黔东南苗族侗族自治州黎平县地坪乡下寨村	2—028　王希 杨钧月 罗兰
黔东南苗族侗族自治州黎平县大稼乡高孖村	1—244　徐雯 王曦
黔东南苗族侗族自治州黎平县平寨乡纪德村	1—154　徐雯
黔东南苗族侗族自治州黎平县德化乡高洋村	1—274　徐雯 高蛤
黔东南苗族侗族自治州黎平县德化乡下洋村	2—040　何丹 王艳 张宇辰
黔东南苗族侗族自治州榕江县寨蒿镇票寨村侗寨	1—290　冯泽
黔东南苗族侗族自治州榕江县栽麻乡苗兰村侗寨	1—204　周尚宏
黔东南苗族侗族自治州榕江县三江乡脚车村苗寨	1—284　朱洪宇 冯泽
黔东南苗族侗族自治州榕江县塔石乡怎东村瑶寨	1—222　周尚宏 李先通
黔东南苗族侗族自治州从江县下江镇高良村	1—246　石庆坤
黔东南苗族侗族自治州从江县宰便镇引东村	1—084　杨程宏 周子恒
黔东南苗族侗族自治州从江县西山镇田底村	1—102　杨程宏 周子恒
黔东南苗族侗族自治州从江县停洞镇架里村	1—226　魏琰 李婧
黔东南苗族侗族自治州从江县高增乡岜扒村	1—182　石庆坤
黔东南苗族侗族自治州从江县谷坪乡高吊村	1—270　魏琰
黔东南苗族侗族自治州从江县雍里乡归林村	1—110　李礼 黄明皓
黔东南苗族侗族自治州从江县刚边壮族乡刚边村	1—156　魏琰 李婧
黔东南苗族侗族自治州从江县刚边壮族乡银平村	1—278　周杨
黔东南苗族侗族自治州从江县加榜乡加车村	1—106　周尚宏 周杨
黔东南苗族侗族自治州从江县加榜乡下尧村	1—050　周尚宏
黔东南苗族侗族自治州从江县翠里瑶族壮族乡高华村	1—266　韩磊
黔东南苗族侗族自治州从江县往洞镇朝利村	1—298　魏琰 李婧
黔东南苗族侗族自治州从江县往洞镇增盈村	2—254　李礼 黄明皓
黔东南苗族侗族自治州从江县东朗乡孔明村	1—090　周尚宏 王浩
黔东南苗族侗族自治州从江县加鸠乡加翁村	2—090　王军 欧顺江
黔东南苗族侗族自治州从江县光辉乡加牙村	1—120　李礼 黄明皓
黔东南苗族侗族自治州雷山县丹江镇乌东村	1—082　詹文 李函静 张宇环
黔东南苗族侗族自治州雷山县丹江镇虎阳村	2—162　李人仆 李函静 黄鸿钰
黔东南苗族侗族自治州雷山县丹江镇教厂村	2—226　詹文 李函静 黄鸿钰
黔东南苗族侗族自治州雷山县丹江镇脚猛村	2—222　张宇环 李函静 黄鸿钰
黔东南苗族侗族自治州雷山县丹江镇干皎村	2—036　张宇环 李函静 王攀
黔东南苗族侗族自治州雷山县丹江镇猫猫河村	2—216　张宇环 李函静 王攀
黔东南苗族侗族自治州雷山县西江镇长乌村	2—064　袁兰燕 王攀 周祖荣
黔东南苗族侗族自治州雷山县西江镇黄里村	2—210　袁兰燕 王攀 周祖荣
黔东南苗族侗族自治州雷山县西江镇中寨村	2—052　罗雨 王攀 李函静
黔东南苗族侗族自治州雷山县西江镇开觉村	2—056　罗雨 张宇环 李函静
黔东南苗族侗族自治州雷山县西江镇龙塘村	2—092　罗雨 张宇环 李函静
黔东南苗族侗族自治州雷山县西江镇麻料村	2—170　匡玲 黄鸿钰 周祖荣
黔东南苗族侗族自治州雷山县西江镇乌尧村	2—070　匡玲 黄鸿钰 周祖荣
黔东南苗族侗族自治州雷山县西江镇北建村	2—096　匡玲 黄鸿钰 王攀
黔东南苗族侗族自治州雷山县永乐镇加鸟村	2—102　李岚 周祖荣 王攀
黔东南苗族侗族自治州雷山县永乐镇开屯村	2—074　黄鸿钰 周祖荣 王攀
黔东南苗族侗族自治州雷山县永乐镇乔洛村	2—120　周祖容 王攀 李函静

黔东南苗族侗族自治州雷山县永乐镇乔歪村	2—124	任贵伟 王攀 李函静
黔东南苗族侗族自治州雷山县永乐镇肖家村	2—134	王熇 黄鸿钰 王攀
黔东南苗族侗族自治州雷山县郎德镇杨柳村	1—160	唐艳 余飞 王攀
黔东南苗族侗族自治州雷山县郎德镇乌瓦村	1—088	唐艳 余飞 周祖荣
黔东南苗族侗族自治州雷山县郎德镇乌流村	1—094	唐艳 余飞 周祖荣
黔东南苗族侗族自治州雷山县郎德镇也改村	1—062	唐艳 余飞 李函静
黔东南苗族侗族自治州雷山县郎德镇报德村	1—190	唐艳 余飞 李函静
黔东南苗族侗族自治州雷山县郎德镇也利村	1—054	唐艳 余飞 李函静
黔东南苗族侗族自治州雷山县望丰乡乌迭村	2—048	张宇环 李函静 周祖荣
黔东南苗族侗族自治州雷山县望丰乡三角田村	2—042	张宇环 李函静 黄鸿钰
黔东南苗族侗族自治州雷山县望丰乡公统村	2—060	李人仆 李函静 黄鸿钰
黔东南苗族侗族自治州雷山县望丰乡丰塘村	2—068	张宇环 李函静 王攀
黔东南苗族侗族自治州雷山县望丰乡乌的村	2—050	李函静 黄鸿钰 王攀
黔东南苗族侗族自治州雷山县望丰乡荣防村	2—176	李人仆 李函静 黄鸿钰
黔东南苗族侗族自治州雷山县望丰乡乌响村	2—076	李人仆 李函静 黄鸿钰
黔东南苗族侗族自治州雷山县望丰乡排肖村	2—214	张宇环 李函静 周祖荣
黔东南苗族侗族自治州雷山县大塘乡新桥村	1—316	黄丹 王倩
黔东南苗族侗族自治州雷山县大塘乡掌坳村	1—302	王倩 付伟
黔东南苗族侗族自治州雷山县大塘乡独南村	1—228	黄丹 陈婧姝
黔东南苗族侗族自治州雷山县桃江乡乔王村	1—126	王倩 付伟
黔东南苗族侗族自治州雷山县桃江乡岩寨村	1—200	黄丹 陈婧姝
黔东南苗族侗族自治州雷山县桃江乡掌雷村	1—308	王倩 陈婧姝
黔东南苗族侗族自治州雷山县桃江乡龙河村	1—118	付伟 陈婧姝
黔东南苗族侗族自治州雷山县达地水族乡也蒙苗寨	1—058	李人仆 李函静 周祖荣
黔东南苗族侗族自治州雷山县方祥乡陡寨村	2—182	詹文 李函静 黄鸿钰
黔东南苗族侗族自治州雷山县方祥乡毛坪村	2—078	詹文 李函静 黄鸿钰
黔东南苗族侗族自治州雷山县方祥乡格头村	1—272	李函静 周祖荣 王攀
黔东南苗族侗族自治州雷山县方祥乡提香村	2—236	王熇 李函静 周祖荣
黔东南苗族侗族自治州雷山县方祥乡雀鸟村	2—230	张宇环 李函静 黄鸿钰
黔东南苗族侗族自治州麻江县杏山镇六堡村	2—072	杨洋 陈隆诗 黄文淑
黔东南苗族侗族自治州麻江县龙山乡河坝村	2—166	杨洋 黄文淑 汤洛行
黔东南苗族侗族自治州麻江县龙山乡复兴村	2—188	杨洋 陈隆诗 汤洛行
黔东南苗族侗族自治州丹寨县排调镇麻鸟村	1—288	郭谦 刘娟
黔东南苗族侗族自治州丹寨县长青乡扬颂村	1—134	刘娟 喻萌
黔东南苗族侗族自治州丹寨县雅灰乡送陇村	1—218	刘娟 喻萌
黔东南苗族侗族自治州丹寨县南皋乡石桥村	2—108	刘娟 潘远良
黔南布依族苗族自治州平塘县掌布镇掌布村	2—404	于鑫 潘远良
六盘水市六枝特区梭戛苗族彝族回族乡高兴村	2—424	余压芳 徐雯 王希
六盘水市水城县花戛苗族布依族彝族乡天门村	1—464	陈清鋆 周海 杨斌
六盘水市盘县石桥镇妥乐村	1—466	余压芳 吴茜婷
六盘水市盘县羊场布依族白族苗族乡大中村	1—462	吴茜婷
六盘水市盘县保基苗族彝族乡陆家寨村	1—468	余压芳 吴茜婷
遵义市遵义县枫香镇苟坝村	1—454	陈清鋆 姚秀利 郭海娟
遵义市遵义县毛石镇毛石村	1—444	陈清鋆 郭海娟
遵义市凤冈县琊川镇杨家寨	2—418	赵玉奇 王金龙 王燕飞
遵义市凤冈县土溪镇黑溪古寨	2—420	杨泽媛 余正璐 张全
遵义市凤冈县新建乡长碛古寨	2—412	余压芳 徐雯 王艳
遵义市湄潭县西河镇官寨	1—456	陈清鋆 姚秀利 杜莉莉
遵义市湄潭县洗马镇石笋沟	1—452	陈清鋆 杨斌
安顺市西秀区宁谷镇小呈堡村	1—402	陈清鋆 郭海娟
安顺市西秀区七眼桥镇猴场村	1—418	陈清鋆 郭海娟
安顺市西秀区七眼桥镇雷屯村	1—420	陈清鋆 郭海娟
安顺市西秀区七眼桥镇本寨村	1—392	余压芳 杜佳

安顺市西秀区轿子山镇秀水村	2—382	陈清鋆 张涛 杨秀华
安顺市西秀区新场布依族苗族乡花庆村石头组	1—404	陈清鋆 郭海娟
安顺市西秀区新场布依族苗族乡勇江村勇克组	2—388	陈清鋆 张涛
安顺市西秀区东屯乡高官居委会高官组	2—390	陈清鋆 张涛 陈笛
安顺市西秀区东屯乡金山村山旗组	2—384	陈清鋆 张涛
安顺市平坝县白云镇肖家村	1—406	陈清鋆 郭海娟
安顺市平坝县白云镇平元村元河组	2—376	陈清鋆 张涛 杨秀华
安顺市平坝县天龙镇打磨村虾儿井组	1—388	赵彬 陈清鋆 郭海娟
安顺市平坝县天龙镇二官村	1—376	赵彬 陈清鋆 郭海娟
安顺市平坝县天龙镇合旺村岩上组	2—380	陈清鋆 张涛
安顺市平坝县天龙镇兴旺村双硐组	2—378	陈清鋆 张涛
安顺市平坝县天龙镇天龙村	2—372	陈清鋆 张涛
安顺市普定县城关镇陈旗堡村	1—408	陈清鋆 郭海娟
安顺市普定县猴场苗族仡佬族乡猛舟村	2—392	陈清鋆 张涛 陈笛
安顺市镇宁布依族苗族自治县江龙镇竹王村（原猛正村）	1—400	陈清鋆 王军 易婷婷
安顺市关岭布依族苗族自治县普利乡马马崖村下瓜组	1—378	陈清鋆 王军 易婷婷
安顺市黄果树风景名胜区黄果树镇大三新村大洋溪组	1—382	程炜 陈清鋆 杨斌
安顺市黄果树风景名胜区黄果树镇募龙村	1—414	陈清鋆 杨斌
安顺市黄果树风景名胜区黄果树镇石头寨村偏坡组	1—390	陈清鋆 郭海娟
安顺市黄果树风景名胜区黄果树镇油寨村山岔组	2—386	陈清鋆 张涛
安顺市黄果树风景名胜区黄果树镇石头寨村石头寨组	1—394	陈清鋆 郭海娟
安顺市黄果树风景名胜区黄果树镇白水河村殷家庄	1—396	陈清鋆 郭海娟
安顺市黄果树风景名胜区白水镇大坪地村滑石哨组	1—384	陈清鋆 杨斌
铜仁市碧江区坝黄镇宋家坝村塘边古树园	1—352	陈清鋆 杜莉莉
铜仁市碧江区瓦屋侗族乡克兰寨村	1—354	陈清鋆 杜莉莉
铜仁市玉屏侗族自治县新店乡朝阳村	2—356	陈清鋆 丁呈成 张涛
铜仁市玉屏侗族自治县新店乡大湾村	2—262	张奇云 陈清鋆 张涛
铜仁市思南县合朋溪镇鱼塘村	2—314	陈清鋆 张涛
铜仁市思南县塘头镇甲秀社区	2—290	奚全富 陈清鋆 张涛
铜仁市思南县塘头镇街子村	2—352	陈清鋆 张涛 吕华华
铜仁市思南县大坝场镇官塘坝村	2—318	陈清鋆 张涛
铜仁市思南县大坝场镇尧上村	2—300	奚全富 陈清鋆 张涛
铜仁市思南县瓮溪镇瓮溪社区马家山组	2—268	张奇云 陈清鋆 张涛
铜仁市印江土家族苗族自治县板溪镇渠沟村	2—344	陈清鋆 朱怿然 张涛
铜仁市印江土家族苗族自治县天堂镇中尧村	2—276	陈清鋆 阎欣 张涛
铜仁市印江土家族苗族自治县合水镇兴旺村	2—304	陈清鋆 阎欣 张涛
铜仁市印江土家族苗族自治县缠溪镇方家岭村	2—282	陈清鋆 秦新光 张涛
铜仁市印江土家族苗族自治县新寨乡黔溪村	1—372	程炜 陈清鋆 杨斌
铜仁市印江土家族苗族自治县中坝乡虹穴村	2—330	陈清鋆 秦新光 张涛
铜仁市印江土家族苗族自治县新业乡芙蓉村	2—306	陈清鋆 朱怿然 张涛
铜仁市印江土家族苗族自治县新业乡坪所村	2—322	陈清鋆 阎欣 张涛
铜仁市德江县煎茶镇付家村	2—294	陈清鋆 秦新光 张涛
铜仁市德江县复兴镇稳溪村	2—364	陈清鋆 丁呈成 张涛
铜仁市德江县合兴镇朝阳村	2—360	陈清鋆 张涛
铜仁市德江县高山镇梨子水村	2—340	奚全富 陈清鋆 张涛
铜仁市沿河土家族自治县夹石镇闵子溪村	2—310	陈清鋆 张涛
铜仁市沿河土家族自治县官舟镇木子岭村	2—286	陈清鋆 张涛 吕华华
铜仁市沿河土家族自治县板场乡洋溪村	1—358	陈清鋆 杜莉莉
铜仁市沿河土家族自治县后坪乡下坝村	2—272	奚全富 陈清鋆 张涛
铜仁市松桃苗族自治县普觉镇半坡村	2—298	陈清 丁呈成 张涛
铜仁市松桃苗族自治县寨英镇大水村	1—336	唐历敏 陈清 杜莉莉
铜仁市松桃苗族自治县寨英镇邓堡村	1—342	徐海贤 陈清 杜莉莉
铜仁市松桃苗族自治县寨英镇寨英村	1—370	陈清 杜莉莉

铜仁市松桃苗族自治县孟溪镇头京村	1—348	徐海贤 陈清 杜莉莉
铜仁市万山特区黄道乡瓦寨村	2—280	何丹 杨泽媛 王金龙
铜仁市万山特区敖寨乡石头寨	2—288	张宇辰 曾增 高蛤
黔西南布依族苗族自治州兴义市巴结镇南龙村	1—474	陈清鋆 翟华鸣 易婷婷
黔西南布依族苗族自治州兴义市泥凼镇堵德村	2—430	陈清鋆 朱怿然 张涛
黔西南布依苗族自治州册亨县丫他镇板万村	1—472	陈清鋆 翟华鸣 易婷婷
黔东南苗族侗族自治州凯里市三棵树镇乐平村季刀寨	1—208	朱洪宇
黔东南苗族侗族自治州黄平县重安镇枫香村	2—146	冯泽 龚志武
黔东南苗族侗族自治州黄平县重安镇塘都村	2—240	余文谦 周尚宏
黔东南苗族侗族自治州黄平县重安镇望坝村	2—228	韩磊 王浩
黔东南苗族侗族自治州黄平县谷陇镇平寨村	2—094	欧阳丹玲 李先通
黔东南苗族侗族自治州黄平县野洞河镇新华村	2—242	韩磊 劳巧玲
黔东南苗族侗族自治州施秉县双井镇龙塘村	1—100	张奇云 陈清鋆 杜莉莉
黔东南苗族侗族自治州天柱县高酿镇地良村	1—138	唐历敏 陈清鋆 杜莉莉
黔东南苗族侗族自治州锦屏县彦洞乡瑶白村	2—246	王浩
黔东南苗族侗族自治州剑河县柳川镇返排村	2—136	张全 王燕飞 罗兰
黔东南苗族侗族自治州剑河县柳川镇巫库村	2—132	王希 王艳 王志鹏
黔东南苗族侗族自治州剑河县岑松镇稿旁村	2—256	余压芳 徐雯 颜丹
黔东南苗族侗族自治州剑河县南加镇九旁村	2—024	何丹 杨泽媛 杨涵
黔东南苗族侗族自治州剑河县南加镇柳基村	2—190	王金龙 张宇辰 曾增
黔东南苗族侗族自治州剑河县南明镇小村	2—034	高蛤 张全 吴汝刚
黔东南苗族侗族自治州剑河县革东镇大皆道村	2—046	徐雯 王燕飞 谢聪
黔东南苗族侗族自治州剑河县久仰乡毕下村	2—118	余压芳 王希 芦泉舟
黔东南苗族侗族自治州剑河县久仰乡巫交村	2—142	王希 王艳 罗兰
黔东南苗族侗族自治州剑河县南哨乡高定村	2—194	徐雯 何丹 杨泽媛
黔东南苗族侗族自治州剑河县敏洞乡高圻村	2—198	曾增 王金龙 张宇辰
黔东南苗族侗族自治州剑河县观么乡平下村	2—080	高蛤 张全 王燕飞
黔东南苗族侗族自治州台江县南宫乡石灰河村	2—100	魏琰 刘埂
黔东南苗族侗族自治州台江县排羊乡大塘村	2—032	杨渊 李先通
黔东南苗族侗族自治州台江县台盘乡空寨村	2—152	魏琰 李婧
黔东南苗族侗族自治州台江县台盘乡南瓦村	2—186	李礼 黄明皓
黔东南苗族侗族自治州台江县革一乡江边村	2—122	王军 张立行
黔东南苗族侗族自治州台江县革一乡茅坪村	2—156	韩磊
黔东南苗族侗族自治州台江县老屯乡白土村	2—104	杨程宏 周子恒
黔东南苗族侗族自治州黎平县水口镇平善村	1—098	王希 王曦
黔东南苗族侗族自治州黎平县尚重镇绞洞村	2—184	徐雯 何丹 余正璐
黔东南苗族侗族自治州黎平县尚重镇洋卫村	1—216	徐雯
黔东南苗族侗族自治州黎平县大稼乡岑桃村	2—126	王希 曾增 高蛤
黔东南苗族侗族自治州黎平县德化乡俾翁村	2—252	余压芳 王希 徐雯
黔东南苗族侗族自治州从江县下江镇巨洞村	2—058	欧顺江 王和进
黔东南苗族侗族自治州从江县下江镇中华村	2—066	聂琳 张立行
黔东南苗族侗族自治州从江县西山镇顶洞村	2—160	石庆坤
黔东南苗族侗族自治州从江县高增乡小黄村	2—038	周尚宏
黔东南苗族侗族自治州从江县高增乡占里村	2—106	杨渊 周尚宏
黔东南苗族侗族自治州从江县庆云乡单阳村	2—164	闫刚 王军
黔东南苗族侗族自治州从江县刚边乡三联村	2—044	陈诚 刘埂
黔东南苗族侗族自治州从江县加榜乡党扭村	2—206	周杨
黔东南苗族侗族自治州从江县翠里瑶族壮族乡岑丰村	2—130	刘克权 王彬
黔东南苗族侗族自治州从江县东朗乡苗谷村	2—168	余文谦 闫刚
黔东南苗族侗族自治州雷山县西江镇大龙苗寨	2—022	韩磊 王浩
黔东南苗族侗族自治州雷山县西江镇乌高村	2—054	张奇云 陈清鋆 张涛
黔东南苗族侗族自治州雷山县大塘镇桥港村	1—232	唐历敏 陈清鋆 杜莉莉
黔东南苗族侗族自治州雷山县达地水族乡马路苗寨	1—044	张奇云 陈清鋆 杜莉莉

黔东南苗族侗族自治州雷山县达地水族乡同鸟水寨	1—128	张奇云 陈清鋆 杜莉莉
黔东南苗族侗族自治州雷山县方祥乡平祥村	1—114	唐历敏 陈清鋆 杜莉莉
黔东南苗族侗族自治州雷山县方祥乡水寨村	2—062	张奇云 陈清鋆 张涛
黔东南苗族侗族自治州丹寨县兴仁镇王家寨村	1—076	张奇云 陈清鋆 易婷婷
黔南布依族苗族自治州都匀经济开发区匀东镇洛邦社区绕河村	2—400	陈清鋆 张涛 董向锋
黔南布依族苗族自治州都匀经济开发区匀东镇王司社区新场村	1—438	陈清鋆 杨斌
黔南布依族苗族自治州荔波县玉屏街道办事处水甫村	1—424	闫田华 陈清鋆 易婷婷
黔南布依族苗族自治州荔波县方村乡丙花村者吕组	1—428	闫田华 陈清鋆 易婷婷
黔南布依族苗族自治州平塘县平舟镇乐康村	2—396	陈清鋆 张涛
黔南布依族苗族自治州平塘县塘边镇新建村打鸟组	2—406	陈清鋆 张涛
黔南布依族苗族自治州平塘县塘边镇新街村落辉大寨	2—408	陈清鋆 张涛 董向锋
黔南布依族苗族自治州平塘县新塘乡新营村摆仗组	1—440	陈清鋆 杨斌

《贵州传统村落》第一册 后记

本书在贵州省住建厅各业务部门的大力支持下，第一册终于编写完毕，算是走完编写工作的一半路程。本书第一册由于有 5 个参编单位，编写人员之多不言而喻。编写单位人员多最大的难度就是如何求得共识，只有先达到共识，才能使全书的文字、图稿、照片以及版面效果等编辑要求取得一致。编写过程中，我们多次开会、共同讨论、协商研究、解决了每个阶段提出的问题。可以这么说，第一册编写工作的过程，就是在不断解决问题的全过程。

第一册编写工作能得以完成，离不开领导的支持和鼓励，因此首先衷心感谢张鹏厅长及杨跃光副厅长，工作一开始就在他们的密切关注之下进行。张鹏厅长在百忙之中欣然为本书作序，充满真情实意，给人以很大启发。感谢编写过程中，宋丽丽、王春等领导的热诚关心和支持。感谢村镇处余咏梅、张乾飞两位处长及村镇处全体同志全过程的热心相助，为项目申报、资料补缺、渠道沟通、上下联系等付出的辛劳和汗水。

深切感谢参与编写本书的贵州省建筑设计研究院、贵州省建筑科研设计院、贵州大学、贵州省城乡规划设计研究院、江苏省城乡规划研究院等 5 个单位的领导和同仁，因为他们的全力以赴，才有今天的成果。编辑后期，省规划院汤洛行协助做了大量协调工作，他对工作的热心和认真负责的态度，给我留下深刻的印象。还要特别提及的是编写工作前阶段由省建科院谭晓东院长、后阶段由省规划院单晓刚院长数次热情协助，对工作会议的精心安排十分感谢。

黎明教授、申敏研究员、覃东平研究员十分支持这项工作，在不同阶段提出过重要意见，给予了热情宝贵的指点，对理清编写思路很有启发。

中国建筑工业出版社李东禧、唐旭两位主任不辞辛劳，两次专程来贵阳研究本书出版事宜，对编写质量提高，奠定了坚实基础。要感谢出版社社长、总编和为本书辛勤工作的所有同仁，他们付出的劳动不会被忘记。

在本书即将出版之际，对本书工作给予过全力支持的各单位和朋友们一并表示诚挚的谢意，并共同分享愉悦。

罗德启

2015 年 11 月 15 日

《贵州传统村落》第二册 后记

随着《贵州传统村落》第二册的问世，至此，贵州列入第一批、第二批、第三批中国传统村落名录的 426 个传统村落已全部编入《贵州传统村落》丛书第一册、第二册出版。贵州传统村落是一笔优秀的文化遗产，今后如何加强对这些文化遗产资源的保护和合理利用，对构建和谐贵州、塑造贵州精神、促进贵州社会经济文化全面发展必将发挥重要作用。

文化遗产反映了一个民族的文化性格和精神追求，贵州传统村落植根于山野、依附于农耕、变化于民族；它原始而神秘、多样而鲜活。形式多样的传统村落和乡土建筑，将是传统农耕文化在贵州高原的永恒记忆。

两年来，贵州传统村落编辑工作得到贵州省住建厅及各地州市县乡领导的高度重视，得到相关部门和工作人员的大力支持，更是由于五个编写单位的辛勤劳作。总之，两年期间编辑工作的全过程，给我们留下了深刻的印象，也将成为本书所有参与者一个永恒的美好时光的记忆片断。

第二册版面总体编排原则延续第一册的方式不变，文尾除索引外，同时增加了第一册、第二册总目录，列出了贵州省进入第一批（90 个）、第二批（202 个）、第三批（134 个）中国传统村落名录的全部 426 个传统村落的名单，并附上各传统村落的编写人员。

第二册编写过程中，由于工作变更及承担工作任务的轻重等原因，本书编委会及各单位编写人员排序有一些变动，在此附带说明。

第二册编写过程中，依然得到了我曾经在第一册后记中提及的各位领导、同仁及出版社朋友们的大力支持和帮助，在此不再一一罗列，

谨对支持本书编辑工作的各位朋友们再次深表诚挚的谢意，感谢大家
的热情支持！

执行主编　罗德启

2016 年 9 月